JN208828

いじめ問題関係判決書の教材開発といじめ授業

構成要素を中心に

新福悦郎［著］

専修大学出版局

目　次

第1章　研究の目的と構成

第1節　問題の所在

1　研究の契機

1996年9月、鹿児島県知覧町の中学校でいじめ自殺事件が起きた。この事件は筆者が勤務していた鹿児島県内の中学校において起こった事件であり、研究会で親しくしていた教師が勤務する学校であった。この事件では、自殺した男子生徒は加害者の生徒たちに何度も呼び出しを受け、学校内や町内の空き地で殴る、蹴るなどの暴行を何度も受け、時には棒で頭を叩かれて気絶したこともあった。また、たびたび恐喝や強要を受け、再三の呼び出し・暴行に耐えかねて自殺した事件である。この知覧町のいじめ自殺事件が契機となって本研究を始めたのである。

1997年8月、梅野正信[1)]の呼びかけで、いじめ授業プロジェクトが始まった。メンバーの中には、その知覧町の事件で教師として当事者であった新澤あけみも参加した。メンバーすべてが、教師としていじめに対して真摯に取り組むことの必要性を痛感していた。そのために、教師の自省が主題となった。梅野は当初からいじめ問題関係判決書を教材とすることを提起した。しかし、メンバーの合意に至らず、手記や新聞記事、生徒自身のいじめ体験などを活用したいじめ授業が参加メンバーの判断で実践された。ただし、被害者をいじめ自殺から救う方法として、法的措置としての欠席や転校、いじめ相談所の紹介などについては授業に位置づけることとなった。

1997年10月、筆者は授業プロジェクトとしての「いじめ」授業で、いじめ

---

1)　当時、鹿児島大学教育学部助教授。現在、上越教育大学理事兼副学長。

被害者の「手記」を教材にして取り組んだ。多発するいじめ自殺事件に対して被害者を救うために、教師自らがいじめへの対応や指導を振り返り、自らを省みる授業構成とした。その成果は、いじめの要因となっている教師の責任を授業において位置づけ、生徒たちの「教師批判」を受けとめたことにあった。その内容は1998年9月に『教師は何からはじめるべきか』（教育史料出版会）にまとめられた。

しかし、いじめ授業そのものは重く暗い授業実践となった。そのために、授業は浅薄なものとなり、教師主導による教え込みのものとなった。一方、いじめ問題に対する教師責任について授業に位置づけ教師批判を受けとめたことで、授業後に生徒の生の声を聞くことができるようになった。しかし、いじめ問題を、生徒たちが学級において本音で語り合うことのむずかしさを痛感することとなった。また、いじめにおける教師の責任論についてどのようにして中立性を担保するかということも課題となった。

1997年12月、梅野は鹿児島大学附属中学校において、中野区中学校いじめ自殺事件の判決書教材を開発活用した授業を公開した。この時の判決書教材は、「葬式ごっこ」がマスコミによって大きく取り上げられ、いじめが社会問題として初めて注目されることになった自殺事件を教材化したものである。その中では、度重なる暴行･傷害などの身体的いじめだけでなく、シカトや「葬式ごっこ」などの精神的いじめが繰り返された。被害者は「このままじゃ『生きジゴク』になっちゃうよ」と書いた遺書を残して駅構内で縊死した事件である。この事件の高裁判決は、1994年5月に出されたが、いじめの事実認定を広げ、いじめ裁判では学校・教師の過失を認めた二例目のものであった。

その授業は、いじめ問題を積極的に生徒同士が発表し、質問したり意見を述べたりする意欲的な学び合いのいじめ授業であった。筆者の重く暗い授業とは違って、いじめ問題について本音で発言し学び合い、どの教師も取り組むことのできる汎用性の高い授業であると感じた。

1998年10月、筆者も中野区中学校いじめ自殺事件の判決書教材を活用した授業に取り組んだ。いじめの犯罪性を認識させ、いじめの責任を学校・教師や傍観者など多様な視点から考察させ、中立性の担保だけでなく、いじめ自殺という最悪の事態から逃れるための解決策を具体的に現実的に理解させることを目的に、授業実践に取り組んだ。手記とは違い、判決書を教材として活用する学習では、生徒たちが自分の意見や考えを自由に述べた。そして、「ふだんでは学べない大切なもの」「もう少しこのような授業を」と生徒たちは感想を書いてきた。いじめ問題に対して判決書を活用していくいじめ授業の有用性を実感することになった。

この時期には、全国でいじめ自殺事件が多発していた。知覧町中学校いじめ自殺事件が起こった1996年には、暴行・恐喝に起因する福岡県城島町中学校いじめ自殺事件をはじめ、この年に新聞発表されたいじめを背景とした自殺は6件にもおよんだ。94年、95年には鹿児島でも同様にいじめが原因ではないかと報道された自殺事件が出水市、種子島、鹿児島市で3件も続いていた[2)]。

このようないじめ事件においては、学校教師の責任論や過失論が10年にわたって判決の争点となっていた。中野区中学校いじめ自殺事件の東京高等裁判所による判決は、学校教師の責任論や過失論についてその範囲を広げるものであった。その裁判の影響によって、被害者に対する学校・教師のいじめへの対応が問われ、学校・教師の責任論がクローズアップしていた。日本社会において、いじめ被害者をいじめ自殺から救うことは、緊急の取組として要請されていた。

文部省は、1996年7月に「いじめの問題に関する総合的な取組について」の通知を出し、その中で、「いじめは人間として絶対に許されないという認識を一人一人の児童生徒に徹底させなければならない」という基本的な考え方を示した。その中では、「いじめられる児童生徒を徹底して守り通すということ」が強調されていた。緊急避難としての欠席や学級編成、および転校措置などの

---

2)　知覧町の事件の前年に起こった鹿児島市の事件は、筆者の知り合いの教師が担任する学級で起こった。いじめ・恐喝を苦にした首つり自殺であった。いじめ自殺事件の可能性は筆者の足元にあった。

弾力的運用についても示されていた。

さらに、学習指導においては、「学級（ホームルーム）活動や児童（生徒）会活動などの場を活用して、児童生徒自身がいじめの問題の解決に向けてどう関わったらよいかを考え、主体的に取り組むことは大きな意義があること」などが示されていた。

いじめ問題について学校・教師の責任論や過失論がきびしく問われるようになり、直接責任を持つ立場にある学校教師が、その重大性を認識し、実態に目をむけることなどが、緊急に取り組むべきポイントの一つとして示されていた。

しかしながら、その２ヶ月後に知覧町でのいじめ自殺事件は起こったのである。いじめ問題における学校・教師の責任の重大性を認識し、いじめ被害者をいじめ自殺から救うこと、そのためにいじめ問題を対象とした授業実践に取り組むことの必要性が学校・教師に問われていた。

2　いじめ問題の背景と行政の取組

(1)　第１次ピークにおける行政の取組の経緯

1984 年から 1985 年にかけて、いじめが全国的に多発した。「いじめ」を原因とする子どもの自殺が頻繁に報道され、学校教育の病理現象としての「いじめ」がクローズアップされてきた。文部省調査では、1985 年には、年間 15 万 5000 件あまりのいじめがあり、この年に中学生が９人自殺していた。

学校現場の深刻ないじめ問題が、社会的に注目される問題となり、1985（昭和 60）年、「児童生徒間の友人関係における『いじめ』の問題に対する取組について」という通達が法務省人権擁護局長により出された。文部省はその３ヶ月後の 1985 年６月に「児童生徒の問題行動に関する検討会議緊急提言―いじめ問題の解決のためのアピール―」を出し、緊急アピールを発表した。その中では「いじめは、学校における人間関係から派生し、教師の指導の在り方が深くかかわっていること」の共通認識と、「学校において緊急に取り組むべき５つのポイント」が示され、「道徳や特別活動の時間をはじめ学校教育活動全体を通し、児童生徒に、いじめの行為は人間として許されるべきでないことをいきわたらせること」が示された。文部省は、同年10月、「いじめ」問題に関する臨時教育審議会会長談話や文部大臣の談話を発表し、「いじめの問題に関する指導の徹底について」という文部省初等中等局長の通知も現場に流した。1985年から1986年にかけては、文部省による通知通達が学校現場に出され、いじめ問題への取組が要請された。このように、いじめが社会問題となるのは、1985年から1986年が第1次ピークと位置づけられている[3]。

その時期の典型的ないじめ自殺事件がいわき市中学校いじめ自殺事件であり、「葬式ごっこ」で社会的に話題となった中野区中学校いじめ自殺事件であった。これらの判決は、1990年から91年にかけて相次ぎ、いじめ裁判が社会的に注目された。

(2) 第2次ピークにおける行政の取組の経緯

1994年から1995年にかけて、再びいじめが多発した。マスコミをにぎわせ、社会的に大きな関心を呼んだ事件が、大河内清輝君いじめ自殺事件（1994年11月27日）であった。文部省はこの事件をきっかけに「いじめ対策緊急会議」による「緊急アピール」を出し（1994年12月9日)、「いじめの問題について当面緊急に対応すべき点について」の文部省初等中等局長通知（1994年12月16日）を出した。また、翌年の12月には「いじめ問題への取組の徹底について」の通達を立て続けに出している。

上記の通知通達の中で示されたいじめ対策は、さまざまな取組の徹底を学校・教師に要請したものであったが、1996年7月に出された「いじめの問題に関する総合的な取組について」という通知[4]では、「学校における取組の充実」として、「(4) 学校教育活動全体を通して、お互いを思いやり、尊重し、生命や人権を大切にする態度を育成し、生きることの素晴らしさや喜びなどについ

3) 市川須美子「第1次いじめ自殺ピーク（1984～85）以降のいじめ裁判判例」『いじめ裁判—季刊教育法126号』（エイデル研究所）2000年9月臨時増刊号、p.75

4) 文部省初等中等教育局長、文部省生涯学習局長通知「いじめの問題に関する総合的な取組について」平成8年7月26日、文初中第386号。

て適切に指導すること。特に、道徳教育、心の教育を通して、このような指導の充実を図ること。(5) 学級（ホームルーム）活動や児童（生徒）会活動などの場を活用して、児童生徒自身がいじめの問題の解決に向けてどう関わったらよいかを考え、主体的に取り組むことは大きな意義があること」などがあげられ、いじめ対策として、授業を通していじめについて考え、解決していくことが求められてきた。

文部省の現場への対策を促す通知は、1996 年まで続き、1994 年から 1996 年までがいじめ問題の第 2 次ピークといわれる。

この第 2 次の時期の裁判の判決が、2001 年 1 月の神奈川県中学校いじめ自殺事件横浜地裁判決以後、9 月には富山県いじめ自殺事件、12 月福岡県城島町いじめ自殺事件、そして 2002 年 1 月には鹿児島県知覧町いじめ自殺事件と神奈川県中学校いじめ自殺事件高裁判決が出された。8 月には、福岡県城島町中学校の高裁判決も出された。この時期のいじめ行為の態様は、従来型の暴行・恐喝型のいじめから心理的いじめを中心とするもの、行為一つ一つを見るといたずら・トラブルとしか見えなかったりするものなど、教師から見えにくいいじめであることなど、複雑で心理的にダメージを与えるものが特徴となってきた。

1999 年 12 月には、新潟県教育委員会は『いじめのおきない学校づくりのために』という研修資料を作成し、県内の学校現場に向けて配付した。その中には、いじめ問題関係の判決書教材の活用も盛り込まれた[5)]。

(3) 2000 年代以降の行政の取組の経緯

2000 年代半ばになると、いじめ問題がまたしても社会問題化していく。2005 年北海道滝川市の小学 6 年生の女子が自殺し、翌年には、福岡県筑前町の中学 2 年生男子がいじめが原因で自殺した。この事件は、被害者が担任にいじめについて相談したが、その内容を学級で全員に話をし、いじめがエス

5)　上猶覚実践による「七塚小学校いじめ事件」が掲載された。

カレートするなど、学校・教師の対応と責任が問われる事件であった。文部科学省はこの事件の一週間後に「いじめ問題への取組の徹底について」という通知を出し（2006年10月19日）、「学校・教職員の認識や対応の問題」について示した。その中では、「道徳や学級（ホームルーム）活動の時間にいじめにかかわる問題を取り上げ、指導が行われているか」についても学校・教師のチェックポイントとした。2007年2月には、文部科学省の国立教育政策研究所生徒指導研究センターが『いじめ問題についての取組事例集』を発行し、ケーススタディを通した取組が重視されるようになった[6)]。その中では、中学校のいじめ実践例として、いじめ問題の判決書教材を活用した授業が紹介された。この社会問題化したいじめ問題に対して、政府は設置した教育再生会議で、いじめた子への出席停止措置の活用や懲戒の行使を求めた。そして、いじめの周囲にいる子どもたちに対して「傍観者も加害者である」と言及した。政府は同時に教育基本法を改正した。また、この時期のいじめ社会問題化によって文科省はいじめ定義を変更し、そのことによって翌年からいじめ調査によるいじめ件数は飛躍的に増加することとなった。

2012年、大津市中学校いじめ自殺事件がマスコミに大きく取り上げられ、社会問題化した。それをきっかけに、2013年6月、「いじめ防止対策推進法」が成立した。これは、法律を制定することで「社会総がかりでいじめに対峙していくための基本的な理念や体制を整備」（教育再生実行会議第1次提言）しようとした[7)]。法に基づく取組が重視され、社会的に要請されるようになった。

一方また、上記のいじめ自殺事件をきっかけにして、教育再生実行会議の提言や中央教育審議会の答申を踏まえ、学習指導要領の一部が改正され、「道徳の時間」は「特別の教科　道徳」（「道徳科」）として新たに位置付けられた（2015年3月27日）。その内容については、「いじめ問題への対応の充実」が強く押し出されており、文科省は法に基づく取組だけでなく、道徳の取組も強化する

6)　文部科学省・国立教育政策研究所生徒指導研究センター「いじめ問題についての取組事例集」2007年2月

こととなった。

3　学校における人権問題へのアプローチ

(1) 道徳を中心とした教科領域等における取組の特色

これまで学校では、教育活動全般において、いじめ予防や防止の取組を行ってきた。道徳の時間では、「手記・体験談」、「読み物資料」などの教材を活用して、人間の心を育てるという道徳的価値の内面的自覚が目標とされてきた。特別活動では「望ましい人間関係」の育成が目標とされている。

次頁の表１は学会誌や著書、雑誌などに掲載された典型的な授業実践例を整理したものである。

道徳の時間においては、「3. 青木実践」のように、道徳的価値を培う授業が多い。また、「2. 桂山実践」のようにモラルジレンマ資料を活用して道徳性を高める実践なども見られる。法的アプローチはほとんど見られない。一覧表には法的アプローチと考えられる実践例を特に取り上げている[8)]。また、「8. 青野」のようにロールプレイなどの心理的アプローチの授業実践も見られる。最近では、スキルを重視するSSTやアサーションなどが総合的な学習や道徳の時間

---

7)　この中では、「市民性を育む教育（シチズンシップ教育）の観点を踏まえた指導に取り組む」とし、「…互いの人格や権利を尊重し合い、自らの義務や責任を果たし、平穏な社会関係を形成するための方策や考え方を身に付ける教育（法教育）を重視する」（教育再生実行会議第１次提言）としている。さらに文部科学省は2013年５月に「早期に警察へ相談・通報すべきいじめ事案について」の通知を出し、どのようないじめ行為が犯罪に当たるかを具体的に刑法との関連から整理している。

これらの動きは、法的アプローチによっていじめを予防したり、防止しようとするものである。それまでの心の教育による内面化だけでなく、法的な効力を期待したものである。学習指導要領においても「法やルールの意義やそれらを遵守することの意味を理解し、主体的に判断し、適切に行動できる人間を育てること」が示され、「法やきまりを守る教育」が重視されてきている。いじめの予防や防止・抑止に対して、法的アプローチからの組織体制づくりや生活指導・学習指導の研究が求められるようになってきている。

＜表1　これまで行われてきたいじめ授業の分類＞

番号	分野	実践者名	実践のタイトル出典	教育内容	教材	発表年度	その他
1	道徳・学級活動	新垣千鶴子	「教室という社会」と児童の道徳性を育てる道徳教育の研究—「教室の規範構造に根ざす道徳授業」と「学級活動」との連携を通して、『道徳と教育』53（327）、49-60、2009／個の道徳的判断力を高め「教室という社会」を発達させる道徳教育の研究—規範づくりの道徳の授業を核にした「いじめ追放プログラム」を通して—、『道徳教育方法研究』、14、2008。	規範構造の発達を図る取組が、個の道徳的判断力を高め、所属する学級を慣習的段階へと発達させる。	学級内いじめアンケート、モラルジレンマ資料	2008	小学校
2	道徳	桂山洋一	桂山洋一・徳永悦郎、生徒指導との連携を重視した「道徳の時間」の開発—「いじめ」をテーマとして—、『道徳教育方法研究』、4、1998、47-57	道徳性の発達段階の変容	モラルジレンマ資料、実際のいじめ事件	1998	
3	道徳	青木わかば	手紙に託した親の心からの愛情—資料「へその緒」—、『月刊道徳教育』、460、1997年7月号、pp.74-77	道徳的価値（生命の尊重）	読み物資料	1997	
4	道徳	深澤久	『道徳授業原論』、日本標準、2004、pp.112-124	法的アプローチ：いじめの犯罪性	いじめ行為と刑法条文の比較	2004	
5	道徳	時松哲也	「いじめ」を傍観せず自分ができる最善策をとろうとする心情を育てる道徳の授業—子どもの心を揺さぶる資料の教材化を通して—、『教育実践総合センターレポート』、28、2009、pp.21-36	法的アプローチ：いじめ自殺事件についての読み物資料	いじめ自殺事件の資料と映像資料、手記、エピソード	2009	小学校
6	道徳	伊藤久仁子・渡辺友香	相談係とカウンセラーの連携を生かす道徳授業、『月刊学校教育相談』、2007年8月号、pp.52-59	心理的アプローチ：ロールプレイ	悪口についての事前アンケート、カウンセラーとのT・T	2007	
7	道徳・学級活動・国語・学校行事	土田暢也	道徳授業を核にした「いじめ防止教育」の実践—いじめに立ち向かう力を育てる道徳授業と国語・学級活動等との関連を図る試み、『上廣道徳教育賞受賞論文集』16、2008、pp.277-291	道徳的実践力を高める	自作読み物資料、教師のいじめ体験談、ビデオなど	2008	

8	道徳	青野勇	シナリオ・ロールプレイで「いじめ」を考える―道徳の授業で―、『月刊学校教育相談』、1999年5月号、1999、50-59	心理的アプローチ：ロールプレイ	事前アンケート、シナリオ・ロールプレイ	1999	
9	道徳、学級活動	蜂須賀洋一	「学校教育における法規範意識の育成に関する研究」『学校教育研究』第27号、2012、pp.146-158	法的アプローチ：法規範	学校内事故、いじめ等の判決書	2012	小学校
10	学級活動	青木洋子	青木洋子・宮本正一、「いじめ」の加害者・観衆・傍観者の意識変容を図る授業実践、『岐阜大学教育学部研究報告 人文科学』、52-1、2003、pp.155-168	学級内いじめ問題解決の話し合い	学級内であったいじめ事件について、その事実について意見交流する	2003	
11	社会科	滝口正樹	子どもたちが「思わず何か言いたくなる（心をゆさぶられる）ような時事問題（事実教材）をどう提示するか、『社会科教育』、404、1995	人権の視点	大河内君の遺書をもとに人権について考える	1995	
12	総合的な学習	田口瞳	田口瞳「いじめのない社会をつくるために～いじめ撲滅授業の取り組み～」『じんけん』312、2007、18-24／田口瞳「いじめは絶対ゆるさへん！―岬中“いじめ撲滅授業”の取り組みから」『部落解放』580、2007	人権の視点	実際のいじめ事件、大河内君のいじめ自殺事件の新聞記事	2007	

8）　いじめに関する授業については、多様な取組がある。文科省の推進するいじめ問題についての授業実践は、「道徳教育を通じた心の教育の取組」を中心にして行われ、人間の心を育てるという道徳的価値の内面的自覚が目標とされてきた。学会においては、道徳の時間におけるいじめ授業について、シンポジウムで報告されたいじめ判決書学習の他に、法的な学びを重視する実践への注視は見られない。（「シンポジウム規則の意味を考える道徳授業」日本道徳教育方法学会『道徳教育方法研究』10、2004、pp.97-105）
道徳授業での実体験や学級の状況や実態に合わせたいじめ授業は、学級内における集団圧力が強い（森田洋司・清水賢二編『いじめ―教室の病い』金子書房、1986、pp.12-13）中学生の時期は、生徒たちにとって苦痛で形式的なものになりかねないし、いじめ防止や抑止への行動実践への即効性という視点からは困難な面があると推測できる。
また、道徳授業ではいじめの理解やいじめへの対応、心理学的アプローチによるコミュニケーションなどのスキル重視の実践は見られるが、法的アプローチからの授業構成はきわめて少ない。

などを活用して現場では取組が進んできている。

学級活動においては、「10. 青木実践」が典型的な例である。学級内のいじめ事象を取り上げ、その問題について意見交流して、いじめ問題を解決していくというものである。以前は、このような学級内での人間関係のトラブルを学級活動において取り上げることも提案された。しかし現在では、直接議題として取り上げることについては慎重な意見が学会内では多くなっている。

人権を取り扱う教科である社会科教育においては、いじめ問題を直接的に学習教材として活用せず、歴史学習と関わらせたり、企業内でのリストラや差別問題と関連させて学習する授業実践が見られる。しかし、発表される実践数はきわめて少ない。

表の「1. 新垣実践」や「7. 土田実践」のように、道徳の時間や学級活動、さらには教科にまで関連させる授業実践が見られる。これらの実践は、単発のいじめ授業ではなく、学校の教育活動全般と関わらせて、いじめ問題を解決していこうとするものである。

道徳教育では道徳の時間だけでなく、学校活動全体においての取組がより一層重視されており、特別活動においては学級活動だけでなく、生徒会活動や学校行事など総合的に取り組んでいくことがより一層重視されてきている。

上記の状況を考えると、いじめ授業は、道徳の時間で行われる心の教育へのアプローチがこれまで中心になってきた。現場では、読み物資料や手記などを活用して、思いやりなどの内面的な価値を育てることで人間尊重の精神を育て、道徳的実践力あるいは人権感覚を豊かにし、いじめの予防や防止を図ろうとしてきた。

ところが、学校教育におけるいじめ授業については、特別活動における学級活動においても、また道徳授業においても、学級内や学校内で起こる実際のいじめ問題を対象とすることは困難であるととらえており、いじめの予防的な授業実践が中心となってきている。それは総合的な学習の時間だけでなく、特別活動や道徳授業で心理的アプローチによるSSTやピアサポート、ストレスマネジメントなどのスキル重視のいじめ授業が現場で取り入れられ、実践が広がっていることからも考えられる。また、先述したように、道徳教育では道徳授業と学校活動全体における取組、特別活動においては学級活動と生徒会活動や学校行事など総合的に取り組んでいくこと、などの連携がより一層重視されてきている。

これまでの道徳を中心とした教科領域におけるいじめ問題を分析すると、いじめについて自分たちの学級の状況や実態や事件、あるいは各自の体験談をもとに直接考察していくという授業実践や、「読み物資料」をもとに、思いやりや人間尊重の精神を育成し、道徳的心情を育むことで間接的にいじめを予防・防止しようとする授業実践が行われてきた[9)]。それは、人権教育の目指す「人権感覚の育成」と重なるものである。道徳による心の教育は、生徒たちに人間尊重の精神を育て、道徳的実践力の育成に成果を上げてきた。また、いじめを出さないための予防措置として、心理学的なアプローチからの事例が見られるようになった[10)]。現代の子どもたちのコミュニケーション能力の不十分さを改善していこうとするスキル重視の取組であり、効果を上げてきている。

表１を考察すると、いじめ問題に対して法的アプローチからの授業実践はいじめ判決書学習以外はきわめて少ない[11)]。「4.　深澤実践」や「5.　時松実践」が法的アプローチの実践としてあげられるが、いじめ判決書教材を活用した授業実践ではない。「9.　蜂須賀実践」は、学校事故の一つとしていじめ判決書教材を活用した法的アプローチの実践研究であるが、法規範の育成を重視した生

9)　新福悦郎『いじめ裁判判決文を活用した法教育に関する研究』鹿児島大学大学院教育学研究科修士論文、2003、pp.55-60、『道徳教育』（明治図書）229号（1980年１月号）～666号（2013年12月号）まで調査したが、分類に変化は見られなかった。

10)　松尾直博「学校における暴力・いじめ防止プログラムの動向―学校・学級単位での取り組み―」『教育心理学研究』50、2002、pp.487-499

11)　判決書は活用しないが、いじめの犯罪性を強調する法的アプローチの実践は一部見られる。大江浩光著押谷由夫解説『「いじめ」の授業―道徳自作資料集―』明治図書、2000、pp.24-33。最近ではTOSSはホームページ「新トスランド」でいじめの犯罪性を強調する実践例を紹介している。

徒指導・生活指導の実践である。

(2) 人権教育におけるアプローチ

一方、いじめを重大な人権侵害であるとして、人権問題としてとらえ直す考え方が主流になりつつある。日本における学校教育には、「時代を担う児童生徒に関しては、いじめや暴力などの人権に関わる問題が後を絶たない[12)]」状況が大きな人権課題として存在する[13)]。いじめ問題は、子どもの人権と関連して取り上げられてきている。

文部科学省は「人権教育の指導方法等に関する調査研究会議」を発足させ、2008年3月に『人権教育の指導方法等の在り方について［第三次とりまとめ］～指導等の在り方編～』がその取りまとめとして示された。その中では、子どもの人権をめぐる深刻な状況の一つにいじめの問題があるとして、これまで様々な対応がとられてきたが、その防止や解決は決して容易ではない状況が続いている。いじめの問題が、体罰や虐待と同様に子どもの人権を侵犯する事象であるとし、その即応的措置と、子どもたち自身が人権侵害の加害者・被害者にならないために、「必要な総合的資質・能力を育てる人権教育」実践の重要性を述べている[14)]。そして、いじめ問題は「生命の大切さに関する教材」の活用が望まれるとした。また、『生徒指導提要』では、「いじめに取り組む基本姿勢は、人権尊重の精神を貫いた教育活動を展開すること」と明示され、生徒指導においても人権の視点が重視されるようになった。

いじめ問題を人権としてとらえる考えは、1989年に国連において採択さ

---

12) 人権教育の指導方法等に関する調査研究会議「人権教育の指導方法等の在り方について［第三次とりまとめ］～指導等の在り方編～」2008年、p.1

13) 政府の「人権教育・啓発に関する基本計画」(2002年3月閣議決定)や「人権教育・啓発白書」(法務省・文部科学省)においては、個別的な人権課題として「子ども」を取り上げ、子どもたちを取り巻く環境の懸念すべき状況として、いじめや校内暴力をあげている。

14) 文部科学省　人権教育の指導方法等に関する調査研究会議「人権教育の推進に関する取組状況の調査結果について」2013年10月、p.1

れ、1994年に締結された「児童の権利に関する条約」の影響が大きい。その内容は、たとえば、2008年に「上越市子どもの権利に関する条例」となり、その中では「子どもの虐待及びいじめによる危険から守られること」が子どもの権利として位置づけられている[15]。

先述した2013年の「いじめ防止対策推進法」は、いじめを受けた「児童等の尊厳を保持する」ことを目的としており、この法律も子どもの人権をいじめから守ろうとするものである。

上記の国際的・国内的な動きと同時に、授業レベルにおいては、道徳や学級（ホームルーム）活動の時間にいじめにかかわる問題を取り上げ、教育指導することが求められてきた[16]。文部科学省は、いじめ問題に対して、「道徳教育を通じた心の教育の取組」を推進し、人間の心を育てるという道徳的価値の内面的自覚を目標としてきた[17]。

また、先述したように、文部科学省は「人権教育の指導方法等に関する調査研究会議」を開き、『人権教育の指導方法等の在り方について［第三次とりまとめ］』（2008年3月）を発行した。いじめ問題が子どもの人権に関わる重大な人権侵害であることを示し、「生命の大切さに関する教材」などの活用がいじめ指導において効果的な学習教材となることを例示した。

以上の文科省の通知や指導をもとにして、各学校・各教師は創意工夫を図りながら授業実践に取り組んできた。いじめの授業については、道徳教育や特別活動を中心にして研究が進み、文部科学省の調査では85％以上の学校現場で、道徳の時間や学級活動において授業実践がなんらかの形で行われている[18]。

15）2000年には「川崎市子どもの権利に関する条例」が制定され、「人間としての大切な子どもの権利」として、「子どもは安心して生きることができること」「あらゆる形態の差別を受けないこと」「平和と安全な環境の下で生活ができること」が示されている。

16）文部科学省通知「いじめ問題への取組の徹底について」2006年10月19日

17）淀澤勝治「道徳時間における人権教育の在り方に関する研究―道徳の時間にいじめや差別をどう扱うのか？―」『人権教育研究』第10巻、2010、pp.31-45

(3) 問題意識

以上、学校における人権教育の実践的アプローチを見てきた。

これまで、本研究の契機といじめをめぐる社会的背景、およびそれに対応した行政の取組、そしてこれまで行われてきた一般的ないじめ授業を見てきた。いじめ問題への行政の取組を受けて、現場では道徳教育における心の教育を中心に、さまざまないじめ授業へのアプローチが行われ、多様な実践が積み重ねられてきた。また、いじめを人権課題としてとらえ、子どもの人権の視点からの施策が推進され、人権教育としての取組も重視されてきている。

本研究の対象とする授業は、上記の人権教育において要請されている一つのいじめ実践であり、法と人権の視点からのアプローチとしての実践である。

1997年から始まったいじめ授業プロジェクトが、いじめ判決書を活用した授業の開発へつながっていったことは先述した。このプロジェクトに、采女博文（民法学者）が加わり、梅野・采女両氏はいじめ問題関係の判決書を活用した授業の取組を理論化し、提唱した。そして、2001年にその成果は『実践いじめ授業』（エイデル研究所）にまとめられ、出版された。いじめ問題に対して判決書教材を開発し、授業開発並びに授業実践まで提起した日本で初めての著書となった。その後、2002年2月に、梅野は中野区中学校いじめ自殺事件といわき市中学校いじめ自殺事件の判決書教材を活用した授業実践を『いじめ判決文で創る新しい人権学習』（明治図書）で具体的に紹介した。

これまでこのいじめ問題関係の判決書を活用した授業実践に取り組んだ実践的研究者は、プロジェクトに参加したメンバーである川野恭司、上猶覚、新澤あけみ、山元研二などをはじめ、多数にのぼる。また、その授業実践についての分析を行い、考察した論考も発表されている。たとえば、上猶は小学校において判決文以外の授業実践と判決文による授業実践による感想文を比較し、法的側面の割合に着目した。判決文の方の割合が高く、判決文を活用した授業は

18) 文部科学省「平成25年度児童生徒の問題行動等生徒指導上の諸問題に関する調査」では、「学校におけるいじめ問題に対する日常の取組」として、「道徳や学級活動の時間にいじめにかかわる問題を取り上げ指導を行った」学校の割合は、85.8%に及んでいる。

子どもたちに法的側面からの納得させる力を持ち、法的判断力の芽が培われていると結論づけている[19]。このように、この授業についてはいくつかの著書や論文等の成果が発表されてきた。

しかしながら、いじめ判決書を活用した法と人権の視点からのいじめ授業へのアプローチは、現場教師にはあまり理解されず、現場での授業実践としての広がりも現状ではほとんど認知されていない。

この授業には、いったいどのような課題があるのか。

現場教師が理解し、広く実践が行われるためには、その課題に対してのさらなる研究の積み重ねが求められる。この課題を追究し、研究上において明らかにしていくことは、いじめ抑止防止のための効果的な授業実践の可能性の一つを確かなものにできるのではないかと考えられる。そのことは、30年以上にわたって学校教育の大きな課題となってきたいじめ問題に対して、その解消への一つの授業実践を提供できるのではないかと考えられる。

本研究における授業実践のアプローチを紹介したい。それが次頁の表である。「梅野、新福、川野、山元、上猶、新澤実践」による取組が本研究におけるいじめ判決書教材を活用した授業である。

番号	分野	実践者名	実践のタイトル出典	教育内容	教材	発表年度	その他
13	社会科、道徳	梅野正信、新福悦郎、山元研二、上猶覚、新澤あけみ	梅野正信・采女博文編『実践いじめ授業　主要事件「判決文」を徹底活用』エイデル研究所、2001	人権と法の視点からのアプローチ	いじめ判決書教材	1997〜	

19) 上猶覚「法的知見に基づくいじめ裁判判決文を活用した人権学習の開発研究―小学校の事例を中心に―」『九州教育学会研究紀要』30、2002、pp.203-209　その他に山元研二「判決書による『いじめを考える』2006年度版」鹿児島県中学校社会科教育研究会編『社会科教育実践報告集』45、2006、pp.20-29／山元研二、上猶覚、新福悦郎「実践記録・中学校 裁判の判例を活用した〈いじめ〉を考える授業（特集 中学・高校の総合学習）」『歴史地理教育』(607)、2000、pp.20-27などがある。

この授業を表１で取り上げたこれまでのいじめ授業の13番目の取組の一つとして加えたい。本研究はこの法と人権の視点からのアプローチによるいじめ授業についての研究である。

筆者は、これまでのいじめ授業プロジェクトへの取組への参加といじめ授業の経験を契機に、日本社会において確定されたいじめ問題関係の判決書を活用し、学校生活におけるいじめ問題を学習の対象としたいじめ授業の開発及び授業実践の課題と可能性を考察したいと考えた。

第２節　本研究の目的

１　本研究の目的

本研究の目的は、いじめの態様に応じていじめを類型化し、その類型化に基づくいじめ裁判例からいじめ判決書教材を開発する。そして、その判決書教材を活用した授業開発は、果たして授業実践が可能なのか、いじめ問題に対していかなる役割を果たすのか、生徒たちはこの授業でどのような学習内容の構成要素を得ることができるかについて、判決書教材と授業感想文から抽出し、分析して整理することである。

本研究では、いじめ問題関係の民事裁判における判決書を活用した授業実践を研究の対象とする。この授業は、裁判の判決書におけるいじめ事件という事例を通して学習するものである。

筆者は、本研究対象とするいじめ判決書を活用した授業を15年にわたって中学生に対して実践を重ね、生徒たちの授業後の感想文や授業記録、授業後の質問紙などのデータを分析し、本授業の可能性を検討してきた。同時に、いじめの態様などに合わせた判決書教材を開発作成してきた。

前節で説明したように、これまで心の教育としての道徳授業によっていじめ問題へのアプローチは行われ、その効果は発揮されてきた。ところが2011年の大津市中学校いじめ自殺事件以後、いじめ問題への文部科学省の施策は、心の教育による道徳教育の推進と同時に、いじめ防止推進対策法に見られるように、法による効果を重視するようになってきた。いじめ問題の学習においては、これまでの実践で取り組まれてきた道徳的な視点からの学びだけでなく、法の視点からの学びも要請されている。

本研究は、まず、教育法学や法学研究のいじめ裁判における判例研究の成果をもとにして、判決書教材を開発し、その教材を活用した授業の可能性について実践的に研究する。

これまでのいじめ判決書教材を活用した授業においては、実践者がそれぞれのテーマをもとに実践を行い、ひとつひとつの判決書による授業を分析し、その授業の意義について検討してきた。本研究では、文部科学省のいじめ態様を参考にしながら、教育法学や法律学研究の成果をもとにそのいじめ態様について検討し、いじめを類型化する。その類型化に合わせて判決書教材を開発し、その判決書の構成要素を抽出する。そして、その判決書教材の構成要素を組み入れた授業を開発し、その授業実践を考察する。いじめ判決書教材を活用した授業による生徒たちの授業感想文に注目して、その記述からキーワードを生成し、構成要素を抽出し分析する。すべての開発した判決書教材を活用した授業を全体的に比較し、その学習内容の構成要素を分析し整理する。

この研究は、文部科学省が上記の施策として期待するいじめ授業への取組に対して、必要な学習内容の構成要素を提供できる研究成果になるのではないかと考える。

なお、本研究は、中学生を対象とする。いじめの学年別件数の割合が高いのは、中学生の時期であり、いじめ裁判の件数も多いからである。また、本研究は、開発したいじめ判決書教材による授業の効果について生徒たちの感想文をもとに検証し、その成果について明らかにするものではない。多様ないじめ態様に対応させて開発したいじめ判決書教材について、構成要素を抽出して分析し、さらにその授業による感想文記述に基づいて構成要素を抽出し分析する。さらに、判決書教材による構成要素と授業感想文の構成要素を全体的に比較検討して、いじめ問題の学習内容の構成要素についてのデータを整理し、提供することが本研究の成果になると考える。

2　本研究の課題

本研究では、上述したように法と人権の視点からアプローチするいじめ問題に関係する判決書教材を活用した授業を研究対象とする。この授業が生徒たちにいじめに対する現実的な判断を習得させることが可能にできるのであれば、研究においてどのような課題があるのか。

文部科学省は、毎年、「児童生徒の問題行動等生徒指導上の諸問題に関する調査」を実施している。その調査項目の中には、「いじめの状況」があり、「いじめの態様」が示され、各学校はその態様に応じていじめについての報告を行うようになっている。その例示されたいじめの態様は、九つに分けられている。それらの態様は、いじめに関わるこれまでの多数の事例をもとにカテゴリー化されたものであると考えられる。

道徳の授業では、このいじめの態様に対応して、体験談や「読み物資料」をもとに資料の教材化は可能である。しかし、いじめ問題関係裁判による判決書から、上記の態様に合わせた教材化は可能なのか。また、それが可能な場合、それぞれの判決書はどのような役割を果たすのか。また、その判決書教材を活用した授業によって、生徒たちはどのような構成要素を習得するのか。それらの課題を明らかにすることによって、それぞれの判決書教材による学習内容の違いが明らかになり、本教材を活用し、授業実践を行うことの敷居を低くすることであろう。

いじめ問題の裁判は民事訴訟であるが、原告が受けた人権侵害などの損害に対して異議申し立てすることによって裁判は始まり、裁判官の判断によって不法行為が認定される。この判決書を活用することは、具体的で現実的な人権侵害の行為の事実を学ぶことになる。それらの判決書は、人権侵害の行為によって判決書の内容に違いが生まれるのは当然であるが、それらの判決書をいじめの態様に応じて整理することは、いじめ授業のアラカルトとして、本授業も仲間入りすることを可能にするのではないか。

本研究は、第一に、これまでのいじめ問題に対するアプローチに付け加えて、法的視点を取り入れ、人権と法の両面からいじめ問題に対する教材や授業を開発構成した人権教育の研究である。

第二に、民事訴訟裁判としての損害賠償請求事件であるいじめ問題関係判決書の教材が、いじめの授業として活用可能かどうかを具体的な授業実践を通して検討する研究である。梅野が提起したいじめ問題関係判決書教材を活用した授業は、具体的な授業実践レベルでの検討が課題になっている。

第三に、いじめの態様に応じていじめを類型化し、いじめ裁判例からその態様に基づく判決書教材を開発し、構成要素を抽出する研究である。いじめの類型に応じた判決書教材の開発とその構成要素の抽出はこれまでの研究課題となっていた。

第四に、いじめ問題関係判決書を活用した授業によって、生徒たちはどのような学習内容を習得するのかについて、授業感想文を分析し、その構成要素を抽出する研究である。授業としての可能性を検討するにあたって、判決書教材に準備された構成要素が授業実践によってどのような生徒たちの学習内容の構成要素となるのか、それを分析することは必要不可欠である。生徒たちの授業感想文に基づいた構成要素の抽出および分析は、いじめ問題関係判決書を活用した授業における研究上の課題となっている。

3　先行研究と本研究の位置づけ

ここでは、本研究が先行研究との関係からどのような位置づけにあるのか明らかにしてみたい。いじめ問題に対する研究者の分析から考察する。教育社会学や教育法学・法律学の研究の視点から、本研究の位置を確認する。法や人権のアプローチによるいじめ授業の検討には、上記の学問の先行研究の検討が必要である。

⑴ 研究者による分析

森田洋司は、いじめ集団の構造を「加害者」「被害者」「観衆」「傍観者」の四層構造からなっているとし、「観衆」と「傍観者」によっていじめが助長されるか抑止されるかが重要な要素であると述べた。そして、四層はいつでも入れかわる可能性があり、こうした立場の入れかわりが、学級集団に不安感情を蔓延させ、いじめについて誰もが口を閉ざす雰囲気を学級のなかに醸成すると論じた[20)]。さらに森田は、規範意識の形成だけがいじめの抑止力にはならないとし、いじめの一般化と日常化の背景には子どもたちのいじめに対する「おもしろさ」への反応、つまり「情動的反応[21)]」が介在し、それが規範意識を緩和したり、無力化していると分析した。そして、「現代の子どもたちは相手の気持ちが理解できないのではなく、彼らには相手の気持ちがわかっているからこそいじめているのである。ただ、彼らは相手の感情に対して共感構造をもたないだけである。」[22)]と主張した。

また、いじめ問題の特色として「可視性の低下」があると言われる。いじめ防止・抑止のためには、可視性をいかに高めるかということが問われる。森田は「可視性低下の要因」を、「主観的世界の現象」「いじめの偽装化」「いじめの正当化」「被害者・加害者の不特定性」「いじめ動機の不明確さ」「被害者からの情報の遮断」「周囲の子どもたちからの情報の遮断」の七つで説明する[23)]。いじめ抑止・防止のためには、この「可視性の低下」を考慮した実践アプローチの取組が求められると考えられる。

いじめ授業の可能性においては、中学生の状況も影響する。いじめに関わる中学生の状況を分析した研究者の考察を見ていきたい。

中学校における学級は閉鎖的な空間であるが、生徒たちは日々、その限られた空間の中で一日の大半を過ごしている。生徒たちは学校生活における教育活

20）　森田洋司・清水賢二編『いじめ―教室の病い』金子書房、1986、pp.30-31

21）　森田・清水編　前掲注19）、p.128では、「善悪の判断を問われ、これを『悪』と評価するのは意識的な評価のレベルで行われる。これにたいして『おもしろい』という意識は状況からの誘発因にたいする情動的反応とみなすことができよう。善悪の判断が『知』のレベルとすれば、おもしろいという反応は『情』のレベルにかかわるものであり…」と説明されている。

22）　森田・清水編　前掲注20）、pp.127-131

23）　森田・清水編　前掲注20）、pp.33-38

動全般において、人間関係を築き、仲間意識を高めながら成長していく。その基盤となるのが学級である。

広井良典は、ムラ社会の様相を含んだ同調圧力が生徒たちに重くのしかかり、学級の中でグループ化が起こり、グループ内の結束力の一方で、他のグループに対する差別化が起こる。つまり、「ウチとソト」との落差が大きく、そのことがストレスや不安を高め、生きづらさや閉塞感の根本的な背景になっている[24)]と説明する。

内藤朝雄は、いじめを集団によるノリで行われていると述べる[25)]。たしかに、いじめ事件に接すると、内藤が述べるように、ノリで悪ふざけをしてしまうのも中学生の時期の特色である。他人を嘲笑することは悪いことであると認識しているにもかかわらず、友達同士のふざけと笑いで規範意識がブレーキにならないこともある。いじめについてもノリでやっている場合が見られる。

土井孝義は、「その場の空気をきちんと読んでノリを合わせ、仲間をシラけさせないようにいつも気を遣わざるをえない。…いじめが始まると、その空気の流れには誰もさからうことができなくなってしまう」[26)]と述べ、日頃の人間関係に安心感を抱きづらくなっている子どもたちの状況を「優しい関係」というキーワードで分析している。

鈴木翔は、日常的な活動を通して次第に学級の中では人間関係の力関係が出てくることを説明し、スクールカーストと呼んだ[27)]。

目立つものは差別され、同調化されていくのである。個性の伸張が教育における重要な要素として声高に言われるが、ムラ社会から抜けきれない学級集団は、個性を発揮しようとする者に対して差別化が行われる。それがいじめとなってしまうことも多い。

24）広井良典『コミュニティを問いなおす―つながり・都市・日本社会の未来』ちくま新書、2009、p.17

25）内藤朝雄『いじめの構造』講談社現代新書、2009、p.39

26）土井孝義『友だち地獄―「空気を読む」世代のサバイバル」』ちくま新書、2008、p.27

27）鈴木翔『教室内（スクール）カースト』光文社新書、2012、pp.101-102

佐藤学は、日本の学校現場でいじめが陰湿化する理由について、「学校や学級が集団単位に組織され、個人が個人として存在する場所がない」こと、「その集団が他者性を排除して成立している」こと、「学習生活（個人）と学級生活（集団）の二重の独自システムの構造が事態をいっそう複雑にしている」と述べているが[28)]、今の学校システムが、いじめを生み出している要因と考えることもできる。

次に、教育法学や法律学の分野から、本研究の位置づけを見ていきたい。教育学や法律学の研究者においては、いじめ問題を子どもの人権と関わらせ、法的視点から分析してきた。

1990年代の中ごろ、いじめが多発する第2次ピークの時期に、いじめ問題について子どもの人権との関連で教えていくことの重要性を主張したのは、堀尾輝久である[29)]。堀尾は「いじめ問題等はまさに人権教育の具体的な問題として考え、人権を憲法の条文を教えるのではなくて、日常的な生活感覚の中でそれが活きるのでなくてはいけない…」と述べ、日本も批准した子どもの権利条約を視野に入れていじめ問題を考察した。

喜多明人は、子どもの権利条約について具体的に説明・紹介し、教育の場に子どもの人権の立場から環境がつくられ、生徒指導や学習指導がなされていくことの重要性を提起した[30)]。喜多は4半世紀進めてきたいじめ対策の主流である「道徳・規範教育と厳罰化」は、効果はあまり期待できないとし、「道徳教育の人権教育・権利学習への書き換えを図ってきた学校現場の取組を一層強め、子どもの権利条約を軸とした子ども支援主義に立つ実践と環境づくりをめざすことが必要ではないか」と述べる[31)]。

安藤博は、いじめを法と人権の視点から「人権侵害、人権救済、法的責任、

28）佐藤学『学校改革の哲学』東京大学出版会、2012、p.61

29）堀尾輝久氏に聞く「子どもの学習を豊かにする教師の権利論を—教育学と教育法学の研究課題」『季刊教育法』100、1995

30）喜多明人『新世紀の子どもと学校—子どもの権利条約をどう生かすか』エイデル研究所、1995

人権教育」の軸においてとらえるべきものと考え、「いじめは人権と法の重要テーマであり、しかも教育実践につながる分析が必要である」と述べた[32]。そして、児童・生徒の身近な法体験から具体的な法学習によって市民として社会を生き抜く力を育成しようとする思春期法学を提起した[33]。安藤はいじめを人権侵害と考え、生徒たちに「学校、教室に正義と人権が存在するよう意識を形成すること」を述べる[34]。また、生徒指導が有効に行われるためには、教科において法学習が必要であり、正確な知識の習得が法意識の形成になると提起する。安藤は、カウンセリングマインドとリーガルマインド（法的思考と対応）の統一的な実践を主張する。また、いじめの学校教育での取組の重要性についても、その見解を述べている。授業実践そのものについては「普段から生徒と教師に『紛争と法』についての学習がなされていると有効であろう」と延べ、ロールプレイや劇の紹介を行っている。

市川須美子は教育法学の立場からいじめ裁判についての研究を重ね、学校・教師の安全配慮義務などについて、具体的ないじめ裁判の判決文をもとに分析した[35]。その研究は、学校現場での生徒指導・生活指導の具体的な指針となっている。

舟木正文は、子どもの人権を尊重する安全学習を提起し、「子どものいじめの問題は子どもの心身の安全・安心と人格あるいは人間の尊厳の尊重という観点から必須のテーマとして位置づけ取り組まれるべきである」とし、「いじめ被害事例を学習教材として効果的に取り入れ」ることを述べる[36]。

31）喜多明人「いじめ防止対策推進法の問題点と学校現場の課題」『季刊教育法』178、2013、pp.88-93

32）安藤博「いじめ問題をめぐる法領域―子どもの人権から問われていること」『季刊教育法』101、1995

33）安藤博『子どもが法と出会うとき』三省堂、2009、pp.12-13、p.17

34）安藤　前掲注33）、pp.138-139、p.155

35）市川須美子『学校教育裁判と教育法』三省堂、pp.14-69

36）舟木正文「人権としての子どもの安全とその能力形成―安全学習指針から―」『季刊教育法』151、2006、pp.26-29

坂田仰は、いじめ問題を教育法学の立場から整理し[37]、生徒指導における裁判判決書による事例学習の重要性を述べる。生徒指導に苦悩する教職員に対して、「生徒指導に関わる諸問題の現状を踏まえ」、「学校現場に今後期待される方向性」を導く関係法令と裁判例を示した[38]。

斎藤一久は、憲法教育の視点で、中野区中学校いじめ自殺事件などの教育裁判例などを紹介し、学校・教師の具体的ないじめによる人権侵害からの救済や指導の在り方を裁判例を通して例示した[39]。

采女博文は、いじめ問題関係裁判の判決書を事例として具体的な人権侵害の学びの重要性を述べた。この学びで「国家（私たちの社会）が刑罰を科してまで抑止しようとしている『違法な行為』、国家が守ろうとしている市民の人権を具体的に学ぶことができる」と述べ、いじめが犯罪を含む人権侵害行為であることを示し、いじめ裁判の判決書を活用することで「法規範を共通認識にする授業」の必要性を提起した[40]。

梅野正信は、いじめ問題関係裁判判決書を活用した授業の有効性を最初に提起した。具体的に教材開発を行い、教材を活用した授業に必要な資料を提供すると同時に実践も行った。梅野はこの授業を「判決文という『合意』をもとに、『権利』『犯罪』『責任』『義務』といった法的対応について『教えながら学ぶ』授業である」と述べ、被害者には救済と権利回復が確固として存在すること、加害者には犯罪的行為の自制、多くの児童・生徒たちには「いじめ」「暴力」がどのような犯罪であるかを判断できるようになることを目的とすることを述べた。判決書教材の意味や条件を整理説明し、いじめ関係としては「中野富士見中学校事件」「小川中学校事件」「大阪府十三中学校事件」「七塚小学校事件」

---

37)　坂田仰「いじめ事件の法的考察（1）」『季刊教育法』113、エイデル研究所、1997、pp.6-12

38)　坂田仰編『法律・判例で考える生徒指導』学事出版、2004

39)　斎藤一久編『重要教育判例集』東京学芸大学出版会、2012

40)　梅野正信・采女博文編『実践いじめ授業　主要事件「判決文」を徹底活用』エイデル研究所、2001、pp.18-25

「三室小学校事件」の判決書教材を開発した[41]。

さらに梅野は、「判決書教材は、人権侵害行為を個々の違法行為として確認させ、社会が強制力をもってしても守ろうとする法益としての人権、とりわけ生存権と人格権が一体として人に帰属することを学ばせ、自らその法益を守るために貢献しようとする態度を育成する教材となる。人権学習と法教育の接点に重ねられた、優れた教材となるのである」と述べ、「いじめ」「ハンセン病」「水俣病」「学校内事故」「戦後補償」などの人権に関わる具体的な判決書教材の有用性を提起した[42]。また、「判決書教材」について、「被害者が受けた人権侵害を正しく認定し、人権尊重の視点に立っての判断を示し、法と法の精神に基づく『期待される判断』としての良識や見解とを示す判決であることが必要である」とし、「法学や教育法学の領域で一定の評価が得られた判決である」と条件づけている[43]。

上記の研究者は、いじめ問題について法的視点から取り組んでいくことの重要性を述べてきた。そして、子どもの人権の視点から、喜多明人や舟木正文は提起してきた。安藤博は、思春期法学という法と人権の学びを生徒たちに授業レベルで培っていくことの重要性を唱えた。いじめ問題関係判決書による教師の事例学習を提起するのは、坂田仰や市川須美子である。また、采女博文と梅野正信は、児童・生徒への授業実践レベルとしてのいじめ判決書教材を活用した授業を提起し、そのことが教師の事例学習に重なっていくと提起した。梅野は、いじめ授業のための判決書教材を開発し、提供している。

(2) 本研究の位置づけ

本研究では、これまで、行政の取組、いじめ授業実践、そして研究者の分析について見てきた。本研究はどのような位置づけとなり、これまでの研究や実

41）　梅野・采女編　前掲注 40)、pp.10-17

42）　梅野正信『裁判判決で学ぶ日本の人権』明石書店、2006、p.17

43）　梅野正信・采女博文『判決書教材を活用した市民性育成教育を担う学校づくり』科研費研究中間総括報告書、2003、pp.16-17

践とどのように違うのか。

まず第一に、これまでのいじめ授業については、道徳の時間を中心にして、学級活動の時間などで各学校・各教師の創意工夫で行われてきた。先行実践では、思いやりや規範意識、人間尊重の精神を育成し、道徳的心情を育むことで間接的にいじめを予防・防止しようとする授業実践が行われ、心の教育が中心となってきた。この心の教育は、生徒たちに人間尊重の精神を育て、道徳的実践力の育成に成果を上げてきた。また、いじめを出さないための予防措置として、スキル重視の心理学的なアプローチからの事例が見られるようになっており、効果を上げてきている。

本研究は、法と人権の視点からの授業実践である。これまでのいじめ授業では、この視点からのアプローチは少なく、いじめ問題の判決書教材を活用する授業実践による取組は、空白地帯である。そのため、本研究は、これまで道徳や学級活動で取り組まれ、成果を上げてきた多様ないじめ授業のアラカルトの一つになることが期待できる。

これまでの道徳の時間におけるいじめ授業では、道徳的心情などに注目し、情緒的・価値的なアプローチから学びを生徒たちに習得させてきた。判決書の教材を活用する本研究の授業では、いじめの事実に対して実際何をなすべきなのか、どのような対応ができるのかなど、現実的な判断を習得させることが可能になるのではないか。その学びは判決書に記されたリアルな事実から可能にできるのではないかと考えられる。

第二に、文部科学省の取組は、深刻化するいじめ問題を解決し解消するために、学校・教師への取組についても明確に示し、生徒指導・学習指導におけるいじめ指導の在り方を示してきた。その成果は、各学校や各学級でいじめ問題の授業が取り組まれ、85%以上に及ぶというところに示されている。いじめ解消のために、文科省の指導のもと、各学校、各教師は努力を重ねてきた。

文科省の指導においては、事例研究としての取組が重視されてきたが、本研究はその事例研究と重なるものである。いじめ事件についての判決書を教材として活用することは、その事件の事例を通して生徒たちといじめ問題について学習していくことになる。

先述したように文部科学省は『いじめ問題についての取組事例集』などを発行し、ケーススタディを通した取組を重視している。その中では、中学校のいじめ実践例として、いじめ問題の判決書教材を活用した授業も紹介された。

事例研究については、学校においては校内研修においてこれまで活用されてきた。校内における生徒たちのカウンセリングによる人間関係やいじめの事例などをもとにした資料をもとにして、その状況の把握や解決策について教職員同士で共通理解し、検討する例が多い。たしかにその効果は高く、解決に向かうことも多い。しかし、その事例はプライバシー保護の観点からも校内だけに閉ざされる事例資料となる。いじめ問題の判決書を活用する事例研究は、校内だけでなく広く共有できる資料となる。その判決書を教材として活用する授業は、生徒たちがその事実からいじめへの対応を学ぶだけでなく、その教材によって学び合うことで教える教師も法的知識を学ぶことになる。被害者が受けている被害の実相を学び、ひとりのいのち、人権を大事にすることを、いじめ判決書に記された現実的で具体的ないじめによる人権侵害の事実から、生徒たちも教師も事例を通して学ぶことができるのである。

また、2011年の大津市いじめ自殺事件をきっかけとして、文科省はいじめの防止のために、法的アプローチからの効力を期待するようになってきている。本研究は、その法的アプローチによる学習指導である。

教育社会学の研究者による分析では、中学生のなかにはいじめをおもしろがったり、同調圧力やノリで加害者や傍観者になっている状況が見られる。この「情動的反応」をどう押さえていくかという視点と規範意識の向上、人間関係づくり、可視性の低下を考慮した実践アプローチがいじめの授業実践には求められると考えられる。

本研究における、いじめ問題の判決書を教材とする法的視点からの授業実践は、いじめが犯罪を含む人権侵害であることを具体的な学びを通して培っていく。たとえば、中学生の時期は性的な興味関心が高く、性的嫌がらせがいじめ事件には多く見られる。中学生はそのいじめ行為が法的にきびしく罰せられる犯罪行為であるという法的知識・理解が欠けている場合が多い。筆者の経験では、事件の後に関係者から指導されて初めて知ったというケースがこれまで何度かあった。このような学びは「情動的反応」への抑止になると考えられる。

また、いじめによって被害者は最終的にどのような事態になるかを学ぶことが「情動的反応」を抑えることにつながると考えられる。いじめ被害者は、最終的に自殺や不登校、精神的後遺障がいに苦しむことになる。本研究では、自殺や不登校、精神的後遺障がいについて具体的に判決書を通して学ぶ。

さらに本研究では、いじめは可視化されないと深刻なものになることを学ぶ。たとえば、特別支援を必要とする児童・生徒へのいじめのテーマで取り組んだいじめ判決書学習では、特別支援を必要とする被害者に対する校内でのいじめは日常的に行われていたのにもかかわらず、学校・教師はそれを認知せず、周囲の同級生は見て見ぬふりであった。結局最終的に、被害者は校内において集団暴行によって殺害されてしまう。この学習では、学校・教師の対応、周囲の同級生の対応、被害者の状況を学ぶ中で、いじめが可視化されないと最悪の事態も起こり得ることを学ぶことが可能である。

教育法学者や法律学者は、いじめ問題を子どもの人権と関わらせ、法的視点から分析してきた。その際、具体的ないじめ問題に関係する裁判判決文の研究は、学校現場での生徒指導・生活指導の具体的な指針となってきた。いじめ裁判の判決書教材を活用した授業については、梅野によって提唱されてきたが、本研究はその延長上にある。

第三に、これまで実践研究されてきたいじめ判決書教材を活用した授業においては、実践者の問題意識によるテーマをもとに実践を行い、ひとつの判決書による授業を検討し、その授業の意義についての研究であった。いじめの態様に応じた構成要素を含む多様な判決書を開発教材化し整理することは、判決書教材を活用した授業の研究においては、これまで準備されてこなかった。また、多様ないじめ判決書教材の一つ一つにどのような構成要素が含まれているか、教材の構造的な理解はなされてこなかった。さらに、生徒たちの感想文の記述から、判決書教材の構成要素によって、生徒たちはどのような学習内容を理解し、どのような学びを具体的に習得するのかについては研究の蓄積が必要とされてきた。

本研究では、文部科学省のいじめ態様を参考にしながら、教育法学や法律学研究の成果をもとにそのいじめ態様について検討し、いじめを類型化した判決書教材を開発する。判決書に含まれる学習内容の構成要素を抽出し、分析する。また、いじめ態様に合わせて準備した多様ないじめ判決書教材を活用した授業による生徒たちの授業感想文に注目して、その記述から構成要素を抽出して分析し、それらの判決書教材と感想文による構成要素を全体的に比較考察し、いじめ問題における学習内容の構成要素を整理する。この研究は、それらの教材開発とその検討、および感想文記述の内容分析と整理を通して、いじめ判決書教材を活用した授業の可能性の分析のために学習内容の構成要素を抽出し、整理し蓄積検討する研究である。

第３節　本研究の内容及び構成

前節で説明したように、本研究では、①文部科学省のいじめの態様を参考にしながら、いじめの態様を整理し、②その整理したいじめの態様をもとに、いじめを類型化し（第２章）、③そのテーマに関連するいじめ裁判例からいじめ判決書教材を開発し、教材における諸要素を整理し、考察する（第３章から第８章の各第２節）。④その判決書教材を活用した授業を開発し、判決書教材を組み入れた指導案を開発し、授業実践を行い、授業の概要を考察する（第３章から第８章の各第３節）。⑤感想文を整理分析し、判決書教材の要素がどのような学びの要素となったのかについて考察する（第３章から第８章各第４節）。⑥判決書教材の要素と感想文の要素を比較整理し、共通点や相違点を紹介しつつ整理する（各３章から第８章の各第５節）。

第３章から第８章までは、それぞれの章で開発したいじめ判決書教材を紹介し説明する。そしてそれぞれの判決書教材に含まれる構成要素を抽出し、一つ一つの判決書教材についてその構成要素を整理し、考察する。さらに、その学習内容の構成要素を授業構成案に位置づけた授業実践を検討する。また、第３章から第８章において、それぞれ各章で開発した判決書教材を活用した授業後の生徒たちの感想文記述をもとにして、キーワードを生成し、構成要素を抽出する。一つ一つの授業後に抽出できた構成要素について分析し考察する。

第９章ではこの研究の総括をする。第９章では、第３章から第８章まで各章で分析整理した判決書教材と生徒たちの授業感想文記述から抽出した構成要素をそれぞれにおいて全体的に比較検討する。テーマに基づいた判決書教材を活用した授業によって、どのような生徒たちの感想文記述が全体的に見られ、構成要素はどのようなものが抽出できるのか、比較分析することで、判決書教材と授業感想文に基づく学習内容の構成要素を確認し整理する。そして、判決書教材を活用した授業の共通の構成要素とそれぞれの判決書教材による授業において特色ある構成要素を検討する。

第９章の第３節が本研究の総括である。本研究によってそれぞれの判決書教材にはどのような構成要素が準備され、また、その授業によってどのような構成要素が感想文記述から抽出できたのか。いじめ態様やいじめ責任の視点からそれぞれの構成要素を確認整理するとともに、全体像を検討し、本いじめ判決書教材を活用した授業の実践的研究の成果と課題について説明したい。

繰り返しになるが、本研究は、開発したいじめ判決書教材による授業効果を生徒たちの感想文記述から分析整理し、検証するものではない。多様ないじめ態様に対応させて開発したいじめ判決書教材について、構成要素を抽出し提供すること、さらに、その授業による感想文記述からいじめ問題についての学習内容の構成要素のデータを整理することが本研究の内容であり、成果になると予想されよう。

第2章　本研究におけるいじめの態様

本章では、前章の第3節で示した「本研究の内容と構成」において、①文部科学省のいじめの態様を参考にしながら、いじめの態様を整理し、②その整理したいじめの態様をもとに、いじめを類型化することを目的とする。

まず、文部科学省は、1985（昭和60）年以後のいじめ調査において、「いじめの態様」を示してきたが、どのような事象をいじめ態様として示しているのかについて考察する。そして、2006（平成18）年度の調査からいじめの態様として示している事象を中心にしながら、森田洋司（教育社会学）の研究を踏まえて、いじめの態様について整理する。その後、その整理した態様をもとにして、本研究におけるいじめの態様を類型化する。

また、これまでの授業実践における生徒たちの感想文や授業記録、授業後質問紙調査などを通した研究を踏まえて、いじめの態様などを含む生徒たちの学習内容となる構成要素を考察する。

その際、いじめ問題に関わる学校裁判例をもとに研究を重ねてきた伊藤進・織田博子、市川須美子、岩崎政孝・橋本恭宏・船木正文、坂田仰、斎藤一久、梅野正信らの著書を参考にしていじめ態様を類型化し、教材開発や授業実践の学習テーマとして設定する。

第3章以降において、上記の類型化したいじめ態様に対応したテーマに基づいて、いじめ判決書教材を開発する。その判決書教材はどのような構成要素を内包しているのか、その教材を活用した授業によって、生徒たちにどのような学習内容の構成要素が培かわれるのかについて授業感想文記述の分類分析によって抽出し、上記の経験にたよって予想した構成要素を確定していく。

それでは、まず最初に、どのような事象をいじめの態様として考察し、設定したのかについて述べていきたい。

第1節　本研究におけるいじめ態様の類型化

本研究におけるいじめ態様の類型化においては、文部科学省のいじめ調査におけるいじめ態様を参考にする。最初にどのような内容なのかについて説明し、次に教育法学や法律学の研究者によるいじめ態様について整理する。それらの研究の成果をもとに、本研究におけるいじめの態様を考察する。

1　文部科学省のいじめ態様

先述したように、文部科学省は、1985（昭和60）年以後、いじめ調査を毎年実施している。その調査項目の中に、「いじめの態様」が示されている。その例示されたいじめの態様は、2006（平成18）年度のいじめ定義の変更（当該児童生徒が、一定の人間関係のある者から、心理的、物理的攻撃を受けたことにより、苦痛を感じているもの。起こった場所は内外を問わない）によって、新たに見直しが行われた。それまでは、「言葉での脅し」「冷やかし·からかい」「持ち物隠し」「仲間はずれ」「集団による無視」「暴力を振るう」「たかり」「お節介・親切の押し付け」「その他」が調査項目としてのいじめの態様であった。

ところが、新しい態様の内容は、「冷やかしやからかい、悪口や脅し文句、嫌なことを言われる」「仲間はずれ、集団による無視をされる」「軽くぶつかられたり、遊ぶふりをして叩かれたり、蹴られたりする」「ひどくぶつかられたり、叩かれたり、蹴られたりする」「金品をたかられる」「金品を隠されたり、盗まれたり、壊されたり、捨てられたりする」「嫌なことや恥ずかしいこと、危険なことをされたり、させられたりする」「パソコンや携帯電話等で、誹謗中傷や嫌なことをされる」「その他」と見直された。

その時に、新しく態様として調査項目に取り入れられたものが、「軽くぶつかられたり、遊ぶふりをして叩かれたり、蹴られたりする」「嫌なことや恥ずかしいこと、危険なことをされたり、させられたりする」「パソコンや携帯電話等で、誹謗中傷や嫌なことをされる」である。新しい三つの態様は、1980

年代半ばの第一次ピーク時や1990年代半ばの第二次ピーク時に比較的多く見られた「継続的暴力、恐喝を中心に、いやがらせ、使役など比較的見えやすい派手ないじめ」[1)]とは違う新たに増加してきていた態様であった。SNSの発達と同時に次第に増加傾向にあった「ネットいじめ」についても、いじめの態様の一つとして、文部科学省のいじめ調査項目に付け加えられた。

2006年度から見直されたいじめ態様の調査項目は、森田洋司が1986年に発表した『いじめ—教室の病い』（金子書房）において、いじめ調査として九つに分けたいじめ態様の調査項目内容と相似している。その項目は、「仲間はずれ・無視」「しつこく悪口をいう」「持ち物をかくす」「無理やりいやがることをする」「たたく・ける・つねるなどの小暴力」「プロレスごっこなどといって一方的になぐったりする」「おどす」「金や物をとりあげる」「着ているものを脱がす」[2)]である。森田は、さらにそれらを類型化しており、「仲間はずれ・無視」「しつこく悪口をいう」項目を、「心理的いじめ型」としている。同様に、「持ち物をかくす」「無理やりいやがることをする」「たたく・ける・つねるなどの小暴力」については「心理的ふざけ型」「プロレスごっこなどといって一方的になぐったりする」「おどす」「金や物をとりあげる」については「物理的いじめ型」「着ているものを脱がす」は「物理的ふざけ型」としている。そして、現代のいじめでは、「心理的いじめ」が一般的であるとし、そのいじめは、遊びやふざけと区別のつかないかたちで行われるだけに、子どもたちの日常生活にとりこまれ、「物理的ふざけ型」と結びついて、「物理的いじめ型」の非行性をおびたいじめと併存する傾向がみとめられると説明する。つまり、「初期の段階では軽微ないじめやふざけ半分のいじめであっても、エスカレートするにつれて、しだいに粗暴化し、非行関連型へと発展していく傾向がある。この『ふざけ型』から『非行関連型』への移行過程として偽装型のいじめを経過していくようである」[3)]と述べ、森田はいじめの態様に注目し、それらがどのように移行して

1)　市川須美子『学校教育裁判と教育法』三省堂、2007、p.14

2)　森田洋司・清水賢二『いじめ　教室の病い』金子書房、1986、p.58

3)　森田・清水編　前掲注2)、pp.49-60

いくのかについても分析した。森田は文部科学省をはじめ、国立教育政策研究所生徒指導センターにおいても、委員や協力者となっている[4)]が、その研究や社会活動がいじめ態様の調査項目の見直しに影響を与えたのではないかと考えられる。

以上のように、現在の文部科学省によるいじめの態様の分類については、国立教育政策研究所生徒指導センターなどの研究や森田洋司などの研究を踏まえて、現在のように類型化しており、学問的根拠をもとに改善を図ってきたのである。

なお、これまで説明してきた文部科学省のいじめ態様の分類の変化と関連づけた研究者や研究所の分類については次の表2に整理した。

2　研究者が注目するいじめ裁判例といじめ態様との関連

それでは、いじめ問題の裁判判決書に注目する教育法学や法学研究者は、どのようないじめ裁判例を取り上げているのか。そして、その裁判例は文部科学省のいじめ態様の類型化とどのように関連しているのだろうか。

---

4)　国立教育政策研究所生徒指導研究センターは2006（平成18）年2月21日に「平成17年度教育改革国際シンポジウム」として、「子供を問題行動に向かわせないために～いじめに関する追跡調査と国際比較を踏まえて～」を開催した。森田洋司はそのシンポジウムに「対談」「パネリスト」として参加した。その際､同センターの滝充総括研究官は、森田の研究に影響を受けたことを認めている。なお、この調査では、いじめ態様の調査項目は、「Bullying Scale：仲間はずれ、無視、陰口　by excluding、ignoring you：からかう・悪口　by teasing、calling names：かるくぶつかる・たたく・蹴る　by pushing、hitting (jokingly)：ひどくぶつかる・たたく・蹴る　by pushing、hitting (on purpose)：金銭強要・物品破壊　by taking and damaging your property：パソコンや電話で by using computer、email」となっており、2006年度からの文部科学省による調査項目と似通っている。国立教育政策研究所・文部科学省『平成17年度教育改革国際シンポジウム 報告書 子どもを問題行動に向かわせないために―いじめに関する追跡調査と国際比較を踏まえて―』2007年3月

＜表2　文部科学省のいじめの態様の分類の変化と関連づけた研究者・研究所の分類＞

文部科学省（1985～2005）	言葉での脅し	冷やかし・からかい	仲間はずれ	集団による無視	暴力を振るう	たかり	持ち物隠し	×	×	×	お節介親切の押しつけ	その他
文部科学省（2006～現在）	冷やかしやからかい、悪口や脅し文句、嫌なことを言われる		仲間はずれ、集団による無視をされる		ひどくぶつかられたり、叩かれたり、蹴られたりする	金品をたかられる	金品を隠されたり、盗まれたり、壊されたり、捨てられたりする	軽くぶつかられたり、遊ぶふりをして叩かれたり、蹴られたりする	嫌なことや恥ずかしいこと、危険なことをされたり、させられたりする	パソコンや携帯電話等で、誹謗中傷や嫌なことをされる	×	その他
国立教育政策研究所生徒指導研究センターによる国際調査（2006）	からかう・悪口 by teasing, calling names		仲間はずれ、無視、陰口 by excluding, ignoring you		ひどくぶつかる・たたく・蹴る by pushing, hitting (on purpose)	金銭強要・物品破壊 by taking and damaging your property		かるくぶつかる・たたく・蹴る by pushing, hitting (jokingly)	×	パソコンや電話で by using computer, email	×	×
森田分類（1986）	しつこく悪口を言う		仲間はずれ・無視		プロレスごっこなどといって一方的になぐったりする脅す	金や物をとりあげる	持ち物を隠す	たたく・ける・つねるなどの小暴力	無理やりいやがることをする。着ているものを脱がす	×	×	×
	心理的いじめ型				物理的いじめ型		心理的ふざけ型		物理的ふざけ型			

×は記述なし

表3は「文部科学省のいじめの態様の分類と関連づけた研究者の分類と判決書」の一覧である。

いじめ問題の裁判判決書に注目する教育法学や法学研究者として、①伊藤進・織田博子、②市川須美子、③橋本恭宏・船木正文・岩崎政孝、④坂田仰・黒川雅子、⑤斎藤一久、⑥梅野正信を取り上げる。これらの研究者は、いじめ問題についての裁判例や判決書について分析した著書を世に出しており、その解説内容を中心にしていじめ裁判を分類した。対象とした文献は次の通りである。

①伊藤進・織田博子『実務判例解説学校事故』三省堂、1992

②市川須美子『学校教育裁判と教育法』三省堂、2007

③浪本勝年・箱田英子・岩崎政孝・吉岡睦子・船木正文『教育判例ガイド』有斐閣、2001／喜多明人・橋本恭宏・船木正文・森浩寿編『解説学校安全基準』不磨書房、2008[5)]

④坂田仰編教育法令理論研究会『法律・判例で考える生徒指導―いじめ、体罰から出会い系サイト、児童虐待まで』学事出版、2004／坂田仰・黒川雅子『事例で学ぶ“学校の法律問題”』教育開発研究所、2013／坂田仰『学校現場における教育法規実践学【上巻】学校トラブル―生徒指導・保護者対応編』教育開発研究所、2013

⑤斎藤一久編『重要教育判例集』東京学芸大学出版会、2012

⑥梅野正信『教育管理職のための法常識講座―判決に学ぶ「いじめ」「体罰」「ネット」「虐待」「学級崩壊」への対応』上越教育大学出版会、2015／梅野正信・采女博文編『実践いじめ授業―主要事件「判決文」を徹底活用』エイデル研究所、2001

5)　浪本勝年・箱田英子・岩崎政孝・吉岡睦子・船木正文『教育判例ガイド』有斐閣、2001においては、「第6章　子どもの心身の尊厳（その2）いじめ」については、岩崎政孝が執筆している。／喜多明人・橋本恭宏・船木正文・森浩寿編『解説学校安全基準』不磨書房、2008において、「学校安全判例を読み解く①最近の主要判例（平成以後）(9) いじめ」については、執筆者は明記されていないが、橋本恭宏であることが文脈から読み取れる。また、船木は両文献の編集著作に関わっているために、対象とする研究者として船木正文も取り上げる。

<表3　文部科学省のいじめの態様の分類と関連づけた研究者の分類と判決書>

文部科学省のいじめ態様の分類	ア　冷やかしやからかい、悪口や脅し文句、嫌なことを言われる	イ　仲間はずれ、集団による無視をされる	ウ　ひどくぶつかられたり、叩かれたり、蹴られたりする	エ　金品をたかられる	オ　金品を隠されたり、盗まれたり、壊されたり、捨てられたりする	カ　軽くぶつかられたり、遊ぶふりをして叩かれたり、蹴られたりする	キ　嫌なことや恥ずかしいこと、危険なことをされたり、させられたりする	ク　パソコンや携帯電話等で、誹謗中傷や嫌なことをされる	ケ　その他
伊藤進、織田博子	(ア)東京地裁平成2年4月17日判決「杉並区小学校いじめ事件」		(ハ)新潟地裁昭和56年10月27日判決「定時制農業高校校内自殺事件」 (ヒ)東京地裁八王子支部平成3年9月26日判決「東京都いじめ自律神経症事件」 (オ)東京地裁平成3年3月27日判決「中野区中学校いじめ自殺事件」 (サ)浦和地裁昭和60年4月22日判決「浦和市立小学校いじめ事件」	(タ)福島地裁いわき支部平成2年12月26日判決「いわき市中学校いじめ自殺事件」					

文部科学省のいじめ態様の分類	ア　冷やかしやからかい、悪口や脅し文句、嫌なことを言われる	イ　仲間はずれ、集団による無視をされる。	ウ　ひどくぶつかられたり、叩かれたり、蹴られたりする	エ　金品をたかられる	オ　金品を隠されたり、盗まれたり、壊されたり、捨てられたりする	カ　軽くぶつかられたり、遊ぶふりをして叩かれたり、蹴られたりする	キ　嫌なことや恥ずかしいこと、危険なことをされたり、させられたりする	ク　パソコンや携帯電話等で、誹謗中傷や嫌なことをされる	ケ　その他
市川 須美子		(オ)東京高裁平成6年5月20日判決 「中野区中学校いじめ自殺事件」 (カ)富山地裁平成13年9月5日判決 「富山市中学校いじめ自殺事件」	(ク)福岡地裁平成13年12月18日判決 「福岡県中学校いじめ自殺事件」 (ケ)鹿児島地裁平成14年1月28日判決 「鹿児島県知覧町中学校いじめ自殺事件」	(タ)福島地裁いわき支部平成2年12月26日判決 「いわき市中学校いじめ自殺事件」 (チ)秋田地裁平成8年11月22日判決 「秋田県中学校いじめ事件」	(ツ)東京高裁平成14年1月31日判決 「神奈川県中学校いじめ自殺事件」		(ト)旭川地裁平成13年1月30日判決 「中学生校内性的暴行事件」		(コ)大阪地裁平成9年4月23日判決 「大阪府中学校いじめ暴行殺害事件」
岩崎政孝 橋本恭宏 船木正文	(ア)東京地裁平成2年4月17日判決 「杉並区小学校いじめ事件」	(オ)東京地裁平成3年3月27日判決、東京高裁平成6年5月20日判決 「中野区中学校いじめ自殺事件」	(コ)大阪地裁平成9年4月23日判決 「大阪府中学校いじめ暴行殺害事件」 (サ)浦和地裁昭和60年4月22日判決「浦和市立小学校いじめ事件」	(タ)福島地裁いわき支部平成2年12月26日判決 「いわき市中学校いじめ自殺事件」	(テ)東京高裁平成19年3月28日判決 「中学生いじめ自殺事件」		(ナ)金沢地裁平成8年10月25日判決 「七塚町立小学校いじめ事件」		

	(イ)さいたま地裁平成17年4月15日判決「担任教師によるいじめ事件」 (ウ)横浜地裁平成18年3月28日判決「高校生いじめ自殺事件」		(シ)札幌高裁平成19年11月9日判決「札幌市中学校いじめ暴行事件」 (ス)京都地裁平成17年2月22日判決「京都市小・中学校いじめ事件」 (セ)大阪地裁平成7年3月24日判決「大阪市中学校いじめ暴行事件」						
坂田仰、黒川雅子		(キ)佐賀地方裁判所平成24年1月27日判決「佐賀県部活動いじめ自殺未遂事件」	(オ)東京地裁平成3年3月27日判決「中野区中学校いじめ自殺事件」 (カ)神戸地裁平成15年2月10日判決「神戸賭けトランプいじめ事件」	(タ)福島地裁いわき支部平成2年12月26日判決「いわき市中学校いじめ自殺事件」		(テ)東京高裁平成19年3月28日判決「中学生いじめ自殺事件」	(ト)旭川地裁平成13年1月30日判決「中学生校内性的暴行事件」		(ノ)東京地裁八王子支部判決平成20年5月29日判決「自閉症児転落事故」
斎藤一久				(タ)福島地裁いわき支部平成2年12月26日判決「いわき市中学校いじめ自殺事件」		(オ)東京地裁平成3年3月27日判決「中野区中学校いじめ自殺事件」			

梅野正信	(ウ)横浜地裁平成18年3月28日判決「高校生いじめ自殺事件」 (エ)横浜地裁平成21年6月5日判決「中学生いじめ神経症事件」	(ク)福岡地裁平成13年12月18日、福岡高裁平成14年8月30日「中学生いじめ自殺事件」 (オ)東京高裁平成6年5月20日判決「中野区中学校いじめ自殺事件」	(キ)東京高裁平成13年12月20日、「千葉県中学校いじめ事件」 (ケ)鹿児島地裁平成14年1月28日判決「鹿児島県知覧町中学校いじめ自殺事件」 (セ)大阪地裁平成7年3月24日判決「大阪市中学校いじめ暴行事件」 (サ)浦和地裁昭和60年4月22日判決「浦和市立小学校いじめ事件」	(タ)福島地裁いわき支部平成2年12月26日判決「いわき市中学校いじめ自殺事件」	(ツ)東京高裁平成14年1月31日判決「神奈川県中学校いじめ自殺事件」	(テ)東京高裁平成19年3月28日判決「中学生いじめ自殺事件」	(ト)旭川地裁平成13年1月30日判決「中学生校内性的暴行事件」 (ニ)大阪高裁平成19年7月5日判決「私立高校寮内いじめ事件」	名誉毀損（ネット環境を悪用した誹謗中傷や名誉毀損等を含む）として、 (ヌ)大阪地裁平成20年5月23日判決、大阪地裁平成20年6月26日判決「中学生裏サイト中傷事件」 (ネ)東京高裁平成14年12月25日判決「動物病院誹謗中傷書込事件」	(コ)大阪地裁平成9年4月23日判決「大阪府中学校いじめ暴行殺害事件」
本研究の分類	a　悪口	b　無視・仲間はずれ、村八分	c　暴行・恐喝		d　物理的いじめ	e　いじめとふざけ	f　性的嫌がらせ	×	g　特別支援いじめ

(1)「冷やかしやからかい、悪口や脅し文句、嫌なことを言われる」といじめ裁判例

表3に注目すると、「冷やかしやからかい、悪口や脅し文句、嫌なことを言われる」に該当する裁判例として、伊藤進・織田博子の説明では、(ア)東京地裁平成2年4月17日判決「杉並区小学校いじめ事件」を取り上げることができる。伊藤・織田は本判決の判旨の中で「入学直後から同級生らに不意に後ろから殴られたり、『ばか』『のろま』等の悪口を言われたりしていじめられたりしていじめられることがあり」と説明している[6]。本判決は悪口が被害者を小児神経症に追い込んでいる場面も多く、本分類と考えられる。

岩崎政孝・橋本恭宏・船木正文による解説では、(ア)東京地裁平成2年4月17日判決「杉並区小学校いじめ事件」と(イ)さいたま地裁平成17年4月15日判決「担任教師によるいじめ事件」(ウ)横浜地裁平成18年3月28日判決「高校生いじめ自殺事件」の三つが該当すると考えられる。

(ア)「杉並区小学校いじめ事件」は、「同級生らから『ばか』『のろま』等の悪口を言われたりしていじめられ、…『きたない』『病気持ち』等とからかわれたり、首筋に鉛筆を突き刺されたり、後頭部付近を殴打されて発熱し」「いじめが誘因となって小児神経症を発症する」等の事件であると記されている。この事件は、殴打事件の発生まで、悪口やからかいによって被害者には精神的に大きな打撃があったことが予想されるために、本分類とした。

(イ)「担任教師によるいじめ事件」については、小学5年生の児童が、担任教師から「ひどいことを言われたり、いじめられたりして、精神的苦痛を受け、PTSDという後遺障害を負った」裁判であると説明する。児童に対する担任教師の言葉による指導がいじめと認められたものであり、本分類が妥当と考えられる。

(ウ)「高校生いじめ自殺事件」については、高校に進学後、音楽部に入部し、同じクラスの同じ部活動の生徒から主にアトピー性皮膚炎に関する悪口の言葉

6)　伊藤進・織田博子『実務判例解説学校事故』三省堂、1992、pp.341-343

によるいじめを受けて自殺した事件であるが、「加害者Ｂの言動は違法である」という裁判の判断を紹介・説明しているために、本分類とした[7)]。

梅野正信は、㈤横浜地裁平成 21 年 6 月 5 日判決「中学生いじめ神経症事件」と㈦横浜地裁平成 18 年 3 月 28 日判決「高校生いじめ自殺事件」の二つについて取り上げている。

㈤「中学生いじめ神経症事件」については、「『死ね、うざい、きもい』などの言葉の暴力、カバンを刃物で切られ、セーターを切られるなどの被害を受け続けた」事件であるとし、「死ね、うざい、きもい」等の言葉の暴力が心に深く傷を残し、「いじめ」に当たるという判決部分を重視している。そして、「悪意ある言葉は自制できなくなり、エスカレートして、直接的暴力を誘発する措置ともなりかねない」と説明する[8)]。㈦「高校生いじめ自殺事件」については、岩崎政孝･橋本恭宏･船木正文が取り上げた裁判例と同じであるが、梅野は「精神的苦痛の中に、アトピー性皮膚炎が顔等で悪化した状態を捉えての、言葉によるいじめ行為が含まれている」と説明する[9)]。

(2)「仲間はずれ、集団による無視をされる」といじめ裁判例

次に「仲間はずれ、集団による無視をされる」態様として研究者が取り上げる裁判例を整理する。この態様については、市川、岩崎・橋本・船木、坂田、梅野らが関連する裁判例や判決を紹介している。その中で最も多くの研究者が注目している判決が㈹東京高裁平成 6 年 5 月 20 日判決「中野区中学校いじめ自殺事件」である。

市川は本判決について、「いじめにより出口（救済の見込み）のない生き地獄へのスパライラルに巻き込まれてしまった被害者の精神的苦痛は、社会的に許容できるものではないほど深刻なものであることはむしろ容易に予見できる」と説明する。市川は地裁判決を「軽度のゲーム的いじめとひとくくりにし

---

7)　喜多・橋本・船木・森編　前掲注 5)、pp.154-160

8)　梅野正信『教育管理職のための法常識講座』上越教育大学出版会、2015、pp.158-169

9)　梅野　前掲注 8)、pp.181-192

て」と批判し、この事件は「生命・身体への重大被害の可能性を高度に含む悪質重大ないじめ」と説明した。そして、「葬式ごっこ」をふくめて長期の悪質ないじめの存在を認定した本判決を評価する[10)]。

岩崎・橋本・船木は、地裁判決と高裁判決を比較することは、「いじめ事件の事実認定を理解するうえで重要である」と述べている。裁判所の認定が異なったことについて、「裁判所でのいじめの事実認定の難しさを示す事実と考えることもできる」とし、「原告側としては、児童生徒の心理や行動、当該いじめの構造を十分に分析し敷衍したうえで…裁判所の理解を求めていく必要がある」と述べる。いじめかふざけかを考えていく上で両裁判官の判断を比較する意味は大きいが、「葬式ごっこ事件」や「シカト」などの心理的な面から考察できる事実が記されている[11)]。梅野は、「葬式ごっこ事件」として、いじめの深刻さを広く認知させることになり、身体的・精神的暴力が具体的に記述されていると説明し、葬式ごっこやシカトなどによる仲間はずれや無視、村八分のいじめ行為が、精神的なダメージを与えた事実が記されている判決であるとする[12)]。

市川、坂田、梅野は別の判決も取り上げている。市川は㈸富山地裁平成13年9月5日判決に注目し、坂田は㈹佐賀地裁平成24年1月27日判決「佐賀県部活動いじめ自殺未遂事件」、梅野は㈺福岡地裁平成13年12月18日判決、福岡高裁平成14年8月30日判決「中学生いじめ自殺事件」に注目している。

市川の取り上げる㈸「富山市中学校いじめ自殺事件」は、「からかい・ひやかし、侮辱的呼称、殴る蹴る等の暴行、侮辱的な行為の強要、恐喝など深刻な人権侵害としてのいじめを苦にして自殺した」事件である。判決では、方言についてのからかいや言葉のアクセントの違いをからかわれたり、○○人と呼ばれたりした。また部活動において部員から侮蔑的態度をとられたり、部員以外からも侮蔑的呼称で呼ばれ、ばかにされていた事実が記されている。市川は本

10)　市川　前掲注1)、pp.14-20

11)　浪本・箱田・岩崎・吉岡・船木　前掲注5)、pp.159-165

12)　梅野正信・采女博文編『実践いじめ授業』エイデル研究所、2001、p.13

判決を「心理的いじめを中心とするもの」として分類し、「被害者からの被害申告をためらわせる要因も大きく、いっそう教師から見えにくいいじめであることが特徴である」「残された遺書などから窺われるその被害の深刻さは、暴力・恐喝の派手ないじめに比して決して軽視し得るようなものではない」と説明している[13)]。

市川はその他、新潟地裁高田支部平成14年3月29日判決などをあげて、「心理的いじめのダメージは、学校生活の継続中は途切れることなく続く点で、暴力より悲惨な側面もある」「被害者の生存を脅かすいじめそのものといえる」と説明する。

坂田は㈹「佐賀県部活動いじめ自殺未遂事件」について、「この事案は、部活動での上下関係で日常的に見受けられる挨拶等の指導等が、いじめに該当するか否かが一つの争点になっていた」と紹介し、「…『社会的相当性の逸脱』という言葉を用いて、法的問題としてのいじめから、主観主義的把握を排する立場にくみしている」と説明する。この事件は部活動という集団内部における集団圧力といういじめと関連するものであり、この分類に当てはまると考えられる[14)]。

(3)「ひどくぶつかられたり、叩かれたり、蹴られたりする。」といじめ裁判例

次に、文部科学省が分類する「ひどくぶつかられたり、叩かれたり、蹴られたりする」のいじめ態様ではどうなのかについて見ていく。

表3からわかるように、この態様に該当すると考えられるいじめ裁判例は多い。それぞれの研究者が取り上げた裁判例は17に及ぶが、重なっているのも多い。三人の研究者によって重なって取り上げられている裁判例は、㈚浦和地裁昭和60年4月22日判決「浦和市立小学校いじめ事件」である。続いて、㈼鹿児島地裁平成14年1月28日判決「鹿児島県知覧町中学校いじめ自殺事件」と、

13)　市川　前掲注1)、2007、p.24

14)　坂田仰『学校現場における教育法規実践学（上巻)』教育開発研究所、2014、pp.95-97

(セ)大阪地裁平成7年3月24日判決「大阪市中学校いじめ暴行事件」、そして(オ)東京地裁平成3年3月27日判決「中野区中学校いじめ自殺事件」が二人の研究者によって取り上げられ重なっている。注目されるのは、(オ)「中野区中学校いじめ自殺事件」である。この判決は、「仲間はずれ、集団による無視をされる。」態様としても研究者によっては注目されていた。この裁判例は多様な態様を示すいじめ事例と考えらえる。

(サ)「浦和市立小学校いじめ事件」については、伊藤・織田は「小学校4年生の女生徒が、同級生らの足元に滑り込みをかける悪戯により転倒させられて前歯2本折るという傷害を受けた事故」と説明する。そのためいじめによる傷害として分類できる[15)]。

岩崎・橋本・船木は「小学校4年生が放課後学校内でのいじめによって受傷した事件」と説明している。この判決の事実として、被害者が登下校の際に同級生の男子から蹴る、叩く等の暴行を受けていたことや「ズッコケ」という悪戯によって転倒し、顔面を打ち付けて前歯を2本折るなどの傷害を負ったことも記されている[16)]。

梅野は、「担任教師が不在の時に、複数の児童よりいじめ暴行を受けて、打撲、挫傷を負った。深刻ないじめは小学校でも現実に起きている。また、中学校に見られる深刻な身体的暴行、人格の暴力的破壊を伴う『いじめ』を想定して現実的な選択肢を確保しておく必要がある。」と解説する。開発した判決書では、被害者が男子児童から素手で頭部などを殴打されたり、棒やほうきで殴打されていたが、「ズッコケ」という悪戯で滑り込みをかけられ、顔面を強打し、前歯を折るなどの傷害を受けた事実が記されている[17)]。

(ケ)「鹿児島県知覧町中学校いじめ自殺事件」については、市川は本判決を「従来型の暴行・恐喝中心型のいじめ」と分類している。また、梅野は「教室内で、頻繁に、執拗に暴行を受け、学外での意識を失うほどの壮絶な集団暴行で『半

15)　伊藤・織田　前掲注6)、pp.351-353

16)　浪本・箱田・岩崎・吉岡・船木　前掲注5)、pp.157-159

17)　梅野・采女編　前掲注12)、pp.109-113

殺し』の目にあい、日常的に暴行を受け続けて自殺した」事件であると説明する。判決書には、被害者は上級生に呼び出されて暴行を受け続け、継続的に殴られたり蹴られ、防空壕跡では意識を失い口から泡を吹くほどの集団暴行を受けた事実が記されている[18]。

㈦「大阪市中学校いじめ暴行事件」については、「中１の１学期から暴行を受け続け、中２でも毎日のように暴行を受け、中３の年、休憩時間に暴行を受けて、重傷を負わされた」事件として梅野は説明する。その開発した判決書では、被害者は２年生になって暴行を頻繁に受け、修学旅行では電車の中でいきなり頭部を蹴られた。暴行によって外傷性脾臓破裂という重傷を負わされたと記している[19]。同様に、岩崎・橋本・船木は、この事件について「同級生から暴行を受け、脾臓摘出の後遺症を負った」と説明しており、本分類が妥当であると考えられる[20]。

㈧「中野区中学校いじめ自殺事件」について、本分類で取り上げているのは、伊藤・織田と坂田である。伊藤・織田は、本事件について「同年12月頃以降、Aを無視し仲間はずれにしようとする機運が生じ、…Aに暴行を加えるようなことも多くなって、その態様も単なるいたずらとか偶発的なけんかという域をこえたものとなってきた」と判旨を説明する。さらに「Aが受けた暴行等。」「Aなどとの間で重要な暴行事犯等が発生する」と述べる[21]。坂田は本判決を「死者扱いにしてからかわれる『葬式ごっこ』の対象とされたほか、殴る、蹴るといった典型的ないじめを受けていた」と説明する。また本判決が「『葬式ごっこ』等を法的問題としてのいじめに位置付けることを否定した」ことの紹介や「暴力行為がエスカレートして行く第２期」と示し、暴行事件として本事件を分類する[22]。

この態様の分類に含まれるいじめ裁判例として、上記以外に八つがそれぞれ

18）　市川　前掲注1)、p.24　梅野　前掲注8)、pp.98-122

19）　梅野・采女編　前掲注12)、pp.47-53

20）　喜多・橋本・船木・森編　前掲注5)、pp.154-160

21）　伊藤・織田　前掲注6)、pp.339-345

の研究者によって紹介されている。

織田・伊藤は、(ハ)新潟地裁昭和56年10月27日判決「定時制農業高校校内自殺事件」と(ヒ)東京地裁八王子支部平成3年9月26日判決「東京都いじめ自律神経症事件」を紹介し、(ハ)の事件を「同級生からしばしば暴行を受けたり金員を脅し取られたりし、更には同級生の所持品の窃盗犯人に仕立てられたりするなどのいやがらせを受けた」と説明する。暴行や恐喝の事実が自殺の要因となっており、本事件は暴行に分類できる[23)]。(ヒ)については、「暴行事件から加害生徒ら被害生徒をアーミーナイフを持って追い掛け、トイレで殴る蹴るの暴行を加えた事件（ナイフ事件）までの間にも被害生徒に対して継続的にいじめがおこなわれていたのである…」と説明する。ナイフ事件をはじめとする暴行が本いじめ行為の態様として類型化できる[24)]。

市川は、(ク)福岡地裁平成13年12月18日判決「福岡県中学校いじめ自殺事件」を取り上げる。梅野は、この判決については、「仲間はずれ、集団による無視をされる。」態様として取り上げているが、市川は違う。市川は「従来型の暴行・恐喝中心型のいじめ」と分類している。被害者は1年生の時からひやかしや暴行を受け、2年時にも暴行を何度か受けた。3年生では恐喝や暴行を受け、パシリの強要、恐喝や金銭強要を継続して受け続けた事実が示されている[25)]。

岩崎・橋本・船木は、(コ)大阪地裁平成9年4月23日判決「大阪府中学校いじめ暴行殺害事件」を紹介し、「中学校3年生が集団的暴行を受けて死亡した事件について、加害生徒およびその親権者らの損害賠償責任が認められた事例」として取り上げている。被害者が障がい者であるということに注目せず、学校内で日常的にいじめに遭っていた被害者が、最終的に集団暴行によって殺害された事件として取り上げている[26)]。その他、(シ)札幌高裁平成19年11月9日判

22) 坂田仰編『法律・判例で考える生徒指導―いじめ、体罰から出会い系サイト、児童虐待まで』学事出版、2004、p.47

23) 伊藤・織田　前掲注6)、pp.338-341

24) 伊藤・織田　前掲注6)、pp.338-347

25) 市川　前掲注1)、p.24

決「札幌市中学校いじめ暴行事件」と㋜京都地裁平成17年2月22日判決「京都市小・中学校いじめ事件」も紹介している。㋛では、被害者は「同級生から暴行を受けて左眼窩底骨折の傷害を負った」と説明されている。㋜では、この事件の説明を「中学1年生（男子）が、同級生3名より暴行脅迫等を受け、転居を余儀なくされた」と説明する。㋛では暴行と傷害がいじめとして記され、㋜では暴行脅迫が強調されており、本分類が妥当と考えられる[27)]。

坂田は、㋕神戸地裁平成15年2月10日判決「神戸賭けトランプいじめ事件」に注目する。坂田は本判決を「小学校時代から同級生により、賭けトランプに誘われ、金銭的因縁をつけられ、暴行を加えられた」「金銭未払いを口実にふざけ半分の暴行」「暴行の事実や万引きの強要」「長期間にわたる暴行等のいじめ」と紹介する。暴行が中心のいじめ事件となっている[28)]。

梅野は、㋖東京高裁平成13年12月20日「千葉県中学校いじめ事件」も紹介している。「中学校入学当初より継続的に、集団で、また個別に『叩く・殴る・蹴るなどの暴力』『冷やかし』『他人の前で羞恥・屈辱を与える』『持ち物を隠す』などの不法ないじめ行為を繰り返し受けた」事件と説明する。開発した判決書には、教室や廊下で殴る・蹴る、唇が切れて腫れたり、ペンチで髪の毛を抜いたり、ガムテープで眉毛をはがされたり、集団で暴行されたりした事実が記されている[29)]。

(4)「金品をたかられる」といじめ裁判例

文部科学省のいじめ態様の分類には、「金品をたかられる」がある。いわゆる金銭強要を示している。研究者によるいじめ裁判例および判決書において、この態様に類型化できるものは共通している。圧倒的に㋟福島地裁いわき支部

26）浪本・箱田・岩崎・吉岡・船木　前掲注5)、pp.149-151／喜多・橋本・船木・森編　前掲注5)、pp.154-157

27）喜多・橋本・船木・森編　前掲注5)、pp.154-156

28）坂田編　前掲注22)、pp.48-49

29）梅野　前掲注8)、pp.74-85

平成2年12月26日判決「いわき市中学校いじめ自殺事件」が取り上げられている。

伊藤・織田は本判決について「中学3年生の生徒が、同級生から長期間にわたって金銭強要や暴行等のいじめを受け、強要された金銭を調達するために教室荒らしをしているところを担任教諭に見つかるなどしたことを苦にして自殺した事故に関するものである」と「金銭強要」に注目して説明する[30)]。

市川は本判決において学校側が認識したいじめ事実として「2年次10月までに4件の暴行をともなう金銭強要、3年次には4、5月の連続的な多額の金銭強要、教師の面前でのSの顔へのマジックいたずら書き、水酸化ナトリウム溶液の背中への流し込みなどが挙げられる」と記している。本件いじめについて、継続している長期性や質的にエスカレートしていることなど説明するが、その継続は金銭強要が最初の頃からいじめ事実として示されている[31)]。

岩崎・橋本・船木は、「1年生のときから同級生であったBに子分のように扱われ、殴る蹴るの暴行を振るわれたり、金銭を要求されることがあった。2、3年生でも多額の金銭を要求されるようになり、被害者は借金したり、…さらには盗みをするようになった」という事実が記されている。一連のいじめ行為は「被害生徒の心身に重大な危害を及ぼすような悪質かつ重大ないじめである…」とコメントしており、金銭強要がいじめの態様の中心に位置づけられている[32)]。

坂田は本判決における「近時大きな社会問題化している『いじめ』そのものにほかならず、それも極めて程度の重い悪質なものであった」と認定しているところを取り上げる。坂田は「児童・生徒間の衝突には、恐喝や傷害といった犯罪行為から誰もが通過儀礼的に経験する小さなケンカの類いまで、その程度はまちまちである。警察等の介入が必要な悪質ないじめ、特定の児童・生徒が一方的、集中的に攻撃されるようないじめ」といじめを分類するが、本判決で

30）　伊藤・織田　前掲注6）、pp.348-350

31）　市川　前掲注1）、pp.33-37

32）　浪本・箱田・岩崎・吉岡・船木　前掲注5）、pp.166-170

は、恐喝行為を重視している[33]。

斎藤は本判決を取り上げ紹介している。裁判官は、「被害者は暴力や金銭強要その他を受け続けていたものであって、これはまさに近時大きな社会問題化しているいわゆる『いじめ』そのものにほかならず、それもきわめて程度の重い悪質なものであったといわなかればならない」と判断した。被害者は度重なる金銭強要を受け、同時に暴行を受けた。金銭強要に応じないと、殴ったり、雑草を巻いたものを無理に飲み込ませたり、煙草を何本も立て続けに吸わせたりした事実が記されている[34]。

梅野は、「入学して以来、同級生から暴行を受け続け、2年生時に数千円単位の金銭強要や暴行をうけるようになり、3年生に入って苛烈な暴行や強要、恐喝が続き、自殺した」事件であると説明する。開発した判決書には、被害者は度重なる金銭強要がきっかけになって悪質ないじめになった事実が記されている[35]。

上記の(タ)「いわき市中学校いじめ自殺事件」以外で取り上げられている裁判例は、(チ)秋田地裁平成8年11月22日判決「秋田県中学校いじめ事件」である。市川はこの事件に注目しており、この事件について、「上級生との変形学生服の売買をめぐってのトラブルで、学校側は被害生徒が上級生から何らかの報復を受ける可能性を事前に認識しえたとしながら、心因反応発症の直接の原因となった暴行の予見可能性を否定し、学校責任が否定されている」と説明する。この事件においては、変形学生服売買という上級生による強要がきっかけであり、本分類になると考えられる[36]。

---

33)　坂田編　前掲注22)、p.46

34)　斎藤一久編『重要教育判例集』東京学芸大学出版会、2012、pp.147-170

35)　梅野　前掲注8)、pp.42-52

36)　市川　前掲注1)、pp.23-24

(5)「金品を隠されたり、盗まれたり、壊されたり、捨てられたりする」といじめ裁判例

「金品を隠されたり、盗まれたり、壊されたり、捨てられたりする」という文部科学省のいじめの態様に該当するいじめ裁判について、研究者はどのような事例を取り上げているのだろうか。表3を見ればわかるが、取り上げられている事例は二つだけである。一つが、(ツ)東京高裁平成14年1月31日判決「神奈川県中学校いじめ自殺事件」である。もう一つは、(テ)東京高裁平成19年3月28日判決「中学生いじめ自殺事件」である。(ツ)については、市川と梅野が取り上げている。(テ)については、岩崎・橋本・船木が注目する。

(ツ)「神奈川県中学校いじめ自殺事件」について、まず市川は、「行為一つ一つをとってみればいたずら・トラブル（小競り合い）としかみえない転校生いじめ。いじめの態様として、孤立しがちな転校生に対するいじめということから、加害生徒が多数にのぼり、一人一人の行為は、悪質ないたずら、あるいは、一対一トラブルの延長のようなところがあって、加害意識が希薄なのに対し、他方当事者は常に一人H君に集中していたという特質がある」と述べる。短期間に担任が認識しえただけでも同級生との15回にも上るトラブルを経験した生徒・教師には深刻ないじめが認識可能であれば、抽象的レヴェルでのいじめ自殺の予見可能性は常に認められることになろうと説明する[37]。

次に梅野は、「別個に起きているように見えるトラブル」が、視点を変えて見ることで「ほかにも同様の行為をしている者がいることを認識しながら、繰り返し執拗に行われていた」共同不法行為が立ち現れてくると説明する。開発した判決書では、裁判官の判断における不法行為としてのいじめと認定された10件の行為が示され、机等の持ち出し・投げだし、教科書・ノート・机等への落書き、教科書隠し、教科書の投げ捨て、机や椅子へのチョークの粉付け、画びょう置きが認定された[38]。

---

37)　市川　前掲注1)、pp.45-54

38)　梅野　前掲注8)、pp.86-97

(テ)「中学生いじめ自殺事件」については、岩崎・橋本・船木は、この事件について、「Aが中学2年生3学期頃から、教科書を隠されるなどのいやがらせを受けるようになり、第3学年進級後、同級生2名から、数々のいじめに会い、パンツ下げ事件などから登校拒否となり、自宅において自殺した」と説明している。嫌がらせ的ないじめ行為が中心となっており、本分類と考えられる[39)]。

(6)「軽くぶつかられたり、遊ぶふりをして叩かれたり、蹴られたりする」といじめ裁判例

2006年度から新たにいじめ態様として付け加えられた「軽くぶつかられたり、遊ぶふりをして叩かれたり、蹴られたりする」については、どのような裁判例を研究者は重視しているのか。

この態様に対応するいじめ裁判について、研究者が取り上げる裁判例は二つである。坂田と梅野が取り上げる(テ)東京高裁平成19年3月28日判決「中学生いじめ自殺事件」と、斎藤が提示した(オ)東京地裁平成3年3月27日判決「中野区中学校いじめ自殺事件」である。

(オ)「中野区中学校いじめ自殺事件」については、これまでのいじめの態様では「仲間はずれ、集団による無視をされる」と「ひどくぶつかられたり、叩かれたり、蹴られたりする」ところでも取り上げられた。「葬式ごっこ」で話題になったこの事件は、地裁判決と高裁判決の判旨に大きな違いがあり、そのことが、いじめの態様を類型化する際にも影響を与えていると考えられる。

(テ)「中学生いじめ自殺事件」について、坂田は本判決の「暴行を知りながら傍観したり、暴行に加担したりする生徒には、暴行を受ける生徒の心の痛み及び傍観することもいじめにほかならないことを理解させ、いじめを解消する行動を促す」部分に注目し、取り上げる。坂田は「教育課題としてのいじめ」に類型化するが「子どもの行動が日常的な衝突の域を超えて、学校教育上見過ごすことが出来ない程度まで社会化のプロレスから逸脱するようになった場合を

39) 喜多・橋本・船木・森編　前掲注5)、pp.154-156

示す。本判決には、「『肩パン』『プロレスごっこ』など遊びを装った暴行。『蹴り上げる』などの暴行。『パンツ下げ事件』『サインペン事件』など衆目にさらされての屈辱的暴行やからかい。「リュックサック事件」「スポーツシューズ事件」などのいやがらせ」の事件なども記されている[40]。

梅野は、本事件を「『肩パン』『プロレスごっこ』など遊びを装った暴行。『蹴り上げる』などの暴行。『パンツ下げ事件』『サインペン事件』など衆目にさらされての屈辱的暴行やからかい。『リュックサック事件』『スポーツシューズ事件』などのいやがらせ」の事件であると説明する。開発した判決書には、「肩パン」「プロレスごっこ」などを装った暴行の事実や自転車の荷台、前かご等を曲げられたり、パンクさせられたり、教科書を隠されたり、前髪を不揃いに切られた。また、新しいスポーツシューズを取り上げられ、泥まみれにされたと記されている[41]。

(オ)「中野区中学校いじめ自殺事件」については、斎藤は地裁判決を取り上げているが、その判決における裁判官の判断は、「その具体的態様、当時における本件グループとAとの関係等に照らして判断すると、これらはむしろ悪ふざけ、いたずら、偶発的なけんか、あるいは仲間内での暗黙の了解事項違反に対する筋をとおすための行動」ととらえ、葬式ごっこについても「ひとつのエピソード」と判断した[42]。

(7)「嫌なことや恥ずかしいこと、危険なことをされたり、させられたりする」といじめ裁判例

「嫌なことや恥ずかしいこと、危険なことをされたり、させられたりする」という態様も新たに付け加えられたものである。四人の研究者がこの態様に該当するいじめ裁判例として三つを紹介している。もっとも多く取り上げられているのが、(ト)旭川地裁平成13年1月30日判決「中学生校内性的暴行事件」で

40)　坂田仰・黒川雅子『事例で学ぶ“学校の法律問題”』教育開発研究所、2013、pp.28-30

41)　梅野　前掲注8)、pp.135-145

42)　斎藤編　前掲注34)、p.140

ある。この事件について、市川、坂田、梅野は次のように説明する。

まず市川は、女生徒に対する長期にわたる性暴力である性的いじめであると述べ、「本件は…女子生徒が男子生徒集団によってレイプおよび強制わいせつの被害を受けるという衝撃的事実から、それにとどまらない深刻な継続的性暴力被害が明らかになった事例である」と説明する。「学校内外で行われた男子生徒集団による本件被害者に対する継続的性暴力の実態は、まさに、性的いじめというべき特徴をもっており、突発的な生徒間事故で問題となる当該事故に限定された予見可能性の有無といった次元での学校責任ではなく、いじめ判例で明らかにされてきたいじめの当事者に学校教師集団を加えた三面関係における学校・教師の責任法理の適用の考慮が必要となる事例」と解説している[43]。

坂田はこの事件を「女子生徒は、1年の頃から長期にわたって男子生徒から学校の内外において集団で性的暴力を受け続けていた」と説明する。坂田は「学校現場には、クラスや部活動で孤立しがちな子どもや、日常的な衝突の類いから、恐喝や強制わいせつなど、学校教育の範疇を超えて警察に委ねられるべき問題に至るまで、一括りに『いじめ』として論じる傾向が今も存在する。教育課題としてのいじめと、法的問題としてのいじめを峻別し、いじめの類型化を図る必要がある」と述べる。本判決を坂田は警察に委ねられる強制わいせつであるとしている[44]。

梅野は、同学年の男子生徒らから学校の内外で「強制わいせつ行為」「甚大な性的暴力」を受け続け、下校時間帯の学校のトイレ内で強姦の被害を受けた女子生徒の事件であると述べる。開発した判決書では、学校内での甚大な性的暴力2回、学校外での甚大な性的暴力2回、友人宅での強姦1回、学校内での甚大な性的暴力と強姦1回といった悲惨な性的暴力と記している[45]。

その他の裁判例として取り上げられているのが、(ナ)金沢地裁平成8年10月25日判決「七塚町立小学校いじめ事件」と(ニ)大阪高裁平成19年7月5日判

43)　市川　前掲注1)、pp.55-69

44)　坂田編　前掲注22)、p.48

45)　梅野　前掲注8)、pp.123-134

決「私立高校寮内いじめ事件」である。岩崎・橋本・船木は、(ナ)の事件の事実として「担任教員が研修のため不在の日の休憩時間中に、…7名は、からかい、ロッカー内などへの閉じ込め、足蹴り、殴打、性器を触るなどのいじめを繰り返し行った」と記している。本判決に対するコメントで、被害者に対するいやがらせや暴行行為が発生していたことを示している。性的いじめを含むいやがらせ的行為がこの裁判のとらえ方であると考えられる[46)]。

(ニ)「私立高校寮内いじめ事件」については、梅野が注目している。「少年が入学した高校は、入寮を義務づけていた。その寮で、少年は、上級生による集団的暴行、性的暴行を受けることになる」「性的暴行が、閉鎖的な人間関係にあって（学校に限らない）固定化された上下関係の下で、起きて」いる。開発した判決書では、暴行や強要などを被害者は上級生から受けていたが、同室の上級生から性的暴行を受けるようになったと記されている[47)]。

この分類における「嫌なことや恥ずかしいこと、危険なことをされたり、させられたりする」という態様については、研究者においては、取り上げた三つの事例ともに「性的いじめ」に関わるものである。

(8)「パソコンや携帯電話等で、誹謗中傷や嫌なことをされる」といじめ裁判例

「パソコンや携帯電話等で、誹謗中傷や嫌なことをされる」という態様は、「ネットいじめ」と呼ばれるものである。これも2006年から新たに態様として付け加えられ、最近ではその増加傾向がもっとも大きく、社会的にも注目されている。この「ネットいじめ」に対する裁判事例を取り上げている研究者は、梅野であるが、名誉毀損（ネット環境を悪用した誹謗中傷や名誉毀損等を含む）としてとらえ説明する。その事例は、(ヌ)大阪地裁平成20年5月23日判決、大阪地裁平成20年6月26日判決「中学生裏サイト中傷事件」[48)]と(ネ)東京高裁平

46)　浪本・箱田・岩崎・吉岡・船木　前掲注5)、pp.151-155

47)　梅野正信「裁判の中の“性と生”事件ファイル12　高校の寮生活における性的被害」『セクシャリティ』41、2009、pp.142-147

成14年12月25日判決「動物病院誹謗中傷書込事件」である。

(ヌ)「中学生裏サイト中傷事件」について、梅野は、「電子掲示板やチャットルームにおける誹謗中傷行為は、『ネットいじめ』『学校公式サイト（裏サイト）』等の問題とあいまって、学校における深刻な人権課題となっているとして、その開発した判決書をもとに職員資料として紹介している[49]。また、(ネ)「動物病院誹謗中傷書込事件」については、「被告が開設し運営する電子掲示板上に、匿名の者の手でスレッドが作られ、複数と思われる匿名の者から原告を誹謗中傷する発言が多数書き込まれた」事件として紹介している[50]。両事件ともに、上記の説明のとおり、SNSを活用した「名誉毀損」として梅野はネットいじめをとらえている。

教育法学や法学研究者においては、ネットいじめを取り上げた注目される裁判例についての解説は少なく、今後の課題と考えられる。

(9)「特別な支援を必要とする児童・生徒へのいじめ」といじめ裁判例

本研究では、いじめの態様としての学習テーマに、市川、坂田、梅野が注目する裁判例として、障がい者を含む特別に支援が必要な児童・生徒に対する事例を取り上げる[51]。市川と梅野は、(コ)大阪地裁平成9年4月23日判決「大阪府中学校いじめ暴行殺害事件」を取り上げている。

市川は本判決について、「普通学級に所属する障害児が同級生4名による集団暴行で死亡した事件である」(コ)大阪府中学校いじめ暴行殺害事件では、「被

---

48)　梅野　前掲注8)、pp.378-387において、梅野は「損害賠償請求事件」大阪地裁平成20年5月23日判決と「発信者情報開示等請求事件」大阪地裁平成20年6月26日判決をまとめて「中学生裏サイト中傷事件」と呼んでいる。

49)　梅野　前掲注8)、pp.378-387

50)　梅野　前掲注8)、pp.388-397

51)　森田洋司『いじめとは何か』中公新書、2010、pp.18-22。森田は各国のいじめ対応にとって注目すべき点を四点に絞って紹介しているが、その一つに「障害児への視点」を取り上げている。「四点目は、特別な教育的ニーズをもっている子どもたちについても、視野に入れていることである。」と説明する。

害生徒が日常的にいじめを受けていたことが認定されているが、教師がいじめ行為を現認したことがなく…学校側によるいじめの放置が集団暴行と無関係であるとは考えられず、また、障害児が適切な教育指導がともなわない限りいじめの対象になりやすいのは周知の事実である以上、学校がいじめを認識しなかったこと自体に過失が認められる余地がある」と述べる。障害児などの特別な支援を必要する児童生徒への高度な安全配慮義務について説明している[52)]。

梅野は、「少女は『情緒不安定』『発育遅滞』『場面元緘黙』等の障害があること、…中学校は少女を養護学級の情緒障害クラスに入級させ」「少女に対する継続的ないじめが存在していたことを認めた」「発達障害を伴う女子中学生が暴行を受けて死亡した事件」の判決であると説明する。開発した判決書には、特別な支援を受ける少女が、他の生徒から避けられたり、足で蹴られたり、靴で頭を叩かれたりしていた。裁判官も継続的ないじめが存在していたことを認めている[53)]。

坂田は、(ノ)東京地裁八王子支部判決平成20年5月29日判決「自閉症児転落事故」に注目し、本判決では、心身障害児学級に在籍する自閉症児の転落事故に関して、特別な支援を必要とする子どもの事故に関して、学校側に極めて高度の監視義務を課す傾向にあるとする。坂田は「障害の有無にかかわらず、社会参画を目指すノーマライゼーションの理念が一般化する中、特別支援教育の方向性については、誰もが賛同するところである。その一方で、特別支援教育の対象となる児童・生徒に関わる学校事故やその訴訟リスクが高まっていることを見逃してはならない」と説明する[54)]。

---

52)　市川　前掲注1)、p.20

53)　梅野正信「裁判の中の“性と生”事件ファイル7 発達障害を伴う女子中学生が暴行を受けて死亡した事件」『セクシャリティ』34、2008、pp.126-131

54)　坂田　前掲注14)、pp.49-51

第2節　本研究におけるいじめ態様と裁判例の選定

これまで、いじめ問題の裁判例に注目する教育法学や法学関係などの研究者が、いじめ裁判例として取り上げる判決などをもとにして、文部科学省のいじめ態様と比較関連を図りながら、分析整理してきた。その結果、文部科学省が類型化するいじめ態様は、多様ないじめ問題の裁判例と関連させることができ、研究者の学問的探究と重なっていることが明らかになってきた。

本節では、それらの考察をもとにして具体的に本研究で取り上げる五つのいじめ態様を選定する。また、態様ではないが、本研究におけるいじめ問題の学習内容として特別に取り上げる「いじめとふざけ」「特別支援いじめ」の理由について説明し、「ネットいじめ」について本研究における学習内容としない理由について述べる。さらに、本研究におけるいじめの類型化による学習テーマに対応した裁判例について考察し、選定する。

1　本研究における五つのいじめの態様

本研究では、文部科学省のいじめ態様類型化に注目しながら、いじめ問題の判決書教材の開発と学習内容として適切だと考察するいじめの態様を次のように検討した。

市川が分類した「従来型の暴行・恐喝中心型のいじめ」は、どの研究者においても共通にいじめの態様としてとらえられている。坂田はこのいじめ態様を「法的問題としてのいじめ」における「法的責任Ⅱ刑事責任」に分類する。梅野、采女においても刑法と関連づけてとらえ、最も多くの判決書を分析し、紹介している。斎藤、岩崎・橋本・船木も関連する判決書を多数紹介している。それらにおいては、「暴行や恐喝」が重大ないじめ行為として位置づけられている。

市川は「心理的いじめ」が被害者のプライドに揺さぶりをかけ、暴力よりも悲惨な側面があると分類した。これは、坂田においては、「法的問題としてのいじめ」における「法的責任Ⅰ民事責任」として分類されている。梅野は、「名誉毀損、侮辱、無視･村八分」であると分類している。それらにおいては、「無視、仲間はずれ、村八分」などの精神に対する攻撃となる心理的いじめと考えられる。

また、「心理的いじめ」の態様として、梅野が注目する名誉毀損や侮辱と重なる「言葉の暴力」としての「悪口」も、重要ないじめの態様として上げられる。文科省は「冷やかしやからかい、悪口や脅し文句、嫌なことを言われる」と分類している。文科省の調査[55)]では、この態様に該当するいじめ行為が圧倒的に多く、2014 年度調査で 64.4％に及んでいる。特に近年は、SNS が発展しネット環境を悪用した誹謗中傷や名誉毀損が「ネットいじめ」として多発しており、「悪口」についてもいじめの態様として分類できると考えられる。

市川は、「トラブル型いじめ」についても分析しているが、それらは、森田の調査項目では、「心理的ふざけ型」と重なっている。文科省の分類では、「金品を隠されたり、盗まれたり、壊されたり、捨てられたりする」「軽くぶつかられたり、遊ぶふりをして叩かれたり、蹴られたりする」というものである。坂田の分類では、「教育課題としてのいじめ」として位置づけられる。「子どもの行動が学校教育上見過ごすことが出来ない程度」になった場合と考えられる。そして、「一定の者から特定の者に対し、集中的、継続的に繰り返される心理的、物理的、暴力的な苦痛を与える行為が、受忍限度を逸脱した場合には法的責任の追及が初めて可能となる」として、「教育課題としてのいじめ」と「法的問題としてのいじめ」を区別している。梅野は、判決書の事実に見られる「肩パン」「プロレスごっこ」「蹴り上げる」「サインペン事件」などのいやがらせを取り上げ、それぞれの行為を点ではなく線として視点を変えて見ていくことの必要性を述べている。それは、市川が「一人一人の行為は悪質ないたずら、あるいは、一対一トラブルの延長」のようなところがあるが、一人に集中して行われているところに注目すべきであると述べていることと共通している。これらの教育法学や法学関係者の研究から､「いたずら､トラブルと考えられる行為」

55)　文部科学省「平成 25 年度児童生徒の問題行動等生徒指導上の諸問題に関する調査」

としての「物理的いじめ[56]」についても、いじめ態様に基づく学習内容のテーマとして必要だと考えられる。

また、市川が「性的いじめ」として分類し、坂田が、「恐喝や強制わいせつなど､学校教育の範疇を超えて警察に委ねられるべき問題」と断じ､梅野が「生存権、人格権を脅かす」ものであるとする「性的嫌がらせ」についても、態様として特別に取り上げる必要があると思われる。「性的嫌がらせ」については、表3でも三つの裁判例が説明されているが、その他の態様に分類されている裁判例にも、散見される。市川は、「一般的に同性間のいじめにあっても、中学生以降の思春期のいじめでは、ズボン脱がしのような性的いやがらせが単純な暴行や恐喝などと並んで、大きな比重を持っている。精神的・人格的な打撃の深刻さという点では、物理的暴力以上に有効な性的いやがらせないし性暴力は、男女を問わず潜在的にはかなりの頻度で行われているとみられるが、被害の陰湿さからなかなか顕在化しない。このことは、いじめが異性間に生じた場合、いじめがストレートに性暴力につながることを暗示している」[57]と述べ、性的いじめについて旭川地裁平成13年1月30日判決「中学生校内性的暴行事件」を事例に論じている。

以上、本研究では、教育法および法学関係の研究者が注目するいじめ態様、およびいじめ裁判例や判決の知見をもとに、五つのいじめ態様について、いじめ判決書教材の開発および学習テーマとして妥当ではないかと考察する。その五つは、「悪口」「無視･仲間はずれ､村八分」「暴行･恐喝」「物理的いじめ」「性的嫌がらせ」である。

56）いじめの分類については、多様な見方がある。本研究では、羽村市中学校いじめ登校拒否事件（東京地裁八王子支部判決平成3年9月26日）の判決の定義を参考にした。その中では「いじめ」を「心理的」「物理的」「暴力的」に分類し、「具体的には、心理的なものとして、『仲間はずれ』、『無視』、『悪口』等が､物理的なものとして、『物を隠す』、『物を壊す』等が、暴力的なものとして、『殴る』、『蹴る』等が考えられる」としている。

57）市川　前掲注1）、pp.55-69

2　本研究で取り上げる「いじめとふざけ」の考察

「いじめとふざけ」の違いに関わる態様についても、重要な学習内容と考えられる。この項目は本来はいじめの態様ではなく、いじめの峻別という課題である。市川は「トラブル型いじめ」については、「行為一つ一つをとってみればいたずら・トラブル（小競り合い）としかみえない転校生いじめ」として、㋡東京高裁平成14年1月31日判決「神奈川県中学校いじめ自殺事件」を取り上げている。これは、森田の分類では「心理的ふざけ型」のいじめとなるが、「いじめの態様として、孤立しがちな転校生に対するいじめということから、加害生徒が多数にのぼり、一人一人の行為は、悪質ないたずら、あるいは、一対一トラブルの延長のようなところがあって、加害意識が希薄なのに対し、他方当事者は常に一人H君に集中していたという特質がある」として、いじめとふざけの違いについて考察している。市川はこの裁判について、「短期間に担任が認識しえただけでも同級生との15回にも上るトラブルを経験した生徒…教師には深刻ないじめが認識可能であれば、抽象的レヴェルでのいじめ自殺の予見可能性は常に認められることになろう」と学校･教師の責任を分析したが、「心理的ふざけ型」によるいじめの集積や共同不法行為によるいじめ自殺について、この判決の意義を述べている。

坂田仰は、いじめの態様について大きく三つに類型化する。「a日常的衝突、b教育課題としてのいじめ、c法的問題としてのいじめ」の3タイプである。「aは子ども社会において日常的に見られる衝突の類いである。bは子どもの行動が日常的な衝突の域を超えて、学校教育上見過ごすことが出来ない程度まで社会化のプロレスから逸脱するようになった場合を指す。cは教育課題のいじめのうち、被害者の法的な権利が著しく侵害されており、訴訟の対象となるレベルにまで達している場合」と説明する。そして「cは、更に、私法上の問題、刑事法上の問題、児童福祉法上の問題に分類することが可能である」と述べ、「法的責任Ⅰ民事責任」と「法的責任Ⅱ刑事責任」[58]に分けて説明している。現在の学校現場では、これらの分類が混乱していると指摘し、「学校現場には、クラスや部活動で孤立しがちな子どもや、日常的な衝突の類いから、恐喝や強制わいせつなど、学校教育の範疇を超えて警察に委ねられるべき問題に至るまで、一括りに『いじめ』として論じる傾向が今も存在する。教育課題としてのいじめと、法的問題としてのいじめを峻別し、いじめの類型化を図る必要がある」と主張する。そして、法的責任のいじめについては、「学校およびその周辺において、児童・生徒の間で、一定の者から特定の者に対し、集中的、継続的に繰り返される心理的、物理的、暴力的な苦痛を与える行為が、受忍限度を逸脱した場合には法的責任の追及が初めて可能となる」と述べている。また、「刑罰法規としては、暴行、傷害、恐喝等」を「法的責任Ⅱ刑事責任」とし、「損害賠償の請求に関しては民法上の不法行為に関する規定」を「法的責任Ⅰ民事責任」として、類型化している[59)]。

以上のように、研究者においても、いじめとふざけの峻別についての法的判断を論じており、判決書教材開発や学習テーマとして必要な要素だと考えられる。

3　本研究で取り上げる「特別支援いじめ」の考察

本研究では、「特別な支援を必要とする児童・生徒に対するいじめ問題」（以下、本研究では「特別支援いじめ」と呼ぶ）についても学習テーマとして考察する。

市川や坂田は、特別な支援を必要とする児童・生徒については安全面の配慮

58）坂田・黒川　前掲注 40）、p.29

59）坂田　前掲注 14）、p.96 において坂田は次のように「いじめの峻別」の必要性を述べる。「児童・生徒間の衝突には、恐喝や傷害といった犯罪行為から誰もが通過儀礼的に経験する小さなケンカの類いまで、その程度はまちまちである。警察等の介入が必要な悪質ないじめ、特定の児童・生徒が一方的、集中的に攻撃されるようないじめは別として、学校で日常的に見られる衝突まで、本人がいじめと指摘すれが、その全てを排除しなければならないのだろうか。もしそうであるなら、小さな衝突を繰り返しながら、子どもたちが身につけていくはずの社会性、他者との距離感の掴み方は、どのようにして学べばよいのであろうか。いじめ主観主義的把握の問題点である」

がより高まっていると裁判例を通して説明するが、梅野も「特別支援いじめ」について注目しており、判決書教材の開発ならびに学習テーマとして見ていく必要がある[60)]。

「特別支援いじめ」については、本来はいじめの態様ではなく、発達障がいのある生徒など、特別支援の必要な生徒を「対象」としたいじめ問題である。近年文部科学省は、公立小中学校の通常学級に全国平均で6.5％の発達障がいのある児童生徒が在籍している可能性があるという調査結果を発表した[61)]。また一方で「共生社会の形成に向けたインクルーシブ教育システム」の構築を検討している[62)]。そのような状況において、「発達障がいなどの特別支援を必要とする生徒へのいじめ問題」が近年教育課題としてクローズアップしている[63)]。「特別支援いじめ」を付け加えたのは、今後推進が予想されているインクルーシブ教育にとっては、重要なテーマであると考えられるからである。また、い

60）特別な支援を必要とする児童生徒がいじめ被害となった裁判例はこれまでいくつか公開されている。① 1988年２月４日静岡地裁判決（『判例タイムズ664号』p.121）② 1999年２月１日奈良地裁葛城支部判決（『判例時報1730号』p.77、③ 1996年10月25日金沢地裁判決（『判例時報1629号』p.113）
①の判決書は、身体障害のある中学２年生男子生徒が、教科書に給食の総菜をはさまれたり、殴る蹴るなど、日頃からいじめの対象とされていたが、清掃時間中に睡眠術遊びをかけられて意識がもうろうとなり、壁に頭を打ち付けて転倒。うずくまったまま涙を流していたが、発見した教諭ら三人から加害者と傍観者男女10数人が体罰を受け、傷害を負った事件である。②の判決書は、知的障害や身体的障害があり、臭気の強いおならが出やすいという症状のある中学３年生の生徒が、持参してきた弁当の件をきっかけに、暴行・傷害を受け、後遺障害を残すことになり、損害賠償請求となった。③の判決書では、小学５年生の被害者は普段から動きが遅く、話し方も上手でなく、授業中に歩いたり、突然先生のところにきて別の教科のことを質問するという児童であったが、転入した直後からからかいやいじめを受けていた。担任教師が不在の時に、複数の児童からいじめ暴行などを受け、全治５日間を必要とする傷害を負った事件である。

61）文部科学省「通常の学級に在籍する発達障がいの可能性のある特別な教育的支援を必要とする児童生徒に関する調査結果について」（平成24年12月５日）

62）文部科学省「共生社会の形成に向けたインクルーシブ教育システム構築のための共生社会特別支援教育の推進（報告）」（平成24年７月23日）

じめは一部の特別な児童生徒に関係するものではなく、加害者や被害者が入れ替わり、いつでもだれでも対象にされると分析されている[64]。ところが、「特別支援」を必要とする生徒へのいじめは、対象が固定化されている[65]。また、生徒たちの中には、いじめ被害者に責任転嫁する意識が見られる[66]。さらに、特別な支援を必要とする児童生徒は、いじめに対しての対応に困難さを抱える場合が多い。外見上は特徴が見えにくい発達障がいのある生徒の発言や行動に対して、その違いを受け止める意識が育成されていないためと考えられる[67]。しかし、現場において学校教師は特別支援いじめの事例を認知している[68]のにもかかわらず、その問題に対応した人権教育の授業開発は今後の課題となっている。

市川や梅野、采女が取り上げた特別な支援を必要とする生徒がいじめ被害者となった判決書は㈲「大阪府中学校いじめ暴行殺害事件」である。この判決書では「情緒不安定、発育遅滞、場面元緘黙」という知的障がい・情緒障がいの女生徒が大阪府の中学校において、教職員の見ていないところで日常的に暴行

63) 佐藤匠「発達障害といじめ」『現代のエスプリ』525、2011.4、pp.105-115／平岩幹男「発達障害といじめ」『現代のエスプリ』529、2011.8、pp.149-158。平岩は「発達障害を抱える子どもたちのいじめの問題は、国際的にも大きな問題として取り上げられるようになってきた。」と述べ、国際的な課題となっていると説明する。

64) 国立教育政策研究所生徒指導研究センター『いじめ追跡調査2007-2009いじめQ&A』2010、p.12

65) 坂西友秀「我が国におけるいじめの諸相」『現代のエスプリ』525、2011.4、pp.28-41においては、「いじめの対象にされ続ける子がいる」として、「知的障害やアスペルガーに起因する社会的スキルの弱さ」を述べている。

66) 新福悦郎「いじめ被害者に責任転嫁しない授業プログラムの研究―いじめ判決文を活用した授業実践―」『九州教育学会研究紀要』31、2003、pp.33-40。深谷和子『「いじめ世界」の子どもたち―教室の深淵』金子書房、1996、pp.52-54や森田洋司・滝充・秦正春・星野周弘・若井彌一編『日本のいじめ 予防対応に生かすデータ集』（金子書房）、1999、pp.83などにおいても被害者に責任転嫁する状況が示されている。

67) 相川恵子・仁平義明『子どもに障がいをどう説明するか』ブレーン出版、2005、pp.68

68) 文部科学省『生徒指導提要』教育図書、2010、pp.174

と言葉によるいじめを受けていたが、放課後約25分間にわたって暴行を受け、殺害された事件についての損害賠償請求事件である。

「特別支援いじめ」に関連した判決書に注目すると、いじめ被害者におこるリアルな人権侵害の事実の学びを通して、特別な支援を必要とする人たちに対する共感的な理解を生徒たちに高め、内面化することを手助けし、いじめに対する対応方法を被害者や周囲の同級生たちの立場から討議を通して学ぶことができると考えられるが、それらについては、第8章で生徒たちの声をもとにして検討していく。

「特別支援いじめ」の問題は、共生社会実現にとって克服すべき課題である。学校教育においては、共生社会実現のためにいじめという身近な問題から考察させ、障がい者などの特別支援を必要とする人たちへの差別意識を解消し、いじめ防止･抑止を目指す人権教育の創造が求められている。以上の理由から､「特別支援いじめ」についても一つのテーマとして設定する必要がある。

4　「ネットいじめ」を対象外とする理由

本研究では､「ネットいじめ」については、対象外とする。いじめという行為は被害者を死に陥れるほどの直接的で現実的な人権侵害行為であるが､「ネットいじめ」は、SNSを通していつでもだれでもどこでも人権侵害行為にアクセスできるという「媒介」の問題である。これらの通信手段によって、「誹謗中傷」や「悪口や脅し」などに利用されたときに、不特定多数の利用者にそれらのいじめが無制限に拡散し、そのために被害が拡大され、深刻なものになっていくという問題となっている[69]。ネットいじめによる「誹謗中傷や嫌なことをされる」というのは、いじめの態様による分類では､「冷やかしやからかい、悪口や脅し文句、嫌なことを言われる」「嫌なことや恥ずかしいこと、危険なことをされたり、させられたりする」と重なる。そのため、いじめの態様とは性格が異なっており、学習テーマによる分類では､「悪口」「性的嫌がらせ」と関係している。

梅野は、ネットいじめについて､「ネット上に展開される攻撃的・暴力的言語環境の影響を受けて、学校や教室における児童生徒の現実の言葉環境そのものに暴力的・攻撃的言辞が浸透し、児童生徒の基本規範を変容・悪化させている」と述べ、「大切なことは、児童生徒の人間関係にかかわる基本規範を再構築するための指導の徹底であり、人権、人格権、人の名誉を毀損し、誹謗中傷することの違法性を明確にし徹底すること」であると説明する[70]。つまり、ネットが人権侵害行為としての名誉毀損や誹謗中傷の媒介となることを示している。そのため、いじめ関連の判決書とネット関係の判決書について章立てを変えて説明している[71]。上記の研究者が取り上げるいじめ問題の判決書においては、いずれも判決の特徴や教育法学の成果をふまえたものであり、いじめの態様を類型化する際に参考になるものである。ところが、上記の判決書においては、表3を見れば分かるように、いじめ問題に関連するものとして「ネットいじめ」を教育法学者は取り上げていない。

さらにまた、いじめ裁判において、ネットいじめが中心となった判決書は、現在のところ公開されていない。本研究においていじめの態様として「ネットいじめ」を類型化しない理由である[72]。

---

69)　森田　前掲注51)、pp.100-101。その他、坂西友秀「我が国におけるいじめの諸相」『現代のエスプリ』525、2011.4、pp.28-41においては、ネットいじめの特色について、「『ネットいじめ』は、即時性、広範性、匿名性、映像性、等の特徴を持ち、従来とは質的に大きく異なり、影響力も大きい」と述べている。また、バサビ・チャクラボルティ、シュデシナ・チャクラボルティ、橋本隆子「十代に広がるネットいじめ―その脅威と解決策」『現代のエスプリ』526、2011.5、pp.136-148では、ネットいじめの特色を5点にわたって整理しているが、その中には、いじめの態様に関係するものは見られない。

70)　梅野　前掲注8)、p.389

71)　梅野は「いじめ・暴行関係の判決」として、いじめの名称がついた事件の判決書を13におよぶ講座で紹介している。一方、「児童虐待・ネット関係の判決」という章を別にして、そこでは、「中学生裏サイト中傷事件（中1・2006年8月、誹謗中傷の書込、大阪地裁平成20年5月23日判決、大阪地裁平成20年6月26日判決)」と「動物病院誹謗中傷書込事件（動物病院経営者・2001年1月から誹謗中傷スレッドが始まる、東京高裁平成14年12月25日判決)」を紹介しており、ネット関係については、いじめの判決として類型化していない。

以上の考察により、いじめ問題の関係裁判による判決書から上記の態様に合わせた判決書の教材化を可能にできると考えられるテーマは、「悪口」「無視・仲間はずれ、村八分」「暴行・恐喝」「物理的いじめ」「性的嫌がらせ」「ふざけといじめ」「特別支援いじめ」である。これらのテーマはいじめの防止や抑止、そして人権教育の内容や方法、教材として取り上げるいじめの授業実践のテーマになると考えられる[73]。

これらの七つのテーマは、憲法11条、12条、17条と関連する生存権や人格権と重なるテーマである。子どもたちには、学校・学級において平和的に学習や運動、学校行事に取り組み、級友と交流し、コミュニケーションを深め、毎日の生活を充実したものにしていく人権が確保されなければならない。なかでも、「お互いの身体を守ること」「お互いの精神の自由を守ること」「お互いの名誉（プライド）を守ること」は、学校生活において最上位におかれなければならない価値である[74]。そのためには、学校・学級において生存権が確保され、人格権が尊重される必要がある。いじめ問題に対する教育的な取り組みは、学校・学級に個人の尊厳という人権確保にとって不可欠であり、日本国憲法の精神を子どもたちの日常生活において具現化していくものである。

いじめ裁判では、いじめ事実の認定について、争点となる場合が多い。そのため、裁判所は原告・被告、証人などの証言や証拠をもとにして具体的ないじめの事実を記している。いじめ判決書教材はそれらのいじめ事実をもとに作成されるので、いじめの態様に合わせて、犯罪行為を含む不法行為としてのいじ

72）梅野は「講座31　中学生裏サイト中傷事件」と「講座32　動物病院誹謗中傷書込事件」を研修資料として紹介しているが、一方で「学校と児童生徒を当事者とする判決は少ない」と述べている。

73）文部科学省は、毎年、「児童生徒の問題行動等生徒指導上の諸問題に関する調査」を発表している。その中には、「2）いじめの状況」の調査項目もある。「(2―6）いじめの態様」についても調査がなされている。

74）梅野・采女編　前掲注12)、p.97

めを網羅する教材となる。そのため、本研究における授業実践は、上記の七つのテーマをもとに、そのテーマに関連するいじめ裁判例からいじめ判決書教材を開発し活用できる。

本研究では、いじめの態様を中心にしていじめの分類を行い、その分類をもとにして学習テーマを検討してきた。態様に合わせた判決書の教材化を可能にできると考えられるテーマは、「悪口」「無視・仲間はずれ、村八分」「ふざけといじめ」「暴行・恐喝」「物理的いじめ」「性的嫌がらせ」「特別支援いじめ」の七つである。

5　いじめの態様に対応した裁判例の選定

表3では、教育法学や法学関係者などの研究者が事例として取り上げているいじめ裁判例を分析したが、それぞれのテーマに適切だと考えられ、開発教材化し授業実践を行うべきいじめ問題の判決書はその分析を通して必然的に決定される。いじめ判決書に記された被害者の受けたいじめの態様の事実関係をもとにして、その内容に応じて分析していく。

(1)「悪口」

「悪口」のテーマについては、表3でわかるように、先行研究として、岩崎・橋本・船木が裁判例として(ア)東京地裁平成2年4月17日判決「杉並区小学校いじめ事件」と(イ)さいたま地裁平成17年4月15日判決「担任教師によるいじめ事件」、(ウ)横浜地裁平成18年3月28日判決「高校生いじめ自殺事件」を紹介し、梅野は(ウ)「高校生いじめ自殺事件」と(エ)横浜地裁平成21年6月5日判決「中学生いじめ神経症事件」を取り上げている。

(ア)「杉並区小学校いじめ事件」は小学校の低学年における事例である。(イ)「担任教師によるいじめ事件」は児童が教師による言葉によっていじめと認定されたものである。(ウ)「高校生いじめ自殺事件」は高校生の事例である。(エ)「中学生いじめ神経症事件」については、中学校における女子生徒をめぐる事例であるが、「悪口」よりもカバンを刃物で切られたり、セーターを切られたりする事件の方が事実の重みがあり、印象深くなっている。

本テーマとして、本研究で取り上げる裁判例は、(ス)京都地裁平成17年２月22日判決「京都市小・中学校いじめ事件」を取り上げる。本判決は、岩崎・橋本・船木が「暴行脅迫」として注目するいじめ裁判である。この判決は小学校から中学校に続くいじめ事例であるが、悪口がきっかけとなった暴行脅迫のいじめであり、中学校にまでその影響が続くいじめとなっている。本テーマにおける研究の目的は、「キモイ」などの言葉に関わるいじめ判決書教材を活用した判決書学習が、いじめ予防のための言葉環境改善に効果的であるのかを生徒たちの感想文記述などの分析・分類によって検討することにある。本判決書には、裁判所は原告が「キショイ」と言ったことを認定せず、被告の一方的な言いがかりであると認定しているが、生徒たちにとって日常的に使用されがちの「キショイ」と言う言葉が、いかに人権を侵害し、深刻ないじめへとつながっていくかを洞察させ得るのではないかと考えた。そのため、「悪口」をテーマとするいじめ問題の判決文については、「京都市小・中学校いじめ事件」を選択する。

(2)「無視・仲間はずれ、村八分」

「無視・仲間はずれ、村八分」のテーマについては、表３から分かるように、(オ)東京高裁平成６年５月20日判決「中野区中学校いじめ自殺事件」のいじめ裁判の事例が注目される。この裁判では、シカトや「葬式ごっこ」などがいじめの事実として取り上げられている。この判決書については、市川、岩崎・橋本・船木、坂田、梅野が研究対象として注目・分析し取り上げている。中野区中学校いじめ自殺事件は、「葬式ごっこ」で社会的問題となった。級友だけでなく、担任をはじめ教師集団の一部もこの色紙に文言を記していた。この葬式ごっこの事実については、仲間はずれや村八分の問題を考えさせる具体的な事実となる。プライドを傷つけ、精神的自由を侵すいじめに焦点化したのが、このテーマである。

地裁判決では、「葬式ごっこ」を「単なるエピソード」としたが、控訴審判決では、「葬式ごっこ」が明らかにいじめであったことを認定した。判決は「精神的に大きな衝撃」という文言で、被害者の精神的なダメージについても記しており、その点からもいじめ認定をしている。「葬式ごっこ」「入れ替わり立ち替わりの脅しの電話」「（学級全員での）シカト」は、無視や仲間はずれ、村八分に該当する。身体的暴力ではないが、明らかに不法行為であり、精神的な人権侵害行為である。また、この判決書では、学級で同様の色紙がまわされたときに、同調圧力やノリ、空気を読むことを乗り越えて、人権感覚を持って対応できるかどうかを問うことが可能となる。

以上の学習上の理由から、本テーマにおいて、本研究では、(オ)「中野区中学校いじめ自殺事件」を判決書として選択する。

(3)「暴行・恐喝」

「暴行･恐喝」については、研究者は多くのいじめ裁判の事例を紹介している。表３を見ると、このテーマに関わる裁判例をすべての研究者が複数にわたって分析している。これらの裁判例では、いじめが暴行や恐喝などの犯罪行為を含む悪質なものであることが事実を通して見えてくる。本研究では、「暴行･恐喝」についても、(オ)東京高裁平成６年５月20日判決「中野区中学校いじめ自殺事件」に注目した。

この判決書の中の被害者に与えられた苦痛は、想像を絶する。生き地獄のような毎日が被害者には課せられていた。この判決書を活用した授業では、暴行･恐喝の事実を伝えるだけでなく、被害者の痛みや苦しみに共感させ、いじめがいかにひどい人権侵害かを想像力を持って学ばせることを目的とした。そのために、深刻ないじめ被害から逃れるために被害者はどうすればよかったのかという問いを投げかけ、具体的な対応策を考察させ、最終的には緊急避難的な欠席をはじめとした法的措置を学ばせられると考えた。その他、本いじめ裁判では、具体的に事実認定の中でどの部分に教師の過失があったのかを判断しており、いじめ被害結果の予見可能性と結果回避義務との観点で過失を判断していると言えよう。東京高裁判決は、いじめと被害者の自殺との間に因果関係があるか否かについて検討し、判決は、いじめと自殺との因果関係を認めた。「被害生徒が悪質化したいじめに長期間さらされ続け、深刻な肉体的、精神的苦痛を被ることを防止することができなかった」ので、「教員らには、いじめを防止し得なかった点につき過失がある」とし、「損害を賠償する責任がある」と認定した。しかし、自殺についての損害賠償責任については、自殺の予見可能性を否定した。その結果、いじめ自殺についての賠償責任を認めなかった。また、本判決では親権者の責任についても示されている[75)]。本判決はいじめ裁判における裁判官の判断について、研究者が注目するものであり、後のいじめ問題の裁判にも大きく影響を与えたものである。以上の理由から、「暴行・恐喝」についても(オ)「中野区中学校いじめ自殺事件」を判決書として選択する。

(4)「物理的いじめ」

「物理的いじめ」については、(ツ)東京高裁平成14年1月31日判決「神奈川県中学校いじめ自殺事件」と(テ)東京高裁平成19年3月28日判決「中学生いじめ自殺事件」について研究者は取り上げている。(ツ)「神奈川県中学校いじめ自殺事件」については、市川と梅野が取り上げ、(テ)「中学生いじめ自殺事件」については、岩崎・橋本・船木が注目する。その中で物理的いじめの事実が多い判決が(ツ)「神奈川県中学校いじめ自殺事件」である。この裁判例では、「机の投げ出し」「机への落書き」「教科書隠し」「チョークの粉付け」「画びょう置き」「足掛け」「度重なる暴行」「カバンの持ち去り」「マーガリン事件（自殺前日にクラスの数人が被害者の机や教科書にマーガリンを塗り、椅子にチョークの粉をかけ、黒板消しで机を叩き、画鋲を椅子の上に置いた事件)」などが、いじめと認定されており、物理的いじめを中心に被害者が精神的、肉体的苦痛を受けたことを断じている。このテーマを考察していく上で最適な事例と考えられる。本判決書の特色は、いじめとはどのようなものなのかということを具体的

---

75)　梅野正信・采女博文『判決書教材を活用した市民性育成教育を担う学校づくり』科研費研究中間総括報告書、2003、pp.11-12

に示してくれている点にある。本判決書を活用することで、物理的いじめをはじめ、いじめとはどのようなものなのかを具体的に認識し判断することが可能になるのではないかと推測される。以上の理由で、本テーマに対しては、「神奈川県中学校いじめ自殺事件」を選択した。

(5)「性的嫌がらせ」

「性的嫌がらせ」については、表3から(ト)旭川地裁平成13年1月30日判決「中学生校内性的暴行事件」、(ナ)金沢地裁平成8年10月25日判決「七塚町立小学校いじめ事件」、(ニ)大阪高裁平成19年7月5日判決「私立高校寮内いじめ事件」が研究者によって取り上げられている。市川、坂田、梅野が注目する「性的嫌がらせ」に関連する判決書は、(ト)「中学生校内性的暴行事件」である。しかし、この裁判は校内における性的暴行事件であり、中学生に教材として提示することは不適切である。梅野はこの判決書については、研修資料として限定している。

本研究では本テーマに関連する判決書として(ニ)「私立高校寮内いじめ事件」を選択する。この事例は、梅野も教師向け研修資料の判決書教材として紹介している。この事件は、性的いじめを含むいじめ加害行為によって、被害者においては精神的後遺障がいに苦しむことにつながることについての理解をより可能とする裁判例である。事実認定においては、被害者の男子生徒に対する上級生からの深刻ないじめ行為が記されている。度々、殴る、蹴る、腕を捻る等の暴行を加えられるようになり、さらに同室の上級生は、連日、被害者に対して性的暴行を行った。本テーマで活用したいじめ判決書教材は、精神的後遺障がいに関わるものである。いじめ被害は、その学年、その時期のものだけでなく、被害の影響は卒業してからも精神的に後遺障がいを生み出す。そのことを理解させることが本判決書教材を通してできると考えた。その際、性的嫌がらせが精神的後遺障がいに大きく影響し、人格を破壊する行為であることを生徒たちに伝えることができると考えたのである。梅野は本裁判例を通して、「人格を攻撃する暴力行為の一つとして、性的暴行のあることを確認していただくこと、そして、いじめや暴力行為を確認する際に、性的暴行による被害の可能性を念頭に置いていただくこと」[76)]を職員研修として示しているが、このことは生徒たちに対するいじめ判決書教材を活用した授業でも習得してもらいたい構成要素であると考えられる。

(6)「いじめとふざけ」

「いじめとふざけ」については、このテーマに関連するいじめ裁判について、研究者が取り上げる裁判例は二つである。坂田と梅野が取り上げる㋢東京高裁平成19年3月28日判決「中学生いじめ自殺事件」と、斎藤が提示した㋔東京地裁平成3年3月27日判決「中野区中学校いじめ自殺事件」である。

本研究においては、本テーマとして㋖東京高裁平成13年12月20日「千葉県中学校いじめ事件[77)]」の判決書を選択する。この事件について、梅野は「中学校入学当初より継続的に、集団で、また個別に『叩く・殴る・蹴るなどの暴力』『冷やかし』『他人の前で羞恥・屈辱を与える』『持ち物を隠す』などの不法ないじめ行為を繰り返し受けた」事件として説明する。本判決書には、ふざけといじめについて裁判官の判断が詳しく記されている。裁判官は中学生の年代特有のふざけ合いを認めている。しかし、そのふざけ合いの延長上にいじめとなり得ることを記している。

判決に出てくるいじめは、学校内においては「ふざけ」「ちょっかい」「じゃれる」などと日常的に教師や傍観者から見てしまいがちな事実も含まれており、「ガムテープを眉毛に貼って勢いよく引き剥がす」ことや「給食のピラフからグリーンピースを選り分け、皿に乗せたり」、「いかがわしい漫画の雑誌の売りつけ」など、特別な事件ではなく、どこの学校現場でも見られるような出来事である。そのため、本裁判例は、生徒たちにとって非常に切実で身近な出来事を含んだいじめ教材となり得よう。また、事件は教室の中で休み時間や放課後

---

76)　梅野　前掲注47)、p.142

77)　千葉県中学校いじめ事件（千葉地方裁判所平成13年1月24日判決、『判例地方自治』216号、pp.62-、東京高等裁判所平成13年12月20日）

などに起こっており、傍観者の問題にしても、考察していくには絶好の教材となろう。目の前のクラスで一連のいじめ事実を見たときに、周囲の同級生はどういう行動に出るべきなのか。現実的判断を考察することも可能となろう。

担任は、いじめ行為を何回も目にしている。その度に被害者は「大丈夫です」と答えている。大丈夫と平静を装う被害者に対して、教師はどういう対応をとるべきなのか、ぜひ論議したい場面である。

被害者の対応についても、生徒たちと考察するには適した教材といえよう。「2年生になってからは叩かれたりしても反撃せず、かえって笑っているだけになった」被害者のいじめ被害後の行動をどう考えればいいのか。なぜ笑っているだけなのかなどをつきつめて考察していきたい。そして、自分が被害者の立場であったら、いじめ被害から逃れるためにどのような対応をしたらよいのかを考えさせていくには教材として価値のある裁判例であろう。

(7)「特別支援いじめ」

「特別支援いじめ」のテーマに関連する特別支援の必要な生徒がいじめ被害者となった判決書には四つの事例があげられるが[78]、本研究では(コ)「大阪府中学校いじめ暴行殺害事件[79]」判決書を選択した。この判決書には情緒障がい・知的障がいのある生徒の生活上の問題点、特異な行動が記されているが、この障がい児に対して不特定多数の生徒が身体に対する物理的攻撃、言動による脅し、嫌がらせ、無視などの心理的圧迫を反復・継続して加えるいじめを行った。その最終的な最悪の結果が集団暴行による殺害となった。大阪府中学校いじめ暴行殺害事件の判決書は「情緒不安定、発育遅滞、場面元緘黙」という知的障がい・情緒障がいの女生徒が「統合教育」の行われていた大阪府の中学校にお

78) ①1988年2月4日静岡地裁判決（『判例タイムズ』664号、pp.121-）、②1999年4月23日大阪地裁判決（『判例時報』1630号、pp.84-、『判例タイムズ』968号、pp.224-）、③1996年10月25日判決（『判例時報』1629号、pp.113-）。

79) 損害賠償請求事件、大阪地方裁判所、平成9年4月23日判決、一部認容、一部棄却（控訴）『判例時報』1630号、pp.84-97

いて、教職員の見ていないところで日常的に暴行と言葉によるいじめを受けていたが、放課後約25分間にわたって暴行を受け、殺害された事件についての損害賠償請求事件である。本判決書には障がいのある女生徒のさまざまな生活上の問題点が記され、特異な行動についても記されている。このような級友に対して、周囲の同級生たちはどのような対応や行動、考えを持つべきなのか、人権教育として具体的で現実的な学びの場を提供できるのではないかと考えた。

学級内において生徒たちは多様な個性をもつ級友と生活する。その中には情緒障がいのように外見上はその特徴が見えにくい生徒も生活しており、その特異な行動や行為ゆえに周囲の生徒が差別的な言動や行動をとってしまう場合も多い。本判決書学習を通して学級内に障がいのある級友が存在することを自覚させ、どのような対応をとることが学校生活を平穏に過ごしていくことにつながり、お互いの人格権を尊重していくことになるのか、その学びが特別支援いじめの防止・抑止にもつながると考えた。

それは実際の学級状況における当事者から学ぶのではなく、判決書の状況から学ぶことで間接的に障がいのある生徒への対応やいじめ被害に対する対処法を学ぶことができるようになる。学級には障がいによって特別なニーズを必要とする生徒たちが存在する。周囲の生徒たちがそれらの生徒たちの存在を認識し、人格権を尊重する人権感覚が育成されることで、障がい者に対するいじめ防止は可能となる。そのことが、学級における仲間意識や連帯感を高めていくことにつながるのではないかと考えられる。そのため、本授業は、特別な支援を必要とする生徒がいる学級でも、実践可能であると考えられる。

梅野はこの裁判例の解説で、「被害者に心を寄せ、共感的に理解し、身体の傷だけでなく、被害者の心の痛みを受け入れ、事態の行く末を洞察し把握することが大切である」と述べるが、この裁判例はその共感的な想像、事態の行く末を洞察する力をまさしく育てることにつながるのではないかと予想される。

第3節　本研究における「学習内容」の構成要素についての考察

本章においては、第1節において文部科学省のいじめの態様をもとにしながら、本研究におけるいじめ態様を考察した。第2節においては、その考察をもとにいじめを類型化し、その学習テーマに応じたいじめ裁判例を考察し選定した。

本節では、いじめの態様と類型化、選定したいじめ裁判の判決書を確認しながら、仮説的な段階として、本研究における「学習内容」の構成要素について考察し設定する。

ここまでは、いじめの態様を中心にしていじめの分類を行ってきた。そのいじめ態様については、学習テーマゆえに、生徒たちの「学習内容」の構成要素となることは容易に予想できる。ここでは、その「学習内容」の構成要素について考察していきたい。その際、予想される「学習内容」の構成要素については、これまでの私による研究成果をもとにして考察する。この「学習内容」の構成要素についてこの段階で考察する理由は、第3章以後の判決書教材に内包される構成要素や感想文記述における構成要素を抽出する際の指標となるからである。

1　予想した「学習内容」の構成要素の考察

私は、中野区中学校いじめ自殺事件の判決書教材を活用した授業の感想文の記述から、生徒たちの理解や認識を、「不法行為」「責任」「義務」「法的措置」「理解」「決意」「対応考察」「体験」の八つに分類し、その特色を考察した[80)]。本研究では、中野区中学校いじめ自殺事件の判決書以外に五つの判決書教材を開発し活用するが、上記の研究成果をもとに、生徒たちはどのような「学習内容」

80)　新福悦郎「いじめ判決文を活用した授業に関する研究―法的や法的判断力との関係を中心にして―」日本社会科教育学会編『社会科教育研究』93、2004、pp.13-19

の構成要素が習得されるのか、予想は可能であろう。言うまでもなく、この八つの分類はそのまま「学習内容」の構成要素となるであろう。

以上の考察から、次の15の分類については本研究で注目する「学習内容」の構成要素として位置づけられるのではないかと考えられる。表4の左列に示す。

表４の左列①～⑦については、本研究においていじめの態様として分類したものであり、この態様に対応した判決書教材を準備するために、生徒たちの感想文記述においてもその影響を受け、学習内容の構成要素となり得るのではないかと予想される。

「⑧不法行為」については、いじめが犯罪を含む行為であることを授業構成の開発において学習する場面を準備するために、構成要素になるのではないかと考えられる。

「⑨責任」については、民事裁判の判決書を開発する教材であるために、関係者の法的な「責任」の言及を含む感想文が見られ、構成要素になると考えられる。

「⑩義務」については、いじめ裁判では、学校・教師の安全配慮義務に関する問題が一つの争点となっている。また保護者のわが子に対する保護監督義務についても争点になっている。したがって安全配慮義務や保護監督義務に関わる生徒の感想文記述も見られ、構成要素になると考えられる。

「⑪法的措置」については、実際の授業において、「欠席措置」について行政文書などを利用して、これが法的権利としての欠席であることを教えている。そのため、学習内容の構成要素になると考えられる。

「⑫理解」については、いじめについてのさまざまな諸要素についての理解と考えられる。中野区中学校いじめ自殺事件の授業感想文では、「いじめの悲惨さなどの実態」や「一般的ないじめの背景やいじめのひどさ」を書いているものが多く見られた。そのため、この理解については、内容に応じてさらにその学習内容の構成要素は確認されると考えられる。

「⑬決意」、「⑮体験」については、いじめ判決書教材の授業実践を重ねる度に、その感想文記述が見られる。そのために、構成要素に位置づけられると考えられる。

「⑭対応考察」については、いじめについてどのような対応を図るべきなのかを考察した記述が見られるが、関係者においては周囲の同級生や被害者、加害者など、感想文の内容によって構成要素はさらに分類され、確認されると考えられる。

以上、本研究において注目するいじめ判決書教材に準備されている「学習内容」の構成要素であるが、上記の15に関連する要素が抽出できると考えられる。その要素は、さらに複雑に多重化し、確認されると予想されよう。つまり、15の構成要素がそのまま抽出できるのではなく、より一層複雑化すると考えられる。

以上、本研究における「学習内容」の構成要素について仮説的に考察した。

2　本研究によって抽出できた学習内容の構成要素

第3章から第8章については上記の①～⑮を指標にして構成要素を抽出した。その結果は表4の右列に示した。表に見られるように、予想した15の構成要素は、「a 悪口」から「z3 個性といじめの関係」まで28の構成要素となった。

表4は、予想できた「学習内容」の構成要素と本研究によって整理できた学習内容の構成要素との関連を示している。

予想できた構成要素を指標にして、本研究における学習内容の構成要素の抽出は行われた。第3章から第8章において、具体的にその抽出と分析を行い確認していくが、ここでは予想できた「学習内容」の構成要素と抽出できた構成要素の関連についてあらかじめ説明しておきたい。

表4を見ると、いじめ態様に関わる①「悪口」、②「無視・仲間はずれ、村八分」、③「暴行・恐喝」、④「物理的いじめ」、⑤「ふざけといじめ」、⑥「性的嫌がらせ」、⑦「特別支援いじめ」については、本研究におけるいじめ態様の学習テーマであり、予想通り構成要素として抽出できている。

⑧「不法行為」については、「t いじめの犯罪性理解」として抽出できた。

＜表４　本研究における学習内容の構成要素＞

予想した「学習内容」の構成要素	本研究によって抽出された学習内容の構成要素
①「悪口」	「a 悪口」
②「無視・仲間はずれ・村八分」	「b 無視・仲間はずれ・村八分」
③「暴行・恐喝」	「c 暴行・恐喝」
④「物理的いじめ」	「d 物理的いじめ」
⑤「いじめとふざけ」	「e いじめとふざけ」
⑥「性的嫌がらせ」	「f 性的嫌がらせ」
⑦「特別支援いじめ」	「g 特別支援いじめ」
⑧「不法行為」	「t いじめの犯罪性理解」
⑨「責任」	「h 学校教師の安全配慮義務」「i 加害者保護者の保護監督義務」「j 被害者保護者の保護監督義務」「k 同級生の不作為と対応考察」「m 被害者自身の問題点」「o 加害者対応の批判」「s 被害者対応の考察」「v いじめ責任についての考察」
⑩「義務」	「h 学校教師の安全配慮義務」「i 加害者保護者の保護監督義務」「j 被害者保護者の保護監督義務」
⑪「法的措置」	「l 被害者救済の法的措置」
⑫「理解」	「n 被害者への共感・心情理解」「r いのちを奪ういじめの理解」「t いじめの犯罪性理解」「w 被害者対応としての抵抗の理解」「x 共同不法行為としてのいじめ」「y（精神的）後遺障がい」「z1 裁判と損害賠償」「z2 いじめのきっかけ」「z3 個性といじめの関係」
⑬「決意」	「p いじめ防止抑止の決意」
⑭「対応考察」	「h 学校教師の安全配慮義務」「i 加害者保護者の保護監督義務」「j 被害者保護者の保護監督義務」「k 同級生の不作為と対応考察」「o 加害者対応の批判」「s 被害者対応の考察」「w 被害者対応としての抵抗の理解」
⑮「体験」	「u いじめ体験」
予想外	「q いじめ授業への感謝」

⑨「責任」については、「h 学校教師の安全配慮義務」「i 加害者保護者の保護監督義務」「j 被害者保護者の保護監督義務」「k 同級生の不作為と対応考察」「m 被害者自身の問題点」「o 加害者対応の批判」「s 被害者対応の考察」「v いじめ責任についての考察」として抽出できた。

⑩「義務」については、「h 学校教師の安全配慮義務」「i 加害者保護者の保

護監督義務」「j 被害者保護者の保護監督義務」として抽出できた。

⑪「法的措置」については、「l 被害者救済の法的措置」として抽出できた。

⑫「理解」については、「n 被害者への共感・心情理解」「r いのちを奪ういじめの理解」「t いじめの犯罪性理解」「w 被害者対応としての抵抗の理解」「x 共同不法行為としてのいじめ」「y（精神的）後遺障がい」「z1 裁判と損害賠償」「z2 いじめのきっかけ」「z3 個性といじめの関係」として抽出できた。

⑬「決意」については、「p いじめ防止抑止の決意」として抽出できた。

⑭「対応考察」については、「h 学校教師の安全配慮義務」「i 加害者保護者の保護監督義務」「j 被害者保護者の保護監督義務」「k 同級生の不作為と対応考察」「o 加害者対応の批判」「s 被害者対応の考察」「w 被害者対応としての抵抗の理解」として抽出できた。

⑮「体験」については、「u いじめ体験」として抽出できた。

「q いじめ授業への感謝」については、予想外のものとして抽出できた。

このように本研究によって抽出できた構成要素については、第３章から第８章において、各章第２節と第４節に掲載した表（一部）に示している。それらの表の右列に示されたキーワードが抽出できた構成要素である。

判決書教材と感想文記述に基づいた具体的な構成要素の抽出および分析については、第３章から第８章において取り上げて考察していきたい。

第3章　「悪口」の防止・抑止を目指すいじめ判決書教材と授業（判決書教材A・京都地裁平成17年2月22日判決）

第1節　判決書選択の妥当性

前章では、文部科学省が示すいじめ態様の事象をもとにして、研究者による研究の成果を踏まえて、いじめの態様を考察し、本研究におけるいじめ態様を類型化した。その1つが、「悪口」である。本節では、「悪口」のいじめ態様を学習する上で関連のある裁判例を紹介し、教育学者や法学者の分析を踏まえて、判決書教材開発への適否を考察する。

第一に、裁判に関する研究者の先行研究との関わりを述べたい。

本研究で活用したのは、京都地裁平成17年2月22日判決「京都市小・中学校いじめ事件」（一部認容、一部棄却［確定］）[1]である。本判決書を選択した理由は以下の通りである。

本判決は、橋本恭宏が「暴行脅迫等を受け、転居を余儀なくされた」として注目するいじめ裁判である[2]。「損害論として被害児童の転居費用を認めた点が注目される」とし、被害者はいじめから逃げ出すために転校、転居が一つの解決方法ではないかと述べ、その方法は被害拡大の一つであり、因果関係のあ

1)　京都地裁平成17（2005）年2月22日判決「京都市小・中学校いじめ事件」（一部認容、一部棄却［確定］）『判例時報』1915号、p.122

2)　喜多明人・橋本恭宏・船木正文・森浩寿編『解説学校安全基準』不磨書房、2008、pp.154-160／橋本恭宏「『いじめ』『自殺』と学校関係者の安全指針」『季刊教育法』151、2006、pp.7-13

る限り、その転居の費用は加害者側の負担とするのが信義則に照らして妥当だと説明する。この判決は小学校から中学校に続くいじめ事例であるが、悪口がきっかけとなって深刻化した暴行脅迫のいじめである。

梅野は、「『死ね、うざい、きもい』等の言葉の暴力も、傷つきやすい心に深く傷を残すもので、『いじめ』に当たる」と述べる[3)]。そして、「言葉の暴力による被害の甚大さを確認し、これを軽視せず、鋭敏な共感的想像力（人権感覚）を持つようになること」を教師用の研修資料を開発する中で説明し、いじめにおける「言葉の暴力」としての「悪口」の問題性を重視している[4)]。さらに、「悪意ある言葉は自身で自制できなくなる。エスカレートし、直接的暴力を誘発する素地ともなりかねない」と述べる。本章の「京都市小･中学校いじめ事件」は、まさしく、悪口から暴行脅迫へエスカレートしていくいじめなのである。

「言葉」による暴力に対する法的評価は脅迫罪や名誉毀損・侮辱罪に関係すると考えられ、そして犯罪性を帯びたものと判定されるのは、「集団性」「継続性・反復性」と説明されている[5)]。言葉の暴力による被害の甚大性を学ぶ必要がある。

第二に、授業としての適否を述べたい。

本裁判における事件の概要は、小学６年生の２学期より学級内において「キショイ」などの言葉が流行し、その言葉のやりとりをめぐってＡはＢと言い合いになり、つかみ合いになった。Ｂはこの言葉の事実関係を理由にＡに対して暴力を振るうことを公言し、また学校を抜け出すなどの問題行動を起こすようになる。学校側は、Ｂらを別室で学習させていたが、Ａは暴行脅迫などを受け、中学校入学後、転校を余儀なくされた。Ａの両親は、Ｂら同級生のほか、その保護者および京都市に対して損害賠償などを請求した。学校側については、

3）　梅野正信『教育管理職のための法常識講座』上越教育大学出版会、2015、pp.158-169

4）　梅野　前掲注３)、pp.181-192

5）　梅野正信・采女博文「事例研究教育管理職のための法常識講座」第６回『季刊教育法』131、2001、pp.57-62

被害生徒に対する暴行脅迫等が発生する可能性を十分認識したと認められたのに、登校時の被害児童の様子に注意したり、始業前から教室に教員を配置したりせず、また、問題児童らを接触させないような万全の態勢を整えて対応しなかったなどの注意義務違反があるとした。転居費用も含めて、被告の保護者や同市においても、保護者の監督義務違反と学校の安全配慮義務違反を認め、その損害賠償を認定したものである。

本判決書教材においては、「悪口」などの言葉の問題を考えさせる上で必要な要素が含まれている。それは、「キショイ」という言葉のやりとりの中、またそのような環境においていじめが深刻なものになっていったという事実である。悪口などの言葉の問題は「言った」「言わなかった」と事実の確認に時間がかかり、その指導について苦労することが多いが、本判決書教材においても、この悪口をめぐる問題が記され、大きなトラブルとなり、暴行や脅迫を含むいじめへと発展していくのである。

裁判所は原告が「キショイ」と言ったことを認定せず、被告の一方的な言いがかりであると認定しているが、中学生の生徒たちにとって日常的に使用されがちの「キショイ」と言う言葉が、いかに人権を侵害し、深刻ないじめへとつながっていくかを洞察させ得るのではないかと考えた。また、保護者や障がい者に対する差別的な言動も同時に記されており、この学習を通して個人の尊厳と人格権の大切さを学ぶことができると考え、本判決書教材を開発し、また授業開発した。

本判決書学習によって、中学生に言葉環境の大切さを意識化させることが可能になり、いじめを予防するためには言葉環境の改善を図る必要があることを具体的現実的に学習させることができると考えた。

文部科学省の調査では、いじめの態様として64％が「冷やかしやからかい、悪口や脅し文句、嫌なことを言われる」などの言葉に関わるものであり、本学習テーマの「悪口」に関連するが、その割合は最も高いと報告されている[6]。国立教育政策研究所生徒指導研究センターの調査[7]によると、「からかう·悪口」は、小学校では男子の加害体験、被害経験共に1位。女子は2位となっている。

中学校においても、同様の結果となっている。

「人権教育の推進に関する取組状況の調査」[8]においては、学校教師が指導上困難を感じているものとして、「適切な自己表現等を可能とするコミュニケーション技能」があげられている。

現場においては、教室における言葉環境の問題性を指摘する教師らの声も多い。赤坂真二は「子どもたちの言葉が危ない」と述べ、「うざい・きもい・死ね」などの言葉が「日常的」になっていると指摘する[9]。筆者の現場経験においても、同様の印象を持っている。

実際のところ、生徒たちの日常的な生活状況においては、「きもい」「ムカつく」「キレる」「死ね」などの悪口が蔓延している。上記の悪口が学級における人間関係において日常的に氾濫するとき、トラブルやいじめは発生する。そこには、お互いにひとりの人間として気持ちや考えをもって生活しているという人権感覚が失われており、人権教育上の課題であると言えよう。学級における日常的な言葉環境を、穏やかで相手を思いやるあたたかみのある状況につくっていくという言葉環境の改善をめぐる取組は、いじめ予防のために必要であり、人権教育における重要な課題と分析されている[10]。

梅野の研究[11]によると、各都道府県の教育委員会は人権教育関係指導資料等を作成し、その中には「人間関係の改善を目的とする技能の習得」が位置づけられており、「会話指導」の例示が多く見受けられると分析している。また、「児童生徒間、児童生徒と教師間のコミュニケーションの基礎となり、学級経営や教科等の指導に関わる教育環境を整える取組として、攻撃的な会話や対話の改善を目的とした指導事例が多く見られる」と述べる。

---

6) 文部科学省「平成25年度　児童生徒の問題行動等生徒指導上の諸問題に関する調査について」2014

7) 国立教育政策研究所生徒指導研究センター『いじめ追跡調査2007-2009 いじめQ&A』平成22年6月、pp16.-23

8) 文部科学省『人権教育の推進に関する取組状況の調査結果について』、2009、p.56

9) 赤坂真二『友だちを「傷つけない言葉」の指導』学陽書房、2008、pp.18-19

しかし、学校現場では、多数の教師が人権上問題のある言葉の氾濫に苦悩しながら、それをきっかけにおこるいじめを予防するための効果的な人権教育の授業開発は十分ではない[12]。たしかに生活指導の場においては、注意や指導説諭が繰り返し行われてきたが、生徒指導等の学校生活全般における教育活動だけではなく、各教科・道徳・特別活動等での「学習内容・方法としての人権教育」の側面の取り組みも人権教育においては重要なのである[13]。

なお、「予防」とは「発生しないための状況や環境を事前に作る」ことと考え、「防止」は「発生そのものを防ぐ」こと、「抑止」については「被害の拡大を防ぐ」こととして定義づけた。

以上、「悪口」のいじめ態様に対応した本判決書教材は妥当であると判断する。

---

10)　梅野正信「人権教育資料の分析的研究１－「協力的」「参加的」「体験的」な学習を中心とする指導例示の特色と傾向－」『上越教育大学研究紀要』、31、2012、pp.29-40
ユネスコは「人権教育のための世界計画 第一フェーズ（2005-2007）」において、「初等中等教育における人権教育行動計画」を取り上げ、その中で「学習環境－学校環境それ自体が、人権教育と基本的自由を尊重し促進する。学校環境は、全ての学校関係者（生徒、教員、職員、経営者及び保護者）に、実際の生活行動において人権の実践機会を提供する。学校環境は、児童が自由に意見を述べ、学校生活に参加することを可能にする」と述べている。言うまでもなく、学校環境・学習環境の重要性を指摘している。
これを受けて、人権教育の指導方法等に関する調査研究会議は、「人権教育の指導方法等の在り方について［第三次とりまとめ］」において、「人権教育の成立基盤となる教育・学習環境」の重要性を「第一フェーズ」と同様に指摘している。その中では、人権教育推進において「教育内容や方法の在り方とともに、教育・学習の場そのものの在り方がきわめて大きな意味を持つ」と述べ、「場における人間関係や全体としての雰囲気などが、重要な基盤をなすのである」としている。

11)　梅野　前掲注10)、pp.29-41

第2節 いじめ判決書教材の開発および構成要素の抽出

本節では、「悪口」のいじめ態様に対応する判決書教材として、京都地裁平成17年2月22日判決「京都市小・中学校いじめ事件」を開発する。

最初に、教材開発の視点を述べ、具体的に開発した判決書教材を紹介する。教材には、下線が引かれているところがある。この部分は、本判決書教材を通して、生徒たちが学習内容を理解すると期待される本文記述のところである。

---

12) 言葉の問題といじめ対応に関わる実践や研究には多様なものがある。
自他尊重の自己表現の育成を目指して、アサーションの必要性が述べられてきた（園田雅代「概説 アサーション・トレーニング」『創価大学教育学部論集』52、2002、pp.79-90）。また、社会的スキルの向上を目指して、ソーシャルスキルトレーニングがある（伊佐貢一『「温かいメッセージ」のソーシャルスキル教育』明治図書、2008、pp.7-25）。両者ともその主眼は、現代の子どもたちのコミュニケーション能力の不十分さをスキル向上を通して、改善していこうとするものである。
「悪口を言う」「乱暴な言葉を使う」などの小さな差別を見逃さず、「教師の気迫と毅然とした態度」でいじめに対応することを述べる実践がある（甲本卓志・山本芳由幸『いじめを出さない学級はここが違う中学校』明治図書、2008、pp.90-93）。それらは、生徒指導としての教師側の指導・注意・説諭であり、学習内容・方法としての人権教育ではない。
道徳の授業用教材においては、言葉について相手に対する思いやりを持たせる道徳的心情へのアプローチが見られる（笠井善亮『最新の教育課題を取り入れた中学校道徳「自作資料」No.2』明治図書、2007、pp.27-32）。それらは、社会生活や人間関係の基礎としての言葉を重視し、生徒個々の道徳性を高めようとする取組であり、言葉環境の改善を目的としたものではない。
学級における言葉環境の問題を学習内容・方法を通して言葉の改善を図ろうとする研究がある。赤坂は、学級によりよいコミュニケーションを築くことの重要性を述べ、スキルから内面に迫る指導の効果を提唱する（赤坂真二『友だちを「傷つけない」言葉の指導』学陽書房、2008、p3）。プラス言葉を子どもたちにわかりやすく「ふわふわ言葉」と言い換え、悪口や暴言などの対処法を説明する。

13) 梅野正信「人権・同和教育に関する国の施策と実践的取組課題」、『資料解説 学校教育の歴史・現状・課題』教育開発研究所、2009、pp.237-246

その後に、本いじめ判決書教材の記述からキーワードを生成し、構成要素を抽出する。作成する表には本いじめ判決書教材に含まれる構成要素が示されている。

なお、梅野は判決書教材作成の条件として、「①社会的合意に耐える判決であること　②市民性育成教育として、市民社会の原則を学ぶに適した内容をもつもの　③裁判所の判決書から『争いのない事実』と『裁判所の判断』の部分に限定して整理する[14)]」ことを述べている。本判決書作成においても、同様の条件でいじめ判決書教材は開発されている。

なお、判決書教材作成にあたって、采女は三つの制約があるとしている。その中では、「被害者やその家族の私生活における精神的平穏（プライバシー）と名誉を奪うものであってはならない」「授業は、判決に登場する特定の個人（公的な立場にある者を除く）に対する倫理的非難をするものであってはならない。あくまでも、その『行動』の法的な評価に限定して扱う」などを示している[15)]。本判決書教材開発においては、采女の三つの制約にしたがっている。

1　判決書教材開発の視点

本判決書教材においては、「キショイ」という言葉のやりとりの中、またそのような環境においていじめが深刻なものになっていったという事実が記されている。「悪口」などの言葉の問題を考えさせる上で必要な要素が含まれている。そして、大きなトラブルとなり、暴行や脅迫を含むいじめへと発展し、被害者は不登校に陥った。

本判決書教材の開発を通して、中学生の生徒たちにとって日常的に使用されがちの「きもい」「ムカつく」「キレる」「死ね」などの使ってよくない言葉や悪口、暴言などの言葉が、人権侵害となり、深刻ないじめへと発展することを洞察させ得るのではないか。また、本判決書学習によって中学生に言葉環境の

14)　梅野正信・采女博文『判決書教材を活用した市民性育成教育を担う学校づくり』科研費研究中間総括報告書、2003、p.9

15)　梅野・采女　前掲注14)、pp.25-37

大切さを意識化させることが可能になり、いじめを予防するためには言葉環境の改善を図る必要があることを具体的現実的に学習させることができるのではないかと考えた。

なお、作成にあたっては、生徒たちに分かりやすい言葉に置き換え、「キショイ」と同義語でより生徒たちの使用頻度が高く通俗的な「キモイ」に変えて使用した。また、「穏やかな言葉環境」とは「きもい」「ムカつく」「キレる」「死ね」などの使ってよくない言葉や悪口、暴言のない学校・学級の状況と考えた。

2 判決書教材の開発

【認定された事実】

京都地裁平成17（2005）年2月22日判決「京都市小･中学校いじめ事件」（一部認容、一部棄却［確定］）『判例時報』1915号、pp.122-

【判決の概要[16)]】

(1) 学校を設置する被告Y市は、Aに対する暴行脅迫等が発生する可能性を十分認識し得たと認められるにもかかわらず、登校時の関係児童の様子に注意したり、始業前から教室に教員を配置するなどせず、また、問題児童らを接触させないような万全の態勢を整えて対応しなかったなどの注意義務の違反があるから、被告Y市は国家賠償法に基づく損害賠償責任を負う。

(2) B、C、Dは、Aに対する暴行脅迫等に対して加害者としての損害賠償責任を負う。

(3) 被告B、C、Dの保護者は、児童らが度重なる加害行為を行っていたにもかかわらず、何ら具体的な指導・監督をした形跡はなく、不法行為責任を負う。原告の慰謝料請求を認める。

(4) B、C、Dらの加害行為によって、Aが自宅に居住し続けることが困難となり、転居を余儀なくされたとしてBの加害生徒と親に転居費用128万5000円（賃料、共益費、更新料）の損害賠償請求を認める。

(1)　小学校6年生　1学期の事実経過

ア　小学校6年生の1学期になって、B、C及びTがAに対して、(1)靴や体操服を隠したり、(2)リコーダーを捨てたり、(3)Aの自転車をパンクさせる、(4)暴行を加えるなどのいじめを行った。Aは4、5日連続して欠席した。その後、B、C及びTは、Tが中心となって3人でいじめをしたと申し出て、3名がAに謝罪するという形で、このいじめ事件は一旦収束した。7月17日には、BがCに暴行するという事件が発生し、その翌日である7月18日から夏休みを挟んで9月4日まで、Bは不登校となった。この理由について、同人は、(5)少年野球の練習の際に、AがBの父親（当時別居中）について、「いいひんねんな」等と発言したことに腹を立てたからだと説明した。

(2)　小学校6年生　2学期及び3学期の事実経過

ア　Bは、2学期になってから登校を再開したが、クラス内にいじめをなくそうという意識が浸透してきたことなどから、12月までに、Bのクラス内での影響力は徐々に低下していった。そしてBは、クラスの内外で、同級生が自分を無視している、自分の悪口を言っている等と被害意識を持つようになった。そのような中、B、C及びTは、(6)Aを無視したり、(7)同人の靴を隠す等のいじめをしたが、この事実については、O教諭をはじめ本件小学校の教員らは、はっきりと認識していなかった。

イ　(8)BとAは、12月8日、「キモイ」と言い合いをし、つかみ合いのけんかとなりかけた。当時、本件小学校に限らず、(9)児童らが、他人を悪く言ったり、腹立たしい気持ち等を表す際に、「キモイ」と言うことがいわば流行していた。他方、おもしろい、おかしいことを表す際に、半ば冗談交じりに「キモイ」との言葉が使われることもあった。

同日、本件小学校では、学年委員会が開催され、「キモイ」という言葉は、言われると嫌な気持ちになること、言わないよう約束し、児童が互いに注意

16)『判例時報』1915号、pp.122-123の裁判の解説を参考にした。

し合うよう指導することとなった。12月11日、(10)Aらのクラスで話し合いがされ、「キモイ」「むかつく」といった言葉はたとえ冗談でも言わないようにし、互いに注意し合うこととされた。この話し合いの後、Aを含めてクラスの児童が「キモイ」という言葉を使うことは減っていったが、(11)BとCは、「キモイ」という言葉を使い続けた。

ウ　3学期になって、(12)Cは不登校となった。この理由について、同人はO教諭に対し、兄の障がいのことを言われるのが嫌だと訴えた。家庭訪問等をして再登校を促したが、Cはその後、卒業式の日を含め、登校しなかった。Cは、家庭訪問の過程で、登校しない理由について、Bがよく電話をかけてきて、誘いかけてくるのが嫌だということも話すようになった。他方、B及びCは、1月10日、同月11日、同月12日と連続して、授業中に教室を抜け出し、校外へ出るなどした。

この抜け出しの理由について、(13)B及びCは、A及びTが「キモイ」等の発言をするのが嫌だ、この事実を訴えてもO教諭が確認してくれないことに不満を持っている、Aが、上記発言をしていないと嘘をついているのが許せない等と話し、(14)「バットで殴る」等、Aに対して暴力を振るう旨公言していた。R教頭は、暴力によって解決することは決してしてはならない旨繰り返し指導した。

これに対して、Bは、Aに暴力を振るうという姿勢を崩さなかった。O教諭は、A及びTに対して、「キモイ」と言ったかどうかを確認したが、二人ともこれを否定し、周囲の児童も聞いたことがないと答えたため、同人らが上記発言をした事実を確認することはできなかった。

エ　BとCは、Aの顔を見るとむかむかするので教室にいられないと訴えたことから、O教諭らは、そのような場合には、校外に出て気持ちを収めるのではなく、校内のどこかで気持ちを収め、収まったら教室に戻るということを提案し、別室で授業を受けることを選択した。そして、B及びCは、1月15日から、本件別室で授業を受けるようになった。別室での授業は、O教諭がB及びCに時間割を提示し、課題を指定していた。B及びCは、本件別室での指導を受け始めた当初から、Aに対して暴力を振るう旨話していた。本件小学校では、本来の教室に戻ることについて再三話をし、教室に戻る場合にはAに対しての暴力はやめるように指導したが、Bは、Aに対する暴力を最後まで否定しなかった。他方、Cは、途中から、Aに暴力を振るわない旨話すようになった。

オ　B及びCは、本件別室での授業を受け始めた1月15日、4時限目までは本件別室で授業を受けたが、5時限目以降は学校を抜け出した。翌日の1時限目、CがAに「キモイ」と言われたことについて、O教諭がCから話を聞いたが、言われたとき、内容等についてはあいまいな返事であった。

カ　B及びCは、1月22日、帰宅途中のAを待ち伏せ、Cが後ろからつかんで押さえようとしたため、Aは持っていた鍵を投げたが、二人がかりで押し倒された。(15)CはAを押さえつけ、Bは、Aの頭や顔を踏みつける暴行を加えた（暴行1）。Aは、小学校に戻って、保健室で治療を受けた後、O教諭に自宅まで送ってもらった。その後、Aを病院に連れて行った方がよいということになり、O教諭が原告ら方へ電話をかけて経緯を説明した上、病院で診察を受けるよう勧めた。教諭は、病院に行き診察に立ち会った後、B及びCの家に電話をかけ、暴行事件が発生したこと、Aが病院に診察を受けに行ったこと、詳しい事情は本人から聞かないとわからないが、Aと保護者に謝罪をしてほしいことを話した。

キ　翌23日の朝、B及びCは、(16)始業前にAがいる教室へ入り、Aを足蹴にする暴行を加えた（暴行2）。B及びCは、その理由について、別室の壁を外から叩いた者がおり、きっとAである、と訴えた。O教諭は、暴力では何も解決しない旨諭し、謝罪を促したが、二人とも「あいつが悪い、またやったる」と言うのみであった。このため、B及びCが再度Aに(17)暴行を加えるおそれがあると判断し、登下校時のAへの教員の付き添いや、休み時間等に教室周辺に教師が立つなどの措置をとることとした。またO教諭は、B及びCの保護者に対して、経過を説明し、謝罪を促すなどした。これに対して、(18)Bの保護者が謝罪に行く様子は見られなかった。

ク　B及びCは、1月24日、登校後に校外へ出て、4時限目以降には帰宅した。同日、Cの両親は、本件小学校に対し、しばらくの間Cを登校させない旨連絡した。

ケ　同日ころ、BはC方を訪れ、同人に対し、彫刻刀を貸すよう申し向け、Cはこれに応じて彫刻刀を貸した。その際Bは、「刺したる」等と言っていた。

1月25日の午前中、Bが、特に授業等で使用する予定もないのに、彫刻刀を手に持ち北校舎に向かおうとしているのを別の教諭が発見し、北校舎2階の階段でBを制止し、本件別室に連れ戻した。その後、同日の2時限目に教諭らがBと話し合って説得し、落ち着かせた。その後、3時限目にはBは本件別室で授業を受けたが、掃除の時間になって、校内をパトロールしていた教諭が、(19)Bが再度彫刻刀を持って廊下を歩き、Aに近寄ろうとしているのを発見し、他の教諭ら二人とともに、彫刻刀をしまうよう説得した。他方O教諭は、他の教諭一人とともに、Aのそばで同人を保護する態勢をとった。その後、Bは教諭らの説得に応じて本件別室に戻り、保護者とともに帰宅した。Bは、「これで刺したんねん」等とO教諭に話した。Cは、25日から30日まで欠席した。O教諭は3回、Cを家庭訪問した。

コ　Cは、1月31日の2時限目に、父親の反対を押し切って登校した。Cが登校したことで、Bは態度が急変し、R教頭に暴言を吐いたり、漢字帳を投げたりした。

同日、B及びCは、通学路がAと異なるにもかかわらず、教諭に付き添われて下校していたAの後ろをつけたため同教諭に注意をされ、立ち去った。

また、1月末から2月初めにかけて、(20)B及びCは、本件小学校体育館横から、Aの様子を窺い、監視するような態度をとった。

サ　B及びCは、2月以降、担任の声掛けを無視するようになり、給食を教諭に運ばせたり、自習課題も提出せず、本件別室に教員が入るのを拒否する等して、指導が困難な状態になっていった。一方Aは、2月2日から水疱瘡のため出席停止となった。

シ　Aは快復し、また、O教諭が「安全を確保する」旨約束して登校を促したことから、2月14日から登校を再開した。同日、O教諭は、B及びCが、休み時間に運動場でAをにらみつけるなど、同人の様子を盛んに窺っているのを感じ、二人の行動に注意するとともに、Aとの接触がないように、Bらのそばに付くなどしていた。しかし、同日の5時限目の(21)授業中、B及びCは、Aがいる教室に乱入しようとした。教員らは二人を制止しようとしたが、Cはこれを振り切って教室内に入り、Aの髪をつかむ等の暴行を加えた（暴行未遂）。また、O教諭に対しても、靴を投げつけるなどの暴行を加えた。B及びCは、教員ら4人がかりでもすぐに鎮めるのが困難なほど興奮した状態で、「クラス全員皆殺しや」「やったる」等と怒鳴り、教員らに廊下に連れ出された後も、(22)「A、いつかやったるぞ」「覚えとれ」などと大声をあげ続けた。この翌日以降、Aは、B及びCに対する恐怖から登校することができなくなり、結局、3月19日に行われた卒業式にも出席しなかった。O教諭は、Aが欠席し始めて以降、ほぼ毎日Aを家庭訪問し、学習指導等も行った。

ス　本件小学校は、2月15日、授業参観後の学年懇談会において、保護者らにそれまでの経過を説明し協力を求めた。しかし、2月19日には、(23)Bの関係者が父親とともに本件小学校を訪れて、学校の対応や本件別室での指導について抗議するなどした。

セ　B及びCのO教諭に対する反発が強かったので、二人が本来の教室に戻るに当たり、O教諭を一旦授業からはずした方が円滑に戻ることができると考え、2月23日から同月26日まで、O教諭にカウンセリングや研修を受けるよう指示した。

ソ　B及びCは、2月27日以降、保護者の指導のもと欠席を続け、そのまま卒業式にも出席しなかった。3月6日には、学年懇談会が開催され、BやCなどの保護者も出席したが、具体的な指導監督等の対策が提示されることはなかった。

タ　進学先の中学校は、3月22日、小学校からの卒業生全体の引継ぎを受け、その際、A、B及びCについて、個別に説明を受けた。

(3) 中学校１年生 ４月以降の事実経過

ア 進学先の中学校においては、４月３日、職員会議において、小学校におけるＡらに係る一連の事実経過等の説明がされ、受入態勢を整えるようにとの指示がなされた。

イ 同日の午前中、ＢはＣ宅を訪ね、同人に対し、(24)Ａが「ガイジの弟」と学校で言いふらしている、Ｃが休んでいる間におれもＡを殴ったりした、おまえは何もしていないからおまえも殴りに行け、後で見に行く、家に入って、親がいても殴れ、二人で行ったらおれも殴ってしまいそうやから、おまえ一人で行け等と命令した。

Ｃは Ｂから言われたことを拒めず、(25)Ａ宅に行き、玄関ドアを蹴りつけて鍵を壊して建物内に土足で上がり込んだ。Ａに対して殴る、蹴るの暴行を加えた（脅迫１）。Ｃは、Ａに対して、「ガイジの弟」と言ったことにつき抗議することはなかった。Ａは、屋外へ逃げ出し、近所の薬局に逃げ込んだが、Ｃは追いかけ、なおも暴行を加えようとした。Ｂは、自転車に乗ってその現場付近におり、この様子を見ていた。連絡を受けた小学校教員らはＡ宅へ駆けつけ、中学校の教頭も現場へ駆けつけた。警察官が出動する事態となった。

Ａは、頭部外傷、下口唇・背部・左前胸部・両肩・右側腹部・左大腿部打撲により(26)約３日間の治療を要する見込みの傷害を負った。(27)Ａ宅の壁に穴が開き、壁の一部が剥がれ落ちたり、室内に置いてあった酒類のびんから酒がこぼれるなどした。その後、Ｃらは、Ａの父親に対し、Ａの治療費、修繕費等を弁償した。

また、Ｃとその両親は本件中学校を訪れ、中学校へ進学させたいがＣは頑なに本件中学校には進学したくないと言っていると伝え、相談した。これを受けて本件中学校は教育委員会に報告し、転校について相談した。結局、Ｃは、入学式を含め一度も登校することのないまま、４月16日、他の中学校へ転校した。

ウ ４月９日、中学校での入学式が行われた。中学校は入学式について、教育委員会からの指示を受け、受付に配置する教員を増員し、生徒指導主事及び学年主任の教諭の2名を1年生のフロアに配置するなどした。入学式自体は、特に混乱もなく終了し、生徒は体育館から教室に移動した。そして、担任がそれぞれ配布物を取りに職員室へ戻っていた間に、(28)B及びDがAのいる教室に入り、同人に対して、「キモイと言ったやろ、殴るぞ」「やったるぞ」等と罵った（脅迫2）。Aは母親のいる体育館まで逃げ、その後校長室で校長と話したが、そのまま教室に戻ることはなく帰宅した。B及びDは担任らに対し、入学式後に、自分たちにAが「キモイ」と3回言ったため腹が立って、Aのいる教室に行って文句を言ったと説明した。

エ　Bは、同日午後、Aが「キモイ」と言っていないと嘘をついている、家に行って確かめると言い、A宅の玄関の戸を開けようとした。父親に制止され帰宅した。

(29)Aは、この後B及びDに対する恐怖のため中学校に通うことができなくなり、しばらく親戚の家で様子をみたものの、結局保護者とともに転居し、5月7日付けで別の中学校に転校した。

その後、Bは父親と同居することとなり他の中学校へ転校した。他方、Dも、中学2年生の初めころまでは授業を抜け出したり授業を妨害することがあったが、それ以降次第に言動は落ち着き、中学3年生になった時点では、ほとんど問題行動をすることはなくなった。

【裁判所の判断】

ア　本件暴行1について

本件小学校では、両名を本件別室で指導することにして、両名に対する個別的な暴力否定の指導等を開始したという経緯に照らせば、暴力を公言していたことをもって、同人の身体・生命に対する危険が緊急に差し迫っていると認識せず、原告Aの父及び原告Aの母にその旨連絡しなかったとしても、本件小学校の対応に注意義務違反があるということはできない。

イ　本件暴行2について

本件小学校としては、前日に本件暴行１が発生したことを当然認識しているのであるから、(30)翌日には、さらなる暴行事件等が発生しないよう注意する義務があるというべきであり、具体的には、登校時の関係児童の様子に注意したり、本件別室や６年１組の教室に始業前から教員を配置するなど、適切な措置を講ずる義務があるというべきである。

ウ　本件暴行未遂について

被告Ｂは、１月25日午前中に彫刻刀を持って校内を徘徊した後、本件小学校教員の説得に応じて自ら彫刻刀をしまい、その後、本件別室で授業を受けているのであり、彫刻刀を預からなかったとしても、本件小学校教員らに注意義務違反があるということはできない。

エ　本件つきまとい、本件監視について

本件つきまとい及び本件監視は、事前に防ぐことは本来的に困難な性質の行為であり、直ちに本件小学校教員らに注意義務違反があるとはいえない。

オ　本件暴行脅迫について

（ア）　Ｏ教諭は、休み時間に運動場で原告Ａがにらみつけられるなど、登校を再開した原告(31)Ａをねらって、暴行等の行為が起こる可能性があることを十分に認識していたものといえ、授業中といえどもその可能性があることも十分認識し得たというべきである。本件小学校としては、万全の態勢を整えて対応すべき注意義務があるというべきである。具体的には、授業時間内外を問わず、本件別室近辺に職員を配置するなどして、６年１組の教室のある北校舎に近寄らないように注意する義務がある。

（イ）　それにもかかわらず、本件小学校においては、本件暴行脅迫当日、従前と特に変わりのない警備態勢を敷いたのみで、被告Ｂ及び被告Ｃが６年１組の教室に行くのを止めることもできなかったというのであり、この点について本件小学校教員らに注意義務違反がある。

カ　本件脅迫１について、春休み中の、しかも校外でなされた行為については、そもそも予見することができなかったというべきであり、教員らに何ら注意義務違反は認められない。

キ　本件脅迫２について、本件中学校が本件小学校から引継ぎを受け、入学式当日に人員を増員し教室前の廊下に教員を配置するなどの措置をとった。本件中学校教員らに注意義務違反は認められない。

ク　本件住居侵入脅迫について、本件中学校における入学式が終了した後、怒鳴り込みに行くということは予見できなかったというべきであり、本件中学校教員らに注意義務違反は認められない。

[争点について]

ア　被告らの責任原因について

(ア)　被告Ｂは、不法行為責任を負う。そして、(32)被告Ｂの父及び被告Ｂの母は、度重なる被告Ｂの不法行為につき、何ら具体的な指導・監督をした形跡はなく、かえって、トラブルの原因は原告Ａにあるとして、本件小学校にも非協力的な態度をとるなど、被告Ｂに対する指導・監督義務違反があると認められるから、被告Ｂと連帯して不法行為責任を負う。単に別居中であるというのみで、被告Ｂの指導・監督義務を負わないことにはならない。

(イ)　(33)被告Ｄの父及び被告Ｄの母は、被告Ｄの不法行為につき、具体的・実効的な指導・監督をした形跡はなく、かえって、トラブルの原因は原告Ａにあるとの態度をとるなど、被告Ｄに対する指導・監督義務違反があると認められるから、被告Ｄと連帯して不法行為責任を負う。

(ウ)　被告Ｃは、住居侵入暴行につき、不法行為責任を負う。そして、(34)被告Ｃの父及び被告Ｃの母は、被告Ｃに対し、積極的に指導・監督を行った形跡はなく、かえって、トラブルの原因は原告Ａの暴言にあるという態度をとるなど、被告Ｃに対する指導・監督義務違反があると認められるから、被告Ｃと連帯して不法行為責任を負う。

イ　原告Ａの損害について

(ア)　被告Ｂらの負うべき損害賠償額（本件住居侵入暴行の点を除く）

原告Ａが被った精神的苦痛に対する慰謝料としては、200万円が相当である。

（イ） 被告Bらの負うべき損害賠償額

原告Aが被った精神的苦痛に対する慰謝料としては、140万円が相当である。

（ウ） 被告B及び被告Cが負うべき損害賠償額（本件住居侵入暴行の点）

原告Aが被った精神的苦痛に対する慰謝料としては、50万円が相当である。

（エ） 被告市が負うべき損害賠償額

原告Aが被った精神的苦痛に対する慰謝料としては、70万円が相当である。

【結論】

ア 被告Bら

（ア） 原告Aに対し、連帯して200万円

（イ） 原告Aに対し、連帯して50万円

（ウ） 原告Aの父に対し、128万5000円

イ 被告Dら

（ア） 原告Aに対し、連帯して140万円

（イ） 原告Aの父に対し、128万5000円

ウ 被告Cら

原告Aに対し、連帯して50万円

エ 被告市原告Aに対し、70万円

3 判決書教材の構成要素の抽出

ここでは、本判決書教材から構成要素を抽出する。

いじめ態様については前章で説明したように、本研究では七つのキーワードとしている。「a 悪口」「b 無視・仲間はずれ、村八分」「c ふざけといじめ」「d 暴行・恐喝」「e 物理的いじめ」「f 性的嫌がらせ」「g 特別支援いじめ」である。これらのいじめの態様に対して、それぞれのいじめ判決書教材によって学習内容として共通に準備されている構成要素は何なのか。また特色ある構成要素は

何なのかを分析していく。

いじめ裁判は、被害者が原告となり人権侵害等によってその失われた損害の賠償を求めるものであることから、いじめの関係者に関わる記述が期待される学習内容になると考えられる。そのため、学校教師の安全配慮義務や保護者の保護監督義務などのいじめ責任についての裁判官の判断がキーワードとして予想される。

次の表5は、本いじめ判決書教材の記述から期待される学びのキーワードを生成し、構成要素を抽出したものである。左側から第1列は、判決書教材に含まれる学習内容の要素となる記述を整理したものであり、第2列は、その判決書教材の記述からキーワードを抽出したもの、第3列は、いじめ態様やいじめ責任等の構成要素として抽出したものである。

＜表5　「京都市小・中学校いじめ事件」判決書教材記述とキーワードによる構成要素の抽出＞

判決書教材の記述	キーワード	構成要素
A（5）少年野球の練習の際に、AがBの父親について、「いいひんねんな」等と発言したことに腹を立てた	A（5）悪口などの言葉をめぐるいじめ	a 悪口
A（8）BとAは、12月8日、「キモイ」と言い合いをし、つかみ合いのけんかとなりかけた。	A（8）悪口をめぐるけんか	
A（9）児童らが、他人を悪く言ったり、腹立たしい気持ち等を表す際に、「キモイ」と言うことがいわば流行していた。他方、おもしろい、おかしいことを表す際に、半ば冗談交じりに「キモイ」との言葉が使われることもあった。	A（9）悪口の状況の説明	
A（10）Aらのクラスで話し合いがされ、「キモイ」「むかつく」といった言葉はたとえ冗談でも言わないようにし、互いに注意し合うこととされた。	A（10）悪口に対する対策	
A（11）BとCは、「キモイ」という言葉を使い続けた。	A（11）悪口のいじめ	
A（12）Cは不登校となった。この理由について、同人はO教諭に対し、兄の障がいのことを言われるのが嫌だと訴えた。	A（12）言葉をめぐる問題	
A（13）B及びCはA及びTが「キモイ」等の発言をするのが嫌だ、この事実を訴えても、O教諭が確認してくれないことに不満を持っている。	A（13）言葉をめぐる問題	
A（22）「A、いつかやったるぞ」「覚えとれ」などと大声をあげ続けた。	A（22）脅しによるいじめ	

A (24) Aが「ガイジの弟」と学校で言いふらしている。	A (24) 悪口をめぐる問題	a 悪口
A (28) B及びDがAのいる教室に入り､同人に対して、「キモイと言ったやろ、殴るぞ」「やったるぞ」等と罵った。	A (28) 脅しによるいじめ	
A (6) Aを無視した。	A (6) 無視によるいじめ	b 無視・仲間はずれ・村八分
A (20) B及びCは、本件小学校体育館横から、Aの様子を窺い、監視するような態度をとった。	A (20) 監視するいじめ	
A (4) 暴行を加える。	A (4)、A (14)、A (15)、A (16) 暴行によるいじめ	c 暴行・恐喝
A (15) CはAを押さえつけ、Bは、Aの頭や顔を踏みつける暴行を加えた。		
A (16) 始業前にAがいる教室へ入り、Aを足蹴にする暴行を加えた。		
A (14)「バットで殴る」等、Aに対して暴力を振るう旨公言していた。		
A (19) Bが再度彫刻刀を持って廊下を歩いて、Aに近寄ろうとしている。	A (19) 傷害未遂事件	c 暴行・恐喝
A (21) 授業中、B及びCはAがいる教室に乱入しようとした。教員らは二人を制止しようとしたが、Cはこれを振り切って教室内に入り、Aの髪をつかむ等の暴行を加えた。	A (21)、A (25) 暴行によるいじめ	
A (25) A宅に行き、玄関ドアを蹴りつけて鍵を壊して建物内に土足で上がり込み、Aに対して殴る、蹴るの暴行を加えた。		
A (26) 約3日間の治療を要する見込みの傷害を負った。	A (26) 傷害	
A (27) A宅の壁に穴が開き、壁の一部が剥がれ落ちたり、室内に置いてあった酒類のびんから、酒がこぼれるなどした。	A (27) 器物破損	
A (1) 靴や体操服を隠した。	A (1)、A (7) モノを隠す	d 物理的いじめ
A (7) 靴を隠す等のいじめをした。		
A (2) リコーダーを捨てた。	A (2) モノを捨てる	
A (3) Aの自転車をパンクさせる。	A (3) モノを壊す	
A (17) 暴行を加えるおそれがあると判断し、登下校時のAへの教員の付き添いや、休み時間等に教室周辺に教師が立つなどの措置をとることとした。	A (17) 学校教師のいじめへの組織的対応	h 学校教師の安全配慮義務
A (30) 翌日には、さらなる暴行事件等が発生しないよう注意する義務があるというべきであり、具体的には、登校時の関係児童の様子に注意したり、本件別室や6年1組の教室に始業前から教員を配置するなど、適切な措置を講ずる義務があるというべきである。	A (30) 学校教師のいじめ対応の組織的問題点と過失責任	

A（31）Aをねらって、暴行等の行為に出る可能性があることを十分に認識していたものといえ、授業中といえども本件別室を抜け出し、原告Aに対して暴行に及ぶ可能性があることも十分認識し得たというべきである。本件小学校としては、万全の態勢を整えて対応すべき注意義務があるというべきである。具体的には、授業時間内外を問わず、本件別室近辺に職員を配置するなどして、6年1組の教室のある北校舎に近寄らないように注意する義務がある。	A（31）学校教師のいじめ対応の組織的問題点と過失責任	
A（18）Bの保護者が謝罪に行く様子が見られなかった。	A（18）加害者保護者の不作為による過失	i 加害者保護者の保護監督義務
A（23）Bの関係者が父親とともに本件小学校を訪れて学校の対応や本件別室での指導について抗議するなどした。	A（23）加害者保護者の過失責任	
A（32）被告Bの父及び被告Bの母は、度重なる被告Bの不法行為につき、何ら具体的な指導・監督をした形跡はなく、かえって、トラブルの原因は原告Aにあるとして、本件小学校にも非協力的な態度をとるなど、被告Bに対する指導・監督義務違反があると認められるから、被告Bと連帯して不法行為責任を負う。	A（32）、A（33）、A（34）加害者保護者の指導監督義務違反としての連帯した不法行為責任	
（33）被告Dの父及び被告Dの母は、被告Dの不法行為につき、具体的・実効的な指導・監督をした形跡はなく、かえって、トラブルの原因は原告Aにあるとの態度をとるなど、被告Dに対する指導・監督義務違反があると認められるから、被告Dと連帯して不法行為責任を負う。		
（34）被告Cの父及び被告Cの母は、被告Cに対し、積極的に指導・監督を行った形跡はなく、かえって、トラブルの原因は原告Aの暴言にあるという態度をとるなど、被告Cに対する指導・監督義務違反があると認められるから、被告Cと連帯して不法行為責任を負う。		
A（29）Aは、この後、B及びDに対する恐怖のため中学校に通うことができなくなり、しばらく親戚の家で様子をみたものの、結局保護者とともに転居し、5月7日付けで別の中学校に転校した。	A（29）被害者のいじめから逃れるための法的措置としての転校	v いじめ被害者の法的措置理解

上記の表のいじめ判決書教材の分析から、本判決書では、「a 悪口」「b 無視・仲間はずれ、村八分」「c 暴行・恐喝」「d 物理的いじめ」のいじめの態様に関わる構成要素が抽出できている。その中でもキモイなどの「悪口」に関わる構成要素に関連するキーワードがもっとも多い。その中では、言葉をめぐるトラブルなどが多く見られ、本テーマとするいじめの態様に対応している。

また、構成要素として抽出できた「c 暴行・恐喝」についての記述も多く見られる。そのために、本いじめ判決書教材によって、悪口などの言葉の問題がいじめのきっかけとなり、事例に見られるように「暴行・恐喝」などの悪質ないじめにエスカレートすることもあり得るという理解が生徒たちの期待される学習内容となるのではないかと予想される。

さらに、「h 学校教師の安全配慮義務」や「i 加害者保護者の保護監督義務」についての裁判官の判断も構成要素として抽出できている。そのために、学校教師が児童生徒の安全に配慮して日常生活を管理監督していること、また保護者については自分の子どもに対して保護監督という義務があり、常日頃からわが子の様子や状況を観察し、指導監督する義務があることを生徒たちは理解するのではないかと予想される。

第3節　判決書教材の構成要素を組み入れた授業の開発

1　授業構成案の開発

授業構成は3時間である。次の表6のような学習過程を計画した。

本いじめ判決書教材を活用した授業におけるねらいは、「いじめが犯罪を含む人権侵害であり、被害者の精神を追いつめ、人格権の侵害となることを理解させる」「いじめの責任はだれにあるのかを確認し、被害者がどのような権利を侵害されたかを洞察させ、確認させる」「「キモイ」「ムカつく」「キレる」「死ね」などの悪口が氾濫するような環境であると、それがきっかけになり暴行や脅迫を含む深刻ないじめに発展する可能性があることを洞察させ、いじめ予防のためにおだやかな言葉環境をつくっていく大切さを意識させ、そのような言葉を使用しない意志・姿勢を育成する」「名誉や自尊心がいかに大切なものかを学び、その上に立って、自由・人権とともに、社会が求める自律、規範を自覚させる」である。本いじめ判決書学習においては、上記の下線部の部分が重点化しているねらいである。

また、主な学習内容に記されている【　】内の数字については、本判決書教材において挿入している下線部記述番号と同じである。授業構成において、どの場面で抽出できた構成要素と関連した学習が期待できるかを示している。

＜表6　京都市小中学校いじめ事件の判決書教材を活用した授業構成＞

学習過程	時間	主な学習内容
個々の違法性・人権侵害行為を判別し、認識する。	1	①京都市小中学校いじめ暴行事件の判決書を読み、どの行為がいじめだと思うかを判決書に下線を引き、確認させる。同時にそのいじめがどのような不法行為を含む人権侵害なのかを説明する。【(1) ～ (16)、(19) ～ (22)、(24) ～ (27)】
責任の所在を確認し合う。	1	②感想の代表的なものを何人か読み、各班に「いじめの責任の所在はだれにあると考えるか」「学校・教師はどうすべきだったのか」「周囲の人たちはどうすべきだったのか」「被害者はどうすることでいじめから逃れられたのか」「どうすればいじめのきっかけを防ぐことができるのか」のテーマでグループに割り当て、話し合いをさせ協力してまとめさせる。「いじめの責任の所在はだれにあると考えるか」「学校・教師はどうすべきだったのか」について発表させ、議論させる【(17)】。学校・教師の安全配慮義務については、千葉県中学校いじめ事件で裁判官が示した判断も紹介し、本判決書の学校・教師の対応について考えさせる。最後に裁判所の判断について紹介し、いじめ責任の所在について確認させる。【(30) ～ (34)】
侵害された権利を洞察する。市民性育成の基本原理を導き、共通認識とする。	1	③「周囲の人たちはどうすべきだったのか」「被害者はどうすればよかったのか」「どうすればいじめのきっかけを防ぐことができるのか」について発表し、論議する。周囲の人たちや被害者のシミュレーションを通して現実的な対応を考察する【(29)】。いじめから逃れる方法として、転校などの法的措置があることを学び、いじめ相談所一覧を確認する。名誉や自尊心を尊重することがいかに大切なものかを説明し、いじめ防止の姿勢･態度･行動を育成する。感想を書く。

授業構成に見られるように、本判決書教材の授業では「いじめ判決書教材」に位置づけられている構成要素が含まれている。この要素が反映された授業構成による具体的な授業実践によって、第4節で検討する感想文記述からキーワードを生成し、抽出した構成要素をもとに比較・分析することは可能である。それは、判決書教材に内包される構成要素を位置づけた授業が行われているからである。判決書教材の種類によってその授業について考察した方法は、授業記録の検討や授業後質問紙による分析であったりとそれぞれに違いがある。そ

のため授業検討としては統一した研究方法がとられていないが、ここでの研究の目的は授業構成案に含まれた構成要素が、授業によって生徒たちの感想文記述に構成要素として抽出できるかについての関連を比較分析するものである。統一した研究方法がとられていないことについては、了解してほしい。

期待される学習内容の記述との関連では、授業構成の第１次において、(5)、(8)～(13)、(22)、(24)、(28)が組み込まれている。これらの事実は、いじめの態様としての「悪口」に関連するものであり、その学習が可能になると予想される。また「暴行・恐喝」の態様としては、同じく第１次に(4)、(14)～(16)、(19)、(21)、(25)～(27)の事実を通して、生徒たちは理解を具体的に深めることであろう。「悪口」などの言葉によるいじめや暴力によるいじめについて具体的に学ぶことで、いじめが犯罪を含む不法行為・人権侵害であることを理解させようとした。

第２次では、いじめの責任についてグループ討議の後、全員で議論するが、その際に学校教師の責任として(17)の事実から、考察を深めることができる。最終的に、裁判所の判決を示し、(30)～(31)の判断について理解し、考察することができよう。保護者の責任については、(18)、(23)、(32)～(34)が活用できる。第３次では、「どうすればいじめのきっかけを防ぐことができるのか」について議論していく中で、「キモイ」という言葉の問題がきっかけになって、暴行・恐喝などのいじめにエスカレートしていったことの裁判官の事実認定の学習を通して、生徒たちはこのテーマについての学習を深めていくことが予想できる。

以上のように、授業構成の中には、いじめ判決書教材の分類分析で抽出できた構成要素が位置づけられているために、この教材を活用した授業を通して、いじめの態様やいじめ責任等の理解が深まり、授業感想文において構成要素として抽出できると予想される。

2　授業実践の概要

(1)　基礎的なデータ

本授業実践は2011年10月、公立中学1年生2クラス総数63人に対して行われた。道徳授業1時間と社会科2時間の計3時間を利用して、「穏やかな言葉環境づくり」というカリキュラムを特設し、授業は実施された。3時間授業において1時間でも欠席した生徒が8人。授業者は新福悦郎である。

(2) 授業の概要および特色

授業実践の概要を説明する。ここでは、「事前アンケート」「生徒達の評価とその理由」ならびに「授業実践後における質問紙調査」の概要を紹介する。授業の様子ならびに研究の補足的な参考資料とする。なお、本研究においては、いじめ判決書教材に組み込まれた抽出できた構成要素を、授業実践によってどのように生徒たちは理解していくのか、授業感想文の分析を通して抽出する。そのために、本節においては、本研究を補足的に説明するものとしてとらえる。

(ア) 事前アンケート

授業実践の前にいじめについての事前アンケートを記述式で実施した（公立中学1年生3クラス計88人、2011年10月実施)。アンケートの内容は、授業後の学校生活で考え方の変化、対応の変化、姿勢・態度の変化、行動の変化に関するものであった。次の表7がそのアンケートの結果である。さらに半年後に同様のアンケートを実施し、言葉環境改善の変化を調査した。

＜表7　事前のいじめアンケート（総数88人、複数回答）＞

項目内容	総数	割合(%)
(3) いじめというとどんな行為を思い浮かべますか。分かるだけ書きなさい。		
①悪口、陰口	58	65.9
②暴力	46	52.3
③無視、シカト	27	30.7
④ものを隠す、ものをとる。	26	29.5
⑤仲間はずし	22	25.0
(4) いじめはいじめの加害者のほかにだれに責任があると思いますか。		
①見過ごす人、周囲の人	64	72.7

②加害者仲間	10	11.4
③被害者	10	11.4
④保護者	6	6.8
⑤学校教師	2	2.3
(5) いじめが目の前で起こっていたらどうしますか。		
①注意する。止める。	37	42.0
②見て見ぬふりをする。	19	21.6
③被害者を支え、相談に乗る。	11	12.5
④先生に言う。	8	9.1
⑤何もできない。	4	4.5
⑤止められそうだったら止める。	4	4.5
⑤記述なし。	4	4.5

上記の表7の(3)の項目より、生徒達がいじめとして考え感じているのは、悪口や陰口がもっとも多く、次に暴力となる。これは先述した文部科学省の調査[17]による「冷やかしやからかい、悪口や脅し文句、嫌なことを言われる」という回答の割合と同様に高い。この悪口や陰口が人権侵害であるという意識を高め、姿勢・態度まで高めることがいじめ予防のために重要になってくる。

表7の(4)の項目からは、いじめに対する周囲の同級生の対応のむずかしさを示している。生徒達はいじめ問題の解決のためには、周囲の人たちの対応であると感じ考えているが、(5)の項目からわかるように「注意する。止める」と答えがある一方で、「見て見ぬふり」をしたり、「何もできない」「記述なし」という回答も多い。周囲の同級生がどのような対応をすればいじめは抑止され、また防止できるのかについても生徒たちと学び合う学習が求められている。

(イ) 本授業についての生徒達の評価

2008年の実践時より授業直後に行っている授業に対する生徒達の評価(一

17) 文部科学省『平成20年度「児童生徒の問題行動等生徒指導上の諸問題に関する調査」について』2009。

連のいじめ判決書学習は「◎とても役に立った、○役に立った、△ふつう、×あまり役に立たなかった」）の総数とその割合、そして本授業実践直後に同じように評価をとった。本授業実践に対する評価は、「◎ 81.8%」「○ 18.2%」で、役に立ったと評価する生徒が100%であった。これまでの評価[18)]と比較すると「とても役に立った」という評価の数値がかなり高くなっている。「とても」と「その他」で$\chi 2$乗検定を行うと、$\chi 2$値=17.28、df = 1、p < 0.01となり、本実践後に「とても」と回答した生徒の割合は統計的に有意であった（「◎とても」とそれ以外の○△×に分けて、$\chi 2$検定を実施）。

次に、「とても役に立った」と回答した生徒達（総数45）が書いた理由についてまとめたのが、次の表8である。

＜表8　なぜ「◎とても」にしたのか、その理由＞

項目	内容（n=45　上位数のみ掲載）	総数
1	いじめが冗談でもやってはいけないものだという理解。	14
2	いじめきっかけがわかり、いじめを防ぐためにこの学習を今後の生活に生かせる。	12
3	「キモイ」という言葉が大きないじめになることを学べた。	7
4	いじめ被害者の気持ちが理解できた。	7
5	いじめが犯罪であることを学べた。	6
6	周囲の人の対応を学ぶことができた。	6
7	いじめをしないという決意を持つことができた。	6
8	人のいやがることを前まで少し自分で言ったりしていた。	6

「◎にした理由」は、判決書の学習を通して、いじめについての内容を具体的・現実的に理解できたことが大きい。いじめの問題性や犯罪性を理解し、キモイなどの言葉問題といじめの要因、被害者・周囲の人などの対応方法の理解についての学びなどが生徒達に本授業をとても役に立ったという評価につなげてい

18）授業評価についても授業実践のクラスと同じであるが、妥当性をより高めるために2011年実践評価数はサンプルが1クラス多い。

る。またこれまでの自分自身の体験などから自分を見つめ直し、今後への決意を生み出し、今後の生活に生かす学習として役だったと評価している。

次に、「使ってよくない言葉、いじめがもたらす問題や人権擁護への姿勢」などの本授業が目指すねらいと対応する項目に関連する調査を見てみよう。

表8の項目1、2、3、5、7、8（平均1.13、標準偏差0.73、最大記述数3、最小記述数0、記述人数39名、記述割合87%）が本授業のねらいと対応し、その中で、「使ってよくない言葉」に関わる記述分類は、表8の項目2、3、8と関連があり、記述数は25（平均0.56、標準偏差0.71、最大記述数2、最小記述数0、記述人数23名、記述割合51%）であった。これは本授業によって、言葉環境の大切さを理解し、今後の生活に生かそうとする生徒たちがいることを示している。

（ウ）2週間後と半年後の授業後質問紙調査

本いじめ判決書教材を活用した授業では、言葉の問題がいじめを引き起こし、深刻ないじめ被害を生むことをつかむことができると予想される。このような学習を通して、日常的な言葉の問題について振り返って考え、今後の日常生活において態度や行動に示してくれるのではないかと考察した。

本いじめ判決書教材を活用した授業を終え、2週間後にアンケートを実施した。アンケートの内容は、「自分は学校生活で言葉の問題について、どう考え、どう変わったのか？考え方の変化、対応の変化、姿勢・態度の変化、行動の変化があったら書いて下さい」（自由記述、複数回答あり）というものである。この学習が実生活においてどのような影響を与え、生徒たちがどう変化したのかを調査するためである。2週間後というのは、学級の状況や各自の態度・行動などの初期的変化を考える点において適切だと考えた。なお、2週間以内に言葉環境改善に関わる生徒指導は特に行わなかったために、本授業以外の影響はないと考えられる。

1）質問紙調査の方法

2011年10月実践、公立中学1年生2クラス、63名。授業者　新福悦郎。

授業を終えて2週間後（2011年11月）質問紙法でアンケートを実施した。アンケートの内容は、授業後の学校生活で考え方の変化、対応の変化、姿勢・態度の変化、行動の変化に関するものであった。さらに半年後（2012年3月）に同様のアンケートを実施し、言葉環境改善の変化を調査した。

なお、感想文の分類とカテゴリーの妥当性については、小学校教諭1名、中学校教諭1名、博士後期課程院生1名、大学准教授1名、大学院教授1名と検討を加えた（2012年5月）。

表9が2週間後、半年後の質問紙調査の結果である。

＜表9　2週間後・半年後のアンケート結果＞（二人以下は省略）

		2週間後		半年後	
項目	内容	人数	割合	人数	割合
1	「ウザイ」「キモイ」などのあらい言動を使わないように心がけた。	35	59.3	20	35.1
2	いじめに対する考え方が変わった。	8	13.6	4	7.0
3	相手がどう思うのか考えてからものを言うようになった。	8	13.6	3	5.3
4	なるべく人を傷つけないように気をつけている。	7	11.9	3	5.3
5	今後もいじめのないように続けていきたい。	5	8.5	1	1.8
6	いやなことを言っている人がいたら言っていた人を注意する。	3	5.1	0	0
7	みんなで集まって悪口を言わなくなった。	3	5.1	1	1.8
8	みんなの言葉遣いに変化があった。	3	5.1	11	19.3
9	何も変化なし。	3	5.1	5	8.8
10	ケンカが減ってきた。	0	0	3	5.3
11	友達との接し方もやさしく変わった。	0	0	5	8.8

表9の項目から、自分自身の言葉を見つめ直し、「ウザイ」「キモイ」などの言葉を使用しない姿勢や態度を示す生徒達が増えていることが分かる。また、自分自身の感覚でものを言うのをやめて、相手がどう思うか考えてからものを言うようになったり、なるべく相手を傷つけないように心がける生徒達も増えてきている（項目3,4）。さらに「みんなで集まって悪口を言わなくなった」「相

手が言われてうれしい言葉をできるだけ使うようになった」「友達をからかったりしないようになった」という生徒達も見られるようになった。そして「ひとりひとりを尊重し、気遣いあっていくことが大切だと思う」という答えも見られた。これらは生徒たちが言葉環境の大切さを理解し、その改善への意欲を見せたことを示している。

以上のアンケートから、本いじめ判決書教材を活用した授業を通して、生徒達は言葉環境に対して意識を持つようになったばかりか、実際の場面で使用する言葉に気を遣うようになり、まさしく穏やかな言葉環境づくりに動き出したのではないかと考えられる。

2）半年後のアンケート調査

授業実践の半年後、つまり６ヶ月後の１年生最後の授業（社会科のまとめ）でアンケートを実施した。本授業が学校生活においてどのような影響を与え、言葉環境について生徒たちはどのような状況なのかを分析するには適切な時期だと考えた。アンケートの内容は、①授業を受けて半年が経ちましたが、「キモイ」「ムカつく」「死ね」などの言葉について、現在の状況はどうですか。②10月に行った「いじめの授業」を受けて、その後の学校生活などで何か役立ったことがありますか（いじめや言葉への考え方や行動・対応の変化、またはいじめや言葉の状況を中心に書いて下さい）。というものである。なお、半年以内に言葉環境改善に関わる生徒指導は、本判決書学習の内容を想起させて２～３人に行ったことがあった。あくまでも本判決書学習が基盤となっている。なお、他の教員からの影響は不明である。

①の結果については、表10のとおりである。

＜表10　半年後の言葉状況＞

記号	内容（n=57）	半年人数	半年割合
ア	授業前から使用していなかった。	1	1.8
イ	授業で学んだことを意識して、使用しないように心がけ、使用しなかった。	19	33.3

ウ	授業で学んだことを意識していたが、ときどき使用した。	27	47.4
エ	授業で学んだことを意識しないで、ときどき使用した。	6	10.5
オ	授業で学んだことを意識しないで、日常的に使用した。	4	7.0
カ	その他	0	0

表10を見ると、「授業で学んだことを意識していたが、ときどき使用した」という回答がもっとも多く、半数近くの生徒が学習したことが頭にありながらも、「キモイ」などの言葉をときどき使用している。これは学習した内容が現実の場面で実際の行動と結びつかない生徒たちの状況を示している。意識と態度・行動の間を断絶する要因は何なのか、そしてそれを改善するための対応や指導を、今後考察検討していく必要がある。

一方、19人が「授業で学んだことを意識して、使用しないように心がけ、使用しなかった」と答えている。この判決書学習での学びが半年経ても行動にまで持続する生徒がいることを示している。たしかに、「授業で学んだことを意識しないで…」という項目エ、オの生徒も存在する。しかしそれ以上の33.3％の生徒が言葉についての意識だけでなく、態度・行動まで変化させたということは本学習の影響が一部の生徒に見られたと考えられる。

②のアンケートの結果は表9に示した。２週間後と半年後のアンケート質問表現が少し異なっているために、比較結果を100％信頼することはできないが、大まかな傾向を読みとることができる。

２週間後のアンケート結果と半年後のアンケート結果の変化を見ると、項目１から項目７までの自分自身の変化についての記述内容に関する割合はすべて減少していた。授業２週間後よりも半年後はその割合が減少しており、学習内容の意識が低下してきていることを表している。穏やかな言葉環境に関する学級の状況の変化については、項目7、8、10、11が該当するが、記入した生徒総数は20人であり、その割合は35.1％である。項目１から７までの割合が減少している中で、２週間後よりも半年後に言葉環境の改善された状況を感じる生徒が増加していた。このことは、言葉環境改善を学級・学校生活を送っていく中で生徒たちは次第に実感し、自覚していったことを示しているのではないかと考えられる。その内容は、たとえば、「みんな楽しく学校生活を送ることができている」「教室での言動を考える人が少しふえた気がする」「前よりもみんな仲良くなった」「授業を受けてから（悪い言葉を）使用している人をあまり見かけなくなった」などと書いている。この学習をとおして、約３割の生徒たちが、半年後には学級における言葉環境の状況が改善されたと考え、言葉遣いについて意識を持つだけでなく、姿勢・態度までその資質を高めることができたのではないかと予想される。

また、次の表11は言葉環境改善を示した生徒たち一部の２週間後と半年後の記述内容を示した。ここからも、いじめ判決書教材を活用した授業が言葉改善に影響を与えたのではないかと考えられる。

＜表11　２週間後と半年後の記述内容＞

生徒	２週間後	半年後
A	みんなに傷つくような言葉を言わなくなった。みんなに対する言葉遣いも変化があった。自分が言われていやだと思う言葉は使わずに言われてうれしい言葉をできるだけ使っている。	悪口を言う人がへり、いじめ等がおこらない環境ができているので、少しうれしいです。
B	相手がいやがるような言葉は言わないようにするように考え方が変わりました。前までは「ウザイ」などを言っていたけど、これからは人が傷つく言葉は言わないように対応したい。	いじめの授業を受けて、行動や言葉に気をつけようと思った。
C	私はもとから一応言葉には気をつけていたつもりだったが、思い返してみれば自分もけっこう汚い言葉を使っていたりしたので気をつけようという気持ちが強くなった。友達が「キモイ」などと言っていたら注意するようになった。まだ、つい「キモイ」と言ってしまうものの、言う回数はとても減ってきた。他の人を見ていると、たたき合いなどの行動が減ったと思う。	「キモイ」「死ね」などの言葉を聞く回数が減った。暴れている人、回数が減った。
D	考え方が変わりました。少しぐらいならいいと思っていたけど、相手のことを考えるとダメだなと思いました。行動が変わりました。前はよく悪口を聞こえないように言ったりしていたけど、今はしなくなりました。	教室での言動を考える人が少し増えたような気がします。

最後に、本授業を実践したクラスでは、学級が閉じられるまで深刻ないじめが発生しなかった。教師集団の目から見ても、穏やかに楽しく学校生活を送っ

ている雰囲気を感じることが多かった。本実践だけによってそれらの雰囲気づくりに寄与したとは考えないが、影響を与えたことはたしかである。

(3)　本授業の特色のまとめ

本いじめ判決書教材によって期待される学習内容としての構成要素は、生徒たちの感想文記述から次のような内容の要素を抽出できるのではないかと予想できた。一つは、悪口などの言葉の問題がいじめを引き起こし、言葉をきっかけとする問題が、「暴行・恐喝」などの悪質ないじめにエスカレートしていくこと、二つは、学校教師は児童生徒の安全に配慮して日常生活を管理監督していること、また三つは、保護者については自分の子どもに対して保護監督という義務があり、常日頃からわが子の様子や状況を観察し、指導監督する義務があることである。

リアルな判決書の内容とその学習を通して、いじめがキモイなどの使ってよくない言葉や悪口をきっかけにして起こること、被害者の苦悩に共感でき、暴行や脅迫などの深刻な状況を生み出していくことを、感じ学び洞察できるようになるのではないかと考えられる。

本研究では、言葉に関わるいじめ判決書教材を活用した本判決書学習が、いじめ予防のための言葉環境改善に効果的であるかを具体的な生徒たちのことばで実践的に検討してきた。その結果、本判決書学習は、まず第一に、いじめの理解を具体的・現実的に深め、「キモイ」「ウザイ」などの言葉の問題が人権侵害であること、いじめを引き起こし深刻ないじめ被害を生むことを生徒たちに洞察させることが可能になるのではないかと考えられる。

第二に、本判決書学習は、約３割の生徒たちに「キモイ」「死ね」などの言葉を使用しない姿勢・態度に影響を与えていた。それは、授業評価と表８のその理由、そして表 9、表 10 の授業後２週間後、半年後の質問紙調査の分析、表 11 で明らかになった。

上記の検討により、本いじめ判決書学習は、生徒達に言葉環境の大切さを意識化させることを可能にし、いじめを予防するためには言葉環境の改善を図る必要があることを学ばせることができたのではないかと考えられる。それによって、生徒たちに洞察する力を育て、相手を思いやり自分自身の言葉を学級・学校生活において改善するようになるのではないかと考えられる。

本研究の課題としては、先述したように、授業で学んだことを意識しながらも半数近くの生徒が「キモイ」などの言葉をときどき使用していた。意識化しながらも、実生活において態度や行動にまで結びつかない要因についての詳細な分析が課題として残った。

最後に、3割の生徒たちには効果を示したが、それ以外の生徒たちに対しても効果を高めるためにどうすべきかという課題が残った。本判決書学習による態度から行動育成については限界があり、その限界を埋めるために日常的な生活指導の場面での指導や本学習の効果を高めるためのカリキュラム開発が求められている。

ここまでは、いじめについての「事前アンケート」「授業評価」「授業後質問紙」などによって、本いじめ判決書教材を活用した授業の概要について見てきた。次節では、授業感想文の分析から具体的に構成要素を抽出する。生徒たちの感想文記述をもとにキーワードを生成し、そのキーワードを分類して、どのような学習内容を生徒たちは習得したのか、その構成要素を抽出する。本判決書教材による学習によって、他の判決書と共通する構成要素は何なのか。また、特色ある構成要素は何なのかについて検討していきたい。

第4節　授業感想文にもとづく構成要素の抽出および分析

本節では、京都市小・中学校いじめ事件を活用した授業実践（2011年10月実践、公立中学校1年2クラス、63名。欠席は7名。そのために感想文の総数は56名となっている。授業者　新福悦郎）におけるまとめの感想文記述を分析分類し、構成要素を抽出する。

第3節で本いじめ判決書教材を活用した授業実践についてその特色を説明したように、この授業によって、生徒達は言葉環境の大切さを意識化し、いじめを予防するためには言葉環境の改善を図る必要があることを学ぶことができたと考察できた。

その考察によって、本判決書教材を活用した授業では、構成要素として「a 悪口」「p いじめ防止抑止の決意」などが抽出できるのではないかと予想される。

本節では、生徒たちがどのような内容を学び考えたのかについて、その学習内容としての構成要素を明らかにする。そして、その学びが本研究におけるいじめ態様やいじめ責任等の構成要素との関連で、どのような共通の構成要素があり、また本判決書を活用するとどのような特色ある構成要素が準備できるかを考察する。

なお、感想文の分類とキーワードの妥当性については、小学校教諭１名、中学校教諭１名、博士後期課程院生１名、大学准教授１名、大学院教授１名と検討を加え（2012 年５月）、活用について妥当だと判断した。

１　感想文記述によるキーワードと抽出できる構成要素

次の表 12 は、一連の授業感想文記述を分析したものである。まず、感想文の記述をキーワードにした。感想文記述に沿ってキーワード生成したために、一つの感想文から数種類のキーワード抽出も行った。そのキーワードから構成要素を抽出し、分析した。本章で開発したいじめ判決書教材に準備された構成要素が、授業実践を通して生徒たちにどのような構成要素が抽出できるのかを分析するためである。その内容は次の表 12 に示した。

左列が生徒の番号で、２番目の列が感想文記述の番号である。３番目の列が感想文記述であり、４番目の列がその感想文記述から生成したキーワードである。右端の列が、そのキーワードから抽出した構成要素である。なお、実際は A56 までの感想文から抽出したが、ここでは A6 までを紹介する。

＜表 12　「京都市小・中学校いじめ事件」の授業感想文とキーワードによる抽出した構成要素＞

生徒	番号	感想文記述	キーワード	構成要素
A1	①	この授業を学んで、考えたことは、教師が対応すればいじめはあそこまで続かなかったんじゃないかと思いました。	教師の過失と責任	h 学校教師の安全配慮義務
	②	周りの人も、教師に言って、加害者のいじめをやめさせれば良かったと思います。	他の生徒の対応考察	k 同級生の不作為と対応考察
	③	被害者にとっては、本当につらいことだと思います。こんだけやられたら、学校にも行きたくなくなるし、毎日が最悪な気分になるので、いじめはないほうがいいと思います。	被害者の心情理解と共感	n 被害者への共感・心情理解
	④	加害者だって、被害者が傷つくことを考えて、あんなことをしなければ良かったと思います。	加害者の行動批判	o 加害者対応の批判
A2	①	いじめということは､周囲の人が止めておけば、いじめというのはなくなったんじゃないかと思いました。あと、周りの人は、見て見ぬふりをするのと、とてもおかしいと思いました。周りの人は、止めるか、先生に早く言えば、こんなに悪化しなかったと思います。	他の生徒の不作為と対応考察	k 同級生の不作為と対応考察
	②	あと、先生ももっと早く気づいていたら、いじめは悪化しないと思います。	学校教師のいじめ認知の対応不足と責任	h 学校教師の安全配慮義務
A3	①	3時間のいじめの授業を通して分かったことは、たくさんあります。加害者は、被害者、被害者の親、自分の親の気持ちを何一つ考えていないと思いました。加害者もその人たちの身になって考えれば、いじめはなくなると思います。	加害者の行動や心情の批判	o 加害者対応の批判
	②	そしていじめを見かけたら、まず、頼れる人に言うのが、一番いいと自分は思いました。この学校もいじめがなくなればいいなと思いました。	他の生徒たちの対応考察	k 同級生の不作為と対応考察
A4	①	いじめはやっぱりやってはいけないと改めて感じた。加害者がいじめをしていることを教師がもっと早く知っておけば、こんな大きないじめにはならなかったと思う。	学校教師のいじめ認知の対応不足と責任	h 学校教師の安全配慮義務
	②	周囲の人は、注意することは難しいが、先生などに教えていれば、もっとよかったと思う。	他の生徒の対応考察と批判	k 同級生の不作為と対応考察
	③	また、被害者も先生、保護者に相談して、どのような対応をすればいいかなどを聞いてみれば良かったと思う。	被害者対応考察と批判	s 被害者対応の考察

	④	でもやっぱり悪いのは、加害者とその保護者だ。加害者はなぜこのようないじめをしてしまったのか。その保護者も自分の子どもに注意しなかったのか、注意していればこのようないじめはなかったと思う。	加害者保護者の日常的な監督の義務違反	i 加害者保護者の保護監督義務
	⑤	これからは、自分の言葉遣いに気をつけて日々楽しい生活を送りたい。	言葉遣いに対する今後への決意	p いじめ防止・抑止の決意
A5	①	いじめの授業で学んだことは、だれかがいじめられていたら周囲の人は、いじめをしている人に注意をしたり、先生に言うべき。	他の生徒の対応考察	k 同級生の不作為と対応考察
	②	「キモイ」という言葉を言うだけで、だれかが傷つくことを学んだ。	悪口のいじめ問題理解	a 悪口
	③	三人の保護者もしっかりと注意して、いじめをやらせないようにすれば良かったと思う。	加害者保護者の日常的な安全配慮義務違反	i 加害者保護者の保護監督義務
	④	教師も被害者だけにつくのではなく、三人の加害者にもついたら暴力などはしなかったと思う。	学校教師のいじめ対応の組織的問題点	h 学校教師の安全配慮義務
	⑤	ぼくもキモイという言葉を使うので、使わないようにしたい。	言葉遣いに対する今後への決意	p いじめ防止・抑止の決意
A6	①	ぼくはこのいじめの授業で、一人の人にだけ、いじめをするのは卑怯だと思いました。周囲の人々は何もせず、ただ見とくことしかできなかったのかなと思いました。	他の生徒の不作為と対応考察	k 同級生の不作為と対応考察
	②	教師ももう少し対応を早くしたり、いじめにもっと早く気づいて加害者の三人にもひどいいじめは防ぐことはできたと思います。	学校教師の組織的対応と配慮義務の過失	h 学校教師の安全配慮義務
	③	他にも「キモイ」という言葉、人がいやがることなどはしないように、一人一人が心がけていけばよかったと思います。	悪口によるいじめ問題の理解	a 悪口

感想文記述を分析しキーワードを抽出し分類すると、本判決書教材では、「a 悪口」「b 無視・仲間はずれ・村八分」「c 暴行・恐喝」「d 物理的いじめ」「e いじめとふざけ」「h 学校教師の安全配慮義務」「i 加害者保護者の保護監督義務」「k 同級生の不作為と対応考察」「l 被害者救済の法的措置」「n 被害者への共感・心情理解」「o 加害者対応の批判」「p いじめ防止抑止の決意」「q いじめ授業への感謝」「r いのちを奪ういじめの理解」「s 被害者対応の考察」「t いじめの犯罪性理解」「u いじめ体験」「x 共同不法行為としてのいじめ」「z1 裁判と損

害賠償」「z2 いじめのきっかけ」「z3 個性といじめの関係」を構成要素として抽出できる。

その中でも、他のいじめ判決書教材と同じように共通する抽出できた構成要素が、「a 悪口」「b 無視・仲間はずれ・村八分」「c 暴行・恐喝」「d 物理的いじめ」「e いじめとふざけ」「h 学校教師の安全配慮義務」「k 同級生の不作為と対応考察」「n 被害者への共感・心情理解」「o 加害者対応の批判」「p いじめ防止抑止の決意」「q いじめ授業への感謝」「r いのちを奪ういじめの理解」「s 被害者対応の考察」「t いじめの犯罪性理解」「u いじめ体験」である。

「a 悪口」については、「私立高校寮内いじめ事件」を除いて、他の判決書教材による抽出できた構成要素としてごく一部見られるが、本判決書においてはかなりの数が見られ、その差は大きいために、ここでは「a 悪口」については、特色ある構成要素として考察できる。これは、第3節で本授業実践について考察した内容と重なっている。

「q いじめ授業への感謝」「r いのちを奪ういじめの理解」「u いじめ体験」の構成要素につながる感想文はきわめて少なく、本判決書教材においては、共通する構成要素として位置づけることはできないと考えられる。

生徒たちの感想文を分析し、その記述をもとにキーワードを生成すると、上述したように、共通する構成要素として「b 無視・仲間はずれ・村八分」「c 暴行・恐喝」「d 物理的いじめ」「e いじめとふざけ」「h 学校教師の安全配慮義務」「k 同級生の不作為と対応考察」「n 被害者への共感・心情理解」「o 加害者対応の批判」「p いじめ防止抑止の決意」「s 被害者対応の考察」「t いじめの犯罪性理解」の11をあげることができた。

次に、それぞれに該当する感想文記述を紹介し、抽出された構成要素を分析し検討していきたい。

2 感想文記述によって抽出できた構成要素

まず最初に、抽出した構成要素に分類する感想文記述をさらに詳細に検討し、本判決書教材を活用した授業において、共通する学びとしてどのような構成要素が見られるかを検討する。その構成要素については、他の五つのいじめ問題の判決書教材によって抽出できる構成要素と共通するものをまず整理する。

(1)「b 無視・仲間はずれ・村八分」のいじめ態様についての記述

・ものをかくす、ものを捨てる、ものを壊す、暴行、無視する、「キモイ」という言葉を言う、脅すということをするのは、とても悪い犯罪だと思います。(A12④)
・いじめは、冷やかしたり、からかうだけではなく、言葉で脅したり、悪口を言ったり、仲間はずれ暴力など、いろいろある。(A41③)
・私のいじめの想像よりも、いじめは怖いものでした。たとえば、私が想像していたのは、悪口や仲間はずれ、たたく、けるなどでしたが、今回習ったいじめは、バットでなぐる、ものを隠す、捨てる、そして、彫刻刀で刺すなど、想像を超えていたので、いじめは良くないと改めて学びました。(A47②)

これらの感想文記述からは「無視によるいじめ」「無視・仲間はずれなどのいじめ理解」「シカトや仲間はずれのいじめ理解」などをキーワードとして取り出すことができるが、どのような内容なのかについて具体的な記述は見られず、いじめの態様の一つとして理解しているような印象である。

(2)「c 暴行・恐喝」のいじめ態様についての記述

・授業でやったこのいじめは、長い期間、暴力や脅しなど、いろいろないじめをされている。(A34①)
・いじめは、冷やかしたり、からかうだけではなく、言葉で脅したり、悪口を言ったり、仲間はずれ、暴力など、いろいろある。(A41④)
・私のいじめの想像よりも、いじめは怖いものでした。たとえば、私が想像していたのは、悪口や仲間はずれ、たたく、けるなどでしたが、今回習ったいじめは、バットでなぐる、ものを隠す、捨てる、そして、彫刻刀で刺すなど、想像を超えていたので、いじめは良くないと改めて学びました。(A47③)

上記の感想文記述は、本判決書教材によって、いじめがどのようなものなのかについてのいじめの態様についての理解の広がりを示すものである。

(3)「d 物理的いじめ」のいじめ態様についての記述

・ものをかくす、ものを捨てる、ものを壊す、暴行、無視する、「キモイ」という言葉を言う、脅すということをするのは、とても悪い犯罪だと思います。(A12②)

・でも、私がいじめられていたら、私は親に相談したり、先生たちにも言えないと思います。もし、自分が「キモイ」とか言われても、言い返さないでだまっておいて、他にもいろいろされたり、物を隠されたりしたら、いじめ相談所への相談をしたら良かったと思いました。(A22③)

・私のいじめの想像よりも、いじめは怖いものでした。たとえば、私が想像していたのは、悪口や仲間はずれ、たたく、けるなどでしたが、今回習ったいじめは、バットでなぐる、ものを隠す、捨てる、そして、彫刻刀で刺すなど、想像を超えていたので、いじめは良くないと改めて学びました。(A47④)

上記の感想文記述から、「物を隠す」「物を捨てる」「物を壊す」などが、いじめであることを理解している。いじめの態様における「物理的いじめ」についての理解である。

(4)「e いじめとふざけ」のいじめ態様の記述

・加害者側はグループでするともういじめになるということが分かった。どんなささいなことでも、感じ方によって、いじめになることが分かった。加害者は、何も考えられなくなると思った。(A40④)

・今回、社会の時間を使って、いじめについて学びました。自分が思っていたいじめというのは、ただの冗談だったのかもしれないです。本当のいじめというのは、周囲の人、教師、保護者などの人が、関わって大事だということを思いました。(A51①)

・今までのいじめの授業をやってきて、いじめはいけないと自分の心の中では思って分かってるけど、でも、やっぱり、気の合わない人、上から目線の人には、いじめているのかなあと思いました。相手の気持ちも全然何にも分からないし、どこまでがいじめに入るのかもよく分からなかったでした。だけど、これからも、人生ずーと長いし、気の合わない人や自分の中では受け入れられない人もたくさん出てくると思うし、たぶん、絶対いると思うけど、いじめだけは絶対にやってはいけないと分かって良かったと思います。(A52①)

上記の感想文記述によるキーワードとしては、「いじめとふざけの違い理解」「冗談と本当のいじめ」「いじめ問題の現実におけるきびしさとむずかしさといじめとふざけの区別」をそれぞれあげることができる。感想文の数は少ないが、一部の生徒にいじめなのか、ふざけなのかについて考察させていると思われる。

(5)「h 学校教師の安全配慮義務」についての記述

・今日の授業で教師が2、3人ついていれば良かったと思いました。それは、教師が入れば、加害者の方も被害者の方もいじめに遭わなくていいからです。教師も早く帰らないで、加害者を見張りをしていた方が良かったと思いました。(A7①)
・学校の教師は、安全配慮義務というのをやっていることがわかり、休み時間などに、廊下を歩いているのはいじめがないかを見るために歩いていることがわかった。(A45①)
・いじめというのはやっぱりだめだと思った。学校の先生とかは、安全配慮義務があるんだったのなら、もうちょっと細かく生徒を見ておけば良かったのになあと思った。(A54①)

本判決書教材を活用した授業においても、他の判決書と同様に、学校・教師の安全配慮義務についての構成要素が抽出できている。これは、授業構成において、「学校・教師はどうすれば良かったのか」という学習テーマを位置づけており、そのテーマをもとにして、生徒たちは考察を行っているからだと考えられる。

本判決書における裁判官の判断においては、「登校時の関係児童の様子に注意したり、教室に始業前から教員を配置するなど、適切な措置を講ずる義務がある」「授業内外を問わず、職員を配置する」などが示されているが、生徒たちはその事実を通して、教師の日常的な巡回活動の意味を理解している。さらに教師の安全配慮義務として、日常的な生徒たちの保護観察の必要性と初期段階におけるいじめ発見の努力なども感想文の記述には見られる。そして、言葉環境改善がいじめを防ぐことについての感想文記述も見られる。

以上の考察から、本判決書における学びには、「日常的な生徒たちの保護観察の必要性」と「初期段階におけるいじめ発見の努力」「言葉環境改善の努力」がいじめを防ぐための学校教師の安全配慮義務としてとらえていることがわかり、キーワードとして考察できる。

(6)「i 加害者保護者の保護監督義務」についての記述

・でもやっぱり悪いのは、加害者とその保護者だ。加害者はなぜこのようないじめをしてしまったのか。その保護者も自分の子どもに注意しなかったのか、注意していればこのようないじめはなかったと思う。これからは、自分の言葉遣いに気をつけて日々楽しい生活を送りたい。(A4④)

・感じたことは、まずは学校の方もアンケートをとったり、教師と生徒で1対1で話しをする時間をとり、ゆっくりと話しを聞いたりすればいいと思う。これからは、一人一人が自分の行動に責任を持つこと、それ以上に親は自分が産んだ子だからきちんと育て、いい子にすること。(A21③)

・私はまず加害者の保護者だと思います。保護者がもっとBやCに教えたりしていれば、いじめはやんでいたかもしれないし、たぶん、BとCの保護者は二人をあまやかせていると思いました。ふつうだったら、学校に行って話しをするのに、学校に来なかったので、BとCがしたことを悪いと思っていないのかなあと思いました。(A23①)

保護者の義務と責任の理解と考察については、たとえば、第7章で活用した「私立高校寮内いじめ事件」などのように、いじめ判決書によっては感想文記述にほとんど見られないものもある。ところが、本判決書教材を活用した授業では、多くの感想文記述が見られた。それは、本判決における裁判官の判示の影響を受けていると考えられる。

判決では、加害者三人の保護者はそれぞれ「度重なる不法行為につき、何ら具体的な指導・監督をした形跡はなく、かえって、トラブルの原因は原告にあるとして、本件小学校にも非協力的な態度」をとったこと、「不法行為につき、具体的・実効的な指導・監督をした形跡はなく、かえって、トラブルの原因は原告にあるとの態度」をとったこと、「積極的に指導･監督を行った形跡はなく、かえって、トラブルの原因は原告の暴言にあるという態度」をとったことによる被告に対する指導・監督義務違反があると認めている。

生徒たちの感想文記述では、保護者の監督義務について「自分が産んだ子だからきちんと育て、いい子にする」「保護者がもっと教える」「しっかりと注意する」などと、事件を通して義務内容を具体的に理解したと考えられる。以上の考察から、本カテゴリーにおける本判決書教材を活用した授業では、対象となった相手の児童生徒の責任にするのではなく、「きちんと育てる」こと、「もっと教える」こと、さらに「しっかりと注意する」ことが、本判決書教材によるキーワードとして考察できる。

(7)「k 同級生の不作為と対応考察」についての記述

・周囲の人もみてるだけで、注意をしたり、先生に言ったりすればよかったと思います。なぜ、周囲の人は止めたり、助けたり、先生に言いに行かなかったのかと思いました。教師も早く帰らないで、加害者を見張りをしていた方が良かったと思いました。授業で周囲の人の役割が分かったように思いました。(A7②)

・周りの人も、教師に言って、加害者のいじめをやめさせれば良かったと思います。(A1②)

・周りの人も責任は重いと思いました。周囲の人は止めればこんなになるまでいじめは悪化しなかったと思います。でも、自分は止められないと思います。そういう時には、先生に言うか、などいろいろとできることはあると思いました。(A16③)

いじめ判決書教材を活用した授業における感想文記述には、抽出できた構成要素である「k 同級生の不作為と対応考察」に含まれるものがどの教材でも見られる。本判決書教材を活用した授業でも同様にその記述が見られたが、ここでは、「先生に言う」ことの大切さが記述に共通して見られる。その際、「自分は止められない」「注意することは難しい」などと、周囲の人たちの現実的に可能な行動が自分自身に置き換えて記されている。本判決書教材を活用した授業によって、いじめを「先生に言う」ことは生徒らの意識にある「チクリ」ではなく、いじめを予防し抑止する人権侵害を防ぐための行動であることの現実的な理解と考察できる。ここでは、「現実的方法として先生に言う」ことがキーワードとして位置づけられよう。

(8)「l 被害者救済の法的措置」についての記述

・周囲の人たちは、いじめを見つけたら、その場で止めなくても、先生にいじめが起こっていることを伝えてあげれば、いじめはおさまることや、被害者もいじめられていることを、早目に親や先生などに言って転校したり、欠席したりすることがいいということが分かりました。(A35③)

・被害者はどうすれば?ということもして、教師に相談する不登校、いじめ相談所への相談なども学びました。(A15②)

・私は被害者になったら、不登校でも良いというのに少しびっくりしました。でも、不登校になったら、自分の身を助けられるし、教師もいじめに気づけるのでとても良い方法だと思いました。いじめのきっかけは最初にいやなことを言うことだとわかりました。(A26②)

本判決書教材を活用した授業後に感想文記述の中で多数見られる被害者の法的措置は「不登校」である。深刻ないじめを逃れるために「不登校」という法的手段があることについての驚きと同時にその効果についての記述が見られる。これは、本判決書における被害者が学校を休んだことで被害から逃れることができたこと、中学校に登校するとすぐにいじめの被害にあってしまったことの事実が影響していると考えられる。本カテゴリーにおいては、「不登校の学びと効果」もキーワードになっているのではないかと考察できる。

この「l 被害者救済の法的措置」については、他の判決書では第4章「中野区いじめ自殺事件」や第6章「神奈川県中学校いじめ自殺事件」、第7章「私立高校寮内いじめ事件」などで共通に見られる学びである。

(9)「n 被害者への共感・心情理解」についての記述

・被害者にとっては、本当につらいことだと思います。こんだけやられたら、学校にも行きたくなくなるし、毎日が最悪な気分になるので、いじめはないほうがいいと思います。(A1③)

・周りの人は、先生に言うなど、出来る事があったのに、もったいなかった。被害者がかわいそうだった。(A43①)

・いじめの授業で考えたことは、やっぱりいじめられてしまった人は、すごく傷つくし、ずっと心に残ってしまうから、絶対してはいけないと思います。疑問に思ったことは、なぜ、いじめられる人がいるのかを疑問に思いました。みんな、それぞれ性格がすべて同じっていう人は、この世にだれ一人いないだろうし、いじめる人もそんな権利は持っていないので、いじめる人、いじめられる人が出てくるのか、疑問に思いました。(A53①)

感想文記述をもとにしたキーワードでは「被害者の心情理解と共感」「いじめ関係者の心情理解を含むいじめの総合的理解」「被害者の心情理解の必要性」「人生に大きな影響を与えるいじめの理解」「被害者の心情理解と共感」「いじめ被害者への心情理解と共感の重要性」があげられる。それらの内容は「n 被害者への共感・心情理解」についての構成要素が抽出できていると思われる。

被害者の心情理解の必要性について、本判決書においては、いじめ被害者は加害者に対する恐怖から登校することができなくなり、結局、卒業式にも出席しなかった。上記の感想文記述を見ると、いじめによって毎日が「つらい」ものとなり、「最悪な気分」となるために「学校に行きたくなくなる」ことを具体的な事実から学んでいる。また、「心が傷つく」ことについても学んでいる。さらに、その被害者への共感の裏返しとしての批判は加害者に向けられ、「いじめる人はいじめる権利を持っていない」と断言する。以上の考察から、本判決書によって、「いじめによる不登校の被害者心理の洞察」と「いじめる権利はだれにもない」が学習内容になると考えられる。

(10)「o 加害者対応の批判」についての記述

・私はいじめの授業で思ったのは、加害者はやっぱり責任をとらないといけないと思った。理由は、被害者のいやなことをたくさんしたから。でも、少し疑問に思ったことがあり、加害者が被害者を集中的にいじめたのは、何か理由があっていじめたのではないかと思う。でないと、何人かが、一人を集中的にいじめないかなと思ったからである。でも、やっぱり、「キモイ」や「ムカつく」のちょっとしたひと言が、被害者の心に刺さったと思う。でも、加害者もここまで殺そうとしたり、しなくてもいいと思った。(A28①)

・3時間のいじめの授業を通して分かったことは、たくさんあります。加害者は、被害者、被害者の親、自分の親の気持ちを何一つ考えていないと思いました。加害者もその人たちの身になって考えれば、いじめはなくなると思います。(A3①)
・しかもいじめがおこる原因は、被害者がはじめに何かしたからと思っていたが、本当は、加害者がそこでいじめてしまったのが悪いということが分かった。(A31③)

感想文記述をもとにしたキーワードでは、「加害者の行動批判」「加害者の行動や心情の批判」「加害者行動への疑問と批判」「加害者に対する対応考察」「加害者行動批判と責任についての考察」「加害者の行動や対応についての理解と批判」「加害者行動についての批判」をあげることができる。

本判決書教材を活用した授業では、加害者対応の批判の中心に、被害者の気持ちの無理解さがあげられている。上記の感想文の記述でも、「ちょっとしたひと言」が被害者の心に刺さったこと、関係者について「何一つ考えていない気持ち」、「相手は重く感じる」ことの無理解さを述べている。上記の考察から、本判決書によって「加害者対応の批判」が構成要素として抽出することができる。

(11)「p いじめ防止抑止の決意」についての記述

・いじめの授業を通して、ぼくは、いじめは言葉がきっかけとしてあるのだと思いました。言葉は生きていると先生が言っていたので、ぼくはびっくりしたけど、よく考えれば、言葉は人を傷つけたり、あるいは、人をほめたりするから、人にいやなことを言えば、傷つくということも分かりました。これから、自分の言動、行動に気をつけて、生活していきたい。(A8②)
・改めて、言葉は人を傷つける最大の武器だし、相手の傷つくことを言わないようにしようと思いました。言葉で、今まで、いじめに遭い、大切な命をたった人もいるんだと思うと、言葉、言動に気をつけたいと考えました。(A24②)
・この授業を受けて、いじめは本当にしてはいけないということを改めて知った。これからは、自分の言葉や行動一つ一つを考えてからしたい。他の人がいじめられてたり、いじめてたりしたら、自分にできることをやりたい。もし、自分がやられたら、学校をしっかり欠席したい。(A33②)

感想文記述をもとにして、キーワードを示すと、「言葉遣いに対する今後への決意」「今後への言動、行動への決意」「いじめ防止抑止のための決意」「今後のいじめに対する言動についての決意」「今後のいじめ対応への決意」「いじめ防止抑止のための今後への決意」などがあげられる。本判決書教材による授業においては、「いじめ防止抑止」のために「自分の言動や行動」に気をつけていきたいという決意の記述が多く見られる。

(12)「s 被害者対応の考察」についての記述

・私がいじめられていたら、私は親に相談したり、先生たちにも言えないと思います。もし、自分が「キモイ」とか言われても、言い返さないでだまっておいて、他にもいろいろされたり、物を隠されたりしたら、いじめ相談所への相談をしたら良かったと思いました。(A22④)

・被害者も、一人で抱え込まずに、親や先生に助けを求めれば良かったと思う。言葉に注意して、周囲の人たちが、いじめをさせないようにすればよかったと思う。(A41⑥)

・自分がされていやなことは、絶対に相手にはしたらいけないことが分かった。いやなことをされたら、大きないじめになる前に、親や先生に相談することが大切だということが分かった。いじめられたら、親などに相談して転校させてもらった方がいいと思いました。(A44③)

本判決書教材を活用した授業による感想文では、被害者対応について批判的な考察はそれほど見られない。中野区いじめ自殺事件などの他の判決書においては、被害者の対応の問題点についての記述が多数見られるものもある。本判決では、被害者は言葉をめぐるトラブルがいじめのきっかけになったとしても、それ以後は加害者による一方的な暴行や脅迫が繰り返され、被害者は不登校に陥ったりしてその被害は深刻なものになっていることが影響としては大きいと思われる。

また、判決書では「大きないじめになる前に」「一人で抱え込まず」に、親や先生に助けを求めることの記述が見られる。以上の考察から、本カテゴリーにおいては、「大きないじめになる前に」「一人で抱え込まない」ことの必要性が、学習内容のキーワードになると考えられる。

(13)「t いじめの犯罪性理解」についての記述

・いじめ授業を通して、いじめがこんなにも重い罪を受けるなんてことを初めて知りました。ものをかくす、ものを捨てる、ものを壊す、暴行、無視する、「キモイ」という言葉を言う、脅すということをするのは、とても悪い犯罪だと思います。(A12①)

・私は普段、キモイ、ウザイなどの言葉を使っていました。だけど、この授業で、ウザイ、キモイなどの言葉を人に言うことは、犯罪だということが分かりました。いじめにはたくさんの種類があって、その一つ一つにいじめの罪があることを初めて知りました。(A46①)

・いじめは法律で使われている窃盗罪などと同じようなことだと思った。いじめは、冷やかしたり、からかうだけではなく、言葉で脅したり、悪口を言ったり、仲間はずれ、暴力など、いろいろある。(A41①②)

本判決書教材を活用した授業におけるねらいの一つは、「いじめが犯罪を含む人権侵害であり、被害者の精神を追いつめ、人格権の侵害となることを理解させる」である。本授業においては、感想文記述を見ると、「ウザイ、キモイなどの言葉がいじめとなり、犯罪につながる」ことの理解、つまり悪口などの言葉の問題はいじめであり、犯罪につながることの理解を深めており、上記のねらいを達成しているように思われる。本判決書教材においては、「悪口などの言葉によるいじめと犯罪性の理解」が構成要素になると考えられる。

これまで「京都市小・中学校いじめ事件」のいじめ判決書教材を活用した授業開発によって、他の判決書と比較して、どのような学習内容としての構成要素があったのか、「授業開発による学びの分析」を行い検討してきた。次に、これまでと同様に、一連の授業後にとった感想文記述をもとにして分析するが、ここでは、「特色ある構成要素」に注目して検討する。

(14)「a 悪口」の態様についての記述を含む学び

・いじめの授業をして、いじめは絶対にしてはいけないということを、改めて分かりました。

このクラスでは、いじめがないので、継続していきたいです。キモイやウザイなどの言葉を、このクラスで使っている人がいるので、使わないように対策していきたいです。こういう言葉が、流行しないように、早目に対策したいです。これからはいじめをしっかり考えていきたいです。(A36①)

・まず、自分が思ったのは、少しの悪口でも、相手が傷ついたら、それはいじめなんだということです。やっぱり友達とかと一緒にいると、少しの悪口は言ってしまいます。でも、そういうことが注意できたら、少しぐらい減るんじゃないのかなと思いました。なので、この学習でこういう事を言ったり、したりしたら、自分も加害者になる可能性はあるんだと思いました。(A50①)

・普段、私たちが使っているキモイやウザイなど、言われたら、心が傷ついてしまうことがあったことが分かった。言葉には、使っていいのと、ダメなのとあるから、それをきちんと考えながら、生活していった方が良いと思う。(A55①)

本判決書教材を活用すると、生徒たちはいじめの内容理解として、悪口を言ったりすることもいじめであり、キモイなどの「言葉からいじめにつながる」ことを学んでいる。

本判決書についての『判例時報』の解説では、「児童・生徒間の『いじめ』が社会問題化して久しく、その態様としても言語によるもの、有形力の行使によるものなどがあるが、それが執拗、長期化、集団化し、被害児童・生徒に重大かつ深刻な心身の苦痛を与えている」[19]と説明する。本判決書を活用することで、生徒たちはその態様の一つである「言語によるもの」を具体的な事実から学んだと考えられる。

本判決書教材を活用した授業では、特色ある学びとして「悪口によるいじめ問題の理解」、「言葉をきっかけとしたいじめ理解と言葉の大切さ理解」「言葉をきっかけとしたいじめ理解」「悪口や脅しによるいじめ」などの記述が多く見られる。

たしかに、他の判決書教材による学びでは「今後への決意」は多数感想文記

19)　前掲注16)、p.123

述として見られる。しかし、悪口などの言葉の問題についての記述はほとんど見られない。教材開発した判決書による感想文において、どのぐらいの割合でその特色が見られるのか、表13にまとめてみた。

<表13　感想文記述に見られる言葉の問題の集計結果>

感想文の分類内容 ＊これまでの感想文総数305 ＊本授業実践感想文総数58（第2・3次の欠席者を含む感想文総数）	感想文記述内容の例	神奈川判決 n=115 感想文数 （%）	千葉判決 n=36 感想文数 （%）	岡山判決 n=118 感想文数 （%）	大阪判決 n=36 感想文数 （%）	京都判決 n=58 感想文数 （%）
＊「使ってよくない言葉」に関連する記述を含む感想文	・少しの悪口がいじめ引き起こす。 ・いじめの原因となるキモイなどの言葉を使用しない。	4 (3.5)	4 (11.1)	0 (0)	3 (8.3)	35 (60.3)

これまでの実践では、いじめと言葉に関わる記述はほとんど見られなかったが、本判決書教材を活用した実践では、35人（60.3%）の感想文にいじめと言葉に関わる記述が見られた（記述総数54、平均1.5、偏差値1.05、最大記述数3、最小記述数0）。たとえば、「キモイという言葉を言うだけでだれかが傷つくことを学んだ」「最初からキモイなどときっかけを作らないことが大切だと思いました」「キモイやムカつくなど小さな言い合いとかが大きないじめにつながっていくんだなあと思いました」などの記述であった。これは、リアルな判決書の内容とその学習を通して、いじめがキモイなどの使ってよくない言葉や悪口をきっかけにして起こること、被害者の苦悩に共感でき、暴行や脅迫などの深刻な状況を生み出していくことを、感じ学び洞察できるようになったからだと考えられる。

(15)「いじめのきっかけ」についての記述

・この授業を終えて、たくさんのことが分かりました。いじめる人は、何か理由があっていじめること、いじめられている人も、最初に少し悪いことをして、それが、いじめになるのが分かりました。(A17①)

・いじめの授業をやって、知らなかったことがたくさん知れたりしました。今日の授業では、きっかけや被害者はどうすればいいかについて勉強しました。きっかけは、小さなことでも、いじめが始まるということが分かりました。(A30①)

・いじめの授業を通して学んだ事は、いじめは相手が感じた瞬間にいじめになってしまうということや、(A31①)

本判決書教材による特色ある学びとしては、「a 悪口」の態様についての構成要素が抽出できた。同様に言葉の問題によっていじめがエスカレートし、悪質なものになっていくことを判決書の事実から学んだ影響が、この「いじめのきっかけ」についての構成要素となったと考えられる。「いじめは相手が感じた瞬間にいじめになってしまう」という記述は、いじめの主観主義的把握[20)]についても学習内容のキーワードとなっていることを示している。以上の分析から、「言葉によるいじめ拡大の理解」「いじめの主観主義的把握」が、本判決書による学びのキーワードとなると考えられる。

第５節　小括

本章では、第１節で本研究におけるいじめ態様の類型化の一つである「悪口」について、判決書教材の開発の適否を検討した。第２節では、開発した判決書教材を紹介し、その教材に記述されている学習の要素を取り出してキーワード化し、いじめの態様やいじめの責任等との関連で整理した。そして、開発した判決書の構成要素を授業構成において位置づけた。第３節では授業の概要について説明した。そして第４節では、授業感想文を分析し、判決書教材における

20)　坂田仰『学校現場における教育法規実践学（上巻）』教育開発研究所、2014、p.96

構成要素が、生徒たちの感想文において構成要素となっているのかを検討した。

この節では、第2節で示したいじめ判決書教材のキーワードと第4節で分析した授業感想文記述によるキーワードとの関連を見ていきたい。そのことで、いじめ判決書教材の開発と授業構成によって生徒たちにどのような学びの要素があるのかを検討できる。

次の表14は、本いじめ判決書教材を活用した授業によって生徒たちの感想文記述のキーワードを、抽出した構成要素で類型化したものである。同時に、本章で活用した「京都市小・中学校いじめ事件」の判決書教材記述との関連性を分析するために、いじめ判決書教材におけるキーワードを取り出し整理したものである。

表中の「A5」は、授業を受けた一人の生徒を示し、「③」は感想文記述の三つ目に該当するキーワードが位置づけられたことを示す。つまり感想文記述は、切片化して分類しているものもある。

感想文記述のキーワードと、いじめの態様やいじめ責任等の抽出した構成要素、本いじめ判決書教材のキーワードとを比較する。両方を比べることで、本いじめ判決書教材における学習内容としてのキーワードと生徒たちの感想文記述よって生成されたキーワードがどのような関連性があるのかについて検討できる。

＜表14　構成要素と判決書教材、感想文記述との関連＞

構成要素	いじめ判決書教材におけるキーワード	感想文記述をもとにしたキーワード
a 悪口	A（5）悪口などの言葉をめぐるいじめ A（8）悪口をめぐるけんか A（9）悪口の状況の説明 A（10）悪口に対する対策 A（11）悪口のいじめ A（12）言葉をめぐる問題 A（13）言葉をめぐる問題 A（22）脅しによるいじめ A（24）悪口をめぐる問題	A5 ②悪口のいじめ問題理解 A6 ③悪口によるいじめ問題の理解 A8 ①言葉をきっかけとしたいじめ理解と言葉の大切さ理解 A10 ①言葉をきっかけとしたいじめ理解 A12 ⑤悪口や脅しによるいじめ A15 ①言葉によるいじめ問題についての理解と決意 A16 ④言葉によるいじめ問題の理解 A19 ①言葉によるいじめ発生についての理解 A22 ①言葉のいじめ問題についての理解と考察

	A（28）脅しによるいじめ	A24 ①言葉によるいじめの問題性についての理解 A24 ③言葉によるいじめでいのちを奪ういじめ理解 A26 ③言葉によるいじめの問題性についての理解 A28 ③言葉によるいじめの問題性理解 A29 ②言葉によるいじめの問題性理解 A30 ③言葉によるいじめの問題性理解 A33 ①言葉のいじめ問題についての理解と決意 A34 ④言葉の問題性についての理解 A35 ①言葉によるいじめの理解 A36 ①言葉によるいじめ問題についての理解と決意 A36 ②言葉のいじめ問題についての理解 A38 ②言葉によるいじめの問題性理解 A39 ①言葉によるいじめの問題性理解 A41 ②言葉によるいじめの理解 A41 ⑦言葉環境についての重要性の理解 A44 ②言葉によるいじめの問題性理解 A45 ③言葉によるいじめの問題性理解 A47 ①悪口によるいじめ理解 A47 ⑦言葉によるいじめの問題性理解 A48 ④言葉のいじめ問題についての理解 A49 ④言葉のいじめによる問題性理解 A50 ①悪口によるいじめ問題の理解 A54 ④言葉のいじめ問題についての理解 A55 ①言葉のいじめ問題についての理解 A56 ①言葉のいじめ問題についての理解
b 無視・仲間はずれ・村八分	A（6）無視によるいじめ A（20）監視するいじめ	A12 ④無視によるいじめ A27 ②精神的ないじめの損害賠償請求 A41 ③無視・仲間はずれなどのいじめ理解 A47 ②シカトや仲間はずれのいじめ理解
c 暴行・恐喝	A（4）、A（14）、A（15）、A（16）暴行によるいじめ A（19）傷害未遂事件 A（21）、A（25）暴行によるいじめ A（26）傷害 A（27）器物破損	A12 ③暴行によるいじめ A27 ③傷害に及ぶいじめの損害賠償理解 A34 ①暴力によるいじめ理解 A34 ①脅しのいじめの理解 A41 ④暴力によるいじめ理解 A47 ③暴行によるいじめ理解
d 物理的いじめ	A（1）、A（7）モノを隠す A（2）モノを捨てる A（3）モノを壊す	A12 ②物理的いじめについての理解 A22 ③物理的いじめについての理解と対応 A47 ④物理的いじめについての理解
e いじめとふざけ		A40 ④いじめとふざけの違い理解 A51 ①冗談と本当のいじめ A52 ①いじめ問題の現実におけるきびしさとむずかしさといじめとふざけの区別
f 性的嫌がらせ		

g 特別支援いじめ		
h 学校教師の安全配慮義務	A（17）学校教師のいじめへの組織的対応 A（30）学校教師のいじめ対応の組織的問題点と過失責任 A（31）学校教師のいじめ対応の組織的問題点と過失責任	A1 ①教師の過失と責任 A2 ②学校教師のいじめ認知の対応不足と責任 A4 ①学校教師のいじめ認知の対応不足と責任 A5 ④学校教師のいじめ対応の組織的問題点 A6 ②学校教師の組織的対応と配慮義務の過失 A7 ①学校教師の組織的対応と配慮義務の過失 A10 ③学校教師のいじめ認知の対応不足と責任 A14 ③学校教師の組織的対応と配慮義務の過失 A16 ②教師の安全保持義務理解と責任 A21 ②学校教師の日常的な安全配慮と義務 A22 ②学校教師のいじめ認知の対応不足と責任 A24 ④学校教師のいじめ認知の対応不足と責任 A25 ③学校教師の安全配慮の義務 A34 ②学校教師の日常的な安全配慮の理解 A37 ②教師の責任の理解 A39 ②学校教師の安全配慮の義務理解 A40 ②教師の安全保持義務についての学び A42 ④学校教師の安全配慮の義務理解 A43 ⑤学校教師のいじめ認知の対応不足と責任 A45 ①学校教師の日常的な安全配慮と義務 A47 ⑧学校教師の組織的対応と配慮義務の過失 A48 ②学校教師の安全配慮義務の理解 A49 ③学校教師の日常的な安全配慮と義務 A51 ②学校教師の安全配慮義務 A54 ①学校教師の安全配慮義務違反と過失責任 A55 ②学校教師の日常的な安全配慮と義務 A56 ③学校教師の日常的な安全配慮と義務
i 加害者保護者の保護監督義務	A（18）加害者保護者の不作為による過失 A（23）加害者保護者の過失責任 A（32）、A（33）、A（34）加害者保護者の指導監督義務違反と責任	A4 ④加害者保護者の日常的な監督の義務違反 A5 ③加害者保護者の日常的な安全配慮義務違反 A19 ③加害者保護者の過失責任 A20 ②加害者保護者の過失責任考察 A21 ③加害者保護者の監督義務 A23 ①加害者保護者の指導監督義務違反と責任 A25 ①加害者保護者の保護監督義務と責任 A29 ③加害者保護者の保護監督義務と責任 A34 ③加害者の保護監督義務違反 A42 ③被害者保護者の対応考察 A43 ④被害者保護者の過失 A51 ④保護者の養育責任 A56 ②加害者保護者の保護監督義務理解
j 被害者保護者の保護監督義務		

k 同級生の不作為と対応考察		A1 ②他の生徒の対応考察 A2 ①他の生徒の不作為と対応考察 A3 ②他の生徒たちの対応考察 A4 ②他の生徒の対応考察と批判 A5 ①他の生徒の対応考察 A6 ①他の生徒の不作為と対応考察 A7 ②他の生徒たちの不作為と対応についての考察 A10 ②他の生徒の不作為批判と対応考察 A12 ⑥他の生徒たちの対応についての考察 A14 ②いじめに対する他の生徒の不作為問題と対応考察 A16 ③他の生徒の不作為と対応についての自省的考察 A17 ③他の生徒たちの対応理解 A18 ①他の生徒の不作為と対応についての批判と考察理解 A23 ②他の生徒たちの不作為と対応についての考察 A24 ⑤他の生徒たちの不作為と対応についての考察 A25 ②他の生徒たちの不作為と対応についての考察 A26 ①他の生徒たちの不作為と対応についての考察 A32 ①他の生徒の不作為と対応考察 A35 ②他の生徒たちの不作為と対応についての考察 A37 ①いじめ解決のための対応考察 A37 ③他の生徒たちの責任考察 A38 ①他の生徒たちの不作為と対応についての考察 A41 ⑤他の生徒たちの不作為と対応についての考察 A42 ①他の生徒たちの不作為と対応についての考察 A43 ②他の生徒たちの不作為と対応についての考察 A44 ①他の生徒の対応の理解 A47 ⑥他の生徒たちの不作為と対応についての考察 A48 ①他の生徒たちの対応考察 A49 ②他の生徒たちの不作為と対応についての考察 A51 ③他の生徒たちの対応考察 A45 ②他の生徒たちの不作為と対応についての考察 A54 ②他の生徒たちの不作為と対応についての考察 A56 ④他の生徒たちの不作為と対応についての考察
l 被害者救済の法的措置	A（29）被害者のいじめから逃れるための法的措置としての転校	A11 ①被害者の法的措置についての不登校についての考察 A13 ②いじめ被害者の法的措置についての考察 A15 ②被害者の法的措置についての理解 A17 ②いじめの法的措置と法的問題についての理解 A26 ②被害者のいじめから逃れるための法的措置としての不登校についての考察 A33 ③被害者の法的措置についての理解と考察 A35 ③被害者の法的措置についての理解と考察 A40 ③被害者の法的対応を含む対応についての理解

l 被害者救済の法的措置		A44 ④被害者の法的措置についての理解 A48 ③転校という法的措置についての考察 A49 ①被害者対応の法的措置と対応理解 A54 ③被害者の法的措置としての転校についての考察
m 被害者自身の問題点		
n 被害者への共感・心情理解		A1 ③被害者の心情理解と共感 A9 ①いじめ関係者の心情理解を含むいじめの総合的理解 A21 ①被害者の心情理解の必要性 A38 ④人生に大きな影響を与えるいじめの理解 A43 ①被害者の心情理解と共感 A53 ①いじめ被害者への心情理解と共感の重要性 A54 ⑤被害者の心情理解の必要性
o 加害者対応の批判		A1 ④加害者の行動批判 A3 ①加害者の行動や心情の批判 A14 ①加害者行動への疑問と批判、加害者に対する対応考察 A27 ①加害者行動批判と責任についての考察 A28 ①加害者行動の批判と責任の考察 A31 ③加害者の行動や対応についての理解と批判 A42 ②加害者行動についての批判
p いじめ防止・抑止の決意		A4 ⑤言葉遣いに対する今後への決意 A5 ⑤言葉遣いに対する今後への決意 A8 ②今後への言動、行動への決意 A19 ②いじめ防止抑止のための決意 A24 ②いじめ防止抑止のための今後への決意 A29 ④今後のいじめに対する言動についての決意 A30 ④いじめ防止抑止のための今後への決意 A32 ②今後のいじめ対応への決意 A33 ②いじめ防止抑止のための今後への決意 A34 ⑤いじめ防止抑止のための今後への決意 A38 ③いじめ防止抑止のための今後への決意 A39 ③いじめ防止抑止のための今後への決意 A43 ③いじめ防止抑止のための今後への決意 A50 ③いじめ防止抑止のための今後への決意 A56 ⑤いじめ防止抑止のための決意
q いじめ授業への感謝		A20 ①いじめ授業の現実的対応についての学びと感謝 A27 ④学習に対する感謝
r いのちを奪ういじめの理解		A28 ④いのちを奪ういじめの理解

s 被害者対応の考察		A4 ③被害者対応考察と批判 A17 ④被害者対応についての理解 A22 ④被害者の対応についての考察 A30 ②被害者対応の理解と考察 A31 ②被害者対応の理解 A41 ⑥被害者対応の批判的考察 A44 ③被害者対応の理解 A46 ②被害者の対応についての批判的考察 A47 ⑤被害者対応についての理解と考察 A50 ②被害者対応についての考察
t いじめの犯罪性の理解		A12 ①いじめの犯罪性理解 A16 ①いじめの犯罪性理解、いじめ責任問題の考察 A29 ①いじめの犯罪性理解 A37 ④いじめの犯罪性理解 A40 ①いじめの犯罪性理解 A41 ①いじめの犯罪性理解 A46 ①いじめの犯罪性理解
u いじめ体験		A18 ②いじめ被害の体験と悩み
v いじめ責任についての考察		
w 被害者対応としての抵抗の理解		
x 共同不法行為としてのいじめ		A28 ②共同不法行為について理解と疑問
y（精神的）後遺障がい		
z1 裁判と損害賠償		A13 ①いじめの法的問題についての理解
z2 いじめのきっかけ		A17 ①いじめのきっかけについての理解 A30 ①いじめのきっかけについての学び A31 ①いじめのきっかけについての理解 A35 ④いじめのきっかけについての理解
z3 個性といじめの関係		A53 ②個性ある人といじめとの関係

表14を見ると、本判決書教材では「悪口」についての記述がキーワードとして極めて多いことがわかる。たとえば、「悪口などの言葉をめぐるいじめ、悪口をめぐるけんか、悪口の状況の説明、悪口に対する対策、悪口のいじめ、言葉をめぐる問題、脅しによるいじめ、悪口をめぐる問題」などの「悪口」の

態様についての記述が見られる。本判決書教材を活用すれば、本章のテーマである「悪口」などの言葉をめぐるいじめについての理解が深まると予想できる。

また、学校教師や加害者保護者の義務や責任についての記述が裁判官の判断として示されていたために、その義務や責任についての構成要素の抽出が期待されると考えられる。キーワードとしては、「学校教師のいじめへの組織的対応、学校教師のいじめ対応の組織的問題点と過失責任、学校教師のいじめ対応の組織的問題点と過失責任、加害者保護者の不作為による過失、加害者保護者の過失責任、加害者保護者の指導監督義務違反と責任」などを見ることができる。

次に上記の感想文記述をそのキーワードから分析すると、たとえば「a 悪口」の態様については「悪口によるいじめ問題の理解、言葉をきっかけとしたいじめ理解と言葉の大切さ理解、言葉をきっかけとしたいじめ理解、悪口や脅しによるいじめ、言葉によるいじめ問題についての理解と決意、言葉によるいじめ問題の理解、言葉によるいじめ発生についての理解、言葉のいじめ問題についての理解と考察、言葉によるいじめの問題性についての理解、言葉によるいじめでいのちを奪ういじめ理解、言葉によるいじめの問題性理解、言葉によるいじめの問題性理解、言葉のいじめ問題についての理解と決意、言葉の問題性についての理解、言葉によるいじめの理解、言葉によるいじめ問題についての理解と決意、言葉によるいじめの理解、言葉環境についての重要性の理解、悪口によるいじめ理解、言葉のいじめ問題についての理解、言葉のいじめによる問題性理解」などが多数あげられる。

まさしく、本いじめ判決書教材によって抽出できた構成要素が、生徒たちに習得されていることを示している。そのために、本判決書教材の活用は、「悪口」を防止・抑止することを可能にすると考えられる。

いじめの態様については、本判決書教材において言葉の問題の他に、「b 無視・仲間はずれ・村八分」「c 暴行・恐喝」「d 物理的いじめ」についても一部記述され準備されていたが、生徒たちの感想文記述も一部見られるだけで、学習者の多くに共通となる構成要素となってはいない。

同様に、感想文記述を見ていくと、学校教師の義務や責任については、次のようなキーワードが見られる。

「教師の過失と責任、学校教師のいじめ認知の対応不足と責任、学校教師のいじめ対応の組織的問題点、学校教師の組織的対応と配慮義務の過失、学校教師の組織的対応と配慮義務の過失、教師の安全配慮義務理解と責任、学校教師の日常的な安全配慮と義務、学校教師のいじめ認知の対応不足と責任、学校教師の安全配慮の義務、学校教師の日常的な安全配慮の理解、教師の責任の理解、学校教師の安全配慮の義務理解、教師の安全配慮義務についての学び、学校教師の安全配慮義務の理解、学校教師の安全配慮義務、学校教師の安全配慮義務違反と過失責任」

以上の多数の学校教師の安全配慮義務や責任に関わる記述から、本いじめ判決書教材によって期待されるいじめの責任に関連する構成要素については生徒たちによっても習得されたことを示している。

さらに、加害者保護者の義務と責任については次のような感想文記述をもとにしたキーワードが見られる。

「加害者保護者の日常的な監督の義務違反、加害者保護者の日常的な安全配慮義務違反、加害者保護者の過失責任、加害者保護者の過失責任考察、加害者保護者の監督義務、加害者保護者の指導監督義務違反と責任、加害者保護者の保護監督義務と責任、加害者の保護監督義務違反、被害者保護者の対応考察、被害者保護者の過失、保護者の養育責任、加害者保護者の保護監督義務理解」

以上のキーワードから、構成要素として「i 加害者保護者の保護監督義務」も抽出できる。

ところが、「k 同級生の不作為と対応考察」「l 被害者救済の法的措置」「n 被害者への共感・心情理解」「o 加害者対応の批判」「p いじめ防止・抑止の決意」「q いじめ授業への感謝」「r いのちを奪ういじめの理解」「s 被害者対応の考察」「t いじめの犯罪性の理解」「u いじめ体験」「x 共同不法行為としてのいじめ」「z1 裁判と損害賠償」「z2 いじめのきっかけ」「z3 個性といじめの関係」については、本いじめ判決書教材に事実認定や裁判官の判断として示されていたものではなく、副次的に本判決書教材を活用した授業によって生み出されたものであると考えられる。

その中でも、「k 同級生の不作為と対応考察」「n 被害者への共感・心情理解」「o 加害者対応の批判」「p いじめ防止・抑止の決意」「z2 いじめのきっかけ」についての感想文記述は多く見られ、本判決書教材を活用した授業において生徒たちがグループでの討議や学級全体での意見交流を通して、生徒たちの学びとなったものと考えることができる。

第4章　「無視・仲間はずれ・村八分」「暴行・恐喝」の防止・抑止を目指すいじめ判決書教材と授業（判決書教材B・東京高裁平成6年5月20日判決）

第1節　判決書選択の妥当性

本節では、本研究におけるいじめ態様の類型化の一つである「無視、仲間はずれ、村八分」「暴行・恐喝」について、判決書教材の開発の適否を検討し、活用する判決書教材を紹介する。

本研究で活用したのは、東京高等裁判所平成6（1994）年5月20日判決「中野区中学校いじめ自殺事件」である[1)]。本判決書を選択した理由は以下の通りである。

まず第一に、裁判に関する研究者の先行研究との関わりについて述べたい。

東京地裁判決では、葬式ごっこを「単なるエピソード」として認定したが、本高裁判決では、「葬式ごっこ」が明らかにいじめであったことを認定している。特筆すべきは、判決は「精神的に大きな衝撃」という文言で、被害者の精神的なダメージについても記しており、その点からもいじめ認定をしている点である。それまでの判決にはほとんど見られなかった部分であり、この点について采女博文は「裁判例の大きな流れとしては、…精神（精神の自由）への攻撃というじめの本質についての裁判所の理解は深まりつつあるといってよい」と

1)　東京高等裁判所平成6（1994）年5月20日判決「中野区中学校いじめ自殺事件」『判例時報』1495号p.42、『判例タイムズ』847号、p.69

記し、また、「いじめの認識については、より深くなっている」判決であったと評価した[2]。また、いじめ認定については次のように解説している。

「いじめについての認識を深めている。加害生徒グループ内での被害生徒Aの位置を他のメンバーの役割との間に互換性のない被支配的役割が固定したものであると認定し、使い走りなどの使役についても『その内容自体からして通常人であれば誰しもそのように使役されることに屈辱感及び嫌悪感などの心理的苦痛を感じないことはあり得ない』としていじめの一態様と認めるなど一連の加害生徒らの行為（『手などを縛ってロッカーの上に乗せる』『顔に髭の模様を書き込んで踊らせる』『1年生とのけんかをけしかける』『校舎2階まで鉄パイプをよじ登らせようとする』など）をいじめと認めた[3]」と述べる。

東京高裁判決についての教育法および法学関係研究者の論考は、子どもの人権という視点から地裁判決をのりこえたものであると評価する一方で、その問題点についても指摘するものが多い。

青野博之は、いじめ認定については、「いじめの特徴を的確に捉えている」とし、本判決を評価した。しかし、「自殺の予見可能性の有無」については、「継続的なものであること」「悪質かつ重大ないじめであること」「教師らからも、保護者からも実効ある助けの手が得られないという状況にあること」の三つの要件が備わるときに「精神的抵抗力が弱まっており、自殺は予見可能性があるというべきである」とし、本いじめ事件についても「予見可能性が肯定されるべき事案であろう」と本判決を批判した[4]。

采女博文は、本判決は自殺に関して「予見可能性を否定して賠償範囲からはずしている」としているが、「認容額から見て、『自殺』を事実上考慮に入れていると思われる」と解説する。しかし、「いじめの本質は精神に対する攻撃であり、いわばうつ病状態のなかで被害児童・生徒が死を『選択』したとしても、

---

2) 采女博文「いじめと人権」『鹿児島大学法文学部紀要 法学論集』第31巻第2号、1996、p.92
3) 采女 前掲注2)、p.96
4) 青野博之「いじめによる自殺と学校の責任」『私法判例リマークス 1995〈下〉』、p.20以下

学校側による適切ないじめ救済措置がとられていないときに、いじめによる死という損害を賠償範囲から排除するのは誤りであろう」と述べ、「予見可能性」という判断枠組みにこだわらず、「有形力の行使を伴う深刻ないじめによる自殺」に関しては、自殺を賠償範囲に含めるべきだとする学説を支持した[5)]。

市川須美子は、「被害者側の受け止めを重視し」たいじめ認定、「いじめと自殺との事実的因果関係を肯定し」た点、「悪質ないじめ、葬式ごっこ」などに「教師側の過失を認めた」点について、本控訴審判決の特色であると記し、「自殺の予見可能性は1審同様に否定され、自殺損害についての賠償は認められなかった」が、「慰謝料算定で、賠償額としてはいわき事件とほぼ同額を認めた」と分析した。さらに、「いじめに対する学校責任をかなり厳しく認定した」いわき事件判決と本控訴審判決が、以後のいじめ裁判では、「リーディングケースの役割を担うはずである」と考察しながらも、「いじめがあったということの立証、いじめと不登校や精神的後遺症などの被害との事実的・法的因果関係、また、自殺事件をめぐっては、依然として予見可能性などの論点がネックとなって、いじめに対する学校責任の法理の展開と評価し得るほどのものは少ない」と批判した[6)]。

梅野正信は、本判決について、「対象となる事件が、①『いじめ』による自殺であること、②加害生徒の不法行為が具体的に認定されていること、③教師の安全配慮義務に関する過失が認定され、④加害生徒の保護者に保護監督義務違反が明確に認定されていること、⑤教師のいじめへの加担の事実が指摘されていること、⑥対応の遅れや問題点、対応をとるべき時期が明示されていること[7)]」を取り上げ、本判決書が研修の資料として適した事例であることを述べている。

---

5)　采女博文「いじめと学校側の法的責任」『鹿児島大学法文学部紀要　法学論集』第32巻第1・2合併号、1997、p.143

6)　市川須美子『いじめ裁判～季刊教育法・臨時増刊号』126号、エイデル研究所、2000、p.75

7)　梅野正信『教育管理職のための法常識講座』上越教育大学出版会、2015、pp.53-73

第二に、授業としての適否について述べたい。

梅野は、本判決について、「身体的・精神的暴力が具体的に記述されている。個々の行為と犯罪との照応、被害者に与えたダメージの段階性など、発言と討論を組織しやすい題材」と述べる[8)]。葬式ごっこやシカト、暴行や恐喝などの事実が認定され、その精神的・身体的侵害の想像を喚起する中野区中学校いじめ自殺事件の裁判例は、本いじめの態様に対応したものと言えよう。

中野区中学校いじめ自殺事件は、「葬式ごっこ」で話題となり、社会問題となった。級友だけでなく、担任をはじめ教師集団の一部もこの色紙に文言を記していた。この葬式ごっこの事実については、プライドを傷つけ、精神的自由を侵すいじめとして焦点化され、仲間はずれや村八分の問題を考えさせる具体的な事実となる。

判決は「精神的に大きな衝撃」という文言で、被害者の精神的なダメージについても記しており、その点からもいじめ認定をしている。「葬式ごっこ」「入れ替わり立ち替わりの脅しの電話」「(学級全員での) シカト」は、無視や仲間はずれ、村八分に該当する。身体的暴力ではないが、明らかに不法行為であり、精神的な人権侵害行為である。

また、この判決書では、学級で同様の色紙がまわされたときに、同調圧力やノリ、空気を読むことを乗り越えて人権感覚を持って対応できるかどうかを問うことが可能となる。

「暴行・恐喝」は、あらゆるいじめ裁判に見られる事実であるが、この判決書の中の被害者に与えられた苦痛は、想像を絶する。生き地獄のような毎日が被害者には課せられていた。この判決書を活用した授業では、暴行・恐喝の事実を伝えるだけでなく、被害者の痛みや苦しみに共感させ、いじめがいかにひどい人権侵害かを想像力を持って学ばせることを重視した。そのために、深刻ないじめ被害から逃れるために被害者はどうすればよかったのかという問いを投げかけ、具体的な対応策を考察させ、最終的には緊急避難的な欠席をはじめ

8) 梅野正信・采女博文編『実践いじめ授業』エイデル研究所、2001、pp.13-14

とした法的措置を学ばせられると考えられる。

その他、本いじめ裁判では、具体的に事実認定の中でどの部分に教師の過失があったのかを判断しており、いじめ被害結果の予見可能性と結果回避義務との観点で過失を判断していると言えよう。

東京高裁判決は、いじめと被害者の自殺との間に因果関係があるか否かについて検討し、判決は、いじめと自殺との因果関係を認めた。「被害生徒が悪質化したいじめに長期間さらされ続け、深刻な肉体的、精神的苦痛を被ることを防止することができなかった」ので、「教員らには、いじめを防止し得なかった点につき過失がある」とし、「損害を賠償する責任がある」と認定した。しかし、自殺についての損害賠償責任については、自殺の予見可能性を否定した。その結果、いじめ自殺についての賠償責任を認めなかった。また、本判決では親権者の責任についても示されている[9)]。

ところで、国立教育政策研究所の2010年から2012年の調査[10)]によると、中学生の男女共に「仲間はずれ・無視・陰口」の加害経験率は最も高く、特に女子に多い傾向が見られる。同様に被害経験率についても高く、同様に女子に多い傾向が見られる。これは、小学校でも同様であり、特に中学1年生がピークとなっている。

さらに、「仲間はずれ・無視・陰口」の経験率は、一部の特定の児童生徒だけが巻き込まれているのではなく、被害者も加害者も大きく入れ替わりながらいじめが進行するという実態が続いている。

「仲間はずれ・無視・陰口」については、学級づくりにおいて学級担任を悩ます最大の課題となっている。特に女子のグループ化をめぐって生起する問題であり、中学1年生の女子に多く見られ、上記の調査結果は現場サイドの感覚と重なるところがある。

---

9)　梅野正信・采女博文『判決書教材を活用した市民性育成教育を担う学校づくり』科研費研究中間総括報告書、2003、pp.11-12

10)　国立教育政策研究所生徒指導センター「いじめ追跡調査2010-2012 いじめQ&A」平成25年7月

小学校と違って、学級担任がクラスの生徒たちと活動時間の共有が少ない中学校の状況においては、「仲間はずれ・無視・陰口」が起こっても気づきにくい。そのため中学生の時期に、不登校の生徒が増加することにもつながっていると考えられる。

学校生活において生活指導の機会をとらえて、教師が生徒たちに語る言葉には限界がある。いくら丁寧に生徒たちに情感を込めて説明説得しても、中学生の心には届かないことも多い。時には、教師の説明や説得に反発心まで持ってしまうこともまれにある。やはり、教材を通しての学びが生徒たちには心に響くことも多い。

生徒たちは「仲間はずれ・無視・陰口」に関しては、「暴行・恐喝」などと違って、人権侵害行為であるという認識が薄く、まさしく生徒たちの人権感覚の育成が問われている。

「暴行・恐喝」は、あらゆるいじめ裁判に見られる事実であるが、言うまでもなく犯罪行為である。このテーマとの関連で活用した判決書については、いわき市中学校いじめ自殺事件[11]をはじめ、多様な判決書教材が可能であるが、上記の教育法学や法学関係の研究者の先行研究を参考にして、中野区中学校いじめ自殺事件の裁判例を採用した。

生徒たちの人権感覚育成に必要なことは、想像力や洞察力である。梅野は教師向けの判決書教材を作成し、教師に求められる人権感覚の中核に位置するものとして、「推し量る力」「共感的想像力」「合理的洞察力」の専門的能力の育成を述べているが[12]、この能力育成は、児童・生徒にもそのまま適用されるべきものである。「仲間はずれ・無視・陰口」「暴行・恐喝」の行為が、被害者にどのような精神的・肉体的な苦痛を与え、どのような結果に追い込むのかを、豊かな想像力や洞察力を育成しながら、具体的な教材を活用してきちんと教えていく必要がある。事実の学びを通して、中学生は想像力が高まるのである。

11） いわき市中学校いじめ自殺事件（福島地方裁判所いわき支部平成２年12月26日判決、『判例時報』1372号、pp.27-、『判例タイムズ』746号、pp.116-）

以上、本判決についての研究者の分析と「無視、仲間はずれ、村八分」「暴行・恐喝」のいじめ態様を教材として活用するための本判決の特色から、本章では「中野区中学校いじめ自殺事件」活用が妥当であると判断する。

第2節　いじめ判決書教材の開発および構成要素の抽出

1　判決書教材活用の視点

本節では、「無視、仲間はずれ、村八分」「暴行・恐喝」のいじめ態様に対応する判決書教材として、東京高等裁判所平成6年5月20日判決「中野区中学校いじめ自殺事件」を活用する。最初に、教材活用の視点を述べ、活用する判決書教材を具体的に紹介する。教材には、下線部が引かれているところがある。この部分は、本判決書教材を通して、構成要素として抽出できると期待されるところである。

その後に、本いじめ判決書教材の記述から期待される学習内容のキーワードを生成し、構成要素を抽出する。作成する表には本いじめ判決書教材に含まれる構成要素が示されている。

本判決書教材として活用した中野区中学校いじめ自殺事件は、「葬式ごっこ」や「生き地獄」という名称によって社会的に広く認知され、一般化された事件である。本事件の判決書教材についての先行研究は梅野によって開発され、公開されており[13]、本章ではその判決書教材を活用する。

梅野は本判決書選定の理由を三つの視点で説明する。一つが、「判決文に記された人物である、被害者、加害者、先生、親、生徒たちの様子が分かりやす

12) 梅野正信「事例研究　教育管理職のための法常識講座（第30回）『からかい』『ひやかし』行為から『深刻な人権侵害行為』に至るプロセスや全体像を見通す『共感的想像力』と『合理的洞察力』の向上を目的とした教員研修資料」『季刊教育法』No.155、2007、pp.58-63

13) 梅野・采女編　前掲注8)、pp.28-33

く具体的に記されている」こと、第二に「暴力行為、屈辱的な行為（教室で顔にマジックで書かれた、葬式ごっこなど）がリアルに描かれており、人権侵害行為を特定し、具体的な議論が比較的容易に設定できる」こと、第三に、「それぞれの行為の問題点を判決文の中で裁判官が分かりやすく指摘し説明している」ことをあげている[14)]。

筆者は、本判決書教材を活用した授業実践をもっとも多く行ってきた。本判決は、法学関係の研究者が論点としたように、いじめ認定の範囲の拡大を示すものであった。具体的には「葬式ごっこ」事件をいじめと認定した点にある。また、精神的自由に対する侵害行為がいじめであることを認めた。このことから、いじめ事実の認定について、子どもたちと考察していくには最適な教材となり得る。いじめ事実そのものも、具体的な記述が多く、葬式ごっこは当然のこと、シカトや靴隠し、脅迫電話、パシリ、暴行など子どもにとっては身近ないじめ行為が記されており、被害者の苦悩も含め、状況場面の想像が容易であると言えよう。葬式ごっこやシカトでは、傍観者周囲の者の現実的対応法なども議論できる側面もあるし、保護者の問題・責任についても事実認定の中に記載されており、論議していくことが可能だ。教師のいじめに対する取り組みの不十分さを示す事実も多く、研究者の指摘する安全配慮義務違反についても教師の責任追求の中で検討することが可能だし、被害者の問題点を考察したり、どうすればいじめ自殺から逃れることができたか現実的判断を論議することも可能となろう。それらを通して、法的判断力も育成することができるのではないかと考えられる。本判決文は、実践を重ねてきた筆者が考えるに、いじめ授業を行うにあたってもっとも典型的な判決書教材資料となり得よう。

14)　梅野正信『いじめ判決文で創る新しい人権学習』明治図書、2002、pp.16-17

2　判決書教材の実際

東京高等裁判所平成6年5月20日判決　『判例時報』1495号42頁、『判例タイムズ』847号69頁

【判決】

1. いじめを苦にして中学校2年男子Aが自殺し（昭和61年2月1日）、Aの両親が東京都、中野区、加害生徒B・Cの両親を相手に損害賠償を求めた（民法709条、710条、719条、国家賠償法1条、3条）。
2. 東京地裁は、Aが昭和60年12月以降いじめを受けていたとして学校側と加害生徒の両親の責任を認め、暴行等（いじめ）に対する慰謝料・弁護士費用の約400万円の損害賠償を命じた。
3. 東京高裁は、Aが昭和60年10月から長期にわたりいじめを受けていたことを認め、学校側と加害生徒の両親に対しAの受けた肉体的、精神的苦痛に対する約1150万円の損害賠償を命じた。
4. 学校側と加害生徒の両親にはAの自殺についての予見可能性はないとして自殺に対する賠償責任は否定した。

【事件の経過】

1. 中学2年1学期

ア　Aは、昭和60年4月、第2学年に進級した。担任は、前年の4月から第1学年の学年主任を務め、Aらのクラスの数学の授業も受け持っていたので、Aが気の弱い性格であることも認識していた。

イ　Aは昭和60年（中学1年）の2月ころ、Dと同じマンションに転居して隣どうしとなり、Dのために使い走り役をさせられていたが、特に同級生のB、Cと行動をともにする事が増え、授業の抜け出し、授業妨害等を行い、教師に対する反抗的態度を示すようになった。グループ内ではB及びCがリーダー的存在であり、Aは比較的小柄で運動が苦手、粗暴な面がなく気

弱であったため、B、C、及びDらの子分的な使い走りの役割が定着した。

ウ　担任は、学校内外におけるAの動向を察知し、Aの授業抜け出し等の行動や勤怠状況に照らして、7月ころ、(1)Aの父親に電話で家庭における監督、指導を促したが、Aの父親が感情的な対応に終始したため、Aの父親に対して、家庭環境を案じるとともにAの遅刻の多いことや交遊関係上の問題点を書き記した手紙を送った。手紙には、Aが「気が弱いということから、イジメラレル傾向があります」との記載がある。

2. 2学期

エ　中学校においては、9月ころ以降、2年生の生徒らによる授業抜け出し、授業妨害、壁や扉等の学校施設の損壊、教師に対する反抗及び暴行、他の生徒に対する暴行等が一層多発するようになった。教師らは、授業の抜け出し等を発見しても教室に連れ戻すだけで精一杯で、個別的な事情調査や指導までは手が回らない状況であり、異常事態は改善されなかった。

オ　Aは、2学期においては、B及びCから(2)菓子、飲物等の買い出しを毎日のようにさせられ、時には1日5、6回に及ぶこともあり、(3)授業中に飲食物やたばこ等の買い出しに行かされるようになった。(4)登校・下校時のカバン持ちも、多い時は一度に5、6個も持たされ、11月から12月中旬まで、CはAに、朝迎えに来させた上カバンを持たせていた。Aはグループの生徒らから無理な要求をされても嫌な顔を見せずに従い、屈辱的な仕打ちや理不尽なことを強いられても全く抵抗せず、おどけた振舞いをしたり、にやにやした笑いさえ浮かべて甘受するような迎合的な態度をとっていたため、B及びCらは、特に2学期以降Aの態度につけ込み、使い走り役等、一層子分のように使役するだけでなく、事あるごとにからかい、悪ふざけ、いじめの対象とするようになった。

カ　教諭は、同年9月中旬ころ、Aが「C達のグループから抜けたい。使い走りはもう嫌だ」と述べたので、A、B、Cを校長室に呼び出し、Aに使い走りをさせた事実を確認して、謝罪させ、同様のことを繰り返さないように厳重に注意し、またＡにも、今後Ｂ及びＣから同様の依頼を受けたり文句を言われた場合には直ちに連絡するように諭した。ところが、Ｂ及びＣは、その直後、男子便所内で(5)Ａが使い走りの事実を教諭に告げたことを理由として、殴打又は蹴るなどの暴行を加えた。

3. 11月15日の「葬式ごっこ」

キ　Ｂを含む２年Ｘ組の生徒数名は、11月中旬ころ、Ａの不在の席で雑談していた際、欠席や遅刻の多いＡを死亡したことにし、追悼のまねをして驚かせようと言い出した者がいて、これに賛同し実行に移すこととした。(6)色紙に２年Ｘ組の生徒らのほぼ全員、他の２年生の学級の生徒らの一部、担任、英語・音楽・理科担当教諭の４名の教諭らに対して、この色紙への寄せ書きを求めた。教諭４名及び生徒42名は、いずれも色紙がＡの追悼という悪ふざけに使われることを認識したうえでこれに応じた。この色紙は、11月15日の朝、生徒らが持ち寄ったＡの旅行時の写真、牛乳びんに生けた花、みかん、線香等とともに、Ａの机の上に置かれた。

ク　遅刻して登校したＡは、これを見ると、「なんだこれ」と言って周りの生徒らの顔を見たが、生徒らは答えず、１名が弔辞を読み上げ出したところ、笑いを浮かべただけで特に抗議をすることもせず色紙を鞄の中にしまった。Ａは同日帰宅後、母親に対し、しょんぼりと沈んだ様子で「おれ学校でこれを渡されたよ。担任の先生も書いているんだよ」と色紙を見せた。

4. 12月

ケ　Ａは、12月にはＤに対しても「使い走りが嫌だ。殴られるのがつらい」と訴え、「吐いたり、顔が痛い。胃の調子がおかしい」と述べるようになり、グループの他の生徒らに対しても、グループを抜け出そうとする態度を示すようになり、Ｂ、Ｃ、Ｄらから使い走りを命じられても拒否したり、呼出しにも応じなくなった。グループの生徒らも、Ａが意にそわないことに不満を持ち、Ｂ及びＣらは、従わなかったり拒否する態度をとる都度、Ａに殴る蹴るなどの暴行を加え、重宝な使い走り役がいなくなることを防ぐため、(7)入れ替わり立ち替わり脅しの電話を繰り返した。

コ　Aは父親らに対して、Bらから暴行を受けたことを告げると、Aの父親はBの父親らに電話をし、出向いて激しく抗議したが、Bの母親も感情的な対応にとどまり、結局お互いに実のある話し合いをしなかった。Bらは、Aが親に告げ口をしたとして、Aに暴行を加えるようにもなった。そのころ以降、グループから離脱しようとしていることを理由にAを無視し仲間外れにすることを共謀し、B及びCらはグループ以外の(8)2年X組の男子生徒らのほとんど全員に対してもAを「シカトする」ことを指示した。

サ　Aは、B及びCをはじめとするグループによるいじめから逃れるため欠席することが多くなり、12月中には8日欠席し、特に同月18日から24日まで連続6日欠席した。またAは、12月中、登校したが4時間目の授業の後給食を食べずに体育館の裏に隠れ、校内巡視中の乙教諭に発見されると「ここにいさせてほしい」と懇願した。担任は、Aの父親らが保護者会や保護者面談等に一切出席しなかったので、Aの欠席状況や問題行動等についてAの父親らと話し合う機会を持てず、12月下旬頃、出勤途上にAの家を訪れたが、Aがグループからの仕返しを恐れて、担任に対し父親らに実情を話すことを止めてほしいという仕草をしたので、担任が把握していたAの状況等を何も説明せずに家庭訪問を終えてしまった。

シ　担任はB及びCの状況を十分に認識しており、B及びCの父親らに対し、繰り返しB及びCの状況を説明し、家庭での指導を要請していた。加えて、B及びCの父親らはAの父親からいじめを止めさせるように抗議を受けており、また、Bの母親はPTAの副会長の役職にあり、当時の2学年の状況を特によく知り得る立場にあったが、(9)Bの父親は、学校から知らされたBの行状について一応確かめはしたものの、Bが黙りこくっていたり事実を否定すれば、それ以上問いただすこともせず、小言を言う程度で済ませ、むしろBをかばうような態度で終始しており、指導は全く不十分で実効がない状態であった。Cの父親らは、学校から知らされたCの行状のほか、怠学、喫煙は当然直接認識しており、学校からの連絡があればCを叱っていたが、Cに対しては全く実効がないままであった。

ス　Aは、12月ころ以降、グループの生徒と接触することを避け、冬期休暇中には交際せず、同級生Pらの新しい友人との交遊を持つようになって、12月31日から翌年元旦にかけては、彼らとともに初日の出を拝むため高尾山への自転車旅行を計画し、参加した。これは、Aにとって極めて楽しい経験であった。ところが、グループの生徒らは、AがPらと旅行したり、BやCが暴行を加えたことを親に告げたことに憤慨するとともに、PがB及びCらの意向に反してAとともに右の旅行をしたことにも立腹し、AとPに対して共謀して(10)「ヤキを入れる」ため集団で暴行した。

5. 3学期

セ　C、B、H、Jは、第3学期の始業式当日の昭和61年1月8日午前11時ころ、Pを音楽室前廊下に呼び出して殴打、足蹴り等の暴行を加え、校内を清掃中のAを呼び出し、この段階で参加したD、G、Kらとともに、(11)Aを人目につきにくい校舎屋上階段付近に連行したうえ、B、C、その他の生徒らがAの腹部を足蹴りにし顔面を殴打するなどの暴行を加え、左耳後部に出血をみる傷害を与えた。B、Cらは恐ろしさで震え泣いているAを取り囲んで暴行を加え、その後、J、B、C、Dらは(12)繰り返し「おやじにちくるなよ。ちくったらまたやるからな。どこかで変な奴にからまれて殴られたとおやじに話せよ」などとAを脅して口封じをした。

ソ　Aは、1月14日までは登校したものの、そのころ以降、グループの生徒らとの関係に一層深刻に悩むようになり、1月21日まで連日欠席した。この間Aは、1月16日ころ、B及びCに使い走りをさせられることなどの苦悩やそれを親に相談したことが知られると自分が一層窮地に陥ることなど、(13)逃げ場のない気持ちに追い込まれていることを窺わせる母親あてのメモを残したが、Aの父親らは、翌日1日の欠席を許しただけで、深く事情を聞いたり担任その他の教師に連絡したり相談することもなかった。Aは、1

月23日以降、再び登校する振りを装って家を出、教頭や担任らには病院へ行く旨の電話をして、1月29日まで連続して欠席した。しかし、(14)教頭や担任らは、Aの度重なる欠席についてAの父親らに対して全く連絡をせず、Aが欠席を続けている事情についても確認しようとしなかった。

タ Aは、同年1月30日朝、前日までと同様に、父親らには登校する振りを装って家を出て時間をつぶし、午後2時頃自宅付近まで帰ったところ、Dに出会い、連れられて登校した。DがAを同行したのは、グループの生徒らとともに、Aに集団的暴力を加えるためであり、Aはその途上でのDの言動から暴行を受ける気配を感じてこれを恐れ、連れていかれた空教室にD及びCといるところを発見した教諭に助けを求めた。異様に感じた教諭は、Aを教育相談室に入らせて保護して担任に連絡した。担任は経緯報告を受け、教育相談室でAから事情を聞いたところ、Aは非常におびえた様子で、B、C、Dらに捕まって暴行を受ける恐れがあり、一人では帰宅できないことなどを担任に告げた。

チ 担任自身は、1月13日に、Cに授業を抜け出したことを注意したが、逆にCに「なんだてめえ」と言われて胸部を蹴られ、全治3週間の右前胸部打撲、右第五、第六軟骨不全骨折の傷害を負わせられていたこともあり、グループの生徒らを恐れており、校内でAを探し回っているC及びDに対し(15)毅然たる態度をとろうとせず、教育相談室で電灯をつけず暖房も入れず、Aとともに身を潜めていた。

ツ D及びGらは結局Aを発見できなかったため、教諭に対して「せっかくつかまえてきたのに、なんで逃がしちゃうんだよ」などと大声で怒鳴り悪態をついた上、(16)下駄箱からAの靴を持ち出してこれを便器内に投げ込んで引き上げた。その間Aは、教育相談室で担任に対し、本件グループの生徒らの仕打ち等が恐ろしいこと、グループから抜け出したいと話し、一人で帰宅するとDらからどのような仕打ちを受けるかもしれないと述べるので、Aの母親に迎えに来るように電話連絡をした。担任は、Aの母親とAに対し「グループには14、5人という多数の生徒がいるので、グループから抜けるのはやくざの足抜きと同じように大変だ。今後のやり方としては転校という方法も考えられる。今後も暴力事件が起こるようだったら警察に入ってもらうしかない」などという話をし、2日後の2月1日の土曜日にAの父親らの家庭を訪問して、よく話し合いたい旨を述べて二人を帰宅させた。

6. 自殺と遺書

テ　Aは、翌日の1月31日朝8時30分頃、家を出たが登校せず、夜になっても帰宅しなかった。Aの父親らは深夜までAを探し回ったが発見できなかった。そして、Aは2月1日午後9時30分頃、国鉄盛岡駅ビル内において、買い物袋の裏に次のような遺書を残して、縊死した。

「家の人、そして友達へ

突然姿を消して、申し訳ありません。くわしい事についてはBとかCとかにきけばわかると思う。俺だってまだ死にたくない。だけどこのままじゃ『生きジゴク』になっちゃうよ。ただ、俺が死んだからって他のヤツが犠牲になったんじゃいみないじゃないか。だから君達もバカな事をするのはやめてくれ、最後のお願いだ。昭和六十一年二月一日　A」

【裁判所の判断】

1. 教員らの過失について

当時、生徒間のいじめの問題は公立小中学校における緊急課題とされてあらゆる機会にその重要性が強調されており、この中学校についても、いじめ問題の理解といじめに対する指導の在り方等に関する各種資料が繰り返し多数配布され、いじめの問題を主題とした教師研修会にも校長、教頭、教師らが繰り返し参加する等していた。Aの置かれていた状況はこれらの資料等で取り扱われていたいじめと同質のものであり、しかも、教師らは早い時期から本件いじめの実態を認識し得る手掛かりを豊富に得ていたのであるから、適切な問題意識を持って事態に対処していれば、早期に本件いじめの実態を認識し得た。結局、(17)同教師らは適切な問題意識をもって対処することを怠ったため、最後まで本件いじめの実態を正しく把握し、教師全体が一体となって適切な指導を行い、保護者、関係機関との連携、協力の下に本件いじめの防止のため適切な措置を講ずるということができず、また、Ａからの助けを求める訴えに対しても、教師の側としてはＡの絶望感を軽減させるに足りるような対応を全くしなかったといってよい状況であって、その結果、Ａが昭和60年10月頃以降も悪質化した本件いじめに長期間にわたってさらされ続け、深刻な肉体的、精神的苦痛を被ることを防止することができなかったものであるから、教員らには過失がある。

2.　加害生徒の両親の監督義務違反について

Ｂ、Ｃはそれぞれ14歳となっており、当時既に責任能力を有していた。しかし、Ｂ、Ｃの親権者である父親らはＢ、Ｃが不法行為をすることのないよう監督すべき義務を負っている。Ｂ、Ｃの父親らは、Ｂ、Ｃが昭和60年４月の第２学年第１学期早々から問題行動を反復していたことについて、その当時から担任その他の教師らから再三知らされて指導を求められており、さらにＢの父親らにおいてはＢが警察の補導を受けた際にも警察から注意を受けていた。したがって、(18)Ｂの父親らは親権者として、Ｂ、Ｃの行状について実態を把握するための適切な努力をしていれば、遅くとも昭和60年10月頃には本件いじめの実態が深刻であり、Ａの心身に大きな悪影響が生ずるおそれのある状況であることを認識し得たはずである。にもかかわらず、そのような努力をすることなく、Ｂ、Ｃに対し適切な指導監督をすることを怠り、ほとんど放任していたものであり、そのためＡに対する本件いじめ行為を反復させる結果を招いたものである。したがって、Ｂの父親らにはＢ又はＣに対する監督義務を怠った過失がある。

3　判決書教材の構成要素の抽出

ここでは、本判決書教材から構成要素を抽出する。

次の表15は、前章と同じように本いじめ判決書教材について、教材の記述からキーワードを生成し、いじめの態様やいじめ責任等のキーワードとの関連性を分析したものである。

左側から第1列は、判決書教材に含まれる構成要素となる記述を整理したものである。第2列は、その判決書教材の記述からキーワードを生成したものである。第3列はいじめ態様やいじめ責任との関連で抽出した構成要素である。

いじめ態様については前章で説明したように、本研究では七つのキーワードとしている。それらの中で、本節では「b 無視･仲間はずれ、村八分」「d 暴行･恐喝」に注目する。これらのいじめの態様に対して、それぞれのいじめ判決書教材によって共通に準備されている構成要素は何なのか。また特色ある構成要素は何なのかを分析していく。その他のキーワードについては、いじめ判決書教材の記述から生成したキーワードをもとにして分類している。いじめ裁判は、被害者が原告となり人権侵害等によってその失われた損害の賠償を求めるものであることから、いじめの関係者に関わる記述が学びになると考えられる。そのため、学校教師の安全配慮義務や保護者の保護監督義務などのいじめ責任についての裁判官の判断がキーワードとして予想される。

＜表15　「中野区中学校いじめ自殺事件」判決書教材記述とキーワードによる構成要素の抽出＞

判決書教材の記述	キーワード	構成要素
B（12）繰り返し「おやじにちくるなよ。ちくったらまたやるからな。どこかで変な奴にからまれて殴られたとおやじに話せよ」などとAを脅して口封じをした。	B（7）、B（12）脅迫によるいじめ	a 悪口
B（7）入れ替わり立ち替わり脅しの電話を繰り返した。		
B（6）色紙に2年X組の生徒らのほぼ全員、第2学年の他の学級の生徒らの一部、担任、英語、音楽、理科担当教諭の4名の教諭らに対して、この色紙への寄せ書きを求めた。	B（6）葬式ごっこによる侮辱、名誉毀損のいじめ	b 無視・仲間はずれ・村八分
B（8）2年X組の男子生徒らのほとんど全員に対してもAを「シカトする」ことを指示した。	B（8）シカトによるいじめ	
B（2）菓子、飲物等の買い出しを毎日のようにさせられ	B（2）、B（3）、B（4）強要によるいじめ	c 暴行・恐喝
B（3）授業中に、飲食物、たばこ等の買い出しに行かされるようになった。		

B (4) 登校・下校時のカバン持ちも多い時は一度に5、6個も持たされ、	B (2)、B (3)、B (4) 強要によるいじめ	c 暴行・恐喝
B (5) Aが使い走りの事実を教諭に告げたことを理由として、Aに対して、殴打し又は蹴るなどの暴行を加えた。	B (5) 暴行によるいじめ	
B (10)「ヤキを入れる」ため集団で暴行した。	B (10) 集団暴行によるいじめ	
B (11) Aを人目につきにくい校舎屋上階段付近に連行したうえ、B、C、その他の生徒らがAの腹部を足蹴りにし顔面を殴打するなどの暴行を加え、左耳後部に出血をみる傷害を与えた。	B (11) 傷害をおよぼすいじめ	
B (16) 下駄箱からAの靴を持ち出してこれを便器内に投げ込んで引き上げた。	B (16) 物理的いじめ	d 物理的いじめ
B (1) Aの父親に電話で家庭における監督、指導を促したが、Aの父親が感情的な対応に終始したため、Aの父親に対して、家庭環境を案じるとともにAの遅刻の多いことや交遊関係上の問題点を書き記した手紙を送った。	B (1) 学校教師の日常的な安全配慮のための対応	h 学校教師の安全配慮義務
B (14) 教頭や担任らは、Aの度重なる欠席についてAの父親らに対して全く連絡をせず、Aが欠席を続けている事情についても確認しようとしなかった。	B (14) 学校教師の日常的な安全配慮のための過失と責任	
B (15) 毅然たる態度をとろうとせず、教育相談室で電灯をつけず暖房も入れず、Aとともに身を潜めていた。	B (15) 学校教師の安全保持義務違反	
B (17) 同教師らは適切な問題意識をもって対処することを怠ったため、最後まで本件いじめの実態を正しく把握し、教師全体が一体となって適切な指導を行い、保護者、関係機関との連携、協力の下に本件いじめの防止のため適切な措置を講ずるということができず、また、Aからの助けを求める訴えに対しても、教師の側としてはAの絶望感を軽減させるに足りるような対応を全くしなかったといってよい状況であって、その結果、Aが昭和60年10月頃以降も悪質化した本件いじめに長期間にわたってさらされ続け、深刻な肉体的、精神的苦痛を被ることを防止することができなかったものであるから、教員らには過失がある。	B (17) 学校教師のいじめ対応の組織的問題点と安全配慮義務違反	
B (9) Bの父親は、学校から知らされたBの行状について一応確かめはしたものの、Bが黙りこくっていたり、事実を否定すれば、それ以上問いただすこともせず、小言を言う程度で済ませ、むしろBをかばうような態度で終始しており、指導は全く不十分で実効がない状態であった。	B (9) 加害者保護者の保護監督の実態把握不足	i 加害者保護者の保護監督義務
B (18) Bの父親らは親権者として、B、Cの行状について実態を把握するための適切な努力をしていれば、遅くとも昭和60年10月頃には本件いじめの実態が深刻であり、Aの心身に大きな悪影響が生ずるおそれのある状況	B (18) 加害者保護者の実態把握不足による保護監督義務違反	

であることを認識し得たはずである。にもかかわらず、そのような努力をすることなく、B、Cに対し適切な指導監督をすることを怠り、ほとんど放任していたものであり、そのためAに対する本件いじめ行為を反復させる結果を招いたものである。したがって、Bの父親らにはB又はCに対する監督義務を怠った過失がある。		
B（13）逃げ場のない気持ちに追い込まれていることを窺わせる母親あてのメモを残したが、Aの父親らは、翌日1日の欠席を許しただけで、深く事情を聞いたり、担任その他の教師に連絡したり相談することもなかった。	B（13）いじめを逃れるための法的措置の考察	l 被害者救済の法的措置

キーワードを見ると、いじめの態様として本判決書教材においては「a 悪口」「b 無視・仲間はずれ・村八分」「c 暴行・恐喝」「d 物理的いじめ」の構成要素を抽出することができる。その中でも「c 暴行・恐喝」に関わる事実は何度も記述されているので、この態様に関わる生徒たちの感想文記述においても構成要素が見られるのではないかと予想される。

また、本判決書教材活用におけるいじめ態様のテーマである「b 無視・仲間はずれ・村八分」については、その記述の数は多くはないが、「葬式ごっこ」と呼ばれるいじめの事実が生徒たちにインパクトを与えるのではないかと予想される。

さらに、「h 学校教師の安全配慮義務」「i 加害者保護者の保護監督義務」「l 被害者救済の法的措置」が構成要素として準備され、裁判官の判断が示されている。そのために、「h 学校教師の安全配慮義務」、また「i 加害者保護者の保護監督義務」についても生徒たちの構成要素となると予想される。さらに、葬式ごっこをめぐる授業での位置付けによって、「k 同級生の不作為と対応考察」についても構成要素として抽出できるのではないかと考えられる。

第3節　判決書教材の構成要素を組み入れた授業の開発

1　授業構成案の開発

授業構成は5時間である。次の表16のような学習過程を計画した。総合的な学習の時間に位置づけたり、社会科と道徳の時間を活用して「いじめについて考える」というテーマで取り組んだ。1998年12月から毎年度実践を行い、本判決書教材を活用した授業は5回に及んだ。本判決書教材は、「無視、仲間はずれ、村八分」「暴行･恐喝」との関連で活用しており、いじめ事実を確認し、刑法の条文との照合などを通して、それらの内容については生徒たちの構成要素となると考えた。

具体的な授業構成の計画については、次の表16のようになる。なお、主な学習内容に記されている【　】内の数字については、本判決書教材において挿入している下線部記述番号と同じである。授業構成において、いじめの態様やいじめ責任などの構成要素の習得がどの場面で期待できるかを示している。

＜表16　5時間構成のいじめ判決書学習の内容＞

学習過程	時	学習テーマ	学　習　活　動
個々の違法性・人権侵害行為を判別し、認識する。	1	判決文を読みとる	・なぜいじめの授業をするのか、教師自身の体験を聞く。・中野区中学校の判決文を教師が読み、「登場人物の役割」と「いじめだと思われる行為」にアンダーラインを引く。・判決文の登場人物を確認し、その役割を理解する。
	2	「いじめ」とは～その犯罪性を確認する	・「いじめだと思われる行為」を発表し、警察庁や文部省の「いじめ」の定義を参考にして、いじめ行為を確認する。 ・各種の法律を参考にして、いじめ行為がどのような犯罪にあたるかを調べる。・教師とともに、いじめ行為の犯罪性を確認する。・いじめ行為の中で被害者に最もダメージを与え、自殺に追い込んだ行為を考え、発表し、討論する。【(2)～(8)、(10)、(11)、(16)】
責任の所在を確認し合う。	3	いじめ～より責任を問われるのはだれか。「教師・学校側」の問題を追求する。	・より責任を問われるのはだれかを考え、発表する。・ひとつの班に「教師・学校側」の問題点を判決文の中から取り上げ、順番をつけて発表してもらう。・「教師・学校側」の問題は何だったのかを、発表をもとにして討論する。・「国家賠償法第1条1項」「安全配慮義務の判例」を読み、いじめについて、教師・学校に取り組む義務があることを理解する。 ・教師・学校側はどうすべきだったのかを考察発表し、討論する。【(1)、(14)、(15)、(17)】
	4	いじめ～より責任を問われるのはだれ	・被害者を自殺に追い込んだいじめの中で最もダメージを与えたのは何かを発表し、討論する。同時により責任を問われるのはだれなのかを討論する。・教師はなぜ

		か。「傍観者・周囲の生徒」の問題点を追求する。	「葬式ごっこ」に参加したのかを、「ふざけ」か「おそれ」か論議する。 ・どうすれば被害者にダメージを与えないですむのかを傍観者の立場で現実的な方法を考察発表し、全員で検討する。
侵害された権利を洞察する。市民性育成の基本原理を導き、共通認識とする。	5	被害者はどうすれば良かったのか。	・被害者はいじめ自殺から逃れるためにどのような行動をとるべきであったのかを現実的に考察し、発表する。・法的な側面から、転校したり、緊急避難としての欠席措置もできることの説明を聞き理解する。【(13)】

本判決書教材を活用した授業におけるねらいは、「判決書を通して、いじめが犯罪であることを理解させ、教師・学校側にどのような問題があったのか、生徒周囲の傍観者によりいっそう問題があったのかなどの責任問題を考えさせる中で、いじめに対する対処法を現実的に考えさせる」ことと、「自分が自殺に追い込まれるような極限状態に置かれたらどうするか、判決書を基本にして考察討論させて、いじめ自殺を抑制する知識を生徒たちに理解させる」こととした。

授業構成においては、第２次のいじめの不法行為・犯罪性を理解する場面で、【(2)～(8)、(10)、(11)、(16)】を活用する。ここには、暴行・恐喝などの態様だけでなく、葬式ごっこに見られる「シカト・無視・村八分」などのいじめ態様の記述もある。さらに、脅しの電話の事実にあるように、脅すという「悪口」の態様、それから「靴をトイレに投げ入れる」という物理的いじめもある。それらを刑法との関連でどのような不法行為なのかについて学習していくことができる。いじめ責任との関連では、第３次に学校教師のいじめ責任について考察していく。【(1)、(14)、(15)、(17)】の記述は、学校教師の安全配慮義務についての考察していく際に、参考になる事実と裁判官の判断である。また、加害者保護者の監督義務については、【(9)、(18)】の記述が参考になるであろう。

なお、本授業構成は他の判決書教材を活用した授業とは違い５時間構成となっているが、他の３時間構成の授業と内容的には同じであり、それぞれのテーマにおける討議に費やした時間に違いがある。

2　授業実践の概要

(1) 基礎的なデータ

ここでは、中野区中学校いじめ自殺事件を活用した下記の授業実践を検討し、生徒たちの学習した内容を考察した。授業記録においては、①と②を分析した。①1998年12月公立中学校３年１クラス36名、授業者 新福悦郎、②2000年６月公立中学校３年１クラス37名、授業者 新福悦郎　③2001年５月公立中学校１年４組36名、授業者 新福悦郎　④2002年２月公立中学校２年４組35名 、授業者 新福悦郎、授業時数６時間（社会科と道徳の時間）⑤2002年４月公立中学校１年１組37名、授業者 新福悦郎、授業時数５時間（総合的な学習の時間）

(2) 授業の概要および特色

ここでは実際の授業についての概要を説明する。「授業記録」の分析を紹介することで、授業の様子ならびに研究の補足的な参考資料とする。

なお、本研究においては、いじめ判決書教材に組み込まれた抽出できた構成要素が、授業実践によってどのように生徒たちに理解されていくのか、授業感想文の分析を通して抽出する。そのために、本節においては、本研究を補足的に説明するものとしてとらえる。

(ア) 授業記録①

実践①1998年では、以下のような発言が見られた。

（T：教師、それ以外：生徒）

A1　：先生は、子どもたちを預かっていてその安全を守らないといけないのに、何もしていない。

T1　：何もしていないというのは？先生たちはどういう感じでしたか。

A2　：ちゃんと生徒たちを見ていかないといけないのに、葬式ごっこの色紙に名前を書いたりして、逆にいじめに加わっている。
T2　：葬式ごっこに先生が加わったというのは、どうもやっぱりひっかかりますね。この教師はどうすればよかった？
A3　：色紙に書くのをやめさせればよかった。
T3　：なるほど。他には？どういう態度・行動をとればよかった？
B1　：教師の責任性ということを考えれば、びびらないで、毅然たる態度で加害者に立ち向かうべきだった。

上記の授業記録では、葬式ごっこに対応した教師の問題性が取り上げられている（A2）。そして学校教師の安全配慮義務に関する発言が重ねて見られる（A1、A3、B1）。これらの発言は、授業感想文に見られる「事件を未然に防ぐための関係者の義務」と重なっている。

（イ）授業記録②

実践① 1998年では、次のような発言が見られた。

（T：教師、それ以外：生徒）
S１　：ええと、自殺するほど苦しいんだったら、もうその学校をやめて、別の学校に行ったら普通の暮らしができるので、転校した方がいいと思う。
T1　：なるほど。普通の暮らしのためには、転校というわけですね。じゃあ、次の人、どうぞ。
S２　：Bを遠ざけることが一番重要なことで、Bから離れるためには、やはり転校しかないのではないかと思う。
S３　：学校が悪いから先生とかは信頼できないし、相談もできない。そんな学校だったらもう見限った方がいいと思う。
T2　：なるほどね。でも、転校なんてできるんですか？
S４　：できるんじゃないの。

S５ ：実際やった人がいるよ。
S６ ：親が動けばできるんじゃないの。
T3 ：親が引っ越して、校区を変える？
S７ ：いや、そのままで近くの中学校へ移る！
S８ ：そんな近くだったら、Ｂがやってくるよ。待ち伏せするよ。その学校まで。
T4 ：私たちの中学校から隣の中学校へ転校したとしたら、Ｂがまたいじめにやってくるんじゃないの。別の隣の中学校もそう。別の中学校もそうかもしれないね。転校はできるのか、後で見てみましょう。
T5 ：では、あと５班の人が考えたことがあります。５班の人、説明をどうぞ。
S９ ：学校を休んでいじめから逃れるという方法も、Ｂと会わなくてすむし、いじめで自殺するよりはいいんじゃないか。
S 10：でも学校へ行かなかったら、勉強が遅れるよ。進路面で困るよ。
S 11：中学校へ行かなくなったら、学校へ行こうかなと思ったときに、ぜったい学校へ行きづらいよ。
S 12：別の学校へ行けばいいよ。
S 13：それだったら転校と同じでしょう。
S 14：塾とかという方法もあるし、そういうところで勉強すればいいよ。

上記の授業記録では、被害者はどうすれば良かったのかというテーマで議論は進んでいる。転校や不登校という手段の可能性について現実的に議論している（S1 ～ S14）。そのため、ここでは被害者の「法的措置」についての発言が見られており、生徒たちは法的措置についての学びが見られ、同時にその法的措置が現実的なものかどうかを議論している。このように、本判決書教材を活用した授業は、法的な理解や思考・判断力を育成すると考えられる。

（ウ）授業記録③

実践② 2000 年では、次のような発言も見られた。

生徒たちが発表した「いじめ行為」を教師は黒板にまとめている。それを見ながら、教師は生徒たちに発問した。

では、これらいじめが、どんな罪になるか、みんなわかるかな？

S1　：暴行罪とか…

T1　：暴行罪ね、……じゃあ、使いっ走りは？シカトはどうだろう？

S2　：……

T2　：じゃあ、実際に刑法で確認してみましょう。刑法のプリントを参考にして、いじめがどんな罪になるか調べてみましょう。

刑法のプリントを見ながら、生徒たちはグループごとにいじめ行為がどのような犯罪に当てはまるかを考察していく。だいたい終わったら、教師が説明を始めた。

T3　：「傷害の罪」というのが、まずあります。第 204 条「人の身体を傷害したものは、10 年以下の懲役または三十万円以下の罰金若しくは科料に処する」というのが、傷害罪。「現場助勢」もあります。第 206 条「前二条の犯罪が行われるに当たり、現場において勢いを助けたものは、自ら人を傷害しなくても、一年以下の懲役または十万円以下の罰金若しくは科料に処する」。周りにいて勢いを助けたもの、つまりはやし立てたり、「やれやれ」と言ったりするのも現場助勢の罪に問われるわけです。

それから、「脅迫罪」というのもあります。第 222 条では、① で、「生命・身体・自由・名誉または財産に対し、害を与える旨を告知して人を脅迫したもの」が罪を問われるわけです。つまり、「お前、○○しないと殴るぞ」と脅すと、この罪になるわけです。そして、強要罪。第223条の①を見て下さい。この強要罪は、脅迫罪と違います。どこが違いますか。

S3 :「人に義務のないことを行わせ」と言うところ。

T4 :そうですね。強要罪は脅迫するだけでなく、脅迫して何か義務のないことを行わせるわけです。次のプリントを見て下さい。他には、「侮辱罪」というのもあります。第231条です。「公然と人を侮辱した者」は、この罪に当たるわけです。それから第236条。暴行または脅迫を用いて他人の財物を強取した者は、強盗の罪ですね。そして、次のプリント。第249条の① 、人を恐喝して財物を交付させた者、これは恐喝の罪になるわけです。

T5 :じゃあ、さっき黒板に書き出したこれらの罪はいったいどういう刑法上の罪に問われるのか、少し見ていきましょう。まず、使いっ走りね。これは、どれに当たりますか。

S4 :脅迫罪。

T6 :どうですか。脅迫罪というのは、殴るぞと言って人を脅すことですよね。この場合は脅迫だけでなくどうするんだったけ？

S5 :たばことかお菓子を買いに行かせる。

T7 :うん、そう。だから、何という罪？

S6 :強要罪。

T8 :そうなんです。

教師は、黒板に書き出したいじめ行為がどのような犯罪にあたるかを次々と質問していく。

T9 :次にA君に対する暴行は何という罪にあたりますか。

S7 :傷害罪。

T10:暴行罪ではなくて、傷害罪ね。葬式ごっこは？

S8 :A君を侮辱したことになるので、侮辱罪だと思います。

T11：なるほど。冗談半分のおかしくおもしろくが、侮辱罪になってしまった訳ね。
　　脅迫電話はどうですか。

S９　：脅迫だから、脅迫罪でしょう。

T12：そうですね。この中で、脅迫電話を受けたことがある人？

S10：……

T13：そんな電話を受けたら、犯罪だから、許したらいけないね。
　　次に集団シカトはどうでしょう。どんな犯罪になるのでしょうか。

S11：人を侮辱したことになるから、やはり侮辱罪。

S12：人の名誉を毀損したことになるので、名誉毀損罪ではないですか。

T14：なるほど…どうなんでしょうかね。
　　第34章の「名誉に対する罪」であることは、間違いないでしょうね。それでは、改めて考えてみて下さい。どの行為が、A君を自殺にまで追いつめたのでしょうか。それが、責任を問われる際に、重要な判断材料となります。死に追い込んだのは何なのか、自殺に追い込んだのは何なのか。これからみんなに発表してもらいながら、考えたいと思います。

S13：僕たちの班でいちばんダメージの多いと思ったのは、集団暴行です。
　　２番目はシカトで、３番目は、葬式ごっこでした。

T15：では、その説明をして下さい。

S14：えっと、集団暴行は自殺前日の状況から言って、集団暴行が直接的な自殺の引き金の要因になってきたからです。シカトは、親も気にしなくなってきて、ひとりぼっちになってきて精神的にかなりきつい状況になってきたからです。

T16：葬式ごっこは？

S15：葬式ごっこは先生までが関わったということで、かなりきついことだと思います。

T17：うん。集団暴行、シカト、葬式ごっこということで発表してもらいました。では、聞きます。どれが、いちばん、責任を問われると思いますか。一回だけ手を挙げて下さい。
まず、教師・学校だと思う人？（6人）親だと思う人？（16人）傍観者だと思う人？もう一回傍観者？（4人）はい、わかりました。
T18：次の時間は「いじめ自殺〜より責任を問われるのはだれか」を考えていきたいと思います。

上記の授業記録③のS1〜S12の発言記録を分析すると、生徒たちは刑法と照らし合わせることで、傷害罪・現場助勢・脅迫罪・強要罪・暴行罪・侮辱罪・名誉毀損罪などの犯罪行為について具体的に判決文の事実から学んでいる。生徒たちは、いじめが犯罪を含む不法行為であることを理解できていることがわかる。条文を読むだけでなく、判決書のいじめ事実で考察するために、身体的な暴力が不法行為だけではなく、集団シカトも精神的な暴力であり、侮辱罪や名誉毀損罪に該当する精神的暴力による不法行為であることを学習している。これらは、法的な構成要素を抽出することが可能であると考えられる。

(3) 本授業の特色のまとめ

本章においては、これまで本いじめの態様に対応する判決書として中野区中学校いじめ自殺事件を取り上げ、この裁判についての教育法学や法学関係の研究者による先行研究をもとにして、活用する理由と実際の判決書教材について説明し紹介した。さらに、その判決書教材におけるキーワードを整理し、そのキーワードをもとに、本節ではその授業構成について示した。そして、その授業によってどのような授業記録が見られたのかを、説明してきた。

その授業記録においては、「事件を未然に防ぐための関係者の義務」や生徒たちの法的措置についての学びが見られ、同時にその法的措置が現実的なものかどうかを議論している。また、生徒たちは刑法と照らし合わせることで、犯罪行為について具体的に判決書の事実から学び、いじめが犯罪を含む不法行為であることを理解できていると考えられる。身体的な暴力が不法行為だけではなく、集団シカトも精神的暴力による不法行為であることを学習しているのではないかと考えられる。

次節では、授業感想文の分析から構成要素を抽出する。生徒たちの感想文記述をもとにキーワードを生成し、そのキーワードを分類して構成要素を抽出する。本判決書教材による学習によって、他の判決書と共通する構成要素は何なのか。また、特色ある構成要素は何なのかについて検討していきたい。

第4節　授業感想文にもとづく構成要素の抽出および分析

本節では、中野区中学校いじめ自殺事件を活用した授業実践におけるまとめの感想文記述を分析分類し、構成要素を抽出する。

前節では、本いじめ判決書教材における授業によって、身体的な暴力が不法行為だけではなく、集団シカトも精神的暴力による不法行為であることを学習しているのではないかと考察した。このことは、感想文記述においてその構成要素として出現することであろう。それは、「b 無視・仲間はずれ・村八分」であると予想される。

本節では、生徒たちがどのような内容を学び考えたのかについて、その構成要素を明らかにする。そして、その学びが本研究におけるいじめ態様やいじめ責任等の構成要素との関連で、どのような共通の構成要素があり、また本判決書を活用するとどのような特色ある構成要素が準備できるかを考察する。

なお、感想文の分類とキーワードの妥当性については、小学校教諭1名、中学校教諭1名、博士後期課程院生1名、大学准教授1名、大学院教授1名と検討を加え（2012年5月）、活用について妥当だと判断した。

1　感想文記述によるキーワードと抽出できる構成要素

この節では、一連の授業実践終了後にまとめとして書いてもらった感想文記述から、生徒たちがどのような学習内容を習得し、構成要素として抽出できるのかについて、検討する。そして、その学習内容が構成要素としていじめ態様やいじめ責任等との関連で、どのような共通の要素があり、また本判決書を活用するとどのような特色ある要素があるのかを検討する。

次の表17は、それぞれの生徒がどのような感想文記述を書き、それをどのようにキーワード化したかについてのものである。そのキーワードから構成要素を抽出したものである。

記述に沿ってキーワードを抽出したので、一つの感想文から複数のキーワードが生成され、分類されている。左列が生徒の番号で、2番目の列が感想文記述の番号である。3番目の列が感想文記述であり、4番目の列がその感想文記述から生成したキーワードである。右端の列が、そのキーワードから抽出した構成要素である。

生徒より提出された感想文の総数は、96である（欠席者と未提出者がいるので、3つのクラスの生徒数の合計108よりも少なくなっている）。ここでは、この96の感想文から特徴をキーワード抽出し、生徒の学びの内容を分析した。(実践③ 2001年集計数29名、実践④ 2002年集計数30名、実践⑤ 2002年集計数37名)

B96までの感想文から学びの要素を抽出したが、ここではB4までを紹介する。

＜表17 「中野区中学校いじめ自殺事件」の感想文記述とキーワードによる構成要素の抽出の一部＞

生徒	番号	感想文記述	キーワード	構成要素
B1	①	この判決文を見て、すごくA君はかわいそうだと思った。	被害者への共感と同情	n 被害者への共感・心情理解
	②	D君のために使い走りをさせられたり、B、Cの暴行も受けていて、こっちが痛く感じた。最初のうちは不良グループにいて、授業妨害などをしてきて、不良グループから抜けたいなどといって、ぼこぼこにするのは変だと思った。中学生はヤクザと違うんだから、別にしていいと思う。	暴行によるいじめ理解	c 暴行・恐喝
	③	それで、A君が遅刻してくるようになって、だれかがA君が死亡したことにしたというのはすごくかわいそうだと思った。これは、一番頭に来たと思う。	葬式ごっこによるいじめ理解	b 無視・仲間はずれ・村八分

	④	先生たちも、これがふざけでやっているのに、なぜ止めなかったんだろうと思った。	学校教師のいじめ対応の過失責任	h 学校教師の安全配慮義務
	⑤	左耳後部に出血を見るまで暴行および結果的に、A 君は自殺をしたけれど、	傷害を受けるいじめの理解	c 暴行・恐喝
	⑥	でも、A 君は、気の弱い性格なのでA 君も強くならないといけないと思う。 A 君もそれなりに悪いことをしてきたし、反省をしないといけないと思う。	被害者の対応についての批判的考察	s 被害者対応の考察
	⑦	親たちももう少し話し合いをすればよかったと思う。暴行などを加えていたときに助けてあげればよかったと思う。	保護者の保護監督の過失責任	i 加害者保護者の保護監督義務
B2	①	私は今回のいじめの授業を通していろいろなことを学びました。このような授業は初めてだったので、この授業をすると聞いた時は、どんなことをするのだろうとはじめは不思議に思っていました。1回目の授業で中野区中学校事件判決文の紙を配られました。この話は私たちの生まれる前におこった事件のことでした。いちばんひどく感じたのは「葬式ごっこ」でした。本当にこんなことがあっていいのかなと思うぐらいひどいことでした。	葬式ごっこによるいじめの問題性理解	b 無視・仲間はずれ・村八分
	②	その他にも、<u>シカト</u>、上履きをトイレにかくす、などたくさんのことをA 君はされていました。	シカトによるいじめ理解	b 無視・仲間はずれ・村八分
	③	その他にも、シカト、<u>上履きをトイレにかくす</u>、などたくさんのことをA 君はされていました。	モノを隠すことのいじめ理解	d 物理的いじめ
	④	しかし、この授業でこのようないじめを防ぐ方法などをみんなで話し合いました。いろいろな意見によって解決方法などが見つかりました。A 君の近くに私たちのクラスのメンバーがいれば、A 君は自殺までいかなかったような気がしました。	他の生徒たちの不作為と対応考察	k 同級生の不作為と対応考察
	⑤	いじめの授業を通して学んだことを、これからたくさんの中学校の人たちが学べるような授業が増えていってほしいです。	授業に対する感謝	q いじめ授業への感謝
B3	①	この月曜日から土曜日にかけての1週間、いじめの勉強をしました。僕は最初いじめを軽く考えていました。その考えは、悪口やいやがらせなどと思っていたけれど。「中野区中学校いじめ自殺」の事件のプリントを見ておどろきました。	悪口によるいじめ問題	a 悪口
	②	このプリントに出てくる言葉に「殴打」というのがあった。これはどんな気持ちで殴っているのかと不思議に思いました。本気なのか、冗談なのか。加害者の気持ちは考えられなかった。	暴力的いじめの理解	c 暴行・恐喝

B3	③	いじめはいじめる人に原因があるとかいうけれど、教師や周りから見ている人も知っているのに何もしないのは、僕はこの人たちも罰を与えた方がいいと思いました。	他の生徒たちの不作為と対応考察	k 同級生の不作為と対応考察
	④	この事件はほんの小さなことから、いじめが始まってしまったので、今からの学校生活はこのことを考えながらいけたらなと思いました。	いじめのきっかけについての理解	z2 いじめのきっかけ
B4	①	まず僕が一番いじめの授業を通して初めて知ったことは、いじめはいろいろな法に触れるということです。そしていじめが起こる環境みたいなのがあることです。	いじめの不法行為の理解	t いじめの犯罪性の理解
	②	そして、A君の気持ち、教師の責任、傍観者などの責任を考えたので僕たちは絶対いじめをしてはいけないという自覚を持つことができたと思うのでとてもいい授業だったと思う。これからも続けてほしい。	いじめ授業への感謝	q いじめ授業への感謝

表17より、生徒たちの感想文記述のキーワードを分析すると、本判決書教材では、「a 悪口」「b 無視・仲間はずれ・村八分」「c 暴行・恐喝」「d 物理的いじめ」「e いじめとふざけ」「h 学校教師の安全配慮義務」「i 加害者保護者の保護監督義務」「l 被害者救済の法的措置」「j 被害者保護者の保護監督義務」「k 同級生の不作為と対応考察」「n 被害者への共感・心情理解」「o 加害者対応の批判」「p いじめ防止抑止の決意」「q いじめ授業への感謝」「r いのちを奪ういじめの理解」「s 被害者対応の考察」「t いじめの犯罪性理解」「u いじめ体験」「v いじめ責任についての考察」「y 精神的後遺障がい」「z2 いじめのきっかけ」「z3 個性といじめの関係」が構成要素として抽出できた。

その中でも、他のいじめ判決書教材と同じように共通する構成要素と考えられるのが、「a 悪口」「b 無視・仲間はずれ・村八分」「c 暴行・恐喝」「d 物理的いじめ」「e いじめとふざけ」「h 学校教師の安全配慮義務」「j 被害者保護者の保護監督義務」「k 同級生の不作為と対応考察」「l 被害者救済の法的措置」「n 被害者への共感・心情理解」「o 加害者対応の批判」「p いじめ防止抑止の決意」「q いじめ授業への感謝」「r いのちを奪ういじめの理解」「s 被害者対応の考察」「t いじめの犯罪性理解」「u いじめ体験」である。

しかし、「d 物理的いじめ」「e いじめとふざけ」については、感想文記述の数はきわめて少ないため、以後の共通の構成要素としては特別に取り上げない。

なお、「k 同級生の不作為と対応考察」「u いじめ体験」については、他の判決書教材でも見られる共通の構成要素であるが、ここでは特色ある構成要素として取り扱う。それは、両キーワードともに、本感想文記述においては、他と比較して多数の記述が見られるからである。

第３節では、本いじめ判決書教材を活用した授業の特色によって、「b 無視・仲間はずれ・村八分」が構成要素になると予想したが、実際に感想文から抽出できた。本授業の特色が、構成要素につながっていることがわかる。

2　感想文記述によって抽出できた構成要素

本いじめ判決書教材を活用した授業を受けて、他の判決書と同じように共通する構成要素として抽出できるのは、「a 悪口」「b 無視・仲間はずれ・村八分」「c 暴行・恐喝」「h 学校教師の安全配慮義務」「j 被害者保護者の保護監督義務」「k 同級生の不作為と対応考察」「l 被害者救済の法的措置」「n 被害者への共感・心情理解」「o 加害者対応の批判」「p いじめ防止抑止の決意」「q いじめ授業への感謝」「r いのちを奪ういじめの理解」「s 被害者対応の考察」「t いじめの犯罪性理解」「u いじめ体験」の 15 である。それぞれに該当する感想文記述を３つ紹介し、それぞれの感想文記述によるキーワードから抽出された構成要素について分析し、検討していきたい。

(1)「a 悪口」のいじめ態様についての記述

・「いじめ」とはすごくこわいものだ。言葉や暴力で自殺まで追い込んでしまうのだ。私たちの周りではおこっていないだろうか。クラスの中でいじめとは思っていなくても一方的にいじめたり、ことばで悲しませているところもある。(B19 ①)

・今回の学習でびっくりしたのは、悪口などのことも犯罪になってしまうということでした。(B53 ①)

・いじめというのはこわいと思う。集団暴行、脅しの電話、シカト、葬式ごっこなどいろいろあるけど、(B77 ③)

このキーワードに分類できる感想文の数は少ないが、上記の記述からわかるように、いじめの態様の一つとして「悪口」があることを理解している。記述に対応したキーワードとしては、「悪口によるいじめ問題」「言葉によるいじめの問題性理解」「悪口によるいじめ問題と犯罪性の理解」「脅しによるいじめ理解」「脅迫によるいじめ」があげられる。

これらから、悪口だけでなく脅しや脅迫としてのいじめについてのキーワードが見られる。判決書教材におけるキーワードとして整理した「脅迫によるいじめ」による学びであることが予想できる。

(2)「b 無視・仲間はずれ・村八分」のいじめ態様についての記述

・　いちばんかわいそうだと思ったのが、葬式ごっこで遅刻の多いＡ君を死亡したことにしようと言い出したものがいて、傍観者がこれに参加したことがいけないと思った。(B20③)

・　B、ＣがＡの気の弱い性格につけ込んでシカトやパシリ、葬式ごっこなどのいじめをしたことは「悲しいな」と思います。シカトは自分の言ったことを無視され、それがずっと続くと、もう自分の存在自体がなくなるもので、それにＡは「葬式ごっこ」という自分が死んだようなあつかいをされ、「どうでもいい」ようなあつかいをされていそうで、すごくこわかったと思います。(B52①)

・「いじめはだめだ」と口では何とでも言えるが、やはり、その場でいじめを目の前にした時は、絶対言えないかもしれない。葬式ごっこに私は加わるかもしれない。やはり怖い。「色紙に書いて後で謝る」私はこれはどうかと思う。私がもしＡだったら、きっと腹を立てるだろう。「だったら最初から書かないでよ」と言ってしまうかもしれない。(B65①)

このキーワードに分類した感想文記述は、本章のいじめ態様のテーマでもある。判決書教材においても関連する記述が多く見られたが、その関連から感想文においても多数の記述が見られ、生徒たちの学習内容としての構成要素となったと考えられる。これは、第３節における授業構成案の開発において予想された構成要素である。

「葬式ごっこによるいじめ理解」「葬式ごっこによるいじめの問題性理解」「シカトによるいじめ理解」「葬式ごっこのいじめを防止するための決意」「シカト

によるいじめ理解」「葬式ごっこやシカトによるいじめ理解」「シカトなどのいじめの理解」「葬式ごっこによるいじめ問題についての考察」「葬式ごっこのいじめについての理解」「葬式ごっこのいじめについての現実的考察」「葬式ごっこについてのいじめ理解と現実的考察」「葬式ごっこによるいじめの理解と対応」「葬式ごっこによるいじめでの自殺理解」などが、本判決書教材による学びのキーワードとしてあげられる。それらを検討すると、「葬式ごっこ」と「シカト」についての記述が多く見られ、特に葬式ごっこによるいじめは生徒たちに強烈な印象を与えていることがわかる。

(3)「c 暴行・恐喝」のいじめ態様についての記述

- D君のために使い走りをさせられたり、B、Cの暴行も受けていて、こっちが痛く感じた。最初のうちは不良グループにいて、授業妨害などをしてきて、不良グループから抜けたいなどといって、ぼこぼこにするのは変だと思った。中学生はヤクザと違うんだから、別にしていいと思う。(B1②)
- このプリントに出てくる言葉に「殴打」というのがあった。これはどんな気持ちで殴っているのかと不思議に思いました。本気なのか、冗談なのか。加害者の気持ちは考えられなかった。(B3②)
- B、Cに従わなかったり、拒否する態度とったりすると、Aに殴る蹴るなどの暴行を加えるのはかなりいやです（Aにほとんど殴る蹴るなどの暴行を加えていた)。(B51②)

「c 暴行・恐喝」に関するキーワードは、多くの感想文記述に見られた。本いじめ判決書教材のいじめ態様のテーマは「暴行・恐喝」なので、そのテーマに合った判決書教材の記述であり、同時に生徒たちのいじめ態様についての学びにつながっていると考えられる。

感想文記述のキーワードは、「暴行によるいじめ理解」「傷害を受けるいじめの理解」「暴力的いじめの理解」「暴力強要によるいじめ理解」「暴力によるいじめ問題の理解」「パシリなどの強要のいじめ理解」「教師への暴力といじめ」「強要としてのいじめ理解」「傷害を受けるいじめの理解」「暴力的ないじめ理解と考察」が挙げられる。

上記のキーワードにおいては、「暴力」「強要」「傷害」などによるいじめについての理解が深まったことを示していると思われる。

(4)「h 学校教師の安全配慮義務」についての記述

・ けど、みんなの意見を聞いているうちに、教師がいちばんかなと思えてきました。「葬式ごっこ」のとき、いくら悪ふざけとはいってもＡに対して「いじめられる傾向がある」と自分で言っていた担任まで加わるというのはとても教師だと思えなくなってきたからです。教師は生徒、特にいじめられている人を守ってあげるのものなのではないのか疑問に思いました。(B27③)

・ 教師も教師で、葬式ごっこをやめさせようと思わなかったのか。知らないからってちゃんと調べた方がいい。もし死んだとしても、親の方から電話が来るはずだ。そこもきちんとしとけばいいと思う。(B38③)

・ 特にぼくは先生たちまでいっしょになって葬式ごっこに参加しているのが許せません。(B44③)

中野区中学校いじめ自殺事件の高裁判決では、この事件において、マスコミで話題になった「葬式ごっこ」をいじめと認定した。地裁判決では、単なるふざけであるとして「いじめ」と認定しなかったが、感想文記述を見ると、学校・教師の安全配慮義務の意味を生徒たちなりの言葉で位置づけていると思われる。特に葬式ごっこに参加した教師の責任を問うている。「葬式ごっこについての教師の義務違反」がキーワードとなろう。

(5)「j 被害者保護者の保護監督義務」についての記述を含む学び

・ 授業でやった「中野区中学校」でのいじめは、私が今まで聞いたことがないくらい、きついいじめでした。私は親が一番悪いと思っていました。それは、Ａの父親は先生が学校内でのＡについて知らせてもちゃんときこうとしなかったからというのと、(B27①)

・ そして両親もいじめのことについて深刻になっていなかったのも許せませんでした。(B44①)

・　保護者も保護者だ。色紙を見て、何も考えなかったのだろうか。(B65②)

上記の感想文記述は、被害者保護の保護監督についての過失を問うものである。感想文の数としては少ないが、他のいじめ判決書教材を活用した授業における生徒たちの学びでも同じキーワードが見られる。被害者保護者の対応や養育についての責任を問う内容が、構成要素となっている。

(6)「1 被害者救済の法的措置」についての記述

・　先生とか親に相談しても解決しなかったんだから、やっぱり転校すべきだったと思う。無理して学校へも行っていたけど、自分だったら休むと思いました。自殺という道を選ぶ前にできることを（BCに抗議したり）すればいいのではないかと思った。でも結局死んでしまったのは残念だった。(B29②)
・　これから自分がイジメにあっても転校や登校拒否ができると聞いて安心した。友達がイジメにあっても、救ってあげられるぐらいの対処法が学べてよかった。このクラスのみんなは優しいと実感した。(B68)
・　もし、おいつめられているんだったら、転校か、不登校の方がまだいいと思った。(B81③)

下線部に見られるように、深刻ないじめから逃れるための「転校」や「緊急避難措置としての欠席」が言及されている。実際の授業においては、行政文書などを利用して、「欠席措置」が法的権利であることを教えている。そのこともあり、このような法的な判断に関連する記述が見られるのではないかと考えられる。記述には、転校や欠席の方法を学び、その効果を示すものが見られる。「転校や欠席の効果」がキーワードになると考えられる。

また、18におよぶ感想文には、いじめについてどのような対応を図るべきなのかを考察した記述が見られた。特に、周囲の者はいじめに対してどのような対応を図るべきなのかという考察が多く、色紙に書くか書かないかという判断をその状況を具体的に想像しながら書いている。「周囲の人たちの対応考察」については、他の判決書でも共通に見られる感想文記述である。ところが、本判決では「葬式ごっこ」と関連づけて、当事者意識をもって、この問題について考察しているように思われる。そのため、本判決書においては「葬式ごっこをもとに」と「当事者意識」が、この判決書教材による学習内容として考えられる。

(7)「n 被害者への共感・心情理解」についての記述を含む学び

・　グループを抜け出そうとしても抜け出せず、暴行を繰り返されて、A 君はとうとう駅ビル内で遺書を残して自殺をして A 君はとてもかわいそうだと思った。A 君がいじめられなければ自殺しないでも済んだのになと思った。だから、もうこれからは、こんなことが起きないでほしいです。(B20 ⑤)

・　ぼくは、この学習を通して、いじめというのがどんなにつらいかということがよく分かりました。ぼくは加害者にも被害者にもなりました。だからこそ、この学習は必要だったと思います。A 君はとてもかわいそうでした。(B47 ①)

・　A は助けてくれる人がいなかったので、すごくかわいそうだと思いました。(B55 ②)

このキーワードと関連する感想文記述は、かなり多くの生徒たちの学びとして見られた。本判決書教材における被害者が八方ふさがりで追いつめられていく心理的な状況を洞察できた生徒たちが増えたからではないかと思われる。

キーワードとしては、「いじめ被害者の心情理解と共感」「いじめ体験からの被害者の心情考察」「被害者の心情理解」「被害者の心情理解の必要性」「被害者の心情理解の必要性と対応考察」などが挙げられる。これらは被害者の立場で考察する生徒たちの学びにつながっていると考えられる。

(8)「o 加害者対応の批判」についての記述を含む学び

・　ぼくは、いじめについて学んでいじめは絶対してはいけないことだと改めて学んだ。この事件では、すべての人にそれぞれの責任があると思う。一番悪いのは言うまでもなく、B、C であるが、A が気弱であることを利用して、使い走りをさせたり、暴力をふるったりした。これは、同級生であるにもかかわらず、上下関係を作っていることにもなる。(B8 ①)

・　B や C などの加害者側もなんで殴ったり蹴ったりすることを何も思わないのかとちょっ

とこわく感じました。(B27④)

・　このきたない心を持った加害者たちは、ひとに、そんなことをして、いいことはおこったのか！！悪くなる一方で、いいことはぜんぜん起こらない。なのに、このいじめた人たちは、すごく、心きたない生徒たち…だと思う。死にたくないのに、死んだ人たちだっているのに、どうして「いじめ」など、するのか？(B72②)

「加害者対応批判」の感想文記述は、本研究で取り上げたいじめ判決書教材を活用した授業後においては、すべてにおいて見られるものである。被害者の苦しい思いを洞察し、心理状況を想像できる生徒たちは、必然的に加害者対応の批判の意見を書いてきた。

「いじめ加害者の行動に対する批判的考察」「加害者行動の批判」「加害者の行動批判と対応」などのキーワードとなる内容が感想文記述となっており、加害者に対して批判的に考察した構成要素が抽出できる。

(9)「p いじめ防止抑止の決意」についての記述を含む学び

・　こんどこんなことがあったら、できるだけ被害・けがなどをおこさないように、そして助け合うようにしたい。そしてこんどこんな人の命を奪うことをやらないようにじゃなくて、けっしてやっていけないことだと思った。(B11②)

・　これからは高校生になっていじめがあったら、とめることはできないかもしれないけど、いじめられている人の味方になることはできると思う。自分のできるところからやっていきたいと思う。(B12④)

・　ぼくはこれからいじめをしないで、いじめる人を助けたいです。でも、もし助けることができなかったら、自分ができることをやりたいと思いました。ぼくがもしいじめられたら、A君みたいにならないようにしたいです。(B41③)

「決意」については、自分なりの今後の生き方に対する思考であり、同時にいじめ判決文を通して学習したことをもとにした判断を示すものと考えられる。本判決書を活用した授業後には、多くの感想文に決意を示す記述が見られた。

(10)「q いじめ授業への感謝」についての記述を含む学び

- そして、A 君の気持ち、教師の責任、傍観者などの責任を考えたので僕たちは絶対いじめをしてはいけないという自覚を持つことができたと思うのでとてもいい授業だったと思う。これからも続けてほしい。(B4②)
- これから先、もし自分がいじめられたり、いじめる側に立ちそうになったりした時、この[いじめの授業]で学んだことを思い出し、心を強く持っていきたいです。[自殺]という行動。私はこれだけは絶対にしません。精一杯この先、生きていきたいです。逃げずに前向きに生きる。[いじめの授業]で命の大切さを深く学びました。(B10④)
- 私はいろんな方法を試さないうちに命を捨てたA君や平気で人を殴ったりできるB、Cのような人達をなくすためには、学校などで小さい時から命の大切さについて、このいじめの授業のような学習を増やさないといけない必要があると思いました。(B27⑥)

本キーワードに抽出できる感想文記述は、すべてのいじめ判決書教材を活用した授業後に見られる。それは、本学習内容が生徒たちの必要とする生活上での学習内容と重なっていたからではないかと考えられる。

(11)「r いのちを奪ういじめの理解」についての記述

- 一度でいいからAをなぐさめてあげればよかった。冗談のつもりがだんだんいじめにつながっていき、挙げ句の果てに自殺をしてしまう。そういうことが分かったらもういじめはできない。(B59②)
- 人間っていじめのどこが楽しくやっているのかが不思議に思います。私もA君の立場になると「自殺」を考えます。これから社会人になっていく途中、またもやいじめがあるかもしれない。子どもがするいじめってものすごくこの人生をぐたぐたにくだいていくようないじめです。(B67②)
- いじめはいけないと思う。なぜなら、人を自殺に追い込んだりするからだ。ぼくはまだ、いじめはされた事はないが、この勉強をしてだんだんいじめというおそろしさがわかってきたような気がする。ぼくは、いじめられたくもないし、いじめたくもない。(B77①)

いじめによっていのちを奪われてしまうことについての理解を示すキーワードである。本判決書教材では、追い込まれた被害者は最終的に遺書を残して自殺してしまう。この事実を通した学習によって、いじめの積み重ねがいかに被害者を追いつめていくか、そして最終的に自殺といういのちを奪い、「人生をぐたぐたにしてしまう」状況に追い込んでいくかを学んだと考えられる。

(12)「s 被害者対応の考察」についての記述

・　今回のいじめについての話を聞くと、もちろん中心のＢ、Ｃらが悪いが、Ａにも悪いとこがないわけではない。自分の思ったことも言えないのでヘラヘラしてたり、反抗しなかったらＢ、Ｃらだってつけあがってしまうし、だからといって自殺してしまうのもどうかと思う。自殺させたＢ、Ｃらはもちろん悪い。だが、Ａも自殺するぐらいなら、抵抗すればいいと思う。だけど、どうしてもぼくはＡが自殺することを理解できないし、許せない。(B31 ①)

・　いじめをうけたら、まず一人で悩んだりせずに周りの人に相談する。(B75 ①)

・　たしかに、死ぬ勇気があれば、最初のうちにことわったり親にももっと深く相談できた。(B87 ②)

本構成要素は、すべてのいじめ判決書教材を活用した授業で見られる共通のものである。被害者のとった対応について、上記の記述を見れば分かるように批判的な意見が多く見られる。これらの意見は、被害者が自殺という手段をとらざるをえなかった極限的な心理状況の理解が不足しており、いじめ責任を被害者本人に転嫁する意見につながりかねないものである。上記の感想文では、「自殺するぐらいなら」という文言にあるように、他に道はなかったのかということを問いかけている。

(13)「t いじめの犯罪性理解」についての記述

・　この学習でいじめが犯罪だということが分かりました。プリントを読んでみると「葬式ごっこ」で色紙を書くことも犯罪だと知っておどろきました。いじめは人を傷つけて苦しめるということも分かりました。私はいじめをしているところをみたら、いじめられている人を助けてあげたいです。(B56 ①)

・　いじめには、シカト・パシリ・暴行などたくさんある。その一つ一つが『傷害』『強要』

などの犯罪になることが分かった。加害者も悪いけど「周囲の人」や「学校・教師」なども悪い。ＢやＣにこわがっていたら、いじめは止まらないけど、Ａのために力を貸してあげたら、Ａには少しは生きようと思えたかもしれない。いじめにあった人は、助けを求めるけど、だれも助けてくれなかったら、自殺に追い込まれてしまう。(B35①)

・　今回勉強してみて、今まで以上に「いじめ」がいけないことだということを痛感した。自分はしたこともないし、されたこともない。だから、いじめに対して深く考えたことはない。シカトなどは、友達どうし、ふざけてしたりするが、それが、「名誉毀損」という罪になるのは知らなかった。(B15①)

感想文ではいじめが悪いという道徳的判断に関わる記述だけではなく、いじめが犯罪であり、不法行為であることを理解したことを示すものが見られた。

下線部に見られるような記述が、感想文に多数見られた。いじめが犯罪であることを理解し、具体的に葬式ごっこやシカト・パシリ・暴行などの事実が感想文記述に表れている。また、そのような不法行為としてのいじめが刑法における罪としての理解と自殺へつながることの理解が見られる。不法行為を理解し、指摘する記述を含む感想は、法との関わりを持つ認識が育成されたということであろう。本判決書では「いじめの具体的な事実を通した刑法との関連での犯罪性理解」が本学習のキーワードとして考えられよう。

(14)「k 同級生の不作為と対応考察」についての記述

・　もし、中野区中学校の２年Ｘ組だったなら、私はＡ君に対してどう接していたのだろう？　Ｂ、Ｃ君に対してどう接していたのだろう？　傍観者がだまって見ていたのはたしかに悪い。でも、クラスメイトの中には「Ａ君と話したいけど、Ｂ、Ｃに暴行されるのが悪い」という人もいたと思う。Ａ君が悩んでいたのと同じくらいクラスの人も悩んでいたんじゃないか。そう思いました。(B10②)

・　はじめは思ってたけど、やっぱり私もこわくて止めにはいることはできないと思います。でも、知らないところで話すことはできたと思うし、みんなで止めればよかったし、いろいろなことを考えていじめをなくすことはできたと思います。(B24②)

・　クラスの人みんなでＡの味方になれば、Ｂ、Ｃらのグループも手出しができなくなって、

Aもいじめられずに死ななくて済んだと思う。だから、みんなでAを守れなかったと思う。(B55①)

本いじめ判決書教材では、この構成要素に含まれる感想文記述はかなり多く見られた。それは、「葬式ごっこ」が判決書教材において事実認定され、それをもとにした現実的考察が授業構成に位置付けられているからだと考えられる。記述に即したキーワードでは、「他の生徒たちの不作為と対応考察」「他の生徒たちの不作為と現実的対応考察」「他の生徒の対応の問題点」などが挙げられる。不作為について自分自身に置き換えて現実的に考察し、いじめに対して何もしなかったばかりか、葬式ごっこに加わってしまった同級生を批判的に考察していることがわかる。本判決では「葬式ごっこ」と関連づけて、この問題について当事者意識をもって、この問題について考察しているように思われる。そのため、本判決書においては「葬式ごっこをもとに」と「当事者意識」が、この判決書教材による学習内容のキーワードとして上げられると考えられる。

(15)「u いじめ体験」の表明

小学校の時や中学校に入学してからのいじめ体験、さらには今現在いじめられていることを表明する記述を含む感想文は五つに見られた。

- 「…私は実は今、ある女子から半分いじめられ、半分利用されています。…その女子は自分がきげんいいときだけいいふうに利用して、悪いときはいじめます。私はその子から小1の時からいじめられています。…」(B69②)
- 1年(小)のとき、いじめられてたのかわからないけど、一度、給食の時間に、机を離された。いっしょに仲間にいれてくれなかった…。わたしは暗い子だった。小1～4まで。小5になって、明るくなると(わたしが)とたんにいじめはなくなった。なぜか。考えてみた…。わたしが明るくなったから。明るい＝強気とみんな思っているのかも。だから、明るくなったとたんいじめはなくなったんだと思う。気弱な人しかイジメない。いや、イジメられない。イジメする人こそ気弱である。イジメなくしたい。(B50②)

自分自身の体験を思い切って書いてくる生徒たちは、一般的な道徳実践においても見られる。いじめ判決書活用授業においても同様に見られるが、どの判決書においても１～２の数であり、本判決書教材を活用した授業後においては、他の判決書と比較してもその件数が多かった。その理由については今後検討していくべき課題であるが、この判決書の学びを通して、被害者がだれにも相談せず精神的にダメージを受けていく深刻ないじめの事実が、いじめ被害を一人でかかえ込むことの危険性を教えてくれているのかもしれない。

第５節　小括

本章では、第１節で本研究におけるいじめ態様の類型化の一つである「無視・仲間はずれ・村八分」「暴行・恐喝」について、判決書教材の開発の適否を検討した。第２節では、開発した判決書教材を紹介し、その教材に記述されている学習の要素を取り出してキーワード化し、いじめの態様やいじめの責任等との関連を整理した。そして、開発した判決書の構成要素を授業構成において位置付けた。第３節では授業の概要について説明した。そして第４節では、授業感想文を分析し、判決書教材における構成要素が、生徒たちの感想文において構成要素となっているのかを検討してきた。

この節では、第２節で示したいじめ判決書教材のキーワードと第４節で分析した授業感想文記述によるキーワードとの関連を見ていきたい。そのことで、いじめ判決書教材の開発と授業構成によって生徒たちにどのような構成要素が習得できたのかを検討できる。

次の表18は、本いじめ判決書教材を活用した授業によって生徒たちの感想文記述のキーワードを、抽出した構成要素で類型化したものである。同時に、本章で活用した「中野区中学校いじめ自殺事件」の判決書教材記述との関連性を分析するために、いじめ判決書教材におけるキーワードを取り出し整理したものである。

表中の「B5」は、授業を受けた一人の生徒を示し、「③」は感想文記述の三つ目に該当するキーワードが位置づけられたことを示す。つまり感想文記述は、切片化して分類しているものもある。

＜表18いじめ態様・いじめ責任などの構成要素と判決書教材、感想文記述のキーワードの関連＞

構成要素	いじめ判決書教材におけるキーワード	感想文記述をもとにしたキーワード
a 悪口	B（7）、B（12）脅迫によるいじめ	B3 ①悪口によるいじめ問題 B19 ①言葉によるいじめの問題性理解 B53 ①悪口によるいじめ問題と犯罪性の理解 B77 ③脅しによるいじめ理解 B78 ②脅迫によるいじめ
b 無視・仲間はずれ・村八分	B（6）葬式ごっこによる侮辱、名誉毀損のいじめ B（8）シカトによるいじめ	B1 ③葬式ごっこによるいじめ理解 B2 ①葬式ごっこによるいじめの問題性理解 B2 ②シカトによるいじめ理解 B16 ②葬式ごっこのいじめを防止するための決意 B17 ②葬式ごっこによるいじめの問題性理解 B20 ①シカトによるいじめ理解 B20 ③葬式ごっこによるいじめの理解 B30 ①葬式ごっこやシカトによるいじめ理解 B39 ①葬式ごっこやシカトによるいじめ理解 B40 ①シカトによるいじめ理解 B41 ①葬式ごっこやシカトによるいじめ理解 B42 ①葬式ごっこやシカトによるいじめ理解 B43 ②シカトや葬式ごっこによるいじめの理解 B48 ②シカトなどのいじめの理解 B52 ①シカトや葬式ごっこによるいじめの理解 B54 ①葬式ごっこによるいじめ問題についての考察 B57 ③葬式ごっこのいじめについての理解 B62 ①シカトいじめの理解 B62 ③葬式ごっこによるいじめの理解 B65 ①葬式ごっこのいじめについての現実的考察 B69 ①葬式ごっこのいじめについての現実的考察 B71 ①葬式ごっこのいじめについての現実的考察 B76 ①葬式ごっこのいじめについての現実的考察 B77 ④シカトや葬式ごっこによるいじめの理解 B81 ①シカトや葬式ごっこによるいじめの理解 B85 ①葬式ごっこについてのいじめ理解と現実的考察 B87 ①葬式ごっこによるいじめの理解と対応 B90 ①葬式ごっこによるいじめの理解 B91 ①葬式ごっこについてのいじめ理解と現実的考察 B93 ①葬式ごっこによるいじめでの自殺理解
c 暴行・恐喝	B（2）、B（3）、B（4）強要によるいじめ B（5）暴行によるいじめ B（10）集団暴行によるいじめ	B1 ②暴行によるいじめ理解 B1 ⑤傷害を受けるいじめの理解 B3 ②暴力的いじめの理解 B8 ②暴力強要によるいじめ理解

c 暴行・恐喝	B（11）傷害をおよぼすいじめ	B17 ①暴力によるいじめ問題の理解 B19 ②暴力的いじめの理解 B20 ②暴行によるいじめ理解 B29 ①暴行によるいじめ理解 B35 ②パシリなどの強要のいじめ理解 B35 ③暴行によるいじめ理解 B38 ①教師への暴力といじめ B43 ③強要としてのいじめ理解 B48 ①傷害を受けるいじめの理解 B49 ②暴行によるいじめ理解 B51 ①強要としてのいじめ理解 B51 ②暴行によるいじめ理解 B53 ②暴力的ないじめ理解と考察 B58 ②強要としてのいじめ理解 B59 ⑥暴力的いじめの理解 B60 ①暴力的いじめの理解 B62 ②暴力的いじめの理解 B77 ②暴行によるいじめ理解 B78 ①暴行によるいじめ理解
d 物理的いじめ	B（16）物理的いじめ	B2 ③物理的いじめについての理解 B51 ③物理的いじめについての理解
e いじめとふざけ		B66 ①いじめとけんかの区別についての考察
f 性的嫌がらせ		
g 特別支援いじめ		
h 学校教師の安全配慮義務	B（1）学校教師の日常的な安全配慮のための対応 B（14）学校教師の日常的な安全配慮のための過失と責任 B（15）学校教師の安全保持義務違反 B（17）学校教師のいじめ対応の組織的問題点と安全配慮義務違反	B1 ④学校教師のいじめ対応の過失責任 B8 ③学校教師の安全配慮の過失責任 B12 ②学校教師のいじめ対応批判 B20 ④学校教師のいじめ対応の過失 B27 ③学校教師のいじめ対応の組織的問題点と安全配慮義務違反 B33 ③学校教師のいじめ対応の問題点 B38 ③学校教師の安全保持義務としてのいじめ対応の過失 B39 ③学校教師の安全保持義務違反 B39 ④被害者の心情理解の必要性と対応考察 B43 ④いじめ被害者対応としての法的措置の理解 B44 ①いじめ被害者の心情的理解と共感 B44 ③学校教師のいじめ対応の組織的過失 B45 ①学校教師のいじめ対応の組織的問題点と安全配慮義務違反 B47 ①いじめ被害者の心情的理解と共感 B60 ③学校教師の組織的対応の過失

		B64 ②学校教師の日常的ないじめ対応の問題 B73 ③学校教師のいじめ対応への期待
i 加害者保護者の保護監督義務	B（9）加害者保護者の保護監督の過失 B（18）加害者保護者の保護監督義務違反と過失責任	B1 ⑦保護者の保護監督の過失責任 B8 ④加害者保護者の保護監督義務の過失 B27 ②加害者保護者の保護監督義務の過失 B60 ④加害者保護者の保護監督の過失 B65 ③加害者保護者の保護監督の過失 B27 ①被害者保護者の養育責任 B33 ④被害者保護者の養育責任 B40 ③被害者保護者の対応考察 B44 ④被害者保護者の養育責任 B65 ②被害者保護者の養育責任
j 被害者保護者の保護監督義務		
k 同級生の不作為と対応考察		B2 ④他の生徒たちの不作為と対応考察 B3 ③他の生徒たちの不作為と対応考察 B7 ②他の生徒たちの不作為と対応考察 B10 ②他の生徒たちの不作為と現実的対応考察 B12 ①他の生徒たちの不作為と対応考察 B14 ①他の生徒の対応の問題点 B21 ①他の生徒たちの不作為と対応考察 B22 ①他の生徒たちの不作為と対応考察 B24 ②他の生徒たちの不作為と対応考察 B30 ④他の生徒たちの不作為と対応考察 B33 ②他の生徒たちの不作為 B34 ②他の生徒たちの不作為と対応考察 B35 ④他の生徒たちの不作為と対応についての考察 B38 ④他の生徒たちの不作為と対応考察 B39 ②他の生徒たちの不作為 B44 ②他の生徒たちの不作為 B52 ②他の生徒たちの不作為と対応考察 B53 ③他の生徒たちの不作為と対応の考察 B55 ①他の生徒たちの対応の考察 B59 ③他の生徒たちの不作為と対応についての考察 B60 ②他の生徒たちの不作為 B60 ⑤他の生徒たちの対応についての自省的考察 B62 ⑥他の生徒たちの不作為と対応についての考察 B75 ②他の生徒たちの不作為と対応についての考察 B78 ④他の生徒たちの不作為と対応についての考察 B82 ①他の生徒の対応についての学び B83 ①他の生徒たちの不作為と対応についての考察 B86 ①いじめに対する他の生徒たちの不作為と対応についての現実的考察 B88 ②他の生徒たちの不作為と対応についての考察

k 同級生の不作為と対応考察		B89 ①他の生徒たちの不作為と対応についての考察 B90 ②他の生徒たちの不作為と対応についての考察 B92 ③他の生徒たちの対応についての自省的考察 B93 ③他の生徒たちの不作為と対応についての考察 B95 ①他の生徒たちの不作為と対応についての考察
l 被害者救済の法的措置	B（13）いじめを逃れるための法的措置の考察	B29 ②いじめから逃れるための法的措置としての転校措置や欠席理解 B30 ③いじめから逃れるための法的措置としての転校 B40 ④被害者のいじめ自殺から逃れるための法的措置の考察 B44 ⑤被害者のいじめ自殺から逃れるための法的措置の理解と考察 B59 ④被害者を救うための法的措置としての緊急避難欠席の理解 B62 ④被害者の法的措置の理解 B68 ①いじめ被害者の法的措置についての理解 B81 ③いじめ被害者の法的措置についての考察
m 被害者自身の問題点		
n 被害者への共感・心情理解		B1 ①被害者への共感と同情 B6 ①いじめ被害者の心情理解と共感 B7 ①いじめ被害者の心情理解と共感 B10 ③いじめ体験からの被害者の心情考察 B13 ②いじめ被害者の心情理解と共感 B20 ⑤いじめ被害者の心情理解と共感 B24 ①いじめ被害者の心情理解と共感 B30 ②被害者の心情理解 B31 ②被害者の心情理解の必要性 B32 ①被害者の心情理解 B55 ②被害者の心情理解と共感 B62 ⑤被害者の心情理解 B73 ①いじめ被害者に対する心情理解共感 B93 ②被害者の心情理解の必要性
o 加害者対応の批判		B8 ①いじめ加害者の行動に対する批判的考察 B27 ④加害者行動の批判 B33 ①加害者行動の批判 B36 ②加害者行動の批判 B63 ①加害者の行動に対する批判的考察 B72 ②いじめ加害者の行動に対する批判的考察 B77 ⑤加害者の行動批判と対応
p いじめ防止・抑止の決意		B5 ③いじめ防止抑止のための決意 B7 ③いじめ防止抑止のための今後に向けての決意 B9 ②いじめ防止抑止のための決意 B11 ②いじめ防止抑止のための決意

		B12 ④いじめ防止抑止のための決意 B15 ②いじめ防止抑止のための今後への決意 B19 ③いじめ防止抑止のための今後への決意 B23 ②いじめ防止抑止のための今後への決意 B24 ③いじめ防止抑止のための今後への決意 B25 ②いじめ防止抑止のための今後に向けての決意 B30 ⑤いじめ防止抑止のための今後への決意 B32 ②いじめ防止抑止のための決意 B33 ⑤いじめ防止抑止のための決意 B34 ④いじめ防止抑止のための決意 B37 ①いじめ防止抑止のための決意 B39 ⑤いじめ防止抑止のための今後への決意 B41 ③いじめ防止抑止のための決意 B42 ②いじめ防止抑止のための決意 B46 ④いじめ防止抑止のための決意 B47 ②いじめ防止抑止のための決意 B48 ③いじめ防止抑止のための決意 B55 ③いじめ防止抑止のための決意 B56 ②いじめ防止抑止のための決意 B58 ③いじめ防止抑止のための決意 B61 ②いじめ防止抑止のための決意 B62 ⑦いじめ防止抑止のための決意 B77 ⑥いじめ防止抑止のための決意 B80 ①いじめ防止抑止のための決意 B92 ④いじめ防止抑止のための決意 B96 ①いじめ防止抑止のための決意
q いじめ授業への感謝		B2 ⑤授業に対する感謝 B4 ②いじめ授業への感謝 B10 ④いじめ授業への感謝 B12 ③いじめ授業での学びと感謝 B13 ①いじめ授業への感謝 B15 ③授業に対する感謝 B27 ⑥いじめ授業への感謝 B47 ③授業に対する感謝 B69 ③いじめ授業への感謝 B90 ③いじめ授業への学びの感謝
r いのちを奪ういじめの理解		B5 ②命まで奪ういじめの理解 B9 ①命を奪ういじめの理解 B10 ①命を奪ういじめの理解 B11 ①命を奪ういじめの理解 B16 ①命を奪ういじめの理解 B28 ①命を奪ういじめの理解 B36 ①命を奪ういじめの理解 B41 ②命を奪ういじめの理解 B46 ③命を奪ういじめの理解 B57 ②命を奪ういじめの理解

r いのちを奪ういじめの理解		B59 ②命を奪ういじめの理解 B59 ⑤死までつながるいじめ B64 ①命を奪ういじめの理解 B65 ④命を奪ういじめの理解 B67 ②命を奪ういじめの理解 B72 ①命を奪ういじめの理解 B73 ②命を奪ういじめ理解 B74 ①命を奪ういじめ理解 B77 ①命を奪ういじめ理解 B78 ③命を奪ういじめ理解 B79 ①命を奪ういじめ理解 B81 ②命を奪ういじめ理解 B92 ②命を奪ういじめ理解
s 被害者対応の考察		B1 ⑥被害者の対応についての批判的考察 B27 ⑤被害者対応についての批判的考察 B31 ①被害者の対応についての批判的考察 B38 ②被害者対応についての批判的考察 B40 ②被害者の対応についての批判的考察 B53 ④いじめ被害者の対応についての考察 B54 ②被害者対応についての批判的考察 B75 ①いじめ被害者の対応についての考察 B87 ②被害者対応についての批判的考察 B89 ②被害者対応の考察
t いじめの犯罪性の理解		B4 ①いじめの不法行為の理解 B5 ①いじめの犯罪性理解 B6 ②いじめの犯罪性理解 B15 ①シカトが名誉毀損という犯罪性を帯びることの理解 B23 ①いじめの犯罪性の理解 B26 ①いじめの犯罪性の理解 B35 ①いじめの犯罪性理解 B43 ①いじめ犯罪の理解 B46 ①いじめ犯罪の理解 B49 ①いじめ犯罪の理解 B50 ①いじめ犯罪の理解 B56 ①いじめ犯罪の理解 B57 ①いじめ犯罪の理解 B58 ①いじめ犯罪の理解 B59 ①いじめ犯罪の理解 B61 ①いじめ犯罪の理解 B84 ①いじめ犯罪の理解 B92 ①いじめの犯罪理解
u いじめ体験		B34 ③いじめ体験 B46 ②いじめ体験 B67 ①いじめ体験 B69 ②いじめ体験 B70 ②いじめ体験

v いじめ責任についての考察		B18 ①いじめにおける加害者、他の生徒、教師、そして本人の問題点 B36 ③いじめ責任の考察 B94 ①いじめの問題性についての学び、悪い心を持った人がなくなることへの期待
w 被害者対応としての抵抗の理解		
x 共同不法行為としてのいじめ		
y（精神的）後遺障がい		B25 ①精神的な後遺障害を生み出すいじめの理解 B26 ②いじめが与える肉体的ダメージと精神的ダメージ理解 B34 ①心の傷を残すいじめ被害 B88 ①心の傷を残すいじめ被害
z1 裁判と損害賠償		
z2 いじめのきっかけ		B3 ④いじめのきっかけについての理解 B70 ①いじめのきっかけについての理解
z3 個性といじめの関係		B79 ②個性の理解の重要性

本判決書教材においては、「暴行・恐喝」に関連する記述が多く見られ、多数のいじめ事実が認定されていた。そのために構成要素として、「暴行・恐喝」が期待できた。また、「葬式ごっこ」という印象的な事件によって、「無視・仲間はずれ・村八分」のいじめ態様についての理解が進むのではないかと考えられた。上記の表を検討すると、予想されたとおりに、「c 暴行・恐喝」「b 無視・仲間はずれ・村八分」についてのいじめ態様の理解は進んだと思われる。また、判決書教材の記述においては、「学校教師の日常的な安全配慮のための対応」「学校教師の日常的な安全配慮のための過失と責任」「学校教師の安全配慮義務違反」「学校教師のいじめ対応の組織的問題点と安全配慮義務違反」「加害者保護者の保護監督の過失」「加害者保護者の保護監督義務違反と過失責任」などが

示され、「h 学校教師の安全配慮義務」や「i 加害者保護者の保護監督義務」についての構成要素の抽出が期待された。

生徒たちの感想文記述においては、「学校教師のいじめ対応の過失責任」「学校教師の安全配慮の過失責任」「学校教師のいじめ対応批判」「学校教師のいじめ対応の過失」「学校教師のいじめ対応の組織的問題点と安全配慮義務違反」「学校教師の安全配慮義務としてのいじめ対応の過失」「学校教師の安全配慮義務違反」「学校教師のいじめ対応の組織的過失」「学校教師のいじめ対応の組織的問題点と安全配慮義務違反」「学校教師の組織的対応の過失」「学校教師の日常的ないじめ対応の問題」「学校教師のいじめ対応への期待」「保護者の保護監督の過失責任」「加害者保護者の保護監督義務の過失」「加害者保護者の保護監督の過失」などが挙げられている。これらのキーワードから、生徒たちは、「h 学校教師の安全配慮義務」や「i 加害者保護者の保護監督義務」の構成要素について理解し、考察している。

それ以外の記述をもとにしたキーワードとしては、「a 悪口」「d 物理的いじめ」「l 被害者救済の法的措置」が見られるが、感想文においてもそれらに関わる学びが見られた。

しかし、記述とは関連がないと思われる「k 同級生の不作為と対応考察、l 被害者救済の法的措置、n 被害者への共感・心情理解、o 加害者対応の批判、r いのちを奪ういじめの理解、s 被害者対応の考察、t いじめの犯罪性の理解、v いじめ責任についての考察」については、授業構成における位置づけとの関連が深いと考えられる。

また、「p いじめ防止・抑止の決意、q いじめ授業への感謝、u いじめ体験、y 精神的後遺障がい、z2 いじめのきっかけ、z3 個性といじめの関係」については、一連のいじめ授業を通して生徒たちが自発的に考察したものであり、教材や授業構成以外のところで生徒たちの構成要素として関連づけられる。

本節では、中野区中学校いじめ判決文活用授業の判決書教材において生徒たちの学習内容となるキーワードを抽出し、実際の実践における授業感想文記述と比較した。両者の関連を見ると、さまざまないじめの具体的な事実が、授業では刑法と重ね合わせながら生徒たちに理解されていることがわかる。それは、暴行や恐喝などの犯罪性の高いいじめ行為だけでなく、心理的精神的に追いつめていくいじめの態様と考えられる「葬式ごっこ」「シカト」「脅しの電話」なども見られた。授業では「精神的にかなりきびしい」という発言となって、その構成要素を具体的な行為として示している。

一方、いじめの責任については、「Ｂの父親」の「小言を言う程度」「かばうような態度」が、裁判官の判断では、「監督義務違反」であるとされ、「担任や教頭」については、「毅然たる態度をとらない」「身を潜める」「Ａの欠席を父親に連絡しない」「Ａの欠席事情を確認しない」ことによって、「深刻な肉体的・精神的苦痛を被ることを防止できなかった」として教師の安全配慮義務違反を認定した。その事に対して、授業記録では、「びびらない毅然たる態度」「教師の責任」という発言が見られている。

次に、本判決書教材を活用した授業後の感想文から、生徒たちの学びのキーワードを整理し、同じ内容を持つものをまとめて、それぞれについて分析してきた。その結果、他のいじめ判決書教材と同じように共通する構成要素と考えられるのが、「a 悪口」「b 無視・仲間はずれ・村八分」「c 暴行・恐喝」「d 物理的いじめ」「e いじめとふざけ」「h 学校教師の安全配慮義務」「i 加害者保護者の保護監督義務」「l 被害者救済の法的措置」「n 被害者への共感・心情理解」「o 加害者対応の批判」「p いじめ防止・抑止の決意」「q いじめ授業への感謝」「r いのちを奪ういじめの理解」「s 被害者対応の考察」「t いじめの犯罪性理解」である。また、法的措置については、授業記録において「転校・学校を休む」ことのキーワードが上げられており、被害者はどうしたらいじめから逃れられたのかという学習テーマによって生徒たちの学びの構成要素となったと思われる。

本判決書における特色ある抽出できた構成要素は、「葬式ごっこ」をもとにした周囲の人である同級生たちの「対応考察」の言及である。つまり「k 同級生の不作為と対応考察」である。本判決書を活用した授業では「葬式ごっこ」と関連づけて、この問題について当事者意識をもって、この問題について考察した。

また、「u いじめ体験」の表明についても本判決書教材を活用した授業後においては、他の判決書と比較してもその件数が多かった。

これらから、本判決書を通して、生徒たちは、葬式ごっこやシカトやパシリ、暴行や恐喝などのいじめが犯罪を含む不法行為であることを理解できていることがわかる。生徒たちの学びには身体的・精神的暴力による犯罪を含む人権侵害の構成要素が抽出できたと考えられる。また、学校教師の安全配慮義務や保護者の保護監督義務、いじめ被害者におけるいじめから逃れるための法的措置についての構成要素があると考えられる。

第5章　「物理的いじめ」の防止・抑止を目指すいじめ判決書教材と授業（判決書教材C・東京高裁平成14年1月31日判決）

第1節　判決書選択の妥当性

本節では、本研究におけるいじめ態様の類型化の一つである「物理的いじめ」について、判決書教材の開発の適否を検討し、活用する判決書教材を紹介する。

本研究で活用したのは、東京高裁平成14年1月31日判決（一部認容、確定）「神奈川県中学校いじめ自殺事件」である[1)]。本判決書を選択した理由は以下の通りである。

第一に、裁判に関する研究者の先行研究との関わりから述べてみたい。

本章における学習テーマである「物理的いじめ」については、東京高裁平成14年1月31日判決（一部認容、確定）「神奈川県中学校いじめ自殺事件」を選択する。

いじめ裁判判決の法理について類型化し分析解説してきた教育法学者の市川須美子は、本判決について注目している。学校側の過失認定において、被害者には多数のトラブルが多かったこと、個別指導後もトラブルが続き、個別的な指導の対象も多かったこと、自殺を含むいじめ報道などで自殺を含む重大結果を担任教師は予見し得たと述べる。そして、事情聴取や加害生徒指導の強化、

1)　横浜地裁判決平成13年1月15日（一部認容［控訴］）『判例時報』1772号p.63、『判例タイムズ』1084号p.252をもとにして、 東京高裁判決平成14年1月31日（変更［確定］）『判例時報』1773号p.3、『判例タイムズ』1084号p.103の裁判官の判断に従って事実認定を修正した。

家庭との協力などにより強力な指導監督を組織的に講じるべき義務があったとして学校教師の安全配慮義務の過失を認め、いじめ自殺の予見可能性を認めた判決だとしている。また、「いじめ裁判の最大の論点であるいじめの有無とその態様の判断で、A君に対する加害行為について、裁判所は、被告側のいじめではなく、個別的・偶発的・お互い様的なトラブルであるという主張を排斥して、『同一のクラス内におきて、他の被告加害生徒らの亡Aに対する加害行為の存在を認識しつつ行われ、個々の行為の加害性は一見小さいようにみえても、継続、累積により、全体として、亡Aの精神的、肉体的負担を増大させる悪質かつ陰湿な加害行為』であり、A君に対する関係で『共同不法行為』である」とする[2)]。

民法学者の采女博文はいじめ裁判について研究を重ね、本判決についても解説している。采女は、この事件について「加害生徒の非違行為が少年審判の対象となり得る質のものではない」とし、そのために裁判所は「『生徒対生徒のその都度の個別的なトラブル』、『対等の立場での単なるいたずらや遊び』の範疇に属するものか、違法行為か、その区別を自覚的に論じることとなった。実際、加害生徒らの行為の態様は様々であり、一つ一つの行為をみた場合にはささいともいえるものもある」と説明する。そして、「本判決は、いじめ自殺に対する学校側の賠償責任を認めた最初の高裁判決である」と述べ、その「法律構成として予見可能性という判断枠組み」を採ったことを解説する[3)]。

市川、采女の説明にも見られるが、本判決書の一つ一つの加害行為は「トラブル」や「いたずらや遊び」などという表現で示されるように、物理的いじめ行為をめぐる裁判例なのである。

第二に、授業としての適否について述べたい。

---

2) 市川須美子『学校教育裁判と教育法』三省堂、2007、p.52、なお、本文では被害者をHとしているが、本判決書教材に合わせてAに修正した。

3) 采女博文「いじめをめぐる法的諸課題」『鹿児島大学法文学部紀要　法学論集』第37巻第1・2合併号、鹿児島大学法学会、2003、pp.37-82

物理的ないじめ行為に注目すると、いじめ事実の認定をしている判決書は少ない。しかし、「千葉県中学校いじめ事件・千葉地判平13年1月24日、東京高判平13年12月20日（一部認容・確定［一部変更］）」と「神奈川県中学校いじめ自殺事件・東京高判平14年1月31日（変更、確定）」の二つについては、それぞれ七つと九つの物理的いじめの事実が記されており、授業化する際に適している。本章では物理的いじめの事実が多数認定されている「神奈川県中学校いじめ自殺事件」を活用した裁判例を開発し、活用した。

本判決の特色は、具体的ないじめ事実を丁寧に記した判決文で、いじめ事実に関わる内容は全部で25に及ぶ。そのいじめの中で多いのが、物理的いじめである。たとえば、「机の投げ出し」「机への落書き」「教科書隠し」「チョークの粉付け」「画びょう置き」「足掛け」「度重なる暴行」「カバンの持ち去り」「マーガリン事件（自殺前日にクラスの数人が被害者の机や教科書にマーガリンを塗り、椅子にチョークの粉をかけ、黒板消しで机を叩き、画鋲を椅子の上に置いた事件）」などが、いじめと認定されており、物理的いじめを中心に被害者が精神的、肉体的苦痛を受けたことを断じている。

これらは学校現場では日常的なトラブルとして発生する割合の高いものである。そのため、冗談とうけとられがちな物理的いじめの積み重ねが被害者の自尊心を奪い、時として尊い命を奪ってしまうことをこの判決文の事実を通して生徒たちは学習することになろう。授業実践前の事前調査によると、生徒たちのいじめについてのとらえ方は、「シカト」「悪口」「仲間はずれ」などの心理的ないじめを回答する生徒が多く見られ、「靴隠し」などのものを隠すという事象以外で物理的いじめを認識していない生徒が多い。本判決書を活用することで、物理的いじめをはじめ、いじめとはどのようなものなのかを具体的に認識し判断することが可能になるのではないかと推測される。

第二の特色として、被害者の抵抗が数多く記された判決書である。被害者がいじめに対して積極的に抵抗し、「無視」「逆に言い返す」「蹴る」「口げんか」などの行動が見られる。これに対して学校・教師は効果的な対応をとらず、「仲良くするように話す」「仲良くするように握手させる」「お互いにやらないように」という喧嘩両成敗的な指導のみで「1対1のトラブルである」という認識であった。つまり、いじめの実態調査を怠り、いじめを総体的に把握できていなかった。学校現場では、いじめなのか、個別偶発的なトラブルなのかの判断が要請されているわけだが、教育の専門家という位置づけがより一層求められる。このように、本判決では、市川や采女が論じるように、学校・教師の安全配慮義務に関して深い考察を授業の中で論議する可能性を秘めている点にも特色があると言えよう。この判決書における裁判の判断をもとにして、学校・教師はどの時点で、どのような事件をもとにして自殺を含めて予見すべきなのかについても論議していくことは可能である。

また、周囲の傍観者としてどう行動し、何をすべきなのかについても論議していくことは可能であろう。学級の中で本判決のような事実を目撃した時、どのような行動が現実的に可能なのかについても論議していくことができよう。本判決文は、教材化という視点で見ると、多くの観点から論議できる可能性を秘めたものと言える。

また、「神奈川県中学校いじめ自殺事件」の判決書では、「事実認定されたいじめは、何人かで共同してAを傷つけた『共同不法行為』であり、法に違反した行為であると判断する」と同時に、「くり返し執拗に行われたいじめの違法性から逃れられるということはできない」と説明されている。つまり、1対1であればトラブルであるが、十数人と1ではあきらかな共同不法行為であり、いじめであること、さらに被害者の加害者への一連の言動や行動は「抵抗」として位置づけられることが説明されている。本判決書を教師用研修資料として開発している梅野正信は、その資料作成において「被害集積の視点」を重視し、「別個に起きているように見えるトラブルが、視点を変えて見ることで『ほかにも同様の行為をしている者がいることを認識しながら、繰り返し執拗に行われていた』共同不法行為が立ち現れてくる」と説明する[4)]。

いじめにおいては、被害者の言動や行動の問題を取り上げ、そのことを理由

4) 梅野正信『教育管理職のための法常識講座』上越教育大学出版会、2015、pp.86-97

に、くり返し執拗に行われたいじめの違法性から逃れようとする生徒が存在する。この判決書では、共同不法行為や被害の集積からいじめを認定し、「やり返したり、時には自ら手を出したりしたことがあったとしても、それはいじめ行為に対する抵抗ともいうべきものである」とし、いじめとはどのようなものなのかを考察させ、理解させ得る判決書と言える。

「暴行・恐喝」については、学校現場においても教師集団が指導に力を入れるいじめの態様である。ところが、「物理的いじめ」については、学校・教師が指導に頭を悩ますこととなる。それは匿名で行われるということもあるが、それ以上に生徒たちにいじめという認識が薄いことが大きく影響する。むしろ、ターゲットに対してやり返すという恨みも含めたゲームのような行動として認識されていると考えられる。文部科学省「平成25年度児童生徒の問題行動等生徒指導上の諸問題に関する調査」によると、「金品を隠されたり、盗まれたり、壊されたり、捨てられたりする」物理的いじめの態様は、全体の8.1%をしめており、いじめ事象としては、人権侵害行為として位置づけられているのである。

以上、本判決についての研究者の分析と「物理的いじめ」のいじめ態様を教材として活用するための本判決の特色から、本章では「神奈川県中学校いじめ自殺事件」活用が妥当であると判断する。

第2節　いじめ判決書教材の開発および構成要素の抽出

1　判決書教材開発の視点

本節では、「物理的いじめ」のいじめ態様に対応する判決書教材として、東京高裁判決平成14年1月31日判決「神奈川県中学校いじめ自殺事件」を活用する。最初に、教材活用の視点をのべ、具体的に活用する判決書教材を紹介する。教材には、下線部が引かれているところがある。この部分は、本判決書教材を通して、生徒たちの学びの構成要素になると期待されるところである。

その後に、本いじめ判決書教材の記述からキーワードを生成し、構成要素を抽出する。作成する表には本いじめ判決書教材に含まれる構成要素が示されている。

本裁判例は、横浜地方裁判所と東京高等裁判所の判決があるが、事実認定については、横浜地方裁判所の判決を基本にしながら、東京高裁の事実認定の修正にしたがって、判決書は作成した。

「だれのどんな行動がいじめと判断されたのか」という学習テーマに合わせて、裁判所の判断としてのいじめ認定を生徒たちにわかりやすくまとめた。その中では、くり返し執拗に行われたものとしていじめを認定している。また、「足掛け」や「ベランダ遊び」については認定はしていないが、いじめの要素があったと否定できないとし、「度重なる暴行」についてはいじめと認定している。生徒たちの認識においては、机などの投げ出しや教科書・ノート、机などの落書き、教科書隠し、教科書の投げ捨て、机やいすへのチョークの粉付けや画びょう置き、マーガリンづけなどの物理的いじめが不法行為であり、重大な人権侵害行為であることを具体的に学ぶことになる。裁判所の判断を示すことで法的な学びが深まると考えられる。

学校教師の安全配慮義務についての裁判所の判断も教材開発の視点とした。いじめ責任の追究において学校教師の責任は重い。特に本判決書の特色として、学校教師の安全配慮義務についての過失を認め、さらにいじめ自殺の予見可能性についても認めた初めての裁判所の判断である。生徒たちに示すことで、学校生活における教師指導の意味（たとえば、昼休みに教師が巡視したりすること）を理解させることも可能になると考えた。

また、被害者行動や言動の問題について裁判所の判断を示すことも教材開発の視点とした。この裁判では、「被害者Ａの問題性」を追求する生徒たちの状況がある。そのため、いじめそのものを被害者責任に転嫁する傾向が見られる。裁判所は、同じクラスのいじめ加害者となった９名の生徒たちに責任があると認定した。まず、この裁判所の判断は生徒たちの意識に垣間見られるいじめ被害者に責任転嫁する考え方にくさびを打ち込むことになる。裁判所の判断は、上記の生徒たちの考察に対して参考になると考えられる。

2　判決書教材の実際

横浜地裁判決平成13年1月15日（一部認容［控訴］）『判例時報』1772号p.63、『判例タイムズ』1084号p.252、 東京高裁判決平成14年1月31日（変更［確定］）『判例時報』1773号p.3、『判例タイムズ』1084号p.103
（概要）[5] 1　公立中学校の2年生が自殺した事件について、複数の同級生らによる継続的ないじめ行為があったとして、同級生らの共同不法行為の成立が認められた。 2　担任教諭にいじめの続発及びこれによる被害生徒の自殺を防止できなかった安全配慮義務違反があるとされた。 3　被害生徒の自殺の予見可能性について、加害生徒らについては否定し、担任教諭については肯定された。 4　いじめにより自殺した中学生の死亡による損害について、自殺したこと自体を含む本人及び保護者側の事由を斟酌して、過失相殺の規定の適用及び類推適用により損害額の7割が減額された。

＜裁判所が認定した事実＞

a. 転入学から6月ごろまで

ア　Aは神奈川県のR中学校2年X組に転校してきた。Aの母親は転入に際して、家庭環境調査票に「前の学校で、多少いじめられていましたので心配です。友達のつくり方がへたなので、気の合う友達が早くできればと思います」と書いた。担任のT先生はこれを見て、Aを「生徒指導上配慮を要する生徒」として、職員会議で報告し、Aに対して声をかけて話を聞いていく方針が校長を含め確認されていた。

---

5)　『判例時報』1773号、p.3の解説を参考にした。

イ　始業式の日、Kはその他数名の生徒といっしょに、Aの近くに行き、それぞれが「髪の毛が長いじゃん」「名前を覚えておけ」などと口々にいいながら、指先でAの頭を軽く叩いたり、体を軽く叩くなどした。

ウ　5月ころから、(1)Aはクラスの男子生徒E、B、Gによって集中的に足掛けをされた。足掛けは当時3組で遊びとしてはやっていたが、Aは足掛けをされると、ころばなくても前のめりになったり、やられた相手に「やめろよ」と言ったり、やり返したりしていた。でも自分から先に足掛けをすることはほとんどなかった。E、B、GはAがやり返すことから、その反応を楽しむために足の掛け合いをしていた。(2)T先生は「足掛け」について注意することはなかった。

エ　5月ころ、H子は、Aが廊下ですれ違うと、「自意識過剰」「ばか」「ばか」「ブス」「チビ」と言ったり、目の前で手を叩いたりするため、Aには「ばか」と言い返したことがあった。H子はAから「ばか」と言われると腹を立て、Aが嫌っていた別のクラスのM子に指示して、M子の名前でAに対する手紙（ラブレター）を書かせて、Aの机の中に入れた。その内容は「好きです。昼休みか、休み時間に校門か体育館のうらに来てください」といったものであった。Aは読んで破いてゴミ箱に捨てたが、だれかがこの手紙をつなぎ合わせて、生徒数人でまわし読んだ。男女生徒数名がこの手紙についてAをはやしたてた。Aは「やめろよ」などと言いながら追いかけてきた。

オ　H子は、担任のT先生から「M子にも悪いし、Aにも嫌な気持ちをさせている。人の気持ちを傷つけるような行為はしないように」と手紙のことについて注意を受けた。

カ　H子は、Aが手紙を読んだときに、大した反応をしなかったことがくやしくAにばかにされているような気持ちになっていた。そんなとき、Aと廊下ですれ違い、「ばか、チビ」などと言われた。そのことでとても腹が立ち、昼休みに(3)Aの机を教室から廊下へ持ち出し、Aの教科書を窓から外へ投げ出した。担任のT先生から注意を受けたので、教科書や机などをもとに戻した。

キ　5月30日、(4)Aの母親から担任のT先生に電話があった。Aの部屋を掃除していたら、英語のノートに、「死ね」「おまえはのろわれている」などの落書きがあった。T先生は「調べてみます」と答えた。しばらくして先生は母親に「机にもいたずら書きがありました。教科書やノートを調べましたが、何もありませんでした。いたずら書きをした生徒には謝ってもらいました。また、何かあったら連絡を下さい」と伝えた。

ク　6月なかばになると、(5)FはAが使っていた教科書に、ふざけ半分で、サインを書いてあげるよなどといいながら「ブー」という落書きをした。Aは笑いながら「やめてくれよ」と言っていた。しかし(6)まわりの人は、Aの机の上に「ばか」「死ね」と落書きされていたところを2、3回見たことがあった。(7)Aの別の教科書には、「おばかばかおばか」「ふざけんなタコ」「バーカ」「みんながきらっているぞー」「うざってーきえるんだ」などと落書きされていた。

ケ　(8)クラスのある生徒は、Aが、教室で教科書を探しているところを何回か見たことがあったが、誰が教科書を隠したかは知らなかった。隠す場所としては教室の後ろの小さなロッカーや掃除用具入れの上や中であったことから、最終的にはAは教科書類を見つけたと思われた。

コ　T先生は、Aといっしょに教科書を探したことがあった。J子は授業が始まる直前、Aの教科書を窓から外へ投げ出したことがあり、その際、(9)T先生から多目的教室に呼ばれて注意され、Aと握手をして仲直りをした。

サ　Cは、4月ころから、Aから「オカマ」「おばさん」とからかわれることを不愉快に思っていた。「オカマ」というあだ名はAがつけたものだった。6月ころ、Aから「オカマ」と言われ、無視していたところ、AがCの胸ぐらをつかんだので、CもAの胸ぐらをつかみ、廊下の奥でお互いに叩き合った。(10)Aは教室に戻り、Cの机の中から教科書を出してベランダに投げ捨てたので、CはAの教科書を数冊、ベランダとは反対側に投げ捨てた。

シ　授業が始まったのでAとCは教科書を拾って授業を受けたが、周りの多くの生徒がそれを見ていたため、(11)T先生も気づき、放課後、CとAを呼び出して事情を聞いた。T先生は、「けんかだから両方が悪い」と言ったところ、AがCに謝罪し、Cも「お互いが悪かった」とAに謝罪して握手した。T先生は、「お互いちょっとしたことから事が大きくなっていくので注意すること」「人が傷つくような言動をお互いに慎んで今後仲良くするように」と話した。AとCは納得したようだった。

ス　６月ころ、(12)F、G、D、Bは毎日のように、Aの机や椅子に黒板消しに付いたチョークの粉をはたき落とした。チョークの粉ほど頻繁ではなかったが、(13)Aの椅子の上に画びょうが置かれることがあった。Aは、チョークの粉については、相手が分かった場合にはかならずやり返していた。

セ　(14)T先生は、チョークの粉のことを知っており、クラスの生徒らに怒りながら、「もうこのようなことをしないように」と注意し、Aとともに机や椅子を拭いたりした。Aは、チョーク、画びょう行為には、怒るときもあれば、「またかよー」と言って、それほど怒らないときもあった。

ソ　６月ころ、(15)KはAとじゃんけんゲームを行い、その際、Aの右のほほを力いっぱいつねって目の下に小豆くらいの大きさの黒いあざを作った。Aはかなり痛がっていた。(16)T先生は、あざについて、母親に連絡した。「親同士がトラブルになると困るので、相手の名前は答えられない」と伝えた。Aの母親は「わかりました」と答えた。Kは注意を受けた以降はAと「じゃんけんゲーム」はしなかった。

タ　Kはその後、トイレの前でAに話しかけたところ、(17)Aが無視したため、Aの足を蹴ったり、肩を押したりした。

チ　６月ころ、Bらクラスの生徒らは１週間に２、３回、ベランダでお互いの体を押し合って遊ぶことがあった。ベランダ遊びはお互いに体を押し合いながらベランダの角に一人の体を押しつけて、角に押しつけられた者がベランダの手すりを引っ張りながらその場所を抜け出すと、他の者が角に押しあてられるという遊びだった。

(18)遊びに加わっていた生徒は一定ではなく、主にB、F、E、Gらであり、Aも加わったことがあった。体を押し合う間に力を入れて、ふざけ半分で誰かをぶったり蹴ったりすることもあり、Ａがぶたれたり蹴られたりすることもあった。

b. ７月

ア　７月７日、多目的室前に第２学年のキャンプ写真がはりだされ、野外炊事の食事をしている様子が写っている写真の、Ｊ子の顔に傷がついて画びょうが刺さっていた。

イ　２学年全クラスでアンケートをとったが、犯人はわからなかった。Ｊ子は友達から「Ａが画びょうを刺した」と聞いたので、Ａの写真の顔に画びょうを刺した。その際、近くにいたＡはＪ子の写真の顔に画びょうを刺し返した。

ウ　Ｔ先生は、Ｊ子とＡから別々に事情を聞き、「公共物を大切にすること」「写真であっても顔に画びょうを刺してはならない」と指導した。Ａは「画びょうを刺し返したが、Ｊ子の写真の顔に傷をつけたのは自分ではない」と説明した。Ｔ先生は、Ｊ子に、Ａが最初に写真に傷をつけたわけではないこと、今情報を集めていることを説明した。

エ　Ｆは、掃除の時間、Ａが机にぶつかり、教卓の上に置いてあった電池１本が床に落ちたが拾わなかったため、拾うように言った。Ａが、Ｆに電池を投げつけてきたので、Ｆが逃げるＡをベランダまで追いかけた。Ａは、Ｆの腹部を殴り、ＦはＡの手を２、３回殴った。

オ　Ｔ先生は、ＡとＦがつかみ合っているところを見つけたため、「けんかはよくない」こと、「手を出してけがをしないように冷静にしよう」とその場で指導した。ＦはＴ先生から事情を聞かれず、一方的に「けんかはよくない」「お互いに謝るように」と言われ、腹が立ったがＡに謝った。

カ　Ｆは、Ｔ先生に注意された際に泣いたことから、(19)Ａが、「泣き虫、教師の前で泣きやがって」と繰り返し言ったことに腹を立て、体育館でＡの手を２、３回叩いたことがあった。

キ　７月13日、ＢはＧらとテストの点数を見せ合っていたところ、ＡがＢらの点数を見た。Ｂらが A の点数を見ようとしたところ、見せてくれなかったため、(20)Ｂらは、Ａの教科書を約３冊ゴミ箱に捨てた。

ク　Ａは非常に怒ってＢの顔面を５、６回掌で殴った。Ｂは唇の右のあたりから少し出血したが、Ａの教科書を捨てたことが原因だったので、Ａに悪いと思い、殴りかえさなかった。そのころ、(21)家庭科の先生が授業をするために教室に入ってきて、この出来事を知り、ＡとＢを呼び出して事情を聞き、Ａには「手を出すことはいけない」「もっと穏やかに話し合うようにすべきだ」と指導した。Ｔ先生はこの出来事をＡの両親に報告する必要はないと判断した。

c.　7月14日

ア　Ｅは放課後、Ａと口げんかをしてかっとなり、(22)Ａのカバンを持って校内を走り回った。Ｅは、校舎内を１周して教室にもどり、Ａのカバンを戻してから、部活動のために美術室に行った。Ａは職員室の前で、Ｔ先生に、Ｅがカバンを持っていったと伝えた。

イ　Ｔ先生は、「Ａにもう一度見てから来るように」と伝え、その後、Ａが美術室にいると聞いて様子を見に行くと、Ａは美術室で粘土細工のコップを作成していた。Ｔ先生は、「カバンの件は大丈夫か」とＡに聞いたところ、「大丈夫だ」と答えたので職員室に戻った。

ウ　Ｃは、Ｓ先生から頼まれて美術室に行き、「粘土細工は汚れるからきれいに片づけてくれないか」と伝えたところ、Ａは怒ったようににらんでＣに近づいた。ＣとＡは互いに手を出すことはなかったが、Ａは片付けを拒否した。

エ　ＣはＡがこれほど興奮しているところを見たことがなく、Ｓ先生に連絡し、「指示を伝えても片づけない」と伝えたところ、Ｓ先生は美術室に向かった。Ａは興奮はしていなかったものの、汗をかき、眉をしかめ、泣きそうな状態で立っていた。Ｓ先生は「どうしたのか」とたずねたが、Ａは答えず、Ｃにたずねると、誰かが「Ｃが片付けをするように話したところ、Ａが興奮した」と答えた。

オ　7月14日、Aは、掃除の時間にベランダ掃除をしていたI子の頭を、教室の中から窓を開けて、「掃除をさぼるな」と言いながらほうきで叩いた。I子は、放課後、Aがだれかのかばんを蹴ったり、どこかに持って行って隠そうとしたので注意したところ、「ばか」「ブス」「納豆」と言われた。I子がAを追いかけたところ、Aが立ち止まってI子に跳び蹴りをした。

カ　7月14日、「Aって腹立つよね」とH子、I子とBは話し合って「Aの机にマーガリンをつけちゃおう」と冗談のつもりで言った。するとみんなも「よし、やろう」と賛成し、(23)Bが机にマーガリンを塗り、H子が教科書にマーガリンを塗り、椅子にチョークの粉をかけ、黒板消しで机を叩いた。Bは床に落ちていた画びょうをAのいすのうえに置いた。I子は「ばか」「あほ」と落書きをした上を黒板消しで叩いた。これには他に3名の女子が加わっていた。

キ　7月15日、登校したAは、机の上にマーガリンが塗ってあることに気づいた。Aは「だれがやったんだ」と、おこっていたようにみえた。Aはマーガリンを塗られたことについて、文句を言ったり、暴力を振るうようなことはしないで、落ちこんでいたようだった。

ク　やった生徒らはT先生から「なぜ、このようなことをしたんだ。もうやるんじゃない」と注意を受けた。I子たちは「Aからいやなことをされたので、それにおこって話し合ってやりました」と答えた。(24)先生は、「両方が悪い」と話し、I子らを注意した。その後、I子らとAは互いに謝った。T先生は、朝の会、帰りの会で「こんなことはやめて下さい」と学級で注意した。

ケ　(25)T先生は、Aの両親にマーガリン事件について報告しなかった。

コ　母親は、夕食の支度などを行い、午後6時頃2階に干してあった布団を取り込みに行ったところ、普段は開いているAの部屋のドアが閉まっていたので、布団を取り込んだ後、ドアを開けると、Aが自殺していた。

【裁判所の判断】（第１審横浜地裁、第２審東京高裁）

＜いじめ認定＞　＊裁判所は次の事実をいじめと認定した。

1）　H子らによる机などの投げ出し

2）　FらによるAの教科書、ノート、机などへの落書き

3）　Aの教科書隠し（具体的にだれがやったかは不明であるが、生徒らの一部が関与していたと認められる）

4）　J子、C、Bらによる教科書の投げ捨て

5）　F、G、D、BらによるAの机や椅子へのチョークの粉付け、画びょう置き

以上の行為は、(26)Aが転校してきてしばらくしてから始まり、２年X組の生徒らによりAに対してのみいやがらせとしてくり返し、執拗に行われた。

これらの行為は、Aの身体、精神などに対する加害行為である。これによってAが精神的・肉体的苦痛を受けたであろうことは間違いない。

転校して間もなく親しい友人もなく、これからの学校生活に不安を抱えていたと考えられるAに対してくり返し、執拗に行われたものであり、クラスの生徒らによるいじめというべきである。

6）　E、B、GらによるAへの足掛け

7）　B、F、E、Gらによるベランダ遊び

ベランダ遊びはAだけが対象とされたものではないものの、足掛けはAに対して５月ころから集中的に行われており、ベランダ遊びにおいてはAに対する暴行も行われていた。Aに対するいじめの要素があったことは否定できない。

8）　Kによる度重なる暴行

隣のクラスの転校生であるAがいじめにあっているのを知りながら、暴行していた。Aに対する複数の生徒らによるいじめの一環と認めるのが相当である。

9）　EによるAのカバンの持ち去りとAの教科書などの持ち物に対する

いやがらせ

持ち物に対するいやがらせ行為と同様の行為（いじめ）と評価できる。

10）　B、H子、I子らによるマーガリン事件

(27)集団的いじめをくり返していた生徒らによるきわめて悪質、陰湿ないやがらせであり、いじめであることは明らかである。

【裁判所の判断】（第１審横浜地裁、第２審東京高裁）

＜だれに責任があるのか＞　＊裁判所は次の人たちに責任があると認定した。

ア　同じクラスのいじめ加害者となった生徒たち

B、C、D、E、F、G、H子、I子、J子らは、当時いずれも13歳に達し、中学校２年生であり、他人の身体、精神などを傷つける加害行為かどうかは判断できる年齢である。そして、もし傷つけた場合には、その行為の責任を負わなければならない。

そこで、いじめ事実の認定1)～10）から、Aに対するいじめは、主に２年X組の教室内で行われていて、何人かの生徒からいじめを受けていたことはまわりの生徒も当然わかっていた。(28)あるときは数人で、またあるときは一人で、ときには他の生徒も加わって、自分のほかにも同じいじめをしている人がいることを分かっていながら、くり返し、執拗に行われていた。

結局、これらのいじめは、何人かで共同してAを傷つけた「共同不法行為」であり、法に違反した行為であると判断する。

しかし、いじめた生徒たちは、このいじめは偶然であり、個人的なトラブル、いたずら、けんかにすぎず、Aの言動が原因になることも多かったのであるから、一方的ないじめとは言えないなどと主張する。

確かに、いじめ行為の中には、Aの言動が原因となって始まったこともある。しかし、そのことを理由に、くり返し執拗に行われたいじめの違法性から逃れられるということはできないし、また、(29)複数の生徒から継続的にいたずらされ、からかわれているような状況のもとにおいて、ただ耐えし

のぶだけでなく、やり返したり、時には自ら手を出したりしたことがあったとしても、それはいじめ行為に対する抵抗ともいうべきものであって、いじめた生徒のいじめ行為が対等の立場での単なるいたずらや遊びとは言えない。

イ 学校・教師の責任

(30)学校の教師は、学校における教育活動及び学校生活において生徒の安全の確保に配慮する義務があり、特に、生徒の生命、身体、財産などに大きな悪影響または危害がおよぶおそれのあるときは、それを未然に防ぐために、きちんと対応しなければならない。

1) T先生は、Aが転校生でいじめの対象になる可能性があることをあらかじめ承知していた上、Aをめぐるトラブルが継続的に多く起こっていたことをわかっていた。その中にはいじめと認識すべきものが少なからず存在しており、トラブルが発生した度に注意、指導したにもかかわらず、その後もいじめを含むトラブルが絶えなかったのであるから、その都度注意をしただけでは指導は十分なものではなかった。(31)T先生はいじめではなく、生徒対生徒の個別的なトラブルであるとしか認識していなかった。

2) 当時は、いじめに関する報道、通達などによって、いたずら、悪ふざけと称して行われている学校内における生徒同士のやりとりを原因として、小中学生が自殺する事件が続いていた。少なからずトラブル、いじめをつかんでいた担任として、Aが心や体の苦しみがつもりつもって増えていき、(32)Aが大きなけがをさせられたり、不登校になったり、いじめなどをきっかけに自殺などの衝動的な行動を起こすおそれがあることについて予測するべきであり、同時に予測することが可能であったというべきである。

3) したがって、担任としては、トラブルが発生した都度、関与したものを呼び、事情を聞き、注意するというこれまでの指導教育方法のみではその後のトラブル発生を防止できないことを認識し、(33)いじめをした生徒らに対して継続的に行動を見守り、指導をし、家庭との連絡を密にとり、さらには学校全体で組織的な対応を求めるべきであった。

ウ　被害者の保護者

1)　(34)Aの保護者は、家庭において子どもの教育・養育の責任があるが、親子のふれあいが十分ではないところが窺われ（Aの目の下の大きなくまを見逃した)、いじめのトラブルの中にあったことを見過ごした点に責任がある。

＜裁判所が示した学校・教師の具体的ないじめへの方策＞

1)　日常の学校生活において生徒たちの生活状況をつかむために、休み時間などに見まわりを強化すること。

2)　個々のトラブルの解決のみならず、交友関係に気をつけながら、事情を十分に聞くこと。

3)　周囲の生徒からも事情を聞くなどして、トラブルの実態をつかみ、いじめがいたずらやちょっかい、悪ふざけなどに名をかりた悪質で見過ごしがたいものであり、時として重大な結果になるおそれがあることを理解させること。そして、ただちにやめるように厳重に指導を続け、学年集会、クラスにおける学級活動などを通じて全校生徒に周知指導すること。

4)　継続的に面談などの機会を持ち、指導の効果が現れているかを注意深く観察すること。その後もトラブルや小競り合いが続いている場合は、相手側生徒の保護者とも面談するなどして問題点を指摘し、学校側が厳重に指導する方針であることを伝えるとともに、家庭においても指導をするように申し入れること。

5)　被害者の家庭にも、学校における様子や改善すべき点について素直に伝え、家庭における指導をお願いすること。

6)　個々のトラブルについて、学年主任、教頭、校長らに報告し、指示を仰いだり、複数の先生と情報交換をしつつ、共同で指導するなどの対応策を学年会などで検討すること。

7)　担任や他の先生に対して、気軽に相談できる機会や窓口を設けること。

8) 被害者の保護者に家庭における言動の観察を依頼するなど、より強力な指導監督を継続的、組織的に講じること。

T先生は、続けて起きるトラブルやいじめを偶然で「おたがいさま」のような面があるとだけとらえていた。そしてその度に、おたがいに謝らせたり、握手させたりすることで、仲直りができ、十分な指導をやったと軽く考えていた。よって(35)T先生は、より強力な指導・監督をすることをせず、このような自殺という重大な事故を防ぐことができなかったと考える。いじめが続けて行われていると考えずに十分な指導監督はなにもしていないので、Aの安全を守るという義務に違反している。

3 判決書教材の構成要素の抽出

ここでは、本判決書教材から構成要素を抽出する。

次の表19は、前章と同じように本いじめ判決書教材について、教材の記述からキーワードを抽出し、いじめの態様やいじめ責任等のキーワードとの関連性を分析したものである。

左側から第１列は、判決書教材に含まれる学習内容の要素となる記述を整理したものである。第２列は、その判決書教材の記述からキーワードを生成したものである。第３列はいじめ態様やいじめ責任との関連で抽出できた構成要素である。

いじめ態様についてはこれまで説明してきたように、本研究では七つのキーワードとしている。それらの中で、本節では「物理的いじめ」に注目する。これらのいじめの態様に対して、それぞれのいじめ判決書教材によって共通に準備されている構成要素は何なのか。また特色ある構成要素は何なのかを分析していく。その他のキーワードについては、いじめ判決書教材の記述から生成したキーワードをもとにして分類している。いじめ裁判は、被害者が原告となり人権侵害等によってその失われた損害の賠償を求めるものであることから、いじめの関係者に関わる記述が学びになると考えられる。そのため、学校教師の安全配慮義務や保護者の保護監督義務などのいじめ責任についての裁判官の判断がキーワードとして予想される。

＜表19　「神奈川県中学校いじめ自殺事件」判決書教材記述とキーワードによる構成要素の抽出＞

判決書教材の記述	キーワード	構成要素
C(1)Aはクラスの男子生徒E、B、Gによって集中的に足掛けをされた。	C(1)足掛けによるいじめ	c 暴行・恐喝
C(15)KはAとじゃんけんゲームを行い、その際、Aの右のほほを力いっぱいつねって目の下に小豆くらいの大きさの黒いあざを作った。	C(15)ほほをつねるいじめ	
C(17)Aが無視したため、Aの足を蹴ったり、肩を押したりした。	C(17)足を蹴ったり、肩を押すいじめ	
C(18)遊びに加わっていた生徒は一定ではなく、主にB、F、E、G、Oらであり、Aも加わったことがあった。体を押し合う間に力を入れて、ふざけ半分で誰かをぶったり蹴ったりすることもあり、Aがぶたれたり蹴られたりすることもあった。	C(18)ぶったり蹴ったりするいじめ	
C(19)Aが、「泣き虫、教師の前で泣きやがって」と繰り返し言ったことに腹を立て、体育館で、Aの手を2、3回叩いたことがあった。	C(19)手を叩くいじめ	
C(3)Aの机を教室から廊下へ持ち出し、Aの教科書を窓から外へ投げ出した。	C(3)物理的いじめ	d 物理的いじめ
C(5)FはAが使っていた教科書に、ふざけ半分で、サインを書いてあげるよなどと言いながら「ブー」という落書きをした。	C(5)落書きによるいじめ	
C(7)Aの別の教科書には、「おばかばかおばか」「ふざけんなタコ」「バーカ」「みんながきらっているぞー」「うざってーきえるんだ」などと落書きされていた。	C(7)落書きによるいじめ	
C(8)クラスのある生徒は、Aが、教室で教科書を探しているところを何回か見たことがあった。	C(8)教科書隠しによるいじめ	
C(10)Aは教室に戻り、Cの机の中から教科書を出してベランダに投げ捨てたので、CはAの教科書を数冊、ベランダとは反対側に投げ捨てた。	C(10)教科書を投げ捨てるいじめ	
C(12)F、G、D、Bは毎日のように、Aの机や椅子に黒板消しに付いたチョークの粉をはたき落とした。	C(12)チョークの粉を落とすいやがらせ	
C(13)Aの椅子の上に画びょうが置かれることがあった。	C(13)画びょうを置くいやがらせ	
C(20)Bらは、Aの教科書を約3冊ゴミ箱に捨てた。	C(20)教科書を捨てるいやがらせ	

C(22) A のカバンを持って校内を走り回った。E は、校舎内を１周して教室にもどり、A のカバンをもどしてから、部活動のために美術室に行った。	C(22) カバンを持って逃げるいやがらせ	
C(23) C が机にマーガリンを塗り､H 子が教科書にマーガリンを塗り、椅子にチョークの粉をかけ、黒板消しで机を叩いた。B は床に落ちていた画びょうを A のいすの上に置いた。I 子は「ばか」「あほ」と落書きをした上を黒板消しで叩いた。	C(23) マーガリン事件としてのいじめ	
C(26) A が転校してきてしばらくしてから始まり、2 年 X 組の生徒らにより A に対してのみいやがらせとしてくり返し、執拗に行われた。これらの行為は、A の身体､精神などに対する加害行為である｡これによって A が精神的・肉体的苦痛を受けたであろうことは間違いない。	C(26) 被害の集積と共同不法行為	e いじめとふざけ
C(27) 集団的いじめをくり返していた生徒らによるきわめて悪質、陰湿ないやがらせであり、いじめであることは明らかである。	C(27) いじめ認定	
C(28) あるときは数人で、またあるときは一人で、ときには他の生徒も加わって、自分のほかにも同じいじめをしている人がいることを分かっていながら、くり返し、しつこく行われていた。結局、これらのいじめは、何人かで共同して A を傷つけた「共同不法行為」であり、法に違反した行為であると判断する。	C(28) 共同不法行為	
C(2) T 先生は「足掛け」について注意することはなかった。	C(2) 学校教師の日常的な安全配慮のための過失	h 学校教師の安全配慮義務
C(9) T 先生から多目的教室に呼ばれて注意され、A と握手をして仲直りをした。	C(9) 学校教師のいじめ認知不足による過失	
C(11) T 先生も気づき、放課後、C と A を呼び出して事情を聞いた。T 先生は、「けんかだから両方が悪い」と言ったところ、A が C に謝罪し、C も「お互いが悪かった」と A に謝罪して握手した。	C(11) 学校教師のいじめ認知不足による過失	
C(16) T 先生は、あざについて、母親に連絡した。「親同士がトラブルになると困るので、相手の名前は答えられない」と伝えた。	C(16) 学校教師の保護者への情報提供不足	
C(21) 家庭科の教師が授業をするために教室に入ってきて、この出来事を知り、A と B を呼び出して事情を聞き、A には「手を出すことはいけない」「もっと穏やかに話し合うようにすべきだ」と指導した。T 先生はこの出来事を A の両親に報告する必要はないと判断した。	C(21) 学校教師の保護者への情報提供の過失	
C(24) 先生は、「両方が悪い」と話し、I 子らを注意した。その後、I 子らと A は互いに謝った。T 先生は、	C(24) 学校教師のいじめ認知不足による過失	

朝の会、帰りの会で「こんなことはやめて下さい」と学級で注意した。		
C(25)T 先生は、A の両親にマーガリン事件について報告しなかった。	C(25)学校教師の安全配慮として保護者への情報提供の過失	
C(30)学校の教師は、学校における教育活動及び学校生活において生徒の安全の確保に配慮する義務があり、特に、生徒の生命、身体、財産などに大きな悪影響または危害がおよぶおそれのあるときは、それを未然に防ぐために、きちんと対応しなければならない。	C(30)学校教師の安全配慮義務の説明	
C(31)T 先生はいじめではなく、生徒対生徒の個別的なトラブルであるとしか認識していなかった。	C(31)学校教師のいじめ認知不足による過失責任	h 学校教師の安全配慮義務
C(32)A が大きなけがをさせられたり、不登校になったり、いじめなどをきっかけに自殺などの衝動的な行動を起こすおそれがあることについて予測するべきであり、同時に予測することが可能であったというべきである。	C(32)学校教師の予見可能性における過失責任	
C(33)いじめをした生徒らに対して継続的に行動を見守り、指導をし、家庭との連絡を密にとり、さらには学校全体で組織的な対応を求めるべきであった。	C(33)学校教師のいじめ対応の組織的問題点と安全配慮義務違反	
C(35)T 先生は、より強力な指導・監督をすることをせず、このような自殺という重大な事故を防ぐことができなかったと考える。いじめが続けて行われていると考えずに十分な指導監督はなにもしていないので、A の安全を守るという義務に違反している。	C(35)学校教師の安全配慮の義務違反	
C(4)A の母親から担任の T 先生に電話があった。A の部屋を掃除していたら、英語のノートに、「死ね」「おまえはのろわれている」などの落書きがあった。T 先生は「調べてみます」と答えた。	C(4)被害者保護者の養育責任としての学校への問い合わせ	j 被害者保護者の保護監督義務
C(34)A の保護者は、家庭において子どもの教育・養育の責任があるが、親子のふれあいが十分ではないところが窺われ（A の目の下の大きなくまを見逃した）、いじめのトラブルの中にあったことを見過ごした点に責任がある。	C(34)被害者保護者の日常的な安全配慮の養育責任	
C(6)まわりの人は、A の机の上に「ばか」「死ね」と落書きされていたところを 2、3 回見たことがあった。	C(6)周囲の人たちの不作為責任	k 同級生の不作為と対応考察
C(29)複数の生徒から継続的にいたずらされ、からかわれているような状況のもとにおいて、ただ耐えしのぶだけでなく、やり返したり、時には自ら手を出したりしたことがあったとしても、それはいじめ行為に対する抵抗ともいうべきものであって、いじめた生徒のいじめ行為が、対等の立場での単なるいたずらや遊びとはいえない。	C(29)被害者によるいじめ行為に対する抵抗	w 被害者対応としての抵抗の理解

上記の表19を見ると、本判決書教材は多くの学びとなる記述が記されている。その中でも、暴行や恐喝などの刑法上のいじめ行為は少なく、モノへのいたずらなどによって精神的にダメージを与える「物理的いじめ」が、いじめの事実として多数示されている。その中でも、「マーガリン事件」については被害者心情に大きな傷を残すことになったのではないかと予想される事件である。いじめの態様理解としては、この「物理的いじめ」について生徒たちは理解を深め、それがいかに被害者に大きなダメージとなっていくかを学ぶことが予想される。また、「いじめとふざけ」についての記述も見られるが、生徒たちにとってはいったいどのような行為がいじめなのか、ふざけになるのかの判断がむずかしい時もあるために、この学びも予想できよう。

さらに、いじめの責任論としては、学校教師の安全配慮義務違反の問題についての記述も多く見られる。この担任教師は、いじめを認知できず、被害者をいじめ自殺から救い出すことができなかったという過失がある。裁判所は予見可能性による過失責任と判断し、学校教師の責任をきびしく問いただした。そのために、生徒たちの学習した構成要素としては、学校教師の責任についてもあるのではないかと予想される。

第3節　判決書教材の構成要素を組み入れた授業の開発

1　授業構成案の開発

単元構成を3時間で組み替え、授業内容の開発に取り組んだ。
具体的な授業構成の計画については、次の表20のようになる。なお、主な学習内容に記されている【　】内の数字については、本判決書教材において挿入している下線部記述番号と同じである。授業構成において、どの場面でいじめの態様やいじめの責任などの構成要素を習得できるかを示している。

第1次では判決書に記されている事実の中で何がいじめで不法行為なのか、いじめとはどのようなものなのかを、具体的に判決書という「社会的合意」を

＜表20　神奈川県中学校いじめ自殺事件の判決書教材を活用した授業構成＞

学習過程	時間	主な学習内容(【　】内の数字は判決書教材における下線部番号と対応)
①個々の違法性・人権侵害行為を判別し、認識する。	1	①判決書を読み、どの行為がいじめだと思うかを判決書に下線を引き、裁判所の判断をもとにして確認する。同時にそのいじめがどのような不法行為なのかを理解する。【(1)、(15)、(17) ～(19)】【(3)、(5)、(7) ～ (8)、(10)、(12)～(13)、(20)、(22)～(23)】【(26)～(28)】
②責任の所在を確認し合う。	1	①各班でそれぞれ、「いじめの責任の所在はだれにあると考えるか」「学校・教師はどうすべきだったのか」「周囲の人たちはどうすべきだったのか」「被害者はどうすればいじめ自殺から逃れられたのか」について話し合いをし、まとめる。「いじめの責任の所在はだれにあると考えるか」「学校・教師はどうすべきだったのか」について発表し、論議する。【(2)、(9)、(11)、(16)、(21)、(24)～(25)、(30)～(33)、(35)】【(4)、(34)】
③侵害された権利を洞察する。市民性育成の基本原理を導き、共通認識とする。	1	①周囲の人たちはどうすべきだったのか」「被害者はどうすればよかったのか」について発表し、論議する。周囲の人たちの現実的な対応を考察する。いじめから逃れる方法として、転校などの法的措置があることを学び、いじめ相談所一覧を確認する。最後に個々の名誉や自尊心がいかに大切か、憲法でも人格権という形で説明されており、個人の尊厳がいかに貴重なものかの説明を聞き、授業の感想を書く。【(6)、(29)】

もとに学習し、考察していく。さらに第2次では、学校・教師の責任を考察する中で、学校・教師には安全配慮義務があること、判決書から保護者には家庭において教育・養育の責任があることを学ぶ。第3次では、被害者の対応を考察することで、被害者にはいじめから逃れるための法的措置があること、またいじめ相談所が多数存在することなどを学習することができる。

授業ではいじめ責任の所在を議論し明らかにしていくが、判決書の判断を確認することで、恣意的主観的な判断から、法規範に基づいた客観的な判断へと高まっていくことになる。また、周囲の人はどのような対応をすべきだったのか、被害者はどうすればよかったのかという現実的な対応を考察していく中で、被害者の侵害された権利がどのようなものであるかを洞察でき、他者の痛みや感情を共感的に受容できるための想像力や感受性を育てることが可能となる。

本いじめ判決書教材を活用した授業のねらいは「判決書を通して、いじめが犯罪であることを理解し、教師・学校側にどのような問題があったのか、生徒周囲の傍観者によりいっそう問題があったのかなどの責任問題を考えさせる中で、いじめに対する対処法を現実的に考えさせる」「自分が自殺に追い込まれるような極限状態に置かれたらどうするか、判決書を基本にして考察討論させて、いじめ自殺を抑制する知識を生徒たちに理解させる」とした。

次に本判決書教材から構成要素として期待される記述を示した。それが学習過程における学習内容の番号である。第１次においては、本いじめ自殺事件をめぐって多数のいじめ事実の記述から、生徒たちはいじめとは何かについての内容を具体的に学習することが可能となろう。その記述は【(1)、(15)、(17)～(19)】【(3)、(5)、(7)～(8)、(10)、(12)～(13)、(20)、(22)～(23)】【(26)～(28)】である。主に、「c 暴行・恐喝」「d 物理的いじめ」についての記述が多数見られるために、その態様についての理解は深まるのではないかと予想される。第２次においては、いじめの責任について考察を行い、学級において意見交換していく。その際、【(2)、(9)、(11)、(16)、(21)、(24)～(25)、(30)～(33)、(35)】【(4)、(34)】などの記述から、「h 学校教師の安全配慮義務」「i 加害者保護者の保護監督義務」「j 被害者保護者の保護監督義務」などについての構成要素を抽出できるのではないかと考えられる。

2　授業実践の概要

(1) 基礎的なデータ

対象の授業は、2008年10月実践、公立中学校２年４クラス、126名。授業者は新福悦郎。社会科歴史的分野「近代の日本と世界」において、３時間の特設授業を設定して実践した。

(2) 授業の概要および特色

ここでは授業実践の概要を説明する。「事前アンケート」「授業後のアンケート」「授業実践後における質問紙」の概要を紹介する。授業の様子ならびに研究の補足的な参考資料とする。なお、本研究においては、いじめ判決書教材に組み込まれた抽出できた構成要素が、授業実践によってどのような構成要素となっていくのか、授業感想文の分析を通して抽出する。そのために、本節においては、本研究を補足的に説明するものとしてとらえる。

(ア)　授業前のいじめに対する生徒の認識

本授業に先駆けて自由記述のアンケートを行った。以下はその結果をまとめたものである。(2008年10月公立中学校2年生4クラス126名中124名回答)アンケートの項目は以下の通りである。

Q1「いじめ」というとどんな行為を思い浮かべますか。わかるだけあげなさい。
Q2「いじめ」はいじめの加害者のほかにだれに責任があると思いますか。
Q3「いじめ」が目の前で起こっていたらどうしますか。
Q4「いじめ」の被害者になったらどうすればいいのでしょうか。
Q5「いじめ」について考えていることを書いて下さい。

Q1では、「シカト（59人）」「悪口（51人）」「仲間はずれ（23人）」などの心理的ないじめを回答する生徒（173人、重複回答あり）が多く見られた。次に暴力的いじめとして、暴力（62人）を回答する生徒が多かった。「物理的いじめ」については、「人のものをどこかに隠す（靴隠しなど)」が33人と多く見られたが、それ以外はほとんど回答が見られず、総数は39人であった。このことから、いじめについては靴隠しなどのものを隠すという事象以外で物理的いじめを認識していない生徒が多いことがわかった。

Q2では、「周りで見ている人(31人)」「いじめを見て注意できない人(18人)」「見て見ぬふりをする人（いじめに気づいているのに何もしていない人）（17人)」といじめの周りにいる人たちの責任を感じている生徒たちの回答が多い。また、「被害者本人（32人)」が多く、いじめを被害者の行動や性格に責任転嫁する生徒たちの認識状況が見られる。「教師（6人)」「学校（2人)」の責任を回答する生徒は少なく、「親（10人)」よりも少なかった。

Q3では、「いじめを止める（40人)」と多く、「出来るかぎり助ける（8人)」など、いじめに対して何らかの行動をとると答える生徒が60人いた。一方、「見てみないふりをしてしまう（18人）」など、実際にいじめを見たら、効果的な対応がとれないと答える生徒も32人と多かった。

Q4では、「相談する（34人）」「親に相談する（26人）」「先生に相談する（26人）」「友達に相談する（21人）」という回答が多く見られ、相談することでいじめ被害を解決しようとする生徒が多いことが分かった。「緊急避難としての欠席」「転校」という法的措置を回答した生徒はわずかに2人であり、法的知識を教える必要性がある。

Q5では、「いじめはぜったいにしてはいけない」「あってはならない」という一面的で道徳的な回答で終わっているものが多かった。

（イ） 授業実践後における質問紙による分析

1）分析の方法

授業後9ヶ月後に質問紙を配付し調査した。質問の内容は「いじめの授業を受けて、その後の学校生活で何か役立ちましたか」である。記述式で回答してもらった。

質問紙は2009年7月、3年生になってから調査（回答は109人。欠席や転校、さらに回答不明で少なくなっている）。

2）授業後9ヶ月後の質問紙に見る生徒たちの記述の分類と考察

記述内容を分類すると次の表21の通りである。

表21から学習後約72％の生徒たちの学校生活において、その変化に影響を与えていることがわかる。

「状況の変化」においては、「いじめられているところを見ることがなくなった」「この授業を受けていじめなどが少なくなった」と回答した生徒が11人い

表21 いじめの授業を受けて、その後の学校生活で役立ったこと

考え方の変化	行動・対応の変化	態度の変化	状況の変化	授業感想	変化なし	記入なし
29人	29人	9人	11人	15人	14人	12人
26.6%	26.6%	8.3%	10.1%	13.8%	12.9%	11.0%

た。教師側から見ても、いじめと思われる行動や行為・態度が、全体的に減少した印象を持った。

「考え方の変化」においては、「前まではいじめをする人だけが悪いと思っていたけど、その周りで見ているだけの人も悪いなあと思いました。もし、これから自分の周りでいじめがあったら、見て見ぬふりをしないようにしたいです」や「この授業を受ける前は、加害者より被害者が悪いと思っていたけど、授業を受けて、いじめは犯罪だから、加害者が一番悪いと思うようになりました」という感想が見られた。学習したことをもとに、「いじめは悲しみしか生まないくだらない行為だと思うようになった」という回答が見られた。

「行動・対応の変化」「態度の変化」についても、予想以上に多くの変化を生みだしていた。「少しでもしないように努力した」「人が感じるいじめは人それぞれ違うことが分かって、自分を基準に考えるのではなくその相手のことを考えて物事を言ったり、行動するようになった」「いやなことはいやと言えるようになった」「暴力を振るう人をなるべく止めるようにしている」「いじめられている人の相談にのった」「あまりいじめにつながるような行動・言動をひかえるようにした」「いじめが始まる前に止めることができた」などの回答が見られた。

3）考察

上記の記述を分析すると、いじめに対しての否定的な見方と具体的な理解、学校教師や周りの人の対応についての考え方の変化が見られるようになった。これらは、いじめとは何かを具体的に学んだ成果であり、いじめが不法行為で、物理的いじめ行為も人権侵害につながることの理解が関係していると考えられる。

また、学習したことをもとにして、いじめの加害者・被害者・傍観者にならないような言動や行動に注意し、日々の生活に役立てていることが分かった。これらの結果から、いじめ判決書学習は、法的な態度・実践力を育成し、同時に人権を尊重する態度・実践力の育成に何らかの効果を発揮しているのではないかと考えられる。

(ウ) 授業後のアンケート

本授業の最後に、生徒たちに授業についてのアンケートをとった。「いじめの授業は役に立ったか」という問いで、「◎とても役に立った ○役に立った △ふつう ×あまり役に立たなかった」の記号を書いてもらった。「とても役に立った」「役に立った」と回答した生徒たちは93%におよび、この判決書活用授業が生徒たちにとって意味あるものになったと考えられる。「この授業はとてもいじめについて考えさせてくれました。…この事件が教えてくれることは、このようなことをくり返しおこさないことだと思います。…いじめに向き合っていじめをなくしたい」という感想に見られるように、いじめ授業を評価する生徒たちの声が多数あった。

(3) 本授業の特色

神奈川県中学校いじめ自殺事件の判決書を活用することで、生徒たちは物理的いじめを含め、いじめがどのようなものであるかを具体的に学ぶことができると考えられる。また、いじめが不法行為につながる人権侵害となることを認識することができると考えられる。本判決書は、物理的いじめへのアプローチを可能にするものであると予想できる。

事前アンケートでは「わからない」のように情緒的感覚的体験的認識がいじめに対する生徒たちの認識であったが、授業後はいじめについて考察を深めていることが分かる。また、いじめに対しての否定的な見方と具体的な理解、学校教師や周りの人の対応についての考え方の変化が見られた。

これらは、いじめとは何かを具体的に学んだ成果であり、いじめが不法行為で、物理的いじめ行為も人権侵害につながることの理解が関係していると考えられる。

さらに、いじめの加害者・被害者・傍観者にならないような言動や行動に注意し、日々の生活に役立てていることが分かったが、これらはこの学習の成果と言えよう。法的な態度・実践力を育成し、同時に人権を尊重する態度・実践力の育成に何らかの効果を発揮しているのではないかと考えられる。

一方、本実践の課題としては、物理的いじめすべてを犯罪行為と照らし合わせていた点に大きな問題があった。物理的いじめは犯罪行為を含む不法行為となり得るが、刑法上と民法上の相違点を認識した上での実践が求められよう。また、本判決書は物理的いじめについてのアプローチを可能にするが、心理的、暴力的いじめについては別の判決書での実践を重ねることが必要となろう。

次節では、本判決書教材を活用した授業による生徒たちの感想文記述を分析し、どのような構成要素が抽出できるのか分析していきたい。

第４節　授業感想文にもとづく構成要素の抽出および分析

本節では、神奈川県中学校いじめ自殺事件を活用した授業実践におけるまとめの感想文記述を分析分類し、構成要素を抽出する。

前節では、この判決書教材を活用した授業で生徒たちは物理的いじめを含め、いじめがどのようなものであるかを具体的に学ぶことができると考察した。本判決書は、物理的いじめへのアプローチを可能にするものであると予想できた。そのため、本節においては、一連の授業実践終了後にまとめとして書いてもらった感想文記述には、「d 物理的いじめ」に関連するものが多くなり、構成要素となるのではないかと予想される。

本節では、生徒たちがどのような内容を学び考えたのかについて、その構成要素を明らかにする。そして、その学びが本研究におけるいじめ態様やいじめ責任等の構成要素との関連で、どのような共通の構成要素があり、また本判決書を活用するとどのような特色ある構成要素が準備できるかを考察する。

1　感想文記述によるキーワードと抽出できる構成要素

次の表22は、神奈川県中学校いじめ自殺事件を活用した授業実践後のまとめの感想文記述をキーワードに生成し、その内容をいじめの態様や責任論におけるキーワードと関連づけたものである。それぞれの生徒がどのような感想文記述を書き、それをどのようにキーワード化したかについてのものである。そのキーワードから構成要素を抽出したものである。記述に沿って、キーワードを抽出したので、一つの感想文から複数のキーワードが生成され、分類されている。左列が生徒の番号で、２番目の列が感想文記述の番号である。３番目の列が感想文記述であり、４番目の列がその感想文記述から生成したキーワードである。右端の列が、そのキーワードから抽出した構成要素である。

(2008 年 11 月　公立中学校２年生４クラス 126 名、授業者 新福悦郎／ 2012 年９月　公立中学校１年生１クラス 30 名、授業者新福悦郎)

なお、授業欠席者は省いているために感想文総数は 145 名分となっている。C145 までの感想文を分析し、構成要素を抽出したが、ここでは、C9 までを紹介する。

<表 22　「神奈川県中学校いじめ自殺事件」の感想文記述とキーワードによる構成要素の抽出>

生徒	番号	感想文記述	キーワード	構成要素
C1	①	３時間いじめの授業をして、だんだんと分かってきた。最後の授業をしていて、法的に次のような手段が承認されているというのは、初めて知った。しかし、①緊急避難の欠席、②学級替え、③転校措置、④相談所への相談　などと４つの事柄では、③での「加害者側の者たちを転校させる」が最も有効かと思える。①では、被害者側に負担がかかるし、②ではクラス替えした程度ではいじめは解決しない。④に至っては、相談しても加害者側の者たちが変わるという訳でもない。	いじめを逃れるための法的措置についての理解と現実的考察	l 被害者救済の法的措置
	②	やはり、転校させて思い知らされてやった方が、いかに重罪であったか少しは自覚するのではないかと思う。	いじめ行為の重罪を理解	t いじめの犯罪性の理解
C2	①	今まで、いじめの授業をしてきたけど、思ったことがたくさんありました。いじめた人たちは、相手のことを何も考えず、いやなことをしていましたが、	被害者の心情を理解する必要性	n 被害者への共感・心情理解
	②	いじめられた人は、心身ともに傷つき、自殺に追い込まれてしまいました。いじめた人たちは、まさかこんなことになるとは思ってなかったと思います。	自殺に追い込みいのちを奪ういじめの理解	r いのちを奪ういじめの理解
	③	いじめは立派な犯罪だと聞き、いじめのことを考える事ができました。	いじめの犯罪性の理解	t いじめの犯罪性の理解

	④	周りにいじめられている人がいたら、注意できる人になりたいです。	いじめ防止抑止のための今後への決意	p いじめ防止・抑止の決意
C3	①	A は苦しんでいたけど、被害者 A の問題は…？資料のように、プライドが高かったから、だれにも相談できないでいたんだろうなあと思った。<もし、被害者になったら…>の資料も全部使えないから、反抗して、その後自殺したんだなと思った。	いじめ被害者の行動と心情の考察	n 被害者への共感・心情理解
	②	C と I 子以外は、罪を償うべきだ。	いじめの犯罪の理解	t いじめの犯罪性の理解
C4	①	今は、いじめられていないけど、将来もし、いじめられたときや、いじめを見たときのために、この事を覚えておこうと思う。	将来のいじめに対する決意	p いじめ防止・抑止の決意
C5	②	第1次にいじめの罪が具体的によく分かった。このように法に触れることというものは、みんなおそれていじめをしなくなると思った。	いじめの犯罪性理解	t いじめの犯罪性の理解
	③	第2次で、責任はだれにあるかを学んで、やはり加害者が一番悪いというのは予想通りだった。加害者が何もしなければ、全てのことは起きなかったからそう思った。	加害者責任についての理解	o 加害者対応の批判
	④	第3次では、いじめられる人にも原因があるという意見が出てきたが、少しそれに賛成だった。いじめられる人が、こっちは何もしていないのに、いやがらせなどを言ってきたりすると、やはり嫌われ、いじめまでいかなくても、いやがられると思う。	いじめ被害者の問題性への言及	m 被害者自身の問題点
C6	①	被害者の手段が、結構いいことを書いてあったから良かった。自分的には緊急避難としての欠席が一番いいことだと思った。	いじめ被害者の法的措置の一つである緊急避難としての欠席の言及	l 被害者救済の法的措置
C7	①	いじめの授業を受けて、A はもっと親に相談すれば良かったと思った。	被害者対応についての考察	s 被害者対応の考察
	②	先生も、いじめについてきちんと話し合いやアンケートなど、取り組んでいけば良かったと思った。	学校教師のいじめ認知の不足責任	h 学校教師の安全配慮義務
	③	周りにいる人も注意は難しいと思うけど、A の味方になって電話をかけてあげたりしたら、自殺はしなかったと思った。	自殺に追い込んだ他の生徒たちの不作為への言及	k 同級生の不作為と対応考察
C8	①	3時間いじめの授業を受けて、裁判所の判断や法的な措置などを知ることができて良かった。	いじめに対応する法的措置についての言及	l 被害者救済の法的措置

	②	加害者に対しての処置が、今の日本では甘いのではないかと感じるところがあり、	加害者責任への言及	o 加害者対応の批判
	③	また、学校側の対応の仕方が甘いということも知ることができた。	学校教師の安全配慮不足への言及	h 学校教師の安全配慮義務
	④	いじめは最低で最悪の行為だと思ったし、1人に対して大人数でやるのだから卑怯だとも思った。	共同不法行為がいじめであることの理解	x 共同不法行為としてのいじめ
C9	①	いじめをするもとは何なのかとと今でも思うけど、いじめられる人は悲しいし、でも、Aは逃げずに、毎日がんばって来ていたのですごいと思った。だけど、そのAの気の強さがあだとなって自殺したから、かわいそうだと思った。	いじめ被害者への共感的心情理解	n 被害者への共感・心情理解
	②	それが毎日続けば、欠席をすれば良かったと思う。今回のいじめの勉強で、我慢をしないで人に打ち明けるのも大切だと思った。被害者がとることのできる法的措置があることを知り、びっくりした。また、鹿児島県内に、いじめなどの相談所がかなりたくさんあることにも驚いた。また、電話だけでなく面談をする事も出来るということを知ることが出来たので、とても良かった。	いじめ被害者を救うための法的措置や相談所についての言及	l 被害者救済の法的措置

上記の表から、本いじめ判決書教材を活用することで、次のような構成要素が生徒たちに感想文記述から抽出できた。

「a 悪口」「b 無視・仲間はずれ・村八分」「c 暴行・恐喝」「d 物理的いじめ」「e いじめとふざけ」「h 学校教師の安全配慮義務」「j 被害者保護者の保護監督義務」「k 同級生の不作為と対応考察」「l 被害者救済の法的措置」「m 被害者自身の問題点」「n 被害者への共感・心情理解」「o 加害者対応の批判」「p いじめ防止・抑止の決意」「q いじめ授業への感謝」「r いのちを奪ういじめの理解」「s 被害者対応の考察」「t いじめの犯罪性の理解」「v いじめ責任についての考察」「w 被害者対応としての抵抗の理解」「x 共同不法行為としてのいじめ」「y（精神的）後遺障がい」「z1 裁判と損害賠償」「z2 いじめのきっかけ」である。

上記の中で、感想文記述の少ない構成要素である「a 悪口」「b 無視・仲間はずれ・村八分」「y（精神的）後遺障がい」「z1 裁判と損害賠償」「z2 いじめのきっかけ」については、本節では取り扱わない。

他の判決書教材と共通する学びとしては、「c 暴行・恐喝」「d 物理的いじめ」「e いじめとふざけ」「h 学校教師の安全配慮義務」「j 被害者保護者の保護監督義務」「k 同級生の不作為と対応考察」「l 被害者救済の法的措置」「n 被害者への共感・心情理解」「o 加害者対応の批判」「p いじめ防止・抑止の決意」「q いじめ授業への感謝」「r いのちを奪ういじめの理解」「s 被害者対応の考察」「t いじめの犯罪性の理解」「v いじめ責任についての考察」の 15 の構成要素があげられる。

他の判決書教材による構成要素と比較すると、本判決書教材による特色ある要素については、「d 物理的いじめ」「m 被害者自身の問題点」「w 被害者対応としての抵抗の理解」「x 共同不法行為としてのいじめ」があげられる。その中の「d 物理的いじめ」については、第３節による授業実践の考察から予想された通りである。

2　感想文記述によって抽出できた構成要素

本章においても、それぞれに該当する感想文記述を三つ紹介し、それぞれの感想文記述にもとづくキーワードから抽出された構成要素を分析し、検討していきたい。

(1)「c 暴行・恐喝」のいじめ態様についての記述

・　この３時間授業をしていろいろ学びました。足掛けや肩にぶつかったりがあって、しかもそれが暴行になるなんて初めて知りました。この内容を聞いて今までやってきたことを反省しました。加害者・教師もちゃんと考えればいいのにと思いました。(C35 ①)

・　同じ人間として、差別や暴力などのいじめはやはり良くないことだと思う。(C90 ①)

・　犯罪もたくさんあって、ちょっとした足掛けも、暴行という犯罪になるんだなと思った。(C109 ②)

上記の感想文記述の下線部を見ると、「足掛けや肩にぶつかる」ことも暴行によるいじめと認定されていることの学びが記されている。感想文記述をもとにしたキーワードをあげてみると、「足掛けや肩にぶつかることが暴行のいじめになることの理解」「差別暴力としてのいじめの理解」「暴行罪としてのいじめ理解」「器物破損としてのいじめ理解」「足掛けも暴行という犯罪になるいじめ理解」がある。これらは、暴行によるいじめがどのような内容なのかについての理解を深めていることが分かる。

(2)「d 物理的いじめ」のいじめ態様についての記述

・ また、教科書や机などへの落書きやチョークの粉などがどんな法で裁かれるのか分かったので勉強になりました。(C40②)
・ いちばんひどいのはマーガリン事件だと思った。ここまでしたいじめを見たことはなくてひどかった。(C45③)
・ 遊び半分でマーガリンや画びょうなど、してはいけないと思った。(C55③)

感想文記述をもとにしたキーワードをあげてみると、「落書きがいじめである事の理解」「マーガリン事件によるいじめの理解」「マーガリン事件が被害者のダメージとなったいじめの理解」「ノートの落書きによるいじめ行為から対応考察」「落書きなどのいじめ行為の理解」「マーガリン事件がいじめに発展するという理解」などがあげられる。

また、上記の感想文記述から、いじめがどのようなものなのかについての学びを読み取ることができる。本判決書教材を活用した授業で具体的ないじめの事実を通して、いじめの内容理解を深めていることが分かる。その中には、教科書へのいたずらや机へのいやがらせなどのふざけと思われる物理的いじめ行為についても、いじめと認定されると理解した生徒の認識の深まりも見られる。

この「d 物理的いじめ」については、第３節において本判決書教材を活用した授業の特色ある構成要素として予想したが、実際の感想文記述によって構成要素であることが確認できた。

(3)「e いじめとふざけ」のいじめ態様についての記述

・ 今までの授業で、普段やっていることが、いじめとなったり、ちょっとした事がいじめになると知って、少しびっくりした。(C27①)

・　僕たちが冗談でやっていることも裁判所ではすべて違反であることがわかったとき、とてもびっくりした。(C33③)
・　私はまず日ごろのふざけでやっていることが法律違反な事が結構あると知って少しびっくりした。(C43①)

本判決書教材においては、「いじめとふざけ」に関わる記述がいくつか見られた。「被害の集積と共同不法行為」「いじめ認定」「共同不法行為」などのキーワードがそれらの記述の中心的な内容である。いじめとふざけを区別する基準を示した裁判官の判断である。そのために、この基準を学んだ生徒たちが「いじめとふざけ」についての違いについて理解を示すと考えられるが、上記の感想文記述では、不法行為との関連を述べているだけである。その他の感想文記述によるキーワードにも判決書教材のキーワードと関連するものは見られなかった。授業構想における改善が必要と思われる。

(4)「h 学校教師の安全配慮義務」についての記述
・　次に先生に問題があると思います。しっかり生徒のことを観察しておけば、もっとちゃんとした対応ができたのではないかと思います。この先生は先生失格だと思います。次にAにも問題があったと思います。(C34②)
・　学校側の対応の仕方が甘いということも知ることができた。(C8③)
・　先生もAに対してのいじめを軽く考えるんじゃなくて、積極的に考えておけば、Aが自殺をしなくても済んだと思う。(C20②)
・　先生に対して思ったことはなぜ親に言わなかったのかということとなぜもっと厳しく注意をしなかったのかと思いました。(C37③)

この判決では、「担任教諭にいじめの続発及びこれによる被害生徒の自殺を防止できなかった安全配慮義務違反がある」と認定し、「自殺との間の相当因果関係を認めた」もので、「いじめによる自殺事案について担任教諭（学校側）に自殺の予見可能性を認めた初めての控訴審判決」となった。この判決は教師の専門性をより一層認定し、学校・教師のいじめに対する一層の安全配慮義務の重要性を問うものとなった。

「学校・教師の安全配慮義務」について分析していくと、市川も采女も、いじめをケンカと同等の教育外在型事故ととらえず、教育活動の内在する危険であるととらえている。それ故に、両者とも、教師および教師集団の専門的安全配慮義務が重視されるべきであるとし、教師の専門性を問うている。そして、市川は「あくまでも学校内部での徹底した教育指導がいじめ対策義務の核心である」としながらも、「教育指導の限界を厳格に考えることが重要である」とし、悪質重大ないじめに対しては、学校指導内を超えており、第三者機関への措置も必要であるとしている。一方、采女は、学校側の安全配慮義務は、保護者に対しての情報提供と働きかけによって、学校側の責任の縮減の議論は変わってくるとし、危険が具体化しない段階での危険に対処する方法を習得するプログラムを作り、児童・生徒に実行させる必要性を主張する。この危険回避の方法習得が、安全配慮義務の有無の一要素にも影響すると述べている。まとめると、市川の特色としては、学校教育におけるいじめ対策の教育指導の限界を述べながらも、現場の取り組みに対して、今後の充実への期待が見られる点にある。采女の独自性は、学校現場において日常的に危険から回避するプログラムの教育が重要であると主張している点であろう。

上記の研究者による指摘の通り、本判決教材を学ぶことで生徒たちは、学校教師の安全配慮義務と責任の理解を深め、学校教師の対応を厳しく問うものとなっている。

(5)「j 被害者保護者の保護監督義務」についての記述

・ 保護者や、先生も、もう少し厳しくこの問題をとりあげて、A を守ってあげる義務があったんじゃないのかなと思います。(C143③)
・ 親も学校に見に行くなどして、状況を把握しとけば良かったと思う。もっと、解決策があるんだから、もう少し考えれば良かった。(C79②)
・ 保護者も子どもがいじめられていることに気づいて、相談に乗ってあげれば良かった。(C134⑤)

上記の記述に見られるように、保護者の監督義務違反を問う感想文も見られた。保護者の対応によって被害者はいじめ自殺から逃れることができたのではないかという問い返しである。本判決では、「たとえT教諭から、心配ない、対処したなどと説明を受けたことがあり、A自身が家庭において本件いじめ行為等について語らなかったとしても、Aを巡って複数のトラブルが続いて起きていることを考慮して、Wらにおいても、Aとの対話を通じるなどして、学校生活におけるAの状況を十分に把握すべきであり、Aが本件自殺にまで追い込まれるほど精神的・肉体的負担を感じていたことに気づかなかったこと自体、Aの両親であるWらのAに対する監護養育が十分でなかったことを示す。」（W＝原告側保護者）と判断している。市川や采女はこの裁判官の判断を批判するが、本判決の要旨は生徒たちの一部に影響を与えたと考えられる。

(6)「k 同級生の不作為と対応考察」についての記述

・　周りにいる人も注意は難しいと思うけど、Aの味方になって電話をかけてあげたりしたら、自殺はしなかったと思った。(C7③)

・　実際にいじめをやっているところを見たら、止めに入ったり、先生に言うことはできないと思う。しかし、電話などで本人に言ったりすることはできる。(C102①)

・　いじめは法的に周りの人が悪いわけではないということに驚いた。私は見ている人たちも、止めようとしなかったから悪いと思う。(C133①)

いじめの周囲の人たちへの責任をいじめ裁判では問うたりはしないが、生徒たちはそれにもかかわらず、同級生たちの対応を考察し、批判的にとらえている。それは体験的に周囲の人たちが動くことでいじめ抑止や防止につながることを把握しているのか、それとも自分も含めて同級生たちの無関心な態度や姿勢を見たり聞いたりしているからなのか。いずれにしろ、この学習は同級生の人たちの対応について考察する機会を準備していることが感想文から見えてくる。

(7)「l 被害者救済の法的措置」についての記述

・　なんでAは、無駄な抵抗ばかりして、親や先生に相談して、法的手段やいじめ相談所に

いかなかったのだろう。(C14①)

・　A自身にもできることはあったんだなあと思った。Aは親に相談して、いじめ相談センターなどで相談すれば、もっと気が楽になったと思う。また、他の学校に転校するのもいいと思った。転校したら、その学校で友達を作れるかもしれないし、周りの人への接し方など、前の経験を活かして上手く接することができるかもしれないから、転校はいいなと思った。(C68①)

・　法的に次のような手段が承認されていると言うのは、初めて知った。しかし、①緊急避難の欠席、②学級替え、③転校措置、④相談所への相談　などと４つの事柄では、③での「加害者側の者たちを転校させる」が最も有効かと思える。①では、被害者側に負担がかかるし、②ではクラス替えした程度ではいじめは解決しない。④に至っては、相談しても加害者側の者たちが変わるという訳でもない。やはり、転校させて思い知らされてやった方が、いかに重罪であったか少しは自覚するのではないかと思う。(C1①)

被害者の法的措置についての感想文記述は多く見られた。学習過程の第三次に「被害者はどうすれば良かったのか」というテーマを位置づけており、その学びが生徒たちの感想文記述となったと考えられる。その記述は、上記に見られるように、現実的にその措置を自分なりに考察し、検討するものが多い。

(8)「n 被害者への共感・心情理解」についての記述

・　被害者の気持ちになって考えてみると、すごくつらい気持ちになってしまった。加害者は被害者の気持ちを考えたことがあるのかと思った。自殺に追い込むまでのいじめは重大な犯罪というのを改めて思いました。本人は冗談でいじめをやっていても、被害にあった人はすごくつらい気持ちになると思った。(C102②)

・　いじめを受けて先生や親に相談しなくて、なんでだろうという思いとつらかったんだなという思いが二つある。(C91③)

・　いじめのことは、毎回毎回言われますが、自殺したAのことを考えると、とてもかわいそうです。(C80①)

生徒たちは「被害者の気持ち」を想像している。もし、自分が被害者であったらどのような気持ちになるだろうかと考える。そして、そのつらさや悲しみに共感する。そのことが、上記の感想文に見られている。いじめ問題の判決書では、原告はいじめ被害の事実を明らかにしようとする。裁判官の判断は客観的にいじめの事実を認定しているが、その事実の重みが被害者への共感を生み出すのではないかと考えられる。

(9)「o 加害者対応の批判」についての記述

・　いじめてる人はいじめを実感していないと思う。ただおもしろ半分じゃすまないときもある。(C30②)
・　全体を通して、いじめは被害者の困っている所を見て、楽しんでいるのがいじめにつながっていることが分かった。また、やり返しや、自分の意見を押しつけるという感じで、いじめになるマーガリン事件などのいじめも知った。いじめた側としては、このことを一生を通して忘れず、ひたすら考えて、自分のしたことを悔い改めてほしいと思う。(C63①)
・　A は悪くなくて、加害者が一方的に悪かった。(C129①)

いじめの加害者に対する批判的な考察も感想記述には見られる。判決書を学んだことでいじめ自殺事件の全容を理解し、おもしろ半分でいる加害者に対して、その行為を糾弾する。この判決書では、共同不法行為や被害の集積からいじめを認定し、被害者の行動を「抵抗」であると判断しているが、その学びが被害者への批判ではなく、加害者批判へつながっていくように思われる。

(10)「p いじめ防止・抑止の決意」についての記述

・　だれか一人でも、A を励ましてあげるような人がいれば、自殺はしなかったと思います。これからもし私の近くでいじめがあったら、できるかぎり助けてあげたいです。(C54④)
・　今は、いじめられていないけど、将来もし、いじめられたときや、いじめを見たときのために、この事を覚えておこうと思う。(C4①)
・　いろいろ自分の意見と合ったり合わなかったりしたけど、いろんな意見を聞いて納得できたものもあった。これから先、どんなことがあるか分からないけど、いじめられたり、いじめている人を見たりしない学校にしたい。(C64②)

このいじめ判決書教材を活用した授業によって、これからの学校生活に生かしていこうとする生徒たちの決意が感想文記述に見られる。それは、いじめ防止や抑止への姿勢・態度・行動を示すものである。

(11)「q いじめ授業への感謝」についての記述

・　今日のこの授業は、どうすればよかったことなどをいろいろ意見が出て、ああそんなやり方があるなあとか、でもこれは自分にはできないかもとか、いろいろ考える時間でした。いじめられた時に、誰に相談したらいいかとか、いじめられた時、どうすればいいかとか、いじめのことを聞くセンターがあるとかを知ることができて良かったです。私はそういう所も知らなかったので、知ることができて良かったです。(C87 ①)
・　この授業はとても良かったと思う。この授業を受けて、思ったことや感じたことをこれからの生活に活かしたい。(C65 ②)
・　はじめこの話をよんだときは、ひどいなあかわいそうだなあと客観的にしか感じていなくて、でも自分たちでいろいろ考え、みんなの意見を聞いてみんなはこういう風に思うんだと知り、一人一人の考え方の違いがわかりました。裁判所の出した答えには驚かされる部分もありましたが、とても勉強になりました。この話を客観的に思っていた私でしたが、A の気持ちになったり、周りの人はどうすればよいのかを考えて身近に感じることが出来るようになりました。これからはこの勉強を生かして生活していきたいと思います。(C24 ①)

一連の本いじめ授業に対して、生徒たちの一部の感想文に上記のような授業効果と感謝について書いてくる生徒たちがいる。感想文記述については、授業者に対するバイアスが一部あるとしても、他のテーマにおいても共通するものである。いじめについて学びたいという生徒たちの要望に本授業実践は応えていると考えられる。

(12)「r いのちを奪ういじめの理解」についての記述

・　いじめられた人は、心身ともに傷つき、自殺に追い込まれてしまいました。いじめた人たちは、まさかこんなことになるとは思ってなかったと思います。(C2 ②)
・　A は自殺してしまったけど、たくさん死ななくてもいい道はあったと思った。でも、そ

れにはやっぱり支えてくれる人がいないと一人で悩んではダメなんだなと思った。(C19②)

・　いじめられて、苦しみ、自殺まで追い込まれるから、いじめは本当に怖いと思った。でもいじめはふせげるものだと思った。神奈川県中学校いじめ自殺事件は、加害者、教師、被害者、その親、周囲の人たちが、もう少し深く考えれば、自殺までならなかったと思う。(C48①)

本判決書教材では、最終的に被害者は自殺する。精神的に追い込まれた被害者は、いじめによっていのちを奪われてしまった。その事実の重みが生徒たちに、いじめがいのちを奪うという理解を生み出していると考えられる。感想文記述をもとにしたキーワードでは、「人生を狂わせるいじめの理解」「自殺に追い込んでいのちを奪ういじめの理解」「いじめによっていのちを奪われることの理解」「いのちを奪ういじめの理解についての言及」「自殺に追い込みいのちを奪ういじめの理解」「いじめによって自殺まで追い込まれいのちを奪ういじめの理解」などが見られ、その学びを示している。

(13)「s 被害者対応の考察」についての記述

・　A には、いじめられた時に、友達がいなかったし、先生も頼りなかったから、どうすることもできなかったけれど、さすがに自殺しなくても、ちゃんと考えて、親と相談したりして対策をとれば少しは楽になったんじゃないかなと思うところがたくさんあった。(C13②)

・　A は自殺ではなくて、もっと、いろいろな方法があったと思う。A はどうして先生や親に相談しなかったのかなと思う。(C137①)

・　A がいじめの行為を受けた事による苦悩を担任の先生や親に話せば少しでもいじめの対策について何か案を出してくれたのではないのかなと思いました。打開策がとられる機会もあったのに、どうして話さなかったのかなと思いました。A からもいろんな人の悪口を言っていたりしていたこともあったので、それは悪いなと思いました。(C108①)

判決では、被害者がやり返したのは「抵抗」であると述べているが、生徒たちの中にはその判断に対して疑問を持つものもいる。上記の感想では、A の自己責任を問うている。

(14)「t いじめの犯罪性の理解」についての記述

・ 最初いじめが犯罪ということを知らなかった。(C50①)

・ この3時間の授業を受けて、こんなことを学び、考え、感じました。一つ目は、いじめはたくさんの犯罪(罪)に当てはまり、大きな問題であることです。(C51①)

・ 自殺に追い込むまでのいじめは重大な犯罪というのを改めて思いました。本人は冗談でいじめをやっていても、被害にあった人はすごくつらい気持ちになると思った。(C102③)

本いじめ判決書学習のねらいは「判決書を通して、いじめが犯罪を含む人権侵害行為であることを理解」させることであったが、上記の感想からその目的が達成されているように思われる。本テーマにおける物理的いじめは、市川が分類する「トラブル型のいじめ」であるが、刑法と重ね合わせると不法行為となり得るものがある。采女博文は、いじめ事件を刑法との関係でとらえ、「生命・身体に対する罪として、暴行罪(刑法208条)をベースに傷害罪(204条)、傷害致死罪(205条)がある。また、脅迫罪(222条)をベースに強要罪(223条)や恐喝罪(249条)があり、名誉に対する罪として、侮辱罪(231条)や名誉毀損罪(230条)など、いくつかの型がみつかる。また、犯罪のそそのかし(教唆)は実行者と同じ罪であること(61条)や手助け(幇助)も処罰される(62条以下)」と説明する。しかし、第3節で述べたように、本実践の課題としては、物理的いじめすべてを犯罪行為と照らし合わせていた点に大きな問題があった。物理的いじめは犯罪行為を含む不法行為となり得るが、刑法上と民法上の相違点を認識する必要がある。

(15)「v いじめ責任についての考察」についての記述

・ 結果的にいじめの原因は加害者や被害者、まわりの人々、先生、Aにもあったことがわかった。実際、その場、その場だけの対処だけだった。T先生もけっこう悪いやつだと思った。(C44①)

・ 一番悪かったのはやっぱり加害者だが、Aも十分な対応をしていなかった。周囲の人も。法的には罪にはならなくても、注意すべきだったと思う。先生もきちんと対応すれば良かった。Aの自殺は、みんなで協力しないと止められなかったと思う。(C122①)

・　加害者が一番悪いけど、学校の先生や、周囲の人も悪いということが分かった。（C135②）

いじめの責任問題を追及する場面は、一連の学習過程において位置づけている。生徒たちは、だれにもっとも責任があるのかという視点で議論していく。本判決では、学校教師の安全配慮義務違反が厳しく問われ、被害者のいじめ自殺に対しても、予見可能性を認めた。その裁判官の判断が、生徒たちの感想に影響し、教師責任を問う感想が多く見られた。采女は、本判決における学校教師の安全配慮義務違反に対して、「『組織体としての学校』が予見すべきであるか否かという評価枠組みへ組み直すことができよう」と述べ、教師の専門職性について良く理解した判断だと説明する。

(16)「m 被害者自身の問題点」についての記述

・　第３次では、いじめられる人にも原因があるという意見が出てきたが、少しそれに賛成だった。いじめられる人が、こっちは何もしていないのに、いやがらせなどを言ってきたりすると、やはり嫌われ、いじめまでいかなくても、いやがられると思う。(C5③)
・　最初の授業でＡがいじめられていることについて習ったけど、自分が想像するいじめとぜんぜん違うレベルのいじめだった。実際、Ａはいじめられていたわけだけど、手を出したりした部分はＡも悪いと思った。(C15①)
・　また、Ａも問題があった。(C42④)

本判決書教材においては、被害者もさまざまな場面でいやがらせを言ったり、手を出したりしてやり返している事実がある。そのため、一見生徒たちは、被害者の問題性について注目する。裁判官は、その事実について、「抵抗」であると判断しているのだが、それを「抵抗」と受けとめきれない生徒たちが存在する。他の判決書活用授業でも同様に見られる感想であるが、本判決書においては、特に他と比べて生徒たちの感想文記述が多く見られらたことで、特色ある構成要素とした。

(17)「w 被害者対応としての抵抗の理解」についての記述

・ Ａはいじめを受けて親に言わなかったり、Ａの発言によって起きたものがあったので最初は、Ａ自身もいけないのではと思っていましたが、Ａの発言の方は、必死の抵抗だと知ったときなるほどと思いました。(C40①)
・ でもＡもやり返していたから悪いと思ったがそれは抵抗だった。ほかにもいろいろしていた。(C45②)
・ この授業を受けて、次の事が分かりました。一つ目は、「被害者はやり返しても、抵抗と判断される」ということです。私はＡも悪いと思っていたけど、抵抗と言われて納得できました。(C138①)

本判決書では、裁判官の判断として、被害者のやり返しを「抵抗」であると認めている。この判断は、共同不法行為によって苦しむいじめ被害者が、精神的に追いつめられてやり返すことがあり得ることを教えてくれている。そういう意味で、この判決書における裁判官の判断は学ぶべき事が多々あると思われる。「被害者自身の問題」ととらえる生徒がいる一方で、裁判官の判断を受けとめ理解する生徒も多い。

(18)「x 共同不法行為としてのいじめ」についての記述

・ いじめは最低で最悪の行為だと思ったし、一人に対して大人数でやるのだから卑怯だとも思った。(C8④)
・ 加害者も大人数でやっていたので、それがいけないと思った。(C33②)
・ 一対一はトラブルで、一対多数がいじめになることも初めて知った。(C91②)

上記の感想文記述からわかるように、生徒たちは裁判官の判断からいじめが共同不法行為によって認定されることを学んでいる。いじめとふざけの区別の基準として、本判決書教材を活用した授業は意義深い。また、他のいじめ判決書ではあまり見られない特色のある学びである。第２節でも記したように、判決書では、「事実認定されたいじめは、何人かで共同してＡを傷つけた『共同不法行為』であり、法に違反した行為であると判断する」と同時に、「くり返し執拗に行われたいじめの違法性から逃れられるということはできない」と説明されている。つまり、1対1であればトラブルであるが、十数人と1ではあきらかな共同不法行為であり、いじめであること、さらに被害者の加害者への一連の言動や行動は「抵抗」として位置づけられることが説明されている。この判決書では、共同不法行為や被害の集積からいじめを認定しているが、この二つの観点は、いじめなのかふざけなのかを見分ける基準になり得ると考えられる。

上記の感想文から構成要素を抽出できることを示している。この要素はすべての判決書教材を活用した学習で獲得される学習内容ではない。本研究におけるいじめ態様のテーマの一つとして「いじめとふざけ」があるが、そのテーマで活用した「千葉県中学校いじめ事件」の授業感想文で見られた構成要素とは重なっているが、本判決書教材を活用した授業による特色ある構成要素である。

第5節　小括

本章では、第1節で本研究におけるいじめ態様の類型化の一つである「物理的いじめ」について、判決書教材の開発の適否を検討した。第2節では、開発した判決書教材を紹介し、その教材に記述されている学習の要素を取り出してキーワード化し、いじめの態様やいじめの責任等の構成要素を抽出した。第3節では開発した判決書の構成要素が授業構成において位置づけられていることを確認し、授業の概要について説明した。そして第4節では、授業感想文にもとづいてキーワードを生成し、そのキーワードをもとにして構成要素を抽出し、分析した。判決書教材における構成要素が、生徒たちの感想文記述において構成要素となっているかを検討してきた。

この節では、第2節で示したいじめ判決書教材のキーワードと第4節で分析した授業感想文記述によるキーワードとの関連を見ていきたい。そのことで、いじめ判決書教材の開発と授業実践によってどのような構成要素が抽出できるのかその関連を検討できる。

次の表23がいじめ態様・いじめ責任等の構成要素と判決書教材のキーワード、感想文記述のキーワードとの関連について比較整理した表である。

＜表23　いじめ態様・いじめ責任などの構成要素と判決書教材、感想文記述との関連＞

いじめの態様と責任等の構成要素	いじめ判決書教材におけるキーワード	感想文記述によるキーワード
a 悪口		C50 ⑥悪口が犯罪やいじめになることの理解
b 無視・仲間はずれ・村八分		C105 ④名誉毀損としてのいじめ理解
c 暴行・恐喝	C(1)足掛けによるいじめ C(15)ほほをつねるいじめ C(17)足を蹴ったり、肩を押すいじめ C(18)ぶったり蹴ったりするいじめ C(19)手を叩くいじめ	C35 ①足掛けや肩にぶつかることが暴行のいじめになることの理解 C90 ①差別暴力としてのいじめの理解 C105 ②暴行罪としてのいじめ理解 C105 ③器物破損としてのいじめ理解 C109 ②足掛けも暴行という犯罪になるいじめ理解
d 物理的いじめ	C(3)物理的いじめ C(5)落書きによるいじめ C(7)落書きによるいじめ C(8)教科書隠しによるいじめ C(10)教科書を投げ捨てるいじめ C(12)チョークの粉を落とすいやがらせ C(13)画びょうを置くいやがらせ C(20)教科書を捨てるいやがらせ C(22)カバンを持って逃げるいやがらせ C(23)マーガリン事件としてのいじめ	C12 ③落書きがいじめである事の理解 C19 ①マーガリン事件によるいじめの理解 C29 ③マーガリン事件によるいじめの理解 C39 ①マーガリン事件が被害者のダメージとなったいじめの理解 C39 ③ノートの落書きによるいじめ行為から対応考察 C40 ②落書きなどのいじめ行為の理解 C45 ③マーガリン事件によるいじめの理解 C55 ③マーガリン事件によるいじめの理解 C63 ②マーガリン事件がいじめに発展するという理解 C104 ①マーガリン事件のいじめ理解
e いじめとふざけ	C(26)被害の集積と共同不法行為 C(27)いじめ認定 C(28)共同不法行為	C12 ①いじめではないことが大きな罪になることの理解 C12 ②足掛けがいじめである事の理解 C27 ①普段の日常的な行為がいじめになるという理解 C33 ③ふざけがいじめになることの理解 C43 ①ふざけがいじめになることの理解 C47 ①足掛けがいじめである事の理解 C89 ①悪ふざけによるいじめの考察
f 性的嫌がらせ		

g 特別支援いじめ		
h 学校教師の安全配慮義務	C(2)学校教師の日常的な安全配慮のための過失 C(9)学校教師のいじめ認知不足による過失 C(11)学校教師のいじめ認知不足による過失 C(16)学校教師の保護者への情報提供不足 C(21)学校教師の保護者への情報提供の過失 C(24)学校教師のいじめ認知不足による過失 C(25)学校教師の安全配慮として保護者への情報提供の過失 C(30)学校教師の安全配慮義務の説明 C(31)学校教師のいじめ認知不足による過失責任 C(32)学校教師の予見可能性における過失責任 C(33)学校教師のいじめ対応の組織的問題点と安全配慮義務違反 C(35)学校教師の安全配慮の義務違反	C7 ②学校教師のいじめ認知の不足責任 C8 ③学校教師の安全配慮不足への言及 C12 ⑤学校教師の日常的な生徒の観察の必要性 C14 ③学校教師の安全配慮不足への言及 C15 ②学校教師のいじめ認知不足と対応の問題点についての言及 C20 ②学校教師のいじめ自殺予見可能性の過失責任 C23 ①学校教師の日常的な安全配慮のための過失 C23 ④学校教師の保護者への情報提供不足 C29 ④学校教師のいじめ認知不足による過失責任と対応の問題点についての言及 C32 ②学校教師のいじめ指導の過失責任への言及 C34 ②学校教師の日常的な安全配慮のための過失 C37 ③学校教師の保護者への情報提供不足といじめ指導の過失 C41 ①学校教師のいじめ指導における問題性と過失責任 C42 ③学校教師の安全配慮の義務違反 C45 ④学校教師の安全配慮として保護者への情報提供の過失 C46 ②学校教師のいじめ対応の組織的問題点と安全配慮義務違反 C48 ③学校教師の安全配慮の義務違反 C49 ②学校教師の日常的な安全配慮のための過失 C50 ③学校教師のいじめ認知不足による過失 C52 ②学校教師の安全配慮として保護者への情報提供の過失 C53 ⑤学校教師の安全配慮として保護者への情報提供の過失 C57 ③学校教師のいじめ認知不足による過失 C59 ③学校教師のいじめ対応の組織的問題点と安全配慮義務違反 C62 ②学校教師の日常的な安全配慮のための努力 C85 ③学校教師の安全保持義務違反 C93 ②学校教師のいじめ認知不足による過失 C97 ③学校教師のいじめ認知不足による過失 C100 ②学校教師の日常的な安全配慮の努力の必要性 C105 ⑤学校教師のいじめ認知不足と過失責任 C116 ②学校教師のいじめ対応の組織的問題点と安全配慮義務違反 C119 ②学校教師の安全配慮の義務と責任 C123 ①学校教師の安全配慮としてのいじめ認知の責任

		C127 ①学校教師のいじめ認知不足による過失責任 C134 ③学校教師のいじめ認知不足による過失責任 C137 ③学校教師の安全配慮の義務違反 C144 ②学校教師のいじめ対応の安全配慮義務の努力
i 加害者保護者の保護監督義務		
j 被害者保護者の保護監督義務	C(4)被害者保護者の養育責任としての学校への問い合わせ C(34)被害者保護者の日常的な安全配慮の養育責任	C14 ②被害者保護者の対応への批判 C20 ③被害者保護者の養育責任 C36 ④被害者保護者の養育責任についての言及 C38 ④被害者保護者の保護監督における問題 C50 ⑤被害者保護者の日常的な保護監督の重要性 C53 ④被害者保護者の日常的な保護監督の重要性 C59 ①被害者保護者の日常的な保護監督の重要性 C79 ②保護者の保護監督の義務と対応考察 C97 ④被害者保護者の日常的な安全配慮の養育責任 C134 ⑤被害者保護者の日常的な観察の必要性 C137 ④被害者保護者の過失問題 C143 ③被害者保護者の監督義務の過失
k 同級生の不作為と対応考察	C(6)周囲の人たちの不作為責任	C7 ③自殺に追い込んだ他の生徒たちの不作為への言及 C10 ①他の生徒たちの不作為と対応についての言及 C16 ②他の生徒たちの不作為による自殺 C18 ①他の生徒達の対応についての現実的考察 C20 ①他の生徒たちの対応についての批判的考察 C21 ②他の生徒は不作為ではなく、仲の良い友達が深刻ないじめから救うことへの言及 C27 ③他の生徒たちの不作為と対応についての言及 C30 ③他の生徒たちの現実的対応の考察と決意 C31 ①他の生徒たちの不作為の問題と対応についての言及 C32 ④他の生徒たちの不作為問題と対応考察 C38 ①他の生徒たちの不作為の問題性についての言及 C42 ②他の生徒たちの不作為の問題性についての責任 C49 ①他の生徒たちの不作為の問題性の気づきと対応の考察 C53 ③他の生徒たちの不作為の問題性についての言及

		C54 ③他の生徒たちの不作為による自殺 C55 ④他の生徒たちの不作為の問題性についての言及 C60 ②他の生徒たちの不作為と対応考察 C62 ①他の生徒たちの不作為と対応考察 C71 ②他の生徒たちの不作為と対応考察 C72 ②他の生徒たちの不作為についての現実的考察 C76 ③他の生徒たちの対応考察 C77 ①他の生徒たちの不作為と対応考察 C82 ①他の生徒達の対応の考察、被害者対応の考察 C82 ②他の生徒たちの不作為の問題性考察 C83 ①他の生徒たちの不作為と対応考察 C85 ②他の生徒たちの不作為と対応考察 C89 ③他の生徒たちの不作為と対応考察 C91 ④他の生徒たちの不作為と対応考察 C93 ①他の生徒たちの勇気ある対応の考察 C100 ①他の生徒たちの対応考察 C102 ①他の生徒たちの現実的いじめ対応の考察 C113 ①他の生徒たちがいじめ被害者を支えていくことの重要性についての学び C124 ②他の生徒たちの不作為 C127 ③他の生徒たちの不作為と対応考察 C133 ①他の生徒たちの不作為と対応考察 C134 ②他の生徒たちの不作為 C140 ②他の生徒たちの不作為と対応考察
1 被害者救済の法的措置		C1 ①いじめを逃れるための法的措置についての理解と現実的考察 C6 ①いじめ被害者の法的措置の一つである緊急避難としての欠席の言及 C8 ①いじめに対応する法的措置についての言及 C9 ②いじめ被害者を救うための法的措置や相談所についての言及 C10 ②被害者の法的措置としての欠席についての言及 C13 ①いじめから逃れるための法的措置についての言及 C14 ①いじめ被害から逃れるための法的措置についての言及 C31 ③法的措置としての欠席についての言及 C32 ①法的措置の現実的考察 C36 ②いじめから逃れるための法的措置についての言及 C39 ②法的措置としての欠席の重要性の言及 C40 ③いじめから逃れるための法的措置についての言及

		C41 ②法的措置としての転校についての言及 C43 ③いじめから逃れるための法的措置の有効性についての言及 C48 ②いじめから逃れるための法的措置についての理解言及 C56 ①いじめ被害者としての法的措置についての理解と考察 C58 ①法的措置についての現実的考察 C61 ①法的措置としてのクラス替えについての考察 C66 ①いじめからの逃れるための法的措置の理解 C68 ①転校という法的措置についての理解と現実的考察 C71 ①被害者救済としての法的措置についての理解と考察 C73 ①法的措置としての転校についての理解 C79 ①被害者としての法的措置の転校について理解と考察 C94 ①被害者としての法的措置についての現実的考察 C111 ①いじめ対策としての法的措置についての理解 C112 ②いじめから逃れるための法的手段の理解の言及 C116 ①法的措置としての転校についての考察 C117 ①法的措置についての理解 C118 ①法的措置としての転校についての現実的考察 C124 ③法的措置としての欠席の重要性の言及 C138 ②いじめ被害から逃れるための法的措置についての言及 C139 ①法的措置としての欠席の言及 C140 ④いじめ被害から逃れるための法的措置についての言及
m 被害者自身の問題点		C5 ③いじめ被害者の問題性への言及 C15 ①被害者対応の問題性についての言及 C42 ④被害者の問題性への言及 C69 ①被害者の問題性の指摘
n 被害者への共感・心情理解		C2 ①被害者の心情を理解する必要性 C3 ①いじめ被害者の行動と心情の考察 C9 ①いじめ被害者への共感的心情理解 C21 ①被害者心情の理解と共感 C22 ②いじめ被害者の心情を洞察し、共感する言及 C28 ①いじめ加害者被害者の心情の洞察についての言及

		C29 ①被害者の心情の洞察と共感 C33 ①いじめ被害者の心情を洞察し、共感する言及 C45 ①いじめ被害者の心情理解と共感 C52 ④被害者の心情を洞察し共感する記述 C78 ①いじめ被害者への心情理解と共感 C80 ①被害者の心情についての洞察と共感 C85 ①被害者の心情の洞察と共感 C88 ①被害者の心情の洞察と共感 C91 ③被害者の心情の洞察と共感 C102 ②被害者の心情の洞察と共感 C114 ③被害者の心情の洞察と共感 C133 ②被害者の心情理解と共感
o 加害者対応の批判		C5 ②加害者責任についての理解 C8 ②加害者責任への言及 C30 ②加害者に対する批判 C34 ①加害者のいじめ行為への批判 C37 ②加害者のいじめ行為に対する批判 C38 ②加害者のいじめ行為についての批判的考察 C42 ①加害者のいじめ行為に対する批判 C52 ③被害者の心情を洞察しない加害者に対する批判 C53 ①いじめ加害者への批判 C57 ①被害者の行動についての批判的考察 C59 ④加害者のいじめ行為に対する批判 C63 ①いじめ加害者に対する批判的考察 C67 ①加害者行為への批判的驚き C97 ①加害者のいじめ行動に対する批判と責任 C105 ①加害者のいじめ責任 C106 ②加害者のいじめ行為に対する批判 C123 ③加害者のいじめ責任と批判 C129 ①加害者批判 C144 ①いじめ加害者のいじめ行為についての批判と反省 C146 ①いじめ加害者の行動に対する批判と考察
p いじめ防止・抑止の決意		C2 ④いじめ防止抑止のための今後への決意 C4 ①将来のいじめに対する決意 C12 ⑦今後のいじめに対する決意 C13 ③今後のいじめから逃れるための決意 C19 ③いじめ防止抑止のための今後の取り組みに対する決意 C51 ②いじめ防止抑止のために積極的に学び対応を考察することの重要性 C52 ⑤今後のいじめに対する決意 C54 ④いじめ防止抑止のための今後の取り組みに対する決意

		C64 ②いじめ防止や抑止を可能にするための決意 C65 ①いじめ防止や抑止のための決意 C70 ①いじめ防止や抑止のための決意 C71 ③今後いじめをしないことの決意 C74 ①被害者対応についての今後へのいじめへの決意 C81 ②今後のいじめに対応することの決意 C84 ②いじめ防止や解決のための今後への決意 C85 ④いじめ防止抑止のための今後へ決意と期待 C88 ②いじめ防止抑止のための今後への決意 C91 ⑤いじめ自殺を防ぐための今後への決意 C95 ①今後のいじめに対する決意 C97 ⑤いじめ防止抑止のための決意 C103 ①いじめ防止抑止のための今後への決意 C114 ④いじめ防止抑止のための今後への決意 C118 ②いじめ防止抑止のための今後への決意 C126 ①学習による今後へのいじめに対する決意 C128 ②いじめ防止抑止のための今後への決意 C130 ①いじめ防止抑止のための今後の取り組みに対する決意 C132 ①いじめ防止抑止のための今後への対応の決意 C135 ③今後へのいじめ防止抑止の決意 C138 ③被害者としてのいじめ解消のための行動の決意
q いじめ授業への感謝		C21 ③いじめ授業への感謝 C24 ①いじめ授業の学びの大きさと感謝についての言及 C25 ①いじめ授業の学びの大きさと感謝についての言及 C33 ④いじめ授業への感謝 C39 ⑤授業への感謝 C49 ③いじめ授業による知識獲得への感謝 C65 ②いじめ授業に対する感謝 C66 ②いじめ授業が実生活に役立ったことの感想 C81 ①いじめ授業についての感謝 C86 ②授業への感謝 C87 ①いじめ授業によって多くの学びがあったことへの感謝 C99 ①いじめ授業についての学びの感謝と今後への決意 C106 ③対処法を学べたいじめ授業への感謝 C111 ③いじめ授業による知識獲得への感謝 C112 ③いじめ授業への感謝 C117 ③いじめ授業への感謝

r いのちを奪ういじめの理解		C2 ②自殺に追い込みいのちを奪ういじめの理解 C19 ②いのちを奪ういじめの理解についての言及 C26 ①人生を狂わせるいじめの理解 C29 ②自殺に追い込んでいのちを奪ういじめの理解 C36 ①いじめによっていのちを奪われることの理解 C46 ①いのちを奪ういじめの理解についての言及 C48 ①自殺に追い込みいのちを奪ういじめの理解 C54 ①いじめによって自殺まで追い込まれいのちを奪ういじめの理解 C64 ①自殺まで追い込む命を奪ういじめの理解 C72 ①自殺にまで追い込んでしまういじめはいのちを奪うことの理解 C78 ②いのちを奪ういじめの理解についての言及 C89 ②いのちを奪ういじめの理解についての言及 C111 ②自殺を生み出すいじめのいのちを奪うことの理解 C114 ②いのちまで奪ういじめの理解 C128 ①自殺に追い込みいのちを奪ういじめの理解 C131 ①いのちを奪ういじめの理解についての言及 C142 ①自殺まで追い込む命を奪ういじめの理解
s 被害者対応の考察	C(29)被害者によるいじめ行為に対する抵抗	C7 ①被害者対応についての考察 C11 ①被害者対応の考察と他の生徒達の対応考察 C12 ④被害者対応についての考察 C12 ⑥いじめから逃れるための相談機関の理解 C13 ②被害者がいじめから逃れるためにとった対応への批判 C16 ①被害者対応としての相談所への相談についての批判的言及 C18 ②被害者としての対応についての考察への言及 C20 ④被害者の対応としての相談についての考察の言及 C22 ①被害者に対する対応の問題性についての言及 C23 ③被害者は相談所への対応への言及 C27 ②被害者対応についての批判的考察 C31 ②被害者による相談の対応についての考察 C32 ③被害者対応についての批判的考察 C34 ③被害者の相談しなかった事への批判的考察 C37 ①被害者の対応についての批判的考察 C38 ③被害者の相談しなかった事についての批判 C39 ④被害者対応についての考察

		C44 ②被害者がいじめから逃れるために相談の重要性への言及 C48 ④いじめ被害者の相談しなかったことについての考察 C50 ④被害者の対応についての考察 C53 ②被害者の相談についての考察の言及 C54 ②被害者対応としての相談についての言及 C55 ②いじめ被害者の対応としての相談についての言及 C59 ②被害者対応についての批判的考察 C60 ①被害者が一人でかかえ込んだことについての批判的考察 C62 ③被害者は相談するという方策についての考察 C76 ②被害者になったときに相談することの重要性の理解 C82 ③被害者の相談についての重要性の考察 C83 ②被害者のいじめ対応としての相談についての考察 C84 ①被害者として相談することの大切さについての考察 C96 ①被害者対応についての批判的考察 C97 ②被害者が相談せず自殺しことに対する批判的考察 C108 ①被害者対応の考察と批判 C109 ①被害者として相談することの重要性の言及 C115 ①被害者対応の考察と批判 C117 ②被害者の相談することの重要性の言及 C124 ①被害者の対応についての批判的考察 C134 ①被害者のいじめから逃れるための相談についての言及 C137 ①被害者対応としての相談の重要性の言及 C140 ①被害者のいじめから逃れるための相談についての言及 C143 ②被害者のいじめから逃れるための相談についての言及
t いじめの犯罪性の理解		C1 ②いじめ行為の重罪を理解 C2 ③いじめの犯罪性の理解 C3 ②いじめの犯罪の理解 C5 ①いじめの犯罪性理解 C17 ①いじめの犯罪性理解 C50 ①いじめの犯罪性理解 C51 ①いじめがたくさんの犯罪であることの理解 C52 ①いじめの不法行為についての理解 C75 ①いじめの法的関係の理解

		C76 ①いじめの不法行為についての理解 C86 ①いじめは自由を奪うものであることの理解 C91 ①いじめの犯罪性の理解 C92 ①いじめ犯罪性の理解 C98 ②いじめの不法行為の理解 C101 ①ふざけ半分によるいじめの犯罪性の理解 C102 ③自殺に追い込むいじめの犯罪性の理解 C107 ①いじめの犯罪性理解 C112 ①いじめの犯罪性の理解 C114 ①いじめの犯罪性理解 C119 ①いじめの不法行為としての理解 C121 ①不法行為としての罪が重いいじめの問題 C123 ②いじめの犯罪性理解 C134 ④いじめの犯罪性理解 C135 ①いじめが人の心を傷つける犯罪であることの理解 C136 ①いじめの犯罪性理解 C139 ③いじめの犯罪についての言及 C144 ③いじめの犯罪性理解
u いじめ体験		
v いじめ責任についての考察		C17 ②いじめ責任についての理解 C36 ③いじめ責任における理解と考察 C43 ②いじめ責任についての考察 C44 ①いじめ責任についての理解と考察 C55 ①いじめ責任の考察 C98 ①いじめ責任の考察 C120 ①いじめ責任についての考察 C122 ①いじめの責任ついての考察 C125 ①いじめ責任の考察 C135 ②いじめ責任の考察 C140 ③いじめ責任についての言及 C143 ①いじめ責任の関係者理解
w 被害者対応としての抵抗の理解		C23 ②被害者によるいじめ行為に対する抵抗 C30 ①いじめ行為に対する被害者の抵抗の意味 C40 ①被害者によるいじめ行為に対する抵抗の理解 C45 ②被害者によるいじめ行為に対する抵抗の理解 C50 ②被害者のいじめに対する抵抗についての理解 C57 ②いじめ被害者の抵抗としての対応の理解 C77 ②被害者の行為が抵抗であることの理解 C127 ②被害者対応の抵抗についての理解 C137 ②被害者対応としての抵抗についての理解

		C138 ①被害者の対応としての抵抗についての言及 C139 ②被害者の対応としての抵抗についての言及
x 共同不法行為としてのいじめ		C8 ④共同不法行為がいじめであることの理解 C33 ②共同不法行為がいじめであることの理解 C91 ②共同不法行為がいじめであることの理解 C106 ①共同不法行為がいじめであることの理解 C107 ②共同不法行為がいじめであることの理解
y 精神的後遺障がい		C119 ③人の心を傷つけるいじめの理解 C141 ①人の心を傷つけるいじめの理解
z1 裁判と損害賠償		C110 ①裁判所判断についての考察
z2 いじめのきっかけ		C121 ②いじめの発生理由と拡大

本いじめ判決書教材においては、「c 暴行・恐喝」「d 物理的いじめ」「e いじめとふざけ」「h 学校教師の安全配慮義務」「j 被害者保護者の保護監督義務」「k 同級生の不作為と対応考察」「s 被害者対応の考察」に関わる記述が見られた。特に「d 物理的いじめ」「e いじめとふざけ」「h 学校教師の安全配慮義務」「j 被害者保護者の保護監督義務」の構成要素が抽出できる。それらの構成要素についての記述は、本判決書では多く見られる。

授業構成においては、第1次において「どの行為がいじめだと思うかを判決書に下線を引き、裁判所の判断をもとにして確認する」場面において、本章のいじめ態様のテーマである物理的いじめについて、その内容について理解を図ろうとした。同時にそのいじめがどのような不法行為なのかを理解させようとした。第2次では、学校教師の責任についての意見交換をする場面を準備したが、その中で、「h 学校教師の安全配慮義務」についての裁判官の判断を紹介した。

上記のいじめ判決書教材における構成要素に対して、生徒たちの感想文の記述は前節でも紹介したが、「a 悪口」「b 無視・仲間はずれ・村八分」「c 暴行・恐喝」「d 物理的いじめ」「e いじめとふざけ」「h 学校教師の安全配慮義務」「j 被害者保護者の保護監督義務」「k 同級生の不作為と対応考察」「l 被害者救済の法的措置」「m 被害者自身の問題点」「n 被害者への共感・心情理解」「o 加害者対応の批判」「p いじめ防止・抑止の決意」「q いじめ授業への感謝」「r いのちを奪ういじめの理解」「s 被害者対応の考察」「t いじめの犯罪性の理解」「v いじめ責任についての考察」「w 被害者対応としての抵抗の理解」「x 共同不法行為としてのいじめ」「y（精神的）後遺障がい」「z1 裁判と損害賠償」「z2 いじめのきっかけ」が見られた。

その中でも、「d 物理的いじめ」「e いじめとふざけ」「h 学校教師の安全配慮義務」「j 被害者保護者の保護監督義務」「k 同級生の不作為と対応考察」「l 被害者救済の法的措置」「n 被害者への共感・心情理解」「o 加害者対応の批判」「p いじめ防止・抑止の決意」「q いじめ授業への感謝」「r いのちを奪ういじめの理解」「s 被害者対応の考察」「t いじめの犯罪性の理解」「v いじめ責任についての考察」「w 本被害者対応としての抵抗の理解」「x 共同不法行為としてのいじめ」については、構成要素として抽出できた。判決書教材による授業構成において注目した「d 物理的いじめ」「e いじめとふざけ」「h 学校教師の安全配慮義務」「j 被害者保護者の保護監督義務」については、表23から、教材として期待されたように構成要素となっている。

本学習においては、「m 被害者自身の問題点」「w 被害者対応としての抵抗の理解」「x 共同不法行為としてのいじめ」についての構成要素が見られた。他の判決書教材を活用した授業ではあまり見られない感想であり、それらは本判決書による生徒たちの特色ある構成要素であると考えられる。特に、「w 被害者対応としての抵抗の理解」「x 共同不法行為としてのいじめ」については、裁判官の判断として判決書に示されたものであり、その学びが生徒たちの感想につながっていると考えられる。

本判決書教材を活用する学習によって、いじめとは何かを具体的に学習することができ、物理的いじめ行為が人権侵害行為につながること、また特定の個人に対して集団で心理的・暴力的・物理的に圧力をかけることは共同不法行為であり、いじめとふざけの違いについての基準を学ぶことができ、本判決における被害者のやり返しなどの行為が抵抗であることなどについても判決書を通して構成要素を抽出することができた。これは、生徒たちのいじめ認識にある被害者への責任転嫁の問題についても考察できる可能性を持っている。

第6章 「いじめとふざけ」の違いを学ぶいじめ判決書教材と授業（判決書教材D・東京高裁平成13年12月20日判決）

第1節 判決書選択の妥当性

本節では、本研究におけるいじめ態様の類型化の一つである「いじめとふざけ」について、いじめ裁判に関する研究者の先行研究をもとにして判決書教材開発の適否を検討し、開発する判決書教材を紹介する。

本研究で活用したのは、千葉地方裁判所平成13（2001）年1月24日判決「千葉県中学校いじめ事件」である。なお、この裁判は東京高裁において事実認定はそのままで、町に対する賠償額は増えたが、総額は760万から690万となった。事実認定は同じなので、本章の教材開発は「東京高裁平成13年12月20日判決」としている。本判決書を選択した理由は以下の通りである。

第一に、裁判に関する研究者の先行研究との関わりについて述べてみたい。

この事件について、梅野は「中学校入学当初より継続的に、集団で、また個別に『叩く・殴る・蹴るなどの暴力』『冷やかし』『他人の前で羞恥・屈辱を与える』『持ち物を隠す』などの不法ないじめ行為を繰り返し受けた」事件として説明する[1)]。

さらに梅野は、「いじめの早期発見の重要性を知っていても、目の前の児童生徒の行為を、『萌芽かも知れない』と判断できなければ、早期発見や対応にはつながらない。『もしかしたら』（目の前の些細と思われる行為が）万一甚大

1） 梅野正信『教育管理職のための法常識講座』上越教育大学出版会、2015、pp.74-85

な事態に発展したら」と感じ予見する感性や判断力がなく、また、そのような感性と判断力が同僚に広く共有されていなければ、結果的に、学校は、事態の悪化を傍観してしまうことになりかねない」と述べる[2)]。本判決書教材の教師研修資料開発におけるコメントであるが、これはいじめかふざけかを見分ける目を教師が持つことの重要性を指摘している。本判決では、刑法上の悪質ないじめ行為だけでなく、物理的いじめを含め、冗談のようなふざけあいとしてとらえられる行為についてもいじめ認定をしている。

研究者においても、いじめとふざけの峻別について考察が見られる。市川は、「トラブル型いじめ」として分析し、坂田の分類では、「教育課題としてのいじめ」として位置づけられる。その位置づけは、「子どもの行動が学校教育上見過ごすことが出来ない程度」になった場合と考えられる。そして、「一定の者から特定の者に対し、集中的、継続的に繰り返される心理的、物理的、暴力的な苦痛を与える行為が、受忍限度を逸脱した場合には法的責任の追及が初めて可能となる」として、「教育課題としてのいじめ」と「法的問題としてのいじめ」を区別している。

第二に、授業としての適否について検討したい。

文部科学省のいじめの態様の例示では、「軽くぶつかられたり、遊ぶふりをして叩かれたり、蹴られたりする」「金品を隠されたり、盗まれたり、壊されたり、捨てられたりする」があげられている。本章のテーマでは「いじめとふざけ」を取り上げているが、このテーマは上記の例示に関連する。

「千葉県中学校いじめ事件」の判決書には、ふざけといじめについて裁判官の判断が詳しく記されている。裁判官は中学生の年代特有のふざけ合いを認めている。しかし、そのふざけ合いの延長上にいじめとなり得ることを記している。

また、このテーマについては、前章で示した「神奈川県中学校いじめ自殺事件」の判決書も効果的である。共同不法行為と被害の集積という二つのキーワー

2) 梅野 前掲注1)、pp.74-85

ドをもとに、いじめとふざけの違いを確認することができる。両判決書の裁判官の判断をもとに、「いじめとふざけ」の違いについて学ぶことが可能となる。

本判決書で事実としてあげられているいじめは、「強者が弱者に対して精神的・肉体的な苦痛を継続して与える行為」であり、この判決を通して加害生徒や親は、いじめ被害を受けた児童生徒が損害を賠償した場合は、その請求に応じなければならないことを学ぶことになろう。特に、判決に出てくるいじめは、学校内においては「ふざけ」「ちょっかい」「じゃれる」などと日常的に教師や傍観者から見てしまいがちな事実も含まれており、「ガムテープを眉毛に貼って勢いよく引き剥がす」ことや「給食のピラフからグリーンピースを選り分け、皿に乗せたり」「いかがわしい漫画の雑誌の売りつけ」など、特別な事件ではなく、どこの学校現場でも場合によっては見られるような出来事である。そのため、本裁判例は、子どもたちにとって非常に切実で身近な出来事を含んだいじめ教材となり得よう。また、事件は教室の中で休み時間や放課後などに起こっており、傍観者の対応についても考察していくには絶好の教材となろう。目の前のクラスで一連のいじめ事実を見たときに、周囲の同級生はどういう行動に出るべきなのか。現実的判断を考察することも可能となろう。

担任は、いじめ行為を何回も目にしている。その度に被害者は「大丈夫です」と答えている。大丈夫と平静を装う被害者に対して、教師はどういう対応をとるべきなのか、ぜひ論議したい場面である。

被害者の対応についても、子どもたちと考察するには適した教材といえよう。「2年生になってからは叩かれたりしても反撃せず、かえって笑っているだけになった」被害者のいじめ被害後の行動をどう考えればいいのか。なぜ笑っているだけなのかなどをつきつめて考察していきたい。そして、自分が被害者の立場であったら、いじめ被害から逃れるためにどのような対応をしたらよいのかを考えさせていくには教材として価値のある裁判例であろう。

ところで、学校現場にいると生徒たちの行動は不可解なことが多い。たとえば、休み時間になるとプロレス技をかける生徒たちが廊下や教室に存在する。それらを見て、周囲の人たちは、その行為が「いじめなのか、ふざけなのか」

見分けることはむずかしい。技をかけられている生徒が、どのような表情で、どのような態度や行動を示すのか、その反応によってもいじめなのか、ふざけなのかが変わってくる。教師は、常日頃から生徒たちの動向を把握することに努めるが、その教師も正面切って「それはいじめだ」と断定できない場面も多い。教師が「それはいじめではないのか」と聞くと、逆に技をかけられていた生徒が、「先生、違うよ」と言うこともよくある。しかし、それを鵜呑みに信じていると、いじめが深刻になっていたりすることも多い。

生徒たちも教師も、いじめなのか、ふざけなのかを見分けるのはむずかしいのである。だから、いじめを教師集団が見逃すことにつながってしまう。

しかし、いじめとふざけの区別に関する最低限度の条件はあるはずである。個人や状況によっていじめであったり、なかったりするのではなく、ある条件に当てはめると、いじめと認定できる条件である。

①複数で一人の特定の生徒に共同で耐えがたい精神的肉体的苦痛を与えること＝共同不法行為、②長期にわたって執拗に繰り返すこと＝被害の集積である。この二つの条件のいずれかに該当すれば、いじめと認定できる。裁判官の判断では、上記の二つの条件から、判断のむずかしい行為をいじめと認定している。

この条件は学校現場でも十分に適応できるのである。学級におけるふざけと見られる行為も、特定の生徒に何回も向けられ、執拗に行われていたらそれは被害の集積であり、明らかにいじめと認定できる。また、特定の一人の生徒に何人かの生徒が何らかの行為をしたら、たとえば悪口を一人の生徒に学級の何人かが向けて言ったならば、それは明らかにいじめ行為と判断できるのである。

この学びを教師が理解し、同時に学級・学年・学校の生徒たちがつかんだら、まず、いじめ認定が自分たち自身で行いやすくなり、明らかにいじめ抑止につながっていく。教師はいじめ認定の判断が容易になり、周囲の生徒たちもいじめに対して何らかのアプローチを行うことができるようになる。その結果、いじめ防止・抑止につながっていくと考えられる。

以上、本判決についての研究者の分析と「いじめとふざけ」のいじめ態様を教材として活用するための本判決の特色から、本章では「千葉県中学校いじめ事件」を開発する。

第2節　いじめ判決書教材の開発および構成要素の抽出

1　判決書教材開発の視点

本節では、「いじめとふざけ」のいじめ態様に対応する判決書教材として、東京高等裁判所平成13年12月20日判決「千葉県中学校いじめ事件」を活用する。最初に、教材活用の視点を述べ、具体的に活用する判決書教材を紹介する。教材には、下線部が引かれているところがある。この部分は、本判決書教材を通して、構成要素になると期待されるところである。

その後に、本いじめ判決書教材の記述からキーワードを生成し、構成要素を抽出する。作成する表には本いじめ判決書教材に含まれる構成要素が示されている。

本判決書の教材開発においては裁判官の判断をもとに、「いじめとふざけ」の違いについて学ぶことを重視した。本判決書において認定されたいじめは、「ふざけ」「ちょっかい」「じゃれる」などと学校内における日常的な生徒同士の交流と考えられる事実も含まれており、裁判官の判断を通して「いじめ」なのか、「ふざけ」なのかの判断基準を学ぶことができると考えられる。また、事件は教室の中で休み時間や放課後などの周囲の人たちがいる中でも起こっており、傍観者の問題についても、その対応を考察していくことが可能となる。学校・教師の責任については裁判官の判示によって詳しく提示されている。教師が生徒たちの日常的な動静について注意深く見極めることが教育の専門家として必要なことであることを理解させようとした。

被害者の対応についても、いじめ被害後になぜ反撃せず、なぜ笑っているだけなのかなどをつきつめて考察できる。そのため、生徒たちと考察するには適した教材といえよう。そして、いじめ被害から逃れるための対応を考察させていくには価値ある教材の裁判例になると考え、本判決書教材を開発した。なお、キーワードについては、判決書教材において下線を引いた箇所である。番号は判決書教材下線部番号と対応する。

2 判決書教材の実際

<table>
<tr><td>千葉地方裁判所平成13年1月24日判決、『判例地方自治』216号、pp.62-、
東京高等裁判所平成13年12月20日判決（一部変更）</td></tr>
<tr><td>（判決の概要）
(1) Aの親と被告BCDEの親とは、2月2日、校長の立会いの下、Aに対する損害賠償について話し合い、校長は、加害者は被害者に対し損害を弁償する義務があるが、加害者は未成年で賠償能力がないので、保護者がその責任を負うべきであると伝え、異論は出なかった。BCDEの親は、子らのなした違法ないじめによる損害賠償債務を支払うべき責任を負う。
(2) 中学校の校長、教頭、生活指導主事と担任教諭らは、Bらの違法ないじめを未然に防止し、結果の発生を回避するための適切な措置を講じていない。防止措置を怠った過失がある。
(3) 被告町は、2年生の5月以降の、BらのAに対する暴行につき、国家賠償法1条1項に基づき、Aに対し、BCDEの親とともに損害を賠償すべき義務がある。
(4) 賠償額760万円　集団的ないじめについての損害賠償として、被告は各自、200万円を、それぞれ支払う義務があり、また、被告町は、集団的ないじめについての損害賠償として、60万円を、個別的ないじめについての損害賠償として、被告らとともに計560万円を、それぞれ支払う義務がある。また、弁護士費用についても支払う義務がある。</td></tr>
</table>

【認定された事実】

（一）中学1年生時代

ア　R中学校は、１学年100名足らずの生徒数であり、Aの学年は３クラスで、１クラスの生徒数は35名くらいであった。AとB、C、D、Eとは同級生であった。Aが中学１年生のときはC及びEと、２年生のときはB、D及びEと同じクラスであった。

イ　Aは、中学校に入学当初から授業中も進んで発言するなど勉強に対する意欲は旺盛であった。なお、Aの成績は、１年生の１学期中間テストでは学年97名中２位（クラスでは32名中１位）であった。なお、１年生のときは陸上部に所属し、２年生の１学期にこれをやめて野球部に転部した。

ウ　Bは、Aの態度や言葉のはっきりしないところが嫌だなと思っていた。Bは、４月ころ、Aが放課後などに一人でいるときに、Aの学生服の上着をつかんで裏ボタンを壊したことがあった。２学期ころ、Aに唾を吐きかけたところ、Aが唾を吐き返したため、追いかけて殴ったことがあった。(1)Aは、最初のうちは抵抗したこともあったものの、抵抗すると更に強い暴行を加えられることから、１学期の５月の連休明けから次第に抵抗する気力をなくし、２学期にはほとんど抵抗できない状態になっていた。

エ　Bは、６月ころ、体育の授業が始まる前に、靴脱ぎ場に座って靴を履き替えていたAの後ろから踵をAの頭頂部に打ち当ててその場を去った。そのため、Aは顔を膝に打ち付けて(2)鼻の下を切り、出血した。その場に居合わせたDが、泣き出したAを水道へ連れて行き、顔を洗わせ、ティッシュペーパーを持ってきてやったりしていたところ、当時Bのクラスの担任をしていたP教師が通りかかり、AやDから事情を聞いた。P教諭は、Bからも事情を聞き、注意するとともにAに対し謝らせた。Aは、後になって、頭にこぶができていることに気づいた。この件について、(3)学校からAの父に対して「頭にこぶができた」との連絡はしたが、Bの父に対しては何も連絡しなかった。

オ　Cは、Aとは一緒に帰宅した時期があった。その際などにAを殴ったり蹴ったりしてもAが反撃をせず、また、人に言いつけたりもしなかったことから調子に乗り、１学期のころから、一週間に２回くらい(4)理由もなく面白半分にＡを殴ったり蹴ったりするようになった。２学期になってからは、休み時間や放課後などに教室や廊下やトイレなどでＡと会った際、(5)Ａを叩いたり蹴ったりした。また、放課後などに、教室などでＡの靴をサンドバッグ代わりにＡに持たせ、(6)パンチをしたり、回し蹴りをしたことがあった。さらに、３学期のころには、Ａの(7)給食をシャープペンシルでかき混ぜ、そのまま放置したことがあった。

カ　そのほか、Ｂ及びＣは、１年生のころ、休み時間にＥなどと(8)格闘技のまねをするなどして遊ぶ際に、Ａを引き入れて叩いたり蹴ったりするようになった。１年生の半ばころからは日常的に、休み時間や放課後などにＡを見かけると、(9)集団でＡを叩いたり蹴ったりしては逃げ出すというようなことをするようになった。Ｂは、ＣやＥなどと仲が良かったため、休み時間などに頻繁にＡのクラスを訪れていたものであるが、このような暴行の際、Ｅもいっしょについて参加してＡを叩いたりすることがあった。なお、右のような暴行には、Ｂ、Ｃ及びＥのほかに、必ずしも特定はできないものの、複数の同級生が参加することもあった。

キ　Ｄは、１年生の３学期ころ、体育の授業中に(10)Ａの半ズボンの継ぎ合わせに穴が開いていたところに指を入れて裂け目を広げたり、Ａの(11)カッターナイフを面白半分に隠したりしたことがあった。しかしそれ以上に単独あるいは複数でＡに暴行を加えたりすることはなかった。

（二）２年生時代（１学期）

ア　２年生に進級して、Ａは、Ｂ、Ｄ及びＥと同じクラスになった。Ｂは、Ａと同じクラスになってから、Ａが授業中に発表した際などに、(12)「カッコつけるのはやめろよ」「ばっかみてー」などと冷やかすようになった。また、放課後、Ａが柔道場の前を通りかかったところ、「何で（陸上部を）やめんだよ」と言って、陸上用のスパイクをＡに投げつけた。自習の時間に、Ａに対し、「Ｔシャツを洗って干してこい」と命令したことがあった。なお、Ｂは当時陸上部員であり、Ａはこのころ陸上部を退部したばかりであった。

イ　また、Ｂは、２年生の５月ころの休日に、Ａが小学校で友人たちと遊んでいたところに居合わせた。土中に埋め込まれた(13)タイヤの上からＡの頭部に跳び蹴りをし、Ａを転倒させたことがあった。Ａは、その日の(14)「生活の記録」に他の生徒に気づかれないようにわざと乱雑な字で「Ｂに蹴られた」と書き込んだが、担任のＯ教諭はこれに気づかなかった。

ウ　Ｃは、２年生の１学期ころも、休み時間や放課後に教室や廊下やトイレなどで(15)Ａを殴ったり蹴ったり､回し蹴りをすることがあった。また､Ｃが殴ったことでＡの(16)唇が切れて腫れ上がったこともあった。

エ　Ｄは、２年生になって最初のクラスの班編成の際、どの班に入るということを各自が決定しなければならないのにＡが自己の意見をはっきり表示しなかったため、一時間話し合いをしなければならなかったということがあり、それ以来、Ａのことをダメな奴だとして嫌うようになり、Ｂ、Ｃ及びＥがＡを殴ったり蹴ったりしているときに、(17)一緒になって殴ったり蹴ったりするようになった。

オ　Ｅは、Ａの成績がいいことを快く思っておらず、また、２年生になってからはＡが叩かれたりしても反撃せず、かえって笑っているだけになったことから、２年生になって３日に１回くらいは、自ら(18)Ａを叩いたり蹴ったりするようになり、頭突きをすることもあった。なお、Ａは２年生のころ身長約170センチメートルくらいだったが、Ｅは約180センチメートルくらいだった。もっとも、Ｂ、Ｃ、Ｄはいずれも Ａより身長は低かった。

カ　Ａは、２年生のころから、クラスの男子生徒の間でからかわれたり殴られたりする対象になるようになった。ＣはＡとは別のクラスであったが、自分のクラスには仲の良い友達がいなかったので、休み時間などにＡのクラスに来るようになり、その際、Ｂ、Ｄ、Ｅなどとともに、(19)集団で、Ａを叩いたり蹴ったりした。なお、Ａはこれに対し作り笑いを浮かべるだけで、ほとんど反撃をしようとはせず、また、教師にもそのことを言わなかった。

(三）２年生時代（２学期）

ア　２学期に入った９月ころの休み時間に、ＡはＢとＤに追いかけられ、学校の廊下で二人に足を蹴られて転倒した。倒れたところを更にＢとＤに蹴られていたところ、O教諭が通りかかり、「何してんだ」と注意されたため、BとDは逃げ去った。O教諭がAに、「大丈夫か」と聞いたところ、Aは「大丈夫です」と答えたが、O教諭はBとDを呼び出して叱った。その日の放課後、O教諭は電話でAの父に対し「Aが大分やられているようだが、大丈夫ですか」と連絡した。なお、電話の後、父はAに事実関係について聞いたが、Aは大したことではないと答えた。

イ　Bは、「みこすり半劇場」という(20)いかがわしい漫画雑誌をAに売り付けようとし、無理矢理押し付けたことがあった。その日の給食の時間に、Aの席で他の生徒が右雑誌を読んでいるのをO教諭が見つけ「これは誰のだ」と聞いたところ、近くにいたBが「A君のです」と答えたため、Aは同教諭に呼び出された。O教諭は「この雑誌はどうしたのだ」「親に言うぞ」などと詰問すると、Bから買ったと答えたため、Bを呼んで注意した。

ウ　Bは、2学期になると、休み時間などに頻繁にAを叩いたり蹴ったりするほか、(21)Aの学習計画ノートに落書きをした。Aが野球部に入部すると、自らは野球部ではないにもかかわらず、Aに球を投げさせてティーバッティングの相手をさせたりした。また、11月ころには、教室の後ろに立っていたAの背後から無言で近寄り、(22)ペンチで髪の毛をはさんで抜いたり、休み時間などに、Aに「じっとしていろ」と命じ、(23)ガムテープを眉毛に貼って勢いよく引き剥がすなどした。

エ　11月ころ、文化祭の準備のため、放課後にAが柔道場に行ったところ、そこでふざけ合っていたB、D、C、Eらの中に(24)引きずり込まれ、殴られたり、背負い投げをされたり、回し蹴りをされたり、腕を引っ張られて振り回されたりしたことがあった。この時、Cの回し蹴りがAの顔面に当たり、Aの(25)唇が切れて出血した。また、Eが腕を引っ張った際、Aの(26)ワイシャツの袖が破れた。

オ　11月ころ、Aが、昼休みに友人と遊ぶため、体育館の倉庫にボールを取りに行ったところ、Dが、「ちょっと来い」とAを呼びつけ、Eなどに(27)手足を押さえ付けるよう指示し、Aのズボンを脱がせようとしたことがあった。Aが激しく抵抗したためそれ以上のことはできなかった。

（五）2年生時代（3学期）

ア　Bは、3学期になって、クラスの班替えの話合いの際、Aに同じ班になるよう命じ、座席も前後となるようにした。また、休み時間に、教室の前の廊下に立っていた(28)Aの制服のズボンの裾を引っ張り、裂いたことがあった。1月13日ころの(29)給食の時間に、自分の食器をAに片付けさせたり、給食のピラフからグリーンピースを選り分け、Aの皿に乗せたりした。さらに(30)授業中に、細かく刻んだニンジンをAの机にばらまいたりした。

イ　B、D及びEは、1月13日ころ音楽の授業が始まる前の休み時間に、(31)音楽室で、音楽のN教諭が止めるのも聞かず、Aに対し、集団で殴ったり、蹴ったり、頭突きをしたりした。N教諭は、Aを心配して大丈夫かと尋ねたが、Aは「大丈夫です」と言うしかないと思い、その旨答えた。

ウ　B、D及びEは、1月22日の3時間目の授業前の休み時間に、教室の後ろの黒板の前で、(32)Aの顔や腕などを殴り付けたり、腕を引っ張って振り回したりした。

エ　Cは、1月23日の3時間目の授業後の休み時間にAのクラスに遊びに来た際、Aが教室のロッカーの上に座っていたのを見つけ、「てめぇー、オオー」などと言いながら、(33)顔、腕、背中、足などを殴ったり蹴ったりした。なお、(34)CがAを殴ったりしている際、教室内には他の生徒もいたが、誰もこれを止めなかった。

オ　Bは、1月23日、教室で(35)Aの鼻を右手の人差し指と中指で力一杯つまんだ。また、Bは、Aが帰宅しようと校門を出た際、(36)鞄でAの頭と体を2回くらい叩いた。Aの父は、同日夕方、帰宅した(37)Aの顔に青あざがあることに気づき、Aに事情を聞いたところ、当初は何も話さなかったが、翌日の24日（日曜日）になって、Bらにいじめられていることを告白し始めた。Aの父は、翌日の学校を休ませようと思ったが、Aがまだ1日も休んだことがなく、また、Aの告白によってもいじめの全容がまだわからなかったため、とりあえず学校へは行かせることとした。

カ　Bは、1月25日の給食の時間、食べているAの(38)皿の上にみずからの食べ残したパンとサラダを載せた。Aは自分の給食を食べられなくなったため、皿を片づけようとしたところ、BはAの皿の下に空になった自分の皿を入れた。Aがこれを片づけるため教室の前へ持って行くと、O教諭が、「何だ、それは」と注意した。Aは、Bにやられたと述べたところ、O教諭はBを呼び、「自分の食った残飯は自分で捨てろ」と叱った。その日の午後、体育の授業のためAらが体育館に集まっていたところ、Bは、(39)教師に叱られたことを逆恨みし、「チクッタな」と言って、右手の拳でAの左頬、左腕を殴り、左右の腿を蹴り付けた。これに対し、AはBの顔面を一回殴り返した。Bは、「後で覚えていろ」と言ってAを放した。

キ　Aは、夕方帰宅すると、その日もBに殴られた旨を父に報告した。Aの父は学校に電話をし、O教諭に対し、Aがいじめにあっている旨を通報した。

【裁判所の判断】

＜不法行為の認定＞

(40)いじめは、手段及び方法として、冷やかし、からかい、言葉での脅し、嘲笑・悪口、仲間外れ、集団による無視、物品又は金銭のたかり、持物を隠す、他人の前で羞恥・屈辱を与える、叩く・殴る・蹴るなどの暴力等が挙げられる。程度としても意地悪の域を出ないようなものから、それ自体が犯罪行為になるものまで、多種多様にわたる。(41)基本的には、強者が弱者に対して精神的・肉体的な苦痛を継続して与える行為をその中核とするものであるということができる（もっとも、強者・弱者という立場は、変わったりすることが起こり得る）。

ところで、上の行為の中には、個別的に見ればその態様ないし程度が些細なものもあり、また、生徒の学校生活ではその一部あるいはそれに近い行為が日常的に生起している場合もあるところ、未成年、殊に中学生くらいの年代の子供は、このような行為を通じて他人と接触する訓練を積む側面があるので、一部でも存在すれば直ちに不法行為が成立するものと考えることは妥当ではない。

しかしながら、一方で、(42)ある行為が個別的に見てそれ自体としては些細なものであっても、特定の生徒に向けられ、単数あるいは複数の生徒により、長期にわたって執拗に繰り返され、被害生徒の心身に耐え難い精神的苦痛を与えているような場合には、その行為が全体として違法になることはいうまでもない。

たしかに、中学生という年代からみて、生徒同士がふざけ半分に叩き合ったりするなどのことはあり得るところである。Aも1年生の当初にはまだ反撃を加える場合もあった。しかし、その後のB、C、D及びEの(43)Aに対する暴行の程度は相当に執拗かつ悪質であった。しかもその動機が単なるふざけ半分やからかい半分といったものではなく、一方的な嫌なヤツという理由や、反撃しないことに乗じて攻撃するといったものであったことからすると、4人の暴行は単なるふざけ半分といった域をはるかに超えているものと考えられる。

<いじめの過失責任>（第1審千葉地裁）

ア　いじめの加害者である4人

脳天踵落とし事件については、とても悪質で、場合によってはAに重大な傷害が発生する危険性さえあった。これを行ったBの暴力傾向とAに対する人格軽視の傾向が見ることができる。

Aは、1年生の5月過ぎころから、B及びCの行為に対しほとんど反撃しなくなり､2年生に進級後は､D及びEに対しても反撃することはまれとなった。

総合的にみるならば、B、C、D及びEの行為はほぼ一方的になされた。対等な立場にあったとは到底認められない。このいじめ行為の動機はAに対する嫌いなヤツという気持ちやAの成績に対するやっかみ、あるいはAが攻撃しても反撃しないからいじめると面白いなどといった極めて自己中心的なものである。いじめの程度は月日を追ってエスカレートし、顔面から出血する、シャツが破ける、顔に青あざができるなど、相当強い力によるものであった。

また、教師に言うと更に強い暴力を加えられるなど、いじめから逃れられないように物理的、心理的圧迫をも加えられている。

総合して判断すると、少なくともＢ及びＣの１年生の５月すぎ以降の行為並びにＤ及びＥの２年生以降の各行為については、(44)Ａの心身に耐え難い苦痛を与えるような性質の行為であるということができるから、これらＢらの一連の行為は違法ないじめとして不法行為である。

イ　学校・教師

（一）　(45)学校・教師は、いじめ等によって生徒の心身に対する違法な侵害が加えられないよう、適切な配慮をすべき注意義務がある。

日頃から生徒の様子を観察し、生徒やその家族から暴力行為やいじめについての具体的に相談があった場合にはもちろん、そのようなことがない場合であっても、あらゆる機会をとらえて暴力行為やいじめ等が存在しないかどうかを注意深く見極めなければならない。それが窺われる場合には、関係生徒及び保護者らから事情聴取をするなどして、その実態を調査しなければならない。表面的な判定で一過性のものと決めつけずに、実態に応じた適切な防止措置を取る義務があるというべきである。

そして、このような義務は、学校長や個々の教員のみが負うものではなく、学校の組織全体としても、適切な措置をとる義務がある。

（二）　一部が「ふざけ」の体裁を取っていたとしても、脳天踵落とし事件のように、教師がＡに対する暴行や嫌がらせなどを現認した事件が存在した。ＡがＢから暴行を受けたことを記載した学習の記録を担任教師に提出した事件も存在した。これらから、(46)学校は、遅くとも、Ｂらの違法ないじめがエスカレートし始め、Ａが右ノートを教師に提出した５月ころにおいては、Ｂらが以後もＡに対して違法ないじめに及ぶことを予見できたし、適切な防止措置を講じていれば、いじめの継続を回避することができた。

（三）　そうであるにもかかわらず、(47)学校側は、Ｂらの暴行を単にふざけや遊びあるいはその延長線上のものととらえ、そこに暴力行為やいじめが存在しないか否かを注意深く見極めることなく、漫然と事態を傍観し、何か事件が起きる都度、その場限りの対応をしていたに過ぎず、教員間、教員と生徒間、教員と保護者間における報告、連絡、相談等を密にするとか、校長又は教頭自らがＢらやその両親らに厳重な注意を与えたり、教員らが同人らの行動を注意深く見守り、あるいは、Ａやその身近な級友から、時間をかけて個別的に事情を聴取するなどの指導監督措置を講じていなかった。

（四）(48)生徒間における日常の対立やいざこざが悪ふざけ等であるのか、いじめであるのかも、教師らが教育の専門家として、表面的な観察にとどまらず生徒の動静を注意深く見極めれば決して判別困難なことではないと考えられる。

（五）したがって、被告町は、Ｂらの平成４年５月ころ以降のＡに対する暴行につき、国家賠償法一条一項に基づき、Ａに対し、Ｂの親、Ｃの親、Ｄの親、及びＥの親とともに、その被った損害を賠償すべき義務がある。

3　判決書教材の構成要素の抽出

ここでは、本判決書教材から構成要素を抽出する。

次の表24は、前章と同じように本いじめ判決書教材について、教材の記述からキーワードを抽出し、いじめの態様やいじめ責任等の構成要素との関連性を分析したものである。

左側から第１列は、判決書教材に含まれる学習内容の要素となる記述を抜き出したものである。第２列は、その判決書教材の記述からキーワードを抽出したものである。第３列はいじめ態様やいじめ責任との関連で抽出できた構成要素である。

いじめ態様についてはこれまで説明してきたように、本研究では七つのキーワードとしている。それらの中で、本節では「ｅいじめかふざけか」に注目する。これらのいじめの態様に対して、それぞれのいじめ判決書教材によって共通に準備されている構成要素は何なのか。また特色ある構成要素は何なのかを分析していく。その他のキーワードについては、いじめ判決書教材の記述から生成したキーワードをもとにして分類している。いじめ裁判は、被害者が原告となり人権侵害等によってその失われた損害の賠償を求めるものであることから、いじめの関係者に関わる記述が学びになると考えられる。そのため、学校教師の安全配慮義務や保護者の保護監督義務などのいじめ責任についての裁判官の判断がキーワードとして予想される。

<表24 「千葉県中学校いじめ事件」判決書教材記述とキーワードによる構成要素の抽出>

判決書教材の記述	キーワード	構成要素
D(12)「カッコつけるのはやめろよ」「ばっかみてー」などと冷やかす。	D(12) 侮辱としてのいじめ	a 悪口
D(2) 鼻の下を切り出血した。	D(2)、D(16)、D(25)、D(37) いじめによる傷害	c 暴行・恐喝
D(16) 唇が切れて腫れ上がった。		
D(25) 唇が切れて出血した。		
D(37) Aの顔に青あざがある。		
D(4) 理由もなく面白半分にAを殴ったり蹴った。	D(4)、D(15)、D(33)、D(39) 殴る蹴るの暴行	
D(15) Aを殴ったり蹴ったり、回し蹴りをする。		
D(33) 顔、腕、背中、足などを殴ったり蹴ったりした。		
D(39) 教師に叱られたことを逆恨みし、「チクッタな」と言って、右手の拳でAの左頬、左腕を殴り、左右の腿を蹴り付けた。		
D(5) Aを叩いたり蹴った。	D(5)、D(8) 叩く蹴るの暴行	
D(8) 格闘技のまねをするなどして遊ぶ際に、Aを引き入れて叩いたり蹴った。		
D(6) パンチをしたり、回し蹴りをした。	D(6) パンチ・回し蹴りの暴行	
D(13) タイヤの上からAの頭部に跳び蹴りをし、Aを転倒させた。	D(13) 跳び蹴りの暴行	
D(18) Aを叩いたり蹴ったりするようになり、頭突きをする。	D(18) 叩く蹴る、頭突きの暴行	
D(22) ペンチで髪の毛をはさんで抜いた。	D(22) 髪の毛を抜く暴行	
D(23) ガムテープを眉毛に貼って勢いよく引き剥がす。	D(23) 眉毛を剥がす暴行	

<table>
<tr><td>D（35）Aの鼻を右手の人差し指と中指で力一杯つまんだ。</td><td>D（35）鼻をつまむ暴行</td><td rowspan="9">c 暴行・恐喝</td></tr>
<tr><td>D（36）鞄でAの頭と体を2回くらい叩いた。</td><td>D（36）鞄でたたく暴行</td></tr>
<tr><td>D（9）集団でAを叩いたり蹴ったりしては逃げ出す。</td><td rowspan="5">D（9）、D（17）、D（19）、D（24）、D（32）集団暴行によるいじめ</td></tr>
<tr><td>D（17）一緒になって殴ったり蹴ったりする。</td></tr>
<tr><td>D（19）集団で、Aを叩いたり蹴った。</td></tr>
<tr><td>D（24）引きずり込まれ、殴られたり、背負い投げをされたり、回し蹴りをされたり、腕を引っ張られて振り回された。</td></tr>
<tr><td>D（32）Aの顔や腕などを殴り付けたり､腕を引っ張って振り回した。</td></tr>
<tr><td>D（20）いかがわしい漫画雑誌をAに売り付けようとし、無理矢理押し付けた。</td><td>D（20）強要によるいじめ</td></tr>
<tr><td>D（7）給食をシャープペンシルでかき混ぜ、そのまま放置した。</td><td rowspan="3">D（7）、D（29）、D（38）給食への嫌がらせ</td><td rowspan="10">d 物理的いじめ</td></tr>
<tr><td>D（29）給食の時間に、自分の食器をAに片づけさせたり､給食のピラフからグリーンピースを選り分け、Aの皿に乗せた。</td></tr>
<tr><td>D（38）皿の上にみずからの食べ残したパンとサラダを載せた。</td></tr>
<tr><td>D（30）授業中に、細かく刻んだニンジンをAの机にばらまいた。</td><td>D（30）机への嫌がらせ</td></tr>
<tr><td>D（10）Aの半ズボンの継ぎ合わせに穴が開いていたところに指を入れて裂け目を広げた。</td><td rowspan="3">D（10）、D（26）、D（28）モノを破るいじめ</td></tr>
<tr><td>D（28）Aの制服のズボンの裾を引っ張り、裂いた。</td></tr>
<tr><td>D（26）ワイシャツの袖が破れた。</td></tr>
<tr><td>D（11）カッターナイフを面白半分に隠したりした。</td><td>D（11）モノを隠すいじめ</td></tr>
<tr><td>D（21）学習計画ノートに落書きをした。</td><td>D（21）落書きのいじめ</td></tr>
<tr><td>D（40）いじめは、手段及び方法として、冷やかし、からかい、言葉でのおどし、嘲笑・悪口、仲間外れ、集団による無視、物品又は金銭のたかり、持物を隠す、他人の前で羞恥・屈辱を与える、叩く・殴る・蹴るなどの暴力等が挙げられる。</td><td>D（40）いじめ態様の説明</td><td rowspan="2">e いじめとふざけ</td></tr>
<tr><td>D（41）基本的には、強者が弱者に対して精神的・肉体的な苦痛を継続して与える行為をその中核とするものである。</td><td>D（41）基本的ないじめ定義の説明</td></tr>
</table>

D（42）ある行為が個別的に見てそれ自体としては些細なものであっても、特定の生徒に向けられ、単数あるいは複数の生徒により、長期にわたって執拗に繰り返され、被害生徒の心身に耐え難い精神的苦痛を与えているような場合には、その行為が全体として違法になることはいうまでもない。	D（42）、D（43）、D（44）いじめの被害の集積と共同不法行為によるいじめかふざけかについての説明	e いじめとふざけ
D（43）Aに対する暴行の程度は相当に執拗かつ悪質であった。しかもその動機が単なるふざけ半分やからかい半分といったものではなく、一方的な嫌なヤツという理由や、反撃しないことに乗じて攻撃するといったものであったことからすると、4人の暴行は単なるふざけ半分といった域をはるかに超えているものと考えられる。		
D（44）Aの心身に耐え難い苦痛を与えるような性質の行為であるということができるから、これらBらの一連の行為は違法ないじめとして不法行為である。		
D（27）手足を押さえ付けるよう指示し、Aのズボンを脱がせようとした。	D（27）性的嫌がらせとしてのいじめ	f 性的嫌がらせ
D（3）学校からAの父に対して連絡はあったが、Bの父に対しては何も連絡がなかった。	D（3）学校教師の過失	h 学校教師の安全配慮義務
D（14）Aは「生活の記録」に、「Bに蹴られた」と書き込んだが、担任のO教諭はこれに気づかなかった。	D（14）学校教師のいじめ認知の対応不足と責任	
D（31）音楽室で、音楽のN教諭が止めるのも聞かず、Aに対し、集団で殴ったり、蹴ったり、頭突きをしたりした。	D（31）学校教師のいじめ対応の組織的問題点と過失責任	
D（45）学校・教師は、いじめ等によって生徒の心身に対する違法な侵害が加えられないよう、適切な配慮をすべき注意義務がある。	D（45）学校教師の日常的な安全配慮と義務	
D（46）学校は、遅くとも、違法ないじめがエスカレートし始め、Aがノートを提出したころにおいては、違法ないじめに及ぶことを予見できたし、適切な防止措置を講じていれば、いじめの継続を回避することができた。	D（46）、D（47）学校教師のいじめの予見可能性と過失責任	
D（47）学校側は、Bらの暴行を単にふざけや遊びあるいはその延長線上のものととらえ、そこに暴力行為やいじめが存在しないか否かを注意深く見極めることなく、漫然と事態を傍観し、何か事件が起きる都度、その場限りの対応をしていたに過ぎず		

D（48）生徒間における日常の対立やいざこざが悪ふざけ等であるのか、いじめであるのかも、教師らが教育の専門家として、表面的な観察にとどまらず生徒の動静を注意深く見極めれば決して判別困難なことではない。	D（48）いじめかふざけかを見分けることのための教師の日常的な安全配慮と義務	
D（34）CがAを殴ったりしている際、教室内には他の生徒もいたが、誰もこれを止めなかった。	D（34）周囲の人たちの不作為	k 同級生の不作為
D（1）Aは、最初のうちは抵抗したこともあったものの、抵抗すると更に強い暴行を加えられることから、抵抗する気力をなくし、2学期にはほとんど抵抗できない状態になっていた。	D（1）加害者の対応批判	o 加害者対応の批判

この表を見ると、「a 悪口」「c 暴行・恐喝」「d 物理的いじめ」「e いじめとふざけ」「f 性的嫌がらせ」「h 学校教師の安全配慮義務」「k 同級生の不作為」「o 加害者対応の批判」についての記述が見られることがわかる。

その中でも、「c 暴行・恐喝」「d 物理的いじめ」「e いじめとふざけ」「h 学校教師の安全配慮義務」についての記述が多く見られる。そのために、本判決書教材を活用した授業によって、その四つを中心に構成要素が見られるのではないかと予想される。

「c 暴行・恐喝」「h 学校教師の安全配慮義務」については、他の判決書においても共通に見られる構成要素であり、本章においても同様の要素が見られる。「d 物理的いじめ」については、前章の「神奈川県中学校いじめ自殺事件」でも多くの記述があり、生徒たちもその内容を理解し、不法行為であることを理解したが、本判決書においても同様の学びがあると考えられる。また、本章のいじめの態様のテーマである「e いじめとふざけ」については、裁判官の判断を通して学習が深まるのではないかと予想される。

第3節　判決書教材の構成要素を組み入れた授業の開発

1　授業構成案の開発

本節では、単元構成を3時間で組み替え、授業内容の開発に取り組んだ。

具体的な授業構成の計画については表25のようになる。なお、主な学習内容に記されている【 】内の数字については、本判決書教材において挿入している下線部記述番号と同じである。授業構成において、いじめの態様やいじめ責任などの構成要素との関連を示している。

本学習のねらいは、「判決書を通して、いじめが犯罪であることを理解し、教師・学校側にどのような問題があったのか、生徒周囲の傍観者によりいっそう問題があったのかなどの責任問題を考えさせる中で、いじめに対する対処法を現実的に考えさせる」「自分が自殺に追い込まれるような極限状態に置かれたらどうするか、判決書を基本にして考察討論させて、いじめ自殺を抑制する知識を生徒たちに理解させる」である。社会科2時間と道徳授業1時間で「いじめ問題を考える」という学習課題で行った。

本学習の特色は、表25の第1次にある下線部である。「いじめとふざけはどう違うのか意見を発表し議論する」という学習過程の位置づけは、本いじめ判決書教材作成におけるテーマと関連している。

<表25 千葉県中学校いじめ事件の判決書教材を活用した授業構成>

学 習 過 程	時間	主な学習内容（【 】内の数字は判決書教材における下線部番号と対応）
①人々の違法性・人権侵害行為を判別し、認識する。	1	(1) 第1次「どのような行為がいじめなのか」 千葉県中学校いじめ事件の判決書を読み、どの行為がいじめだと思うかを判決書に下線を引く。<u>いじめとふざけはどう違うのか意見を発表し議論する</u>。最後に裁判所の判断を提示し、それをもとにして確認させ、そのいじめがどのような不法行為を含む人権侵害なのかを説明する。 【(2)、(4) ～ (13)、(15) ～ (30)、(32) ～ (33)、(35) ～ (44)】
②責任の所在を確認し合う。	1	(2) 第2次「いじめの責任はだれにあるか」 感想の代表的なものを何人か読み、各班でそれぞれ「いじめの責任の所在はだれにあると考えるか」「学校･教師はどうすべきだったのか」「周囲の人たちはどうすべきだったのか」「被害者はどうすれば深刻ないじめから逃れられたのか」について話し合いをさせてまとめさせた。「いじめの責任の所在はだれにあると考えるか」「学校・教師はどうすべきだったのか」について発表させ、論議し、最後に裁判所の判断について紹介し、いじめ責任の所在について確認する。【(3)、(14)、(31)、(45) ～ (48)】
③侵害された権利を洞察する。市民性育成の基本原理を導き、共通認識とする。	1	(3) 第3次「被害者のいじめに対する行為をどう考えるか」 「周囲の人たちはどうすべきだったのか」「被害者はどうすればよかったのか」について発表させ論議させた。最後に名誉や自尊心を尊重することがいかに大切なものかを説明し感想を書かせる。【(34)】

次に授業構成においてどのようにいじめ判決書教材の記述を関連させたのかを見ていく。第１次においては、いじめ行為を判決書に沿って確認していく。その際､いじめ認定されたいじめ事実が学びの対象となる。【(2)、(4) ～ (13)、(15) ～ (30)、(32) ～ (33)、(35) ～ (44)】の記述は、いじめ事実とともに、裁判官の判断や説明も記されている。判決書の記述は、「c 暴行・恐喝」「d 物理的いじめ」「e いじめとふざけ」に関連する記述が多く見られるために、構成要素の抽出が期待されるのではないかと考えられる。

第２次においては、いじめ責任の追究である。その際、判決書教材の記述としては､【(3)、(14)、(31)、(45) ～ (48)】の部分が参考になる。そこでは､「h 学校教師の安全配慮義務」が生徒たちの共通の構成要素になるのではないかと予想される。

2　授業実践の概要

(1) 基礎的なデータ

2008年11月、公立中学校１年生１クラス36名、授業者 新福悦郎である。社会科と道徳授業の時間を利用し､「いじめ問題を考える」というテーマの３時間構成のカリキュラムのもとで授業を行った。

(2) 授業の概要および特色

本研究では、授業感想文記述の分析を通して、生徒たちの学びを検討する。本節では実際の授業についての概要を説明する｡「授業記録」を紹介することで、授業の様子ならびに研究の補足的な参考資料とする。

なお、本研究においては、いじめ判決書教材に組み込まれた構成要素が、授業実践によってどのような構成要素となっていくのか、授業感想文の分析を通して検討する。

授業感想文の分析については次節で説明する。

1 授業記録

本判決書教材を活用した授業では、生徒たちの発言が下記の授業記録の一部にみられた。

T：学校生活において、あなたたち生徒たちがよくじゃれあっている場面を先生も見かけます。ふざけ半分でたたき合っているのか、それともいじめなのか判断がつきにくいことがあります。「いじめ」と「ふざけ半分のたたきあい」の違いはどう考えたらよいのでしょうか。

A：私たちのグループではいじめとふざけについて次のように考えました。「いじめ」は気に入らない人や弱い人に対してその人がイヤに感じることをして傷つけることで、「ふざけ」については友達同士が冗談で叩き合ったりすることだと思います。

T：なるほどね。「気に入らない人」「弱い人」と「イヤに感じる」かどうかが、いじめとふざけの違いということのようですが、他の人はどう考えますか。

B：たしかにそうだとは思うのですが、見分けるのはむずかしいと思います。「イヤに感じる」というのは、この判決書でも「叩かれたりしても反撃せずにかえって笑っているだけになった」とあります。そんな感じだったらわからないです。

C：いつも同じ人がある人を殴ったり叩いたりするのが「いじめ」だと思います。そういうある人が「自分より弱い人」になるのではないかと。

T：たしかにこの判決書でも被害者のAは同じ人（=CやE、B、D）から叩いたり蹴られたりしていますね。

D：この判決書ではAは複数からやられているので、ふざけは対個人だけど、一人対複数になるのが「いじめ」だと思います。

T：複数で、ある特定の弱い人に、何回もいやがることをするというのが「いじめ」と「ふざけ」の違いというわけですね。では、裁判所の裁判官はどのように判断しているのでしょうか。まずは、「いじめ」とは何なのかを見ていきましょう。

いじめは、(中略) 程度としても意地悪の域を出ないようなものから、それ自体が犯罪行為になるものまで、多種多様にわたる。基本的には、強者が弱者に対して精神的・肉体的な苦痛を継続して与える行為をその中核とするものであるということができる（中略）ある行為が個別的に見てそれ自体としては些細なものであっても、特定の生徒に向けられ、単数あるいは複数の生徒により、長期にわたって執拗に繰り返され、被害生徒の心身に耐え難い精神的苦痛を与えているような場合には、その行為が全体として違法になることはいうまでもない。

では、「ふざけ」との違いをどのように説明しているのでしょうか。

たしかに、中学生という年代からみて、生徒同士がふざけ半分に叩き合ったりするなどのことはあり得るところである。Aも一年生の当初にはまだ反撃を加える場合もあった。しかし、その後のB、C、D及びEのAに対する暴行の程度は相当に執拗かつ悪質であった。しかもその動機が単なるふざけ半分やからかい半分といったものではなく、一方的な嫌なヤツという理由や、反撃しないことに乗じて攻撃するといったものであったことからすると、4人の暴行は単なるふざけ半分といった域をはるかに超えているものと考えられる。

本判決書を活用することで、いじめとは何かを具体的に学習することができ、物理的いじめ行為についても犯罪や人権侵害行為につながることの認識を生徒たちは持つようになったと思われる。また、「一対一はトラブルで、一対多数がいじめになることも初めて知った。周りの人も見ているいじめをしていてなんか行動をおこそうよと思った。そう思ったら、一対一クラスになってＡはとてもとてもつらかったと思う」という感想にあるように、特定の個人に対して集団で心理的・暴力的・物理的に圧力をかけることは共同不法行為であることが認識されたと思われる。「初めのうちは完全ないじめには見えなかった。授業で話し合っていくうちに集団のいじめというのが分かっていった。Ａも問題があったけど、何より手を出す加害者が悪いと改めて思った」ともあり、生徒たちのいじめ認識にある被害者への責任転嫁の問題についても考察できたと思われる。

本授業実践の最後に、生徒たちに授業についてのアンケートをとった。「いじめの授業は役に立ったか」という問いで、「◎とても役に立った　○役に立った　△ふつう　×あまり役に立たなかった」の記号を書いてもらった。

「とても役に立った」「役に立った」と回答した生徒たちは89％におよび、この判決書活用授業が生徒たちにとって意味あるものになったと考えられる。「この授業はとてもいじめについて考えさせてくれました。…この事件が教えてくれることはこのようなことをくり返しおこさないことだと思います。…いじめに向き合っていじめをなくしたい」いう感想に見られるように、いじめ授業を評価する生徒たちの声が多数あった[3)]。

⑶ 本授業の特色

本判決書においては、具体的な行為をもとに何がいじめで何がふざけなのかを裁判官の目を通して客観的に説明されており、また被害者が教室でなぐられていたのにもかかわらず、だれも止めようとしなかった周囲の人の対応の問題が記されている。周囲の者として自分の目の前で起こる事実をいじめとしてとらえる力を育て、さらに人権侵害行為をどのように防止し抑止していったらよいかを具体的現実的に考察することが可能となる。いじめは周囲の対応によってその抑止や防止につながると言われるが、本判決書を活用することでいじめの周囲にいる同級生がどのように対応し行動することが大切かを教えてくれることであろう。

3)　授業実践後における「授業を参観した教師たちからの感想」による生徒たちの学びを分析した。

(1) 分析の方法

授業を参観した教師二人の感想分析を紹介する。授業を参観した教師は、授業実践が行われたクラスの学級担任と特別支援学級の担任である。本授業実践では、特別支援学級に在籍している生徒が交流学級においていじめの被害者となっていた。二人の感想は、人権教育の報告レポートに記されたものである。

対象の授業は、感想文・授業記録と同じ実践であり、2008年11月　公立中学校1年生1クラス36名、授業者 新福悦郎である。

(2) 授業を参観した教師二人の感想

特別支援の担任は、次のように書いた。

「私自身もこの授業を参観し、改めて人権を守ることの大切さを実感させられました。このいじめ裁判で被害を受けた男子生徒の報告を読み、(特別支援学級に在籍する) Kさんが『本当につらいね。悲しいね。だめ (いじめは) ぜったいに！』と感想を述べているのを目にし、教師として、子どもたちの人権を守る教育の推進を図ることに、より使命感をもたなければならないと思いました」

交流教室の担任は、その後の学級の様子について次のように記した。

「2学期に入ると、嬉しいことに特に女子生徒のKさんへの接し方にずいぶんと変化が見られるようになってきました。体育大会の大縄とびやダンスなどていねいに教える生徒や席替えの際に自分から進んで (特別支援学級に在籍する) Kさんの隣の席でサポートすると名乗り出てくる生徒が出てきました。また、やんちゃな男子が人をかまわず消しゴムのかすを投げまわるのを見て、Kさんがこわがるのをかばうなど、そういう場面を見かけると、すぐに私に報告してくれるようになりました」

また、特別支援学級の担任は交流学級の変化について、

「Kさんをとりまく環境も、Kさんのクラスのみんなの様子や表情もとてもおだやかになってきた気がします。…さりげなくサポートするみんなの姿を見る機会が増えました。少しずつ交流学級の中で、お互いを信頼し合える環境ができつつあるようです」と報告した。

(3) 考察

上記の教師の感想から、千葉県中学校いじめ自殺事件の判決書を活用することで、いじめを抑止する効果があるのではないかと考えられる。下線部からは、学級の様子や生徒たちの態度や行動に変化があったことが読み取れる。

さらに、被害者の立場からどのような対応・行動をとればいじめから逃れることができたのかを本判決書の具体的な場面を通して学び合うことができる。そのことが、被害者に対する痛みや苦しみに共感させ、想像（予感）させることが可能となる。判決書で学ぶことは人権感覚を育成し、いじめを防止したり抑止したりする態度行動につながり、個人の尊厳を大切にすることにつながると予想される。

本判決書の授業後の感想文では、第１次には、「加害者へのいじめ批判」とともに「被害者への共感」を示す感想が多く見られ、判決書を読み、何がいじめなのかを具体的に学習する中で、被害者の苦悩を理解し共感するようになったことを示した。そのために「今後の行動への決意」や「周囲の人への対応批判」などの感想が続き、いじめを他人事として第三者的に考えることの問題性を感じるようになったのではないかと予想された。

第２次では「いじめの責任の所在」と「学校・教師の対応」について学級で論議したことが感想文の割合に反映された。生徒発表では、判決書での教師が「生活の記録に書いていた被害者の訴えに気づかなかったこと」「いじめに早く気づかなかったこと」「教師の対応が甘かったこと」など、いじめについて学校・教師の対応のまずさが浮きぼりになり、また学校・教師の安全配慮義務についても学んだことが影響した。その一方で、周囲の同級生の対応についても感想が見られるようになり、裁判官の判断をこえて、いじめ問題については周囲の同級生の対応が大切ではないかと考えてきたことを示している。

第３次は、被害者はどうすればいいのかという授業での論議が影響し、被害者の対応の考察が多くなった。また、「実態理解についての言及」への感想から、いじめとは何かを具体的に理解できたこと、さらに今後の態度として「いじめに対する自分なりの態度の決意」に関する感想が多く見られ、この授業の可能性を示している。

第４節　授業感想文にもとづく構成要素の抽出および分析

本節では、千葉県中学校いじめ事件を活用した授業実践におけるまとめの感想文記述を分析分類し、構成要素を抽出する。

前節では、授業実践の検討を通して、本判決書においては、何がいじめで何がふざけなのかを裁判官の目を通して客観的に説明されており、また、周囲の同級生の対応の問題が記されていること、被害者の立場からどのような対応・行動をとればいじめから逃れることができたのかを本判決書の具体的な場面を通して学び合うことができると予想できた。

そのため、本節においては、「いじめとふざけ」「同級生の不作為」「被害者対応」などに関連する構成要素が感想文記述から抽出できるのではないかと予想される。

この節では、一連の授業実践終了後にまとめとして書いてもらった感想文から、生徒たちがどのような内容を学び考えたのかについて、その構成要素を明らかにする。そして、その学びが本研究におけるいじめ態様やいじめ責任等の構成要素との関連で、どのような共通の構成要素があり、また本判決書を活用するとどのような特色ある構成要素が準備できるかを考察する。

1　感想文記述によるキーワードと抽出できる構成要素

次頁の表26は、千葉県中学校いじめ自殺事件を活用した授業実践後のまとめの感想文記述をキーワードに生成し、その内容をいじめの態様や責任論におけるキーワードと関連づけたものである。この節では、一連の授業実践終了後にまとめとして書いてもらった感想文から、生徒たちがどのような内容を学び考えたのかについて、その学びを分析し類型化する。そして、その学びが本研究におけるいじめ態様やいじめ責任等との関連で、どのような共通の構成要素があり、また本判決書を活用するとどのような特色ある構成要素が抽出できるのかを検討する。

記述に沿ってキーワードを抽出したので、一つの感想文から複数のキーワードが生成され、分類されている。左列が生徒の番号、2番目の列が感想文記述の番号である。3番目の列が感想文記述であり、4番目の列がその感想文記述から生成したキーワード、右端の列がそのキーワードから抽出した構成要素である。

生徒より提出されたまとめの感想文の総数は、67である（①2008年11月　公立中学校1年生1クラス36名、授業者 新福悦郎、②2012年9月　公立中学校1年生1クラス31名、授業者 新福悦郎）。ここでは、この67の感想文から記述を145に分類し、生徒の学びの内容を分析した。D7までを紹介する。

＜表26 「千葉県中学校いじめ事件」の感想文記述とキーワードによる構成要素の抽出＞

生徒	番号	感想文記述	キーワード	構成要素
D1	①	もし、いじめられている人がいたら、みんなで協力して止めるなどのことをする。	他の生徒の対応考察	k 同級生の不作為と対応考察
	②	もし、自分がいじめられている立場だったら、一人で悩まず、先生や家族・友達などに相談してみる。	被害者対応の考察	s 被害者対応の考察
	③	一番悪いのは加害者で、2番目に悪いのは想像していたこととちがったので、とても勉強になった。	学習に対する感謝	q いじめ授業への感謝
	④	いじめはケガをさせたり、集団で冷やかしたりすることで、ふざけは遊びで友達がいやがっていないということを知った。	いじめとふざけの違いの学び	e いじめとふざけ
D2	①	この3時間でとてもいろいろなことを学びました。いじめでもっとも重要なことは「身近な人が気づいてあげる」ということだと思います。	他の生徒の対応の大切さ理解	k 同級生の不作為と対応考察
	②	今回は千葉県いじめ事件を参考に学習を進めてきましたが、もっとひどいいじめは、探せば数え切れないほど出てくると思います。いじめというのは時によれば人を死に至らせることもあるとても怖いものです。その恐怖に身近な人が気づいてあげられれば、何十、何百人もの命が救えることとなるかもしれません。	命を奪ういじめ理解	r いのちを奪ういじめの理解
	③	これからの学校生活でも、この学習で学んだことを生かして楽しく、そしていじめのない生活を目指して過ごしていきたいです。	今後のいじめ防止抑止に対する決意	p いじめ防止・抑止の決意

D3	①	教師の注意があまり役に立っていなかった。教師は、Aの父と母には連絡をしたが、加害者のB・C・D・Eなどの父と母には連絡をしなかった。これは教師のせいだと思う。	教師の義務違反と責任考察	h 学校教師の安全配慮義務
	②	B、C、D、Eは、なぜ自分なりにケンカをしようと思っていたのか、そこでなんでケンカをやめようと思わなかったのかが不思議に思いました。	加害者行動への疑問	o 加害者対応の批判
	③	周囲の人は、止めようとしなかったのか、協力すれば、そこで止まっていたと思う。見て見ぬふりをせず、積極的にAとのケンカを止めればよかった。	他の生徒の不作為と対応についての考察	k 同級生の不作為と対応考察
D4	①	こういう学習は小学生のころに何度もやっていた。ぼくもいじめられている人がいたら止めたいが、昔はまきこまれるのがいやで無視をしていた。	いじめについての体験	u いじめ体験
	②	これからは直接止められなくても、かげではげましたり、助けてあげたりしたいと思った。	今後へのいじめ防止抑止に対する決意	p いじめ防止・抑止の決意
D5	①	ぼくは社会の３時間でやっぱりいじめはいけないことだということがよくわかりました。しかし、もし自分がいじめられた場合、先生が気づかなかったり、いじめかふざけか分からないときには、やっぱり、はっきりと先生に伝えた方がいいと思います。	被害者対応についての考察	s 被害者対応の考察
	②	いじめかふざけか分からないときには、はっきりと先生に伝えた方がいいと思います。	いじめかふざけかの峻別	e いじめとふざけ
	③	だから、ぼくはこの３時間を通して学んだことは忘れません。	いじめ学習への感謝	q いじめ授業への感謝
D6	①	やっぱりいじめはだめだと思った。	いじめについての考察	その他
D7	①	いじめとふざけのちがいがだいたい分かった。	いじめとふざけの違いについての理解	e いじめとふざけ
	②	いじめを受けた被害者の気持ちがよく分かった。	被害者に対する共感	n 被害者への共感・心情理解
	③	学校教師がもっと早くいじめに気づけばよかった。	学校教師の対応考察	h 学校教師の安全配慮義務
	④	被害者の人も教師も保護者に相談すればよかった。	被害者の対応考察	s 被害者対応の考察
	⑤	周囲の人も気づいていたら早く教師に言えばよかった。	他の生徒の対応考察	k 同級生の不作為と対応考察

D7	⑥	いじめを受けて自殺までするまでやりつづけるとは加害者はいけないと思った。	加害者に対する批判	o 加害者対応の批判

上記の感想文記述のキーワードを分析し、類似の内容を類型化した本判決書教材による構成要素は上記の表より、「a 悪口」「b 無視・仲間はずれ・村八分」「c 暴行・恐喝」「d 物理的いじめ」「e いじめとふざけ」「h 学校教師の安全配慮義務」「j 被害者保護者の保護監督義務」「k 同級生の不作為と対応考察」「l 被害者救済の法的措置」「n 被害者への共感・心情理解」「o 加害者対応の批判」「p いじめ防止・抑止の決意」「q いじめ授業への感謝」「r いのちを奪ういじめの理解」「s 被害者対応の考察」「t いじめの犯罪性の理解」「u いじめ体験」「v いじめ責任についての考察」「z3 個性といじめの関係」が抽出できる。

第3節において本判決書授業の構成要素として予想された「e いじめとふざけ」「k 同級生の不作為と対応考察」「s 被害者対応の考察」については、予想通り抽出できた。

これらのキーワードにおいては、他のいじめ態様で教材開発した判決書による学びと共通する構成要素が見られる。それらの中で、本判決書教材によって取り上げる共通する構成要素は、「c 暴行・恐喝」「e いじめとふざけ」「h 学校教師の安全配慮義務」「k 同級生の不作為と対応考察」「l 被害者救済の法的措置」「n 被害者への共感・心情理解」「o 加害者対応の批判」「p いじめ防止・抑止の決意」「q いじめ授業への感謝」「r いのちを奪ういじめの理解」「s 被害者対応の考察」「t いじめの犯罪性の理解」「u いじめ体験」である。感想文の記述数が少ないキーワードは取り扱わない。

本判決書教材による特色ある構成要素については、「e いじめとふざけ」を取り上げる。これは、共通する構成要素に位置づけられる。しかし、神奈川県中学校いじめ自殺事件以外の判決書による学習では、ほとんど感想文記述として見られないものであるために、本判決書教材における特色ある学びとしてとらえたい。

2　感想文記述によって抽出できた構成要素

本章においても、それぞれに該当する感想文記述を三つ紹介し、それぞれにもとづくキーワードから抽出された構成要素を分析し、検討していく。

(1)「c 暴行・恐喝」のいじめ態様についての記述

・　3時間いじめの授業を受けて感じたことは、やっぱりいじめはとてもひどいことだと分かった！加害者の人たちはパンチやまわしげり、給食をペンシルで混ぜたりすることがとてもひどすぎだなと思いました！なんでいじめることがおもしろいのかが分かりませんでした。これからはいじめをなくしていきたいです。(D22④)

・　感じたことは、いじめをするとだんだんエスカレートしていき、その被害者がたくさんケガをしている話を聞いて、とても悲しく感じました。(D33③)

・　いじめについていろいろ分かった！誰が悪いのか、どうしてとめないのか、そのほかにも、その中についてよく分かった。こんな話しは初めて聞いた。暴力、冷やかしなどおそろしいと思った。胸が痛んだ。(D34①)

本いじめ判決書教材を活用した授業においても、他の判決書と同じように、「c 暴行・恐喝」についてのいじめの態様を理解した上で、さまざまな考察を行っている。感想文記述にそったキーワードでは、「強要によるいじめ」「いじめによる傷害の理解」「暴行によるいじめ理解」「集団暴行によるいじめ理解」などがあげられる。判決書の事実を学ぶことで、強要や暴行、集団暴行、傷害などのいじめについて理解を深めていることがわかる。

(2)「h 学校教師の安全配慮義務」についての記述

・　二番目に悪いのが学校・教師だったのにはびっくりしたが、でもよく考えてみれば、いじめかふざけか判断できなかったのも悪いし、なぜ加害者の保護者に連絡しなかったのかが疑問だ。(D31②)

・　感じたことは、いじめをするとだんだんエスカレートしていき、その被害者がたくさんケガをしている話を聞いて、とても悲しく感じました。そして教師もしっかり子どもたち

の様子を見ておき、その人の心をひらけるくらいにならないといけないんだなあと思いました。(D33④)

・ 教師や学校側もふざけかいじめか見分けてから行動するのではなく、教師自ら声をかけるということの方法もあると思った。(D19③)

このキーワードに含まれる感想文記述は、学校教師の対応についての疑問や批判をいじめ判決書の事実から取り上げ、その責任を追及する。上記の感想でも、「保護者への連絡」「しっかりと様子を見る」「教師自ら声をかける」という行為は、本判決書教材における構成要素として取り上げたキーワードと重なるものである。

感想文記述からのキーワードでは「教師の義務違反と責任考察」「学校教師の対応考察」「学校教師の義務と責任」「学校教師のいじめ対応の過失責任」「学校教師の日常的な安全配慮と義務」「学校教師のいじめ対応の過失」「学校教師のいじめ認知の対応不足と責任」「学校教師の安全配慮と義務」「学校教師の日常的な安全配慮と義務」「保護者同士の話し合いの必要性」「いじめかふざけかを見分けるための教師の日常的な安全配慮と義務」「学校教師のいじめに対する日常的な安全配慮と義務」「学校教師のいじめ対応の責任」などが挙げられる。学校教師の責任を問うこれらのキーワードは、判決書教材における抽出できた構成要素と重なることがわかる。

(3)「k 同級生の不作為と対応考察」についての記述を含む学び

・ いじめなどを止める方法は、集団などで注意や先生や親に言うことを学びました。自分がいじめを受けたら、親や先生に相談して友達とかに注意をしてほしいです。(D40①)

・ 今回は周囲の人たちはどうするかなど、いろいろな方法の中でも、一人で出来ないことも、集団になると何も怖くないので、集団になると注意出来るし、被害者だけでなく、周囲の人も動かなきゃだめなことに気づかされました。(D44①)

・ 周囲の人はいじめられているって分かっていたので、先生に伝えとけば早くいじめがなくなっていたのかもと思いました。止められなくても先生に言うことはできたんじゃないかなと思いました。私だったら友達といっしょにいじめを止めたか、先生に言っていたと

思います。(D22③)

本判決書では、事実認定において、「CがAを殴ったりしている際、教室内には他の生徒もいたが、誰もこれを止めなかった」という記述がある。これは、同級生たちの対応について考えていく際に、注視すべき記述である。本判決書教材における感想文においても表を見ればわかるように、多くの記述が見られる。さらに、その学びから、次の「被害者対応の考察」が深まっていったと考えられる。感想文記述からは、「親や先生への相談」「周囲の人も動く」「周囲の人がいじめの鍵を握る」というキーワードが考えられる。

(4)「l 被害者救済の法的措置」についての記述を含む学び

・　私がもし被害者だったら学校を休むと思います。たたかれて痛い思いをするよりは休む方がいいかなと思ったからです。(D29①)

・　被害者になったとき、どうしてものときは、緊急避難として欠席をしてもいいということなどの対策がいろいろ学べて良かったです。これからの生活に生かしたいです。(D37①)

・　被害者は、緊急避難での欠席や相談などで助けてもらうということを学んだ。助けるためには、集団で注意するということを考えた。もし、いじめを見つけたらそうしてみたいと思った。(D43①)

本判決書教材を活用した授業の感想でも、法的措置についての記述が見られた。その中では「緊急避難としての欠席」が具体的な行為や事実として、生徒たちにとっての大きな学びになったことが記されている。

(5)「n 被害者への共感・心情理解」についての記述を含む学び

・　Aはおどされてすごく苦しいのに親にも先生にも相談できないなんて、すごくかわいそうだと思った。自分はやられたらどんな気持ちだろうか！(D13④)

・　3時間勉強をして、何でも相手の気持ちを考えて行動するのがよいと思いました。いじめをとめるのは、みんながやられている人の気持ちを考えて、協力していじめ問題に取り組まないといけないと思いました。(D18①)

・　私たちがいじめている人を見たら、どうしたら良いのかが分からなかったけど、この授業を受けて被害者がどんなことをしてほしいのかが分かった。(D38 ①)

本分類である「n 被害者への共感・心情理解」についても、共通する学習内容の構成要素である。本判決書では、「相談できない苦しみ」の要素が見られる。また「相手も気持ちを考えて行動する」ことの大切さと、「被害者の心情理解」が本判決書による要素と考えられる。それ以外の感想文記述にもどづいたキーワードを抽出すると、「被害者に対する共感」「いじめ被害者の心情理解の重要性」「被害者の心情理解の必要性」「被害者の心情と共感」「いじめ被害者の心情理解」などがあげられる。

(6)「o 加害者対応の批判」についての記述を含む学び

・　最初、A と B の問題で、A が B に脳天落としをされて、鼻の下を切ったとき、C がティッシュをあげてふいてくれたのに後から B と仲がいい、B、C、D が、A をいじめるようになったのが不思議だった。(D14 ①)

・　加害者の人たちはパンチやまわしげり、給食をペンシルで混ぜたりすることがとてもひどすぎだなと思いました！なんでいじめることがおもしろいのかが分かりませんでした。(D22 ⑤)

・　B、C、D、E は、なぜ自分なりにケンカをしようと思っていたのか、そこでなんでケンカをやめようと思わなかったのかが不思議に思いました。(D3 ②)

本分類に含まれる感想文は、他の判決書においてもすべて見られる内容である。いじめの実態を理解した生徒たちは、必然的に加害者の行動について批判的に考察する。例示した感想文にもそれが見られる。それは、「加害者の気持ちがわからない」という心情表現に出ている。被害者への共感の裏返しとして加害者の対応批判があると思われる。

この学びでのキーワードは「加害者の気持ちがわからない」であろう。

(7)「p いじめ防止・抑止の決意」についての記述を含む学び

・　ぼくもいじめられている人がいたらとめたいが、昔はまきこまれるのがいやで無視をしていた。これからは直接とめられなくても、かげではげましたり、助けてあげたりしたいと思った。(D4②)

・　いじめは命やなにもかもうばわれるので、見かけたら、友達を協力し助け合いながらいじめをのりこえていきたいと思います。(D18③)

・　この授業で、「いじめられるのが私だったらどうするか」なども考えるようになり、私だったら絶対に先生や親に言おうと思った。周囲の人でもかならず止めたい。(D32③)

判決書教材を活用した授業でいじめについて学んだ生徒たちの多くは、「今後のいじめに対する決意」を感想文に書いてくる。この判決書でも同様である。これらの行動への意欲や決意は、一般的な道徳をはじめとする授業でも見られる感想文記述であると予想される。しかし、この学習による感想では、具体的に「直接止められなくてもかげではげます」「見かけたら友達と協力し助け合いながら」「先生や親に言う」などと、具体的で現実的な方法をあげながら、決意を示している。理想論ではなく、自分で何ができるかという視点が含まれた記述であると考えられる。この学習でのキーワードは「自分で何ができるかという方法を含む決意」であろう。

(8)「q いじめ授業への感謝」についての記述を含む学び

・　ぼくはこの3時間を通して学んだことは忘れません。(D5③)

・　私にとって「いじめの授業」は役に立ったと思う。この授業をうけていじめにはどんなものがあるか、どうしていじめられるのかかがよく分かった。(D32①)

・　いじめのことを知るいい勉強になりました。こういう授業も大切だと思ったので、また授業をしたいと思いました。(D47③)

本判決書においても、授業後の感想でこの授業への感謝を示す記述が見られた。「忘れない」という記述は、この学習が自分にとって意義深いものであったことを示している。さらに「いじめについて考えていけた」「どうしたら良いかを知ることができた」とあるように、この学習は、いじめについてグループや学級で考えていく共同の学びスタイルであり、同時にいじめから逃れる方法を学ぶ機会となっている。

(9)「r いのちを奪ういじめの理解」についての記述を含む学び

・ 今回は千葉県いじめ事件を参考に学習を進めてきましたが、もっとひどいいじめは、探せば数え切れないほど出てくると思います。いじめというのは時によれば人を死に至らすこともあるとても怖いものです。その恐怖に身近な人が気づいてあげられれば、何十、何百人もの命が救えることとなるかもしれません。(D2②)

・ いじめで命を落とす人がいなくなるような世界になってほしいと思いました。(D50②)

・ いじめられている人は、閉ざされたり自殺するかもしれないが、そこの空間での光は、希望につながるので、ぼくはその光になりたいと思った。(D55①)

本キーワードにおいては、上記の感想文記述に見られるように「いじめが人を死に至らしめる」ことの学びである。本判決書教材は、最終的に被害者が保護者に相談したために自殺にまでは至らなかったが、生徒たちは被害者が精神的に追い込まれ、自殺にまで追い込まれかねない状況を想像したと考えられる。

(10)「s 被害者対応の考察」についての記述を含む学び

・ もし自分がいじめられた場合、先生が気づかなかったり、いじめかふざけか分からないときには、やっぱり、はっきりと先生に伝えた方がいいと思います。だから、ぼくはこの3時間を通して学んだことは忘れません。(D5①)

・ 被害者になりたいと思ってはだれもいないと思うけど、学校教師や保護者に本当のことを打ちあけていじめからすぐに逃れられるようにしていきたい。(D11④)

・ もしかしたら、自分も被害者になるかもしれません。その時は、日記に書いたり、相談したりして、絶対自殺を避けたいです。(D41①)

本判決書教材による学びが、本キーワードにおける「被害者対応の考察」には表れている。「もし自分がいじめられたら」どうするかということを、本判決書における一年生から続くいじめがエスカレートして行く様を学んだことで理解は深まっていると思われる。「教師や保護者に本当のことを打ち明ける」

「はっきりと先生に伝える」「日記に書いたり、相談する」という記述はそのことを示している。これらは、被害者がいじめの事実を深刻なものになるまで相談せず、そのことが深刻ないじめに発展していったことの学びが影響していると考えられる。学びのキーワードも「打ち明ける」「はっきりと伝える」「書いたり相談する」が上げられよう。

(11)「t いじめの犯罪性の理解」についての記述を含む学び

- 日本のどこかでこんなにひどいいじめの問題があったなんてとてもいやな気分になった。いじめは犯罪にもつながるので、ぜったいにやりたくないと思った。もしほかの人がやられていたらとめてやめさせたいと思った。(D8①)
- いじめは犯罪。おかしてはならないもの。人を死にまでおいつめる最悪なもの。(D26⑤)
- いじめはとても大きな犯罪だということがよく分かった。(D31①)

本判決書教材を活用した授業のねらいであるいじめを法的に理解させるということが、これらの感想から達成されているのではないかと考えられる。本判決書には、物理的いじめやふざけと思われるようないじめ行為も多く事実認定されているが、いじめとふざけの区別を理解できるようになってきた生徒たちは、物理的いじめも被害の集積と共同不法行為によってはいじめと認定され、不法行為になることを学ぶことができると考えられる。

(12)「u いじめ体験」についての記述を含む学び

- こういう学習は小学生のころに何度もやっていた。ぼくもいじめられている人がいたらとめたいが、昔はまきこまれるのがいやで無視をしていた。(D4①)
- 小学生のころにいじめはちょこちょこあった。A のいじめに、にたものがあった。その時は、ターゲットがよく変わり、不登校になったために先生が気づき、よく話し合いをした。このようないじめはこれから先もあるかもしれない。そのときはこの授業を思い出して、のりきっていきたい。その際にはどの立場になってもちゃんとこのことを思い出してひどいいじめにならないようにしたい。(D27①)

本判決書においても、上記の感想文のように実際のいじめ体験について書いてきたものがあった。中野区中学校いじめ自殺事件などのいじめ体験に関わる感想文では、自分自身がいじめ被害になっている事実を訴える者が見られた。ここでは、小学校の体験をこの判決書と照らし合わせて確認した記述ではないかと思われる。

ここまで、千葉県中学校いじめ事件の判決書教材を活用した授業によって生徒たちはどのような学びを習得したのか、一連の授業後の感想文記述から分析し、整理した。これまで共通の学びを検討してきた。ここからは、本判決書教材を活用した授業によって他の判決書とは異質な特色ある学びについて検討していく。その特色ある学びについては、表25から「いじめとふざけの違いの理解」ではないかと先述したように考えられる。ここでは、具体的に感想文の記述をさらに分析して、このキーワードに含まれる学びについてさらにその内容を検討していきたい。

(13)「e いじめとふざけ」についての記述を含む学び

- いじめはケガをさせたり、集団で冷やかしたりすることで、ふざけは遊びで友達がいやがっていないということを知った。(D1④)
- 学んだこと～いじめとふざけのちがい。いじめは冷やかし、おどしなどさまざまな種類がある。(D13①)
- 特に学んだことは「いじめ」と「ふざけ」のちがいについて学んだ。人がいやがっている時は「いじめ」。じょうだんでしているのは「ふざけ」というのが分かった。このようにいじめの授業を受けてやっている方はやられている人の気持ちをしらないでやっていることと、周りの人もすぐ先生に相談するということを学びました(D33①)

この「いじめとふざけの違い」については、第5章の神奈川県中学校いじめ自殺事件の判決書教材を活用した授業においても、生徒たちの学びとして整理することができたが、本判決書教材を活用した授業を含めて、二つのいじめ判決書教材の授業開発で多数の学びが見られる。

両方の判決書ともに、その記述には多数の「物理的いじめ」が認定されている。本判決書教材の構成要素の抽出（表24）でも、そのことがよくわかる。また、両方ともに、いじめとふざけについての裁判官の判断が示されている。その判断を学ぶことで、つまり「被害の集積」と「共同不法行為」というキーワードの学習が可能となり、生徒たちは本判決書における多様な態様として示されているいじめの事実が、いじめと認定される理由を学ぶことになる。感想文記述においても「いじめとふざけ」について学んだことが記されている。そしてさまざまな態様がいじめにはあることを学んでいる。

「いじめとふざけ」については、やっている方は「ふざけ」のつもりでも、やられている方は「いじめ」と理解することがある。文部科学省の定義では、やられている方が「いじめ」と理解したら、それがいじめであるという主観的な認定をしているが、それ故に周囲の人たちは学級や学校内での行為や行動を目にして、「いじめとふざけの違い」が分からない。判決書教材によって、法的判断を学ぶことができるのである。

本判決書教材における学びにおいて、特色あるものについては、先述したように「e いじめとふざけ」のキーワードである。これは本判決書教材のいじめの態様におけるテーマであり、教材の記述や授業構成によって生徒たちの学びとして影響されたと考えられる。

第5節　小括

本章では、第1節で本研究におけるいじめ態様の類型化の一つである「いじめとふざけ」について、判決書教材の開発の適否を検討した。第2節では、開発した判決書教材を紹介し、その教材に記述されている学習の要素を取り出してキーワード化し、いじめの態様やいじめの責任等の構成要素を抽出した。第3節では開発した判決書の構成要素が授業構成において位置づけられていることを確認し、授業の概要について説明した。そして第4節では、授業感想文を分析し、判決書教材における構成要素が、生徒たちの感想文記述において構成要素となっているかを検討してきた。

この節では、第２節で示したいじめ判決書教材のキーワードと第４節で分析した授業感想文記述によるキーワードとの関連を見ていきたい。そのことで、いじめ判決書教材の開発と授業構成によって構成要素が抽出できるのかを検討できる。

次の表27は、本いじめ判決書教材を活用した授業後の感想文をその記述に従ってキーワード化し、本研究で注目するいじめの態様といじめ責任等のキーワード、つまり構成要素と比較・類型化し、整理したものである。

最初に第２節で示したいじめ判決書教材のキーワードとその授業構成における位置づけとの関連を見ていきたい。そのことで、いじめ判決書教材の開発と授業構成によって生徒たちにどのような学びがあるのかを検討できる。

＜表27　いじめ態様・いじめ責任などの構成要素と判決書教材、感想文記述との関連＞

いじめ態様といじめ責任等の構成要素	いじめ判決書教材におけるキーワード	感想文記述にもとづいたキーワード
a 悪口	D（12）侮辱としてのいじめ	D34 ②冷やかしによるいじめ理解
b 無視・仲間はずれ・村八分		D13 ③侮辱としてのいじめ
c 暴行・恐喝	D（2）、D（16）、D（25）、D（37）いじめによる傷害 D（4）、D（15）、D（33）、D（39）殴る蹴るの暴行 D（5）、D（8）叩く蹴るの暴行 D（6）パンチ・回し蹴りの暴行 D（13）跳び蹴りの暴行 D（18）叩く蹴る、頭突きの暴行 D（22）髪の毛を抜く暴行 D（23）眉毛を剃がす暴行 D（35）鼻をつまむ暴行 D（36）鞄で叩く暴行 D（9）、D（17）、D（19）、D（24）、D（32）集団暴行によるいじめ	D13 ②強要によるいじめ D14 ①いじめによる傷害の理解 D22 ④暴行によるいじめ理解 D24 ①集団暴行によるいじめ理解 D29 ②暴行によるいじめ D33 ③いじめによる傷害の理解
d 物理的いじめ	D（7）、D（29）、D（38）給食へのいやがらせ	D22 ⑤物理的いじめについての理解

	D（30）机への嫌がらせ D（10）、D（26）、D（28）モノを破るいじめ D（11）モノを隠すいじめ D（21）落書きのいじめ	
e いじめとふざけ	D（40）いじめ態様の説明 D（41）基本的ないじめ定義の説明 D（42）、D（43）、D（44）いじめの被害の集積と共同不法行為によるいじめかふざけかについての説明	D1 ④いじめとふざけの違いの学び D5 ②いじめかふざけかの峻別 D7 ①いじめとふざけの違いについての理解 D13 ①いじめとふざけの違いについての学び D16 ①いじめとふざけについての学び D17 ①いじめとふざけについての学び D24 ②いじめとふざけの違いについての理解 D26 ②いじめとふざけの区別についての理解 D29 ④いじめとふざけの違いについての考察 D33 ①いじめとふざけの違いについての理解
f 性的嫌がらせ	D（27）性的嫌がらせとしてのいじめ	
g 特別支援いじめ		
h 学校教師の安全配慮義務	D（3）学校教師の過失 D（14）学校教師のいじめ認知の対応不足と責任 D（31）学校教師のいじめ対応の組織的問題点と過失責任 D（45）学校教師の日常的な安全配慮と義務 D（46）、D（47）学校教師のいじめの予見可能性と過失責任 D（48）いじめかふざけかを見分けることのための教師の日常的な安全配慮と義務	D3 ①教師の義務違反と責任考察 D7 ③学校教師の対応考察 D11 ②学校教師の義務と責任 D14 ③学校教師のいじめ対応の過失責任 D19 ③学校教師の日常的な安全配慮と義務 D22 ②学校教師の日常的な安全配慮と義務 D23 ③学校教師のいじめ対応の過失 D25 ②学校教師のいじめ認知の対応不足と責任 D26 ①学校教師の安全配慮と義務 D28 ②学校教師の日常的な安全配慮と義務 D30 ③保護者同士の話し合いの必要性 D31 ②いじめかふざけかを見分けるための教師の日常的な安全配慮と義務 D33 ④学校教師のいじめに対する日常的な安全配慮と義務 D34 ⑤学校教師のいじめ対応の責任
i 加害者保護者の保護監督義務		
j 被害者保護者の保護監督義務		D34 ③被害者保護者の日常観察の不足
k 同級生の不作為と対応考察	D（34）周囲の人たちの不作為	D1 ①他の生徒の対応考察 D2 ①他の生徒の対応の大切さ理解 D3 ③他の生徒の不作為と対応についての考察

k 同級生の不作為と対応考察		D7 ⑤他の生徒の対応考察 D11 ③他の生徒としてのいじめに対する決意 D17 ③他の生徒たちの不作為 D19 ②他の生徒たちの不作為と対応考察 D21 ①他の生徒の対応についての自省的現実的考察と決意 D22 ③他の生徒たちの不作為と対応考察 D23 ②他の生徒たちの不作為と対応考察 D26 ③他の生徒たちの対応考察 D28 ①他の生徒たちの対応や被害者の対応についての考察 D29 ③他の生徒たちの不作為と対応考察 D31 ③他の生徒たちの不作為と対応考察 D33 ②周りの人の対応についての学び D34 ④他の生徒たちの不作為 D34 ⑦他の生徒たちの対応考察 D40 ①他の生徒たちの対応の学び D42 ①他の生徒の不作為と対応の考察 D44 ①他の生徒たちの不作為と対応考察 D47 ②他の生徒たちの対応についての決意 D49 ①他の生徒たちの対応の重要性についての理解 D50 ①他の生徒たちの対応についての考察と決意 D56 ①他の生徒たちの対応についての考察 D60 ①他の生徒たちの対応の重要性の理解 D63 ②他の生徒たちの対応考察 D65 ①他の生徒の不作為といじめ対応についての考察 D66 ①他の生徒たちの対応についての学びと考察 D67 ①他の生徒の対応についての考察
l 被害者救済の法的措置		D25 ①被害者の法的措置についての理解と考察 D29 ①被害者の法的措置についての考察 D37 ①被害者の法的措置についての理解 D43 ①被害者対応としての法的措置についての学び D61 ①いじめ被害者の法的措置などの理解
m 被害者自身の問題点		
n 被害者への共感・心情理解		D7 ②被害者に対する共感 D8 ③被害者に対する共感 D13 ④被害者に対する共感 D18 ①いじめ被害者の心情理解の重要性 D28 ③被害者の心情理解の必要性 D34 ⑥被害者の心情と共感

		D35 ①いじめ被害者の心情理解 D38 ①被害者の心情理解 D59 ①被害者についての心情的理解
o 加害者対応の批判	D（1）加害者の対応批判	D3 ②加害者行動への疑問 D7 ⑥加害者に対する批判 D10 ②加害者に対する批判 D25 ③加害者の行動批判 D26 ④加害者の行動批判 D30 ②加害者行動についての批判 D58 ①加害者に対する行動批判
p いじめ防止・抑止の決意		D2 ③今後のいじめ防止抑止に対する決意 D4 ②今後へのいじめ防止抑止に対する決意 D8 ②いじめ防止抑止のための今後への決意 D9 ②いじめについての今後への決意 D17 ④いじめ防止抑止の決意 D18 ③今後のいじめ防止抑止のための決意 D20 ②いじめ防止抑止のための決意 D24 ⑤いじめ防止抑止のための決意 D27 ②いじめ防止抑止のためのこれからのいじめに対する決意 D30 ④今後へのいじめについての決意 D32 ③いじめ防止抑止への今後の決意 D35 ④いじめ防止抑止のための今後の決意 D36 ②いじめ防止抑止のための決意 D39 ①今後のいじめ防止抑止のための決意 D42 ②今後へのいじめ防止抑止の決意 D43 ②いじめ防止抑止のための決意 D45 ②今後のいじめ防止抑止のための決意 D51 ①いじめ防止抑止のための決意 D52 ①いじめ防止抑止への決意 D54 ①いじめ防止抑止のための決意 D55 ②いじめ防止抑止のための決意
q いじめ授業への感謝		D1 ③学習に対する感謝 D5 ③いじめ学習への感謝 D8 ④対策や心情の理解 D10 ①いじめ対応についての理解 D11 ①授業に対する感謝 D15 ①学習に対する感謝 D25 ④授業についての感謝 D30 ①授業に対する感謝 D32 ①いじめ授業への感謝 D47 ③いじめ授業についての感謝
r いのちを奪ういじめの理解		D2 ②命を奪ういじめ理解 D18 ②命を奪ういじめ理解 D26 ⑥命を奪ういじめ理解

r いのちを奪ういじめの理解		D35 ③命を奪ういじめの理解 D50 ②命を奪ういじめの理解 D55 ①命を奪ういじめの理解
s 被害者対応の考察		D1 ②被害者対応の考察 D5 ①被害者対応についての考察 D7 ④被害者の対応考察 D11 ④被害者対応についての考察 D14 ②被害者の対応の学び D17 ②被害者対応の考察 D19 ④いじめ被害者対応考察 D22 ①被害者対応の批判的考察 D23 ①いじめ被害者の行動に対する疑問と考察 D24 ④被害者対応についての理解 D36 ①被害者対応についての考察 D41 ①被害者対応の自省的考察 D45 ①被害者対応についての自省的考察 D46 ①被害者対応についての自省的考察 D47 ①被害者対応についての自省的考察 D48 被害者対応についての学びと今後への決意 D57 ①被害者対応についての学び D62 ①被害者対応についての自省的考察 D63 ①被害者対応についての自省的理解 D64 ①いじめの被害者対応についての学び D65 ②いじめから逃れるための被害者対応の学び
t いじめの犯罪性の理解		D8 ①いじめの犯罪性理解 D19 ①いじめの犯罪性理解 D20 ①いじめの犯罪性理解 D24 ③いじめの犯罪性理解 D26 ⑤いじめの犯罪性理解 D31 ①いじめの犯罪性理解 D35 ②いじめの不法行為の理解
u いじめ体験		D4 ①いじめについての体験 D12 ①いじめに対する自省的な考察 D27 ①いじめ体験
v いじめ責任についての考察		D9 ①いじめ責任についての考察 D32 ②いじめ責任についての考察
w 被害者対応としての抵抗の理解		
x 共同不法行為としてのいじめ		

y（精神的）後遺障がい		
z1 裁判と損害賠償		
z2 いじめのきっかけ		
z3 個性といじめの関係		D35 ⑤個性の理解と仲間づくりの重要性

いじめ判決書教材によって構成要素は次のようなキーワードが準備されていた。まずいじめの態様としてのキーワードは、「侮辱としてのいじめ」「いじめによる傷害」「暴行によるいじめ」「集団暴行によるいじめ」「強要によるいじめ」「物理的いじめ」「性的嫌がらせとしてのいじめ」である。主に「c 暴行・恐喝」「d 物理的いじめ」「e いじめとふざけ」「f 性的嫌がらせ」に関連する内容である。

次に裁判官の判断として示された「いじめ態様の説明」「基本的ないじめ定義の説明」「いじめの被害の集積と共同不法行為によるいじめかふざけかについての説明」についての説明は、本章のテーマである「いじめかふざけか」に関わるものである。

次の「学校教師の過失」「学校教師のいじめ認知の対応不足と責任」「学校教師のいじめ対応の組織的問題点と過失責任」「学校教師の日常的な安全配慮と義務」「学校教師のいじめの予見可能性と過失責任」「いじめかふざけかを見分けることのための教師の日常的な安全配慮と義務」については、責任論としての「h 学校教師の安全配慮義務」に関わるものである。その他、「周囲の人たちの不作為」「加害者の対応批判」についての記述が見られる。

授業構成においては、第1次において「いじめとふざけはどう違うのか意見を発表し議論する。最後に裁判所の判断を提示し、それをもとにして確認させ、そのいじめがどのような不法行為を含む人権侵害なのかを説明する」場面を設定している。この学習によって「いじめとふざけ」という本章のいじめ態様としてのテーマを深く考察し、その違いを理解することをねらいとした。次に第

２次では、いじめの責任の所在と学校・教師の対応について発表させ、論議し、最後に裁判所の判断を紹介する場面を準備した。

上記のいじめ判決書教材の開発と授業構成によって、生徒たちはこの学習を経て、第４節で説明したように、共通する学びは、「c 暴行・恐喝」「h 学校教師の安全配慮義務」「k 同級生の不作為と対応考察」「l 被害者救済の法的措置」「n 被害者への共感・心情理解」「o 加害者対応の批判」「p いじめ防止・抑止の決意」「q いじめ授業への感謝」「r いのちを奪ういじめの理解」「s 被害者対応の考察」「t いじめの犯罪性の理解」「u いじめ体験」であった。また、本判決書教材による特色ある学びについては、「e いじめとふざけ」を取り上げ、検討した。

感想文記述においても「いじめとふざけ」について学んだことが記されていた。そして生徒たちはさまざまな態様がいじめにはあることを学んでいる。その記述には多数の「物理的いじめ」が認定され、いじめとふざけについての裁判官の判断が示されていることが影響したと考えられる。

本授業実践前の事前アンケートでは、「わからない」「いじめはよくない」「記入なし」という回答が多く見られた。生徒たちはいじめそのものの理解が不足している状況であった。感想文や授業記録の分析では、本判決書学習によって、いじめとは何かを具体的に学習することができ、物理的いじめ行為についても犯罪や人権侵害行為につながることの認識を生徒たちは持つようになったと思われる。感想文では、いじめの態様やいじめ責任等に関わる記述が見られており、いじめとふざけについての理解も進んだと考えられる。

さらに、特定の個人に対して集団で心理的・暴力的・物理的に圧力をかけることは共同不法行為であること、また、被害者の侵害された権利を洞察でき被害者の痛みや感情を共感的に受容できるための想像力や感受性を育てることも、感想文記述のキーワード整理によって可能になったのではないかと考える。

また、事前アンケートではいじめ責任を学校教師と書いた生徒はほとんど見られなかったが、学習における学校教師の安全配慮義務についての法的知識・理解が感想に多く見られるようになった。

第5節　小括

授業後の生徒たちの感想に、「このようないじめはこれから先もあるかもしれない。そのときはこの授業を思い出してのりきっていきたい」というものがあった。本授業が生徒たちのいじめ認識に変化を与え、いじめへの対応に参考になり、そしてそれを実際に学級において、いじめに遭遇したときの行動に影響を与えるのではないかと予想される。

第7章　「性的嫌がらせ」の防止・抑止を目指すいじめ判決書教材と授業（判決書教材E・神戸地裁姫路支部平成18年7月10日判決）

第1節　判決書選択の妥当性

本節では、本研究におけるいじめ態様の類型化の一つである「性的嫌がらせ」について、いじめ裁判に関する研究者の先行研究をもとにして、判決書教材開発の適否を検討し、開発する判決書教材を紹介する。

本章におけるいじめ態様の学習テーマである「性的嫌がらせ」については、神戸地裁姫路支部平成18（2006）年7月10日判決（一部認容、一部棄却、控訴）「私立高校寮内いじめ事件」[1)]を選択する。

第一に、裁判に関する研究者の先行研究との関わりを見ていく。

市川須美子は、「学校・教師は一般的ないじめに対するのと同様に、男女生徒に対する性的いじめについて防止および対策義務を負っている」と述べ、「性的いじめ」に注目する。そして、「性的いじめの場合には、事実調査が微妙な問題を含むので一般的いじめ以上に困難で、被害者の匿名化を含めて被害者保護がいっそう重要である」としている。市川は、性的いじめの判例解説として、旭川地裁平成13年1月30日判決「中学生校内性的暴行事件」を取り上げるが、この判決について梅野は研修資料として限定している。

---

1)　平成18年7月10日神戸地裁姫路支部判決（一部認容、一部棄却、控訴）『判例時報』1965号、p.122、『判例タイムズ』1257号、p.209、平成19年7月5日大阪高裁一審判決を支持、平成19年11月最高裁上告不受理

本章で取り上げる裁判例を、梅野は教師向け研修資料の判決書教材として紹介している[2)]。その中で、「性的暴行が、閉鎖的な人間関係にあって（学校に限らない）固定化された上下関係の下で、起きて」いることを指摘し、暴行や強要などを被害者は上級生から受けていたが、同室の上級生から性的暴行を受けるようになったと記している。そして、人格を攻撃する暴力行為の一つとして、性的暴行のあることを確認することができ、いじめや暴力行為を確認する際に、性的暴行による被害の可能性を念頭におくことができる判決書として、この裁判例を選択する。

本判決書の概要は、岡山県内における私立高校の寮内において、従前から因習的に上級生と下級生の間に厳しい上下関係が形成され、3年生は神様、2年生は人間、1年生は奴隷などと称され、上級生には絶対服従という風潮の中で行われたいじめである。被害者は入寮しなければならず退寮は退学であるという制度のもとで、入寮後すぐにいじめを受けた。被害者は11人の上級生から集団で暴力を振るわれ、殴る、蹴る、腕を捻る、押入に閉じこめられるなどの暴行を受けた。さらに同室の上級生は、連日、被害者に対して性的暴行を行った。被害者は、耐えられずに当時の担任に相談し、自宅通学をすることとなったが、被害者は、退寮後、不眠等の症状が生じ始め、眠りにつくと数人の寮生から暴力を振るわれたり、押入に閉じこめられたりする夢を見た。また、高校において、教科書が黒塗りにされたり、靴を隠されるなどのいじめを受け、不登校となり精神内科へ通院し始めた。成績不振により留年し、二度目の2年生時に、別の高校へ転校した。被害者は、高校卒業後、短大へ進学し、学生専用ハイツに住んでいたが、数名の学生が遊びに来るようになると、寮での生活を思い出し、集団を恐れ、眠った後に夢でうなされるようになった。逃げても逃げても寮で被害者をいじめた寮生達が追いかけてくる、逃げ場を失って袋小路になってしまうなどと訴えていた。被害者は精神安定剤を一度に大量に服用し

2) 梅野正信「裁判の中の“性と生”事件ファイル12 高校の寮生活における性的被害」『セクシャリティ』41、2009、p.142

たことがあり、睡眠薬中毒により病院で診察を受け、クリニックに通院し、PTSDと診断された。

裁判所は、寮内における暴行は従前から横行していた上級生の下級生に対する暴力を伴ういじめの一環であると認定した。また、学校・教師側は、安全配慮義務に違反するというべきであるとして、学校・教師（舎監）の責任を認めた。裁判所の判断では、損害額の認定として、左肘の機能障害等の後遺障害1701万9347円と一定の精神症状が残存していることが認められ、本件各暴行による原告の精神的損害は多大であるとし、精神的苦痛を慰謝するための金額は700万円としている。

第二に、授業としての適否を見ていきたい。

この事件は、性的いじめを含むいじめ加害行為によって、被害者においては精神的後遺障がいに苦しむことにつながることについての理解をより可能とする裁判例である。いじめ被害は、その学年、その時期のものだけではない。その影響は卒業後も精神的な後遺障がいを生み出す。そのことを理解させることが本判決書教材を通してできると考えた。その際、性的嫌がらせや性的暴行は精神的後遺障がいに大きく影響し、人格を破壊する行為であることを生徒たちに伝えることができると考えた。

これまでのテーマで扱ってきた判決書では、いじめによって追いこまれた被害者の自殺や登校拒否というものを取り上げてきた。しかし、いじめが人生のその後において、被害者にどのような影響を与えるのかについての具体的な事例の学習はなかった。そのため、表面には出ていないその後の人生におけるいじめ被害の苦悩や深刻さを想像（予見）することができず､いじめ予防や防止・抑止の姿勢や態度の育成においては、改善工夫がさらに求められると考えた。

中学生の時期は性的なことに興味関心が高い。そのためにいじめの加害行為において、ノリやおもしろさ、性的好奇心から性的嫌がらせをしてしまうと考えられる。

しかし、性的嫌がらせは人格権侵害の最たるものである。性的嫌がらせは重い犯罪行為であり、深刻な人権侵害である。性的嫌がらせなどの「嫌なことや恥ずかしいこと」などの深刻ないじめによって、具体的な精神的後遺障がい[3)]を判決書から事実として学ぶ。そのことで、目の前のいじめを不法行為と判断し、さらには表面には出ていないいじめ被害の深刻さを想像（予見）することができるようになり、「情動的反応」への抑制効果が生まれ、いじめの予防や防止・抑止の姿勢や態度を育成することになるのではないか。そのような判決書の内容や特色から、本学習テーマと本裁判例における判決書教材の開発と授業開発は妥当ではないかと判断した。

第2節　いじめ判決書教材の開発および構成要素の抽出

1　判決書教材開発の視点

本節では、「性的嫌がらせ」のいじめ態様に対応する判決書教材として、平成18年7月10日神戸地裁姫路支部判決「私立高校寮内いじめ事件」を開発する。最初に、教材活用の視点を述べ、具体的に活用する判決書教材を紹介する。教材には、下線部が引かれているところがある。この部分は、本判決書教材を通して、構成要素になると期待されるところである。

その後に、本いじめ判決書教材の記述からキーワードを生成し、構成要素を抽出する。作成する表には本いじめ判決書教材に含まれる構成要素が示されている。

判決書教材の内容としては、前半部分が、被害者が寮から引き上げるところまでの事実関係が記された教材である。いじめ事実が中心に記されている。その事実として、被害者は11人の上級生から集団で暴力を振るわれ、殴る、蹴る、腕を捻る、押入に閉じこめられるなどの暴行を受けた。さらに同室の上級生によって、連日、性的暴行を受けたことが記されている。後半は、被害者のその

3)　武田さち子『子どもと学ぶいじめ・暴力克服プログラム』合同出版、2009においては、岡山寮生暴行事件として本判決の内容を紹介しているが、主に被害者による「裁判所への訴え」を教材として紹介している。

後の生活状況とPTSDをめぐる争点についての裁判官の判断を中心にまとめた。その判断では、後遺障がいについての事実認定のために、被害者の高校卒業後の状況が詳細に記されている。寮での生活を思い出し、集団を恐れ、眠った後に夢でうなされるようになった。逃げても逃げても寮で被害者をいじめた寮生達が追いかけてくる、逃げ場を失って袋小路になってしまうなどと訴えていた。本判決書における裁判官はいじめによって、左肘の機能障がいを認め、さらに精神的後遺障がいについても認定した。

判決では、暴行を受けたことにより精神的苦痛を受け、さらに、「長期間に及ぶ通院や入院を余儀なくされた上、左肘の機能障がい等の後遺障がいを負ったのみならず、悪夢を見る、フラッシュバックに苛まれる、自殺未遂的な行動を起こしたりするなどの一定の精神症状が残存していることが認められ、本件各暴行による原告の精神的損害は多大である」としている。

性的暴行をはじめとする深刻ないじめ被害は、本判決書の事例のように卒業した後でも精神的な後遺障がいを引き起こしてしまう。本判決書の事実と裁判官の判断は、いじめがいかに被害者の心を傷つけ、人格権を奪い、後々まで影響を与えるかを教えてくれると考え、本判決書教材を開発した。

2　判決書教材の実際

平成18年7月10日神戸地裁姫路支部判決（一部認容、一部棄却、控訴）判例時報1965号122頁、判例タイムズ1257号209頁、平成19年7月5日大阪高裁一審判決を支持、平成19年11月最高裁上告不受理
＜判決の概要＞ (1)　寮内における当時の舎監の配置状況は、寮の規模、収容人員等にかんがみて、極めて不十分であった。管理体制を改善することなく漫然放置した。問題を抱えて退寮を希望した生徒達に対して、退寮すればすなわち退学であるとの基本姿勢を崩すことなく、保護者を来寮させて寮生を説得し、寮生活を継続させていた。このような対応ではいじめ又は暴力

が繰り返させることを防止できないことは明らかで、不十分な対応であり、安全配慮義務に違反する。

(2) 被害者Aは寮内で上級生から集団暴行を受けた際に左腕を捻る暴行を複数回に亘り受けており、これが脱臼の症状を引き起こす主たる原因である。

(3) 精神的後遺障害による労働能力喪失等の過失利益の請求はこれを認めることはできないが、Aの精神症状は慰謝料として考慮すべきである。

1 判決書教材の実際

(ア) 平成3年4月当時、M山寮の管理は、O舎監長をはじめ、6名が交代で1名ずつ宿直を行っていた。加えて、K教諭が常時寮に宿泊しており、そのため、常時2名が宿泊を伴った寮の管理に当たっていた。当時、M山寮には、1年生から3年生まで各学年約30名ずつ、合計90名が入寮していた。

舎監は、午後10時30分の消灯後、自らが就寝するまでに、2回前後寮内を巡回し、明かりがついている部屋や話し声がする部屋については、状況を確認するなどしていた。M山寮では、寮生が使用できる公衆電話は1台しか設置されておらず、使用できる時間帯は午後8時から午後10時までの2時間に限られていたので、自由に電話をかけられる状態ではなかった。

(イ) 舎鑑室の扉は開閉の際に音がすることから、寮生はこの音によって舎監の出入りを察知していた。なお、M山寮では、平成2年ころ、いじめを苦にした寮生が自殺未遂事件を起こしたことがあった。

(ウ) Aは、平成3年4月、S高校に入学しM山寮に入寮した。入学に先立って入寮説明会が行われ、入寮しなければならないこと、一度入寮すれば3年間退寮はできないことについて説明があった。その際、(1)O舎監長が、上級生から多少の暴力があるかもしれないことを説明した。また、S高校の寮では、寮生が在学中に退寮することは原則として認められておらず、退寮はすなわち退学であると説明した。

Aは、入寮した当時、肘の怪我により左腕を吊っていたために、布団の上げ下ろし等が困難で、雑用を免除されており、Aの布団の上げ下ろしは先輩Xが行っていた。

(エ)　同年4月ころ、入寮した新入生のBやCは上級生からいじめられており、暴力を受けていた。同月21日には、3年生のうちの一人が、Bを注意して見ていて欲しいと舎監に申し出たことがあった。BやCは退学を希望しており、保護者を交えて度々話し合いをしていた。同月17日ころ、午後10時以降に部屋を移動している寮生が多く、O舎監長が見回りをして指導した。

Aは、同月20日ころ、O舎監長に対し、耳が痛いと訴え、O舎監長が保護者に連絡して帰省させて診断を受けさせたところ、心因性難聴と診断された。

(オ)　同年5月ころ、M山寮では、(2)びびらす行為といって、上級生が押し入れに隠れている部屋へ1年生を連れてきて、その上上級生の悪口を言わせた上、上級生が押入から出て来て、何を言っているのかなどと言って脅すという行為が流行っていた。このような行為が流行っていることは、舎監も認識していた。

(カ)　Aは、同年5月15日ころ、同じクラスの生徒の件を担任教諭や舎監に相談し、舎監が保護者へ連絡した。また、Aは、同月17日ころ、他の1年生が暴力を受けていることや、自分も左腕が使えないことによる風当たりが強いことなどから、寮生活に苦痛を感じ、両親に電話をかけ、寮を出たいと訴えた。(3)Aの母親は、その電話を受け、M山寮に電話で事情を聞き、Aが転校か退学を希望していると申し入れた。同月19日、(4)Aの母親が来校したが、舎監と話をすることはなく、Aを寮から連れ出して話をし、寮生活を継続することとなった。Aは寮を出て下宿をしたいと話したが、両親は、寮を出れば退学しなければならないので、もう少し頑張るよう話をした。

このころ、Aは、同級生らと交わした会話に関し、不良のだぼだぼのズボンを履いていた、テレビ番組のウルトラクイズに出たことがある、中学校の時に先生を殴ったなどという嘘をついたとして、上級生から詰問されたことがあった。Aは、「ウルトラクイズに出たい」という話はしたことはあったが、「出た」という話をしたことはなかった。

(キ) 同月20日ころ、P舎監が、3年生に対して、消灯後の過ごし方等について指導を行った。同月24日、Bが無断帰省し、同月26日、保護者とともに帰寮したが、退学したいとの意思が強く今後のことについては家庭で検討するとして、その後長期欠席となった。また、同月25日は帰省日であったところ、Cは、同月26日に舎監室に電話をかけ、上級生が恐いと述べて帰寮しなかった。Cは、翌日保護者とともに帰寮し、Q舎監、P舎監らと約3時間にわたり話し合ったが、退学の意思が固く、帰省して親とよく話をした上で、今後のことを決めることとした。このころ、P舎監は、2年生及び3年生に、思いやりのある上級生であるように指導した。

(ク) 同月24日、Aが風呂当番であった時、ボイラーの故障により水風呂となったことがあり、このことについてZをはじめ11人の上級生は、同日午後11時ころから約4時間にわたり、(5)Aに対し、わざと水風呂にしたとして、風呂場や202号室、208号室、221号室等において集団で暴力を振るった。このとき、Aは、上記の上級生らから、風呂場で服の上から冷たい水をかけられ、上級生の誰かに恨みがあるのだろうと詰問され、当初は否定していたが執拗に追及され、こらえ切れずに先輩Dの名前を出したところ一旦風呂場から解放された。しかしまもなく、(6)先輩Dから呼び出されて、水の入ったペットボトルで体を叩かれた後、引き続き、上記の上級生らから、上記の各部屋をたらい回しにされて、殴る、蹴る、腕を捻る、押入に閉じこめられるなどの暴行を受けた。また、(7)先輩Zから洗面器を投げつけられ、顔に当たって鼻血が出たこともあった。また、先輩E、先輩Fらによって(8)左腕を捻られ、先輩Xらによって左腕を鉄アレイ等で叩かれた。同日の(9)宿直は、O舎監長とK教諭であったが、両名とも非舎監棟でこのような集団的暴行が行われていることには気づかなかった。同月25日、Aは、朝の点呼には出たが、暴行を受けたことによる体調不良でラジオ体操はできず、自室へ戻った。その後登校し、中間試験を受けていたが、途中で体調が悪くなって保健室へ行った。Aは、同日早朝に暴行を受けた後、腹痛を訴えた際に他の寮生から頭痛薬（バファリン）を与えられ、それと知らずに服用して眠ったが、同日夜、(10)8人の上級生から、頭痛薬を飲んで治ったから、腹痛だと言ったのは嘘であるとして暴行を加えられた。これ以降Aは、上記の上級生らから度々、殴る、蹴る、腕を捻る等の暴行を加えられるようになった。

（ケ）　同月30日、Aは、帰省した際に両親に痣を見つけられ、翌31日、内科を受診した。Aは、両親や医師に対し、痣ができた理由につき、階段から落ちたなどと説明しただけであった。(11)この帰省の際、Aは、上級生らから、寮に帰ってこなければ殺すぞなどと言われていた。

（コ）　6月2日、Aの母親は、Aの痣やその原因についてのAの説明に不審を抱き、寮に帰るのを止めようとしたが、Aは上級生から帰ってこなければ殺すなどと言われていたために、これを恐れ、帰寮することを主張したことから、結局、帰寮させた。同月3日、(12)Aの祖母がS高校へ電話をかけて、Aが痣だらけであったことなどを告げたところ、電話に出たS高校の教員は、後日連絡するなどと言って電話を切ったが、その後、Aの両親らに対して高校から連絡はなかった。

Cは、5月26日ころから、退寮を希望して帰省していたが、担任のJ教諭やQ舎監らから説得されて、6月2日、帰寮した。O舎監長は同日、甲沢及び先輩Eに個人的に話をし、翌3日、Q舎監がCを交えて三人に対して話をした。その後、Cは暴力を受けることはなくなったが、いやみを言われたり、つばをかけられたりしたことがあった。他方Bは、長期欠席を続けていたところ、6月1日、保護者から就職先を探すとして退学の手続をとる旨の連絡があり、退学した。

（サ） Aは、6月5日ころ、(13)2年生のHを1年生と間違えて「H君」と呼んでしまった件について、先輩Y、先輩X、先輩Zらから暴力を受けた。また、同月6日、水風呂の件や(14)Aが先輩Yから「Zを笑ってみろ」と強要され、仕方なく先輩Zに対して笑ったことなどを理由に、先輩YやZらから暴行を受けた。

（シ） 同月10日、O舎監長がAと話をしていた際、Aの手に痣ができているのに気づき、Aのシャツを脱がせて上半身を確認したところ、両腕や胸に黄色になった痣を見つけた。舎監長は痣の原因を問い質したがAは説明を拒み、階段から落ちたなどと言っていたが、舎監長は先輩ZとDが様子を伺っているのに気づき、両名を呼んで事情を聞いた。両名は、Aが嘘をついたために暴力を振るったなどと説明し、関係した寮生として12名の上級生の名前を挙げた。舎監長は、翌日に関係した寮生全員から事情を聞くこととし、同日の夜は、Aを舎監室で就寝させた。また同日、Aの両親へ連絡して事情を説明した。同月11日、O舎監長をはじめとする舎監らが、関係した寮生らから事情を聞いた。寮生らは、互いに責任が同等になるよう相談して、指導調査書に事実関係を記載した。同日、Aも舎監室でさらに事情を聞かれたが、上級生が同じ舎監室にいたことから、内容を聞かれることを恐れて、十分な事情説明ができなかった。S高校は、調査の結果、水風呂の件はAが嘘をついていたことが原因であり、これに対して上級生が立腹した事件であると判断した。その上で、舎監らは、校長、副校長、生徒指導課長、担任に対して事情説明を行い、関係した寮生に処分を与えることとし、中心的役割を果たした先輩X、先輩Y、先輩Z、先輩Dに対しては、同月12日から15日までの間の寮内指導、奉仕作業、保護者来校の下での日付け未記載の退学届の提出及びAに対する謝罪を行わせ、他の関係生徒には放課後の奉仕作業による寮内指導、保護者来校のもとでの厳重注意及びAに対する謝罪を行わせた。

また、S高校は、(15)暴行の原因はAが嘘をついたことであるとし、喧嘩両成敗であるなどの理由から、Aに対しても、一週間の謹慎と丸坊主という処分をなした。同事件以降、舎監らは、M山寮の見回りの回数を増やしたり、寮生との対話を増やすように心がけた。同月12日、O舎監長が、A及びCと話をし、悩みを聞くなどして頑張るよう励ました。同月13日、Aの両親が来校し、Aを退寮させるよう申し入れたが、舎監長は、他にも寮を出たがっている者がいることや、一度入寮した以上は、寮を出るのであれば退学になることなどを説明した。同日、Aの両親はAに暴行を加えた寮生らに会い、寮生らは、頭を下げる程度の謝罪をした。同日夜、(16)Aは、先輩Yと先輩Xから、Aの両親に対して謝罪させられたことに対する不満から暴行を加えられ、先輩Z他6名らもAに暴行を加えた。また、同月11日から(17)一週間の謹慎期間中にも、先生に告げ口したなどの理由によりAに対して暴行が加えられた。

(ス)　同月24日ころから、(18)先輩XがAに対して、性器を触らせたり、舐めさせるなどのことを強要する性的暴行を加え始めた。同日、Aは舎監に対し、消灯後に先輩Xから起こされて用事を言われると申し出た。同月25日、R舎監が、A、C及び先輩Xにそれぞれ話をし、頑張るように言った。同月26日、Aは、CとともにM山寮を脱走したが、T駅付近で見つかって連れ戻された。同月28日、Aが退学を希望しているとのことから、Aの母親が来校して、O舎監長、R舎監と長時間にわたり話をした。舎監らはAに頑張るよう説得したが、話は平行線をたどり、とりあえず期末考査終了まで寮生活を続けることになった。このころ、(19)先輩Xは、連日Aに対して性的暴行を行っており、Aは、7月4日ころ、耐えられずに当時担任であったJ教諭に相談した。これにより、舎監らが先輩XのAに対する性的暴行を知り、同日夜、Aを別の寮に泊まらせ、先輩Xを舎監室で就寝させた。同月5日、先輩Xは自主退学となった。同日、Aは寮生のYから、(20)先輩Xが退学になったのはAのせいであると言われ、竹刀を短くした棒で殴られ、鉛筆数本を指の間に挟まれて、その手を絞られるなどの暴行を受けた。同日、Aは、上級生らから反感を持たれており耐えられないなどと言って、O舎監長に対し、退学したいと申し入れた。

これに対し舎監長は、3年生を集め、先輩Xの退学の件についてAを責めないように話をしたが、上級生の中には納得できていない者がいた。ただし、同日以降、Aに対し集団による暴行が加えられることはなかった。同月7日、Aの両親がO舎監長から呼ばれて来校し、先輩Xが退学になった経緯等の説明を受けた。また、Aの退学について話し合い、1学期が終わるまでは頑張るということになった。

（セ） 7月1日、Aは体育の授業中、ソフトボールケースを運んでいた際に左肘が90度に曲がったまま動かなくなった。翌日、Aは整形外科を受診し、レントゲン写真一枚を撮り、同日以降、同医院にリハビリのため数回通院したが、左腕は動かないままであった。

（ソ） 9月1日、Aは通院治療のために仮通学（暫定措置としての自宅通学）をすることとなった。同日以後、(21)Aは、S高校において、教科書を墨で黒く塗られたり、靴やスリッパがなくなるなどの嫌がらせを受けた。

10月12日ころ、Aは正式に通学が認められ、M山寮から荷物を引き上げた。

【Aのその後の生活状況について】

（ア） Aは、平成4年の2年生時、同じクラスの生徒から、教科書や体育着を隠される、教科書やノートを黒くマジックで塗られる、上靴や下靴を隠されるなどの嫌がらせを受けていた。Aの保護者は、S高校へ赴き、担任であったL教諭に暴力について指導を行うよう要請したが、嫌がらせは収まらなかった。そのような状況下で、Aは成績不振により留年し、二度目の2年生時の平成5年9月1日、別の高校に転校した。このころからAの左肘の調子は徐々に良くなり、動くようになった。Aは、同校で卓球部に所属し、選手として活動していた。

【PTSD発症の有無及び発症が認められる場合の本件各暴行との因果関係の有無について】

ア　Ａは、平成３年９月にＭ山寮を退寮した後、不眠等の症状が生じ始め、眠りにつくと、数人の寮生から暴力を振るわれたり、押入に閉じこめられたりする夢を見た。また、このころＡは、Ｓ高校において、教科書が黒塗りにされたり、靴を隠されるなどのいじめを受けていた。Ａは、左肘の治療のためにＲ病院に通院していたが、Ａが医師にも左肘を触らせようとしなかったことがあり、このような反応が心因性のものであると考えられたことから、Ｒ病院の医師の勧めで、同年９月10日からＫ精神内科へ通院し始めた。Ａは、Ｓ高校で２年生のころから不登校となり、平成５年５月13日ころ、いじめにより授業に出席できないことを主訴として、Ｐ大学病院精神神経科を受診した。その際、同病院の医師は、ＡからＳ高校でいじめや暴力を受けていたとの話を聞いて、誰でもそういう状況下にあればそのようになることはごく自然なことであるとして、PTSDはもちろん、何らかの精神病が疑われることはないと診断した。そして、日にちを決めて通院するのではなく、いつでも話をしたいときに来るように指示した。また、このころかかりつけであったＫ内科から、精神安定剤を処方してもらうことがあった。Ａの両親が児童相談所に相談するなどした結果、Ａは、同年９月１日、別の高校へ転校した。このころも、Ａは、怖い夢を見たり、追いかけられるような気がして恐怖を感じたりすることがあった。

イ　Ａは、平成７年４月から短大へ進学し、在学当初、学生専用ハイツに住んでいたが、同年10月ころからＡ宅に数名の学生が遊びに来るようになると、(22)<u>Ｍ山寮での生活を思い出し、集団を恐れ、眠った後に夢でうなされるようになった</u>。Ａが学生専用ハイツには戻りたくないなどと言うようになったため、両親は、既払の家賃が無駄になることを承知で、オートロック式のマンションへ引っ越しさせた。

ウ　Ａは、平成９年３月に同大学を卒業してＨ市内へ戻ったが、同年９月ころ、自動車を運転中、ガードレールに衝突するという事故を起こし、左手を打撲したことがあった。このころ、(23)<u>Ａは、逃げても逃げてもＭ山寮でＡをいじめた寮生達が追いかけてくる、逃げ場を失って袋小路になってしまうな</u>

どと訴えていた。

エ　平成10年10月14日、Aは、H市内のクリニックを受診し、また、同月18日ころ、精神安定剤を一度に大量に服用したことがあり、睡眠薬中毒により別の病院で診察を受けた。同病院では、高校時代のいじめを思い出し、夢に出てきたり、同年4月ころから通っていた情報システム関係の専門学校での成績が上がらずにいらいらしていたことにより、睡眠薬を一度に服用したなどと説明した。このころ、Aは、同年10月18日以外にも(24)2回程度、死にたいなどと言って精神安定剤等を大量に服用したことがあった。

オ　平成13年3月19日ころから、Aは、H市内のクリニックに通院し、二週間に一度程度の割合で定期的に受診し、投薬とEMDRの治療を受けている。また、Aはクリニックにおいて、同日ころ、PTSDと診断された。同年4月、AはT大学に入学した。

(25)Aの具体的症状を検討すれば、Aに、本件各暴行に起因する何らかの精神症状が残存している可能性がある。

【判決内容】

慰謝料700万円。Aは、暴行を受けたこと自体により精神的苦痛を受け、さらに(26)長期間に及ぶ通院や入通院を余儀なくされた上、左肘の機能障がい等の後遺障がいを負ったのみならず、悪夢を見る、フラッシュバックに苛まれる、自殺未遂的な行動を起こしたりするなどの一定の精神症状が残存していることが認められ、本件各暴行による原告の精神的損害は多大である。しかしながらAは、平成10年ころには前述の症状を呈していたものの、〈証拠略〉によれば、本件訴訟提起後、Aにとってはまことに酷なことではあるが、本件各暴行の事実と向き合い、正面から受け止めるなどの努力をし、それによってこれらの精神症状を克服しつつあることが窺われ、A自身も本件訴訟提起後、人と話ができるようになるなど症状の改善を自覚していることなどの事情も認められる。そこで、これらの事情を総合して考慮すれば、Aが受けた精神的苦痛を慰謝するための金額は700万円をもって相当と認められる。

3　判決書教材の構成要素の抽出

ここでは、本判決書教材である「私立高校寮内いじめ事件」から構成要素を抽出する。

次の表28は、前章と同じように本いじめ判決書教材について、教材の記述からキーワードを抽出し、いじめの態様やいじめ責任等の構成要素との関連性を分析したものである。

左側から第1列は、判決書教材に含まれる判決書記述を抜き出したものである。第2列は、その判決書教材の記述からキーワードを抽出したものである。第3列はいじめ態様やいじめ責任などの構成要素を抽出したものである。

いじめ態様については前章で説明したように、本研究では七つのキーワードとしている。それらの中で、本節では「f 性的嫌がらせ」に注目する。いじめの態様に対して、それぞれのいじめ判決書教材によって共通に準備されている構成要素は何なのか。また特色ある構成要素は何なのかを分析していく。その他のキーワードについては、いじめ判決書教材の記述から生成したキーワードをもとにして分類している。

いじめ裁判は、被害者が原告となり人権侵害等によってその失われた損害の賠償を求めるものであることから、いじめの関係者に関わる記述が構成要素になると考えられる。そのため、学校教師の安全配慮義務や保護者の保護監督義務などのいじめ責任についての裁判官の判断がキーワードとして予想される。

表28から、本判決書教材における構成要素は、「a 悪口」「c 暴行・恐喝」「d 物理的いじめ」「f 性的嫌がらせ」「h 学校教師の安全配慮義務」「j 被害者保護者の保護監督義務」「y 精神的後遺障がい」が抽出できる。その中でも、「c 暴行・恐喝」「h 学校教師の安全配慮義務」「y 精神的後遺障がい」は記述量が多い。

また、裁判所の判断から本学習は生徒たちの学習内容に生かす視点があると考察した。それが次の表29である。

<表28 「私立高校寮内いじめ事件」判決書教材の記述とキーワードによる構成要素の抽出>

判決書教材の記述	キーワード	構成要素
E（11）この帰省の際、Aは、上級生らから、M山寮に帰ってこなければ殺すぞなどと言われていた。	E（11）脅迫	a 悪口
E（5）Aに対し、わざと水風呂にしたとして、M山寮の風呂場や202号室、208号室、221号室等において、集団で暴力を振るった。	E（5）、E（6）、E（10）、E（13）集団暴行によるいじめ	c 暴行・恐喝
E（6）先輩Dから呼び出されて、水の入ったペットボトルで体を叩かれた後、引き続き、上記の上級生らから、上記の各部屋をたらい回しにされて、殴る、蹴る、腕を捻る、押入に閉じこめられるなどの暴行を受けた。		
E（10）8人の上級生から、頭痛薬を飲んで治ったから、腹痛だと言ったのは嘘であるとして暴行を加えられた。		
E（13）2年生のHを1年生と間違えて「H君」と呼んでしまった件について、先輩Y、先輩X、先輩Zらから暴力を受けた。		
E（7）先輩Zから洗面器を投げつけられ、顔にあたって、鼻血が出たこともあった。	E（7）物を投げつけられるいじめ	
E（8）左腕を捻られ、先輩Xらによって、左腕を鉄アレイ等で叩かれた。	E（8）腕をたたかれるいじめ	
E（14）Aが先輩Yから「Zを笑ってみろ」と強要され、仕方なく先輩Zに対して笑ったことなどを理由に、先輩YやZらから暴行を受けた。	E（14）強要と暴行によるいじめ	
E（16）Aは、先輩Yと先輩Xから、Aの両親に対して謝罪させられたことに対する不満から暴行を加えられ、先輩Z他6名らもAに暴行を加えた。	E（16）、E（17）告げ口に対する集団暴行	
E（17）一週間の謹慎期間中にも、先生に告げ口したなどの理由により、Aに対して暴行が加えられた。		
E（20）先輩Xが退学になったのはAのせいであると言われ、竹刀を短くした棒で殴られ、鉛筆数本を指の間に挟まれて、その手を絞られるなどの暴行を受けた。	E（20）仕返しとしての暴行	
E（21）Aは、教科書を墨で黒く塗られたり、靴やスリッパがなくなるなどの嫌がらせを受けた。	E（21）教科書へのいたずら、物隠し	d 物理的いじめ
E（18）先輩Xが、Aに対して、性器を触らせたり、舐めさせるなどのことを強要する性的暴行を加え始めた。	E（18）、E（19）性的暴行	f 性的嫌がらせ
E（19）先輩Xは、連日、Aに対して性的暴行を行って		
E（1）O舎監長が、上級生から多少の暴力があるかもしれないことを説明した。	E（1）学校・宿舎における安全配慮義務に対して過失責任	h 学校教師の安全配慮義務

E (2) びびらす行為といって、上級生が押し入れに隠れている部屋へ1年生を連れてきて、上級生の悪口を言わせた上、上級生が押入から出て来て、何を言っているのかなどと言って脅すという行為が流行っていた。このような行為が流行っていることは、舎監も認識していた。	E (2) 学校・宿舎における安全配慮義務違反と過失責任	
E (9) 宿直は、O舎監長とK教諭であったが、両名とも、非舎監棟でこのような集団的暴行が行われていることには気づかなかった。	E (9) 学校・教師の安全配慮についての暴行いじめ認知不足と過失責任	
E (12) Aの祖母が、S高校へ電話をかけて、Aが痣だらけであったことなどを告げたところ、電話に出たS高校の教員は、後日連絡するなどと言って電話を切ったが、その後、Aの両親らに対して、S高校から連絡はなかった。	E (12) 学校教師の安全配慮として保護者への情報提供の過失	
E (15) 暴行の原因はAが嘘をついたことであるとし、喧嘩両成敗であるなどの理由から、Aに対しても、一週間の謹慎と丸坊主という処分をなした。	E (15) 学校教師のいじめ暴行認知に対する過失責任	
E (3) Aの母親は、その電話を受けて、M山寮に電話をかけて事情を聞き、Aが転校か退学を希望していると申し入れた。	E (3) 被害者保護者の養育責任としての学校への問い合わせ	j 被害者保護者の保護監督義務
E (4) Aの母親が来校したが、舎監と話をすることはなく、Aを寮から連れ出して話をし、寮生活を継続することとなった。Aは、寮を出て下宿をしたいと話したが、両親は、寮を出れば退学しなければならないので、もう少し頑張るよう話をした。	E (4) 実態把握の不足と対応の過失	
E (22) M山寮での生活を思い出し、集団を恐れ、眠った後に夢でうなされるようになった。	E (22) 精神的後遺障がいによる不眠症	y 精神的後遺障がい
E (23) Aは、逃げても逃げてもM山寮でAをいじめた寮生達が追いかけてくる、逃げ場を失って袋小路になってしまうなどと訴えていた。	E (23) 精神的後遺障がいによる損害	
E (24) 二回程度、死にたいなどと言って、精神安定剤等を大量に服用したことがあった。	E (24) 精神的後遺障がい抑制のための薬物服用	
E (25) Aの具体的症状を検討すれば、Aに、本件各暴行に起因する何らかの精神症状が残存している可能性がある。	E (25) 暴行によるいじめの精神障害の認定	
E (26) 長期間に及ぶ通院や入通院を余儀なくされた上、左肘の機能障がい等の後遺障がいを負ったのみならず、悪夢を見る、フラッシュバックに苛まれる、自殺未遂的な行動を起こしたりするなどの一定の精神症状が残存していることが認められ、本件各暴行による原告の精神的損害は多大である。	E (26) 暴行や性的暴行による精神的損害の認定	

＜表29　判決書の分析＞

裁判所の判断	生徒たちの学びに生かす視点
＜いじめ認定＞　S高校の寮では、下級生は上級生に絶対服従という風潮があり、それに反した行動があったなどの理由で上級生が下級生に頻繁に暴力を振るうなど、上級生と下級生の間に、暴力を伴う厳しい上下関係が従前から因習的に形成されていた。1年生にとって身体の安全、精神の平穏を得ることが容易でない状態であったとみることができる。このような集団暴行の実態は、…弱者に対し暴力を振るい苦痛を与えること自体を目的とした行為であるとみることができる。水風呂の件を含むAに対する各暴行は、寮内において従前から横行していた上級生の下級生に対する暴力を伴ういじめの一環であると認められる。	○学校生活においては、上級生と下級生という関係においても、常に身体の安全や精神の平穏が求められていることを学ぶことができる。 ○何がいじめで不法行為なのかを具体的に理解でき、上級生から下級生への指導において、暴力を防止しようとする姿勢や態度を育成できる。
＜学校教師、舎監の責任＞　舎監らは、上級生と新入生との軋轢が、暴力を伴うものであることについても、容易に認識し得たと認められる。学校・教師は、寮内において上級生の下級生に対する暴力を伴ういじめについて、現に予見し、若しくは容易に予見し得たと認められる。学校・教師は、暴力が横行する状況を早急に改善し、抜本的かつ有効な方策を講じる義務があった。一旦問題状況が生じた場合には、その詳細を調査して原因を明らかにし、いじめ、暴力等の深刻な問題が生じることを防止すべく対策を講じることが必要である。寮における当時の状態に照らせば、舎監らを増員し、できる限り管理体制を強化し、寮生を見守るべき義務があった。学校教師は、舎監長が被害者の痣を見つけ、暴行に気づきながらも、被害者が嘘をついたことに上級生が憤ったための偶発的事件として処理しており、これが、上級生の下級生に対する集団的ないじめの一環であり、支配服従関係に原因があることなど、当時の根深い問題状況を見逃している。このような学校・教師側は、安全配慮義務に違反するというべきである。	○舎監は寮内において、学校・教師は生徒たちの学校生活での安全を配慮する義務があり、いじめがおこった場合は対策を講じ、管理体制を強化し、生徒たちの人権侵害を防ぐための手段を講じなければならないことを学ぶことで、いじめの責任所在といじめ防止や抑止の対応を具体的に考え、行動することができる。
＜裁判所の判断-損害額の認定＞　被害者の具体的症状を検討すれば、被害者に、本件各暴行に起因する何らかの精神症状が残存している可能性がある。Aは、本件各暴行を受けたこと自体により精神的苦痛を受け、さらに、前記認定のとおり、長期間に及ぶ通院や入通院を余儀なくされた上、左肘の機能障がい等の後遺障がいを負ったのみならず、悪夢を見る、フラッシュバックに苛まれる、自殺未遂的な行動を起こしたりするなどの一定の精神症状が残存していることが認められ、本件各暴行によるAの精神的損害は多大である。…本件によってAが受けた精神的苦痛を慰謝するための金額は700万円をもって相当と認められる。Aの左肘の後遺障がいの症状は、後遺障がい別等級表10級10号に該当するが、左肘の後遺障がいによる逸失利益は、1701万9347円となる。弁護士費用を含めると原告の損害は合計2929万6158円と認められる。	○いじめによる後遺障がいは、被害者に対してその後の人生において多大な影響を与え、精神的被害によって深刻で重大な事態になることを想像予見できるようになり、いじめを防止・抑止する姿勢と態度、実践行動まで高めることができるようになる。

いじめ認定については、「上級生と下級生の間に、暴力を伴う厳しい上下関係が従前から因習的に形成されていた。１年生にとって身体の安全、精神の平穏を得ることが容易でない状態であったとみることができる」「寮内において従前から横行していた上級生の下級生に対する暴力を伴ういじめの一環である」と裁判所は判断しているが、それぞれ、「学校生活においては、上級生と下級生という関係においても、常に身体の安全や精神の平穏が求められていることを学ぶことができる」「何がいじめで不法行為なのかを具体的に理解でき、上級生から下級生への指導において、暴力を防止しようとする姿勢や態度を育成できる」という視点で生かすことができると考えた。

また、学校教師、舎監の責任については、「学校・教師は、舎監長が被害者の痣を見つけ、暴行に気づきながらも、被害者が嘘をついたことに上級生が憤ったための偶発的事件として処理しており、これが、上級生の下級生に対する集団的ないじめの一環であり、支配服従関係に原因があることなど、当時の根深い問題状況を見逃している。このような学校・教師側は、安全配慮義務に違反するというべきである」と裁判所は判断している。生徒たちの学びにおいては、「舎監は寮内において、学校・教師は生徒たちの学校生活での安全を配慮する義務があり、いじめがおこった場合は対策を講じ、管理体制を強化し、生徒たちの人権侵害を防ぐための手段を講じなければならないことを学ぶことで、いじめの責任所在といじめ防止や抑止の対応を具体的に考え、行動することができる」ことを生かすことが可能なのではないかと考えた。

また、裁判所の判断した損害額の認定については、「長期間に及ぶ通院や入通院を余儀なくされた上、左肘の機能障がい等の後遺障がいを負ったのみならず、悪夢を見る、フラッシュバックに苛まれる、自殺未遂的な行動を起こしたりするなどの一定の精神症状が残存していることが認められ、本件各暴行によるＡの精神的損害は多大である」としている。「いじめによる後遺障がいは、被害者に対してその後の人生において多大な影響を与え、精神的被害によって深刻で重大な事態になることを想像予見できるようになり、いじめを防止・抑止する姿勢と態度、実践行動まで高めることができるようになる」という人権教育上の可能性が考えられる。

第3節 判決書教材の構成要素を組み入れた授業の開発

1 授業構成案の開発

本節では、単元構成を3時間で組み替え、授業内容の開発に取り組んだ。

具体的な授業構成の計画については、次の表30のようになる。なお、主な学習内容に記されている【 】内の数字については、本判決書教材において挿入している下線部記述番号と同じである。授業構成において、いじめの態様やいじめ責任などの構成要素との関連を示している。

＜表30 私立高校寮内いじめ事件の判決書教材を活用した授業構成＞

学習過程	時間	主な学習内容 (【 】内の数字は判決書教材における下線部番号と対応)
①個々の違法性・人権侵害行為を判別し、認識する。	1	1) 判決書を読み、どの行為がいじめだと思うかを判決書に下線を引き、裁判所の判断をもとにして確認する。同時にそのいじめがどのような不法行為なのかを理解する。【(5) ～ (8)、(10) ～ (11)、(13) ～ (14)、(16) ～ (21)】
②責任の所在を確認し合う。	1	2) 各班でそれぞれ、「いじめの責任の所在はだれにあると考えるか(2班)」「舎監・教師はどうすべきだったのか (2班)」「周囲の人たちはどうすべきだったのか(2班)」「被害者はどうすればいじめから逃れられたのか(2班)」について話し合いをし、まとめる。「いじめの責任の所在はだれにあると考えるか」「舎監･教師はどうすべきだったのか」について発表し、論議する。【(1) ～ (4)、(9)、(12)、(15)】
③侵害された権利を洞察する。市民性育成の基本原理を導き、共通認識とする。	1	3)「周囲の人たちはどうすべきだったのか」「被害者はどうすればよかったのか」について発表し、論議する。周囲の人たちの現実的な対応を考察する。いじめから逃れる方法として、転校などの法的措置があることを学び、いじめ相談所一覧を確認する。被害者はその後どうなったのかを表す判決書を読み、いじめは卒業後も生涯にわたって精神的損害を生みだすことがあり、被害者の精神的損害の事実を学ぶことで、名誉や自尊心を大事にしていくことがいかに大切なものかを説明し、いじめ抑止の態度・行動を育成する。感想を書く。【(22) ～ (26)】

授業開発の内容を見ていく。授業構成は上記の表30のように3時間である。社会科公民的分野「憲法と基本的人権の尊重」において3時間を特設し実践し

た。

本いじめ判決書教材を活用した授業では、「いじめが犯罪を含む人権侵害であり、被害者の精神を追いつめ、人格権の侵害となることを理解させる」「いじめの責任はだれにあるのかを確認し、被害者がどのような権利を侵害されたかを洞察させ、確認させる」「いじめは卒業後も生涯にわたって精神的被害を生みだすことがあり、被害者の精神的被害の事実を学ぶことで、いじめ防止、抑止の態度・行動を喚起させる」「名誉や自尊心がいかに大切なものかを学び、その上に立って、自由･人権とともに、社会が求める自律、規範を自覚させる」ことをねらいとした。本判決書教材は、「性的嫌がらせ」との関連で開発したが、上記の下線部のところが本授業で重点化した挿入した新しい学習内容のところである。「性的嫌がらせ」などのいじめや暴力が、精神的後遺障がいを被害者に与えてしまうことを洞察できるようになることを期待した。

判決書教材における構成要素としての記述は、第1次においては、その記述量の多さから考察すると、「c 暴行・恐喝」の態様についての理解は期待できるのではないかと考えられる。本章のテーマである「f 性的嫌がらせ」については、記述量は少ない。しかし、被害者の人格を奪い、精神的後遺障がいを引き起こす事実として受けとられるであろう。記述番号としては、【(5)～(8)、(10)～（11)、(13）～（14)、(16）～（21)】である。

第2次では、いじめ責任について考察していくが、本判決書教材では、「h 学校教師の安全配慮義務」（この場合は舎監・教師であるが）についての事実と裁判官の判断が記述として多く見られる。【(1）～（4)、(9)、(12)、(15)】の記述はいじめ責任考察の参考となる。

本判決では、裁判官の判断として、「y（精神的）後遺障がい」についての記述が多く見られる。授業では第3次に【(22)～（26)】の記述をもとにして、この問題について学習していく。構成要素になるのではないかと予想される。

2　授業実践の概要

本研究では、授業感想文記述の分析を通して、構成要素を抽出する。本節では実際の授業についての概要を説明する。「事前アンケート」「授業記録」「授業実践後の質問紙分析」を紹介することで、授業の様子ならびに研究の補足的な参考資料とする。授業感想文の分析については次節で説明する。

(1) 基礎的なデータ

2010年7月、公立中学校3年生4クラス128名、授業者 新福悦郎である。社会科の「人間の尊重と日本国憲法の基本的原則」単元を利用し、「いじめ問題を考える」というテーマを特設し、3時間構成のカリキュラムのもとで授業を行った。

(2) 授業の概要および特色

(ア) いじめについての事前アンケート

いじめについての事前アンケートについては、2010年6月末に128名に対して行った。

その質問項目の一部を示したのが次頁の表31である。

表中のQ1の質問については、「悪口」75人、「暴力」74人、「無視(シカト)」47人、「物をかくす」40人、「仲間はずれ」15人が多く見られ、「性的いやがらせ」について書いてきた生徒はいなかった。「いやなことを無理やりさせる」(5人) が見られた。

表31のQ5の質問に対して、「心の傷(トラウマ)になる」(30人)、「人間不信になる」(20人)、「自殺」(21人)、「人と接することが苦手になる」(18人)、「ひきこもりになる」(17人)、「不登校」(11人) という記述が多く見られた。これらの結果から、生徒たちの多くはいじめが引き起こすその後の人生への影響について知識としてはつかんでいると考えられる。

Q6の問いについては、「ぜったいにやってはいけない」(41人)、「いじめはよくない」(31人) の記述が圧倒的に多く、いじめについての規範意識を生徒たちの多くは持っていると考えられる。

しかし、いじめ被害の人生への影響やいじめの深刻さを具体的に理解してい

＜表31　事前アンケートの質問項目＞

Q1 「いじめ」というとどういう行為を思い浮かべますか。
Q2 「いじめ」はいじめの加害者のほかにだれに責任があると思いますか。
Q3 「いじめ」が目の前で起こっていたらどうしますか。
Q5 「いじめ」は被害者の人生にその後どのような影響を与えるのでしょうか。
Q6 「いじめ」について考えていることを書いて下さい。

るかというと疑問である。Q2の問いについては、「被害者」（24人）と回答した生徒も多くあり、また、Q3の問いには、「見て見ぬふり」（22人）、「逃げる」（1人）、「かわいそうと思うけど止めない」（2人）、「何もできない」（3人）、「止めたいが実際はできない」（9人）、「わからない」（6人）、「様子を見る」（1人）などの回答もあり、それらはいじめ被害者への共感不足と周囲にいる同級生としての対応行動のむずかしさを物語っている。

いじめという人権侵害を目にして、被害者に共感し、いじめ被害の深刻さを想像（予見）できるようにするためには、精神的後遺障がいについて記された判決書を活用することは意義深いと考えられる。

（イ）授業記録

この授業では判決書におけるいじめ事実を通して教師と子どもたちで話し合い、学習していく。次はその一場面である。

（T：教師、S：生徒）

T1　：では、周囲の人はどうすれば良かったのか、5班から発表してもらいます。

S1　：私たちの班ではまず最初に、周囲の人は「いじめの証拠となるものを、舎監・教師に見せる」べきだったと考えました。そして、「いじめられていることを先生に教える」ことが何よりも必要だったと思います。

T2　：もう少し具体的に現実的に説明してほしいのだけど、どうすればいじめの証拠を見せられると考えますか？
S2 ：たとえば、いじめの現場をカメラで隠し撮りして、それを先生に見せる。
S3 ：今はケイタイで写真も撮れるしそれで隠し撮りする。
T3 ：なるほどね。みんなはこの意見についてどう考える？
S4 ：まずいと思う。カメラなんかを手にしていたらすぐばれるし、ケイタイって撮影の時音がするし…
S5 ：そしてばれたら逆にボコボコにされてしまう。
S6 ：先生をなにげなく連れてきてわかるようにするのは？
S7 ：それってむずかしいよ。
S8 ：電話とかをあとでするとか…。
T4 ：なるほどね、電話でこっそり先生に伝えるというのはたしかにあるね。
S9 ：この寮では電話は公衆電話だけ。加害者の先輩達が聞いているかもしれない。
S10 ：今の時代だったらケイタイがあるから大丈夫かな。
S11 ：メモ用紙に書いてわからないように先生に伝えるというのもあるんじゃないかな。
T5 ：そうだね、伝える手段はいろいろありそうだね。…略…判決書には周囲の人の行動はほとんど出てきません。また周囲の人達は責任を問われていません。しかし、周囲の人達はこの寮でいじめが行われていたことはおそらく知っていたと思います。もし、あなたたちが発表してくれたようなことをだれかが行動に移していたら、いじめによる被害者は苦しい思いをすることはなかったことでしょう。

教師にいじめを報告することを「チクリ」と考える中学生に、その報告がいじめ被害者の人権を守ることにつながるという認識を育成し、具体的・現実的な行動のヒントを考えさせるということは、いじめをなくそうとする意識・意欲・態度、そして実践行動まで高める人権感覚の育成を図ることになる。授業では、この場面のように中学生と教師が判決書の状況をもとにして、いじめから逃れる方法を具体的・現実的に考察していった。

（ウ）授業実践後質問紙調査

授業後９ヶ月後に質問紙を配付し調査した。質問の内容は「いじめの授業を受けて、その後の学校生活で何か役立ちましたか」である。記述式で回答してもらった。（重複分類）

その内容を分類すると次のようになる。（2010 年３月集計、総数 125 名）

＜表 32　いじめ授業を受けて学校生活で役立ったこと＞

考え方の変化	行動・対応の変化	態度の変化	状況の変化	変化なし	記入なし
37 人	32 人	36 人	19 人	12 人	1 人
29.6%	25.6%	28.8%	15.2%	9.6%	0.8%

上記の表 32 を分類して分かることは、次の３点である。

一つは、９割におよぶ生徒たちが、授業を受けて学校生活で役立ったと答え、何らかの変化があったと回答している。

二つは、いじめに対する考え方の変化だけではなく、実際のいじめへの対応や行動、または態度や姿勢において、いじめ判決書学習は影響を与えたと考えられる。認識だけではなく、日常的な行動や実践についても効果を持っているのではないかと考えられる。

三つに、上記の行動や実践についての効果があったために、状況の変化についても影響があったのではないかと考えられる。たとえば、「悪口をあまりきかなくなった」「私の気づく範囲ではいじめは見られなかった」「クラスでのいじめはなかったのですが、みんな仲良くなった」という記述が見られた。

上記の分析から、いじめ判決書学習はいじめ防止や抑止に効果があるのではないかと考えられる。

本いじめ判決書学習による最後のまとめで授業そのものについてどう感じたかを「◎大いに役に立った、○役に立った、△ふつう、×あまり役に立たなかった」という基準で生徒たちに評価してもらった。98.3%の生徒が「◎大いに役に立った」「○役に立った」と答えた。

授業実践を重ねるたびに、「◎大いに役に立った」という割合の数値が高くなっており、特に本実践の「精神的後遺障がい」を取り上げた授業は生徒たちの学習関心と重なったものであったと考えられる。

(3) 本授業の特色

性的嫌がらせをテーマにしたいじめ判決書学習の授業では、以下のことが可能性としてあげられるのではないかと考えられる。

まず第一に、いじめ問題に関して本判決書教材の活用で具体的な精神的後遺障がいを生徒たちは学ぶことができ、いじめがその時だけの被害だけではなく、その後の人生において深刻な被害を受けることを想像（予見）することができるようになる。

第二に、本判決書学習で、被害者の苦悩やその後の人生における深刻さを学ぶことが、生徒たちに被害者に対しての共感する姿勢を醸しだすことになることがわかった。それは、被害者への共感を示す記述の感想が多く見られたことから考えられる。

第三に、上記二つの点から、共感と想像（予見）という人権感覚の育成によって、いじめに対して許さないという姿勢や態度を生みだし、いじめ防止や抑止の姿勢や態度を育成することにつながる。

以上のことから、本判決書教材を活用した授業においては、性的嫌がらせをふくむ人格権の侵害によって深刻な精神的後遺障がいという被害者の事実を具体的に学ぶことを通して、いじめが人権侵害であることを具体的に学ぶことができ、名誉や自尊心がいかに大切なものであり、個人の尊厳の尊重が学校生活や社会において大事な価値であることを学ぶことができる。いじめ授業では、人権教育に活かす学びの内容的要素として、性的嫌がらせを被害の事実を通した精神的後遺障がいが重要であることを検討できたと考えられる。

第4節　授業感想文にもとづく構成要素の抽出および分析

本節では、私立高校寮内いじめ事件を活用した授業実践におけるまとめの感想文記述を分析分類し、構成要素を抽出する。

前節では、本判決書教材の活用で具体的な精神的後遺障がいの学びと、その後の人生において深刻な被害を受けること、生徒たちに被害者に対しての共感する姿勢を醸しだすことになると考察した。そのために、「精神的後遺障がい」や「被害者に心情理解や共感」に関連する感想文記述が増えて、構成要素として抽出できるのではないかと予想される。

この節では、一連の授業実践終了後にまとめとして書いてもらった感想文から、生徒たちがどのような内容を学び考えたのかについて、その構成要素を抽出し分析する。そして、その学びが本研究におけるいじめ態様やいじめ責任等の構成要素との関連で、どのような共通の構成要素があり、また本判決書を活用するとどのような特色ある構成要素が準備できるかを考察する。

1　感想文記述によるキーワードと抽出できる構成要素

次の表33は、私立高校寮内いじめ事件を活用した授業実践後、それぞれの生徒がどのような感想文記述を書き、それをどのようにキーワード化したかについてのものである。そのキーワードからいじめの態様や責任論におけるキーワードと関連づけ、構成要素を抽出したものである。

記述に沿ってキーワードを抽出したので、一つの感想文から複数のキーワードが生成され、分類されている。左列が生徒の番号で、2番目の列が感想文記述の番号である。3番目の列が感想文記述であり、4番目の列がその感想文記述から生成したキーワードである。右端の列が、そのキーワードから抽出した構成要素である。E120までの感想文を分析し構成要素を抽出したが、ここでは、E9までを紹介する。

＜表33 「私立高校寮内いじめ事件」の授業感想文記述とキーワードによる構成要素の抽出＞

生徒	番号	感想文記述	キーワード	構成要素
E1	①	3時間のいじめ授業でいじめはその時だけでなくその後の人生にも大きく関わってくることを学びました。	いじめがその後の人生におよぼす影響の学び	y 精神的後遺障がい
	②	A はいじめで左腕が不自由になったり	左腕の後遺症を生み出すいじめの理解	y 精神的後遺障がい
	③	精神的にいやなことを感じるようになって大変だと思う。	精神的な影響を与えるいじめの理解	y 精神的後遺障がい
	④	これから先このようなことがあってはいけない。いじめられて命を落とす人もでてきたら楽しいこともなにもかもなくなってしまう。自分はこのようなことは絶対したくない。	いのちを奪ういじめの理解	r いのちを奪ういじめの理解
E2	①	高校生の時のいじめがこんなに長く被害者を悩ませるとは思ってもいませんでした。そして社会に出てもいい人でも信じることができなくなってしまうこともつらいと思います。	いじめのその後の人生におよぼす影響についての学び	y 精神的後遺障がい
	②	いじめをした人は、もっと被害者の気持ちを考えてほしいです。	被害者の心情の洞察の必要性	n 被害者への共感・心情理解
	③	見ていた人も少しでも被害者たちの力になってほしかったです。	他の生徒たちの不作為の問題性	k 同級生の不作為と対応考察
	④	A ももっと人を信じてほしいです。	いじめ被害者の対応考察	s 被害者対応の考察
E3	①	A のその後の生活状況で感じたことは、2年生になっても同じクラスの人にいやがらせがおさまらなかったからかわいそうだと思います。	被害者の心情理解と共感	n 被害者への共感・心情理解
	②	そして睡眠薬を飲まないと落ち着かない精神状態までいっていたことは、まだ先輩たちにされたいじめが忘れられないことが感じられました。	精神的な影響を与えるいじめの理解	y 精神的後遺障がい
E4	①	僕が感じ考え学んだことは、いじめというのは、そのときでおわらず、いじめられた人の心に一生残る。怖いことだと感じました。	いじめが精神的に人生におよぼす影響の理解	y 精神的後遺障がい

	②	そして、M山寮でAをいじめていた先輩たちもいじめを受けていたというのをきいて僕はいじめのつらさが分かっているのならAやBやCをいじめなければよかったと思いました。	いじめ被害者が加害者になることの問題性	o 加害者対応の批判
	③	この学習を通してぼくはいじめをしない、いじめをみつけたらとめるということを思いました。	いじめ防止抑止のための今後の決意	p いじめ防止・抑止の決意
E5	①	3年間という生活の前にその一年間だけであれほどの暴力をされ、脱走を行うほど追いつめられていっている人なんて現代社会において問題である。	暴力によるいじめの理解	c 暴行・恐喝
E6	①	このいじめをされている側の気持ちを考えてほしいということと、思ったことは、舎監や教師がもっとしっかりしておくべきだと思う。教師たちがしっかりしていたらいじめもなくなっていたかもしれない。もっと対策などを考えてほしかった。そしたらAもやめずにすんだと思う。	舎監教師の義務と対応考察	h 学校教師の安全配慮義務
E7	①	ぼくはこのいじめの授業を1回しか受けていないけど、改めていじめは良くないなと思いました。もし、いじめがあると分かっていても、なかなかとめに入ることができません。でもほうっておいたら、どんどんエスカレートすると思います。だから先生には何らかの手段を使って教えないといけないと思いました。本当は自分が止めに入らないといけないんだけど、下手に止めに入ったら今度は自分がターゲットにされるのでそういう行動をとるのは最後の手段だなと思いました。	他の生徒たちの不作為の問題点と現実的考察	k 同級生の不作為と対応考察
E8	①	Aは結局転校したけど、その後も夢でうなされたりして二度も死のうとして大変だと思った。	精神的後遺障がいとして不眠症	y 精神的後遺障がい
	②	Aは舎監達から慰謝料700万円をもらったが、僕は700万では足りないと思った。	慰謝料の金額についての批判的考察	z1 裁判と損害賠償
	③	たった一度しか過ごせない自分の人生をずたずたにされていてかわいそうだと思った。	被害者の心情の洞察についての言及	n 被害者への共感・心情理解
	④	僕はAはもっと早く退学か、転校をこころみればよかったと思った。	いじめから逃れるための法的措置についての言及	l 被害者救済の法的措置

E8	⑤	もっと早くしていれば左肘の機能障がい等の後遺障がいなどにならなかったかもしれない。やっぱりいじめはぜったいにいけないと思った。	左腕の後遺症を生み出すいじめの理解	y 精神的後遺障がい
E9	①	ぼくはこの３時間の授業を受けて、みんないじめとか言うけれど、ここまでひどいとは思ってもいなかった。A 君の話はとても複雑だった。いじめを受けて６年経っても心の中には残っているんだと思った。そして 10 年後に裁判をするなんておそいと思った。いじめは絶対にしたらいけないと思った。	精神的な影響を与えるいじめの理解	y 精神的後遺障がい

上記の表から、本いじめ判決書教材を活用した授業においては、次のような構成要素に関連する感想文が見られた。いじめの態様としての構成要素に関連するのは、「c 暴行・恐喝」「d 物理的いじめ」である。本いじめの態様のテーマとする「f 性的嫌がらせ」に関連する感想文記述は見られなかった。

いじめの責任に関わる構成要素としては、「h 学校教師の安全配慮義務」「i 加害者保護者の保護監督義務」「j 被害者保護者の保護監督義務」「k 同級生の不作為と対応考察」「l 被害者救済の法的措置」「m 被害者自身の問題点」「o 加害者対応の批判」「v いじめ責任についての考察」が抽出できた。それ以外のものとしては、「n 被害者への共感・心情理解」「p いじめ防止・抑止の決意」「q いじめ授業への感謝」「r いのちを奪ういじめの理解」「s 被害者対応の考察」「t いじめの犯罪性の理解」「u いじめ体験」「x 共同不法行為としてのいじめ」「y（精神的）後遺障がい」「z1 裁判と損害賠償」が抽出できた。

第３節において本判決書教材を活用した授業実践の考察で予想された「精神的後遺障がい」や「被害者に心情理解や共感」に関連する構成要素として、「n 被害者への共感・心情理解」「y（精神的）後遺障がい」は予想通りに抽出できた。

上記の中で、他の判決書教材と同様に、共通する構成要素として本節で取り上げるのは、「c 暴行・恐喝」「h 学校教師の安全配慮義務」「k 同級生の不作為と対応考察」「l 被害者救済の法的措置」「n 被害者への共感・心情理解」「o 加害者対応の批判」「p いじめ防止・抑止の決意」「q いじめ授業への感謝」「r

いのちを奪ういじめの理解」「s 被害者対応の考察」「t いじめの犯罪性の理解」である。少ない感想文の構成要素は省略した。

本いじめ判決書教材による特色ある抽出できた構成要素は、「y（精神的）後遺障がい」「z1 裁判と損害賠償」である。この二つの構成要素は他の判決書教材による授業による感想文ではほとんど見られず、本いじめ判決書による構成要素の明らかな特色であると考えられる。

次に生徒たちの学びについて具体的な感想文記述から考察していく。

2　感想文記述によるキーワードと抽出できる構成要素

本章においても、それぞれに該当する感想文記述を三つ紹介し、それぞれの感想文記述にもとづくキーワードから抽出された構成要素を分析し、検討していきたい。

(1)「c 暴行・恐喝」のいじめ態様についての記述

- いじめの授業ではひどすぎるぐらいの暴力を中心としたAたちの体験談を見ました。先輩たちも受けていたことかもしれないけど、自分たちがされてたからこそ、後輩たちにはしてほしくなかった。今Aたちが普通に幸せに暮らしていたらうれしい。また、今のS高校（M寮）ではいじめがないでほしい。(E29①)
- 私はこの話を授業で聞いたときあまりにもひどいと思いました。Aが嘘をついたりしたのも悪いとは思うが、手をねじったり、鉄アレイでなぐったりまでいかなくてよかったのにと思いました。(E53①)
- なぐったりけったりものを投げつけたりしていたのは、もしかしたらやられた人はうちどころが悪かったら死んでいたと思います。(E54②)

生徒たちの学びとして被害の甚大さがある。暴行や傷害を具体的に「手を捻ったり、鉄アレイで殴ったり」といじめの事実から学んでいる。性的嫌がらせの不法行為の学びについても感想文記述の延長上にあるものと予想できる。しかし、本章の研究テーマである「性的嫌がらせ」については、生徒たちの感想文記述は見られなかった。これは他のすべてのいじめ判決書教材を活用した授業においても同様である。性的いじめについて感想を書くことは、中学生の発達段階ではむずかしいのではないかと予想される。

(2)「h 学校教師の安全配慮義務」についての記述

- 先輩たちはすごく柄が悪いというか、ばかげている。舎監、教師たちも知っていながら、注意を厳しくしなかったのは、とても悪いと思います。いじめというか、暴力ですね。マジ、あり得ない人たちです。(E83②)
- いじめの責任は教師や舎監にも十分あると思います。徹底的にいじめをなくす行動をすることが大切です。(E50④)
- 私も責任があるのは舎監や教師達だと思いました。A がいじめにあっているのに気づいていたんだったら、加害者達にきびしい処分も与えたり、自宅からの通学を許したりするべきだったとおもう。(E15①)

本判決で生徒たちは、舎監や教師たちの安全配慮義務違反を理解する。そして、「知っていながら、注意を厳しくしなかった」「徹底的にいじめをなくす行動を」「ずっと何もしなかった」「加害者への処分や自宅通学を許可する」などの具体的な安全配慮義務としての対応を感想文では示している。生徒たちが示す一連の対応については、本判決で裁判官が示したものである。「舎監は寮内において、学校・教師は生徒たちの学校生活での安全を配慮する義務があり、いじめがおこった場合は対策を講じ、管理体制を強化し、生徒たちの人権侵害を防ぐための手段を講じなければならない」ことの学習内容を理解したと思われる。

(3)「k 同級生の不作為と対応考察」についての記述

- 3時間の授業を通して加害者も悪いが周りの人たちを見て見ぬふりなどをしていて悪いと思った。(E40①)
- いじめによって被害者・加害者の将来が危ない状況になると思う。いじめがあったときは周りの人も見て見ぬふりをしないで被害者を助けてあげたほうがいいと思った。(E38②)
- このようなことがおきないためにも、私たちが変わっていかなければなりません。そのためにも周囲の人の気遣いが大切だと思います。周囲の人たちと助け合い、そういういじめたいという気持ちをなくしていけばいいと思います。いじめの授業を受けていろいろ学べたと思います。世の中ではたくさんのいじめが今もおきています。いじめは犯罪なのでなくしていけるように、みんなが意識していくしかないと思います。こういうことが起きるのは、被害者、加害者、周囲の人の責任だと思うので、みんなで考えていけばいいと思います。(E24②)

本判決書でも、他の判決書による学びと同じように、周囲の人としての同級生たちへの批判的対応の考察が見られる。見て見ぬふりをする同級生に対して、いじめ被害の拡大の責任を求める記述も見られる。学校生活において「周囲の人たちとしての同級生の気遣いが大切」であることを学んでいる。

(4)「1被害者救済の法的措置」についての記述

- 同級生からのいじめを受けて、成績不振になり、留年して別の高校に転校したら、左肘もよくなり部活にも入り落ち着いてきたのでよかったと思いました。もっと早く転校していたら、同級生からもいじめられることもなかったんじゃないかと思いました。(E68①)
- Aは寮を出て通学をしだしたら同級生にいじめられてせっかく寮を出ていじめから抜け出せるのにとおもってとっても悲しくなった。もし、自分がいじめにあってそういうことになったら、多分すぐに逃げ出して転校すると思います。そしてまた、その転校先でもいじめにあうなんて相当の苦しみだと思います。(E21①)
- 精神的にも死にたいなどと考えたり薬をたくさん飲んで自殺をしようとしたから、M山寮でのいじめはとてもひどかったんだなあと思いました。もし、緊急避難として欠席したり、学級替え、転校、いじめ相談所への相談などがあることを知っていれば、少しでも早くいじめからのがれられたと思います。(E113②)

本キーワードの感想文記述では、法的措置としての転校について評価が高い。深刻ないじめから脱出するために、転校は一つの効果的な方法であることを本判決書から学ぶことができることを示している。同時に、それは本判決で示されているように、退寮することは退学という不合理なシステムを取り入れていた被告学校法人への批判となり、法的措置の早期対応が必要であったことの記述が見られる。また、深刻ないじめから逃れるための法的措置の学びの重要性についての記述も見られる。

(5)「n 被害者への共感・心情理解」についての記述

・ Aは高校を転校して楽しくなるのに、M山寮（元の学校）の事を思い出して追いかけられるような気がしてとてもかわいそう。せっかく転校して新しい生活とかにしようと思っていたと思うのに、頭から「いじめ」の事を思い出してきて本当にかわいそう。おとなになっても、いじめという大きな影響を持ってかわいそう。左腕は動かなくなったこともあったけど、徐々に回復してきているので良かった。Aはこのいじめの事は一生覚えていると思う。本当につらい思いをして、かわいそうだった。私なら耐えきれません。(E110②)

・ Aは上級生だけでなく、2年生になったら同級生からも嫌がらせを受け、かわいそうだと思った。転校したあとは嫌がらせはなくなったが、夢にイヤな思い出が出てくるのは、相当な苦痛だと思った。もし自分がそうなってしまったら、きっとたえられないと思う。(E18①)

・ 本当にその被害者の人たちはかわいそうで、よくがんばれたなって思うし、すごいと思った。(E82②)

本判決では、被害者の精神的後遺障がいが認定されたが、生徒たちは、転校しても、おとなになってもいじめ被害に苦しむ被害者の苦悩を学んでいる。そしてその苦悩を想像し、被害者への共感となる感想記述が見られる。本判決書を活用した授業の目的の一つに、「その後の人生におけるいじめ被害の苦悩や深刻さを想像（予見）すること」を取り上げているが、その目的を達成できているように思われる。

(6)「o 加害者対応の批判」についての記述

・ いじめはやってはいけないし、起こしてはならない行動なので、先輩にやられたからって、Aの先輩は後輩にやりかえすんじゃなくて、いやな事と分かっててやるのは最悪だと思いました。(E75②)

・ そしていじめる人ももっと被害者の気持ちにならないといけないと思いました。(E48②)

・　3時間の授業を通して、Aにいじめをした加害者たちにとても腹がたちました。10年経ってもまだ後遺障がいが残ってしまって苦しい重いがずっと続いているので、先輩は深く反省すべきであると思いました。(E72①)

被害者への共感は必然、加害者対応への批判につながる。本判決でも他の判決書による学びと同じように、この分類に含まれる感想記述が見られた。そして、本判決では、人生に後々まで影響を与えるいじめの事実を通して、加害者となった先輩への批判となって「深く反省すべきだ」と断罪されている。

(7)「p いじめ防止・抑止の決意」についての記述

・　いじめが目の前で起こったらできる限り止めたいと思います。いじめはぜったいにいけないことだと学びました。(E67②)
・　A君は何もしてないのに、いじめを受けて後々大変なことになってとても悲しかった。もしそういう人が身近にいたら支えてあげたいと思った。そしていじめは卑劣な行為だと考え直していじめがあったらとめようと思った。いじめについてこれからも考えていこうと思った。(E112③)
・　だれか今この瞬間にもいじめによって傷ついている人がいる。せめて自分のクラスだけではいじめが起こらないように、それが出来たなら他のクラスでも起こらないように少しずつ広げていけたらいいです。いじめは加害者にも被害者にもいいことはないので、一人でも多くの人がいじめを受けなくなればいいと思います。(E118④)

いじめ問題の判決書教材を活用した授業は、生徒たちの今後の日常の学校生活に影響を与えている。その一つが、上記の感想文記述に見られるように、いじめに対する行動・姿勢・考え方である。一連の授業を通しての学びが、「できる限り止めたい」「身近にいたら支えてあげたい」「これからも考えていこう」「いじめが起こらないように」などの記述に見られる。「できる限り」というキーワードは重要である。消極的ないじめ抑止への対応を示す決意であるが、同時に現実の過酷ないじめを学んだ上での決意であり、評価できると思う。本授業は、生徒たちのエンパワーメントにつながるのではないかと考えられる。

(8)「q いじめ授業への感謝」についての記述

・　この３時間の授業はすごく印象に残ったので忘れられないと思いました。(E64②)
・　私は、このいじめの授業をするまでは、いじめについてそこまで深く考えたことはありませんでした。しかし、この授業でいじめは被害者の人生を狂わすぐらいひどいものなんだと知りました。もし、私が被害者になったり、被害者の周囲の人になったりしたときは、この授業で学んだことをしっかりと活用し、いじめをなくしていきたいと思いました。本当に為になりました。(E117④)
・　もう、このようないじめが少しずつでもなくなってきたらいいと思います。いじめがなくなったら、いじめで苦しみながら自殺をしたりする人もいなくなってくると思うからです。いじめの授業でいじめのことについていろいろと学べて良かったと思います。A が受けていたようないじめがあることにとても驚きました。(E108④)

本カテゴリーの感想文記述では、いじめ授業によっての学びが価値あるものであったことを示している。上記の記述でも、「人との接し方」「たくさんの解決策」「いじめが人生を狂わす」などの学びがあったことを示しているが、本判決書による学習の効果であると考えられる。

(9)「r いのちを奪ういじめの理解」についての記述

・　これから先このようなことがあってはいけない。いじめられて命を落とす人もでてきたら楽しいこともなにもかもなくなってしまう。自分はこのようなことは絶対したくない。(E1④)
・　いじめの授業を通して命の大切さを学びました。(E31①)
・　３時間いじめについての授業をして、いじめは被害者の命に関わるものだということが分かりました。(E50①)

本いじめ判決書においては、いじめ被害者は精神的後遺障がいによる不眠症などに襲われ、服薬自殺を何度か図った。いじめ被害から何年も経過した後にもかかわらず、被害者はその時の辛い体験がフラッシュバックし、精神的な後遺障がいに悩まされることとなった。その事実の重みが、このキーワードと関係していると思われる。

(10)「s 被害者対応の考察」についての記述

・　被害者は早くに周りの人に相談すれば良かったのにと思いました。被害者はなんで相談ができなかったのかと思いました。(E48 ①)

・　せっかく保護者がいじめに気づいてくれたのだから、そこで本当のことを言えば、少しは気が楽になったのではないのかなと思いました。でも言ったらまた、先輩達からのいじめが強くなると思って言えないのかもしれないけど、保護者はいじめを知っているから保護者が舎監達に訴えてくれるかもしれないから頼った方がいいと思った。(E15 ②)

・　被害者は一人で悩まず、誰かに相談することが大切です。相談することが心も少しは軽くなると思いました。いじめの授業をしてこの世界からいじめがなくなってほしいと思いました。(E50 ②)

生徒たちはいじめ判決書の事実から被害者の対応について考察する。もし、自分が被害者であったらどのような対応をとるかという課題は、学習過程の３限目に位置づけているが､その学びについて感想文に書いている。一つが、「被害者の法的措置」についての理解と考察である。そして、もう一つが、なぜ被害者はいじめから逃れるために「周囲の人たちへの相談」や「保護者へ相談」をしなかったのかという疑問である。本判決では、寮内における部活動を通した先輩と後輩という関係性の中での特殊な状況であることの理解をさらに深める必要があったように思われる。

(11)「t いじめの犯罪性の理解」についての記述

・　いじめは犯罪を含む人権侵害なので絶対にしてはいけないと思います。自分も加害者にならないようにします。(E51 ②)

・　３回の授業を通して、いじめは犯罪なんだなと思いました。なぐったりけったりものを投げつけたりしていたのは、もしかしたらやられた人はうちどころが悪かったら死んでいたと思います。もし死んでしまったら､殺人犯になってしまったと思います。死んでしまったら取り返しのつかないことになっていました。(E54 ①)

本判決書を活用した授業の学びでは、他の判決書でも見られるようにいじめ行為が犯罪であることの記述が見られる。これは、学習過程の第一次で、いじめ行為の確認と刑法との関連性の時間を位置づけているためである。本判決書では、「いじめが犯罪を含む人権侵害行為であることの理解」と「いじめ暴行が傷害へと被害が拡大する」ことの理解が見られた。いじめ行為が場合によっては殺人となってしまう恐れの記述も見られる。

本判決書教材を活用した授業において、特色ある構成要素として示されるのは、「y（精神的）後遺障がい」「z1 裁判と損害賠償」である。特に、「y（精神的）後遺障がい」については多くの感想文において記述されていた。なお「（精神的）後遺障がい」としたのは、本判決書における被害者は、精神的後遺障がいだけでなく、左腕に身体的な後遺障がいも受けている。そのことについての感想文記述も見られるために、ここでは上記の表記にした。

(12)「y（精神的）後遺障がい」に関わる記述

- いじめは被害者の人生にとても大きな影響を与えると知って何年過ぎても心の傷は消えないのだなと思いました。いじめというものは身体的にも精神的にも被害者にダメージを与えるものです。(E13①)
- きょうの授業で学んだことは、いじめを受けて何年経っても後遺症は残るんだと感じた。被害者は自殺未遂を２回も起こしているけど、自殺するくらいまで彼を追い込んだというところに恐怖を感じた。いじめた人は、いじめたことをすぐ忘れるけど、いじめられた人はその後の人生に大きな影響を与えるんだと思った。やっぱり何が何でもいじめは悪いことで、絶対にしてはならないことです。これからのＡの人生がすごくかわいそうだと思いました。いじめの授業はすごく役に立ちました。(E16①)
- 僕は今日の授業をうけて、いじめの被害は一生続くんだなあと思いました。いじめは終わったのに、精神的にいじめを思い出すとやっぱり自殺などしたくなるんだなあと思いました。やっぱり体の傷は治るけど心の傷は治らないと思いました。そしていじめはいけないとつくづく思いました。(E100①)

本判決書教材を活用した授業では、上記の「y（精神的）後遺障がい」に分類できる感想文記述がもっとも多く見られた。授業の目標の一つは、「いじめは卒業後も生涯にわたって精神的被害を生みだすことがあり、被害者の精神的被害の事実を学ぶことで、いじめ防止、抑止の態度･行動を喚起させる」であったが、上記の感想文記述はその目標を十分に達成していることを示している。そして、「精神的被害の事実」を具体的に把握している。「自殺未遂を２回起こす」「体の傷は治るけど心の傷は治らない」「寝ていても夢に出てくる」「薬を飲む」などは、まさしくその具体的な事実である。この学びは、他の判決書教材を活用した授業の構成要素として見られず、本授業の特色の大きな一つと考えられる。

「いじめの精神的後遺障がいについての理解と考察」は、同時に「いじめのその後の人生への影響理解」にもつながっている。「一生苦しみを背負って人生を歩んでいく」「人の心に一生残る」「心の傷は一生消えない」「一生その傷を背負って生きていく」と記述も感想文には見られた。その内容については、教師が生徒たちに生徒指導において語りかける内容でもある。しかし、一般的な文言としての学びではなく、本判決書教材における授業では、「怖い夢を見たり、追いかけるような気がして恐怖を感じたり、短大の学生専用のハイツに戻れなくなったり、大学卒業後も自動車運転中、ガードレールに衝突して左手を打撲したり、自殺行為を図ったり」という具体的な事実を通したものとなっている。その事実の重みを通した学習の意義は生徒たちへのいじめ抑止や防止につながるのではないかと期待できる。

(13)「z1 裁判と損害賠償」についての記述

・　慰謝料が700万円とは少ないと思います。しかも先輩Ｚとか12人の先輩は訴えていません。なんでだろうと思いました。この授業を受けてこんなすごいいじめがあることを知り、深く考えさせられました。こんないじめは見たくもやりたくもありません。(E17③)
・　慰謝料として700万円を払ってもらえるが、それだけじゃこれからの生活に支障が出て変わらないと思う。いじめはいけないと感じ、考えました。(E105②)
・　慰謝料700万円を学校が払ってもＡさんの傷ついた心は700万じゃ治らないと思います。私はこの授業をして、人が傷ついたらすぐに傷が治ることはないこと、いじめは絶対にダメなんだってことを学びました。(E120③)

本判決書教材を活用した授業では、損害賠償請求として精神的後遺障がいとしての700万円に対して、上記のように批判的な意見が見られる。「少ない」「生活に支障が出て変わらない」「治らない」などである。この授業では、被害者のいじめ事件その後についての事実関係を裁判官の判断を通して説明するので、裁判についての理解が大きいと思われる。このように裁判の判断について批判的に考察する感想文記述は、本判決に対して多く見られ、いじめと裁判との関連について学ぶには適切な判決書教材だと考えられる。

第５節　小括

本章では、第１節で本研究におけるいじめ態様の類型化の一つである「性的嫌がらせ」について、判決書教材の開発の適否を検討した。第２節では、開発した判決書教材を紹介し、その教材に記述されている学習の要素を取り出してキーワード化し、いじめの態様やいじめの責任等との関連から構成要素を抽出した。そして、開発した判決書の構成要素を授業構成において位置づけた。第３節では授業の概要について説明した。そして第４節では、授業感想文を分析し、判決書教材における構成要素が、生徒たちの感想文にもとづいて構成要素として抽出されたかを分析してきた。

この節では、第２節で示したいじめ判決書教材のキーワードと第４節で分析した授業感想文記述によるキーワードとの関連を見ていきたい。そのことで、いじめ判決書教材の開発と授業構成によって生徒たちにどのような構成要素が抽出されたのかを検討できる。

次の表34は、いじめ態様･いじめ責任等の構成要素と判決書教材のキーワード、感想文記述のキーワードとの関連について比較整理した。

＜表34　構成要素と判決書教材、感想文記述のキーワードとの関連＞

構成要素	いじめ判決書教材におけるキーワード	感想文記述によるキーワード
a 悪口	E（11）脅迫	
b 無視・仲間はずれ・村八分		
c 暴行・恐喝	E（5）、E（6）、E（10）、E（13）集団暴行によるいじめ E（7）物を投げつけられるいじめ E（8）腕をたたかれるいじめ E（14）強要と暴行によるいじめ E（16）、E（17）告げ口に対する集団暴行 E（20）仕返しとしての暴行	E5 ①暴力によるいじめの理解 E29 ②暴力によるいじめの理解と現在の状況への期待 E53 ①手を捻ったり、鉄アレイで殴る暴力としてのいじめの理解 E54 ②暴力的いじめの理解 E83 ③暴力としてのいじめ理解 E114 ⑤暴力によるいじめの理解
d 物理的いじめ	E（21）教科書へのいたずら、物隠し	E22 ①落書きや靴隠しによるいじめの理解
e いじめとふざけ		
f 性的嫌がらせ	E（18）、E（19）性的暴行	
g 特別支援いじめ		
h 学校教師の安全配慮義務	E（1）学校・宿舎における安全配慮義務に対して過失責任 E（2）学校・宿舎における安全配慮義務違反と過失責任 E（9）学校・教師の安全配慮についての暴行いじめ認知不足と過失責任 E（12）学校教師の安全配慮として保護者への情報提供の過失 E（15）学校教師のいじめ暴行認知に対する過失責任	E6 ①舎監教師の義務と対応考察 E15 ①舎監や教師のいじめ認知不足による過失責任 E28 ②学校・宿舎における安全配慮義務に対して過失責任 E33 ①学校教師のいじめ暴行認知に対す過失責任 E35 ②学校・宿舎における安全配慮義務に対して過失責任 E36 ②学校・教師の安全配慮についての暴行いじめ認知不足と過失責任 E46 ②舎監教師の安全配慮義務としてのいじめ対策不足への批判 E49 ①舎監教師の安全配慮についての対応考察の過失責任 E50 ④舎監教師の安全配慮義務における過失責任 E55 ③舎監教師の安全配慮義務違反 E71 ②舎監教師の安全配慮義務違反としての慰謝料の適正 E83 ②舎監教師のいじめ対応における過失責任 E99 ②舎監教師の安全配慮義務違反としての慰謝料の考察

h 学校教師の安全配慮義務		E109 ③舎監教師の安全配慮義務としてのいじめ対策過失責任
i 加害者保護者の保護監督義務		E71 ③加害者保護者の保護監督義務 E41 ②加害者保護者の保護監督義務の過失
j 被害者保護者の保護監督義務	E（3）被害者保護者の養育責任としての学校への問い合わせ E（4）実態把握の不足と対応の過失	
k 同級生の不作為と対応考察		E2 ③他の生徒たちの不作為の問題性 E7 ①他の生徒たちの不作為の問題点と現実的考察 E13 ②学校や寮における仲間作りの大切さ E20 ②他の生徒たちの不作為の問題性と対応の考察 E24 ②他の生徒たちの対応の重要性と考察 E29 ①他の生徒たちの不作為と対応考察 E33 ②他の生徒たちの不作為と対応考察 E34 ②他の生徒たちの不作為と対応考察 E37 ①他の生徒たちの不作為と対応考察 E38 ②他の生徒たちの不作為と対応考察 E39 ②他の生徒たちの不作為と対応考察 E40 ①他の生徒たちの不作為と責任 E45 ①他の生徒たちの不作為と対応考察 E50 ③他の生徒たちの不作為と対応考察 E53 ②他の生徒たちの不作為と対応についての具体的考察 E56 ②他の生徒たちの不作為の言及 E70 ①他の生徒たちの不作為と対応考察についての言及 E76 ③他の生徒たちの不作為と対応考察 E80 ②他の生徒たちの不作為への言及 E84 ③他の生徒たちの不作為の言及 E87 ②他の生徒たちの不作為問題の現実的考察対応について言及

		E88 ①他の生徒たちの不作為の問題性理解と友達の有効性の言及 E89 ①他の生徒たちの不作為と対応についての効果的現実的な方法の考察 E90 ①他の生徒たちの不作為の問題性についての理解 E91 ②他の生徒たちの不作為と対応考察 E94 ③他の生徒たちの対応考察 E114 ②他の生徒たちの不作為と対応考察 E116 ②他の生徒たちの対応の重要性と考察 E117 ①他の生徒たちのいじめ対応に対する具体的現実的考察 E118 ②他の生徒たちの対応の重要性と決意 E120 ②他の生徒たちの不作為と対応考察
l 被害者救済の法的措置		E8 ④いじめから逃れるための法的措置についての言及 E17 ①法的措置としての転校についての言及 E21 ①いじめから逃れるための法的措置としての転校についての考察 E23 ①いじめを逃れるための法的措置としての転校についての考察 E25 ②いじめ被害から逃れるための法的措置としての転校についての現実的考察 E55 ①いじめから逃れるための法的措置としての転校についての考察 E68 ①法的措置としての転校についての理解と対応の考察 E113 ②いじめ被害から逃れるための法的措置についての言及
m 被害者自身の問題点		E36 ③被害者の問題性についての言及
n 被害者への共感・心情理解		E2 ②被害者の心情の洞察の必要性 E3 ①被害者の心情理解と共感 E8 ③被害者の心情の洞察についての言及 E18 ①被害者への共感 E27 ①いじめ被害者の心情理解と洞察

n 被害者への共感・心情理解		E28 ①被害者への心情理解と共感 E32 ①いじめ被害者の心情理解と洞察 E44 ②被害者の心情理解と同情 E45 ②被害者の心情の洞察と共感 E69 ②被害者に対する心情理解と共感 E71 ①被害者の心情理解と対応についての理解 E82 ②被害者への共感 E83 ④被害者の心情理解 E91 ①被害者の心情理解 E106 ①被害者に対する共感 E107 ②被害者の心情理解と共感 E108 ③被害者の心情理解と共感 E110 ②被害者の心情理解と共感への言及 E112 ②被害者の心情理解 E114 ①被害者の心情理解 E115 ③被害者の心情理解と共感 E119 ①被害者の心情理解と洞察
o 加害者対応の批判		E4 ②いじめ被害者が加害者になることの問題性 E27 ③加害者に対する批判的考察 E35 ①加害者対応についての批判的考察 E36 ①加害者の行動についての批判的考察 E46 ③加害者の被害者心情を考えないことへの批判 E47 ①ストレスによる加害者行為の理解と批判 E48 ②加害者の被害者心情を考えないことへの批判 E55 ②加害者のいじめ行為に対する批判 E59 ①加害者のいじめ行為に対する批判 E72 ①加害者のいじめ行為に対する批判的考察 E73 ②加害者のいじめ行為に対する批判 E75 ②加害者のいじめ行為に対する批判的考察 E76 ②加害者のいじめ行為に対する批判的考察 E78 ②加害者のいじめ行為に対する批判的考察

		E83 ①加害者のいじめ行為に対する批判 E84 ①加害者のいじめ行為に対する批判的考察 E85 ①加害者のいじめ行為に対する批判的考察 E86 ②加害者のいじめ行為についての批判的考察 E87 ①被害者を追いつめた加害者行為に対する批判 E94 ①加害者のいじめに対する批判的考察 E98 ②加害者のいじめ行為に対する批判的考察 E105 ②加害者のいじめ行為に対する批判的考察 E106 ③精神的に追いつめた加害者に対する批判 E108 ②加害者のいじめ行為についての批判的考察 E114 ④加害者のいじめ行為についての責任の言及 E115 ②加害者のいじめ行為に対する批判的言及
p いじめ防止・抑止の決意		E4 ③いじめ防止抑止のための今後の決意 E13 ③今後の生活におけるいじめ学習の学びを生かす決意 E21 ③いじめ解消に向けての今後への決意 E24 ④いじめ防止抑止のための今後への決意 E26 ①いじめ防止抑止のための今後への決意 E28 ③今後の生活におけるいじめ学習の学びを生かす決意 E32 ②いじめ防止抑止のための今後への決意 E49 ③いじめ防止抑止のための今後への決意 E51 ③いじめ防止抑止のための今後への決意 E56 ③いじめ防止抑止のための今後への決意 E57 ④いじめ防止抑止のための今後への決意

p いじめ防止・抑止の決意		E62 ③いじめ防止抑止のための今後への決意 E63 ②いじめ防止抑止のための今後への決意 E66 ①いじめに対する自省的決意 E67 ②いじめ防止抑止のための今後への決意 E74 ②いじめ防止抑止のための今後への決意 E80 ③いじめ防止抑止のための今後への決意 E82 ③今後の生活におけるいじめ学習の学びを生かす決意 E84 ⑤いじめ防止抑止のための今後への決意 E86 ③いじめ防止抑止のための今後への決意 E92 ②いじめ防止抑止のための今後への決意 E95 ②いじめ防止抑止のための今後への決意 E96 ②いじめ防止のための今後への決意 E97 ②いじめ防止のための今後への決意 E107 ③いじめ防止抑止のための今後への決意 E112 ③いじめ防止抑止への今後へ決意 E114 ⑥いじめ防止抑止のための今後への決意 E115 ④いじめ防止抑止のための今後への決意 E116 ④いじめ防止抑止のための今後への決意 E117 ⑤いじめの被害者になったときの対応についての今後への決意 E118 ④いじめ防止抑止のための今後への決意
q いじめ授業への感謝		E16 ③いじめ授業への感謝 E24 ⑤いじめ授業での学びについての感謝 E28 ④悪い伝統を変えていくことの学びができたことへの学習への感謝 E64 ②いじめ授業への感謝 E72 ③いじめの学びに対する授業への感謝

		E85 ②いじめ授業への感謝 E98 ③いじめ授業の内容についての感謝 E103 ①いじめ授業による学びへの感謝 E104 ②いじめ授業の学びへの感謝 E107 ④いじめ授業への感謝 E108 ④いじめ授業での学びに対する感謝 E115 ⑤役に立ったいじめ授業への感謝 E116 ③考え学ぶことができたいじめ授業への感謝 E117 ④いじめ授業による学びと感謝
r いのちを奪ういじめの理解		E1 ④いのちを奪ういじめの理解 E31 ①いのちを奪ういじめの理解 E50 ①いのちを奪ういじめの理解 E54 ③いのちを奪ういじめの理解 E58 ②自殺まで追い込む命を奪ういじめの理解 E57 ③いのちを奪ういじめの理解
s 被害者対応の考察		E2 ④いじめ被害者の対応考察 E15 ②いじめ被害者の相談という対応考察 E48 ①被害者対応の相談についての批判的考察 E50 ⑤被害者対応としての相談の大切さについての言及 E65 ①被害者対応についての批判的考察 E70 ②被害者はいじめを逃れるための相談による対応についての理解 E77 ①被害者としてのいじめへの対応考察 E84 ①被害者対応についての考察 E94 ②被害者の対応についての批判的考察 E117 ②被害者としての警察への通報の考察
t いじめの犯罪性の理解		E24 ③いじめの犯罪性についての理解 E51 ②いじめの犯罪性理解 E54 ①いじめの犯罪性理解
u いじめ体験		E116 ①靴を隠されたことのいじめ体験についての言及

v いじめ責任についての考察		E52 ①いじめ責任についての考察
w 被害者対応としての抵抗の理解		
x 共同不法行為としてのいじめ		E82 ①共同不法行為としてのいじめ被害の理解
y（精神的）後遺障がい	E（22）精神的後遺障がいによる不眠症 E（23）精神的後遺障がいによる損害 E（24）精神的後遺障がい抑制のための薬物服用 E（25）暴行によるいじめの精神障がいの認定 E（26）暴行や性的暴行による精神的損害の認定	E1 ②左腕の後遺症を生み出すいじめの理解 E8 ⑤左腕の後遺症を生み出すいじめの理解 E62 ②いじめによる左腕の後遺障がいによる理解 E1 ①いじめがその後の人生におよぼす影響の学び E1 ③精神的な影響を与えるいじめの理解 E2 ①いじめのその後の人生におよぼす影響についての学び E3 ②精神的な影響を与えるいじめの理解 E4 ①いじめが精神的に人生におよぼす影響の理解 E8 ①精神的後遺障がいとして不眠症 E9 ①精神的な影響を与えるいじめの理解 E10 ①いじめの後遺障がいについての理解についての言及 E11 ①いじめの後遺障がいについての理解についての言及 E12 ①いじめによる精神的後遺障がいと不眠症の理解 E13 ①いじめによる精神的後遺障がいについての理解の言及 E14 ①いじめの後遺障がいについての理解についての言及 E16 ①いじめの後遺障がいについての学び E16 ②いじめのその後の人生への影響理解 E17 ②いじめによる精神的後遺障がいについての理解 E18 ②いじめによる精神的後遺障がいについての考察 E18 ③いじめによって人生への影響を与えることの理解についての言及

		E19 ①いじめがその後の人生に大きな影響を与えることについての言及 E19 ②いじめの後遺障がいについての理解 E20 ①いじめのその後の人生におよぼす影響についての学び E21 ②いじめによる精神的後遺障がいについての理解 E22 ②いじめによって人生への影響を与えることの理解についての言及 E23 ②いじめによる精神的後遺障がいについての理解 E24 ①いじめによる精神的後遺障がいについての理解 E25 ①いじめによる精神的後遺障がいについての理解 E25 ③いじめがその後の人生に大きな影響を与えることについての言及 E27 ②いじめの精神的後遺障がいについての理解 E30 ①いじめによる精神的後遺障がいについての理解 E33 ③いじめがその後の人生への影響理解 E34 ①いじめによる精神的後遺障がいについての理解 E36 ④いじめがその後の人生への影響理解 E38 ①いじめの人生におよぼす影響の理解 E39 ①いじめによる人生への影響と精神的な後遺症への理解 E40 ②精神を追いつめ自殺へ追い込むいじめの理解 E41 ①いつまでも心に残るいじめの理解 E42 ①被害者の心にいつまでも残るいじめの理解 E43 ①いじめによる精神的後遺障がいによって自殺を図ろうとするいのちを奪ういじめの理解 E44 ①いじめによる精神的後遺障がいによる不眠症と自殺の理解 E45 ③一生心の傷を背負ういじめの理解 E46 ①一生心の傷を背負ういじめの理解

y（精神的）後遺障がい		E49 ②人生に大きな影響をおよぼすいじめの理解 E50 ②いじめはその後の人生に心の傷となって残ることの理解 E51 ①いじめは一生心に残るものであることの理解 E54 ④心の傷を負ってしまういじめの理解 E56 ①一生心の傷を背負ういじめの理解 E57 ①いじめのその後の人生への影響理解 E57 ②一生心の傷を背負ういじめの理解 E58 ①一生心の傷を背負ういじめの理解 E59 ②一生心の傷を背負ういじめの理解 E60 ①一生心の傷を背負う精神的後遺障がいを生み出すいじめの理解 E61 ①いじめによる精神的後遺障がいによる不眠症と自殺の理解 E62 ①一生心の傷になる精神的後遺障がいとしてのいじめの理解 E63 ①人の夢を壊し人生に影響をおよぼすいじめ理解 E64 ①精神的後遺障がいを生み出すいじめ理解 E67 ①心にトラウマを生み出すいじめの理解 E68 ②人生に大きな影響をおよぼすいじめの理解 E69 ①一生心の傷になる精神的後遺障がいとしてのいじめの理解 E70 ③一生心の傷になる精神的後遺障がいとしてのいじめの理解 E72 ②一生の心の傷になる精神的後遺障がいを生み出すいじめについての理解 E73 ①トラウマとなるほどのいじめの精神的後遺障がいについての理解 E74 ①その後の人生に精神的に大きな影響を与えるいじめの理解 E75 ①一生心の傷になる精神的後遺障がいとしてのいじめの理解 E76 ①その後の人生に精神的に大きな影響を与えるいじめの理解

		E78 ①一生心の傷になる精神的後遺障がいを生み出すいじめの理解 E79 ①後々まで心に傷を残し影響を与えるいじめの理解 E80 ①一生心の傷になる精神的後遺障がいを生み出すいじめの理解 E81 ②いじめの精神的後遺障がいについての理解 E84 ④いじめによる後遺障がいについての言及 E86 ①人生を台無しにするいじめの理解 E88 ②一生の心の傷になる精神的後遺障がいについての言及 E89 ②精神安定剤を服用しなければならない精神的後遺障がいについての理解 E90 ②一生心の傷になる精神的後遺障がいとしてのいじめ理解 E92 ①一生心の傷になる精神的後遺障がいとしてのいじめ理解 E93 ①自殺にまで追い込み、精神障害まで引き起こすいじめについての理解 E95 ①一生心の傷になる精神的後遺障がいとしてのいじめ理解 E96 ①一生の心の傷になる精神的後遺障がいとしてのいじめ理解 E97 ①心の傷はたやすく消えない精神的後遺障がいとしてのいじめ理解 E98 ①一生心の傷になる精神的後遺障がいとしてのいじめ理解 E99 ①いじめの後遺障がいについての理解 E100 ①一生心の傷になり自殺まで引き起こす精神的後遺障がいとしてのいじめ理解 E101 ①精神安定剤を服用しなければならない精神的後遺障がいについての理解 E102 ①睡眠薬を飲んで自殺まで図ろうとする精神的後遺障がいとしてのいじめ理解 E104 ①一生心の傷になる後遺障がいとしてのいじめ理解 E105 ①一生心の傷になる精神的後遺障がいとしてのいじめ理解

y（精神的）後遺障がい		E106 ②精神的後遺障がいとしてのいじめ理解 E107 ①人生に大きな影響をおよぼすいじめの理解 E108 ①一生の心の傷になる精神的後遺障がいとしてのいじめ理解 E109 ①一生心の傷になる精神的後遺障がいとしてのいじめ理解 E110 ①心の傷になる精神的後遺障がいとしてのいじめ理解 E111 ①一生心の傷になり、人生に大きな影響を与える精神的後遺障がいとしてのいじめ E112 ①後遺障がいとしてのいじめ理解 E113 ①薬物を服用し自殺まで図ろうとする精神的後遺障がいとしてのいじめ理解 E114 ③一生心の傷になる精神的後遺障がいとしてのいじめ理解 E115 ①いじめのその後の人生への影響理解、いじめの精神的後遺障がいについての理解 E117 ③いじめによる精神的後遺障がいについての理解 E118 ①一生心の傷になる精神的後遺障がいとしてのいじめ理解 E119 ③人生に大きな影響をおよぼすいじめ理解 E120 ①薬物を服用し自殺まで図ろうとする精神的後遺障がいとしてのいじめ理解
z1 裁判と損害賠償		E8 ②慰謝料の金額についての批判的考察 E17 ③慰謝料の金額についての批判的考察 E31 ②いじめ事件は裁判としての損害賠償請求事件になるという理解 E81 ①生活に影響を与えるいじめ裁判での損害賠償についての理解と考察 E105 ③人権侵害による慰謝料についての学び E106 ④人権侵害による慰謝料についての批判的考察 E109 ②いじめによる人権侵害と慰謝料についての理解

		E113 ③人権侵害としての慰謝料についての言及 E118 ③いじめによる人権侵害と慰謝料についての批判的考察 E119 ②人権侵害としての慰謝料についての言及 E120 ③人権侵害としての慰謝料では回復不能であることについての批判的言及
z2 いじめのきっかけ		
z3 個性といじめの関係		

まず、本判決書教材においては、いじめの態様として「脅迫」「集団暴行によるいじめ」「物を投げつけられるいじめ」「腕を叩かれるいじめ」「強要と暴行によるいじめ」「告げ口に対する集団暴行」「仕返しとしての暴行」「物理的いじめ」「性的暴行」が記述として掲載されている。本テーマは、この中の「性的暴行」についての記述をもとにして、生徒たちにいじめの態様として理解させようとした。

次に、いじめ責任と関わる記述としては、「学校・宿舎における安全配慮義務に対しての過失責任」「学校・教師の安全配慮についての暴行いじめ認知不足と過失責任」「学校教師の安全配慮として保護者への情報提供の過失」「学校教師のいじめ暴行認知に対する過失責任」「被害者保護者の養育責任としての学校への問い合わせ」「被害者保護者の保護監督義務における過失」が挙げられる。この内容は「学校教師の安全配慮義務」に関する記述が多く、そのことについての構成要素が期待された。そして、本判決の特色ある構成要素として挙げられたのが、「精神的後遺障がい」である。「精神的後遺障がいによる不眠症」「精神的後遺障がいによる損害」「精神的後遺障がい抑制のための薬物服用」「暴行によるいじめの精神障害の認定」「暴行や性的暴行による精神的損害の認定」などをキーワードとする内容が記載されており、構成要素の中心になるのではないかと予想された。

また、授業構成においても、「舎監・教師はどうすべきだったのかについて発表し、論議する」「被害者はその後どうなったのかを表す判決書を読み、いじめは卒業後も生涯にわたって精神的損害を生みだすことがあり、被害者の精神的損害の事実を学ぶことで、名誉や自尊心を大事にしていくことがいかに大切なものかを説明し、いじめ抑止の態度・行動を育成する」などが位置づけられ、学校教師の義務と責任、いじめによる人格権侵害を理解させる精神的後遺障がいについての構成要素が期待された。

いじめ判決書教材を活用した授業後の感想文では、他の判決書教材と同様に共通する構成要素として「c 暴行・恐喝」といういじめの態様の理解だけでなく、「h 学校教師の安全配慮義務」「k 同級生の不作為と対応考察」「l 被害者救済の法的措置」「n 被害者への共感・心情理解」「o 加害者対応の批判」「p いじめ防止･抑止の決意」「q いじめ授業への感謝」「r いのちを奪ういじめの理解」「s 被害者対応の考察」「t いじめの犯罪性の理解」を抽出することができた。

また、本いじめ判決書教材による構成要素として特色あるものは、「y（精神的）後遺障がい」「z1 裁判と損害賠償」を取り上げた。この二つの構成要素は他の判決書教材による授業感想文の記述ではほとんど見られず、本いじめ判決書による構成要素の特色であると考えられる。

「いじめの精神的後遺障がいについての理解と考察」に分類できる感想文記述がもっとも多く見られた。「精神的被害の事実」を具体的に把握できることが本授業の特色の大きな一つと考えられる。また、「いじめのその後の人生への影響理解」の要素を具体的な事実を通して生徒たちは学んでいる。その事実の重みを通した学習の意義は生徒たちへのいじめ抑止や防止につながるのではないかと期待できる。

本章では、「性的嫌がらせ」の防止、抑止を目指したが、これまで述べてきたように、「f 性的嫌がらせ」についての感想文記述は見られず、構成要素として抽出できなかった。本判決書教材を活用した授業では「y（精神的）後遺障がい」を、学習要素として準備していることが明らかとなった。

第8章　「特別支援いじめ」の防止・抑止を目指すいじめ判決書教材と授業（判決書教材F・大阪地裁平成9年4月23日判決）

第1節　判決書選択の妥当性

本研究で活用したのは、大阪地方裁判所平成9（1997）年4月23日判決「大阪府中学校いじめ暴行殺害事件」である。本判決書を選択した理由は以下の通りである。

第一に、裁判に関する研究者の先行研究との関わりを見ていく。

市川須美子は本判決について、「普通学級に所属する障害児が同級生4名による集団暴行で死亡した事件」である大阪府中学校いじめ暴行殺害事件では、「被害生徒が日常的にいじめを受けていたことが認定されているが、教師がいじめ行為を現認したことがなく、被害者側からのいじめ被害の申告もなかったことなどから、学校側に本件集団暴行の予見可能性を否定している。しかし、学校側によるいじめの放置が集団暴行と無関係であるとは考えられず、また、障害児が適切な教育指導がともなわない限りいじめの対象になりやすいのは周知の事実である以上、学校がいじめを認識しなかったこと自体に過失が認められる余地がある」と述べる[1)]。市川は本判決において学校・教師の過失を認めなかった裁判官の判断に対して批判的であり、障がい児などの特別な支援を必要する児童生徒への高度な安全配慮義務について説明している。

采女博文は本判決について、「情緒障害のある女子生徒が放課後の校内で集

1)　市川須美子『学校教育裁判と教育法』三省堂、2007、p.22

団暴行を受け死亡した事件である。裁判所は、加害生徒とその親の法的責任を認めた。しかし極めて偶発的な暴行事件であるとして学校の法的責任は否定した」と市川と同様に学校・教師の過失を認めなかった判断に対して批判的に説明する。

梅野正信は、「少女は『情緒不安定』『発育遅滞』『場面元緘黙』等の障害がある」ために、中学校は「少女を養護学級の情緒障害クラスに入級」させたが、この中学校を設置する自治体は「統合教育」を実施しており、そのために少女が普通学級（原学級）に編入されていたことを説明し、週４回、学習支援として補助・介助ための教師が「入り込み」をしていたが、３年進級時から、少女自身と母親の強い希望によって養護学級の所属から外れ、普通学級に所属していた状況において、事件が起こったことを述べる。そして、本判決が「身体に対する物理的攻撃、言動による脅し、嫌がらせ、無視などの心理的圧迫を反復・継続して加えることにより、少女に苦痛を与える行為、いわゆるいじめである」として、少女に対する継続的ないじめが存在していたことを認めた「発達障害を伴う女子中学生が暴行を受けて死亡した事件」であると説明する。そして本判決書を「発達障害を伴う子どもが『いじめ』の被害を受けるということについて、事実をもとに、いま一度考えていただきたい」として紹介している[2)]。

第二に、授業としての適否を検討する。

「発達障害など特別な支援を必要とする生徒へのいじめ問題」（以下、「特別支援いじめ」と呼ぶ）は、近年教育課題としてクローズアップしている。学校教育においては、共生社会実現のためにいじめという身近な問題から考察させ、障がい者などの特別な支援を必要とする人たちへの差別意識を解消し、いじめ防止・抑止を図ることが必要である。

特別支援いじめについては障がい理解教育と深い関わりがある。この分野の

---

2) 梅野正信「裁判の中の“性と生”事件ファイル７ 発達障害を伴う女子中学生が暴行を受けて死亡した事件」『セクシャリティ』34、2008、pp.126-131

研究者および学校教師はこれまでこの課題を克服していくためにさまざまな工夫をし、努力を重ねて実践を積み重ねてきた[3)]。

本研究では「大阪府中学校いじめ暴行殺害事件[4)]」判決書を開発した。この判決書には情緒障がい・知的障がいのある生徒の生活上の問題点、特異な行動が記されているが、この障がい児に対して不特定多数の生徒が身体に対する物理的攻撃、言動による脅し、嫌がらせ、無視などの心理的圧迫を反復・継続して加えるいじめを行った。その最終的な最悪の結果が集団暴行による殺害となった。このような級友に対して、周囲にいる同級生たちはどのような対応や行動、考えを持つべきなのか、人権教育においても具体的で現実的な学びの場を提供していく必要がある。

---

3)　中学校における障がい理解教育の現状と課題について奈良県公立中学校の実態調査がある（森由香・越野和之「中学校における交流および障がい理解教育の現状と課題」『奈良教育大学紀要』第57巻第1号、2008、pp.95-106）。その調査では障がい理解教育を行っていると回答した学校は81.0%に上った。「学年はじめに集会を開き、特別支援学級について説明する（28.1%）」がもっとも割合が高く、「ゲストティーチャーを招いたり、講演会を企画する（19.3%）」が続いている。それらを分類すると、「特別支援学級や在籍生徒についての理解学習」「福祉体験や養護学校との交流などの体験学習」「読み物教材や映像による理解学習」の三つに分けることができる。

その三つの中では、「福祉体験や養護学校との交流などの体験学習」についての教育的効果が指摘されている（三浦正樹「障がい児理解教育において重視されるべき内容に関する調査研究」『芦屋大学研究紀要』pp.147-161）。一方で、形式的な交流学習は逆に差別や偏見意識を助長しかねないという指摘もあり（日本弁護士連合会編『問われる子どもの人権』駒草出版、2011、p.85）、「さまざまな子どもがそれぞれのニーズをもちながらも対等・平等に共同の学習活動に参加できるようにすることが大切である」と述べられている。

上記のように、障がい理解教育については、交流及び共同学習による交流経験を中心にして行われてきたが、その実施率はきわめて低い（森・越野、前掲、p.102）。交流及び共同学習を効果的に進めるためには、学校の教育活動の中核となる授業を通した障がい理解教育が必要であり（冨永光昭編『新しい障がい理解教育の創造』福村出版、2011、p.22）、単に知識あるいは情緒的な教育だけではなく、ともに学校生活を送る仲間としての連帯や共生意識の向上が重要となっている（徳田克己・水野智美編『障がい理解』

誠心書房、2005、p.71)。
授業を通した障がい理解教育の先行実践の傾向は、「①障がい特性に関する基本的な理解を周りの児童生徒や保護者に直接説明する実践（荒川智編『インクルーシブ教育入門』クリエイツかもがわ、2008、pp.102-105/ 梅原厚子『イラスト版発達障がいの子がいるクラスのつくり方』合同出版、2009 など)」と「②障がい者に関わる逸話の教材や詩、映像をもとにして、思いやりや命の大切さを伝えようとする道徳の授業としての実践(荒川智編、前掲、p.38)」の二つに分類できる。
上記①については、学級に在籍する障がい児がスムーズに学校生活を送れるように、周りの児童生徒や保護者に直接説明する実践（相川恵子・仁平義明『子どもに障がいをどう説明するか―すべての先生・お母さん・お父さんのために―』ブレーン出版、2005)。説明とともにロールプレイを取り入れて、障がい児とのかかわり方まで取り組んだ実践（荒井一也「学校と地域の拠点としての特別支援学級―同僚性と共同性に依拠したインクルーシブな学校・地域づくり」荒川編、前掲、pp.102-105)。また、イラストなど利用しながら、発達障がいや学習障がい、自閉症などのともだちを理解しクラスをつくっていくことをわかりやすく説明するもの（梅原、前掲）などがある。『生徒指導提要』では、上記①の必要性が記されている（文部科学省『生徒指導提要』教育図書、2010、p.64)が、保護者の考えや要望によって周囲の児童生徒や他の保護者に説明すること自体が差し控えられる場合が多い。
上記②については、障がい者に関わる逸話の教材をもとにして、障がい者理解について間接的に学習していくスタイルで、道徳の授業として行われる。たとえば、星野富弘さんの障がいに負けず口で描いた絵に関わる本人の文章をもとに、思いやりや命の大切さを伝えようとする実践など、障がい者を主人公にした教材や映像も多い。
しかし、障がい者を情緒的に扱うことに偏る傾向があるなど授業の吟味がなされず、不十分な実践や逆に障がい理解を阻害する実践もあると指摘されている（冨永編、前掲、p.22)。また、道徳授業における道徳的心情面へのアプローチは道徳的価値の伝達だけではたして道徳的実践につながるのかという疑問もあり（林泰成「道徳教育と人権教育を考える」『部落解放研究』No.192、2011、p.37)、さらに、現実の過酷ないじめ問題に適用することなどできないだろうという指摘もある（柳沼良太「いじめを許さない問題解決型の道徳授業」『道徳教育』663 号、2013、pp.82-83)。学級内の集団圧力が強い中学生の時期は、実体験や学級の実態に合わせたいじめの道徳授業は、形式的で苦痛なものになりかねないし、いじめ防止・抑止への態度行動は困難な面があると推測できる。

4) 損害賠償請求事件、大阪地方裁判所、平成９年４月 23 日判決、一部認容、一部棄却（控訴)『判例時報』1630 号、pp.84-97

学級内において生徒たちは多様な個性をもつ級友と生活する。その中には情緒障がいのように外見上はその特徴が見えにくい生徒も生活しており、その特異な行動や行為ゆえに周囲の生徒が差別的な言動や行動をとってしまう場合も多い。本判決書学習を通して学級内に障がいのある級友が存在することを自覚させ、どのような対応をとることが学校生活を平穏に過ごしていくことにつながり、お互いの人格権を尊重していくことになるのか、その学びが特別支援いじめ防止・抑止にもつながると考えた。

それは実際の学級状況における当事者から学ぶのではなく、判決書の状況から学ぶことで間接的に障がいのある生徒への対応やいじめ被害に対する対処法を学ぶことができるようになる。学級には障がいによって特別なニーズを必要とする生徒たちが存在する。周囲の生徒たちがそれらの生徒たちの存在を認識し、人格権を尊重する人権感覚が育成されることで、障がい者に対するいじめ防止は可能となる。そのことが、学級における仲間意識や連帯感を高めていくことにつながるのではないかと考えられる。梅野はこの裁判例の解説で、「被害者に心を寄せ、共感的に理解し、身体の傷だけでなく、被害者の心の痛みを受け入れ、事態の行く末を洞察し把握することが大切である」と述べる[5)]が、この裁判例はまさしくその共感的な想像や事態を洞察する力を育てることにつながるのではないかと予想される。

なお、本判決書では、被害者保護者の責任について、「子らの行状について実態を把握するための適切な努力をしていれば、早晩弱者に対する暴力的行使によるいじめに及ぶことを予見し得たにもかかわらず、そのような努力をすることなく、社会規範を身につけさせることを中心とする適切な指導監督をすることを怠り、ほとんど放任していた」として認めている。

中学校における「特別支援いじめ」の授業実践は、いじめ防止・抑止を目指すだけでなく、通常学級の生徒たちに特別な支援を必要とする生徒たちへの対応を共生社会実現の観点から考察し、学習させていく必要がある。そのために

5)　梅野　前掲注2)、p.131

は、人格権尊重の資質能力育成がより一層重要となる。その際、何よりも生徒自身のプライドや自尊感情に配慮することが重要であり[6]、そのことが文部科学省が検討しているインクルーシブ教育推進により効果的な授業実践になると考えられる。

第2節 いじめ判決書教材の開発および構成要素の抽出

1 判決書教材開発の視点

本節では、「特別支援いじめ」のいじめ態様に対応する判決書教材として、大阪地方裁判所平成9年4月23日判決「大阪府中学校いじめ暴行殺害事件」を開発する。

最初に、教材活用の視点を述べ、具体的に活用する判決書教材を紹介する。教材には、下線部が引かれているところがある。この部分は、本判決書教材を通して、生徒たちの構成要素になると期待されるところである。その後に、本いじめ判決書教材の記述からキーワードを生成し、構成要素を抽出する。作成する表には本いじめ判決書教材に含まれる構成要素が示されている。

本裁判例については、加害者の責任が追及されると同時に、加害者の保護者の監督責任についても裁判官はきびしく判断している。一方、事実認定においては被害者保護者の問題点について多く記されている。そのため、判決書作成においては、テーマを重視するために、その問題点に関わる事実のいくつかは削除し、「特別支援いじめ」というテーマについてより焦点化して考察できるようにした。

本判決では、学校・教師の安全配慮義務違反については本裁判官の判断は責任を認めなかった。そのため、授業においては、一般的な「学校・教師の責任」としての安全配慮義務の説明となる裁判官の判断を示し、この判決では「学校・教師の責任を問わなかった」と明記する。さらに、そのことについてどう考え

6) 文部科学省『生徒指導提要』教育図書、2010、p.64

るかと呼びかけることを通して、生徒たちは裁判官の判断そのものについて考察することになるのではないかと考えられる。

加害者、被害者の保護者の責任についても、裁判官の判断を示す。いじめが学校内の生徒だけに関わることだけではなく、保護者は監督責任を問われることを理解させることにつながるのではないかと考えられる。

2　判決書教材の実際

<table>
<tr><td>大阪地方裁判所平成9年4月23日判決、一部認容、一部棄却（控訴）『判例時報』1630号、pp.84-97</td></tr>
<tr><td>【判決の概要】
［主文］原告らの本訴請求は、被告生徒ら及び被告親権者ら各自に対し、原告花子について金2845万5496円、原告太郎について金2625万5496円請求を認容することとし、原告らの被告T市に対する請求は理由がないからいずれも棄却する。
（要約）判決は、「身体に対する物理的攻撃、言動による脅し、嫌がらせ、無視などの心理的圧迫を反復・継続して加えることにより、少女に苦痛を与える行為、いわゆるいじめである」という表現で、少女に対する継続的な「いじめ」が存在していたことを認めた。その上で、加害生徒に対して、暴行を加えて少女を死に至らしめた4名の生徒の不法行為責任を認め、加害生徒の保護者については「本件暴行死事件を起こす結果を招いた」として親権者の責任を認めた。しかし、学校設置者の責任（＝学校・教師の過失）を根拠とする賠償請求は認めなかった[7)]。</td></tr>
</table>

【認定された事実】

（ア）　Aは、T市内の小学校を卒業し、T市内の中学校に入学した。小学校

7)　梅野　前掲注2)、p.126

から中学校への引き継ぎによると、(1)Ａは、「情緒不安定、発育遅滞、場面元緘黙（家庭など心を開ける場所以外の場面、例えば授業内容が理解できない教室等では口を閉ざして言葉を発しない状態になる症状）」という障がいがあると判断され、学習面においても、「実技実習を伴う教科について介助をしてやるとできる。理解力が乏しく個別に説明してやる必要がある。学力は小学２年のレベルで加減などについてはできる。ひらがなは読める。漢字も一部読める。作文の力は十分ではないが書ける力はある」という状態であったため、(2)保護者の花子に通知し、同人の了解を得て、Ａを「ひまわり学級」と呼ばれる特別支援学級に入級させることとした。中学校の特別支援学級は、障がい児をその障がいの種類により精神薄弱と情緒障がいの二つのクラスに分けており、Ａは情緒障がいのクラスに入級した。

（イ） Ａは、学籍簿上特別支援学級に入級・所属することとなったが、(3)Ｔ市においては、その独自の教育方針として、これまでの障がい児教育が普通教育と隔絶した形で行われてきたことへの反省から、障がい児をできるだけ健常児と共に学ばせることで、知的な刺激や人間関係の訓練をし、健常児は弱者へのいたわりや感受性を育てることを目的として、いわゆる「統合教育」が行われていたため、Ａは「原学級」と呼ばれる普通学級に編入され、健常児である普通学級の生徒と一緒に授業を受けることとなった。Ａは、本人と母親の強い希望により、中学３年生に進級した時点で特別支援学級の所属から外れ、学籍簿上も普通学級に所属することとなった。

（ウ） (4)Ａは、小学校時代から、他の生徒に声をかけて逃げたり、他の生徒の頭や背中を後ろから叩いて逃げたり、他の生徒の顔を見て笑って逃げるなどの行動を取ることが多かった。また、他の生徒から見ると、Ａは小柄で痩せていて、髪の毛はバサバサでフケが目立ち、洗髪をしていないようであり、着衣も汚れやシミだらけで洗濯もしていないように見えた。そのため普通の生徒とは異質の存在と映り、他の生徒から、「服が汚い」などと言われて避けられることがあり、また、小学校の同級生であったＡ

などの一部の男子生徒からは、「Aに手で触れるのは汚いから」という理由で足で蹴られたりしていた。中学校に入学後もAの右のような振る舞いは全く変わらず、頭髪は入浴や洗髪をしないためかフケだらけであり、また着衣も洗濯をしていないためか汚れたままの制服とブラウスを着用し、しかもスカートを短くたくしあげて着用したり、ソックスをはかないなど他の生徒と異なる様子であった。小学校のころからAを知っているDらを始め、被告生徒らやその他の生徒の中にも、(5)Aに対し、「汚い」「うっとうしい」「A菌（ばい菌のことであり、Aに触れるとばい菌が染るので、Aに触りたくないという意味を込めている）」などど言ったり、靴でAの頭を叩いたり、背中や足を蹴ったりする者が出てきた。

暴行を振るっていた生徒は、(6)B、C、D、Eら男子生徒約10名であり、彼らがAを手で殴らずに、靴で頭を叩いたり、蹴ったりしていた理由は、前述のとおり、Aに直接手で触れるのが汚いと考えていたからであった。そして、これらのAに対するいじめは、教職員の見ているところで行われることはなかった。

(エ)　Dは、中学校に入学後の1年生の1学期にAのことを知り、2学期にはAが校内で他の生徒から蹴られるのを目撃するようになったが、D自身はAに対して暴行を加えるようなことはなかった。しかし、Dが2年生の2学期に頭髪を金色に染め、変形学生服を着用するようになり、Dの姿を見たAが、走って逃げるようになったり、両手で顔を覆ってDを怖がる素振りをするようになったことから、DはAのそのような素振りに立腹するようになり、9月ころ、小学校付近の路上でA及び母親を見かけるや、右両名のところに掛け寄り、Aに対し、「おまえ、このあいだ何で逃げたんや」などと言って、いきなりAの(7)ふくらはぎを2回蹴りつけ、また、8月ころにも、自宅付近にあるハンバーガー店の店内において、母親及び姉と一緒にいたAを認めるや、(8)いきなりAの足を強く蹴るという暴行を加えた。なお、A及び母親は、右暴行の事実を中学校の教職員に申告したことはなかった。

Ｄが本件事件を起こすまでにＡに対して行った(9)いじめは、右２回の暴行のほか、Ａの身体を足蹴りしたことが５、６回あり、また、(10)多数回にわたって大声で怒鳴ってＡを脅すということがあった。

（オ） Ｅは、１年生の１学期ころ、友人であったＢがＡに対して唾をかけたり、「汚い」などと悪口を言っているのを見てＡのことを知るようになり、Ａに対して言葉によるいじめをするようになったが、１年生の時には自らＡに暴力をすることはなかった。Ｅは、２年生の２学期にＡがＥの顔を見て笑って逃げたことに立腹し、Ａを(11)追いかけて足蹴りしたことが１回あり、その他に本件事件を起こすまでに(12)２回位Ａを蹴ったことがあった。

（カ） Ｆは、小学校３年生のころからＡを知っており、中学校入学後本件事件を起こすまでに(13)３回位Ａを足蹴りしたことがあった。

（キ） Ｇは、４月ころＡのことを知り、10月ころより、Ａから、度々名前を呼び捨てにされた上、頭や背中を叩かれるようになったが、当初はこれを我慢していたところ、他の生徒から「Ａのばい菌がうつる」とはやし立てられたことから、Ａに対して立腹するようになったが、本件事件を起こすまでにＡに対して暴行を加えたことはなかった。

（ク） Ａは、２年生の２学期ころから、無断欠席、遅刻、早退が増え始め、この傾向は３年生に進級してからも続いた。

母親は、朝Ａが学校に行かずに寝ていると、一応「学校に行くように」とは言った。Ａは、母親が日中外出するのをよいことに、家でブラブラして学校に行かず、好き勝手なことをしていた。１年生の２学期から勉強についていけず、学校をさぼるようになり、１日にタバコを10本吸い、３年生になってからは遊ぶ金欲しさに小学生から金銭を脅し取ったり、商店のレジから金銭を盗んだことが９回位あり、京阪京橋駅付近の盛り場で見知らぬ男５人に誘われてドライブに行ったことがあった。

（ケ） 中学校としては、Ａがいじめの対象になりやすく配慮を要する生徒であるとの認識を有していたので、学級編成に当たっては、Ａに理解があり、支えてくれる生徒を中心に学級編成するなどの配慮を行った。また、担任のE教論、K教論、Y教論らは、Aの服装や髪型、また態度や行動から、他の生徒がAに反発し、その反発から手で小突いたり、足で蹴るなどのトラブルが生じていたことや、Aがクラスの中で浮き上がった存在となりやすいことを認識していたため、(14)トラブルに関係した生徒に対し、Aの性向など（特に、Aの行動は、他者に対する愛情の表現方法であることなど）を理解するよう指導した。Aに対しては、社会生活を送るのに困ることがないように、「ありがとう」「ごめんなさい」といった感謝や謝罪の言葉を言えるように指導していた。また、Aの不登校に対する対応としては、Aの同級生に毎朝Aの自宅に迎えに行かせたり、Aの自宅に電話をかけたり、家庭訪問や保護者との懇談会の機会に母親に対してAが学校を欠席がちであることを告げ、善処を求めた。しかし、Aは、せっかく迎えに来てくれた生徒と一緒に登校しないことが多く、時には母親が迎えに来てくれた子を追い返したりするなど、同級生による取組も効果がなかった。また、母親は日中は勤めに出ていたにもかかわらず、中学校にはその事実を教えようとせず、勤務先も伝えなかったので、中学校から母親に連絡を取れないことが多かった。結局、本件事件が起こるまで、Aの不登校や問題行動が減ることはなく、その原因が究明されることはなかった。そして(15)担任らは、Aが教職員の目が必ずしも行き届かない登下校時や休み時間、放課後に本件いじめに遭っていることには気がつかず、また、Aを理解してその支えとなり、同人と接触する機会の多いはずの生徒たちからもいじめの話を聞かなかったため、Aに対するいじめが存在するものとは認識することができず、対策を特に講ずることもしなかった。

（コ）　(16)母親は、中学３年の９月末ころ、Aから、「今日もいじめられた。Bに背中を蹴られた。学校に電話して欲しい」と訴えられたため、中学校に電話をかけ、対応したI教頭に対し、Aに対するいじめがあったことを伝えて善処を求めた。10月初めころにも(17)Aから再びDに背中を蹴られたと訴えがあったため、中学校に電話をかけ、応対した教職員に対し、いじめがあったことを伝えた。中学校では、通報を受けたＩ教頭がＹ教諭に対して通報があったことを告げ、Ｙ教諭はＡの３年生時の担任で学年生徒指導担当でもあるＺ教諭に通報があった旨を告げたところ、Ｚ教諭は、Ｄ宅を訪問してＤを指導した。Ｙ教諭は、ＤからＡの背中を蹴った事実を確認した。その後、母親からは、中学校に対して右のような通報がなされたことはなく、事実、Ｚ教諭による指導があって以降、ＤによるＡに対する暴行はなくなった。なお、(18)右教諭らは、本件事件以前は母親から通報のあったことをＮ校長に報告しなかった。

（サ） 10月に行われた生徒会役員選挙の立会演説会で立候補した生徒たちが中学校に存在するいじめについて訴え、生徒会新聞には、生徒会の目標として、「いじめをなくそう」と掲げられた。当時の生徒会長は「中学校にはまだまだ、いっぱい、いじめがあります。ぼくは、それが人ごとだとは思えません。ぼくもいじめられたことがあります。でも、みんなは、いじめについて、まじめに、かんがえようとしません。いじめを、ほうっておいて自由への土台作りはできません。ぜったいいじめをなくしていこう」という決意文を始め、「私は、『いじめ』について考えていきます」という副会長の決意文、書記の「ぼくが四役をやっている間は差別やいじめのないよりよい仲間作りかできるようにしていこう」という決意文が掲載された。新聞の「生徒会方針案　専門委員会方針案」には、「今のクラスや学年で上下関係があったり障がいを持っている子をいじめたりする状況が普通になってきています」「むしゃくしゃしている人が何の罪もない『障がい』を持つ人になぜか、やつあたりをするということがおきています。それを周りの一部の人が注意してもそれをやめるどころか逆に注意した人も攻撃をされるというおかしいことがあります」とされていた。この演説を聞いたり(19)生徒会新聞に目を通したＮ校長は、職員朝礼において、教職員らに対し、中学校内におけるいじめの有無を調査し、いじめの事実が発見された場合はＯ教諭又は学年生徒指導係に報告するように指示したが、特にいじめについての報告はなされなかった。

（シ）　被告生徒らは、同日の放課後、中学校の下校時刻である午後５時を過ぎても下校せず、校舎前の階段のようなところに座って話をしていたところ、Dは、午後５時50分ころ、制服姿のAが正門の西隣の高さ約1.6メートル、幅約1.8メートルの鉄製片開の門扉を乗り越えて校内に入ってくるのを発見した。なお、当時、正門の鉄製門扉（内開きの２枚）及び片開きの門扉はいずれも閉鎖されており、また、Aは同日学校を欠席していた。

（ス）　Aは、校内に入ってそのまま北に約20メートル進んだところで東に曲がり、花壇の北側まで歩いてきたところ、背後からAに追いついたDから「おまえ、このあいだ逃げたやろう」と声をかけられ、いきなり左脇腹を強く蹴られたため、その場にうずくまるように倒れた。Dは、倒れたAに対しさらにAの頭部や背中を3、4回蹴り、E、F及び被告GもEに加担してAの頭部や背中を蹴った。Aは、蹴られている間ずっと身体を丸めて両手で顔を押さえ、蹴られるたびに「痛い、やめて」「何で蹴るの」と泣き叫んでいたが、被告生徒らは、これを無視してAに対する執拗な暴行を続け、約25分後にようやく蹴るのをやめ、EがAに対し「もう蹴れへんから帰れ」などと言っていたところ、同日午後６時15分ころ、校内を巡視していた警備員からの「下校時刻を過ぎているにもかかわらず、正門近くに中学校の生徒数名が集まっている」との通報を受けたI教頭の指示により、校舎内に残っていた中学校の教職員７名が現場に駆けつけたため、被告生徒らは、正門を乗り越えて校舎外へと逃走した。

（セ）　教職員らは、花壇のところにスカートや上着がめくれあがった状態で仰向けに倒れているAを発見し保健室に運んだところ、Aは鼻血を出しており、額、頬、鼻に細い擦り傷があり、顔や衣類のあちこちに泥がついていた。その後、Aの顔の表情がなくなって青白くなり、瞳孔が開いているような状態になったため、N校長の指示で救急車が呼ばれ、病院に搬送された。急性硬膜下血腫と診断されたため直ちに同病院に入院し、左前頭部の血腫を除去する手術を受け、その後も同病院において治療を受けたが、午後11時45分ころ、脳圧迫により死亡した。

【裁判所の判断】

（ア）　学校・教師の責任

(20)公立中学校の教員には、学校における教育活動及びこれに密接に関連する生活関係における生徒の安全の確保に配慮すべき義務があり、特に、他の生徒の行為により生徒の生命、身体、財産などに大きな影響ないし危険が及びおそれが現にあるようなときには、そのような悪影響ないし危害の発生を未然に防止するため、その事態に応じた適切な措置を講ずる義務があるといわなければならない。

本件事件までに、Ａに対して集団で暴行を加えた事実や、加えようとしたことはなかった。(21)事件が、校内において、たまたま校内に残っていた被告生徒らが集団で暴行を加えたという極めて偶発的なものである。教職員らが、他の生徒によりＡの生命、身体に大きな悪影響ないし危害が及ぶおそれがあると予見することは極めて困難であったというほかはなく、教職員らにおいてかかる予見が可能であったことを認めるに足りる的確な証拠もない。そうすると、教職員らが被害を防止する過失があったものとは認められない。

（イ）　加害者の保護者の責任

(22)保護者は、中学生の子であっても、原則として子どもの生活関係全般にわたってこれを保護監督すべきであり、少なくとも、社会生活を営んでいく上での基本的規範の一として、他人の生命、身体に対し不法な侵害を加えることのないよう、わが子に対し、常日頃から社会的規範についての理解と認識を深め、これを身につけさせる教育を行って、中学生に人格の成熟を図るべき広汎かつ深遠な義務を負っている。

この事件では、保護者らは、自分の子どもらが夏休み以降、中学校のいわゆる「番長」であり暴力を背景として同級生・下級生に影響力を及ぼしているＥを中心とするグループを形成し、以来、怠学、喫煙、服装の乱れ等の問題傾向が続いていたのであるから（かかる性向がやがて暴力的非行へと結びついていきやすいことは疑いを入れないところであろう）、(23)子どもらと生活を共にしている保護者として、わが子の行動や言動について実態を把握するための適切な努力をしていれば、自分の子どもらがＥの影響のもとに、そのうちに暴力を行使して、いじめに及ぶことを予想できたはずであるにもかかわらず、そのような努力をすることなく、適切な指導監督をすることを怠り、ほとんど放任していたものであり、そのため、わが子らに本件事件を引き起こさせる結果を招いたものというべきである。

したがって、加害者の保護者らは、わが子らに対する監督義務を怠った過失があるというべきであるから、不法行為責任がある。

（ウ）　被害者の保護者の問題

なお、加害生徒らやその保護者は、亡くなったＡの服装が必ずしも清潔でないとか、他の生徒にちょっかいを出すなど、Ａの日常の振る舞いがこのいじめ殺人事件を引き起こした側面も否定できないと主張する。これは(24)Ａの母親が養育責任を十分果たしていなかったことにも要因があると考えられるので、これらの点を裁判では考えるべきであると主張するが、Ａの日常の振る舞いを理由に裁判では考慮できないのは明らかであって、その主張はとうてい採用することができない。

以上のとおり、損害賠償請求権は、原告花子につき金2845万5496円、原告太郎につき金2625万5496円となる。

３　判決書教材の構成要素の抽出

ここでは、本判決書教材から構成要素を抽出する。

次頁の表35は、前章と同じように本いじめ判決書教材について、教材の記述からキーワードを抽出し、いじめの態様やいじめ責任等の構成要素との関連性を分析したものである。

左側から第１列は、判決書教材に含まれる判決書記述を抜き出したものである。第２列は、その判決書教材の記述からキーワードを抽出したものである。第３列はいじめ態様やいじめ責任などの構成要素を抽出したものである。

いじめ態様については、本研究では七つのキーワードとしている。それらの中で、本節では「g 特別支援いじめ」に注目する。いじめの態様に対して、本

＜表35　「大阪府中学校いじめ暴行殺害事件」判決書教材の記述とキーワード、構成要素との関連＞

判決書教材の記述	キーワード	構成要素
F(5)Aに対し、「汚い」「うっとうしい」「A菌」などど言った。	F(5)言葉によるいじめ	a 悪口
F(10)多数回にわたって大声で怒鳴ってAを脅すということがあった。	F(10)大声で脅すいじめ	
F(6)B、C、D、Eら男子生徒約10名がAを手で殴らずに、靴で頭を叩いたり、蹴ったりしていた。	F(6)集団暴行によるいじめ	c 暴行・恐喝
F(7)ふくらはぎを２回蹴りつけた。	F(7)～F(13)暴行によるいじめ	
F(8)いきなりAの足を強く蹴るという暴行を加えた。		
F(9)２回の暴行のほか、Aの身体を足蹴りしたことが5、6回あった。		
F(11)追いかけて足蹴りした。		
F(12)２回位Aを蹴った。		
F(13)３回位Aを足蹴りした。		
F(1)Aは、「情緒不安定、発育遅滞、場面元緘黙」という障がいがあると判断された。	F(1)F(4)特別な支援を必要とする生徒の現況	g 特別支援いじめ
F(4)Aは、小学校時代から、他の生徒に声をかけて逃げたり、他の生徒の頭や背中を後ろから叩いて逃げたり、他の生徒の顔を見て笑って逃げるなどの行動を取ることが多かった。また、他の生徒から見ると、Aは小柄で痩せていて、髪の毛はバサバサでフケが目立ち、洗髪をしていないようであり、着衣も汚れやシミだらけで洗濯もしていないように見えた。		
F(2)保護者の花子に通知し、同人の了解を得て、Aを「ひまわり学級」と呼ばれる情緒障がいのクラスの特別支援学級に入級させることとした。	F(2)F(3)特別な支援を必要とする生徒への対応	
F(3)T市においては、「統合教育」が行われ、Aは普通学級に編入され、普通学級の生徒と一緒に授業を受けることとなった。		
F(14)トラブルに関係した生徒に対し、Aの性向などを理解するよう指導した。Aに対しては、社会生活を送るのに困ることがないように、感謝や謝罪の言葉を言えるように指導していた。	F(14)学校教師による日常的な指導	h 学校教師の安全配慮義務
F(15)担任らは、いじめに遭っていることには気がつかず、また、生徒たちからもいじめの話を聞かなかったため、Aに対するいじめが存在するものとは認識することができず、Aに対するいじめに対する対策を特に講ずることもしなかった。	F(15)学校教師のいじめ認知の対応不足と責任	

F(18)教諭らは、母親の花子から通報のあったことをN校長に報告しなかった。	F(18)、F(19)学校教師のいじめ対応の組織的問題点と責任	
F(19)生徒会新聞に目を通したN校長は、中学校内におけるいじめの有無を調査し、発見された場合は報告するように指示したがいじめについての報告はなされなかった。		
F(20)中学校教員には、学校における教育活動及びこれに関連する生活関係における生徒の安全の確保に配慮すべき義務がある。	F(20)学校教師の日常的な安全配慮と義務	
F(21)事件は、生徒らが集団で暴行を加えたという極めて偶発的なものである。教職員らが、予見することは極めて困難であった。教職員らにおいて予見が可能であったことを認めるに足りる的確な証拠もない。教職員らが被害を防止する過失があったものとは認められない。	F(21)学校教師のいじめの予見可能性と過失責任	
F(22)保護者は、子どもの生活関係全般にわたってこれを保護監督すべきであり、基本的規範として、他人の生命、身体に対し不法な侵害を加えることのないよう、常日頃から社会的規範についての教育を行って、中学生に人格の成熟を図るべき義務を負っている。	F(22)加害者保護者の日常からの適切な指導監督の義務	i 加害者保護者の保護監督義務
F(23)保護者として、わが子の行動や言動について実態を把握するための適切な努力がある。適切な指導監督をすることを怠り、ほとんど放任していたので、加害者の保護者らは、わが子らに対する監督義務を怠った過失がある。不法行為責任がある。	F(23)加害者保護者の実態把握の努力義務	
F(16)母親は、Aから、「今日もいじめられた。学校に電話して欲しい」と訴えられたため、中学校に電話をかけ、教頭に対し、いじめがあったことを伝えて善処を求めた。	F(16)、F(17)被害者保護者のいじめ対応	j 被害者保護者の保護監督義務
F(17)母親は、Aから再びDに背中を蹴られたと訴えられたため、中学校に電話をかけ、応対した中学校の教職員に対し、いじめがあったことを伝えた。		
F(24)Aの母親が養育責任を十分果たしていなかったことにも要因があると考えられると主張するが、Aの日常の振る舞いを理由に裁判では考慮できないのは明らかである。	F(24)被害者保護者の養育責任の過失問題	

いじめ判決書教材によって共通に準備されている構成要素は何なのか。また特色ある構成要素は何なのかを分析していく。その他のキーワードについては、いじめ判決書教材の記述から生成したキーワードをもとにして分類している。

いじめ裁判は、被害者が原告となり人権侵害等によってその失われた損害の賠償を求めるものであることから、いじめの関係者に関わる記述が学びになると考えられる。そのため、学校教師の安全配慮義務や保護者の保護監督義務などのいじめ責任についての裁判官の判断がキーワードとして予想される。

ここでは、まず最初に、開発したいじめ判決書教材である「大阪府中学校いじめ暴行殺害事件」から、いじめの態様と責任論に関連する構成要素を抽出する。本判決書教材において、どのような構成要素が生徒たちの学習内容として期待できるのかについて検討する。

表35から、本判決書教材における構成要素は、「a 悪口」「c 暴行・恐喝」「g 特別支援いじめ」「h 学校教師の安全配慮義務」「i 加害者保護者の保護監督義務」「j 被害者保護者の保護監督義務」が抽出できる。

本判決書教材においては、いじめの事実に関連する記述を通して、いじめの具体的な内容について理解できる。そのいじめは、構成要素である「a 悪口」「c 暴行・恐喝」が抽出できたように、「言葉によるいじめ」や「暴力によるいじめ」が含まれている。次に、「h 学校教師の安全配慮義務」についても考察する事実が示されている。たとえば、母親は中学校に電話し、いじめの善処を求めたことや、校長がいじめ調査を行うように指示したが、その報告がなかった事実である。これに対し、「裁判所の判断」は、「学校・教師の責任」として、「安全配慮義務」についての説明があり、本集団暴行殺害については予見不可能で、教職員に過失がなかったと判断している。この判断について、生徒たちと議論することが可能となる。そのことで、学校教師の安全配慮義務について考察していく学びの機会が準備できると考えられる。

特色ある構成要素は、「g 特別支援いじめ」に関わることである。本いじめ事件は「特別支援いじめ」であり、特別な支援を必要とする生徒がいじめられて最終的には殺害されるという事実の学習を通して、どのような対応をしていくべきなのかを考察していくことが可能になると考えられる。

第３節　判決書教材の構成要素を組み入れた授業の開発

１　授業構成案の開発

本節では、表36のように単元構成を３時間で組み替え、授業内容の開発に取り組んだ。

具体的な授業構成の計画については、次の表36のようになる。なお、主な学習内容に記されている【　】内の数字については、本判決書教材において挿入している下線部記述番号と同じである。授業構成における場面でいじめの態様やいじめ責任などの構成要素の位置づけを示している。

授業のねらいについては、「いじめが犯罪を含む人権侵害であり、被害者の精神を追いつめ、人格権の侵害となること、本判決書のような暴力はどんな場合も許されないことを理解させる」「いじめの責任はだれにあるのかを確認し、被害者がどのような権利を侵害されたかを洞察させ、確認させる」「知的障がい児や情緒障がい児を特別な支援を必要とする仲間として認め合い、ともに仲間としての関係作りを大事にしながら学校生活を送ることの大切さを考え学び合う。また、いじめ被害の事実を学ぶことで、いじめ防止・抑止の態度・行動を育成する」「名誉や自尊心がいかに大切なものかを学び、その上に立って自由・人権とともに社会が求める自律・規範を自覚させる」とした。

第１次においてはこれまでの授業計画とほとんど変化はないが、判決書教材に工夫がある。本裁判例は、上記の裁判の概要で示したように、被害者の保護者についても責任が問われた。そのため、裁判例におけるいじめ事実は、保護者の問題点が多数記されている。そのために、判決書教材の開発では、その部分に生徒たちの関心が集中しないように、吹き出しをつくり、工夫した。判決書教材の導入部分には吹き出しを入れて、「学級にはさまざまな個性を持つ仲間たちがいます。障がいのある生徒もそのひとりです。学級の仲間としてさまざまな個性を持つ生徒とどのような関係作りを行っていけばいいのでしょうか。次の判決書から考えていきましょう」と学習課題を明確にした。そのことで学習意欲を喚起し、本テーマとの関連で学習内容を考察していく道筋を最初から示そうと考えた。

学びのキーワードとの関連では、(5) ～ (13) が組み込まれている。それらはすべて、いじめの事実認定に関わることである。言葉によるいじめや暴力によるいじめについて具体的に学ぶことで、いじめが犯罪を含む不法行為・人権侵害である事を理解させようとした。

＜表36　大阪府中学校いじめ暴行殺害事件の判決書教材を活用した授業構成＞

	発問・指示	学習活動	留意点
第1次	・大阪府中学校いじめ暴行殺害事件の判決書を読もう。その際、どの行為がいじめだと思うか、判決書に下線を引こう。 ・抜き出したいじめは刑法でいうとどんな行為に該当するのだろうか。 【(5) ～ (13)】	T:発問する。 P:下線を引いて、発表する。 T:発問する。 P:答える。	・いじめが犯罪を含む不法行為・人権侵害であることを理解させる。
第2次	・感想文を読んで授業で学んだいじめについてのみんなの感想を聞こう。 ・各グループに与えられた課題についてグループで話し合おう。 ①いじめの責任の所在。②学校・教師の対応【(14)、(15)、(18)、(19)】③周囲の人たちの対応。④いじめから逃れる被害者の対応。⑤さまざまな個性を持つ仲間とどのような関係づくりを行うことが大切なのだろうか。【(1) ～ (4)】 ・課題①と②について対象グループに発表してもらい、学級みんなで考察しよう。 ・二つの班の意見の違いを確認して、学級みんなで責任について考えよう。 ・二つの班からの発表を聞いて、学校教師の責任を考えていこう。 ・学校教師のきちんと指導というのはどうすれば良いのだろうか。 ・学校教師は、個性の強い人は特別学級に入れて別々にすればよいのだろうか。 ・裁判所はどのような判断をしたのか、判決書の裁判官の判断を読もう。＝学校教師には生徒たちの安全配慮義務があるということの説明【(20)、(21)】 ・この判決文では学校・教師の責任を問わなかった。どう考えるか。	T:感想文を読む。 T:課題について話し合う。 P:課題について話し合い、用紙にその対応を三つ書き出し、その理由まで考える。 T:指示する。 P:対象グループの代表が前に出て理由をつけて発表する。 T:発問する。 P:考察し、発表する。 T:裁判官の判断を読んで説明する。 P:判決書を読み、説明を聞く。 T:発問する。 P:意見を述べる。 P:感想を書く。	・生徒の意見の不十分な点を指摘し、考察させる。 ・特別支援の在り方について論議する。 ・判決書におけるいじめ被害者を救うための学校教師の対応について考察させる。

第3次	・周囲の人たちはどうすればよかったのか、三つの班の代表に発表させる。（課題③）	P:発表する。	
	・先生にいじめのことを伝えるためには、現実的にどんな方法があるでしょうか。	P:考察し、意見を述べる。 T:発問する。 P:考察し、意見を述べる。	・判決書の事実から具体的現実的に考察させる。
	・この学級の周囲の人たちはどうして被害者のいじめのことを報告しなかったのだろう。	T:生徒の意見の不十分な点を指摘し、考察させる。	
	・被害者はどうすればいじめ被害から逃れられたのだろうか。（課題④）	T:発問する。 P:意見を述べる。	・被害者にいじめの責任転嫁する生徒たちの認識に迫る。
	・いじめは被害者そのものに問題があったのか。被害者が悪いのか？	T:生徒の意見の不十分な点を指摘し、考察させる。 P:考察し、意見を述べる。	・判決書の被害者は情緒障がい、知的障がいがあり、特異な行動や言動があることをおさえる。
	・通常学級では、障がいのある人も通常学級の人と同じようにしないといけないの？通常クラスの人と同じようにできないといけないの？	T:発問する。 P:意見を述べる。	・世界の動きとしてインクルーシブ教育や共生社会実現へ向けて進みつつある状況を説明する。
	・だから、できないときはみんなで注意する？	T:発問する。 P:考察し、意見を述べる。	
	・「インクルーシブ教育」についての説明（省略）	T:インクルーシブ教育について説明する。	
	・「さまざまな個性を持つ仲間とどのような関係作りを行うことが大切なのだろうか」というテーマで発表させる。（課題⑤）	P:発表する。 P:考察し、意見を述べる。	
	・「共生社会」の説明（省略）	T:「共生社会」を説明する。	
	・被害者はどうすればいじめから逃れられるのか、その法的措置について判決書の判断から学ばせる。	T:被害者の法的措置を説明する。 P:授業感想を書く。	

【　】の中の数字番号は判決書教材の下線と対応する。

第２次では、いじめの責任についてグループ討議の後、全員で議論するが、その際に学校教師の責任として（14）、（15）、（18）、（19）の事実、保護者の責任については、（16）、（17）、（22）、（23）が活用できる。さらに、個性ある仲間との関係づくりについてのテーマの議論は、特別な支援が必要な生徒たちとの関係性を考える上で、（1）～（4）の事実はクローズアップしてくる。第３次では、「通常学級において特別な支援を必要とする生徒たちとの対応について議論していく中で、（24）の裁判官の判断も位置づけられる。なぜ、裁判官は被害者保護者の問題性について問わなかったのかという問題は、特別支援を必要とする生徒たちに関わる問題について特別の配慮が必要とされることを示しているとも考えられる。

2 授業実践の概要

(1) 基礎的なデータ

本授業実践は2011年3月と2011年10月に公立中学1年生2クラス、それぞれ授業総数35人と31人を対象に行われた。感想文の総数は65（一名未提出）である。

社会科歴史的分野において3時間のカリキュラムを特設し、「いじめ問題を考える」というテーマで授業を行った。授業者は新福悦郎である。

(2) 授業の概要および特色

本研究では、授業感想文記述の分析を通して、本いじめ授業の構成要素を検討する。ここでは実際の授業についての概要を説明する。「授業記録」「授業実践後の質問紙分析」を紹介することで、授業の様子ならびに研究の補足的な参考資料とする。授業感想文の分析については次節で説明する。

3 授業の特色

本授業の特色については、主に生徒たちの授業記録（2011年3月分のみ、第3次）、授業後の質問紙調査の内容を分類し、分析した。分類については記述内容複数可とした。また、授業を受けて6、7ヶ月後の生徒たちの変容を調べるために、アンケートを実施した。分析においては、授業前・授業後などのアンケートについては全データが揃っている2011年10月の実践に焦点化した。なお、授業記録や授業後質問紙調査の記述の分類については、小学校教諭1名、中学校教諭1名、博士後期課程学生1名、大学准教授1名、大学院教授1名と検討を加えた（2012年7月）。

（ア）第３次授業記録

T　：周囲の人たちはどうすればよかったのか、5、6、7班の代表の人に発表してもらいます。
5班：「先生たちに助けを求める」というのと、「たくさんの人で加害者をとめる」。それから「Aの目立つところを注意する」というのを考えました。
6班：最初に「先生にいじめのことを伝える（匿名希望で）」というのと、「Aにも注意する」、それから「みんなでAを守る」という方法をとるべきだったと思います。
T　：なるほどね。匿名希望など、もう少し具体的に説明して下さい。
S　：わからないように先生にいじめのことを伝えるということです。
S　：つまり、Aのいじめのことをチクルというか、Aがどうされているかをひそかに伝えるということです。
T　：チクるってどういうこと？
S　：告発するということ。
T　：告発ね。これってどうみんな、わからないように先生にいじめのことを伝えるためには、現実的にどんな方法がある？まず、なぜ、わからないようにするの？
S　：逆にEたち（加害者）からボコボコにされてしまうからです。
T　：つまり、いじめのターゲットに逆にされてしまうということだね。
S　：そうそう。
T　：では、分からないように秘密に伝えるためにはどうしたらいいのか。
S　：先生のところにひそかに行ってAのいじめのことを伝える。
T　：これってどう？大丈夫？
S　：先生がだまっていれば、ばれない。
T　：なるほどね。他には？
S　：手紙や電話などでやればぜったいばれない。

T　：そうだね。たしかに手紙を書いて先生に渡したり、あとで自宅から電話とかすれば、ばれないでいじめのことを伝えられる可能性が高くなるね。

T　：でもこの学校では、周囲の人たちは何もしなかった。そのためにいじめは深刻になり、最終的には殺害されるということになったわけだ。では７班の代表、発表をお願いします。

７班：私たちは「いじめているのを見ていたら、止めたり、注意をしたらよかった」と思います。

T　：先ほどの発表でもありましたが、「みんなでＡを守る」とか「いじめを見たら止めたり、注意をする」という意見がありましたが、現実的に考えて、本当にみなさんはいじめを止められますか。加害者は茶髪で違反服を着た不良グループです。「やめろよ」と本当に言えますか。

S　：（あちこちで、自分は言える、自分は無理とかの発言。）

T　：では自分はいじめを止められるという人、挙手して下さい…（一人）

T　：無理かもしれないという人、挙手して下さい…（10人ほど）では、なぜそう考えたのですか？

S　：やっぱりむずかしい。実際にそうしたら、自分がやられそうで怖い。

S　：でも、学年全体でやれば、なんとかなるんじゃないかな。

S　：生徒会に相談するとか…。

S　：この学校の先生たちは校長先生にまで言わないから、校長先生に直接言うというのがいいかな。

T　：さっきもあったけど、逆にターゲットになってしまうというのが怖いね。でも、分からない形で伝えるという方法はあったはずだよね。

T　：では、この学級の周囲の人たちはどうしてＡのいじめのことを報告しなかったんだろう。

S　：加害者が怖いし…。

S　：めんどうくさかった。

S　：関係ないと人ごとのように考えていた。

S　：さっきから出ているけど、ターゲットになるのが怖いというのがやはりあったんだと思います。

T　：そのために何もしなかった周囲の人たち。いじめは深刻になり、最後は殺されるという最悪の事態になっていくわけですね。

S　：私は、学級学年の中にＡを毛嫌いする状況、つまりいやだなあという気持ちがあったんだと思います。だって服装は汚いし、髪はボサボサだし、叩いて逃げたり、いきなり笑い出すんでしょう。Ａに対する嫌悪感がいちばんの原因だったのではないかと思います。

T　：なるほどね。たしかにそんな雰囲気があったのなら、Ａはいじめられて当たり前という気持ちが周囲の人たちの中にあったんでしょう。そのためにいじめは深刻となっていった。

T　：それではＡはどうすればいじめ被害から逃れられたのでしょうか。8班から発表してもらいます。

8班：私たちは、Ａは「①先生に相談すれば良かった。②そのまま特別支援学級にいれば良かった。③あいさつをしっかりすればよかった。」と考えました。

T　：みなさんはこの意見についてどう考えますか。

S　：賛成です。あげたことをやっておけばよかったと思います。

S　：同感です。そう考えます。

T　：今の意見ですが、あなたたちが言おうとしていることは、こんな風に考えることはできませんか。Ａは様々な問題をかかえている。なのに、きちんとした行動をとっていない。だから、Ａにいじめを引き起こす原因があった。いじめはＡそのものに問題があった。Ａが悪いんですか？

S　：いや、Ａが悪いんじゃなくて、Ａにいじめをおこす要因があったというか…。

T　：先ほどの発表にもあったけど、「Ａの目立つところを注意する」「Ａ

にも注意する」という意見を考えると、きちんとできなかったAを「いじめられて当たり前」と思っていたんじゃないかな。

T ：だから、いじめられるよりはAを別々にして、特別支援教室に分けるといいと考えたのかな？

S ：深刻ないじめにあってなぐったり蹴られたりするよりは、別の教室の方がいいと思う。

T ：なるほどね。いじめから逃れるための緊急避難としての特別支援へ戻すというものね。

でもどうなの。普通学級では、障がいのある人も普通の人と同じようにしないといけないの？普通の人と同じようできないといけないの？できないからいじめられて当たり前？

S ：普通学級に入るのだから、同じようにしないといけないと思う。

T ：だから、できないときはみんなで注意する？

S ：だって突然頭や背中を叩いて逃げたり、他の生徒の顔を見て笑って逃げるなどの行動をとるなんてよくないと思う。間違っていることは間違っているとちゃんと注意してやめさせないといけない。

T ：なるほどね。でも、Aは情緒不安定だったよね。情緒不安定というのは、気持ちが落ち着かないという障がいだから、突然笑ったり叩いたりというのがあって当たり前なんじゃないの。

S ：だから普通教室でやっていくのであれば、みんなと同じようにできないといけない。

S ：じゃあ先生。普通の生徒は問題があったら注意されて、Aのような人は注意されないと言うんですか。それって、逆に差別じゃないのかな。

T ：Aは情緒不安定で発育遅滞という障がいがあるんだよね。障がいを克服するというのはむずかしいよね。なぜなら、「普通と同じように」と言っているのは、たとえば、手がない方や足のない方などに、普通教室でみんなと同じように学ぶんだったら手をつけて、足をつけてきなさいと言っているのと同じではないのかな。

S　：じゃあ、先生は叩かれてもがまんしなさいと…？

T　：いやそういうことではなくて、間違ったことをした時は注意することは大切なことだけど…。

S　：そうでしょう。

T　：それ以上に、障がいのある人を私たちは受けとめて、認めなければならないということを言っているのです。これからの時代は、障がい者といっしょに学級で学ぶことが求められています。それは、インクルーシブ教育と言って、判決書の最初にあったけど、障がい者と健常者がいっしょに学ぶことでお互いに人間的に成長することを目指すものなのです。

では、この辺りで９班に「さまざまな個性を持つ仲間とどのような関係作りを行うことが大切なのだろうか」というテーマで発表してもらいましょう。９班どうぞ。

９班：私たちは次のように考えました。「①その人の個性を理解する。②悪いところを直すようにアドバイスをする。③日ごろから気にかけるようにする（仲良くする）。」です。

T　：もう少し具体的に説明して下さい。

S　：Ａの場合は周囲の人たちがもう少しＡの個性を理解すべきだったのに、足りなくて、Ａが悪いことをしたら注意ではなくてアドバイスが必要で、常日ごろから仲良くしてサポートしていくことが必要だったと思います。

T　：障がいもその人の個性です。学級においてわたしたちは同じ仲間としてその個性を受け入れていく必要があるのではないかと先生は思います。私たちはすぐに「普通である」ことを求めてしまう。しかし、障がいについては「普通である」ことはまず、むずかしいのです。それを受け入れることが、これからの学級においては大事なことだし、これからの社会においても求められているのです。「共生社会」という言葉があるけど、まさしくともに仲間として受け入れていくことが大事なのです。
では、判決書はだれを断じたのか、また被害者はどうすればいじめから逃れられるのか、その法的措置について判決書の判断から学んでいきましょう。

1）授業記録の分析方法

本節では分析方法として、岡田了祐が社会科学習評価で応用開発した質的研究法であるGrounded Theory Approachを活用する[8)]。

分析については、その方法で使用されるコーディングを利用して、ローデータを概念化し、その概念を共通項でまとめ、命名し、カテゴリーを作り出す。そのカテゴリーをもとにストーリーラインを作成し、本授業実践の特色を見る。授業記録から生徒たちにどのような学びがあったのかを検討することが可能になる。

次にそのコーディングの過程を紹介する。

2）授業記録分析の結果

分析の結果、授業記録における生徒たちの発言を切片化し、概念としてまとめ、カテゴリー化すると次の表37のようになる。本授業記録から、カテゴリーとしては「いじめ責任追究」「いじめに対する教師対応の問題性」「インクルージョン考察」「周囲の人たちの対応の考察と詳細な説明」「周囲の人たちの対応の現実的考察」「通常学級での障がい者の言動・行動の考察（インクルージョ

8）　岡田了祐「社会科学習評価への質的研究法Grouded Theory Approachの導入—社会認識形成過程における評価のための視点提示に関する方法と実際—」『社会科教育研究』121号、2014、pp.91-102/ 岡田了祐・草原和博「教員志望学生にみる社会科授業分析力の向上とその効果—社会系（地理歴史）教科指導法の受講生を手がかりに—」『広島大学大学院教育学研究科紀要第二部（文化教育開発関連領域）』第62号、2013、pp.61-70を参考にした。

＜表 37　授業記録の分析＞

カテゴリー	ローデータ【いじめの授業第３次】	概念
周囲の人たちの対応の考察と詳細な説明	５班：「先生たちに助けを求める」というのと、「たくさんの人で加害者をとめる」それから「Aの目立つところを注意する」というのを考えました。	周囲の人たち対応の考察
	６班：最初に「先生にいじめのことを伝える（匿名希望で）」というのと、「Aにも注意する」、それから「みんなでAを守る」という方法をとるべきだったと思います。	周囲の人たち対応の考察
	S　：わからないように先生にいじめのことを伝えるということです。	周囲の人たち対応の詳細な説明
	S　：つまり、Aのいじめのことをチクるというか、Aがどうされているかをひそかに伝えるということです。	周囲の人たち対応の詳細な説明
	S　：告発するということ。	周囲の人たち対応の詳細な説明
	S　：逆にEたちからボコボコにされてしまうからです。	周囲の人たち対応の困難さ
	S　：そうそう。	困難さに対する共感
	S　：先生のところにひそかに行ってAのいじめのことを伝える。	周囲の人たち対応の詳細な説明
	S　：先生がだまっていれば、ばれない。	周囲の人たち対応の詳細な説明
	S　：手紙や電話などでやればぜったいばれない。	周囲の人たち対応の詳細な説明
	７班：私たちは「いじめているのを見ていたら、止めたり、注意をしたらよかった」と思います。	周囲の人たち対応の考察
周囲の人たちの対応の現実的考察	S　：（あちこちで、自分は言える、自分は無理とかの発言。）	周囲の人たち対応の現実的考察
	S　：やっぱりむずかしい。実際にそうやったら、自分がやられそうで怖い。	周囲の人たち対応の現実的考察
	S　：でも、学年全体でやれば、なんとかなるんじゃないかな。	周囲の人たち対応の現実的考察
	S　：生徒会に相談するとか…。	周囲の人たち対応の現実的考察
	S　：この学校の先生たちは校長先生にまで言わないから、校長先生に直接言うというのがいいかな。	周囲の人たち対応の現実的考察

周囲の人たちの対応の現実的考察	S ：加害者がこわいし…。	周囲の人たち対応の現実的考察
	S ：めんどうくさかった。	周囲の人たちの問題点
	S ：関係ないと人ごとのように考えていた。	周囲の人たちの問題点
	S ：さっきから出ているけど、ターゲットになるのが怖いというのがやはりあったんだと思います。	周囲の人たちの問題点の理由推察
	S ：私は、学級学年の中にAを毛嫌いする状況、つまりいやだなあという気持ちがあったんだと思います。だって服装は汚いし、髪はボサボサだし、叩いて逃げたり、いきなり笑い出すんでしょう。Aに対する嫌悪感がいちばんの原因だったのではないかと思います。	周囲の人たちの問題点の理由推察
通常学級での障がい者の言動・行動の考察（インクルージョン考察）	8班：私たちは、Aは「①先生に相談すればよかった。②そのまま特別支援学級にいれば良かった。③あいさつをしっかりすれば良かった。」と考えました。	被害者の対応考察
	S ：賛成です。あげたことをやっておけばよかったと思います。	被害者の対応考察
	S ：同感です。そう考えます。	被害者の対応考察
	S ：いや、Aが悪いんじゃなくて、Aにいじめをおこす要因があったというか…。	被害者の対応の問題性考察
	S ：深刻ないじめにあってなぐったり蹴られたりするよりは、別の教室の方がいいと思う。	被害者を教室に移す
	S ：普通学級に入るのだから、同じようにしないといけないと思う。	障がい者の通常学級での様子
	S ：だって突然頭や背中を叩いて逃げたり、他の生徒の顔を見て笑って逃げるなどの行動をとるなんてよくないと思う。間違っていることは間違っているとちゃんと注意してやめさせないといけない。	障がい者の通常学級での問題性について指摘や指導
	S ：だから普通教室でやっていくのであれば、みんなと同じようにできないといけない。	通常学級での障がい者の言動・行動考察
	S ：じゃあ先生。普通の生徒は問題があったら注意されて、Aのような人は注意されないと言うんですか。それって、逆に差別じゃないのかな。	通常学級での障がい者の言動・行動考察
	S ：じゃあ、先生は叩かれてもがまんしなさいと…？	通常学級での障がい者に対する対応考察
	9班：私たちは次のように考えました。「①その人の個性を理解する。②悪いところを直すようにアドバイスをする。③日ごろから気にかけるようにする（仲良くする）。」です。	通常学級での障がい者に対する対応考察
	S ：Aの場合は周囲の人たちがもう少しAの個性を理解すべきだったのに、足りなくて、Aが悪いことをしたら注意ではなくてアドバイスが必要で、常日ごろから仲良くしてサポートしていくことが必要だったと思います。	通常学級での障がい者に対する対応を判決書から考察

ン考察)」を作り出すことができた。そのカテゴリーをさらにまとめると、「いじめ責任追究」「いじめに対する教師対応の問題性」「周囲の人たちの対応の現実的な考察」「通常学級での障がい者の言動・行動の考察／インクルージョン考察」の四つにさらにしぼったカテゴリーをつくることができた。

ストーリーラインについては、次のように考察できる(〈　〉はコア・カテゴリー、【　】はカテゴリー、「　」は概念を示す)。

本授業では、【いじめ責任追究】が行われ、「教師対応への反論」など【いじめに対する教師対応の問題性】がクローズアップした。次に「周囲の人たちの対応の考察」がなされ、「周囲の人たちの問題点」なども議論となり、【周囲の人たちの対応の現実的考察】が議論の中心となった。「被害者の対応考察」についても議論となり、「被害者を教室に移す」などの意見が出され、【通常学級での障がい者の言動・行動考察(インクルージョン考察)】が行われた。以上のように、＜責任追究による現実的対応考察とインクルージョン考察＞が本授業を通して生徒たちの資質育成となった。

(イ)授業後質問紙調査

表38は「授業前」と「授業後すぐ」に「障がいのある人と同じクラスでどのように対応(接して)いくのか」について、自由記述による調査である。

「授業前」においては、障がい者に対して「f悪いことをしたら注意する」の割合が多く、また、「a障がいや個性の理解」も少ない。さらに、「i無視したり、受け流す」や「j記入なし、分からない」という項目も見られた。

ところが、授業後すぐの項目を見ると、「a障がいや個性の理解」や「b特別で優しいサポートの必要性を含む感想文」などの項目が増加している。障がい者への対応について記述した感想「b、d、e、f、g、h、i、j (ijは統合)」を取り出して、授業前と授業後すぐをカイ二乗検定を行うと、x2値 =31.20、df=6、p＜0.01となり、学習による認識の変化は統計的に高度に有意であった。残差分析では、「b」の変化がプラスで大きく、統計的に有意であった。また、感想文の分類項目も平均で2.6に倍増しており、この学習を通して生徒たちは認識を深めたことを示している。以上の自由記述の調査による分類と分析を通して、この学習が特別支援に対する対応について生徒たちに具体的な考察を深めることにつながったと考えられる。

（ウ）授業に対する生徒たちの評価

授業後、生徒たちに評価をとった。授業後に「とても役に立った◎、役に立った○、あまり役に立たなかった△、ほとんど役に立たなかった×」という項目である（2011年３月実践＝39名中35名、４名欠席、2011年10月実践＝32名中29名、３名欠席）。「とても役に立った（57.8%）」「役に立った（40.6%）」という割合が高く、98%にもおよんだ。

次に、「なぜとても役に立ったと思ったのか」その理由について記してもらった。「いじめをして死に至ることを知った」などの内容理解の記述がもっとも多く見られた。また、「いじめは絶対にやってはいけないものと改めて感じることができた」という決意・姿勢と同時に、「実際にいじめが起きた時にどうすればいいかという事が学べた」という対応の仕方を学べたことの記述が多く

<表38 障がいのある人と同じクラスでどのように対応（接して）いくのか>

（2011年10月実践）

感想文の分類内容	授業前 N=29	授業後すぐ N=31	６ヶ月後 N=29
a 障がいや個性の理解を含む感想文	0（0.0%）	13（41.9%）	1（3.4%）
b 特別で優しいサポートの必要性を含む感想文	4（13.8%）	22（71.0%）	18（62.1%）
c 仲間意識の大切さを含む感想文	0（0.0%）	8（25.8%）	1（3.4%）
d いっしょにいたり遊んだりするという感想文	2（6.8%）	12（38.7%）	3（10.3%）
e コミュニケーションの大切さを含む感想文	5（17.2%）	12（38.7%）	2（6.9%）
f 悪いことをしたら注意するという感想文	9（31.0%）	1（3.2%）	1（3.4%）
g 他の人と同じように接するという感想文	5（17.2%）	4（12.9%）	8（27.6%）
h いじめへの対応を記述した感想文	1（3.4%）	7（22.6%）	4（13.8%）
i 無視するや受け流すという記述を含む感想文	3（10.3%）	0（0%）	1（3.4%）
j 記入なし、分からない。	2（6.8%）	1（3.2%）	0（0.0%）
総数	31	80	41
平均記述数	1.1	2.6	1.4

（%は記述人数に対する割合）

見られた。

以上の記述から、本判決書学習では、過去の実践と同様に、いじめの具体的で現実的な理解と対応の学びが、「とても役に立った」という評価を生み出したものと考えられる。特別支援いじめについては、その対応の学びについて一部の記述が見られた。

（エ）授業後質問紙調査

授業を終えて6、7ヶ月後の生徒たちにその後の学校生活で役だったことを自由記述で書いてもらった（2011年10月集計総数32名。2012年3月集計総数29名）。

表39から生徒たちの多くは本授業がその後の学校生活で役立ったと感じていた。いじめに対する考え方や実際の行動や対応、態度に影響を与えたと考えられる。行動や対応、態度については、「悪口を言わなくなった」「いじめをしないようにしている」「相手の個性（性格）を差別しないで、みんなと同じように接していくようになった。（特に障がいのある友達に対して）」「他人に対して思いやりのある行動ができるようになった」という記述が見られた。また、「ただ見ているだけでなく、手を差し出したいと考えるようになった」「人に対して優しくしようとしている」という記述も見られた。状況の変化としては、「いじめが少なくなり、ケンカが少なくなった」というものであった。考え方の変化としては、「いじめを真剣に考えるようになった」「いじめをしないという気持ちを持てるようになった」というものであった。

＜表39　いじめの授業を受けて、その後の学校生活で役立ったこと＞

感想文の内容	考え方の変化	行動・対応の変化	態度の変化	状況の変化	変化なし	記入なし
2011年32名	9人	10人	6人	4人	6人	3人
2012年29名	7人	4人	9人	3人	6人	0人
割合	26.2%	23.0%	24.6%	11.5%	19.7%	4.9%

さらに、「障がいのある生徒がクラスメートにいたらどうするか」というアンケートを6ヶ月後にとって、その記述内容を分類した（学級人数は32名、うち1名欠席、2名は未受講のため省略。2012年3月）。それが表38の6ヶ月後の項目である。授業後と比較すると、記入総数が減少し、一人あたりの分類内容も減少している。6ヶ月過ぎて生徒たちは学習内容を忘れてきていることを示している。しかし、障がい者への対応に関する項目「b、d、e、f、g、h、i、j（ijは統合）」にしぼって授業前と6ヶ月後の変化についてカイ二乗検定を行うと、$\chi 2$値 =23.53、df=6、p＜0.01となり統計的に有意であった。その中でも、「b特別で優しいサポートの必要性を含む感想文」については残差分析でプラスの変化として、また「f悪いことをしたら注意する」についてはマイナスの変化として統計的に有意であると判定できた。これらは、思考力や意志・姿勢に関わる資質・能力が育成されたことを示している。

最後に教師の目から見た学級の状況について述べる。2011年3月に行ったクラスでは、授業前に特別支援の生徒たちへのいじめ行為が何度かあったが、新しい学年になって授業を受けた生徒たちによるいじめ行為は認知しなくなった。2011年10月実施のクラスではある生徒が難聴となり、その子に対してクラス内においていじめと思われる行為や発言が続いていた。授業後、それらの発言やいじめ行為はなくなり、落ち込んでいたその生徒は落ち着いた状態となった。その要因にはいくらかの要素があると思われるが、本判決書学習もその一つであったと考えられる。

(3) 本授業の特色

感想文や授業記録で明らかになったのは、特別支援のいじめ判決書を活用することで、学級には障がいのために特別な支援を必要とする級友が存在すること、またそれらの生徒に対するいじめの事実の具体的な学びであった。

本判決書学習によって特別支援の生徒を理解し、対応を考え、態度や行動について現実的に考察できることがわかった。本判決書教材を活用した授業は、いじめへの考え方や対応、姿勢・態度において効果があったと判断できるのではないかと思われる。また、特別支援の生徒たちに対する「特別で優しいサポートの必要性」についての認識も深まったと考えられる。

第４節　授業感想文にもとづく構成要素の抽出および分析

本節では、大阪府中学校いじめ暴行殺害事件を活用した授業実践におけるまとめの感想文記述を分析分類し、構成要素を抽出する。

前節では、特別支援のいじめ判決書を活用することで、学級には障がいのために特別な支援を必要とする級友が存在し、それらの生徒に対するいじめの事実と特別支援の生徒を理解し、対応を考え、態度や行動について現実的に考察できることを分析した。そのために、感想文記述は「特別支援いじめ」に関連するものが増え、構成要素になると予想される。

この節では、一連の授業実践終了後にまとめとして書いてもらった感想文から、生徒たちがどのような内容を学び考えたのかについて、その構成要素を明らかにする。そして、その学びが本研究におけるいじめ態様やいじめ責任等の構成要素との関連で、どのような共通の構成要素があり、また本判決書を活用するとどのような特色ある構成要素が準備できるかを考察する。

１　感想文記述によるキーワードと抽出できる構成要素

次の表40は、それぞれの生徒がどのような感想文記述を書き、それをどのようにキーワード化したかについてのものである。そのキーワードから構成要素を抽出したものである。

記述に沿って、キーワードを抽出したので、一つの感想文から複数のキーワードが生成され、分類されている。左列が生徒の番号で、２番目の列が感想文記述の番号である。３番目の列が感想文記述であり、４番目の列がその感想文記述から生成したキーワードである。右端の列が、そのキーワードからいじめの態様や責任論等の構成要素として抽出したものである。F65までの感想文を分析し、構成要素を抽出したが、ここではF11までを紹介する。

＜表40　大阪府中学校いじめ暴行殺害事件」の授業感想文記述とキーワードによる構成要素の抽出＞

生徒	番号	感想文記述	キーワード	構成要素
F1	①	これまでいじめの授業を受けていじめは必ず絶対やってはいけない最悪な行いだと思った。たとえその人が少し障害になっていた人だとしても相手をよく理解し日常的なつきあいをするのがとても重要だと思った。	特別支援を必要とする障がい者の理解と仲間づくり	g 特別支援いじめ
F2	①	いじめに気づいていない人も悪いというのはすこしおかしいと思います。教師が責任がないのに驚きました。教師もいじめに早く気づけばよかったと思います。いじめられている人も友達や教師などに相談すればいいと思います。相談できない気持ちはぼくには分からないけど、いじめはなくそうとすればなくせるものです。	学校教師のいじめ認知の対応不足と過失責任	h 学校教師の安全配慮義務
F3	①	ぼくが思ったことはどうして個性を持った人だけいじめにあうのだろうと思いました。この授業をしてようやく意味がわかりました。みんなとちがうだけでいじめられるというのは本当に残念だと思った。もしこのクラスでいじめが起きたらいじめられている人に温かい手をさしのべてあげたいです。	特別支援を必要とする生徒に対するいじめ理解	g 特別支援いじめ
F4	①	加害者の親は金をすごい金額で払わなければいけなくてすごく迷惑でとてもかわいそうでした。なぜ、いじめを注意をしなかった先生が無罪なのかと思いました。ぼくはいじめをせず、している人がいたら止めてあげたいと思いました。	学校教師のいじめの過失責任	h 学校教師の安全配慮義務
F5	①	いじめの授業は３時間ありました。今日は周囲の人は何を被害者にすればいいかを学びました。結果、一人にさせない、先生に相談するなどたくさん意見が出ました。ぼくもこの授業で被害者を助けようと思いました。中学生活はあと２年半ぐらいあるけど、いじめをなくせるようにがんばりたいなと思いました。	いじめ防止抑止への決意	p いじめ防止・抑止の決意
F6	①	教師が罰を受けなかった。判決はおかしいと思った。	学校教師のいじめの過失責任	h 学校教師の安全配慮義務
	②	さまざまな個性を持つ仲間とやさしく接していきたいと思った。	特別支援を必要とする障がい者の理解と仲間づくり	g 特別支援いじめ
F7	①	個性を持つ仲間とうまく過ごしていくには、やはり悪口を言わず、ふつうに接して、	言葉によるいじめ	a 悪口

	②	サポートが必要なときはサポートをして、相手のことをよく理解することがうまく過ごしていく一番の方法なんじゃないかと思った。その人をよく理解してそれに合った接し方をする人が増えればいじめは減ると思う。	特別支援を必要とする障がい者の理解とサポート	g 特別支援いじめ
F8	①	加害者の親が一番悪いということを初めて知った。教師は裁判で何も罰をくだされなかったのはなんでだろうと思った。障がいのある人のことを拒否してはいけないと改めて思った。いじめられている人には救いの手をさしのべないといけないんだと思った。	特別支援を必要とする生徒に対するいじめ防止の決意	g 特別支援いじめ
F9	①	一番悪いのは加害者だということが改めて分かり、教師が2番目に悪いことを学んだ。加害者は少年院に行ったが、教師に何もないのはおかしいと思った。被害者に近いところにいるし、生徒を守らなければならないのにいじめに気づかなかったのに、何もないのはおかしいと思った。	学校教師のいじめ認知の対応不足と責任	h 学校教師の安全配慮義務
F10	①	ぼくはこの授業を受けてやっぱりその人に合った言葉づかいをしっかりしたいと思いました。	言葉によるいじめ防止の決意	a 悪口
	②	クラスでいじめている人を見て止められないとぼくは思っていたけど、この授業で先生にチクることがいじめられている人を救うことができるんだと知りました。この授業をしてみて、やっぱりいじめは起こってほしくないと思いました。	他の生徒たちの実現可能な対応の学び	k 同級生の不作為と対応考察
F11	①	いじめをしていた加害者のほかに周囲の人、保護者もいじめに関わっているというところを、これから役立てていきたい。	加害者保護者の過失責任	i 加害者保護者の保護監督義務
	②	周囲の人といじめを受けている人の関係もよくしていかなければならないということを学んだ。これからのいじめをなくしていこうと思う。	他の生徒の対応	k 同級生の不作為と対応考察

表40から、本いじめ判決書教材を活用した授業では、感想文を通した生徒たちの記述として次のような構成要素を抽出することができる。

まず、いじめの態様と関連する構成要素は、「a 悪口」「b 無視・仲間はずれ・村八分」「c 暴行・恐喝」「e いじめとふざけ」「g 特別支援いじめ」である。その他として、いじめ責任と関連する構成要素が、「h 学校教師の安全配慮義務」

「i 加害者保護者の保護監督義務」「k 同級生の不作為と対応考察」「o 加害者対応の批判」「v いじめ責任についての考察」である。その他、「n 被害者への共感・心情理解」「p いじめ防止・抑止の決意」「q いじめ授業への感謝」「r いのちを奪ういじめの理解」「s 被害者対応の考察」である。

第3節では、特別支援のいじめ判決書を活用した実践授業を考察し、「特別支援いじめ」に関連する構成要素が抽出できると予想したが、実際の感想文記述による抽出でも、「g 特別支援いじめ」が多数抽出できており、予想通りである。

上記の中で、共通の構成要素として取り上げるのが、「a 悪口」「h 学校教師の安全配慮義務」「i 加害者保護者の保護監督義務」「k 同級生の不作為と対応考察」「n 被害者への共感・心情理解」「p いじめ防止・抑止の決意」「r いのちを奪ういじめの理解」である。感想文の数が少ないもの（3つ未満）は取り上げない。

本判決書教材を活用した授業における特色ある構成要素は、「g 特別支援いじめ」である。この構成要素については、他の判決書教材においては一切感想文記述は見られない。

2　感想文記述によるキーワードと抽出できる構成要素

本章においても、それぞれに該当する感想文記述を三つ紹介し、それぞれの感想文記述にもとづくキーワードから抽出された構成要素を分析し、検討する。

(1)「a 悪口」のいじめ態様についての記述

・　個性を持つ仲間とうまく過ごしていくには、やはり悪口を言わず、ふつうに接して、(F7②)

・　優しくして、無視、悪口を言わないようにすると、この事件はなかったと思います。(F25③)

・　かげでコソコソと悪口を言わずにそんな個性を全部受けとめてみんなと仲よくできればいじめなんて起きないんじゃないかなと思いました。(F65③)

本判決書教材においては、情緒障がいや知的障がいのある生徒が、日常的に同級生から無視や悪口などのいじめを受けていた。そのことの事実に注目した生徒たちは、上記の感想文に見られるように「悪口」がなかったらいじめはエスカレートせず、障がいを個性と受けとめて仲よくしていくことの学びを感想文記述で示している。

(2)「h 学校教師の安全配慮義務」についての記述

・　教師に何もないのはおかしいと思った。被害者に近いところにいるし、生徒を守らなければならないのにいじめに気づかなかったのに、何もないのはおかしいと思った。(F9①)

・　私はなぜ教師にはいじめのことで何もなかったのかと思った。教師は校長に言われたいじめの調査をしないでこのようなことが起こった。いじめの調査を少しでもやっていれば、被害者がいじめにあっていることが分かったかもしれない。そしたら、このような、いじめでの殺害はなかったかもしれない。なぜ、校長先生の言ったことをしなかったのか？なぜ、教師は罪に問われないのか？なぜいじめだけで殺害したのか？なにが原因でいじめが始まったのか？(F22①)

・　5班が発表した、先生たちも悪いってのもそうだなあと思いました。校長先生に言えばAは殺されなかったもしれないのに！(F58②)

この構成要素については、多くの感想文が見られた。そのキーワードを取り出してみると、「学校教師のいじめ認知の対応不足と過失責任」「学校教師のいじめの過失責任」「学校教師のいじめ対応の過失責任と関係者の対応についての考察」「学校教師のいじめ対応の過失責任といじめ認知の対応不足」「学校教師のいじめ対応の組織的問題と過失責任」「学校教師の過失責任の考察」「学校教師のいじめ対応の問題点と責任」「学校教師のいじめ対応の組織的問題点」「学校教師の日常的な安全配慮と義務」などが上げられる。

これらを整理すると、①「教師の過失が問われない判決への疑問」②「調査を怠り、校長に伝えず、指導もしなかった教師の安全配慮義務違反としての過失責任」の大きく二つに分けることができる。これらから、生徒たちの学ぶの内容は本判決の裁判官の判断に向けられており、法学関係者が批判的に本判決書を解説した内容と重なっている。

(3)「i 加害者保護者の保護監督義務」についての記述

・ 被害者の保護者はいじめがエスカレートしないうちに誰かに言うべきだった。加害者の保護者は、自分の息子が何をし、学校ではどんな様子なのかなどをもっとよく知るべきだった。(F15①)

・ いじめはいじめられるほうも傷つきますが、いじめられる親はもっともっと傷つくと思います。いじめているほうの親は子供をきつくしかり、今後もまたこんな事がないように、初めから教育しとけば良かったんじゃないかと思います。(F17③)

・ 加害者より、加害者の保護者の方が悪いようなことを言っていて、僕は加害者の保護者はあんまり悪くないと思い気にしていたけれど、加害者の保護者は悪いと聞き少し驚きました。これを思い、加害者の罪は、加害者の保護者にも罪が重なるということが分かりました。(F33①)

感想文記述のキーワードを整理すると、次のような内容が学びの要素として考えられる。「加害者保護者の過失責任」「加害者保護者の過失責任の理解」「加害者保護者の適切な指導監督の義務と過失」「加害者保護者の適切な指導監督義務の学びと批判」「加害者保護者の適切な指導監督の義務と過失責任の学び」「加害者保護者の適切な指導監督の過失責任の理解」「加害者保護者の適切な指導監督義務の理解」「加害者保護者の過失責任の理解と考察」である。

以上のキーワードから、保護者がわが子に対して監督義務責任を持つことを学んでおり、具体的にどのようなことをすべきかということまで理解していることが分かる。加害者の保護者からは、わが子をきちんと見守り指導すること、被害者の保護者からは、基本的な生活面での見守りが必要であることである。そして常日頃からわが子の日常的な動静に気を配ることについても構成要素の具現化として示していると考えられる。

(4)「k 同級生の不作為と対応考察」についての記述

・ A さんにも一人仲間がいれば命は救われたんじゃないかなと思います。その一人のおかげで学校に来ることもできます。だからいつも一緒にいてくれる友達っていうのは、すごく大切です。その人が A さんを救うことにつながると思います。だから私は、周囲の人がすごく大事だと思います。でもＡさんの周囲の人はＡさんに何もしてあげられなかったから周囲の人にも大きな責任があると思います。(F21①)

・　そして、周囲の人たちもＡがやられた時は、人ごとのように思わず、ちゃんと止めるか大人の人に相談すべきだと思います。(F37③)

・　周囲の人たちが先生にいじめがあったことを伝えれば、Ａは亡くならずに済んだかもしれない。Ａの仲間がＡの個性をしっかり理解して生活すべきだったという意見は、いじめの起きない理由としてとてもいいと思った。周囲の人たちの中で、いじめている人に「いじめを止めろ」と勇気を持って言うことができる人がいたらいいと思ったけど、いじめている人は髪を染めて怖い格好をしているから、とても怖いと感じるから、止めることは結構無理に近いと思った。(F54①)

本キーワードにおいては、周囲の人たちの責任や対応などに関わる感想文記述を類型化した。本判決書においても、「周囲の人たちの対応に対する批判的考察」についての感想文記述はかなり多く見られた。これは他の判決書教材においても共通に見られる学びである。それでは、生徒たちの学びはどのような内容なのか、感想文記述の要素を簡単に説明する。

「授業で被害者を助けるという決意」「チクることがいじめをとめる」「人の関係性を大事にする」「たくさんの手段があったのに何もしなかった周囲の人たちは共犯だ」「周囲の人たちにも責任がある。防止策が出来る人になりたい」「注意そして相談する」「雰囲気作りの大切さと相談」「周囲の人がすごく大事。何もしなかったから責任がある」「周囲の人はなぜ救いの手をさしのべなかったのか」「周囲の人たちは人ごとのように思ってはいけない」「障がいのことの理解と注意の必要性」「加害者にやめろと言えない」「周囲でいじめが起こったら止められない。先生に伝えることは可能だ」「先生に手紙や電話で伝える」「いじめを止めることは無理に近いが、先生に伝えることはできた」「先生たちに何も言わなかったのが悪い」「周囲の人々の理解が大事だ」「加害者を多数で止める」「クラスのみんなで加害者を止める」

本判決書においても、法的に周囲の同級生たちの責任については論じられていない。しかし、「周囲の人たちはどうすべきだったのか」という授業開発の影響が構成要素に表れている。そして、授業において議論した内容が生徒たちの感想に示されており、「周囲の人としての同級生たちがいじめ防止や抑止に重要なキーパーソン」であること、何もしないことはいじめに加担することにつながり、方法として、注意や相談がキーワードとして出ている。そしてその方法について現実的に考察している。

(5)「n 被害者への共感・心情理解」についての記述

・　私はこの授業を通して改めていじめはいけないことだし、被害者の気持ちをなぜ知らないのだろうという疑問の気持ちも出てきました。(F26①)

・　普通は先生に言ってあげたりするのにだれもＡの味方になってあげなくてＡがかわいそうだった。(F46③)

・　でも、人が亡くなってからでは遅い。いじめて何も良いことはないし、絶対に許されることではない。冗談のつもりでやっていても相手は本気で受けとめているかもしれない。相手のことを思いやり、そして相手の気持ちを考えて行動していかないといけないと思った。(F49③)

次に感想文記述から抽出できるキーワードを示す。ここでは、「被害者への同情と問題性」「被害者への同情と共感」「被害者への同情」がキーワードとして抽出できた。

被害者への共感ではなく、「かわいそうだ」という同情の気持ちが感想文記述には見られる。むしろ被害者の問題点を取り出して批判する感想もある。

(6)「p いじめ防止・抑止の決意」についての記述

・　もしこのクラスでいじめが起きたらいじめられている人に温かい手をさしのべてあげたいです。(F3①)

・　ぼくはこれから先、もし目の前でいじめがあったら、止めたり、先生に言ったり、何らかの防止策が出来るような人になりたいです。(F13②)

・　僕がいじめているところをみたら先生に言うか止めるかどちらかをしたいです。ぼくも

いじめないようにがんばりたいです。(F44③)

このカテゴリーに含まれる感想文記述の要素を示し、さらにその内容を分析する。

「被害者に温かい手を」「いじめを止めたい」「個性を持つ仲間とやさしく接したい」「いじめ解決にいろんな手段を使う」「目の前のいじめに対して何らかの防止策を出来る人になる」「注意するか先生に相談」「私の言葉でいじめ被害者の命を救いたい」「被害者に声かけをしたい。ちょっとしたことでも怒らない」「学びを生かす」「人の長所を見つけて、短所を理解する」

これらのキーワードについては、被害者をいじめから救うために具体的にどのような方法でやっていくのかを含んだ決意である。上記の下線部がそれを示している。それらは、本判決書教材を活用した授業を通した具体的な行為や事実の学びの要素になると考えられる。

(7)「r いのちを奪ういじめの理解」についての記述

・　私はこの授業をして、「いじめで命を落とすんだなあ」と初めて知りました。(F17①)
・　A さんは転校したとしてもまたいじめられそう。命まで奪ったこの事件はあまりにもひどすぎる。(F28②)
・　いじめの授業を受けて思ったことは、いじめでも死ぬんだなあと思いました。(F44①)

このキーワードに関連する感想文記述は、他の判決書教材においても生徒たちの構成要素となっている。本判決書においては、被害者が集団暴行によって殺害された事件であるが、それは日常的ないじめの延長線上にあった。学校生活において、いじめが認知され、対策がとられる必要があった。しかし、学校教師はそのいじめの事実そのものを把握していなかった。その結末が「いのちを奪ういじめ」である。この事件はそのことを痛切に生徒たちに教えている。

これまで「大阪府中学校いじめ暴行殺害事件」のいじめ判決書教材を活用し

た授業開発によって、他の判決書と比較して、どのような共通する構成要素があるのか検討してきた。

ここでは、前節と同様に、一連の授業後にとった感想文記述をもとにして分析するが、ここでは、特色ある構成要素に注目して検討する。先述したように本判決書教材においては、「g 特別支援いじめ」がそれに該当する。これは、「特別な支援を必要とする生徒たちに対する対応や理解」についての内容を含むものである。

(8)「g 特別支援いじめ」についての記述

・　個性を持つ仲間とうまく過ごしていくには、やはり無視や悪口を言わず、ふつうに接して、サポートが必要なときはサポートをして、相手のことをよく理解することがうまく過ごしていく一番の方法なんじゃないかと思った。その人をよく理解してそれに合った接し方をする人が増えればいじめは減ると思う。(F7 ②)

・　障がいがあったとしても、その人は同じクラスになった仲間だから、みんな同じ扱いをしないといけない。A のことをよく理解した上でちゃんと接していればこのようなことは起こらなかった。相手のことをよく知り、自分がされてイヤだと思うことを他人にしてはいけないと思った。(F24 ②)

・　障がい者や個性のある人とこれからは今までならったことを活かして接していけるといいです。障がい者に対して悪いことは優しくアドバイスをしてあげることがよく分かりました。あと、理解し合いながら相手の個性を分かってあげられるといいです。そして A だけをバカにするのではなく、A のことも仲間だと思っていけるようだといいと思いました。学校生活でもいじめの授業を思い出していきたいと思います。(F41 ①)

このキーワードの分類については、障がいのある人、個性のある人についての理解の大切さやサポートについて考察した記述を含む感想文を分類した。授業では、障がいのある人については、個性のある人と読み替えており、生徒たちの感想記述には、「個性のある人」という表現で記されていた。この「障がいのある人の理解とサポート」については、他の判決書では全く見られない。本判決書のみでの特色ある構成要素として期待される。

このキーワードに含まれる記述は多くの感想文に含まれていた。感想文記述の要素を取り出してみると次のような記述が見られた。

「相手を理解し日常的なつきあいをする」「個性を持つ仲間への必要なサポートと理解」「個性を理解し助け合って団結する」「障がいがある人も同じ仲間として、よく理解して接する」「障がいのある人を理解し、考え優しく接する」「個性ある人を支え、嫌なことは先生に相談する」「障がいのある人を平等に接する」「周囲の人たちの助け」「障がいのある人に対して優しくアドバイスし理解し合いながら相手の個性を分かっていく」「障がいのある被害者の目の高さに合わせて接するべきだった」「広い心を持つ」「障がいのある人をきちんと理解し、みんなで協力し支える」「個性があるから仲よくできる。個性を全部受けとめる」

上記の感想文やその要素からわかることは、生徒たちの構成要素としては、障がいや個性などのある人たちについての理解の必要性が抽出できよう。それは判決書教材においては具体的な障がいの状況が示されていたが、そのような障がいのある人へのいじめから、関係者はどのように対応していくかを考察した時に、理解が求められることを学んだからだと思われる。同時にどのように接していくべきかなどについても考察している。これは、第3節における授業開発において「さまざまな個性を持つ仲間とどのような関係作りを行うことが大切なのだろうか」という学習テーマでの授業構成が影響していると考えられる。また、授業実践の考察においても、「g 特別支援いじめ」に関連する感想文記述が予想されたが、まさしく本判決書教材を活用した授業の特色ある構成要素であることがわかる。

以上のように、本判決書教材を活用した授業では、構成要素として「a 悪口」「g 特別支援いじめ」「h 学校教師の安全配慮義務」「i 加害者保護者の保護監督義務」「k 同級生の不作為と対応考察」「n 被害者への共感・心情理解」「p いじめ防止・抑止の決意」「r いのちを奪ういじめの理解」を抽出することができる。その中でも「g 特別支援いじめ」については、他の判決書教材には構成要素として準備されていない特色ある学習内容が準備されている。

第５節　小括

本章では、第１節で本研究におけるいじめ態様の類型化の一つである「特別支援いじめ」について、判決書教材の開発の適否を検討した。第２節では、開発した判決書教材を紹介し、その教材に記述されている学習の要素を取り出してキーワード化し、いじめの態様やいじめの責任等の構成要素を抽出した。第３節では開発した判決書の構成要素が授業構成において位置づけられていることを確認し、授業の概要について説明した。そして第４節では、授業感想文を分析し、判決書教材における構成要素が、生徒たちの感想文記述において構成要素となっているかを検討してきた。

この節では、第２節で示したいじめ判決書教材のキーワードと第４節で分析した授業感想文記述によるキーワードとの関連を見ていきたい。そのことで、いじめ判決書教材の開発と授業構成によって生徒たちにどのような構成要素があるのかを検討できる。

次頁の表41がいじめ態様・いじめ責任等の構成要素と判決書教材におけるキーワード、感想文記述に基づいたキーワードとの関連について比較整理した表である。左から一番目の列がいじめ態様といじめ責任等の構成要素であり、二列目がいじめ判決書教材におけるキーワード、三列目が感想文記述にもとづいたキーワードである。

本章においては、以下の３点において分析の事実を説明できる。

まず第一に、本章では、「大阪府中学校いじめ暴行殺害事件」の判決書を教材開発した。本判決書教材を検討すると、共通する構成要素として「言葉によるいじめ」や「暴力によるいじめ」を含む「いじめの事実」を理解できる。また、「学校教師の安全配慮義務」についても考察できる。特色ある構成要素については、「特別支援いじめ」の問題である。特別な支援を必要とする生徒が

＜表41　いじめ態様・いじめ責任などのキーワードと判決書教材、感想文記述との関連＞

いじめ態様といじめ責任等の構成要素	いじめ判決書教材におけるキーワード	感想文記述にもとづいたキーワード
a 悪口	F(5)言葉によるいじめ F(10)大声で脅すいじめ	F7 ②言葉によるいじめ F10 ①言葉によるいじめ防止の決意 F25 ③言葉によるいじめ防止の必要性 F65 ③悪口のいじめ問題
b 無視・仲間はずれ・村八分		F7 ①無視によるいじめ F25 ②無視によるいじめ防止の必要性 F65 ②無視のいじめ問題
c 暴行・恐喝	F(6)集団暴行によるいじめ F(7)～F(13)暴行によるいじめ	F37 ②暴力的いじめの理解 F53 ②暴力によるいじめの問題性
d 物理的いじめ		
e いじめとふざけ		F61 ②遊び感覚の言動行動の問題
f 性的嫌がらせ		
g 特別支援いじめ	F(1)～F(4)特別な支援を必要とする生徒の現況と対応	F1 ①特別支援を必要とする障害者の理解と仲間づくり F3 ①特別支援を必要とする生徒に対するいじめ理解 F6 ②特別支援を必要とする障害者の理解と仲間づくり F7 ③特別支援を必要とする障害者の理解とサポート F8 ①特別支援を必要とする生徒に対するいじめ防止の決意 F16 ②特別支援を必要とする障害者の理解と仲間づくり F19 ③特別な支援を必要とする生徒への対応の考察 F23 ③個性ある生徒の理解と仲間づくりの学び F24 ②特別な支援を必要とする生徒の理解と仲間づくり F25 ①特別な支援を必要とする生徒の理解 F26 ④特別な支援を必要とする生徒の理解と仲間づくり F27 ①特別な支援を必要とする生徒の理解 F28 ③特別な支援を必要とする生徒の理解と仲間づくり F29 ①特別支援を必要とする生徒の理解と仲間づくり F30 ②特別な支援を必要とする生徒の対応考察

g 特別支援いじめ		F31 ①特別な支援を必要とする生徒の現状と対応の考察 F32 ①特別な支援を必要とする生徒の現状と対応の考察 F32 ②特別な支援を必要とする生徒の理解 F36 ②特別な支援を必要とする生徒の現況理解 F37 ①特別な支援を必要とする生徒の現況と対応の考察 F38 ①特別な支援を必要とする生徒の現況と対応 F38 ②特別な支援を必要とする生徒の理解と仲間づくり F39 ①特別な支援を必要とする生徒へのいじめ理解と対応 F41 ①特別な支援を必要とする生徒の理解と仲間づくり F42 ①特別な支援を必要とする生徒の対応考察 F45 ①特別な支援を必要とする生徒の理解と対応考察 F46 ①特別な支援を必要とする生徒の現況 F47 ②特別な支援を必要とする生徒の現況と理解の重要性 F49 ①特別支援を必要とする生徒の現況と理解・対応の考察 F53 ①特別支援を必要とする生徒に対する理解の大切さ F54 ②特別な支援を必要とする生徒の現況と理解の重要性 F55 ①特別な支援を必要とする生徒の現況と対応考察 F56 ①特別な支援を必要とする生徒の現況と対応 F61 ③特別支援を必要とする生徒の理解と仲間づくり F62 ①特別支援を必要とする生徒の現況と対応 F62 ②特別支援を必要とする生徒の理解と仲間づくり F63 ②特別な支援を必要とする生徒の理解と仲間づくり F65 ①特別な支援を必要とする生徒の理解と仲間づくり
h 学校教師の安全配慮義務	F(14)学校教師による日常的な指導 F(15)学校教師のいじめ認知の対応不足と責任 F(18)、F(19)学校教師のいじめ対応の組織的問題点と責任 F(20)学校教師の日常的な安全配慮と義務	F2 ①学校教師のいじめ認知の対応不足と過失責任 F4 ①学校教師のいじめの過失責任 F6 ①学校教師のいじめの過失責任 F9 ①学校教師のいじめ認知の対応不足と責任 F13 ①学校教師のいじめ対応の過失責任 F15 ①学校教師のいじめ対応の過失責任と関係者の対応についての考察

	F(21)学校教師のいじめの予見可能性と過失責任	F18 ①学校教師のいじめ対応の過失責任といじめ認知の対応不足 F22 ①学校教師のいじめ対応の組織的問題と過失責任 F23 ②学校教師のいじめの過失責任 F24 ①学校教師のいじめ対応の組織的問題と過失責任 F25 ⑤学校教師の過失責任の考察 F26 ③学校教のいじめ対応の組織的問題点と責任 F28 ①学校教師の過失責任考察 F29 ②学校教師のいじめ対応の問題点と責任 F32 ③学校教師のいじめ対応の組織的問題点 F40 ①学校教師のいじめ対応の組織的問題点と責任 F43 ②学校教師のいじめ認知の対応不足と責任 F47 ③学校教師のいじめ対応の組織的問題点と責任 F55 ③学校教師のいじめ認知の対応不足と責任 F57 ③学校教師のいじめの過失責任の理解 F58 ②学校教師のいじめ対応の組織的問題点 F59 ②学校教師のいじめ対応の組織的問題点と責任 F60 ②学校教師の日常的な安全配慮と義務 F64 ②学校教師のいじめ対応の組織的問題と責任
i 加害者保護者の保護監督義務	F(22)、F(23)加害者保護者の適切な指導監督の義務と過失責任	F11 ①加害者保護者の過失責任 F16 ①加害者保護者の過失責任の理解 F17 ③加害者保護者の適切な指導監督の義務と過失責任 F20 ①加害者保護者の適切な指導監督義務の学びと批判 F23 ①加害者保護者の過失責任の理解 F25 ④加害者保護者の過失責任 F30 ①加害者保護者の過失責任の理解 F33 ①加害者保護者の適切な指導監督の義務と過失責任の学び F34 ①加害者保護者の適切な指導監督の過失責任の理解 F35 ①加害者保護者の適切な指導監督義務の理解 F47 ④加害者保護者の適切な指導監督の義務と過失 F49 ②加害者保護者の指導監督の義務と過失責任 F50 ②加害者保護者の適切な指導監督の義務と過失責任 F51 ③加害者保護者の過失責任の理解と考察 F52 ①加害者保護者の適切な指導の義務と過失責任

i 加害者保護者の保護監督義務		F53 ④加害者保護者の適切な指導監督の義務と過失責任 F56 ②加害者保護者の適切な指導監督の義務と過失責任 F57 ④加害者保護者の過失責任の理解 F60 ①加害者保護者の過失責任の理解 F61 ①加害者保護者の過失責任の理解
j 被害者保護者の保護監督義務	F(16)、F(17)被害者保護者のいじめ対応 F(24)被害者保護者の養育責任の過失問題	F20 ②被害者保護者の養育責任の問題性考察 F43 ①被害者保護者の養育責任の過失問題考察 F48 ②被害者保護者の養育責任の過失考察 F50 ③被害者保護者の養育責任の過失責任考察 F51 ②被害者保護者の養育責任の過失問題考察 F55 ②被害者保護者の養育責任の過失問題考察 F58 ①被害者保護者の養育責任の過失問題考察 F62 ③被害者保護者の養育責任の過失問題考察
k 同級生の不作為と対応考察		F10 ②他の生徒たちの実現可能な対応の学び F11 ②他の生徒の対応 F12 ①他の生徒たちの対応について批判的考察 F14 ①他の生徒たちの対応について批判的考察 F21 ①いじめ被害者救済のための仲間づくりの重要性 F26 ②他の生徒たちの対応についての批判的考察 F36 ①他の生徒たちの対応考察 F37 ③他の生徒たちの対応考察 F46 ②他の生徒たちの対応の考察 F47 ①他の生徒たちの対応考察 F48 ①他の生徒たちの対応考察 F50 ①他の生徒たちの対応考察 F51 ①他の生徒たちの対応考察 F53 ③他の生徒たちの対応考察 F54 ①他の生徒たちの対応考察 F55 ④他の生徒たちの対応考察 F57 ①他の生徒たちの対応考察 F59 ①他の生徒たちの不作為 F63 ①他の生徒たちの不作為 F64 ①他の生徒たちの不作為への怒り
l 被害者救済の法的措置		
m 被害者自身の問題点		
n 被害者への共感・心情理解		F26 ①いじめ被害者の心情理解の必要性 F46 ③被害者への共感 F49 ③被害者心情の理解と対応考察
o 加害者対応の批判		F60 ③加害者の行動批判

p いじめ防止・抑止の決意		F5 ①いじめ防止抑止への決意 F13 ②いじめ防止の決意 F16 ③いじめ防止のための決意 F19 ②いじめ防止抑止への決意 F44 ③いじめ防止抑止への決意
q いじめ授業への感謝		F17 ②いじめ授業への感謝 F19 ①いじめ授業への感謝
r いのちを奪ういじめの理解		F17 ①いじめによる殺害の理解 F28 ②命を奪ういじめの理解 F44 ①いじめによる殺害の理解
s 被害者対応の考察		F54 ③いじめ被害者対応の考察 F57 ②被害者の対応考察
t いじめの犯罪性の理解		
u いじめ体験		
v いじめ責任についての考察		F44 ②いじめ責任の考察
w 被害者対応としての抵抗の理解		
x 共同不法行為としてのいじめ		
y 精神的後遺障がい		
Z1 裁判と損害賠償		
Z2 いじめのきっかけ		
Z3 個性といじめの関係		

いじめられて最終的には殺害されるという事実の学びを通しての対応について考察することが可能になると考えられる。

授業開発においては、「さまざまな個性を持つ仲間とどのような関係づくりを行うことが大切なのだろうか」「学校教師は、個性の強い人は特別学級に入れて別々にすればよいのだろうか」などの学習課題を特別に取り入れた。それは特別支援についての理解を深めるために準備したものである。また、判決書教材においての構成要素として抽出できた「学校教師の安全配慮義務」「特別支援の学び」「いじめの事実認定」についても授業構成に位置づけることができた。

第二に、生徒たちの授業感想文をその記述からキーワードを抽出し、共通項をまとめて、構成要素を抽出した。その結果、生徒たちの共通する構成要素として抽出できたのは、「a 悪口」「h 学校教師の安全配慮義務」「i 加害者保護者の保護監督義務」「k 同級生の不作為と対応考察」「n 被害者への共感･心情理解」「p いじめ防止・抑止の決意」「r いのちを奪ういじめの理解」である。

本判決書教材を活用した授業開発では、感想文記述の分析から「g 特別支援いじめ」が特色ある構成要素であることを明らかにすることができた。

第三に、本研究では「第３節授業の概要」において補足的な研究の視点となる参考資料である「授業記録」ならびに「授業実践後における質問紙」の分析を紹介した。次のように整理できるのではないかと考えられる。

本いじめ判決書学習によって、学級には障がいのために特別な支援を必要とする級友が存在すること、またそれらの生徒に対するいじめの事実を具体的に学ぶことが可能である。また、被害者に対する共感と同時に被害の深刻さを予見できるようになるのではないかと考えられる。本判決書学習によって特別な支援を必要とする生徒を理解し、対応を考え、態度や行動について現実的に考察できる可能性があることが分かった。また、周囲の同級生たちの対応考察の感想文記述が多く、学級において特別支援の生徒がいじめ被害者になっているときに、同級生たちはどう考え対応していくのかを考えることができた。

第９章　本研究のまとめ

第１節　判決書教材のテーマと構成要素

本研究の目的は、いじめの態様や対象に応じていじめを類型化し、そのテーマに基づくいじめ裁判例からいじめ判決書教材を開発すること、次に、判決書教材を活用した授業開発、授業実践が可能であり、いじめ問題に対していかなる役割を果たすか、生徒たちはどのような学習内容を得るのか等について授業感想文の記述から検討を加え、構成要素を抽出することであった。

そのために、本研究では、教育法学や法学研究のいじめ裁判における判例研究の成果をもとにして、判決書教材を開発し、その教材を活用した授業について実践的に検討してきた。

つまり、本研究では、文部科学省のいじめ態様を参考にしながら、教育法学や法律学研究の成果をもとにそのいじめ態様について検討し、いじめを類型化した。その類型化に合わせて判決書教材を開発し、その判決書における構成要素を抽出した。そして、いじめ態様に合わせて準備した多様ないじめ判決書教材を活用した授業構成案を開発した。その後、生徒たちの授業感想文に注目して、その記述をキーワード化し、構成要素を抽出して分析した。

本研究において、いじめの態様として注目した学習テーマが、「a 悪口」「b 無視・仲間はずれ・村八分」「c 暴行・恐喝」「d 物理的いじめ」「e いじめとふざけ」「f 性的嫌がらせ」「g 特別支援いじめ」である。それぞれのいじめ態様に対して、第３章から第８章において、いじめ判決書教材を開発してきた。判決書教材Ａ（京都地裁＝第３章）、判決書教材Ｂ（東京高裁＝第４章）、判決書教材Ｃ（東京高裁＝第５章）、判決書教材Ｄ（東京高裁＝第６章）、判決書教材Ｅ（神戸地裁＝第７章）、判決書教材Ｆ（大阪地裁＝第８章）を開発し、それぞれの学習テーマが実際に生徒たちの学びとなったのかについて感想文をもとに構成要素を抽出することで考察してきた。

判決書教材A（京都地裁＝第3章）については、「悪口」の防止・抑止をテーマに教材開発を行い授業実践を分析してきた。

表14から、判決書教材Aでは「悪口」についての記述がキーワードとして極めて多いことがわかった。たとえば、「悪口などの言葉をめぐるいじめ、悪口をめぐるけんか、悪口の状況の説明、悪口に対する対策、悪口のいじめ、言葉をめぐる問題、脅しによるいじめ、悪口をめぐる問題」などの「悪口」の態様記述が見られた。

次に授業実践での感想文記述をそのキーワードから分析すると、「悪口によるいじめ問題の理解、言葉をきっかけとしたいじめ理解と言葉の大切さ理解、言葉をきっかけとしたいじめ理解、悪口や脅しによるいじめ」など、「悪口」のいじめ態様についての理解についての内容として感想文を分類することが出来、「a 悪口」を要素として抽出することができた。

まさしく、本いじめ判決書教材によって抽出できた構成要素から、本判決書教材の活用は、「悪口」のいじめ態様についての理解を深め、「悪口」を防止・抑止することを可能にすると考えられる。

次に、判決書教材Aから判決書教材Fによる授業によって、いじめ態様の一つである「悪口」がどのような感想の内容として分類されたか。次の表にまとめてみた。

感想文記述を もとにしたキーワード	具体的な学び	感想文番号
言葉によるいじめ問題の理解	「[1] 言葉によるいじめ問題の理解」	A5②、A6③、A15①、A16④、A26③、A28③、A29②、A30③、A34①、A36④、A22①、A24①、A24③、A33①、A35①、A36②、A38②、A39①、A41②、A44②、A45③、A47①、A47⑦、A48④、A49④、A50①、A54④、A55

		①、A56①B3①、B19① F65③
言葉をきっかけとしたいじめ理解と言葉の大切さ理解	「[2] きっかけと言葉環境の大切さ」	A8①、A10①、A19① F7②
言葉環境についての重要性の理解		A41⑦
悪口や脅しによるいじめ	「[3] 悪口や脅し」	A12⑤ B77③、B78②
悪口によるいじめ問題と犯罪性の理解	「[4] 悪口の不法行為理解」	B53① C50⑥
言葉によるいじめ防止の決意	「[5] 悪口を使用しない決意」	F10①、F25③
冷やかしによるいじめ理解	「[6] 冷やかし」	D34②

上記の表から、「a 悪口」についての感想文記述は、圧倒的に判決書教材A（京都地裁）による授業が多いことがわかる。また、「a 悪口」についての感想文記述は、その内容から次の六つにさらに具体的な生徒たちの学びの内実として示すことができる。

「[1] 言葉によるいじめ問題の理解」「[2] きっかけと言葉環境の大切さ」「[3] 悪口や脅し」「[4] 悪口の不法行為理解」「[5] 悪口を使用しない決意」「[6] 冷やかし」

このような六つの具体的な学びをもとにして、構成要素として抽出できた「a 悪口」は説明できる。

判決書教材B（第4章）については、「無視・仲間はずれ・村八分」「暴行・恐喝」の防止・抑止をテーマに教材開発を行い授業実践を分析してきた。

本判決書教材においては、「暴行・恐喝」に関連する記述が多く見られ、多数のいじめ事実が認定されていた。そのために構成要素として、「暴行・恐喝」が期待できた。また、「葬式ごっこ」という印象的な事件によって、「無視・仲間はずれ・村八分」のいじめ態様についての理解が進むのではないかと考えられた。表18を検討すると、予想されたとおりに、「c 暴行・恐喝」「b 無視・仲間はずれ・村八分」についてのいじめ態様の理解は進んだと思われる。

「b 無視・仲間はずれ・村八分」に関連する感想文記述はどのような内容があり、特色があるのか。判決書教材Aから判決書教材Fまで次の表で整理してみた。

感想文記述をもとにしたキーワード	具体的な学び	感想文番号
葬式ごっこによるいじめ理解	「[1] 葬式ごっこ」	B1③、B2①、B90①、B17②、B57③、B62③、B20③、B87①
葬式ごっこやシカトによるいじめ理解		B30①、B39①、B41①、B42①、B43②、B52①、B77④、B81①
葬式ごっこのいじめについての現実的考察		B65①、B69①、B71①、B76①、B85①、B91①
葬式ごっこのいじめを防止するための決意		B16②
葬式ごっこによるいじめでの自殺理解		B93①
シカトによるいじめ理解	「[2] シカト（無視）」	B2②、B20①、B40①、B48②、B62①
無視によるいじめ		A12④ F7①、F65②
無視によるいじめ防止の必要性		F25②
無視・仲間はずれ、シカトなどのいじめ理解		A41③、A47②
名誉毀損としてのいじめ理解	「[3] 名誉毀損、侮辱」	C105④
侮辱としてのいじめ		D13③
精神的ないじめの損害賠償請求		A27②

上記の表から、「b 無視・仲間はずれ・村八分」についての感想文記述は、圧倒的に判決書教材B（東京高裁）の授業による感想文が多い。そのため、「b 無視・仲間はずれ・村八分」については、判決書教材B（東京高裁）の特色ある学びと考えることができる。

また、上記の表から、「b 無視・仲間はずれ・村八分」についての感想文記述は、その内容から次の三つの要素を具体的な学びとして示すことができる。

「[1] 葬式ごっこ」「[2] シカト（無視）」「[3] 名誉毀損、侮辱」

このような三つの具体的な学びをもとにして、構成要素として抽出できた「b 無視・仲間はずれ・村八分」は説明できる。

さらに、次の表は「c 暴行・恐喝」について、これまで取り上げてきた六つのいじめ判決書教材を活用した授業感想文をキーワードで分類したものである。

感想文記述をもとにしたキーワード	具体的な学び	感想文番号
暴行によるいじめ理解	「[1] 暴行」	A12 ③、A47 ③ A34 ①、A41 ④ B1 ②、B3 ②、B17 ①、B19 ②、B20 ②、B29 ①、B35 ③、B49 ②、B51 ②、B53 ②、B59 ⑥、B60 ①、B62 ②、B77 ②、B78 ① D34 ①、D22 ④、D24 ①、D29 ② E5 ①、E29 ②、E53 ①、E54 ②、E83 ③、E114 ⑤ F37 ②、F53 ②
教師への暴力といじめ		B38 ①
差別暴力としてのいじめの理解		C90 ①
強要としてのいじめ理解	「[2] 強要」	B8 ②、B35 ②、B43 ③、B51 ⑤、B58 ② D13 ②
脅しのいじめの理解		A34 ①
傷害を受けるいじめの理解	「[3] 傷害」	B1 ⑤、B48 ① D14 ①、D33 ③
傷害に及ぶいじめの損害賠償理解		A27 ③
足掛けも暴行という犯罪になるいじめ理解	「[4] ふざけ型」	C109 ②、C105 ②
足掛けや肩にぶつかることが暴行のいじめになることの理解		C35 ①
器物破損としてのいじめ理解	「[5] 器物破損」	C105 ③

いじめの態様としての「c 暴行・恐喝」については、すべてのいじめ判決書教材において、その事実が具体的に何度も記述されていた。その影響によって、生徒たちの感想文はどの判決書においても暴行・恐喝のいじめ態様を学ぶことが出来た事を記すものが多いことが分かる。

上記の表から、「c 暴行・恐喝」についての感想文記述は、すべての判決書教材活用授業で見られるが、判決書教材Ｂ（東京高裁）の授業による感想文が多い。そのため、「c 暴行・恐喝」については、判決書教材Ｂ（東京高裁）の活用によって特色ある学びを習得できるのではないかと考えられる。

また、上記の表のキーワードから、「c 暴行・恐喝」についての感想文記述は、その内容を大きく次の五つに具体的な学びとして示すことが出来る。

「[1] 暴行」「[2] 強要」「[3] 傷害」「[4] ふざけ型」「[5] 器物破損」

このような五つの具体的な学びをもとにして、構成要素として抽出できた「c 暴行・恐喝」は説明できる。

判決書教材Ｃ（第５章）については、「d 物理的いじめ」の防止・抑止をテーマに判決書教材を開発し、授業実践を行い、感想文を分析した。

表 23 の感想文記述を見ると、「d 物理的いじめ」の学びが圧倒的に多いわけではなく、「c 暴行・恐喝」や「e いじめとふざけ」の感想も見られる。また、それ以上に多いのは、「h 学校教師の安全配慮義務」や「k 同級生の不作為と対応考察」「i 被害者救済の法的措置」「o 加害者対応の批判」「p いじめ防止・抑止の決意」「s 被害者対応の考察」「t いじめの犯罪性理解」などに関する感想文記述である。

本判決書教材では、「机への落書き」「教科書隠し」「チョークの粉付け」「足掛け」「カバンの持ち去り」「マーガリン事件」などの物理的いじめを中心に「いじめがどのようなものか分かった」という学びが見られた。「いじめとふざけの違いがわかった」という感想も見られ、「e ふざけといじめ」の違いの学びも見られる。

本判決書教材の活用によって、物理的いじめ行為が人権侵害につながること、そのことが、物理的いじめの防止・抑止につながることが感想文の要素抽出からわかった。しかし、生徒たちの学びはテーマに関することが圧倒的に多いわけではなく、それ以外の学びが多く見られる。

では、「e 物理的いじめ」に関連する感想文記述はどのような内容があり、特色があるのか。判決書教材Ａから判決書教材Ｆまで次の表で整理してみた。

感想文記述を もとにしたキーワード	具体的な学び	感想文番号
マーガリン事件によるいじめの理解	「[1] マーガリン事件」	C19①、C29③、C39①、C45③、C55③、C63②、C104①
落書きがいじめである事の理解	「[2] 落書き」	C12③、C40②、C39③
落書きやモノ隠しによるいじめの理解	「[3] モノ隠し」	A12②、A22③、A47④ B2③、B51③ E22①
給食への嫌がらせ	「[4]給食への嫌がらせ」	D22⑤

上記の表から、「d 物理的いじめ」についての感想文記述は、判決書教材Ｃ（東京高裁）が多いことがわかる。そのため、「d 物理的いじめ」については判決書教材Ｃ（東京高裁）の活用によって特色ある学びを習得できるのではないかと考えられる。しかし、その学びが多くの生徒たちに見られたわけではない。

上記の表のキーワードから、「d 物理的いじめ」についての感想文記述は、その内容を大きく次の四つに具体的な学びとして説明することができる。

「[1] マーガリン事件」「[2] 落書き」「[3] モノ隠し」「[4] 給食への嫌がらせ」

判決書教材Ｄ（第６章）については、「e いじめとふざけ」の違いの学びをテーマに判決書教材を開発し、授業実践を行い、その感想文を分析分類した。

表27の感想文記述を見ると「e いじめとふざけ」の感想文はたしかに見られるが、圧倒的に多いわけではなく、「c 暴行・恐喝」の感想も教材の要素と対応して見られる。また、教材記述ではその要素がほとんど見られないのにもかかわらず、「k 同級生の不作為と対応考察」「l 被害者救済の法的措置」「o 加害者対応の批判」「p いじめ防止・抑止の決意」「s 被害者対応の考察」「t いじめの犯罪性理解」なども見られる。

判決書教材Ａから判決書教材Ｆまで次の表で整理してみた。

感想文記述をもとにしたキーワード	具体的な学び	感想文番号
いじめとふざけの違い理解	「[1] いじめとふざけの違い理解」	A40④、A51①、A52① B66① C12①、C33③、C43① D1④、D5②、D7①、D13①、D16①、D17①、D24②、D26②、D29④、D33①
足掛けがいじめである事の理解	「[2] 足掛け」	C12②、C47①
遊び感覚の言動行動の問題	「[3] 遊び感覚」	C89①、F61②
普段の日常的な行為がいじめになるという理解	「[4] 日常的な行為」	C27①

上記の表から、「e いじめとふざけ」についての感想文記述は、判決書教材D（東京高裁）が多いが、他の判決書でもいくつか見られる。上記の表のキーワードから、「e いじめとふざけ」についての感想文記述は、その内容を大きく次の4つに学びの内容を説明することができる。

「[1] いじめとふざけの違い理解」「[2] 足掛け」「[3] 遊び感覚」「[4] 日常的な行為」

判決書教材E（第7章）については、「f 性的嫌がらせ」をテーマにして、教材開発を行い、授業実践を行った。

表34の判決書教材で抽出した要素の記述をみると、判決書教材としては「性的暴行」が見られ、テーマの要素が抽出できているが、感想文記述には「f 性的嫌がらせ」に関するものはまったく見られなかった。

一方、「いじめの精神的後遺障がいについての理解と考察」に分類できる感想文記述がもっとも多く見られ、「y（精神的）後遺障がい」を感想文記述による要素として抽出できた。「精神的被害の事実」を具体的に把握できたことが、本判決書教材を活用した授業実践の大きな特色の一つと考えられる。また、「いじめのその後の人生への影響理解」の要素を具体的な事実を通して生徒たちは学んでいる。その事実の重みを通した学習の意義は生徒たちへのいじめ抑止や防止につながるのではないかと期待できる。

ちなみに、「y（精神的）後遺障がい」の項目について、判決書教材Ａから判決書教材Ｆまで次の表で整理してみた。

感想文記述をもとにしたキーワード	具体的な学び	感想文番号
いじめによる精神的後遺障がいについての理解	「[1] 後遺障がいの理解」	B25①、B26② E1③、E3②、E9①、E10①、E11①、E13①、E14①、E16①、E17②、E18②、E19②、E21②、E23②、E24①、E25①、E27②、E30①、E34①、E40②、E64①、E81②、E106②、E117③、E84④、E99①、E112①
一生心の傷を背負ういじめの理解	「[2] 心の傷」	B34①、B88① C119③、C141① E41①、E42①、E45③、E46①、E51①、E54④、E56①、E57②、E58①、E59②、E60①、E62①、E67①、E69①、E70③、E72②、E73①、E75①、E78①、E79①、E80①、E88②、E90②、E92①、E95①、E96①、E97①、E98①、E104①、E105①、E108①、E109①、E110①、E118①、E114③
いじめが精神的に人生におよぼす影響の理解	「[3] 人生への影響」	E1①、E2①、E4①、E16②、E18③、E19①、E20①、E22②、E25③、E33③、E36④、E38①、E39①、E49②、E50②、E57①、E63①、E68②、E74①、E76①、E86①、E107①、E111①、E115①、E119③
自殺まで追い込み、精神障害まで引き起こすいじめについての理解	「[4] 自殺」	E43①、E44①、E93①、E100①、E102①、E113①、E120①
精神的後遺障がいとして不眠症	「[5] 不眠症」	E8①、E12①、E61①
左腕の後遺症を生み出すいじめの理解	「[6] 左腕後遺症	E1②、E8⑤、E62②
精神安定剤を服用しなければならない精神的後遺障がいについての理解	「[7] 薬物服用」	E89②、E101①

判決書教材の記述においては、特に判決書教材Ｅ（神戸地裁）に圧倒的に多くの内容が示されていた。いじめ被害者が卒業後もその後遺症に苦しむ事実が

示され、裁判官の判断も左腕の後遺障がいだけでなく、精神的後遺障がいの損害賠償を認めた。それでは、生徒たちの感想文記述はどのような学びを示しているのか。

上記の整理した表から、「y（精神的）後遺障がい」についての感想文記述は、その内容を大きく次の七つの学びで説明することができる。

「[1] 後遺障がいの理解」「[2] 心の傷」「[3] 人生への影響」「[4] 自殺」「[5] 不眠症」「[6] 左腕後遺症「[7] 薬物服用」

判決書教材F（第8章）については、「特別支援いじめ」をテーマにして、教材開発を行い、授業実践を行った。

表41の感想文記述では、圧倒的に「g 特別支援いじめ」についての学びが見られる。そのため、本判決書教材を活用した授業は、本テーマである「特別支援いじめ」を防止・抑止することを可能にすると考えられる。

その他、本判決書教材で抽出された「h 学校教師の安全配慮義務」「i 加害者保護者の保護監督義務」「j 被害者保護者の保護監督義務」に関連する感想文記述も多く見られた。ところが、教材では抽出されていない「k 同級生の不作為と対応考察」なども多くの感想文が見られ、本授業の要素として抽出できている。

では、「g 特別支援いじめ」に関連する感想文記述はどのような内容があり、特色があるのか。判決書教材Aから判決書教材Fまで次の表で整理してみた。

感想文記述をもとにしたキーワード	具体的な学び	感想文番号
特別な支援を必要とする生徒の理解と仲間づくり	「[1] 生徒の理解と仲間づくり」	F1①、F3①、F6②、F7③、F16②、F23③、F24②、F25①、F26④、F27①、F28③、F29①、F32②、F36②、F38②、F39①、F41①、F45①、F47②、F49①、F53①、F54②、F65①、F61③、F62②、F63②
特別な支援を必要とする生徒の現況と対応の考察	「[2] 対応の考察」	F8①、F19③、F30②、F42①、F46①、F38①、F56①、F55①、F37①、F31①、F32①、F62①

上記の表から、「g 特別支援いじめ」については、すべて判決書教材Ｆによる感想文である。この開発した教材は、本テーマを学ぶ上で貴重なものになっていることがわかる。

では、具体的にはどのような学びがあったのか。それは「[1] 生徒の理解と仲間づくり」と「[2] 対応の考察」をその内容として説明することができる。

第２節　テーマ以外の構成要素

ここまで、判決書教材のテーマに関連して、教材開発及び授業開発によってどのような構成要素が抽出できているのかを分析してきた。では、テーマ以外のところで、他にどのような構成要素が抽出できるのか。

これまで取り上げてきた要素以外をまとめて一覧表にしてみた。

感想文記述をもとにしたキーワード	具体的な学び	感想文番号	抽出できる構成要素
学校教師の安全配慮の義務違反	「[1] 学校教師の安全配慮義務理解」	A1 ①、A16 ②、A25 ③、A37 ②、A39 ②、A40 ②、A42 ④、A48 ②、A51 ② A54 ① B1 ④、B8 ③、B12 ②、B20 ④、B33 ③、B38 ③、B39 ③ C8 ③、C14 ③、C32 ②、C41 ①、C42 ③、C48 ③、C85 ③、C137 ③、C119 ② D3 ①、D7 ③、D11 ②、D14 ③、D23 ③、D26 ①、D34 ⑤ E46 ②、E49 ①、E83 ②、E109 ③、E50 ④、E55 ③、E35 ②、E28 ②、E71 ②、E99 ② F4 ①、F6 ①、F13 ①、F15 ①、F23 ②、F25 ⑤、F29 ②、F57 ③、F28 ①	h 学校教師の安全配慮義務
学校教師の日常的な安全配慮と義務	「[2] 日常的な安全配慮」	A21 ②、A34 ②、A45 ①、A49 ③、A55 ②、A56 ③ B64 ② C12 ①、C23 ①、C34 ②、C49 ②、C62 ②、C100 ②、C144 ② D19 ③、D22 ②、D28 ②、D31 ②、	

学校教師の日常的な安全配慮と義務	「[2] 日常的な安全配慮」	D33④ F26③、F58②、F59②、F60②、F64②	h 学校教師の安全配慮義務
学校教師のいじめ対応の組織的問題点と安全配慮義務違反	「[3] 組織的な取組」	A5④、A6②、A7①、A14③、A47⑧ B60③、B27③、B44③、B45① C46②、C59③、C116② E6① F40①、F22①、F24①、F26③、F32③、F47③、F58②、F59②、F64②	
学校教師のいじめ認知の対応不足と責任	「[4] いじめ認知」	A2②、A4①、A10③、A22②、A24④、A43⑤ C7②、C105⑤、C15②、C50③、C57③、C93②、C97③、C123①、C127①、C134③、C29④ D25② E15①、E33①、E36② F2①、F9①、F18①、F43②、F55③	
学校教師の安全配慮として保護者への情報提供の過失	「[5] 情報提供」	C23④、C37③、C45④、C52②、C53①	
学校教師のいじめ自殺予見可能性の過失責任	「[6] 予見可能性」	C20②	
学校教師のいじめ対応への期待		B73①	
保護者同士の話し合いの必要性		D30③	
加害者保護者の指導監督義務と過失責任	「[1] 加害者保護者の保護監督義務理解」	A19③、A23①、A25①、A56② B1⑦、B65③ E41②、E71③ F11①、F16①、F47④	i 加害者保護者の保護監督義務
加害者保護者の日常からの適切な指導監督の義務	「[2] 日常的な監督義務」	A4④、A5③、A21③、A51④ F17③	
加害者保護者の不作為による過失	「[3] 不作為による過失」	A34③ B8④、B27②、B60④ F49②、F50②	
加害者保護者の指導監督義務違反としての連帯した不法行為責任	「[4] 不法行為の連帯責任」	A20②、A29③ F20①、F23①、F25④、F31①、F33①、F35①、F52①、F53④、F56②、F57④、F60①、F61①	

被害者保護者の養育責任の過失問題考察	「[1] 養育責任考察」	F47④、F48②、F49②、F50③、F51②、F55②、F58①、F62③	j 被害者保護者の保護監督義務
被害者保護者の保護監督義務理解	「[2] 監督義務理解」	A43④ B27①、B33④、B44④、B65② C20③、C36④ F20②、F43①	
被害者保護者の対応考察		A42③ B40③ C14②、C79②	
被害者保護者の監督義務の過失問題		C137④、C143③	
被害者保護者の日常的な保護監督の重要性	「[3] 日常的な保護監督」	C50⑤、C53④、C59①、C97④	
被害者保護者の日常的な観察の必要性	「[4] 観察の必要性」	C134⑤ D34③	
他の生徒たちの不作為	「[1] 不作為」	B33②、B39②、B44②、B60②、C124②、C134② D17③、D34④ E2③、E56②、E80②、E84③、E90① F59①、F63①	k 同級生の不作為と対応考察
自殺に追い込んだ他の生徒たちの不作為への言及		C7③、C16②、C54③	
他の生徒の不作為と対応考察	「[2] 対応考察」	A2①、A4②、A6①、A7②、A10②、A14②、A18①、A23②、A24⑤、A25②、A26①、A32①、A35②、A37①、A37③、A38①、A41⑤、A42①、A43②、A44①A45②、A47⑥、A49②、A54②、A56④ B2④、B3③、B7②、B12①、B14①、B21①、B22①、B24②、B30④、B34②、B35④、B38④、B52②、B53③、B59③、B62⑥、B75②、B78④、B83①、B88②、B89①、B90②、B93③、B95① C10①、C20①、C27③、C31①、C42②、C82①、C32①、C38①、C49①、C53③、C55④、C60②、C62①、C71②、C77①、C82②、C83①、C85②、C89③、C91④、C127③、C133①、C140② D3③、D19②、D22③、D23②、	

他の生徒の不作為と対応考察	「[2] 対応考察」	D28①、D29③、D31③、D42①、D44①、D65① E20②、E29①、E33②、E34②、E37①、E38②、E39②、E45①、E50③、E53②、E70①、E76③、E91②、E114②、E120② F12①、F14①、F26②、F64①	k 同級生の不作為と対応考察
他の生徒たちの対応考察		A1②、A3②、A5①、A12⑥、A17③、A48①、A51③ B55① C21②、C76③、C93①、C100① D1①、D26③、D34⑦、D63②、D67①、D7⑤ E24②、E40①、E94③ F11②、F36①、F37③、F46②、F47①、F48①、F50①、F51①、F53③、F54①、F55④、F57①	
他の生徒たちの不作為と現実的対応考察	「[3] 現実的考察」	B10②、B86①、B92③ C18①、C72②、C102① E7①、E87②、E89①、E117①	
他の生徒の対応や重要性についての学び	「[4] 対応の重要性」	B82① C113① D2①、D60①、D33②、D49①、D40①、D66① E88①、E116② F10②	
いじめ被害者救済のための仲間づくりの重要性	「[4] 対応の重要性」	E13② F21①	
他の生徒の不作為と対応についての自省的考察	「[5] 自省的考察」	A16③ B60⑤ D21①	
他の生徒たちの対応についての決意	「[6] 決意」	C30① D11③、D47②、D56③、D50① E118②	
被害者の法的措置についての理解と言及	「[1] 法的措置理解」	A15②、A17②、A40③、A44④、A49① B62④、B68① C8①、C13①、C14①、C36②、C40③、C48②、C66①、C111①、C112②、C117①、C138②、C140④ D37①、D43①、D61① E8④、E113②	l 被害者救済の法的措置

被害者の法的措置についての理解と考察	「[2] 法的措置考察」	A13②、A33③、A35③ B40④、B44⑤、B81③ C1①、C32①、C43③、C56①、C58①、C71①、C94① D25①、D29①	
転校という法的措置についての言及と考察	「[3] 転校」	A48③、A54③ B30③ C39②、C41②、C68①、C73①、C79①、C116①、C118① E17①、E21①、E23①、E25②、E55①、E68①	
被害者を救うための法的措置としての緊急避難欠席の理解	「[4] 欠席」	A11①、A26② B29②、B59④ C6①、C10②、C31③、C124③、C139①	
法的措置としてのクラス替えについての考察	「[5] クラス替え」	C61①	
いじめ被害者を救うための法的措置や相談所についての言及	「[6] 相談所」	C9②	
いじめ被害者の問題性への言及	「[1] 問題性言及」	C5③、C42④、C69① E36③	m 被害者自身の問題点
被害者対応の問題性についての言及	「[2] 対応言及」	C15①	
いじめ被害者の心情理解と共感	「[1] 理解・共感」	A1③、A43① B1①、B6①、B7①、B13②、B20⑤、B24①、B30②、B32①、B55②、B62⑤、B73①、B10③ C3①、C9①、C21①、C45①、C78①、C133② D7②、D8③、D13④、D34⑥、D38①、D59① E3①、E18①、E44②、E71①、E82②、E83④、E91①、E106①、E107②、E108③、E110②、E112②、E114①、E115③、E28①、E69② F46③、F49③	n 被害者への共感・心情理解
いじめ被害者の心情を洞察し、共感する言及	「[2] 洞察・共感」	C22②、C29①、C52④、C80①、C85①、C88①、C91③、C102②、C114③、C33①、C28① E8③、E27①、E32①、E45②、E119①	

被害者の心情理解の必要性	「[3] 必要性」	A21①、A53①、A54⑤ B31②、B93② C2① D28③、D18① E2② F26①	n 被害者への共感・心情理解
加害者のいじめ行為への批判	「[1] 加害者批判」	A1④、A42② B27④、B33①、B36② C30①、C34①、C37②、C42①、C53①、C129②、C59④、C106② D3②、D7⑥、D10②、D25③、D26④、D30②、D58① E55②、E59①、E73②、E83① F60③	o 加害者対応の批判
加害者のいじめ行為についての批判的考察	「[2] 加害者批判考察」	A14①、A31③ B8①、B63①、B72②、B77⑤ C38①、C67①、C144①、C146① E35①、E72①、E75②、E76②、E78②、E84①、E85①、E86②、E94①、E98②、E105②、E108②、E115②	
加害者責任への言及	「[3] 責任」	A27①、A28① C8②、C5①、C97①、C105①、C123③ E4②、E114④	
被害者の心情を洞察せず、精神的に追い込んだ加害者に対する批判	「[4] 心情洞察」	A3① C52③ E46③、E47①、E48②、E87①、E106③	
いじめ防止抑止のための今後への決意	「[1] 防止抑止」	A8②、A19②、A24②、A30④、A32②、A33②、A34⑤、A38③、A39③、A43③、A50③、A56⑤ B5③、B7③、B9②、B11②、B12④、B15②、B19③、B23②、B24③、B25②、B30⑤、B32②、B33⑤、B34④、B37①、B39⑤、B41③、B42②、B46④、B47②、B48③、B55③、B56②、B58③、B61②、B62⑦、B77⑥、B80①、B92④、B96① C2④、C4①、C12⑦、C13③、C52⑤、C19③、C64②、C54④、C65①、C70①、C71③、C81②、	p いじめ防止・抑止の決意

		C84②、C85④、C88②、C95①、C97⑤、C103①、C114④、C118②、C128②、C130①、C132①、C135③ D2③、D4②、D8②、D9②、D17④、D18③、D20②、D24⑤、D27②、D30④、D32③、D35④、D36②、D39①、D42②、D43②、D45②、D51①、D52①、D54①、D55② E4③、E21③、E24④、E26①、E32②、E49③、E51③、E56③、E57④、E62③、E63②、E67②、E74②、E80③、E84⑤、E86③、E92②、E95②、E96②、E97②、E107③、E112③、E114⑥、E115④、E116④、E118④ F5①、F13②、F16③、F19②、F44③	
いじめ自殺を防ぐための今後への決意		C91⑤	
言葉遣いに対する今後への決意	「[2] 言葉遣い」	A4⑤、A5⑤、A29④	
今後の生活におけるいじめ学習の学びを生かす決意	「[3] 学びを生かす」	C51②、C126① E13③、E28③	
被害者対応についての今後へのいじめへの決意	「[4] 被害者対応」	C74①、C138③ E117⑤	
いじめ授業への感謝	「[1] 一般的感謝」	A27④ B2⑤、B4②、B10④、B12③、B13①、B15③、B27⑥、B47③、B69③、B90③ C21③、C33④、C39⑤、C65②、C81①、C86②、C112③、C117③ D1③、D5③、D8④、D11①、D15①、D25④、D30①、D32①、D47③ E16③、E64②、E85②、E107④ F17②、F19①	q いじめ授業への感謝
いじめ授業の学びの大きさと感謝についての言及	「[2] 学びの大きさ」	C24①、C25①、C87①、C99① E24⑤、E28④、E72③、E103①、E104②、E108④、E116③、E117④	

いじめ授業が実生活に役だったことの感想	「[3] 実生活に役立つ」	A20① C66①、C106③ D10① E115⑤、E98③	q いじめ授業への感謝
いじめ授業による知識獲得への感謝	「[4] 知識獲得の感謝」	C49③、C111③	
いのちを奪ういじめの理解	「[1] いのち」	A28④ B5②、B9①、B10①、B11①、B16①、B28①、B36①、B41②、B46③、B57②、B59②、B59⑤、B64①、B65④、B67②、B72①、B73②、B74①、B77①、B78③、B79①、B81②、B92② C19②、C36①、C46①、C78②、C89②、C114②、C131① D2②、D18②、D26⑥、D35③、D50②、D55① E1④、E31①、E50①、E54③、E57③ F28②	r いのちを奪ういじめの理解
自殺に追い込みいのちを奪ういじめの理解	「[2] 自殺」	C2②、C29②、C48①、C54①、C64①、C72①、C111②、C128①、C142① E58②	
いじめによる殺害の理解	「[3] 殺害」	F17①、F44①	
人生を狂わせるいじめの理解	「[4] 人生」	C26①	
被害者の対応についての考察	「[1] 対応考察」	A17④、A22④、A50② B53④、B75①、B89② C7①、C11①、C12④、C18②、C39④、C50④ D1②、D5①、D7④、D11④、D17②、D19④、D36① E77①、E84②、E2④ F54③、F57②	s 被害者対応の考察
被害者対応の批判的考察	「[2] 批判的対応考察」	A4③、A41⑥、A46② B1⑥、B27⑤、B31①、B38②、B40②、B54②、B87② C13②、C22①、C27②、C32③、C37①、C59②、C60①、C96①、C97②、C108①、C115①、C124① D22①、D23①	

		E94②、E65①、E117②	
被害者対応の自省的考察	「[3] 自省的考察」	D41①、D45①、D46①、D47①、D62①、D63①	
被害者がいじめから逃れるために相談の重要性への言及	「[4] 相談」	C44②、C76②、C82③、C84①、C109①、C117②、C134①、C137① E50⑤	
被害者の相談についての考察の言及		C16①、C48④、C53②、C54②、C55②、C62③、C83②、C140①、C143② E15②、E48①	
いじめから逃れるための相談機関の理解		C12⑥、C20④、C23③、C31② E70②	
被害者の対応の学び	「[5] 対応の学び」	A30②、A31②、A44③、A47⑤ D14②、D24④、D48①、D57①、D64①、D65②	
いじめの犯罪性理解	「[1] 犯罪性」	A12①、A16①、A29①、A37④、A40①、A41①、A46① B5①、B6②、B23①、B26①、B35①、B43①、B46①、B49①、B50①、B56①、B57①、B58①、B59①、B61①、B84①、B92① C1②、C2③、C3②、C5①、C17①、C50①、C51①、C91①、C92①、C107①、C112①、C114①、C123②、C134④、C136①、C139③、C144③ D8①、D19①、D20①、D24③、D26⑤、D31① E24③、E51②、E54①	t いじめの犯罪性理解
シカトが名誉毀損という犯罪性を帯びることの理解		B15①	
いじめは自由を奪うものであることの理解		C86①	
自殺に追い込むいじめの犯罪性の理解		C102③	
いじめが人の心を傷つける犯罪であることの理解		C135①	
いじめの不法行為についての理解	「[2] 不法行為」	B4① C52①、C75①、C76①、C98②、	

いじめの不法行為についての理解	「[2] 不法行為」	C101①、C119①、C121① D35②	t いじめの犯罪性理解
いじめ体験	「[1] 過去の体験」	B34③、B46②、B67①、B69②、B70② D4①、D27① E116①	u いじめ体験
いじめに対する自省的な考察		D12①	
いじめ被害の体験と悩み	「[2] 現在の体験と悩み」	A18②	
いじめ責任における理解	「[1] 理解」	B18① C17②、C36③、C44①、C143①	v いじめ責任についての考察
いじめ責任の考察	「[2] 考察」	B36③ C43②、C55①、C98①、C120①、C122①、C125①、C135②、C140③ D9①、D32② E52① F44②	
いじめの問題性についての学び、悪い心を持った人がなくなることへの期待		B94①	
被害者によるいじめ行為に対する抵抗の理解	「[1] 理解」	C40①、C45②、C77②、C127②、C137②、C138①、C139②	w 被害者対応としての抵抗の理解
被害者の対応としての抵抗についての考察	「[2] 考察」	C23②、C30①、C50②、C57②	
共同不法行為がいじめであることの理解	「[1] 共同不法行為」	A28② C8④、C33②、C91②、C106①、C107② E82①	x 共同不法行為としてのいじめ
人権侵害による慰謝料についての学び	「[1] 慰謝料」	E105③、E106④、E109②、E113③、E118③、E119②	z1 裁判と損害賠償
いじめ事件は裁判としての損害賠償請求事件になるという理解	「[2] 損害賠償請求事件」	A13① C110① E31②、E81①	
慰謝料の金額についての批判的考察	「[3] 批判的考察」	E8②、E17③、E120③	
いじめのきっかけについての理解	「[1] きっかけ」	A17①、A30①、A31① B3④、B70①	z2 いじめのきっかけ

いじめの発生理由と拡大	「[2] 拡大」	C121②	
個性ある人といじめとの関係	「[1] 個性」	A53②	z3 個性といじめの関係
個性の理解の重要性		B79②	
個性の理解と仲間づくりの重要性		D35⑤	

上記の表を見ると、本判決書教材選択のテーマとは相違する構成要素が抽出できる。感想文分析から抽出できる構成要素は次の通りである。

「h 学校教師の安全配慮義務」「i 加害者保護者の保護監督義務」「j 被害者保護者の保護監督義務」「k 同級生の不作為と対応考察」「l 被害者救済の法的措置」「m 被害者自身の問題点」「n 被害者への共感・心情理解」「o 加害者対応の批判」「p いじめ防止・抑止の決意」「q いじめ授業への感謝」「r いのちを奪ういじめの理解」「s 被害者対応の考察」「t いじめの犯罪性理解」「u いじめ体験」「v いじめ責任についての考察」「w 被害者対応としての抵抗の理解」「x 共同不法行為としてのいじめ」「z1 裁判と損害賠償」「z2 いじめのきっかけ」「z3 個性といじめの関係」

これらの構成要素はどの判決書教材を活用すると生徒たちの感想文から抽出できるのだろうか。感想文記述の数に注目して構成要素を整理してみた。

判決書教材A:「h 学校教師の安全配慮義務」「i 加害者保護者の保護監督義務」「k 同級生の不作為と対応考察」「l 被害者救済の法的措置」「p いじめ防止・抑止の決意」「s 被害者対応の考察」

判決書教材B:「h 学校教師の安全配慮義務」「k 同級生の不作為と対応考察」「n 被害者への共感・心情理解」「p いじめ防止・抑止の決意」「q いじめ授業への感謝」「r いのちを奪ういじめの理解」「s 被害者対応の考察」「t いじめの犯罪性理解」

判決書教材C:「h 学校教師の安全配慮義務」「j 被害者保護者の保護監督義務」

「k 同級生の不作為と対応考察」「l 被害者救済の法的措置」「n 被害者への共感・心情理解」「o 加害者対応の批判」「p いじめ防止・抑止の決意」「q いじめ授業への感謝」「r いのちを奪ういじめの理解」「s 被害者対応の考察」「t いじめの犯罪性理解」「v いじめ責任についての考察」「w 被害者対応としての抵抗の理解」

判決書教材D:「h 学校教師の安全配慮義務」「k 同級生の不作為と対応考察」「p いじめ防止・抑止の決意」「q いじめ授業への感謝」「s 被害者対応の考察」

判決書教材E:「h 学校教師の安全配慮義務」「k 同級生の不作為と対応考察」「n 被害者への共感・心情理解」「o 加害者対応の批判」「p いじめ防止・抑止の決意」「q いじめ授業への感謝」「z1 裁判と損害賠償」

判決書教材F:「h 学校教師の安全配慮義務」「i 加害者保護者の保護監督義務」「k 同級生の不作為と対応考察」

以上のように本研究で開発した判決書教材を活用したいじめ授業を通して、抽出できた構成要素から生徒たちは何を学ぶことが可能になるのかが見えてきたと思われる。

第3節　本研究の成果と課題

このいじめ判決書教材を活用した授業は、どのような学習内容の構成要素が準備されているのかについて考察していきたい。

なお、第1章でも述べたが、ここでも確認しておきたい。本研究は、開発したいじめ判決書教材による授業の効果について生徒たちの感想文の記述をもとにして検証し、その効果を明らかにするものではない。多様ないじめ態様に対応させて開発したいじめ判決書教材について、いじめ態様やいじめ責任との関連から期待される学習内容の構成要素を抽出すること、さらに、その授業による感想文記述の整理分析から、いじめ問題の学習において期待される学習内容の構成要素を抽出し、その基本的なデータを整理し、提供することが本研究の成果と考える。

これまで開発したいじめ判決書教材には、どのようないじめ態様やいじめ責任に関わるキーワードに関連する記述が見られるのか、開発したすべての判決書教材に含まれる学習内容の構成要素について、共通する構成要素と特色ある構成要素について確認してきた。

また、いじめ態様に対応したすべてのいじめ判決書教材による授業感想文の分析を全体的に行った。いじめの態様やいじめ責任等の構成要素とどのように関連するのか、比較することを通して、生徒たちにはどのような学習内容の構成要素が培われるのか、共通する学習内容の構成要素と特色ある学習内容の構成要素について検討してきた。

上記の分析を通して本研究の成果として整理できるのは以下の４点で、20項目である。

まず第一に、いじめ判決書教材を活用した授業において、28の学習内容の構成要素を抽出することができた。具体的には以下の内容である。

「a 悪口」「b 無視・仲間はずれ・村八分」「c 暴行・恐喝」「d 物理的いじめ」「e いじめとふざけ」「f 性的嫌がらせ」「g 特別支援いじめ」「h 学校教師の安全配慮義務」「i 加害者保護者の保護監督義務」「j 被害者保護者の保護監督義務」「k 同級生の不作為と対応考察」「l 被害者救済の法的措置」「m 被害者自身の問題点」「n 被害者への共感・心情理解」「o 加害者対応の批判」「p いじめ防止抑止の決意」「q いじめ授業への感謝」「r いのちを奪ういじめの理解」「s 被害者対応の考察」「t いじめの犯罪性理解」「u いじめ体験」「v いじめ責任についての考察」「w 被害者対応としての抵抗の理解」「x 共同不法行為としてのいじめ」「y（精神的）後遺障がい」「z1 裁判と損害賠償」「z2 いじめのきっかけ」「z3 個性といじめの関係」

第２章第３節においては、これまでの実践における経験と研究から、学習内容の構成要素として15の分類があるのではないかと予想した。次の通りであった。

①「悪口」②「無視・仲間はずれ、村八分」③「暴行・恐喝」④「物理的いじめ」⑤「ふざけといじめ」⑥「性的嫌がらせ」⑦「特別支援いじめ」⑧「不法行為」⑨「責任」⑩「義務」⑪「法的措置」⑫「理解」⑬「決意」⑭「対応考察」⑮「体験」

上記の構成要素については、第2章第3節において、その関連について説明したが、ここでは再度、表4を再掲して考察したい。

＜表4　本研究における学習内容の構成要素＞

予想した「学習内容」の構成要素	本研究によって抽出された学習内容の構成要素
①「悪口」	「a 悪口」
②「無視·仲間はずれ、村八分」	「b 無視・仲間はずれ・村八分」
③「暴行・恐喝」	「c 暴行・恐喝」
④「物理的いじめ」	「d 物理的いじめ」
⑤「いじめとふざけ」	「e いじめとふざけ」
⑥「性的嫌がらせ」	「f 性的嫌がらせ」
⑦「特別支援いじめ」	「g 特別支援いじめ」
⑧「不法行為」	「t いじめの犯罪性理解」
⑨「責任」	「h 学校教師の安全配慮義務」「i 加害者保護者の保護監督義務」 「j 被害者保護者の保護監督義務」「k 同級生の不作為と対応考察」 「m 被害者自身の問題点」「o 加害者対応の批判」 「s 被害者対応の考察」「v いじめ責任についての考察」
⑩「義務」	「h 学校教師の安全配慮義務」「i 加害者保護者の保護監督義務」 「j 被害者保護者の保護監督義務」
⑪「法的措置」	「l 被害者救済の法的措置」
⑫「理解」	「n 被害者への共感・心情理解」「r いのちを奪ういじめの理解」 「t いじめの犯罪性理解」「w 被害者対応としての抵抗の理解」 「x 共同不法行為としてのいじめ」「y（精神的）後遺障がい」 「z1 裁判と損害賠償」「z2 いじめのきっかけ」 「z3 個性といじめの関係」

⑬「決意」	「p いじめ防止抑止の決意」
⑭「対応考察」	「h 学校教師の安全配慮義務」「i 加害者保護者の保護監督義務」 「j 被害者保護者の保護監督義務」「k 同級生の不作為と対応考察」 「o 加害者対応の批判」「s 被害者対応の考察」 「w 被害者対応としての抵抗の理解」
⑮「体験」	「u いじめ体験」
予想外	「q いじめ授業への感謝」

第３章から第８章において、上記の①～⑮を指標にして構成要素を抽出した。その結果は表４の右列にようになった。予想した15の構成要素は、「a 悪口」から「z3 個性といじめの関係」まで28の構成要素となった。

第２章第３節から、予想された構成要素と抽出できた構成要素との関係については、次のように確認することができる。

一つは、①～⑧、⑪、⑬、⑮に見られるようにそのまま同じ一つの分類となるものがあった。

二つは、⑨、⑩、⑫、⑭に見られるように構成要素が多様に分類されるようになったもの、「q いじめ授業への感謝」のように予想外のものとして抽出できたものがあった。

三つは、⑨と⑩と⑭に見られるように、つまり「h 学校教師の安全配慮義務」、「i 加害者保護者の保護監督義務」、「j 被害者保護者の保護監督義務」については、⑨「責任」、⑩「義務」、⑭「対応考察」に重なっているように、構成要素として抽出できたものが、いくつかの分類に重なると考えられる要素もあった。

第二に、開発したいじめ判決書教材と学習内容の構成要素に関する分析で得られた成果は以下の５点である。

本研究では、判決書教材に含まれる学習内容の構成要素について分析した。判決書教材に記されたいじめの事実から学習内容の構成要素を抽出した。

1　開発した判決書教材による学習内容としての構成要素は、全体として15

の要素を抽出することができた。以下の通りである。

「a 悪口」「b 無視・仲間はずれ・村八分」「c 暴行・恐喝」「d 物理的いじめ」「e いじめとふざけ」「f 性的嫌がらせ」「g 特別支援いじめ」「h 学校教師の安全配慮義務」「i 加害者保護者の保護監督義務」「j 被害者保護者の保護監督義務」「k 同級生の不作為と対応考察」「l 被害者救済の法的措置」「o 加害者対応の批判」「w 被害者対応としての抵抗の理解」「y（精神的）後遺障がい」

いじめ判決書教材を活用した授業において、抽出できた学習内容の構成要素は 28 であったが、判決書教材においてはその数は半数ほどであった。その内容は a ～ g に見られるようないじめの態様に関連するものや、h ～ k、o のような「いじめ責任」に関連するものが多かった。

2　いじめ判決書教材で抽出し、確認することができた学習内容の構成要素は、開発した判決書教材によって、それぞれ共通するものや特色あるものが含まれていた。

開発したすべての判決書教材に共通する学習内容の構成要素は、「c 暴行・恐喝」と「h 学校教師の安全配慮義務」である。

判決書教材 A（京都地裁）においては、「a 悪口」が特色ある学習内容の構成要素として抽出し、確認することができた。

判決書教材 B（東京高裁）については、「b 無視・仲間はずれ・村八分」が特色ある学習内容の構成要素として抽出し、確認することができた。

判決書教材 C（東京高裁）については、「d 物理的いじめ」「e いじめとふざけ」が特色ある学習内容の構成要素として抽出し、確認することができた。

判決書教材 D（東京高裁）については、「e いじめとふざけ」が特色ある学習内容の構成要素として抽出し、確認することができた。

判決書教材 E（神戸地裁）については、「f 性的嫌がらせ」「y（精神的）後遺障がい」が特色ある学習内容の構成要素として抽出し、確認することができた。

判決書教材Ｆ（大阪地裁）については、「g 特別支援いじめ」が特色ある学習内容の構成要素として抽出し、確認することができた。

3　学習内容の構成要素として、判決書教材においてその記述が少ないのは、「f 性的嫌がらせ」「k 同級生の不作為と対応考察」「l 被害者救済の法的措置」「o 加害者対応の批判」「w 被害者対応としての抵抗の理解」である。

4　いじめの態様が判決書教材には具体的にいじめの事実として記されている。そのため判決書教材における抽出した学習内容の構成要素の中には、いじめの事実を通したいじめ態様に関する内容を含むものに分類することができる。「a 悪口」「b 無視・仲間はずれ・村八分」「c 暴行・恐喝」「d 物理的いじめ」「e いじめとふざけ」「f 性的嫌がらせ」「g 特別支援いじめ」は、それに含めることができる。

5　また、いじめの事実とともに裁判官の判断を通したいじめの責任に関わる内容を含む構成要素に分類することができる。それは、学校教師の安全保持義務や保護者の保護監督義務などに関わる記述であり、具体的な事実をもとにして裁判官の判断が示され、説明されている。具体的には、「h 学校教師の安全配慮義務」「i 加害者保護者の保護監督義務」「j 被害者保護者の保護監督義務」「l 被害者救済の法的措置」「w 被害者対応としての抵抗の理解」「y（精神的）後遺障がい」である。

第三に、いじめ判決書教材を活用した授業による授業感想文記述と学習内容の構成要素に関する分析で得られた成果は以下の９点である。

1　本研究では、本章第１節と第２節ですべての判決書教材による授業感想文記述を比較しながら、生徒たちに準備される判決書教材による学習内容の構成要素について分析した。感想文記述によって抽出し、確認することができた学習内容の構成要素をさらに分析し、確認した。

まず、開発した判決書教材による授業感想文記述に含まれる学習内容としての構成要素は、全体として27の要素が抽出し、確認することができた。以下の通りである。

「a 悪口」「b 無視・仲間はずれ・村八分」「c 暴行・恐喝」「d 物理的いじめ」「e いじめとふざけ」「g 特別支援いじめ」「h 学校教師の安全配慮義務」「i 加害者保護者の保護監督義務」「j 被害者保護者の保護監督義務」「k 同級生の不作為と対応考察」「l 被害者救済の法的措置」「m 被害者自身の問題点」「n 被害者への共感·心情理解」「o 加害者対応の批判」「p いじめ防止抑止の決意」「q いじめ授業への感謝」「r いのちを奪ういじめの理解」「s 被害者対応の考察」「t いじめの犯罪性理解」「u いじめ体験」「v いじめ責任についての考察」「w 被害者対応としての抵抗の理解」「x 共同不法行為としてのいじめ」「y（精神的）後遺障がい」「z1 裁判と損害賠償」「z2 いじめのきっかけ」「z3 個性といじめの関係」

上記の感想文記述に含まれる学習内容としての構成要素は、抽出し、確認することができた28の構成要素よりも一つ少なかった。その一つは「f 性的嫌がらせ」である。判決書教材における構成要素としては抽出し、確認することができたが、感想文では抽出できなかった。

2　いじめ判決書教材による授業によって抽出し、確認することができた感想文記述からの学習内容の構成要素は、開発した判決書教材によって、それぞれ共通するものや特色あるものが含まれていた。

判決書教材を活用した授業において、すべての授業で共通した学習内容の構成要素は、次の11である。

「a 悪口」「b 無視・仲間はずれ・村八分」「c 暴行・恐喝」「h 学校教師の安

全配慮義務」「k 同級生の不作為と対応考察」「n 被害者への共感·心情理解」「o 加害者対応の批判」「p いじめ防止抑止の決意」「q いじめ授業への感謝」「r いのちを奪ういじめの理解」「o 加害者対応の批判」

判決書教材における構成要素では、「c 暴行・恐喝」、「h 学校教師の安全配慮義務」の二つが共通するものであったが、それと比べると九つ多く抽出し、確認することができた。

3　判決書教材による授業において、一つだけの授業をのぞいて他すべてに学習内容の構成要素が準備されているのは、次の六つである。

「d 物理的いじめ」「e いじめとふざけ」「j 被害者保護者の保護監督義務」「l 被害者救済の法的措置」「t いじめの犯罪性理解」「v いじめ責任についての考察」

判決書教材における構成要素では、「a 悪口」「d 物理的いじめ」が一つだけの教材をのぞいて他すべてに学習内容の構成要素として準備されていたが、それと比べると四つ多く抽出し、確認することができた。判決書教材に準備された構成要素よりも生徒たちの学習内容となる構成要素は数が増えていた。

4　抽出し、確認することができた構成要素の中で、授業に活用された判決書教材の違いによって特色あるものとしてあげられるのは、次の通りである。

判決書教材 A（京都地裁）においては、「a 悪口」「i 加害者保護者の保護監督義務」「z2 いじめのきっかけ」が特色ある学習内容の構成要素として抽出し、確認することができた。

判決書教材 B（東京高裁）については、「b 無視・仲間はずれ・村八分」「u いじめ体験」が特色ある学習内容の構成要素として抽出し、確認することができた。

判決書教材Ｃ（東京高裁）については、「d 物理的いじめ」「e いじめとふざけ」「j 被害者保護者の保護監督義務」「s 被害者対応の考察」「w 被害者対応としての抵抗の理解」「x 共同不法行為としてのいじめ」が特色ある学習内容の構成要素として抽出し、確認することができた。

判決書教材Ｄ（東京高裁）については、「e いじめとふざけ」が特色ある学習内容の構成要素として抽出し、確認することができた。

判決書教材Ｅ（神戸地裁）については、「y（精神的）後遺障がい」、「z1 裁判と損害賠償」が特色ある学習内容の構成要素として抽出し、確認することができた。

判決書教材Ｆ（大阪地裁）については、「g 特別支援いじめ」「i 加害者保護者の保護監督義務」「j 被害者保護者の保護監督義務」が特色ある学習内容の構成要素として抽出し、確認することができた。

5　学習内容の構成要素として、授業感想文記述が少ないのは、「m 被害者自身の問題点」「z3 個性といじめの関係」である。

6　いじめ判決書教材における抽出した学習内容の構成要素の中には、いじめの事実を通したいじめ態様に関する内容を含むものとして、「a 悪口」「b 無視・仲間はずれ・村八分」「c 暴行・恐喝」「d 物理的いじめ」「e いじめとふざけ」「f 性的嫌がらせ」「g 特別支援いじめ」がその要素として抽出し、確認することができた。

それに対応して、授業感想文における学習内容の構成要素としては、「a 悪口」「b 無視・仲間はずれ・村八分」「c 暴行・恐喝」「d 物理的いじめ」「e いじめとふざけ」「g 特別支援いじめ」が要素として抽出し、確認することができた。「f 性的嫌がらせ」だけ対応していなかった。

7　上記のいじめ態様に関連する学習内容の構成要素には、内容的にいくつかの具体的な学びが見られた。

「a 悪口」については、「[1] 言葉によるいじめ問題の理解」「[2] きっかけと言葉環境の大切さ」「[3] 悪口や脅し」「[4] 悪口の不法行為理解」「[5] 悪口を使用しない決意」「[6] 冷やかし」がその学びである。

「b 無視・仲間はずれ・村八分」については、「[1] 葬式ごっこ」「[2] シカト（無視）」「[3] 名誉毀損、侮辱」が具体的な学びである。

「c 暴行・恐喝」については、「[1] 暴行」「[2] 強要」「[3] 傷害」「[4] ふざけ型」「[5] 器物破損」が具体的な学びである。

「d 物理的いじめ」については、「[1] マーガリン事件」「[2] 落書き」「[3] モノ隠し」「[4] 給食への嫌がらせ」が具体的な学びである。

「e いじめとふざけ」については、「[1] いじめとふざけの違い理解」「[2] 足掛け」「[3] 遊び感覚」「[4] 日常的な行為」が具体的な学びである。

「g 特別支援いじめ」については、「[1] 生徒の理解と仲間づくり」「[2] 対応の考察」が具体的な学びである。

8　また、いじめの事実とともに裁判官の判断を通したいじめの責任に関わる内容を含む構成要素に分類することができ、感想文記述では 13 の要素を確認できた。

それは、「h 学校教師の安全配慮義務」「i 加害者保護者の保護監督義務」「j 被害者保護者の保護監督義務」「k 同級生の不作為と対応考察」「l 被害者救済の法的措置」「o 加害者対応の批判」「s 被害者対応の考察」「t いじめの犯罪性理解」「v いじめ責任についての考察」「w 被害者対応としての抵抗の理解」「x 共同不法行為としてのいじめ」「y（精神的）後遺障がい」「z1 裁判と損害賠償」である。

9　上記のいじめ責任に関連する抽出し、確認することができた学習内容の構成要素は、さらにいくつかの具体的な学びが見られた。

「h 学校教師の安全配慮義務」については、「[1] 学校教師の安全配慮義務理解」「[2] 日常的な安全配慮」「[3] 組織的な取組」「[4] いじめ認知」「[5] 情報提供」「[6] 予見可能性」がその学びである。

「i 加害者保護者の保護監督義務」については、「[1] 加害者保護者の保護監督義務理解」「[2] 日常的な監督義務」「[3] 不作為による過失」「[4] 不法行為の連帯責任」が具体的な学びである。

「j 被害者保護者の保護監督義務」については、「[1] 養育責任考察」「[2] 監督義務理解」「[3] 日常的な保護監督」「[4] 観察の必要性」が具体的な学びである。

「k 同級生の不作為と対応考察」については、「[1] 不作為」「[2] 対応考察」「[3] 現実的考察」「[4] 対応の重要性」「[5] 自省的考察」「[6] 決意」が具体的な学びである。判決書教材には見られなかったが、授業を通して抽出し、確認することができた学びである。

「l 被害者救済の法的措置」については、「[1] 法的措置理解」「[2] 法的措置考察」「[3] 転校」「[4] 欠席」「[5] クラス替え」「[6] 相談所」が具体的な学びである。

「o 加害者対応の批判」については、「[1] 加害者批判」「[2] 加害者批判考察」「[3] 責任」「[4] 心情洞察」が具体的な学びである。

「s 被害者対応の考察」については、「[1] 対応考察」「[2] 批判的対応考察」「[3] 自省的考察」「[4] 相談」「[5] 対応の学び」が具体的な学びである。

「t いじめの犯罪性理解」については、「[1] 犯罪性」「[2] 不法行為」が具体的な学びである。

「v いじめ責任についての考察」については、「[1] 理解」「[2] 考察」が具体的な学びである。

「w 被害者対応としての抵抗の理解」については、「[1] 理解」「[2] 考察」が具体的な学びである。

「x 共同不法行為としてのいじめ」については、「[1] 共同不法行為」のみ学びである。

「y（精神的）後遺障がい」については、「[1] 後遺障がいの理解」「[2] 心の傷」「[3] 人生への影響」「[4] 自殺」「[5] 不眠症」「[6] 左腕後遺症」「[7]

薬物服用」が具体的な学びである。判決書教材の「性的暴行」については感想文では抽出できなかった。

「z1 裁判と損害賠償」については、「[1] 慰謝料」「[2] 損害賠償請求事件」「[3] 批判的考察」が具体的な学びである。

10　授業感想文記述による内容理解の構成要素としては、いじめ判決書教材には準備されていない構成要素も抽出し、確認することができた。

いじめ判決書教材を活用した授業では、判決書教材には学習要素として準備されていない内容を含む感想文記述が記され、本いじめ授業による構成要素として 15 に整理することができた。

「k 同級生の不作為と対応考察」「m 被害者自身の問題点」「n 被害者への共感・心情理解」「p いじめ防止抑止の決意」「q いじめ授業への感謝」「r いのちを奪ういじめの理解」「s 被害者対応の考察」「t いじめの犯罪性理解」「u いじめ体験」「v いじめ責任についての考察」「w 被害者対応としての抵抗の理解」「x 共同不法行為としてのいじめ」「z1 裁判と損害賠償」「z2 いじめのきっかけ」「z3 個性といじめの関係」である。

11　学習内容の構成要素の中には、いじめ態様やいじめ責任とは関連しない要素も抽出し、確認することができた。それは、次の七つである。

「n 被害者への共感・心情理解」「p いじめ防止抑止の決意」「q いじめ授業への感謝」「r いのちを奪ういじめの理解」「u いじめ体験」「z2 いじめのきっかけ」「z3 個性といじめの関係」

上記の構成要素にはさらに具体的な学びが確認される。

「n 被害者への共感・心情理解」については、「[1] 理解・共感」「[2] 洞察・共感」「[3] 必要性」が学びである。

「p いじめ防止抑止の決意」については、「[1] 防止抑止」「[2] 言葉遣い」「[3]

学びを生かす」「[4] 被害者対応」が具体的な学びである。

「q いじめ授業への感謝」については、「[1] 一般的感謝」「[2] 学びの大きさ」「[3] 実生活に役立つ」「[4] 知識獲得の感謝」が具体的な学びである。

「r いのちを奪ういじめの理解」については、「[1] いのち」「[2] 自殺」「[3] 殺害」「[4] 人生」が具体的な学びである。

「u いじめ体験」としては、「[1] 過去の体験」「[2] 現在の体験と悩み」が具体的な学びである。

「z2 いじめのきっかけ」については、「[1] きっかけ」「[2] 拡大」が具体的な学びである。

「z3 個性といじめの関係」については、「[1] 個性」のみが具体的な学びである。

第四に、いじめ判決書教材と生徒たちの感想文記述の関連についての分析である。

1　生徒たちの感想文記述からの学習内容の構成要素については、判決書教材の学習内容の構成要素との関連が深いものとなっている。いじめの態様に関わるものだけでなく、いじめの関係者に関わる責任論に関わる記述が見られる。それは、いじめについての「理解」を示すだけでなく、いじめの「考察」に関係する記述も見られる。

たとえば、判決書教材のすべてに準備されている学校教師の安全配慮義務については、生徒たちは、「学校教師の安全配慮義務理解」「日常的な安全配慮」「組織的な取組」「いじめ認知」「情報提供」「予見可能性」に関する感想文記述を持つ構成要素が見られた。これらは、判決書教材においてキーワードの記述内容を整理したものとほとんど同じものとなっているが、「理解」と同時に、「考察」を示す記述傾向が見られる。学習内容の要素として分類した中には、「対応考察」「現実的考察」「自省的考察」の内容を含むものが多く見られた。

また、その「理解」においても法的な理解に分類できるものと、それ以外のものに整理できる。たとえば、「法的理解」としては、学校教師の安全配慮義務や保護者の保護監督義務、被害の集中と共同不法行為などをその学習内容の要素として分類することができる。同様に、「考察」においても法的な「考察」とそれ以外のものに整理することができる。

2　また、教材に準備されていた学習内容の要素を超えて、生徒たちに培われた学習内容の要素も抽出し、確認することができた。

たとえば、いじめ判決書教材においては、周囲の同級生についての状況を示す記述はほとんど見られず、その責任論について裁判官は判断していない。ところが、同級生の不作為についての感想文記述は非常に多く見られる。そして、その内容を「[1] 不作為」「[2] 対応考察」「[3] 現実的考察」「[4] 対応の重要性」「[5] 自省的考察」「[6] 決意」の六つの具体的な学びに整理することができたが、周囲の同級生の対応について、その不作為について言及するだけでなく、周囲の同級生としてどのような対応ができるのかについての自分なりの考えを示し、さらにその自分なりの考えを現実的にその可能性を考察したものであった。そして周囲にいる同級生としてもし自分だったら何ができてどう対応するかについて、自分なりの経験を踏まえながらの考察を示し、今後、周囲にいる同級生として何らかの対応をすることを決意するものであった。判決書教材の内容を超えて、生徒たちは学習内容を広げていることもこの学習の特色である。

そしてそれらの期待される学習内容を超えた感想文記述の内容を整理すると、一つには「n 被害者への共感・心情理解」「o 加害者対応の批判」のように道徳や人権の要素を含む内容として分類することが可能である。

二つには、いじめ防止抑止への決意に見られるように、今後の学校生活に生かそうとする姿勢や意志を示す構成要素の内容に分けることが可能である。いじめの理解を通しての「p いじめ防止・抑止の決意」については、すべての判決書教材における授業において、生徒たちの感想文記述が見られ、共通した生徒たちの学習内容の構成要素となっているが、これらは今後へのいじめ防止抑止への意志や姿勢を示すものと考えられよう。

以上、大きく四つ、全部で20項目が本研究による判決書教材と感想文分析による学習内容の構成要素についての成果である。

最後に、本研究の全体を総括して考察する。

本研究の目的は、いじめの態様に応じていじめを類型化し、その態様に基づくいじめ裁判例からいじめ判決書教材を開発すること、次に、判決書教材を活用した授業開発、授業実践が可能であり、いじめ問題に対していかなる役割を果たすか、生徒たちはこの授業でどのような学習内容の構成要素を得ることができるかについて、判決書教材と授業感想文から抽出することであった。

本研究では、文部科学省のいじめ態様を参考にしながら、教育法学や法律学研究の成果をもとにそのいじめ態様について検討し、いじめを類型化した。その内容は、「悪口」「無視・仲間はずれ・村八分」「いじめとふざけ」「暴行・恐喝」「物理的いじめ」「性的嫌がらせ」「特別支援いじめ」の七つと考察できた。

本研究では、その類型化に合わせて判決書教材を開発した。その教材については、教育法学や法律学研究の成果をもとに選定し、それぞれの態様に対応して、「悪口」については判決書教材A・京都地裁平成17年2月22日判決、「無視・仲間はずれ・村八分」「暴行・恐喝」については判決書教材B・東京高裁平成6年5月20日判決、「物理的いじめ」については、判決書教材C・東京高裁平成14年1月31日判決、「いじめとふざけ」については判決書教材D・東京高裁平成13年12月20日判決、「性的嫌がらせ」については、判決書教材E・神戸地裁姫路支部平成18年7月10日判決、「特別支援いじめ」については、判決書教材F・大阪地裁平成9年4月23日判決を妥当であるとして判決書教材の開発を行うことができた。このことで、文部科学省が示す多様ないじめの類型に対応したいじめ判決書教材を準備できるようになった。いじめ態様に合わせたいじめ判決書教材を活用した授業が実践可能となった。

そして、それぞれの判決書教材における学習内容の構成要素を抽出し考察できた。また、その学習内容の構成要素を組み入れた授業構成案を開発し、その構成案をもとに行われた授業実践を考察できた。その考察は、授業前のアンケートや授業記録、授業後質問紙調査をもとに検討した。それらの考察による学習内容についての分析を一つの参考指標にしながら、授業感想文の記述からキーワードを生成し、そのキーワードをもとに学習内容の構成要素を抽出することができた。この構成要素については、これまでの授業実践による研究や経験によって考察していた15の分類を指標にして行った。そして、すべての開発した判決書教材を活用した授業を全体的に比較し、その学習内容の構成要素を分析し確認できた。

本研究の成果は次の4点を上げることができる。

第一に、これまで道徳教育を中心に効果を上げてきた心の教育によるいじめ問題に対するアプローチに付け加えて、本研究ではいじめ問題関係判決書を開発し活用することで、法的視点を取り入れ、人権と法の両面からいじめ問題に対する授業の教材開発や授業開発を提供することができた。文部科学省は多様ないじめ態様を示しているが、その態様に対応しただけでなく、「いじめやふざけ」のいじめ峻別、「特別支援いじめ」のいじめ対象についてもいじめ判決書教材を準備することができ、いじめ判決書教材を活用した授業がよりたやすく実践することが可能となった。

第二に、いじめの授業として、民事訴訟裁判としての損害賠償請求事件であるいじめ裁判判決文の教材が活用可能かどうかを具体的な授業実践を通して検討することができた。梅野が提起したいじめ裁判判決書教材を活用した授業は、具体的な授業実践レベルでの検討が課題になってきたが、抽出した学習内容の構成要素を組み入れた授業構成案のもとに授業開発を行い、その授業実践について検討することができた。

第三に、いじめの態様に応じていじめを類型化し、いじめ裁判例からその態様に基づく判決書教材を開発したが、その判決書教材の学習内容の構成要素を抽出することができた。いじめの類型化に対応した判決書教材の開発とその学習内容の構成要素の抽出はこれまで検討されないままになっていたが、その研究の課題を埋めることができた。

第四に、いじめ判決書教材を活用した授業によって、生徒たちはどのような学習内容を習得するのか、授業感想文記述をもとにキーワード化し分類することで、その学習内容の構成要素を抽出することができた。判決書教材に準備された学習内容の構成要素が授業実践によってどのような生徒たちの学習内容の要素となるのかについて、すべての判決書教材と授業実践による感想文から抽出し、確認することができた。これまで生徒たちの声を通した学習内容の構成要素の分析と検討は、いじめ判決書教材を活用した授業において研究上の課題となってきたが、その課題に答えることができた。

本研究の課題について２点述べておきたい。

第一に、いじめ態様をもとにいじめを七つに類型化し、多様な裁判例からそれに対応したいじめ裁判判決書を選定したが、より一層妥当な判決書を選定していくことが今後求められる。新たな裁判例が今後公開されていくことが予想される。その裁判例を検討し、類型化についてさらに検討していくとともに、判決書教材のさらなる開発が必要となろう。

第二に、本研究の成果となった学習内容の構成要素をさらに精査していくことである。そのためには、複数の授業実践者と複数のデータ源をもとに客観性を高め、構成要素の妥当性を高めていくことが今後の課題となろう。

参考文献

相川恵子・仁平義明『子どもに障がいをどう説明するか―すべての先生・お母さん・お父さんのために―』ブレーン出版、2005

青木洋子・宮本正一「『いじめ』の加害者・観衆・傍観者の意識変容を図る授業実践」『岐阜大学教育学部研究報告―人文科学』52（1）、2003、pp.155-168

青野勇「シナリオ・ロールプレイで「いじめ」を考える」『月刊学校教育相談』13（6）、1999、pp.50-59

青野博之「いじめによる自殺と学校の責任」『私法判例リマークス 1995〈下〉』、p20 以下

赤坂真二『友だちを「傷つけない言葉」の指導』学陽書房、2008、pp.18-19

赤坂雅裕「いじめ問題の予防・低減を図る道徳授業：論考（研究ノート）」『湘南フォーラム』18、2014、pp.41-87

朝長昌三・福井昭史・地頭薗健二・小島道生・中村千秋・小原達朗・柳田泰典「児童生徒の特性からみた生徒指導の質的改善」『長崎大学教育学部紀要. 教育科学』73、2009、pp.17-30

阿部泰尚『いじめと探偵』幻冬舎新書、2013

荒井一也「学校と地域の拠点としての特別支援学級―同僚性と共同性に依拠したインクルーシブな学校・地域づくり」荒川智編『インクルーシブ教育入門―すべての子どもの学習参加を保障する学校・地域づくり』クリエイツかもがわ、2008、pp.102-105

荒川智編『インクルーシブ教育入門』クリエイツかもがわ、2008

有村久春編『新編生徒指導読本』教育開発研究所、2007

安藤博『子どもの人権を尊重する生徒指導』学事出版、2014

安藤博『なぜ、いままでの生徒指導がうまくいかなかったのか―生徒指導の指導を変える「生徒市民」教育』学事出版、2012

安藤博『子どもが法と出会うとき 思春期法学のすすめ』三省堂、2009

安藤博『フィールド・ノート　子どもの権利と育つ力』三省堂、2002
安藤博「少年事件としてのいじめ—生徒と教師のための少年法から考える」『季刊教育法』126、エイデル研究所、2000、pp.27-32
安藤博「思春期法学のすすめ—教育は法を教えられるのか—」『季刊教育法』121、エイデル研究所、1999、pp.52-57
安藤博「いま、『学校と非行』をどう理解するか—生徒指導のパラダイム転換へ」『季刊教育法』116、エイデル研究所、1998、pp.12-19
安藤博「いじめ問題をめぐる法領域—子どもの人権から問われていること」『季刊教育法』101、エイデル研究所、1995、pp.59-65
安藤美華代「小中連携による児童生徒のいじめを予防する継続的心理教育—“サクセス・セルフ2010”を用いた実践研究—」『岡山大学大学院教育学研究科研究集録』151、2012、pp.13-22
石橋孝明「いじめ問題と生活体験学習」『日本生活体験学習学会誌』8、2008、pp.9-18
伊藤進・織田博子『実務判例解説学校事故』三省堂、1992
梅原厚子『イラスト版発達障がいの子がいるクラスのつくり方』合同出版、2009
池島徳大・吉村ふくよ「あいさつ・頼み方・もめごと解決スキルトレーニングの学級への導入とその効果に関する研究—多層ベースラインデザインを用いて—」奈良教育大学教職大学院研究紀要『学校教育実践研究』5、2013、pp.41-50
池島徳大「共感性を軸とした特別活動の指導と役割（特集:「いじめ」への対応—特別活動の役割）」『日本特別活動学会紀要』4、1995、pp.20-29
池島徳大「道徳授業におけるいじめ克服の指導—子供の自由な発想による心理劇活動を通して」『相談学研究』19（2）、pp.120-132、1987
伊佐貢一『「温かいメッセージ」のソーシャルスキル教育』明治図書、2008
市川須美子『学校教育裁判と教育法』三省堂、2007
市川須美子「学校の親に対するいじめ調査報告義務」「第一次いじめ自殺ピーク

（1984～5）以降のいじめ裁判判例」『いじめ裁判～季刊教育法・臨時増刊号』126、エイデル研究所、2000、pp.4-10、pp.75-82
市川須美子・安達和志・青木宏治編『教育法学と子どもの人権』三省堂、1998
市川須美子「教育条理解釈にもとづく人間教育法学」兼子仁・市川須美子編『日本の自由教育法学』学陽書房、1998
市川須美子「いわき市『いじめ自殺』事件判決」『ジュリスト』980、1991
市川須美子「福島地裁いわき支部『いじめ自殺』判決の意義と問題点」『ジュリスト』976、1991、p.56
市川千秋・玉田尚子「中学校におけるいじめ・学級崩壊をなくす学級づくりの実践―バズ協同学習といじめ防止班長会議の導入を通して」『学校カウンセリング研究』11、2010、pp.19-26
磯山恭子「法教育」日本社会科教育学会編『新版社会科教育事典』ぎょうせい、2012、pp.196-197
磯山恭子「ナショナル・スタンダードとしての法教育カリキュラムの構成― I'm the People" の分析を通じて―」市川博研究代表『小・中・高等学校の一貫による社会科関連科目の連携に基づくフレームワークの研究』1997～98年度科学研究費補助金基盤研究（C）（1）研究成果報告書、1999、pp.95-104
伊藤誠朗「児童の人間関係を育てる実践の検討―グループ学習の工夫を通して―」奈良教育大学教職大学院研究紀要『学校教育実践研究』2、2010、pp.11-20
犬塚文雄「いじめを相談できる子どもと先生の信頼関係づくり『教育相談の機能』を発揮した授業づくりを通して」『児童心理』67（12）、pp.111-114、2013
植村繁芳「『いじめ問題』から何を学ぶか」『考える子ども』350、pp.16-19、2013
宇井治郎『学校はイジメにどう対応するか』信山社、1998
臼井嘉一『教育実践学と教育方法論』日本標準、2010
采女博文「学校の教育責任と被害生徒の親責任」鹿児島大学『法学論集』第37巻第1・2合併号、2003、pp.37-82

采女博文「いじめ裁判の現状と展望」鹿児島大学『法学論集』35（1）、2000、pp.1-44
采女博文「いじめと学校側の法的責任」鹿児島大学『法学論集』32（1･2合併号）、1997、pp.125-149
采女博文「いじめと人権―いじめ裁判例を読む」鹿児島大学『法学論集』第31（2）、1996、pp.87-117
梅野正信『教職管理職のための法常識講座』上越教育大学出版会、2015
梅野正信「人権教育資料の分析的研究１―『協力的』『参加的』『体験的』な学習を中心とする指導例示の特色と傾向―」『上越教育大学研究紀要』31、2012、pp.29-41
科学研究費補助金（基盤研究C）研究実績報告書（研究代表者 梅野正信）『判決書を活用した人権教育としての市民性育成教育に関する日韓の授業研究』2011
梅野正信「裁判資料を活用した『いじめ』授業プログラム―被害者の視点を重視した教員研修と授業の可能性と課題―」『ストレスマネジメント研究』5（1）、2009
梅野正信「人権・同和教育に関する国の施策と実践的取組課題」『資料解説 学校教育の歴史・現状・課題』教育開発研究所、2009、pp.237-246
梅野正信『裁判判決で学ぶ日本の人権』明石書店、2006
梅野正信・采女博文『判決書教材を活用した市民性育成教育を担う学校づくり』科研費　研究中間総括報告書、2003
梅野正信「子どもの自尊心を守る法的コミュニケーション」『鹿児島大学全学プロジェクト報告　新しい関係性を求めて―子どもと親をとりまくコミュニケーション』鹿児島大学、2002、pp.83-105
梅野正信・采女博文・新福悦郎・蜂須賀洋一「『判決文の授業』が生み出す新しい関係性―いのちと人権を尊ぶ学校教育を目指して―」『鹿児島大学全学プロジェクト報告書　新しい関係性を求めて―子どもをとりまくコミュニケーション―』鹿児島大学、2003、pp.61-91

梅野正信『いじめ判決文で創る新しい人権学習』明治図書、2002
梅野正信・采女博文編『実践ハンセン病の授業「判決文」を徹底活用』エイデル研究所、2002
梅野正信・采女博文編『実践いじめ授業　主要事件「判決文」を徹底活用』エイデル研究所、2001
梅野正信編『教師は何からはじめるべきか 自らを問いなおす「いじめ」自殺の授業』教育史料出版会、1998
梅野正信「いじめ—社会科教師への期待（特集・「いじめ」社会と裁判)」『季刊教育法』(113)、1997、pp.13-17
梅野正信『社会科はどんな子どもを育ててきたか』明治図書、1996
梅原幸子「私の意見を書こう—構成を工夫して」『子どものしあわせ』676、2007、pp.26-31
梅原幸子「『風切るE』の授業をとおして」『子どものしあわせ』675、2007、pp.28-33
宇留田敬一「いじめ克服の緊急的対応に関する覚書（特集:「いじめ」への対応—特別活動の役割)」『日本特別活動学会紀要』4、1995、pp.2-12
江口勇治『社会科における“公共性”とその教育についての若干の考察—「法教育」における議論を手がかりとして—』『社会科教育研究』92、2004、pp.49-59
江口勇治・大倉泰裕編『中学校の法教育を創る』東洋館出版社、2008、pp.10-13
江澤和雄「学校教育と『法教育』」『レファレンス』2005年10月号、2005、pp.91-107
大江浩光・押谷由夫解説『「いじめ」の授業—道徳自作資料集』明治図書、2000
大友秀人「いじめについての考察と予防策」『月刊学校教育相談』10（13)、1996、pp.6-11
大庭宣尊「今・ここの関係性と向き合うことから～『いじめ学習』における生徒たちの“リアル”と葛藤～」『広島修大論集』52-1、2011、pp.179-195
岡田了祐「社会科学習評価への質的研究法Grounded Theory Approachの導入—

社会認識形成過程における評価のための視点提示に関する方法と実際―」日本社会科教育学会『社会科教育研究』No.121、2014、pp.91-102
岡田了祐「意志決定型社会科における子どもの飛躍とつまずき―構築型評価モデルによる子どもの社会認識形成過程の分析―」全国社会科教育学会『社会科研究』Vol.81、2014、pp.39-50
岡田了祐・草原和博「教員志望学生にみる社会科授業分析力の向上とその効果―社会系（地理歴史）教科指導法の受講生を手がかりに―」『広島大学大学院教育学研究科紀要第二部（文化教育開発関連領域）』第62号、2013、pp.61-70
尾木直樹『いじめ問題をどう克服するか』岩波新書、2013
小野方資「『平成20年度問題行動調査』の『いじめの状況』からみえる学級活動を通じたいじめ指導の課題」『福山市立女子短期大学研究教育公開センター年報』7、2010、pp.129-135
折出健二「学級におけるいじめ対応と道徳の役割」『教育展望』59（8）、2013、pp.31-35
角田亮「統計から見た非行の実態について」『児童心理』No.987、2014、pp.71-78
鈎治男「学級集団におけるいじめ克服意識に関する探索的研究―学級活動促進のための手がかりとして」『日本特別活動学会紀要』（5）、1996、pp.52-64
柿沼昌芳『生徒をめぐる権利と責任の法的検討』学事出版、2003
笠井善亮『最新の教育課題を取り入れた中学校道徳「自作資料」No.2』明治図書、2007、pp.27-32
片山紀子『入門生徒指導』学事出版、2011
金子正光・竹之内修・田島大輔「子どもたちを加害者にも被害者にもしないインターネット安全教室の現状と対策～宮崎市内の小学校における情報モラル教育の調査～」『宮崎公立大学人文学部紀要』16（1）、2009、pp.23-44
金井肇「いじめ等の問題行動と道徳教育」『道徳と教育』43（1・2）、1997、pp.420-424

金子正光「子どもたちを加害者にも被害者にもしない情報モラルの実態調査と考察～宮崎市内の全小学6年生対象～」『宮崎公立大学人文学部紀要』18(1)、2011、pp.1-28

鎌田慧『いじめ社会の子どもたち』講談社、1998

鎌田慧『いじめ自殺―12人の親の証言』岩波書店、2007

上猶覚「法的知見に基づくいじめ裁判判決文を活用した人権学習の開発研究―小学校の事例を中心に―」『九州教育学会研究紀要』30、2002、pp.203-209

上猶覚「『いじめ』自殺防止へ法的な学習―刑法・通知・通達もとに」『内外教育』(5047)、27、1999

川野哲也「人間関係の中の笑いと道徳教育の課題」『道徳と教育』57(331)、2013、pp.54-64

川野哲也『道徳を問いなおす―リベラリズムと教育のゆくえ』筑摩書房、2011

川野哲也「いじめ問題の現象と対策」『道徳と教育』49(1・2)、2004、pp.323-336

川野哲也「いじめ問題の現象と解釈」『道徳と教育』48(3・4)、2004、pp.388-400

河野哲也他「【座談会】判断力と批判的思考力を育てる道徳教育(上)」『歴史地理教育』826、2014、pp.10-19

河野哲也他「【座談会】判断力と批判的思考力を育てる道徳教育(下)」『歴史地理教育』828、2014、pp.70-77

菊田兼一「高校の授業 現社 定時制における少年法といじめの学習」『歴史地理教育』671、2004、pp.50-53

喜多明人「いじめ防止対策推進法の問題点と学校現場の課題」『季刊教育法』178、2013、pp.88-93

喜多明人・橋本恭宏・船木正文・森浩寿編『解説学校安全基準』不磨書房、2008

喜多明人『新世紀の子どもと学校―子どもの権利条約をどう生かすか』エイデル研究所、1995

北川善英「『法教育』の現状と法律学」『立命館法学』321・322、2008、pp.66-85
北川義英・大坂誠「法教育と法的リテラシー」『横浜国立大学教育人間科学部紀要』Ⅲ、社会科学 10、2008、pp.29-43
木下康仁『質的研究と記述の厚み― M-GTA・事例・エスノグラフィー』弘文堂、2009
木下康仁『ライブ講義 M-GTA』弘文堂、2007
木下康仁『グラウンテッド・セオリー・アプローチの実践』弘文堂、2003
木下康仁『グラウンデッド・セオリー・アプローチ質的実証研究の再生』弘文堂、1999
共同通信大阪社会部『大津中2いじめ自殺 学校はなぜ目を背けたのか』PHP研究所、2013
工藤真由美「子ども理解のあり方と新しい道徳教育について」『四條畷学園短期大学紀要』47、2014、pp.1-5
久保田真功「学級におけるいじめ生起の影響要因の検討―学級集団特性と教師によるいじめ予防策に着目して」『日本特別活動学会紀要』11、2003、pp.95-104
蔵永瞳・片山香・樋口匡貴・深田博己「いじめ場面における傍観者の役割取得と共感が自身のいじめ関連行動に及ぼす影響」『広島大学心理学研究』8、2008、pp.41-51
甲本卓志・山本芳由幸『いじめを出さない学級はここが違う中学校』明治図書、2008、pp.90-93
國分康隆『続・構成的グループ・エンカウンター』誠信書房、2000
国立教育政策研究所生徒指導センター『いじめ追跡調査 2010-2012 いじめQ&A』2013
国立教育政策研究所生徒指導研究センター『いじめ追跡調査 2007-2009 いじめQ&A』2010
国立教育政策研究所・文部科学省『平成 17 年度教育改革国際シンポジウム 報告書 子どもを問題行動に向かわせないために―いじめに関する追跡調査と

国際比較を踏まえて―』2007

越良子「学級コミュニティ感覚と学級内相互作用の関連：ソーシャル・サポートを指標として」『上越教育大学研究紀要』Vol.31、2012、pp.75-82

越良子「学級コミュニティ論」『教育創造』No.167、pp.56-57

小寺やす子『いじめ撃退マニュアル』情報センター出版局、1994

斎藤一久編『重要教育判例集』東京学芸大学出版会、2012

坂田仰『教育法規実践学（上巻）』教育開発研究所、2014

坂田仰編『いじめ防止対策推進法 全条文と解説』学事出版、2013

坂田仰・黒川雅子『事例で学ぶ“学校の法律問題”』教育開発研究所、2013

坂田仰『学校と法』NHK出版、2012

坂田仰編教育法令理論研究会『法律・判例で考える生徒指導』学事出版、2004

坂西友秀「我が国におけるいじめの諸相」『現代のエスプリ』525、2011、pp.28-41

坂本昇「人権教育といじめ克服とを結ぶもの（特集「いじめと人権」教師に何が出来るか）―（提言・「いじめ克服」の人権教育の在り方）」『現代教育科学』39（7）、1996、pp.5-8

桜井智恵子『子どもの声を社会へ―子どもオンブズの挑戦』岩波新書、2012

佐藤匠「発達障害といじめ」『現代のエスプリ』525、2011、pp.105-115

佐藤学『学校改革の哲学』東京大学出版会、2012

佐藤学『学校見聞録　学びの共同体の実践』小学館、2012

佐藤学『教育の方法』左右社、2010

佐藤学『教師花伝書―専門家として成長するために』小学館、2009

佐藤学『学びの快楽』世織書房、1999

佐藤学『教育方法学』岩波書店、1996

澤たか子・舩尾日出志「いじめとの教育的対峙におけるロゴテラピーと実存分析（教育科学編）」『愛知教育大学研究報告．教育科学』55、2006、pp.137-145

佐々木正輝・菅原正和「小学校における学校心理学的援助の方法と構成的グルー

プエンカウンター（SGE）の有効性」『岩手大学教育学部附属教育実践総合センター研究紀要』8、2009、pp.107-117

塩毛隆司「『いじめ』を扱った道徳読み物教材のあり方について―小学校高学年を中心に」『教育学研究紀要』49（1）、2003、pp.73-78

塩見能和「現代の子どもと道徳教育の課題」『四天王寺国際仏教大学紀要』44、2006、pp.173-192

柴田義松編『道徳の指導改訂版』学文社、2009

島末広「いじめを考える―その背景にあるもの」『道徳と教育』42（3・4）、1997、pp.119-125

島本恭介「『いじめ問題』と学級づくり·授業づくり:誰もが安心して豊かに」『考える子ども』(351)、2013、pp.33-37

週刊少年ジャンプ編集部編『ジャンプいじめリポート 1800通の心の叫び』集英社、1995

新福悦郎「人権教育と法的リテラシー―いじめ判決書学習による学びの検証から―」石巻専修大学『石巻専修大学研究紀要』26、2015、pp.77-87

新福悦郎「いじめ判決書による人権教育の授業開発と検証―特別支援を必要とする生徒へのいじめ防止・抑止―」日本学校教育学会『学校教育研究』No.29、2014、pp.138-150

新福悦郎「穏やかな言葉環境を目指す人権教育の授業開発―言葉によるいじめ判決書教材を活用して―」日本教育実践学会『教育実践学研究』第15巻第2号、2014、pp.13-24

新福悦郎「いじめ判決書で学ぶ人権」教育科学研究会『教育』No.817、2014、pp.40-46

新福悦郎「水俣病裁判判決書を教材として資質・能力の育成を目指した人権教育の事例研究」『教育実践学研究』第13巻第1·2合併号、2012、pp.1-10

新福悦郎「判決書学習による人権教育についての実践的研究―精神的後遺障がいに関わるいじめ判決書の活用―」日本人権教育研究学会『人権教育研究』11、2011、pp.1-15

新福悦郎「判決書の判断から学ぶいじめ―津久井中学校事件―」科学研究費補助金研究報告書研究代表梅野正信『判決書を活用した人権教育としての市民性育成教育に関する日韓の授業研究』2011、pp.123-131

新福悦郎「判決書学習による人権教育についての実践的研究―いじめ判決書教材をもとに―」『学校教育研究』25、2010、pp.167-178

新福悦郎「いじめ判決書を活用した人権学習に関する研究―「物理的いじめ」へのアプローチ」九州教育学会編『九州教育学研究紀要』36、2008、pp.235-242

新福悦郎「いじめ判決文を活用した授業に関する研究―法的理解や法的判断力との関係を中心にして―」日本社会科教育学会編『社会科教育研究』第93号、2004、pp.13-19

新福悦郎『いじめ裁判判決文を活用した法教育に関する研究』鹿児島大学大学院教育学研究科修士論文、2003

新福悦郎「いじめ被害者に責任転嫁しない授業プログラムの研究―いじめ判決文を活用した授業実践―』九州教育学会『九州教育学会研究紀要』31、2003、pp.33-40

新福悦郎「人権学習におけるいじめ裁判判決文を活用した法関連教育の活用可能性に関する研究―中学校の事例を中心に―」『九州教育学会研究紀要』30、2002、pp.195-202

新福悦郎「授業場面 被害者はどうすればよかったのか」「裁判資料を活用した『いじめ』授業プログラム NO.4」『季刊教育法』122 号、1999、pp.123-126

杉田洋「今日から活用できる！ 一年間の活動を通した学級生活づくり」『道徳と特別活動：心をはぐくむ』29（8)、2012、pp.34-37

杉田洋「いじめ問題と特別活動の役割について―いじめ指導の体験レポートを通して（特集：「いじめ」への対応―特別活動の役割)」『日本特別活動学会紀要』4、1995、pp.30-36

杉田洋「諸問題を自ら解決する子どもを育てる特別活動（第6回）いじめの可能性がある学級：いじめや人権に関わる問題の解決」『道徳と特別活動：心

をはぐくむ』30（6）、2013、pp.34-37
杉田洋「今日から活用できる！　一年間の活動を通した学級生活づくり（第8回）いじめに強い学級をつくる」『道徳と特別活動：心をはぐくむ』29（8）、2012、pp.34-37
杉山登志郎『発達障害の子どもたち』講談社現代新書、2007
鈴木翔『教室内（スクール）カースト』光文社新書、2012
ストレスマネジメント教育実践研究会（PGS）編『ストレスマネジメント・テキスト』東山書房、2002
砂川真澄編『いじめの連鎖を断つ―あなたもできる「いじめ防止プログラム」』富山房インターナショナル、2008
諏訪哲二『いじめ論の大罪』、中央公論新社、2013
相馬誠一・佐藤節子・懸川武史『入門いじめ対策』学事出版、2012
添田晴雄「いじめ問題と向き合う特別活動の責務と方略（特集論文 これからの特別活動の創造）」『日本特別活動学会紀要』15、2007、pp.11-16
曽和信一『ノーマライゼーションと社会的教育的インクルージョン』啊牛社、2010
園田雅代「概説 アサーション・トレーニング」『創価大学教育学部論集』52、2002、pp.79-90
園田雅代・中釜洋子・沢崎俊之『教師のためのアサーション』金子書房、2002
全国法教育ネットワーク編『法教育の可能性―学校教育における理論と実践』現代人文社、2001
高木有子・落合幸子・池田幸恭「ピアエデュケーターによる『子どものいじめ自殺』の授業の試み」『茨城県立医療大学紀要』13、2008、pp.25-38
高野成彦「中学校における法教育の課題と展望」『教育学研究』9、2003、pp.59-70
武田さち子『子どもと学ぶいじめ・暴力克服プログラム』合同出版、2009
滝充編『ピア・サポートではじめる学校づくり　中学校編　予防教育的な生徒指導プログラム』金子書房、2004

滝充「『いじめ』防止プログラムの開発と展開：オーストラリアとの対話の中で」『比較教育学研究』26、2000、pp.65-75

瀧口綾「いじめに走る子へのかかわり」『児童心理』61（16）、2007、pp.1513-1517

瀧田信之「誰も被害者にも加害者にも、傍観者にもならないために：こどもたちが寄り添い支え合ういじめ防止プログラム（特集 いじめ・体罰問題に揺らぐ学校教育）」『共生と修復』3、2013、pp.8-10

田口瞳「いじめのない社会をつくるために―いじめ撲滅授業の取り組み」『じんけん』312、2007、pp.18-24

田口瞳「いじめは絶対ゆるさへん！　―岬中“いじめ撲滅授業”の取り組みから」『部落解放』580、2007、pp.23-31

竹川郁雄「生徒支援の教育社会学に向けて―いじめ問題を中心として―」『教育社会学研究』74（0）、2004、pp.77-91

竹中晃二編『子どものためのストレス・マネジメント教育　対症療法から予防措置への転換』北大路書房、1997

谷口明子「中学生のいじめ認識―いじめ経験との関連から―」『教育実践学研究』15、2010

千葉孝司『いじめは絶対許さない』学事出版、2013

柘植雅義『特別支援教育―多様なニーズへの挑戦』中央公論新社、2013

辻河昌登・大久保敏昭・島香実「『総合的な学習の時間』における生活技能学習（SST）の実践案（小学校編）の検討」『いじめ防止教育実践研究』3、1998、pp.1-11

土田暢也「道徳授業を核にした『いじめ防止教育』の実践―いじめに立ち向かう力を育てる道徳授業と国語・学級活動等との関連を図る試み」『上廣道徳教育賞受賞論文集』16、2008、pp.277-291

土田暢也『道徳授業でやさしさづくり』東洋館出版社、2001

津村俊充「グループワークトレーニング：ラボラトリー方式の体験学習を用いた人間関係づくり授業実践の試み」『教育心理学年報』49、2010、pp.171-

179
土井隆義「若者たちの“生きづらさ”の正体」『月刊学校教育相談』27（6）、2013、pp.48-51
土井隆義「変貌する仲間集団の光と影—いじめ問題を正しく理解するために」『こころの科学』170号、日本評論社、2013、pp.23-27
土井孝義『友だち地獄—「空気を読む」世代のサバイバル』ちくま新書、2008
時松哲也「客員研究員研究報告『いじめ』を傍観せず自分ができる最善策をとろうとする心情を育てる道徳の授業—子どもの心を揺さぶる資料の教材化を通して」大分大学『教育実践総合センターレポート』(28)、2009、pp.21-36
徳田克己・水野智美編『障がい理解』誠心書房、2005
冨永光昭編『新しい障がい理解教育の創造』福村出版、2011
冨永良喜「いじめ防止とこころの授業」『精神科』12（1）、2008、pp.22-26
豊田充『いじめはなぜ防げないのか「葬式ごっこ」から二十一年』朝日新聞社、2007
内藤朝雄『いじめの構造』講談社、2009
長尾彰夫「総合的な学習における人権教育（教師にできるいじめのない学校づくり いじめ予防編)」『児童心理』53（9）、1999、pp.89-92
中岡成文『ハーバーマス—コミュニケーション行為』講談社、1996
中嶋博行『いじめゼロ！』朝日新聞出版、2009
中谷彪「児童生徒の問題行動の風土的考察:いじめ問題の背景と解決の視点」『武庫川女子大学紀要　人文・社会科学編』54、2006、pp.29-37
中塚健一「小学校におけるリーガル・リテラシー教育の可能性：いじめ等問題行動に対する「道徳教育」強化への批判的考察」『埼玉大学教育臨床研究』5、2011、pp.29-35
中原千琴・相川充「“問題の外在化”を用いたいじめ防止プログラムの試み—小学校低学年における授業を通して—」『東京学芸大学紀要 総合教育科学系』57、2006、pp.71-81

仲正昌樹『今こそアーレントを読み直す』講談社、2009

浪本勝年・箱田英子・岩崎政孝・吉岡睦子・舟木正文『教育判例ガイド』2001

新岡昌幸「法教育における憲法教育の課題と展望」『法と教育』4、2013、pp.15-24

日本弁護士連合会編『問われる子どもの人権』駒草出版、2011

日本弁護士連合会編『いじめ問題ハンドブック』桐書房、1995

野口芳宏「野口芳宏による伝説の授業を誌上再現！　道徳授業 いじめに負けるな（小学6年）今こそいじめに負けない勇気を！」『総合教育技術』67（10）、2012、pp.20-23

橋迫和幸「いじめ問題と道徳教育の課題」『宮崎大学教育文化学部紀要. 教育科学』1、1999、pp.39-68

橋本恭宏「『いじめ』『自殺』と学校関係者の安全指針」『季刊教育法』151、エイデル研究所、2006、pp.7-13

橋本康弘「『法教育』の現状と課題—官と民の取組に着目して—」日本司法支援センター（法テラス）『総合法律支援論叢』第2号、2013、pp.52-54

橋本治「道徳『生と死の教育』の実践（教師にできるいじめのない学校づくり いじめ予防編）」『児童心理』53（9）、1999、pp.97-101

長谷川裕「いじめ現象はどのように構成されるか」『社会科論集2008：高嶋伸欣教授退職記念』、2008、pp.53-63

蜂須賀洋一「学校教育における法規範意識の育成に関する研究」『学校教育研究』27、2012、pp.146-158

蜂須賀洋一「法規範学習を通した生徒指導の可能性と課題」『学校教育研究』24、2009、pp.186-199

蜂須賀洋一「法規範学習としての生徒指導の在り方に関する実践的研究」『学校教育研究』21、2006、pp.217-228

羽田紘一「いじめと道徳性の教育—21世紀の子ども像を追って」『道徳と教育』（288・289）、1995、pp.52-64

浜谷直人「通常学級における特別支援教育の研究成果と課題」『教育心理学年報』

51、2012、pp.85-94
林尚示「特別活動と生徒指導を活用した『いじめ問題』の予防方法」『東京学芸大学紀要．総合教育科学系』65（1）、2014、pp.65-73
林尚示『学校の「いじめ」への対応とその予防方法　「生徒指導」と「特別活動」の視点から』培風館、2014
林泰成「道徳教育と人権教育を考える」『部落解放研究』No.192、2011、p.37
林泰成・白木みどり『人間としての在り方生き方をどう教えるか』教育出版、2010
林雄一郎「人としての在り方や生き方についての教育の今日的課題：いじめ根絶をめざした道徳教育の課題に関連して」『北海道情報大学紀要』25（1）、2013、pp.131-149
原田浩司「専門家による特別授業の取り入れ方（教師にできるいじめのない学校づくり　いじめ予防編）『児童心理』53（9）、1999、pp.101-105
平岩幹男「発達障害といじめ」『現代のエスプリ』529、2011.8、pp.149-158
平沢安政『解説と実践　人権教育のための世界プログラム』解放出版社、2005
平沢安政編『人権教育と市民力「生きる力」をデザインする』解放出版社、2011
平尾潔「弁護士による『いじめ予防』の授業」『小児科』55（4）、2014、pp.387-393
広井良典『コミュニティを問いなおす―つながり・都市・日本社会の未来』筑摩書房、2009
深沢久「『個』にこだわることからすべては始まる（特集「いじめと人権」教師に何が出来るか）―（人権教育のためのテキストづくり）」『現代教育科学』39（7）、1996、pp.74-78
深谷和子『「いじめ世界」の子どもたち―教室の深淵』金子書房、1996
深谷和子「『いじめ』―青少年の発達的危機の考察―」『家政学雑誌』Vol.37 No.7、1986、pp.623-627
福田健太郎「学校事故と学校設置者の責任―いじめ事案から見た法理論の現状

と課題」『人文社会論叢 社会科学篇』20、2008、pp.81-101

福田喜彦「判決書教材に基づく市民性育成教育の授業内容開発の実践的研究―セクシャルハラスメント事件の授業実践をもとに」『学校教育研究』23、2008、pp.174-185

福田喜彦「判決書教材に基づいた市民性育成教育の授業内容開発―『ハンセン病訴訟裁判』の授業実践を通して―」『社会科教育論叢』46、2007、pp.106-111

福田八重「道徳教育におけるいじめ問題」『金城学院大学論集. 社会科学編』2 (2)、2005、pp.99-110

福元千鶴「人権教育における人物学習の役割と課題―ハンセン病訴訟判決文を用いた授業を事例として―」『社会科教育研究』No.109、2010、pp.49-56

藤川大祐「いじめ防止プログラム開発の試み―いじめか否かが判然としない架空事例を教材として―」『千葉大学人文社会科学研究科研究プロジェクト報告書』277、2014、pp.1-6

藤原孝章「人権学習」日本社会科教育学会編『新版社会科教育事典』ぎょうせい、2012、pp.186-187

藤井千春「問題解決学習による信頼感に基づいた関係性の構成：学力と生活力、および校内研修と学校体制の統一的構築」『考える子ども』350、2013、pp.12-15

船木正文「人権としての子どもの安全とその能力形成―安全学習指針から―」『季刊教育法』151、2006、pp.26-29

法教育研究会「学校における『法的コミュニケーション』確立のために（最終回）裁判資料を活用した「いじめ」授業プログラム」『季刊教育法』125、2000、pp.127-119

法教育研究会「裁判資料を活用した「いじめ」授業プログラム（5）学校における「法的コミュニケーション」確立のために」『季刊教育法』123、2000、pp.123-112

法教育研究会「裁判資料を活用した「いじめ」授業プログラム（4）学校におけ

る「法的コミュニケーション」確立のために」『季刊教育法』122、1999、pp.126-114
法教育研究会「学校における「法的コミュニケーション」確立のために 裁判資料を活用した「いじめ」授業プログラム NO.3」『季刊教育法』121、1999、pp.127-116
法教育研究会「新しい授業―裁判資料を活用した「いじめ」授業プログラム (2) 学校における「法的コミュニケーション」確立のために」『季刊教育法』120、1999、pp.128-115
法教育研究会「新しい授業―裁判資料を活用した「いじめ」授業プログラム -1- 学校における「法的コミュニケーション」確立のために」『季刊教育法』119、1999、pp.122-109
法教育研究会「報告書」『我が国における法教育の普及・発展を目指して―新たな時代の自由かつ公正な社会の担い手をはぐくむために―』2004
星野真由美「『いじめ』問題への道徳性発達理論によるアプローチの方法について」『教育科学研究』15、1996、pp.17-27
細田幸子・三浦正江「児童を対象としたストレスマネジメント教育における一考察―ストレスマネジメント・スキルの実行度に注目して―」『ストレス科学研究』28、2013、pp.45-54
本間友巳「中学生におけるいじめの停止に関連する要因といじめ加害者への対応」『教育心理学研究』51 (4)、2003、pp.390-400
牧崎幸夫「よりよい人間関係を築く力を育てるボランティア活動：特別活動改訂の趣旨を生かした取組の推進」『龍谷紀要』33 (1)、2011、pp.107-119
前島康男「いじめを科学する (その1) いじめ対策の厳罰化・道徳主義化の批判」『東京電機大学総合文化研究』11、2013、pp.77-84
真島聖子「判決書教材を活用した人権教育―大学における授業実践を中心に―」『愛知教育大学教育実践総合センター紀要』13、2010、pp.119-126
真島聖子・梅野正信「社会的課題と学校を結ぶ社会科・公民科指導法の開発研究―教職科目としての内容・方法の改善の視点に焦点をあてて―」『日本教育大

学協会年報』31、2013、pp.181-190
松尾直博「学校における暴力・いじめ防止プログラムの動向—学校・学級単位での取り組み—」『教育心理学研究』50、2002、pp.487-499
松下一世『アンチ「いじめ」大作戦！　—かけがえのない命の輝きを 人権教育を生かした学級づくり』明治図書、2008
松原達哉編『「いじめ」指導の手引き』（教職研修9月増刊号）教育開発研究所、2001
三浦正樹「障害児理解教育において重視されるべき内容に関する調査研究」『芦屋大学研究論叢』38、2003、pp.147-161
村島義彦「『いじめ』を考える（2）」『岡山理科大学紀要．B、人文・社会科学』33、1997、pp.143-150
茂木俊彦『障害児教育を考える』岩波新書、2007
餅川正雄「学校のいじめ問題に関する研究（Ⅳ）」『広島経済大学論集』34（2）、2011、pp.65-84
桃﨑剛寿「いじめを生まない学級づくり いじめを防止するため道徳授業に何ができるか」『総合教育技術』68（2）、2013、pp.42-45
森由香・越野和之「中学校における交流および障がい理解教育の現状と課題」『奈良教育大学紀要』57（1）、2008、pp.95-106
森田洋司『いじめとは何か』中央公論新社、2010
森田洋司・滝充・秦政春・星野周弘・若井彌一編『日本のいじめ　予防対応に生かすデータ集』金子書房、1999
森田洋司・清水賢二編『いじめ—教室の病い』金子書房、1986
森分孝治「思考力」森分孝治・片上宗二編『社会科　重要用語300の基礎知識』明治図書、2000、p.109
文部科学省「平成20年度　児童生徒の問題行動等生徒指導上の諸問題に関する調査について」、2009
文部科学省『生徒指導提要』教育図書、2010
レイチェル・ジャネイ・マーサ・E・スネル、高野久美子・涌井恵監訳『子ども

のソーシャルスキルとピアサポート』金剛出版、2011

安原実「学校行事の充実と学年･学級経営:主体的な学びを引き出す特別活動（教育政策研究：哲学、比較、開発）」『国際基督教大学学報. I-A, 教育研究』50、2008、pp.97-102

柳沼良太「新しい人格教育の成果と課題：学力向上と規律改善（いじめ防止）に関連づけて」『道徳と教育』58（332)、2014、pp.75-85

柳沼良太「“生きる力”を育てる問題解決型の道徳授業／いじめを許さない問題解決型の道徳授業」『道徳教育』663、2013、pp.82-83

柳沼良太「いじめを許さない問題解決型の道徳授業」『道徳教育』663、2013、pp.82-83

矢根保「道徳の時間で『いじめ』を考える（いじめ対応と予防読本〈特集〉）―（学校で実践できる「いじめ予防Q&A」)」『児童心理』49（9)、1995、pp.141-145

山崎勝之・戸田有一・渡辺弥生『世界の学校予防教育』金子書房、2013

山田由紀子「『いじめ』の予防と解決に修復的対話を！：千葉のNPOの試みから（特集 いじめ・体罰問題に揺らぐ学校教育)」『共生と修復』3、2013、pp.27-29

大和義史・今田里佳「『いじめ・不登校』に対応できる教師を育てるための授業」信州大学教育学部附属教育実践総合センター紀要『教育実践研究』No.1、2000、pp.95-104

山元研二「判決書教材を活用した戦後補償の授業―『慰安婦』問題を素材として―」『社会科教育研究』No.121、2014、pp.115-126

山元研二「戦後補償問題に関する授業開発の研究―地域から世界を 過去から現在を考える―」『社会科教育研究』No.112、2011、pp.13-24

山元研二「人権教育の視点から考えるハンセン病問題の授業開発」『学校教育研究』26、2011、pp.165-176

山元研二「ハンセン病問題の教材開発に関する研究―『知識』と『体験』の『総合的な学び』へのアプローチ―」『九州教育学会紀要』34、2006、pp.131-

138
山元研二「判決書による『いじめを考える』2006 年度版」鹿児島県中学校社会科教育研究会編『社会科教育実践報告集』45、2006、pp.20-29
山元研二・上猶覚・新福悦郎「実践記録・中学校 裁判の判例を活用した〈いじめ〉を考える授業（特集 中学・高校の総合学習）」『歴史地理教育』607、2000、pp.20-27
山本良「コミュニケーション力を育成する授業・学校：協同学習による実践から考察する」『山形大学大学院教育実践研究科年報』2、2011、pp.210-217
吉田恵・森部英生「障害児教育をめぐる裁判例」『群馬大学教育学部紀要 人文・社会科学編』36、2007、pp.249-277
淀澤勝治「道徳時間における人権教育の在り方に関する研究―道徳の時間にいじめや差別をどう扱うのか？―」『人権教育研究』第 10 巻、2010、pp.31-45
若井彌一『教育法規の理論と実践』樹村房、1995
渡辺寿枝「いじめ克服を目指して行う授業」『月刊学校教育相談』21（10）、2007、pp.46-51
渡邉満「いじめを許さない道徳教育の諸課題 - 人権を配慮して行動できる子どもたちを育てるために（学校・家庭のなかの人権研究―虐待・いじめ問題について）」『研究紀要』9、2008、pp.3-18
渡邉満・相模昇「生活世界の再構成としての教育の革新：いじめ克服のための道徳教育の構想」『兵庫教育大学研究紀要．第 1 分冊，学校教育・幼児教育・障害児教育』16、1996、pp.35-45
渡邉満「教室という社会も発達する：「いじめ」克服に向けた道徳教育の構想」『生徒指導研究』7、1996、pp.28-39
「いじめの教材化・授業化―どんな実践があるのか（特集「いじめ」発見・対応の学校システム構築）」『学校マネジメント』46（5）、2007、pp.58-61
「いじめ予防の実践のポイント（2）いじめを許さない子を育てる授業（教師にできるいじめのない学校づくり いじめ予防編）」『児童心理』53（9）、1999、pp.89-105

「小特集 いじめ：社会科教師のステルス・トーク」『社会科教育』50（1）、2013、pp.102-109
人権教育の指導方法等に関する調査研究会議『人権教育の指導方法等の在り方について［第三次とりまとめ］～指導等の在り方編～』2008年3月
人権教育の指導方法等に関する調査研究会議『人権教育の推進に関する取組状況の調査結果について』　2009年10月

本研究に関する主要著作・論文

「人権学習におけるいじめ裁判判決文を活用した法関連教育の活用可能性に関する研究―中学校の事例を中心に―」

九州教育学会『九州教育学会研究紀要』30、2002、pp.195-202

「いじめ判決文を活用した授業に関する研究―法的理解や法的判断力との関係を中心にして―」

日本社会科教育学会編『社会科教育研究』93、2004、pp.13-19

「いじめ判決書を活用した人権学習に関する研究―「物理的いじめ」へのアプローチ」

九州教育学会編『九州教育学研究紀要』36、2008、pp.235-242

「判決書学習による人権教育についての実践的研究―いじめ判決書教材をもとに―」

日本学校教育学会『学校教育研究』25、2010、pp.167-178

「判決書学習による人権教育についての実践的研究―精神的後遺障がいに関わるいじめ判決書の活用―」

日本人権教育研究学会『人権教育研究』11、2011、pp.1-15

「判決書の判断から学ぶいじめ―津久井中学校事件―」

科学研究費補助金研究報告書研究代表梅野正信『判決書を活用した人権教育としての市民性育成教育に関する日韓の授業研究』、2011、pp.123-131

「いじめ判決書で学ぶ人権」

教育科学研究会『教育』No.817、2014、pp.40-46

「穏やかな言葉環境を目指す人権教育の授業開発―言葉によるいじめ判決書教材を活用して―」

日本教育実践学会『教育実践学研究』15（2）、2014、pp.13-24

「いじめ判決書による人権教育の授業開発と検証―特別支援を必要とする生徒へのいじめ防止・抑止―」

日本学校教育学会『学校教育研究』29、2014、pp.135-147

「人権教育と法的リテラシー―いじめ判決書学習による学びの検証から―」

石巻専修大学『石巻専修大学研究紀要』26、2015、pp.77-87

「中学校におけるいじめ授業の現状と課題―道徳授業の課題克服へのアプローチ」

石巻専修大学教育会『教科教育（初等・中等）研究部会報』3、2015、pp.1-13

あとがき

本著書は、私が平成27年9月に兵庫教育大学連合大学院に提出した博士学位論文「いじめ問題関係判決書を活用した授業の構成要素に関する研究」をもとに、構成および内容を一部修正削除したものである。

言うまでもなく、いじめ問題は日本の学校教育において30年以上にわたって深刻な教育課題となっている。近年では、仙台市において3年続けていじめ自殺が発生し、新潟県や岩手県でも同様にいじめ自殺が続いている。

これまで心の教育としての道徳授業によっていじめ問題へのアプローチは行われ、その効果は発揮されてきた。ところが2011年の大津市中学校いじめ自殺事件以後、いじめ問題への文部科学省の施策は、心の教育による道徳教育の推進と同時に、いじめ防止推進対策法に見られるように、法による効果を重視するようになってきた。いじめ問題の学習においては、これまでの実践で取り組まれてきた道徳的な視点からの学びだけでなく、法の視点からの学びも要請されている。

本著書は、教育法学や法学研究のいじめ裁判における判例研究の成果をもとにして、判決書教材を開発し、その教材を活用した授業の可能性について実践的に研究したものである。本著書によって提起したいじめ問題関係判決書を活用した授業が多くの現場の先生方に理解され、いじめ授業実践の一つとして取り組んでいただけたらこの上なく幸せである。本授業実践によっていじめに苦しんでいる生徒たちを少しでも救うきっかけになればと願っている。

本研究を進めるに当たっては、兵庫教育大学大学院連合学校教育学研究科の諸先生方より、貴重なご指導やご教示を賜ることができた。

主指導教官の越良子先生（上越教育大学大学院教授）からは、とりわけさまざまなご指導をいただいた。まずもって感謝の意を表したい。

また、鹿児島大学大学院（修士課程）以来の恩師である梅野正信先生（上越教育大学大学院教授）に大変お世話になった。本著書は、梅野先生との出会い、そして20年以上にわたるお付き合いがなければ存在しなかった。師弟関係にありながらも旧知の友として常に私を支え、ご指導いただいた。天賦の才に恵まれていない愚鈍な私を現在の大学教員としての道筋に導いてくれただけでなく、本研究においても懇切丁寧なご指導で博士論文提出まで導いていただいた。研究者としての在り方も含めて、様々な面でこれまで温かく的確なご指導をいただいた。私の挫折だらけの人生において、梅野先生には感謝しても感謝しきれない。

また、采女博文先生（鹿児島大学大学院教授）にも改めて感謝申し上げたい。法教育研究会において、いじめ裁判に関する民法学の知見をご教示していただいたのが、采女先生である。いじめ裁判に関する判決書をはじめ、教育法学や法律学の論文や資料を提供していただき、ご指導も賜った。その折の感謝の気持ちは今もって変わらない。采女先生との出会いがなければ、本研究は進まず、本著書は完成しなかったと思っている。

思い起こせば、中学校教師になって５年目の学級で深刻ないじめが発生した。私は学級担任として、そのいじめに対してなにひとつ対応することができなかった。その時の苦い経験から、いじめ問題に対して適切な対応のできる教師になろうと決意した。それから今、28年が経過しようとしている。この研究は、その時、いじめ被害者となった女子生徒に対する私の贖罪の気持ちが含まれている。

周囲の方々の大きな支えがあって、今の自分がある。これまでお世話になった先生方や授業分析の対象となった教え子たちに感謝の気持ちを忘れることなく、研究と教育実践を積み重ねていきたい。そして、本研究のいじめ判決書教材を活用した授業が全国の現場で実践されていくように、今後は尽力していきたい。いじめで命を削る子どもたちを、この授業実践で救うことができる現場教師を育てていくことが、私の今後の大きな使命であり、社会貢献であると思っている。

今から25年以上前、私は県教育委員会の大学院派遣研修に何度となく申請するも、それは認可されなかった。大学院での学習や研究を熱望していた私に、その機会を準備してくださったのは、梅野先生であった。鹿児島大学大学院教育学研究科設置に当たって、現職教員向けの夜間大学院の設置に尽力されたのである。私は初年度に梅野ゼミの一員となった。

梅野ゼミで研究仲間となったのが、上猶覚先生（鹿児島県霧島市立竹子小学校教諭）、蜂須賀洋一先生（上越教育大学講師）、山元研二先生（鹿児島県薩摩川内市立樋脇中学校教諭）、萩原和孝先生（第一工業大学非常勤講師）、亡別府健先生である。梅野先生のご指導の下、切磋琢磨し合いながら、学問研究の喜びを分かち合える仲間となった。

本論の「研究の契機」でも記したが、いじめ判決書教材を活用した授業の研究は、鹿児島県知覧町中学校でのいじめ自殺事件が契機となった。やがて法教育研究会として発展していくが、上記の梅野ゼミのメンバーだけでなく、川野恭司先生（鹿児島大学非常勤講師）や新澤あけみ先生（鹿児島県日置市立東市来中学校教諭）、福田喜彦先生（兵庫教育大学准教授）もともに研究を進める仲間として、さまざまな面でお世話になり示唆をいただいた。

鹿児島大学大学院を修了後も梅野ゼミで培われた学問研究への渇望は、梅野先生が上越に移られてからも、「判決書教材研究会」として続くことになった。そこでの学習の成果は、本著書に大きく影響している。学友としての上猶覚先生は、修士時代から同じ研究テーマを小学校版と中学校版でともに研究してきた。それだけに研究テーマに関するさまざまな助言や示唆をいただいた。山元研二先生とは、研究仲間として最も古い付き合いであり、豊富な読書量から示唆されるさまざまな知見は私にとって刺激となった。また、研究がうまくいかず、研究への道を半ばあきらめかけていた私に再度声をかけてくださった。あの時のサポートがなければ、この著書は完成しなかった。蜂須賀洋一先生は、研究会の中心的な支柱であったが、鋭い指摘と助言を本研究においてもいただいた。また、学会や研究会で学び合う機会も多く、本研究への取組を応援していただいた。萩原和孝氏は、研究会において本研究についてさまざまな視点から貴重な示唆をいただいた。研究仲間の5人には、心より感謝申し上げたい。亡別府先生とは思いがけず悲しい別れとなったが、ともに紡いできた研究の思い出を、この著書に結晶できたと思っている。天国にいる彼もおそらくこの著書の完成を喜んでくれていると思う。

7年前の秋、私は兵庫教育大学大学院連合学校教育学研究科を受験することを決意した。その契機は、ある大学への採用において最終面接で不合格になった悔しく悲しい思い出がきっかけである。梅野先生にかなり無理なお願いをして受験し、越先生にご迷惑をおかけすることになった。その際の感謝の念は、今も忘れることはできない。

梅野先生が主催する「教育実践研究会」では、同期の白井克尚先生（愛知東邦大学准教授）、真島聖子先生（愛知教育大学准教授）、そして岡田了祐先生（お茶の水女子大学講師）といっしょに、大阪、神戸、愛知、そして上越などで学習会に参加することができた。研究することの喜びを共有することができた。研究会での先生方からの貴重な助言や示唆に感謝申し上げたい。

2014年より私は亡加藤章先生（元上越教育大学学長、元盛岡大学学長）と梅野先生のご尽力で石巻専修大学人間学部人間教育学科に赴任するという僥倖に恵まれた。そして、山崎省一前学部長や佐藤幹男現学部長、笹原英史前学科長、照井孫久教授をはじめ、石巻専修大学の先生方には学位取得および本著書の出版に関して多大なご配慮やアドバイスをいただいた。心より感謝申し上げたい。

最後に、本著書は、平成30年度石巻専修大学出版助成のおかげで出版することができた。専修大学出版局の笹岡五郎さん、相川美紀さんには出版に際してお世話になった。感謝申し上げたい。

2018年9月

【著者略歴】

新福 悦郎（しんぷく　えつろう）

博士（学校教育学）兵庫教育大学

1962年　鹿児島県生まれ

1985年3月　早稲田大学第一文学部哲学科教育学専修卒業

1985年4月　鹿児島県公立中学校教諭（社会科）として、28年間勤務。

2003年3月　鹿児島大学大学院教育学研究科修了　修士（教育学）

2012年4月　兵庫教育大学大学院連合学校教育学研究科　入学

2014年4月　学校法人専修大学 石巻専修大学人間学部　特任准教授

2015年3月　兵庫教育大学大学院連合学校教育学研究科　単位取得退学

2015年9月　博士（学校教育学）、学位論文：「いじめ問題関係判決書を活用した授業の構成要素に関する研究」

2017年4月　学校法人専修大学 石巻専修大学人間学部　教授　現在に至る

【著書】

『歴史教育・社会科教育年報2014年度』（共著）三省堂　2014年

『明日の授業に使える中学校社会科』（共著）大月書店　2013年

『「選択社会科」を10倍豊かにする授業づくりのヒント』（編著）明治図書　2005年

『実践ハンセン病の授業～「判決文」を徹底活用』（共著）エイデル研究所　2002年

『実践いじめ授業～主要事件「判決文」を徹底活用』（共著）エイデル研究所　2001年

『教師は何からはじめるべきか』（共著）教育史料出版会　1998年　など

いじめ問題関係判決書の教材開発といじめ授業

構成要素を中心に

2018年12月25日　第1版第1刷

著　者　新福悦郎

発行者　笹岡五郎

発行所　専修大学出版局

〒101-0051 東京都千代田区神田神保町3-10-3

(株)専大センチュリー内

電話 03-3263-4230(代)

印　刷
製　本　株式会社加藤文明社

© Etsuro Shinpuku 2018　Printed in Japan

ISBN978-4-88125-330-4

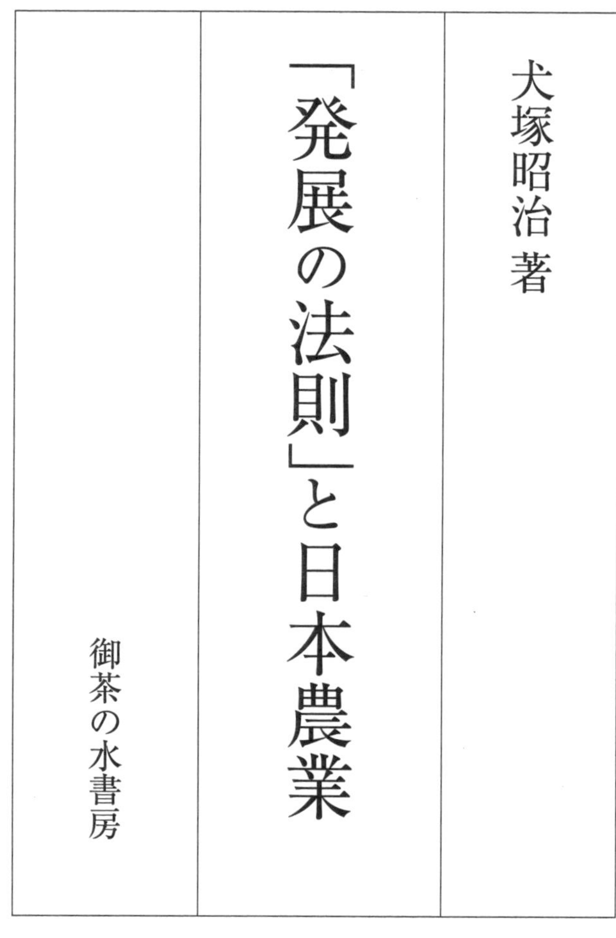

犬塚昭治　著

「発展の法則」と日本農業

御茶の水書房

はしがき

原理論・段階論を前提にして現状分析が成り立つのであるが、その現状分析の直接的動力は段階論にある。しかし段階論的論理は、一方で原理論の論理を貫徹・発展させようとする力と、他方ではそれを阻害しようとする力とをもっている。そのため現実の歴史的過程においては原論的論理が貫徹する方向に作用する段階が存在することにもなり、あるいは反対に原論的論理の貫徹が阻害され歪められる段階が存在することにもなる。そのばあいに原理論の法則性がどこまで貫徹するか、あるいはいかに歪められるかを明らかにするのが段階論を前提とする現状分析の任務だといっていい。その底流に資本主義化の発展動力が存在する。つまり原論的動力があるいは強く、あるいは弱くなるが、働くこと自体は常に存在する。農民層は一般に資本家と賃銀労働者という二極に分解してゆくのであるが、段階論はそのゆがみとその強弱を解明することを課題としているともいえよう。そのばあい段階論においても原論の法則貫徹力は常に働いているといわなければならない。帝国主義段階になっても代表的資本の力が強く働くときは帝国主義的歪みが増大するであろうが、そのもとでも小農·中間層は歪みをともないつつも資本主義たる限り資本・賃労働関係を基本とする運動を展開し拡大してゆく。それゆえに農民を始めとする中間層は不安定な状態におかれ結局、資本・賃労働関係の形成を拡大するという運動を展開する。いいかえれば資本主義は段階によって発展·停滞をともないながらも資本・賃労働関係自体は遅速はあれ拡大してゆくのである。原論の力の作用は段階論的規定を崩す作用をもっているといっていい。またそのことは段階論的作用力よりも資本・賃労働関係で処理しようとする原論的作用力のほうが強いことを意味しているといっていいであろう。代表的中間層たる農民層は遅かれ早かれ分解していくのである。

帝国主義段階はとくに巨大工業が発展する段階であり、それは系列化をとおして中小工業をも拡大する。こうして帝国主義段階になっても抽象的には資本・賃労働関係は拡大してゆく。そういう流れを前提にして農業の歴史的過程においてもいいかえれば資本家的発展が展開される。かくて資本主義の発展とは資本・賃労働関係の発展を意味していたのである。中間層の分解がそれほどすすまないうちに「社会主義」と称する国が成立しても農業生産力が拡大しうるような生産組織にするためには農業も工業と同様にいちおう資本・賃労働関係の形で発展することになる。農業生産力が低くては集団経営をもって次代の生産関係を形成することは不可能であろう。生産関係変革の着地点においては生産力の上昇が実現されていなければならないのである。その意味では農業の生産力が高くなければ社会主義をになうことは不可能であろう。農業においても資本主義的生産関係から学ぶべき点はあったのではないであろうか。われわれは資本主義的農業の形成のためには一定の高い生産力を必要としたことを知っている。その高い生産力の実現は小農的農業規模の範囲を超える経営耕地の拡大を前提条件にしていた。そのためには小農の脱農業化が必要だったのである。そして資本主義成立期においてはその小農の脱農業化はたんに商品経済の力のみでは不可能であったのであり、政治権力の出動を必要としたのである。だがいったん資本主義が成立したのちは一方的な政治権力の出動は不可能になる。経済の低成長は農民の脱農化を緩慢なものにする。しかし日本はまれにみる高度成長のチャンスを有効に使って農民のいわば構造的脱農業化を長期にわたって実現することができたのであって、農業の構造的変革の基礎をある程度実現しえたといっていい。

その意味でおよそ資本主義体制は一方で段階論的発展を実現しながら、他方ではいわば純粋資本主義化の運動を棄てはいないというべきであろう。それは商品経済そのものがもつ形態的柔軟性に由来するものといっていいであろう。

#「発展の法則」と日本農業——目　次

目次

#「発展の法則」と日本農業

第一章　原理論と歴史分析

第一節　問題の所在

私はこれまで日本資本主義の農業問題を、農民層の分解機構の特殊性を解明することに焦点を当てて追究しようと試みてきた[1]。そのさい農産物価格論に焦点を当てて解明しようとしたのであるが、そのことはある意味で当然のことであるが経済学原理論[2]の諸規定、諸法則を基礎としてその上にいわゆる段階論[3]としての帝国主義論を重ねて分析することが要請される。そのさい政策のことはひとまず措くとして、現実の小農民による農業の生産や商品売買や自営兼業、農家家族の賃労働兼業等を分析するには農家経済における「労賃部分」や「経営費」「地代部分」や「土地所有の性格」および「借地関係」等の諸概念を想定せざるをえないし、小農民の経済的行動にたいして何らかの法則性の存在を想定しなければならない。そしてその具体的な特殊歴史的意味を考えるばあいにその基礎となり基準となるものはいうまでもなく経済学原理論の理論体系である。

（1）その主なものをあげると、『日本における農民分解の機構』一九六七、未来社。「農民労働力の価格形態」阪本楠彦・梶

井功編『現代日本農業の諸局面』(『近藤康男先生古希記念論文』)一九七〇、御茶の水書房、所収。「農民労働力再生産機構と土地所有」日高普・大谷瑞郎・齋藤仁・戸原四郎編『マルクス経済学　理論と実証』(大内力教授還暦記念論文集)、一九七八、東京大学出版会、所収。「解題　農産物価格論」近藤康男責任編集、犬塚昭治編『昭和後期農業問題論集』一一、一九八二、農山漁村文化協会、所収。『農産物の価格と政策』(『食糧・農業問題全集』一二)一九八七、農山漁村文化協会。「農業問題論の再検討」、梶井功編著『農業問題　その外延と内包』、一九九七、農山漁村文化協会、所収。「土地所有と資本主義――宇野・大内論争の学び方――」、『名城商学』四二－四、一九九三年三月。『食料自給を世界化する』一九九三。農山漁村文化協会。「世界農業問題と現代資本主義」降旗節雄・伊藤誠共編『マルクス理論の再構築――宇野経済学をどう活かすか――』二〇〇〇、社会評論社、所収。

(2) マルクスが『資本論』で求めようとした純粋資本主義の理論体系のことである。原理論が純粋資本主義を対象とせざるをえないことについてはのちにとりあげる。

(3) 段階論についてものちに検討するが、宇野弘蔵の段階論のことである。同『経済政策論』(改訂版)一九七一、弘文堂、または『宇野弘蔵著作集』(以下、たんに『宇野著作集』とよぶ)第七巻(『経済政策論』)一九七四、岩波書店、所収、を見よ。

問題はしかし、原理論が現状分析なり資本主義の歴史過程の分析なりの基礎となり基準になるということの意味をどう理解するかにあった。そして歴史過程を理論的に解明するさいの基礎となる原理論はたんに分析の道具を提供する理論ではなかった。原理論は現状分析にとってたんに抽象的な公式を提供するものではなかったし、現状分析は原理論を具体的な歴史的諸条件の中に入れてその現れ方をみるという、一種の公式を適用して解明するという応用問題をなすものでもなかった。原理論と現状分析との関係は同一次元上にあって、たんに一般と特殊といった関係にあるものではなく、いわば異次元にあって、しかも重なり合うような単純な関係ではなかった。そのことは当初よりある程度わかっていたつもりであったが、やはり明確に認識していたわけではなかった。

しかし、原理論を現状分析の近くに引き寄せて、その間にいわゆる段階論を介在させたとしても、原理論の諸規定なり諸法則なりが現実の諸条件のもとで偏畸を受けながらも貫徹するという発想はわりあい広く行われていたことは否めない。それが理論による科学的解明とされていたと思われる。そのさい当初は貫徹するということに力点が置かれていたように思われる。事実、旧労農派は現状分析を原理論に解消したといっていいのであり、現実に古い形のものとして残存しているものも資本主義の発展とともに解消すべき過程にあるものとして捉えられていたのである。その考えの底には現実の社会が資本主義社会であると規定しうるためには、『資本論』＝原理論の世界のように基本的に資本家、土地所有者、そして賃金労働者の三大階級のみによって占められた社会でなければならない、という認識があった。農業生産を担っている小農民はもはや封建社会の隷属民ではないが、しかし資本主義社会においてはやがて消滅すべき運命にあると考えられていたわけである。

これにたいして旧講座派は明治維新以後に存在する多数の農民はたんに経過的に残存しているものではなく、地主の封建的支配下にある隷属農民として存在しているのであって、構造的なものである、したがって日本の資本主義は半封建制ないしは封建制をその内部に構造的にとりこんだ特殊な資本主義であると規定したのであった。しかし封建制をその内部に構造的にとりこんだ資本主義とはどういうものであるのか、しかもその封建制なるものは資本主義の発展とともに消滅してゆく傾向をもつものとしてではなく、まさに構造的に資本主義と結びついて存続すると考えられていたのであって、そういう資本主義が存立しうる理論的根拠はついに示されなかったのである。こういう考えの底にも、およそ現実の社会が資本主義社会と規定しうるためには資本家階級、賃労働者階級、および土地所有者階級の三大階級によってのみ構成されている社会でなければならないという、旧労農派と同様の認識が前提されていたのである。もっとも厳密な意味で三大階級のみでとは考えていなかったであろうから、ここには原則としてとか、基本的には、とかという程度の限定をつけてもいいであろう。ただ資本主義社会という規定の仕方は旧講座派のほうがリジッドであり、旧労農派にあっては古い形のものも資本主義の発展とともに消滅してゆくはずであるというある程度の幅をもった認識であった。しかし事実としては小農民は資本主義の発展にもかかわらず消滅しなかったのであり、しかも小農民は三大階級のいずれにも属さないのであるから、そのかぎりでは講座派のほうが正しかった。だが講座派のリジッドさがかえって仇になって、明治以降の日本の社会が資本主義社会でもなく、封建制的社会でもないといった旧労農派以上に曖昧な結果を規定として齎したのであって、結局そうなったのはその理論的リジッドさが形式論理的な平板なものだったことを暴露することになったと私には思われる。

だが、のちにだんだん明らかにしてゆくように資本主義には一方では厳密な論理性がありながら、他方ではその論理性が儲かりさえすればいわばなにをやってもいいという融通無碍な行為を通して実現されるという特殊な性質があるのであって、それを見抜くことが重要なのであった。それはつまり平たくいえば商品の価値水準が価格変動を伴う売買の繰り返しのうちに事後的に明らかになるということであって、融通無碍という形態のなかにこそ規制力が潜んでいるということなのである。誤解されるのを怖れずにいえば、資本主義にはそのリジッドな法則の結果のみ重視して、その法則が形成される途中の経過を軽視すればするほど、その本質が捉えがたくなるところがあるのである。その過程は融通無碍でありながら、そうであればこそ法則を形成してしまう形態をもっているのである。(4) 融通無碍ということは商品所有者の商品経済的行動が個別的に自由だということであり、自分が有利だと判断できるものがあれば、なんでも利用しようとすることである。問題は商品所有者が商品売買のときに利用しようとするその条件の性質にある。その条件が商品経済的原理のみによって運動しうるものであるならば、売買の繰り返しは結局、価値法則を展開することに終わる。商品売買がすべてかかるものとして行なわれる世界が、のちに問題にする純粋資本主義の世界である。だが、現実の世界ではその利用する条件はすべて商品経済的原理のみによって運動しうるものとはかぎらない。むしろそうでないばあいのほうが多い。小農民の商品経済的行動はその典型であろう。商品経済的に徹底した社会的存在ではないからである。しばしば小農民は商品経済的には非合理的な行動をとるし、とらざるをえない。その結果、法則の作用は歪められるし、阻害されることになる。小農民がとる非商品経済的行動いかんによって法則の作用の阻害のかたちや程度は異なってくる。純粋資本主義においては賃銀労働者も労働力という商品の所有者であって、三大階級はすべて商品所有者であり、互いに商品を売買することによって資本主義が再生産されている。そしてその個別的な商品売買が個別的な、どういう条件を利用して行なわれるかという点に、じつは歴史が入りうる形態的開口部があるのである(5)。

いずれにせよこの両派にとっては『資本論』の理論体系は現状分析にたいする直接的な基準、物指としての役割を果たしうるものとして認識されていたのである。しかし考えてみると、現状分析という概念も戦前の日本においては固有の研究領域を表す概念としてあるわけではなかった。それは抽象的な理論にたいして、現実もそれと同じであることを、あるいは現実はそれとは異なるものであることを具体的に再構成する分野として考えられていたはずである。のちにふれるように『資本論』がすでにマルクスにおいてもいわば現状分析の理論でもあった。固有の意味の現状分析という研究分野は『資本論』のみでは解明しえない帝国主義段階の出現によって成立しえたものだった。戦前、すでにレーニンの帝国主義論は与えられていたが、レーニンにあっても『資本論』と帝国主義論との理論次元の違いになお不明確なところがあって、現実の分析理論としては『資本論』しか与えられていない戦前において、現実にたいしてその直接的適用をするということは無理からぬところがあった。

しかし講座派と労農派とで争われた日本資本主義論争に直接参加しないで、『資本論』の理論としての性格を徹底的に追究し、あわせて帝国主義論との理論的性格の違いを考え抜いていたのが宇野弘蔵であった。そしてその結論はひとくちでいえば『資本論』は純粋資本主義という抽象的世界の内部構造を自立的運動体の内部構造として説こうとしたものであり、それが資本主義の原理論をなすというものということができるであろう。そうなると宇野が明らかにしようとしたのはそれにとどまることはできないということにならざるをえなかった。『資本論』を経済学原理論として位置づけることを基礎にして、資本主義の発生、発展、爛熟の発展段階をティピカルに解明する段階論と、原理論を基準としつつ段階論を媒介にしてはじめて説きうる歴史過程の分析としての現状分析という三つの研究領域のあることを明らかにしたのであった。この経済学理論の三段階構成は宇野にとってはマルクスが「求めていたものを」求めた結果だということになるのであった。[6]

（4）宇野はこういっている。「価値どおりの売買ということは実験装置としての純粋の資本主義社会でも原則としてはむしろないんです。マルクスはときどき価値通りで売買されるということを純粋というふうに考えているところがあるようだが、そうじゃないんで、純粋の資本主義の状態でもあるときは価値以下に、あるときは以上に変動する価格をとおして調節されて価値による売買ということになる。商品の価格が下がって利益が少なくなれば生産を減じて価格は上る。上り過ぎると生産が増加してまた下る。そういう人間の行動をとおして補正されるということで一定の価値水準によることが明らかになる」（宇野弘蔵『経済学を語る』一九六七、東京大学出版会、一四五ページ。初出は「社会科学の根本問題」一九六七）。私はここからヒントをえたのであるが、山口重克はこの宇野の考えを前提にして流通主体の行動を法則形成の必須の条件として重視することによって、「商品流通世界に独自の無政府性、不確定性」を明確にしている（山口重克『価値論の射程』一九八七、東京大学出版会、一二〜一三ページ。初出は「経済的諸関係と行動主体」、『経済評論』一九八四年一〇月号）。

（5）宇野弘蔵は比較的初期の格調高い論文のなかでこういっている。『資本論』は「歴史的には一定の発展段階において達成せられる資本主義的関係を、いわば歴史的過程を通じた抽象によって分析する。それは決して形式的な抽象ではない。商品の分析から始まる『資本論』の体系は、それを単純に歴史的発展過程とも言えなければ、また単純に理論的展開とも言えないのもそれがためである。理論的展開が同時にまた歴史的発展過程をも解明しうるものとなっているのである」（『宇野著作集』第三巻〔「価値論」〕一九七三、三五ページ。初出は「『資本論』による社会科学的方法の確立」一九四八）。この初期の論考ではかなり抽象的に論じられているが、後年の論考では、より具体的にのべられている。すなわち「経済法則は、一面では自然法則のように、経済原則を法則的に実現する、個々の個人の行動を客観的に支配する法則をなすのであるが、他面では決して単なる客体的に作用する法則ではなく、個々の個人の主観的行動によって社会的に形成せられて客観的に作用する法則なのである」（『宇野著作集』第九巻〔「経済学方法論」〕一九七四、五二ページ、初出は『経済学方法論』一九六二）といって、資本主義の発展段階によっては、個々人の行動に変化を起こさせるような条件が出てくると、法則が阻害されることにもなることを示唆している。法則の形成もその阻害も個々人の行動をとおして生ずるのである。歴史が入りうる開口部といったのはその意味である。なお文中「経済原則」とあるのは宇野の創意による概念であって、あらゆる社会が充足しなければならない、たとえば需給均衡化を図るといった原則のことである。

（6）宇野は「科学的社会主義の科学的というのは、『資本論』に感心することではなくて、マルクスが求めていたものを求めることでなければならない」（宇野弘蔵『資本論に学ぶ』一九七五、東京大学出版会、四一ページ）といっているのは、権威に寄りかからないで、あくまで自分の頭で考えなければならないということであろう。

宇野がこうして『資本論』を基礎にしてそれを、三段階構成の基礎部分をなすものとして、純粋資本主義を対象とする経済学原理論として位置づけえた根拠としては、マルクスが対象自体の帝国主義段階への転化を知りえない歴史的位置にあったのにたいして[7]、宇野がそれを知りうる歴史的位置にあったことがいわば外的条件として大きな意味をもっていたことは確かである。けれども宇野以上に帝国主義段階を知りうる位置にあったともいいうるレーニンやヒルファーディングが『資本論』の経済学における位置を明確にしえなかったのであるから、こういう外的条件のみでは説明がつかない。

現実の資本主義がその発展過程の一定の時期になると、末期的現象を呈するようになったという事実は、じつに厄介にして興味深い問題を提起するものであった。資本主義が生成、発展し、それ自身に自立的発展をするようになり、以後いわば資本主義としては順調な発展をみせていたのに、一定の時期を過ぎるとなぜいわば末期的な時代を迎えるようになったのか、という難問である。資本主義の発展期を対象にして、その自立的発展構造を見事にといっていいほどに説いたのはマルクスの『資本論』であった。だがその『資本論』の本筋の論理的展開のなかでは資本主義の自立的構造が説かれているのであって、その没落の必然性はその発生の必然性とともに、『資本論』第一巻第二四章第七節の「資本主義的蓄積の歴史的傾向」という別立てのところで、端的に語られているにすぎない。われわれはこの第七節をのちに検討するが、資本主義の没落は「生産手段の集中も労働の社会化も、それがその資本主義的な外皮とは調和できなくなる一点に到達する。そこで外皮は爆破される。資本主義的私有の最期を告げる鐘が鳴る。収奪者が収奪される」とか、「資本主義的生産は、一つの自然過程の必然性をもって、それ自身の否定を生みだす。それは否定の否定である[8]」とかというふうに、抽象的にいっているにすぎない。それでも発生期はすぎさった時代なので、末期とは異なって、もう少し詳しく説いている。それは小生産者の商品経済による両極分解として説いているのであるいいがたい。

が、これも疑問であって、われわれものちに問題にする。没落の必然性の展開は抽象的で、とても論理的な展開とは

　もっとも十九世紀末期からの帝国主義段階の資本主義は資本主義の末期を意味するものではないという考えもあるが、その検討をここでしようとは思わない。マルクスは「資本主義的生産は、一つの自然過程の必然性をもって、それ自身の否定を生みだす」といっているのである。難問は発展を齎した論理が、それ自身に没落を齎す論理を生むということをいかに説くか、あるいはそもそも説くことができるのであるかという点にある。肯定の論理が否定の論理に転化するのが弁証法的論理なのだといわれてもただちに、納得できるものではない。肯定の要因が否定の要因に転化するという論理は、一見『資本論』の論理のように見えるがじつはそうではない。商品は貨幣に発展するが、商品たることが否定されるわけではないし、貨幣は資本に発展するが、貨幣たることも商品たることも否定されるわけではない。一定の結果を必然的に生む論理がいわば同一線上で真反対の結果を必然的に生むということはありうるのだろうか。前の論理のなかにあったある要因がこの論理系列とは異なる別の論理系列をもっていてその力の作用を受けて、変質し、その結果別のものを生むということ、いいかえれば外的なものが論理のなかに入っていて、つねに商品経済的形態に包摂されるとはかぎらず、しかもいわば歴史的時間で動くということ、そういうばあいならばわからないではない。だが、この論理は、『資本論』の論理のように商品から始まって諸階級に終わり、かつその諸階級が初めの商品を生むという自立的にして循環的な論理とは次元を異にしているのであって、異次元の要因をふくむ不可逆的論理である。論理の次元が異なるのである。帝国主義段階の出現は『資本論』の自立的論理とは異なって、しかし『資本論』を基準的理論としつつ、不可逆的な、まさに歴史過程の解明の方法の構築を要請するものだった。同時にそのことは『資本論』の分析基準としての重要性を再認識させるものでもあったのである。このことを明らかにした

のが宇野である。宇野の強靭な思考力による独創性に由来するというほかはないであろう。[9]

現状分析において原理論としての『資本論』がいかなる役割を果たすのかという問題は、じつは宇野の三段階構成論を前提にした問題だった。しかしその三段階構成論を前提にしたところで直ちにそれが解けるというものではない。むしろ三層に重ねあわすという機械的な方法をとれば、解決は却って遠のく。三段階構成論の内部関係について宇野の主張を探る必要が生ずるのである。

(7) このことに関連して、ついで宇野はこういっている。「マルクスの場合はなお資本主義がその末期的現象を呈するということが明らかにされえなかったので、資本主義の発展は、ますます純粋の資本主義社会に近接するものと考えられ、それによって原理論の規定が与えられたのであって、資本主義が新たなる第三の段階を迎え、資本主義的純化の傾向を阻害されることになるということによって、原理論を段階論から純化するということもできなかった」(前掲『宇野著作集』第九巻五四ページ)。私のここでの主張もこれと同趣旨のものである。対象を対象自身に即して認識しうる方法も対象の性格自身によって与えられることをこれは意味するものであろう。

(8) マルクス『資本論』第一巻第二分冊、マルクス・エンゲルス全集刊行委員会訳、一九六七、大月書店、九九五ページ。Karl Marx, ***Das Kapital***, Bd.1.［KarlMarx, FriedrichEngels Werke, Bd. 23., 1962.］S.791.

(9) 宇野は学生にたいしての講演で、『資本論』一巻二四章七節についてこう語っている。「ここが何べん読んでみても文章がよくわからない。……実際のところもう何べん読んだのかわからんのです。無限にと言うとおかしいですけれども、ほんとに数えきれないぐらい読んでるから、だいたい私には頭の中にあるのです。ほかの章はそんなにはないのですよ。あれは、非常に自分にとって問題の章だから、私は問題にするところは、『資本論』でも腹が立つまで読むのです。読んで読んで、もう、読むに耐えないところまで読むのです。そうすると、だいたいなにかこう自分の疑問とするところも、あるいは自分の今まで解釈していたのが誤っていたというところも大体わかってくるのです」（宇野弘蔵『資本論に学ぶ』一九七五、東京大学出版会、八〇ページ、講演の題目は「社会主義と経済学」一九六四、のち『思想』一九六五年九月号に論文とし発表）。

宇野によると三段階構成論そのものが、「歴史的過程を理論的に解明する特殊の方法をなすものである」[10]というのである。現状分析とは現実の資本主義の「発生、発展、没落」の歴史過程の解明を基礎とするものなのであって、三段階構成論はその解明のための方法だというのである。その根拠を探ってみよう。上記の引用文は『経済学方法論』のⅡの「経済学研究の分化」の三「経済学研究の究極目標＝現状分析」の終結部にある文章であるが、それより前にあるⅠの「経済学の対象」の三「理論経済学の対象としての資本主義社会」のなかに資本主義の帝国主義段階への推転の記述がある。その歴史過程はもはや原理論のみでは説けないという主張である。こういっている。少し長くなるが、煩を厭わず引用しよう。「マルクスが『資本論』を執筆した当時には殆んど予想を許さなかったような発展が、資本主義のその後に見られることになったのであって、われわれは、もはや単純に資本主義の発展はますます純粋の資本主義社会に近似してくるとはいえなくなっている。十九世紀末以後の、いわゆる金融資本の時代は、一面では資本主義化を伸張して、従来資本主義的経済の行われなかった地域にも、特にイギリスに対して後進諸国をなす、ドイツ、アメリカ等々にも資本主義の顕著なる発展が見られることになったのであるが、他面ではしかしその資本主義化は必ずしもイギリスの十八世紀から十九世紀六十年代までに見られるような、全面的な資本主義化の傾向を示すとはいえなくなってきた。一方では高度の資本主義的発展を見ながら他方では小生産者的な商品経済の残滓を永く存続せしめることになったのである。資本主義は発生期をもったのに対して、没落期を有することが明らかになってきた。金融資本に基く帝国主義の時代を劃することになったのである。それは資本主義の発展が、ますます純粋の資本主義社会に近似するといっただけでは、理論的研究の対象を歴史的に基礎づけるわけにはゆかないことを明らかにしたのである」[11]。このとはわれわれが先取りしたように、帝国主義段階の出現という事実こそが原理論とは次元の異なる研究分野としての現状分析を要請したのであり[12]、ひいては宇野三段階構成論を形成せしめる根拠ともなった。いいかえれば資本主義の発生、発展、変質の各発展段階論とそれを基礎とする歴史過程の解明としての現状分析という固有の研究領域がここに設定されたのである。原理論と歴史過程分析との懸隔が大きいのは当然のことだったのである。その大きくさせているものは何かを具体的に探るのがわれわれのここでの課題である。

(10) 前掲『宇野著作集』第九巻（「経済学方法論」六〇ページ。初出は『経済学方法論』一九六二、東京大学出版会。

(11) 前掲書、二一～二二ページ。

(12) 帝国主義段階の出現は特殊研究分野としての現状分析を要請することになった。それはことにイギリスをのぞくドイツ、アメリカ、日本のような後進資本主義諸国ではとくにそうである。もはやイギリスのような徹底的な原蓄を必要とはしなかったのであって、その根拠の解明には現状分析を必要とするのである。宇野はこういっている。「原理をもって直ちになしうる現状分析は、おそらく十九世紀中葉までのイギリスのように、資本主義的発展をいわば典型的になした国においてこそ或る程度なしえたにしても、多かれ少なかれこのイギリスにおける資本主義の発展の成果を輸入して資本主義化したいわゆる後進諸国では、もはやその輸入の時期と仕方とによる著しく異った過程を——いい換えれば資本主義の発展の初期の過程をなす資本の原始的蓄積が中期ないし後期の資本主義によって実現されるという、特殊の様相を――明らかにしなければ、現状の分析をなすことはできない。それればかりではない。十九世紀中葉までのイギリスでは、実際の過程は原理的には直ちに解明しえない対内、対外関係をも展開しながら……なおその資本主義の発展の基本的な点では、原理的な純粋の資本主義社会の実現の方向にあったといえるのであるが、十九世紀七十年代以後ドイツ、アメリカ等の資本主義的発展とともにイギリス自身においても純粋の資本主義社会への発展の傾向を示すものとはいえなくなったのである」(『宇野著作集』第四巻、二〇～二一ページ、初出は「経済学における論証と実証」、一九五六) こうしたことの根拠をもう少し具体的に探ってみたいというのがここでの狙いなのである。

第二節　マルクスの原理論と歴史過程

一　二つの異なる考え方

マルクスはわれわれのいう原理論と歴史過程分析方法との関係をどう考えていたのだろうか。『資本論』第一巻第一版序文(一八六七)のなかに、マルクスが『資本論』の研究対象を明らかにしたものとして有名な文章がある。これはよく引用されるのだが、重要なところなので引用すると、こうである。「物理学者は、自然過程を観察するにさいしては、それが最も内容が充実した形態で、しかも撹乱的な影響によって不純にされることが最も少ない状態で観察するか、または、もし可能ならば、過程の純粋な進行を保証する諸条件のもとで実験を行なう。この著作で私が研究しなければならないのは、資本主義的生産様式であり、これに対応する生産関係と交易関係である。その典型的な場所は、今日までのところでは、イギリスである。これこそは、イギリスが私の理論的展開の主要な例解として役立つことの理由なのである。とはいえ、イギリスの工業労働者や農業労働者の状態を見てドイツの読者がパリサイ人のように顔をしかめたり、あるいは、ドイツではまだまだそんなに悪い状態になっていないということで楽天的に安心したりするとすれば、私は彼に向かって叫ばずにはいられない、ひとごとではないのだぞ！と。／資本主義的生産の自然法則から生ずる社会的な敵対関係の発展度の高低が、それ自体として問題になるのではない。この法則そのもの、鉄の必然性をもって作用し自分をつらぬくこの傾向、これが問題なのである。産業の発展のより高い国は、その発展のより低い国に、ただこの国自身の未来の姿を示しているだけである」(13)と。

ここでマルクスが主張していることは、第一に、研究課題は「資本主義的生産様式であり、これに対応する生産関係と交易関係」であるが、物理学者が解くべき法則が純粋に現われる場を設定して考察するように、われわれも法則が純粋に現われる場で考察すること、第二に、「その典型的な場所は、今日までのところでは、イギリスである」こと、第三に、ドイツもたんに時間的に遅れるだけで、イギリスと同じように考察すべき問題が純粋に現われる国になると考えるべきであること、この三点である。要するにここでマルクスが主張していたことは、『資本論』の研究対象は「資本主義的生産様式」と「これに対応する生産関係と交易関係」をもって一社会が成り立つような社会、ひとくちでいえば純粋資本主義社会であり、その実験室に相当する場は今日までのところイギリス社会であり、そこを例解の場として取りあげて、純粋資本主義社会の内部構造を論理的に説くことであり、その研究結果として、ドイツも時間差はあるがイギリスと同様に純粋資本主義社会になるであろうと想定できるということである。

この第一点の純粋資本主義の想定に現実的根拠を与えたのが第二点のイギリスにおける資本主義社会としての発展であって、「ここでいう純粋の場というのは、より具体的には、すべての生産部面が全面的に資本主義的生産様式によって征服されていると想定された社会的生産のことである。このような資本主義社会は、もちろんイギリスにおいても実現されたわけではない。これは一つの極限としての想定であるが、マルクスの時代には、実際にますます接近されつつある極限として、リアリティをもった想定だった[14]」といっていい。そしてここのマルクスの考えを徹底化して『資本論』で展開されている論理を純粋資本主義を対象とする原理論として整序・純化したのが宇野弘蔵の『経済原論[15]』である。第三点の想定は事実とは異なるものとなったことは後世のわれわれには明らかである。当のイギリス自身が十九世紀末期から純粋資本主義に近接するというものにはならなくなったし、ドイツにいたっては資本主義の発生、発展の時期にも資本主義的生産とは異質の小生産者を多数残存させたままであり、十九世紀末期からはそれに加えて、それまでイギリスには見られなかった重工業を基礎とする金融資本の出現をみたのである。なぜその後の事実の展開がマルクスの予想とは異なるものになったかということは、じつはわれわれが設定した問題につながるものなのであるが、さしあたり問題の所在だけをあげておけば、ひとつは事実の問題であって、マルクスは純粋資本主義から離間した位置にある帝国主義段階の資本主義を知りえなかったこと、もう一つにはもっと根本的なことであるが、『資本論』で明らかにされた純粋資本主義の理論は労働力商品化を前提として循環的運動をする自立的運動体の理論であって、量的には拡大するが、質的変化を生まない理論だからである。この自立的運動体における循環的運動はいわゆる弁証法的論理を示すものであって、われわれものちにある程度ふれることになるであろう。端的にいえば商品経済形態のみによって社会の実体が包摂されることによって一社会が存立しうることを論証する理論であって、それゆえにこそ資本主義が人類史における一つの歴史的社会たりうることが明らかにされるのである。その核心は「商品経済形態のみによって」というところにある。その意味では原理論としての『資本論』は資本主義社会の歴史性を消極的に示しているのではあるが、それだけでは歴史過程を積極的には説けない構造になっているのである。マルクス自身はしかし、のちに問題にするようにもっと積極的に『資本論』で展開されている理論は資本主義の内部構造を解明する理論であると同時に資本主義の歴史過程の必然性をも明らかにする理論でもあると認識していた。マルクスにあっては資本主義的生産様式の解明は理論的には同一次元上で同時にその歴史過程の理論的解明でもあったと考えられていた。日本の多くの経済学研究者にはマルクス以上に『資本論』の功績はむしろその歴史性を抽象的に、ではなくて具体的に明らかにしたことにあると考えているものが少なくないと思われる。マルクスが『資本論』で明らかにしようとしたこの二つの意図はある意味で密接に関連しているのであるが、その関連は同一次元の理論で処理できるものではない。だがこの問題に入る前に、同一次元で両者を説こうとすることにこだわると、結局原理論の対象を純粋資本主義におくことを否定することになるのであって、まずこの問題を片付けておかなければならない。

(13)『資本論』第一巻、大月書店版、第一分冊（以下、①と略記）、一九六七、八～九ページ。*Das Kapital*, Bd. I., S12.

(14) 山口重克『資本論の読み方』一九八三、有斐閣、三〇ページ。事実、純粋資本主義社会というのは先の引用文中にある「この法則そのもの、鉄の必然性をもって作用し自分をつらぬくこの傾向」の行き着く先にある資本主義社会であって、そこではある時点で非商品経済的要因だったものが商品経済的要因に転化しているとマルクスは捉えていたのである。

(15) 宇野弘蔵『経済原論』上巻、一九五〇、岩波書店、同、下巻、一九五二、岩波書店、『経済原論』岩波全書、一九六四、前二著は『宇野弘蔵著作集』（以下、『宇野著作集』と略記する）第一巻（「経済原論Ⅰ」）、一九七三、に、全書版は同第

二巻（『経済原論Ⅱ』）、一九七三、に、それぞれ収録されている。

原理論の対象を純粋資本主義社会におくという宇野の考えはマルクスにたいする誤読によるものだという批評がある。重田澄男は宇野の以下の主張、すなわち「『……理論においては、資本主義的生産様式の諸法則は純粋に展開されるということが前提される。現実においては、常にただ近似のみが存する。しかしこの近似は、資本主義的生産様式が発展すればするほど、そして従前の経済的状態の残滓による資本主義的生産様式の不純化と混合とが除去されればされるほど、ますます大きくなる。』（前掲、『資本論』第三巻第一分冊、二二二ページ。*Das Kapital*, Bd. Ⅲ., S.184.——犬塚）と、マルクスはいっている。事実、資本主義は十六、七世紀にイギリスにその基地をえて以来、特に十八世紀後半のいわゆる商業革命以後は、発生期の政治的助力をさえ必要としないで、いなむしろかかる助力を障害として排除しつつ、自力をもって『従前の経済的状態の残滓による資本主義的生産様式の不純化と混合と（を）除去』してきたのである。それは資本主義社会の発展の過程を示すものであって、理論経済学の発展にとっては、きわめて重要な事実である。それはまたペティ、スミス、リカルドによって代表される経済学説の発展の歴史的基礎をなすものであり、商品経済が、資本家的商品経済として、その理論的研究に絶対的に必要な規定とせられる純粋の資本主義社会に漸次に近づきつつあったことを示すものとして、経済学の方法に特有な性格を明らかにする点で、特に重視しなければならないのである」(16)を掲げて、つぎのように批評する。「第一に、マルクスが『理論においては、資本制的生産様式の諸法則は純粋に展開されることが前提される』というとき、その内容は、宇野氏が理解されているように、『原理論』的ビルドとしての『純粋の資本主義社会』を想定することが、資本主義の一般的原理を解明する『原理論』としての『理論的研究に絶対的に必要な想定』である、というものであるのだろうか。／さらに、第二に、マルクスが、『資本制的生産様式の諸法則〔が〕（原――犬塚）純粋に展開』されている理論と現実的発現形態との間の『近似』は、『資本制的生産様式が発展すればするほど、そして、従前の経済的状態の残滓による資本制生産様式の不純化と混合とが除去されればされるほど、ますます大きくなる』というとき、その内容は宇野氏の理解されるように、資本主義的発展のなかで具体的事物としての現実の資本主義社会そのものが『理論的研究に絶対的に必要な想定とせられる純粋の資本主義社会』なるものに『漸次に近づきつつあったことを示すもの』である、ということだと理解していいのかどうか[17]」という疑問を提示し、結局、「宇野弘蔵氏は、理論では諸法則は純粋に展開されるというマルクスの指摘を、『原理論』の構築のための対象的ビルドの想定の方法についての指摘と読みこんで、……『純粋の資本主義社会』が『理論的に絶対的に必要な想定とせられ』ている、と解釈されてしまう[18]」と結論するのである。

そもそも重田は「理論においては、資本主義的生産様式の諸法則は純粋に展開される」という前提をどう理解しているのであろうか。「『理論においては、資本制的生産様式の諸法則は純粋に展開されるということが前提される』というマルクスの指摘は、理論における諸法則の純粋な展開について述べているのであって、けっして『資本制的生産様式の諸法則［を］（原――犬塚）純粋に展開』するにあたってのなんらかの『経済学の方法』について述べているものではなく、ましてや、ほかならぬ資本主義の一般的原理を解明するための純粋なる『原理論』的なビルドの想定という方法といった特異な『原理論』の方法について語っているものでもない[19]」という重田の批評は誤読もしくは誤解にもとづいているのではないであろうか。問題は簡単である。「資本制的生産様式の諸法則は純粋に展開される」という「前提」が成立するためには何が必要であるかを考えればすむことである。それは法則が純粋に展開しうる場が必要であるということである。夾雑物を排除するために、自然科学のばあいは、通常、実験室を作る必要がある。

経済学のばあい観察者が人為的に実験室を作ることは不可能である。たんにそれだけではない。現実には資本主義的生産様式の諸法則とは異質の、しかも諸法則にたいする作用の強さ、方向、性格等がそれぞれ異なる政治権力、慣習、小生産者等を含む非資本主義的諸要因や非商品経済的諸要因という夾雑物が無数に存在しうるのであって、到底それらを人為的に排除することはできない。たんに思惟によってもできない。なぜならそれができるためには一方の諸法則の方が完全に把握されていなければならないからであり、他方では夾雑物があれば法則は最初から歪んでいるはずであり、しかも法則自体が捉えられていなければ、どう歪んでいるかもわからないからである。ところが資本主義の諸法則は資本主義の一定の発展段階までは純化する性質があったことが事実の長い経過から明らかになったことが重要なのである。資本主義社会という研究対象自体が夾雑物を排除して純化する傾向のあることを発見したのは経済学史二〇〇年の成果である。マルクスはもちろんそれを批判的に学んだ。そして「あるもの」に純化する傾向とは、マルクスにあっては「資本家的商品経済」であった。資本主義的生産様式の諸法則を解明するために「純粋資本主義社会の想定」という方法を、結果としてとったのは、不明確なところがあったにせよマルクス自身なのである。

(16) 重田澄男『マルクス経済学方法論』一九七五、有斐閣、二一ページ。宇野の原文は『宇野著作集』第九巻（「経済学方法論」）、一九〜二〇ページ。
(17) 前掲書、二三ページ。
(18) 前掲書、二八ページ。
(19) 前掲書、二三ページ。

だが、この法則が純粋に展開するという前提の問題は、重田にとっては、これまでの引用からも伺えるように、喉に棘のような何かひっかかる問題であったようにも思われる。資本主義的生産様式の諸法則が一定の時期まで純粋に近い形で展開されるにしても、それ以後はそうはならないのはなぜかという問題はこの前提からはそう簡単に説けるものではないからである。事実、重田は同じ論文でこういっている。「マルクスは……旧社会からの資本主義的諸関係の発生と発展によるその支配的確立までの過程においてはいわゆる資本主義的純化が推し進められるという側面を基本的なものとしてとらえつつも、ひとたび資本主義的諸関係が一社会にとって支配的なものとして確立してのちは、非資本主義的なものは『残滓』として資本主義的諸関係にたいして撹乱的影響をおよぼすものとしてとらえられるにすぎず、その時期以降の資本主義の歴史的発展における基本的過程としては、むしろ資本主義的諸関係それ自体の自主的展開による『桎梏化』への転化の過程として把握しているのである」[20]と。この引用文の最後の「資本主義的諸関係それ自体の自主的展開による『桎梏化』への転化」とは『資本論』第一巻第二四章第七節「資本主義的蓄積の歴史的傾向」の中の「資本独占は、それとともに開花しそれのもとで開花したこの生産様式の桎梏となる」[21]という文章に基づくものであろうが、この二四章は『資本論』の本筋とは異なると思われる位置にあり、疑問の多い箇所であって、宇野によって疑問が提起されている。[22]われわれも以下でこの問題を考えてゆきたい。ここでの最重要な問題は、「資本主義的諸関係が……確立してのちは……基本的過程としては、むしろ資本主義的諸関係それ自体の自主的展開による『桎梏化』への転化の過程」となるという重田の見解にある。この「桎梏化」への転化ということは資本主義の諸法則がその法則に内在する要因のみによって破壊される、あるいは法則が法則自身にたいする「桎梏」になるという意味であろう。確かにマルクスの文章もそのようにも解釈しうるのであり、そしてまた多くの経済学者は当然のごとくにそういっているのであるが、いまだそれを論証した人はいないと私には思われる。それは資本主義が自壊する必然性があることを意味しているのであって、「むしろ」などという言葉で片付けられうるような簡単な問題ではない。いうまでもないがそれは「理論においては、資本主義的生産様式の諸法則は純粋に展開される」ことを否定しているのである。また周期的恐慌は法則の破壊から生ずるのではなく、法則の展開から生ずるのである。法則の内部あるいは外部の要因というとき、内部、外部を厳密に規定することが核心をなすが、法則が法則自体によって破壊されるという論理はよくいわれるが、いまだに明らかにされていないのである。それは法則がじつは法則でなかったことを意味するにすぎない。のちの論考で問題にしたいが、この問題は法則に歴史性があるという問題であり、それは法則という形態が包摂している社会の実体の変化によって包摂が阻害されるということによる歴史性の問題なのである。

こうして『資本論』で展開されている理論はいかなる性格をもつものかということをめぐって二つの相反する理解が存在している。すなわち一方では『資本論』は資本主義社会の基本的な経済法則を解明しているものであると同時に、その法則は資本主義の発生、発展、爛熟の歴史過程の法則でもあるという考え方であり、これが通説をなしている。しかし、『資本論』にはたしかに資本主義社会一般に通用する法則の解明がなされているが、その法則は同時に資本主義の歴史過程を直接解明しうるものではない。この両者は次元をことにする法則であって、後者の法則は資本主義一般に前提されていない歴史的諸要因を入れなければ説きえないものである。そして『資本論』で主に展開されている法則は前者の純粋資本主義の内部構造を解明しうる法則である。そこで以下、純粋資本主義の内部構造を明らかにする理論――これを原理論と呼ぶことにするが、その理論――と歴史過程を解明すべき理論とがいかなる関係にあるかを、もう少し考えてみたい。

(20) 前掲書、三二～三三ページ。
(21) 『資本論』第一巻、前掲、大月書店版、②. 九九五ページ。*Das Kapital*, Bd.1., a.a.O., S.791.
(22) 宇野弘蔵「社会主義と経済学」一九六五、『宇野著作集』第一〇巻（「資本論と社会主義」）所収。

二　資本主義の歴史過程

マルクスの歴史過程にたいする総括的な考え方は『資本論』第一巻第二版「後記」（一八七三）に示されている。彼はそこで、ロシアの経済学者カウフマンの『資本論』第一巻初版にたいする書評を紹介しつつ、それに肯定的評価を与えて、自説を解説している。マルクスが『資本論』を書いた意図がうかがわれるところなので、少し長くなるが必要なかぎり引用しよう。

A.「マルクスにとっては、ただ一つのことだけが重要である。彼が研究に携わっている諸現象の法則を発見することがそれである。そして、彼にとって重要なのは、諸現象が一つの完成形態をもっているかぎりで、また与えられた一期間のなかで考察される一つの関連のなかに諸現象があるかぎりで、諸現象を支配する法則、このような法則だけではない。彼にとっては、さらになによりもまず、諸現象の変化や発展の法則、すなわち、ある形態から他の形態への移行、関連の一つの秩序から他の秩序への移行が重要なのである」。

B.「したがってマルクスが苦心するのは、ただ一つのこと、すなわち、精確な科学的研究によって社会的諸関係の特定の諸秩序の必然性を論証し、彼のために出発点および支点として役立つ諸事実をできるだけ欠陥なく確定するということだけである。このためには、彼が現在の秩序の必然性を論証すると同時に、この秩序が不可避的に、すなわち人間がそれを信ずるか信じないか、意識するかしないかには少しもかかわることなく、移行せざるをえない他の一秩序の必然性を論証すれば、それでまったく十分なのである。マルクスは、社会の運動を、一つの自然史的過程とみなしており、この過程を導く諸法則は、人間の意志や意識や意図から独立しているだけではなく、むしろ逆に人間の意欲や意識や意図を規定するものだと考えている」。

C.「彼（マルクス――犬塚）の見解によれば、……歴史上のそれぞれの時代がそれぞれの固有の諸法則をもっているのである。……生命は与えられたひとつの発展期間を過ぎてしまって、与えられた一段階から他の一段階へ移れば、別の諸法則によって導かれるようになる。簡単に言えば、経済生活は、生物学の他の諸領域での発展史に似た現象を、われわれに示しているのである。……諸現象のもっと深い分析は、いろいろな動植物有機体と同じように社会的諸有機体も互いに根本的に違ったものであることを証明した」。

D.「マルクスは、たとえば、すべての時代、すべてのところを通じて人口法則が同じだということを否定する。反対に、彼は、それぞれの発展段階にはそれぞれの固有の人口法則があるということを確信する。……生産力の発展が違うにしたがって、諸関係もそれを規制する諸法則も変わってくる」。

E.「このような研究の科学的価値は、ある一つの与えられた社会的有機体の発生、存在、発展、死滅を規制し、また他のより高い有機体とそれとの交替を規制する特殊な諸法則を解明することにある[23]」。

以上がマルクスによるカウフマンの『資本論』書評の紹介であって、それにたいしてマルクスは「この筆者は、彼が私［マルクス］の現実的方法と呼ぶものを、このように的確に、そして私個人によるこの方法の適用に関するかぎりでは、このように好意的に、述べているのであるが、これによって彼が述べたのは、弁証法的方法以外の何であろうか[24]」と高く評価している。A～Eがカウフマンの書評の説き方の順序かどうかは分からないが、マルクスが認めうる説き方とはいえるであろう。そうするとマルクスが『資本論』で明らかにしようとしたことはおよそつぎのようになる。

①「諸現象の変化」と「発展の法則」、それは「ある形態から他の形態への移行」、「一つの秩序から他の秩序への移行」を意味する。前者はたとえば商品から貨幣への移行であり、後者は封建社会から資本主義社会への移行と、資本主義社会から社会主義社会への移行であろう。［A］

②このことを明らかにするためには、まず「社会的諸関係の特定の諸秩序の必然性」の解明が必要であるが、それは資本主義社会の諸法則の解明であろう。しかしそれは同時に「この秩序が不可避的に……移行せざるをえない他の一秩序の必然性の論証」でもある。［B］

③「特定の諸秩序の必然性」の解明の結果、「いろいろな動植物有機体と同じように社会的諸有機体も互いに違ったものであることが証明された」。［C］

④その結果、社会の「それぞれの発展段階」に応じて、「生産力の発展が違うにしたがって、諸関係もそれを規制する諸法則も変わってくる」。［D］

⑤こうして「ある一つの与えられた社会的有機体の発生、存在、発展、死滅を規制し、また他のより高い有機体とそれとの交替を規制する特殊な諸法則を解明する」という最初に設定した課題を解くことができるということになる。［E］

（23）『資本論』第一巻、前掲、大月書店版、以下同様。①、二〇〜二二ページ。*Das Kapital*. Bd.1., a.a.O., S.25〜27.

（24）前掲書、大月書店版、①、二二ページ。*Das Kapital*. Bd.1., a.a.O., S27.

以上はマルクス自身の意図であったとみていいであろう。そうだとすれば、マルクスのいわば研究の最終目標は一つの社会的有機体から他の有機体への移行という運動の法則解明にあり、具体的にいえば封建制社会から資本主義社会への移行の必然性、資本主義社会から社会主義社会への移行の必然性を明らかにすることにあった。そのためには資本主義社会の「社会的諸関係の特定の諸秩序の必然性」がまず解明される必要があった。それが事実上、『資本論』の主要な内容をなすことになった。そして社会的有機体の移行については『資本論』第一巻二四章七節の「資本主義的蓄積の歴史的傾向」という『資本論』の本論とは別立てで一応の解明が与えられることになった。マルクスに時間的余裕が与えられていたならば、これこそ最終目標の課題として、本格的に取り組まれたはずのものであったであろう。

だが、問題はすでにみたように、マルクスが資本主義社会の内部構造＝「特定の諸秩序の必然性」の解明方法も、この「社会的有機体の発生、存在、発展、死滅」の解明方法も、共に弁証法的方法だと理解したことにあった。商品に始まって諸階級に終わる、資本主義社会の内部構造を解明する論理と、資本主義の発生、発展、死滅に至る歴史過程の論理とは性質が異なるのであって、その点はすでに多少論じたし、のちに詳しく論ずることにしているが、同じ性質の法則では説けないのである。「資本主義的生産様式とそれに対応する生産関係および交易関係」の支配する社会は、労働力商品が与えられているならば、各個人の商品経済的行為のみで維持されうる社会であって、その純粋な商品経済的行為がその外部からならばともかく、その内部から反商品経済的行為を生むなどということは論理的にありえない。それは資本主義社会の自動崩壊論になる。したがって資本主義社会の内部構造を規定する諸法則そのもののなかから資本主義社会の発生、発展、死滅の論理が生まれるなどいう論理は弁証法的方法で片付けえないのであって、それは弁証法的方法を傷つけることになる。事実、山口重克がいうように「『資本論』の実際の展開は、一般にけっして資本主義の歴史的展開と照応するような論理的展開になっているわけではない[25]」のであり、『資本論』の本筋の論理展開こそ、価値形態の展開過程に典型的にみられるように、商品がそれ自身に貨幣を生み、貨幣がそれ自身に資本を生むという弁証法的方法によってなされているのである。このことはわれわれも稿を変えてふれるつもりである。

宇野弘蔵は『資本論』の論理が弁証法的方法によって展開されていることを、一九四八年の論文「『資本論』による社会科学的方法の確立」でおそらくはじめて明らかにして以来、その後随所でそのことをさまざまな側面からのべているのであるが、この論文では慎重を期して、少々含みのある表現ではあるがこういっている。「『資本論』がその第一篇を『商品』を以て始めたことは、それがその対象を資本主義的商品経済に限定し、決して経済生活一般を以てしないこと示すものに外ならない。……その論証は弁証法的方法を採らざるを得なかったことを明らかにする。即ちあらゆる社会に通ずる一般的原則が特殊歴史的形態を有する法則として現われ、この特殊形態を通して一般的原則を明らかにすることとなるのであるが、かくの如きいわば否定的方法によって始めて得られる、その首尾一貫した論理は、資本主義的商品経済が事実歴史的に一形態たることを十分に論証しているといえるのである[26]」。このばあい「経済法則自身は、決して之を固定的な永久不変のものとなすことは出来ない。その発生が確認せられると共にその消滅が予想せられる。もっともこの点に関しては、少くとも私自身の理解する限りでは、経済学の理論的体系としてはなお消極的論証に留るものと考えるのである[27]」と断っている。この断り書きはマルクスにたいする宇野らしい学問的敬意によるものと考えられるのであって、原理論の法則が歴史性と無関係では決してなく、法則の展開する場が歴史性をもっている、と宇野は考えているのである。しかしそのことは法則のみで資本主義の歴史過程を説きうることを意味しない、というのである。のちにまたふれるように、宇野は「歴史過程は、単なる資本家的商品経済の発展とはいえない。いわば異質的要因を多かれ少かれ含む過程である[28]」とのべている。

(25) 山口重克、前掲書、三七ページ。
(26)『宇野著作集』第三巻（「価値論」）、一九七三、岩波書店、五〇ページ。なおここで「一般的原則」とはのちの「経済原則」に当たるものである。すべての人類社会がその実現を図ろうとする原則のことであって、たとえば需給均衡はその一つである。
(27) 宇野、前掲書、五〇ページ。
(28)『宇野著作集』第九巻（「経済学方法論」）、二二一ページ。初出は『経済学方法論』一九六二。

弁証法的方法とはもともと自立的運動体の論理の展開方法なのであって、不可逆的運動である歴史過程の展開は弁証法的方法では説きえないものである。しかし資本主義の内部構造が自立的運動体として説きえたということ自体が、宇野がいうように、そしてわれわれもすでに示唆しておいたように、その歴史性を消極的に示しているのである。

さてそうであるならば、『資本論』では事実上資本主義の歴史過程の解明は消極化しているとみられるのに、マルクスはカウフマンの書評の評価ではその歴史過程の法則性の解明を最重要視しているのはなぜなのか。それこそが経済学研究の最終目標だからだというのであり、それはそれである意味では当然のことである。だが、マルクスにあっては歴史過程の法則性と資本主義の内部構造を規定する法則性とはいかなる関係にあるかという問題意識が必ずしもなかったように思われることがまさに問題なのである。それはマルクスはわれわれとは異なって、帝国主義段階を知りうる位置にはいなかったからだということでは済まされない問題である。マルクスには資本主義の発生の歴史過程も一面で商品経済的原理のみで説こうとした点があるのが問題なのである。この「後記」の最終部に出てくる有名な文章、「弁証法は、ブルジョアジーやその空論的代弁者たちにとって腹立たしいものであり、恐ろしいものである。なぜならば、それは、現状の肯定的理解のうちに同時にまたその否定、その必然的没落の理解を含み、いっさいの生成した形態を運動の流れのなかでとらえ、したがってまたその過ぎ去る面からとらえ、なにものにも動かされることなく、その本質上批判的であり革命的であるからである[29]」という規定は、歴史過程の法則性も資本主義の内部構造の法則も、ともに運動によって形成されるものには違いないが、その運動の性質は決定的に異なっていることを見過ごしている。後者は商品経済的運動であるのにたいして、前者はそれだけではなく政治過程や生産力の水準などの非商品経済的要因が入った商品経済的運動との合成的運動なのである。

実際、マルクスはこの「後記」の最後で「資本主義の矛盾に満ちた運動は、実際的なブルジョアには、近代産業が通過する周期的循環の局面転換のなかで最も痛切に感ぜられるのであって、この局面転換の頂点こそが――一般的恐慌なのである。この一般的恐慌は、まだ前段階にあるとはいえ、再び進行しつつあり、その舞台の全面性によっても、その作用の強さによっても、新しい神聖プロシャ・ドイツ帝国の成り上がり者たちの頭にさえ弁証法をたたきこむであろう[30]」といって恐慌があたかも資本主義の死滅の必然性を示しているかのようないい方をしている。[31] しかし恐慌そのものは法則の循環的性格によって引き起こされるものであって、直接資本主義の死滅の必然性を意味するものではない。『資本論』第一巻二四章七節では死滅の必然性はもっと抽象的に説かれている。「この（資本家による資本家の――犬塚）収奪は、資本主義的生産そのものの内在的諸法則の作用によって、諸資本の集中によって、行なわれる。いつでも一人の資本家が多くの資本家を打ち倒す」。「資本独占は、それとともに開花し、それのもとで開花したこの生産様式の桎梏となる。生産手段の集中も労働の社会化も、それがその資本主義的な外皮とは調和できなくなる一点に到達する。そこで外皮は爆破される。資本主義的私有の最期を告げる鐘が鳴る。収奪者が収奪される[32]」と。ここに資本主義の死滅の必然性がかりに法則的に語られているとしても、その論理展開の仕方は、資本主義の内部構造の諸法則の展開の仕方とはすでに指摘したように、同日の談ではないのである。

(29)『資本論』第一巻、前掲書、一二三ページ。*Das Kapital*, Bd.1. a.a.O., S. 28.
(30) 前掲書、同ページ。
(31) 恐慌はしかし一時的にせよ資本の自己否定ではある。だが資本主義はその恐慌を自ら解決しうる自立性をもっているのであって、そのこと自体で崩壊することはない。
(32)『資本論』第一巻、大月書店版、②、九九四、九九五ページ。*Das Kapital*, Bd. 1., S. 790ff.

三　マルクスの原始的蓄積論（一）

封建社会から資本主義社会への移行の必然性を解明しようとするとき、夙に知られているようにそこには二つの相対立する考え方があった。ともに封建社会のなかに商品経済が浸透していることを前提としているのであるが、一方は直接生産者たる農民と土地との封建権力による分離によって封建社会が崩壊することを前提にして、その崩壊の作用を直接的にうけて資本家と賃金労働者が析出され、あるいは間接的にうけてその両者を生みだす農民層の両極分解が展開され、そのことを基礎にして資本主義社会が生成するという考え方であり、他方は商品経済の作用によって農民層の両極分解が展開されることが基本なのであって、したがってそのことによって封建的生産関係が崩壊するのであり、資本主義的生産が生成してくるのであって、農民と土地との強力的分離はその崩壊過程の促進剤であるにすぎないという考え方である。多数を占めているのは後者の考え方であって、いわゆる大塚史学といわれる人たちの考え方がそうである。宇野弘蔵は前者の考え方である。そして困ったことにマルクスにはこの互いに相反する考え方の両方があるとも考えられるのであり、少なくともかなり大きな意味をもつ不明確さがあることはたしかなのである。しかし明示しているのは後者の考え方である。

『資本論』第一巻第七篇「資本の蓄積過程」第二四章「いわゆる原始的蓄積」は全七節よりなる。はじめの部分では封建領主による農民追放が強調されているが、次第に農民層の分解に力点が移動して、最後にはもっぱらそこが歴史的移行の基本であるかのように説かれている。その移り変わりを確認しておこう。まず第一節「原始的蓄積の秘密」では、「資本関係は、労働者と労働実現条件の所有との分離を前提する。資本主義的生産がひとたび自分の足で立つようになれば、それはこの分離をただ維持するだけでなく、ますます大きくなる規模でそれを再生産する。だから、資本関係を創造する過程は、労働者を自分の労働条件の所有から分離する過程、すなわち、一方では社会の生活手段と生産手段を資本に転化させ、他方では直接生産者を賃銀労働者に転化させる過程以外のなにものでもありえないのである。つまり、いわゆる原始的蓄積は、生産者と生産手段との歴史的分離過程にほかならないのである。それが、『原始的』として現われるのは、それが資本の前史をなしており、また資本に対応する生産様式の前史をなしているからである。……／直接生産者、労働者は、彼が土地に縛りつけられていて他人の農奴または隷農になっていることをやめてから、はじめて自分の一身を自由に処分することができるようになった。自分の商品の市場が見つかればどこへでもそれをもって行くという労働力の自由な売り手になるためには、彼はさらに同職組合の支配、すなわちその徒弟・職人規則やじゃまになる労働規定からも解放されていなければならなかった。こうして、生産者たちを賃銀労働者に転化させる歴史的運動は、一面で農奴的隷属や同職組合強制からの生産者の解放として現われる。そしてわれわれのブルジョア的歴史家たちにとっては、ただこの面だけが存在する。しかし、他面では、この新たに解放された人々は彼らからすべての生産手段が奪いとられ、古い封建的な諸制度によって与えられていた彼らの生存の保証がことごとく奪いとられてしまってから、はじめて自分自身の売り手になる。そして、このような彼らの収奪の歴史は、血に染まり火と燃える文字で人類の年代記に書き込まれているのである(33)」といっている。賃銀労働者と産業資本家(34)の発生が直接生産者と土地との領主による強力的分離を基礎としていることを明確に語っているのである。そして「それが典型的な形をとって現われるのはただイギリスだけであって、それだからこそわれわれもイギリスを例にとるのである(35)」といってこの節を締めくくっている。

(33)『資本論』第一巻、大月書店版、②九三四〜九三五ページ。*Das Kapital*, Bd. I., a.a.O., S. 742〜743.

(34) ここでマルクスはたんに「資本」といっているが、産業資本のことである。たんなる「資本」形態は資本主義に先だつ諸社会において商人資本とか高利貸資本とかという形態で存在していたのであって、それらは資本主義が成立すると、原則として消滅する運命にあったといっていい。それらの資本は資本主義成立以前においては資本としては未完成のものであって、商人資本家、高利貸資本家という形態として存在していたのである。資本形態そのものが資本主義社会ではじめて出現したわけではないのである。

(35)『資本論』、同、②九三六ページ。*Das Kapital*, S.744. ここで「イギリスだけ」といっているのは歴史過程としては重要なことであって、イギリスにおけるような直接生産者と土地との分離は他の資本主義諸国では行なわれなかったといっていいものであった。しかしたんに農民層の分解のみで資本主義が成立したわけではなかった。その後の商品経済の進展に伴って分離しうる法律的な措置は近代的土地所有法としてとられたのであって、以後徐々に労働力の商品化はすすんだのである。ただもちろん、イギリスのばあいもそうであるが、国家が労働力の商品化を起こそうとして行なわれたのではなく、その動機は他の政策と同様に、財政その他の当面の要請から行なわれたにすぎない。この点は歴史過程の具体的解明として問題にしなければならないことである。

第二節の「農村住民からの土地の収奪」ではこの農民追放とその後の農民層の分解について語っている。「イギリスの農奴制は十四世紀の終わりごろには事実上なくなっていた。当時は、そして十五世紀にはさらにいっそう、人口の非常な多数が自由な自営農民から成っていた。たとえ彼らの所有権がどんなに封建的な看板によって隠されていたにしても、いくらか大きな領主所有地では、以前はそれ自身農奴だった土地管理人（ベイリフ）は自由な借地農業者によって駆逐されていた。農業の賃銀労働者は、一部は、余暇を利用して大土地所有者のもとで労働していた農民たちから成っており、一部は、独立の、相対的にも絶対的にもあまり多数でない、本来の賃銀労働者の階級からなっていた。後者もまた事実上は同時に自営農民でもあった。というのは、彼らも自分たちの賃銀のほかに四エーカー以上の大きさの耕地と小屋とをあてがわれていたからである。そのうえに、彼らは、本来の農民といっしょに共同地の用益権を与えられていて、そこには彼らの家畜が放牧されていたし、また同時にそれは彼らの燃料になる木や泥炭なども供給していた[36]」。ここでは第一次囲込みにあたる直接生産者と土地との分離がある程度すすんだことを前提にして、本来の意味での農民層の両極分解が展開され始めたことを語っている。そして「資本主義的生産様式の基礎をつくりだした変革の序曲は、十五世紀の最後の三分の一期と十六世紀の最初の数十年間に演ぜられた。……封建的家臣団の解体によって、無保護なプロレタリアの大群が労働市場に投げ出された。それ自身ブルジョア的発展の一産物だった王権は、絶対的主権の追求にさいしてこの家臣団の解体を強行的に促進したとはいえ、けっしてその唯一の原因ではなかった。むしろ、王権や議会にもっとも頑強に対抗しながら、大封建領主は、土地にたいして彼自身と同じ封建的権利をもっていた農民をその土地から暴力的に駆逐することによって、また農民の共同地を横領することによって、比べものにならないほどより大きなプロレタリアートをつくりだしたのである[37]」といって、第二次囲込みによる共有地の大土地所有者による収奪にも言及している。この共有地の収奪によって囲込み運動は完了するのであるが、それは十九世紀初頭の資本主義成立の直前までつづいたのである。この間、「十七世紀の最後の数十年間にも、独立農民層であるヨーマンリは、まだ借地農業者の階級よりも人数が多かった。……農村賃銀労働者でさえも、まだ共同地の共同所有者だった。一七五〇年にはヨーマンリはほとんどいなくなっていたし、また十八世紀の最後の数十年間には農民の共同地の最後の痕跡も消えてしまった。ここでは農業革命の純粋に経済的な原動力は見ないことにする。ここでは農業革命の暴力的槓桿を問題にするのである[38]」とマルクスがいうとき、このヨーマンリはなお封建的束縛と封建的権利とをもっていたのであって、彼らがまったく経済的要因のみで両極分解して姿を消してしまったと理解されてはならないであろう。渡辺寛がつぎのようにいっていることは重要である。「十三～十四世紀におこった賦役の低額金納化以後、定期借地農あるいは慣習的借地農として上昇した旧農奴（ヨーマンリ――犬塚）は、第一次エンクロージャにおいては、その規模が比較的矮小であったこともあって、その後も多くは定期借地農あるいは謄本保有農として経営を維持していった。そしてかれらのなかの比較的富裕な層は、ほぼ一貫して上昇しつづけてきた自由農とならんで、十六～十七世紀をとおして、農村における王室の税源と兵力の給源となり、国富の基礎といわれるようになった。……これらの階層は、第二次エンクロージャの過程ではほとんど消滅することになった。……土地所有権をもたない、あるいはそれの明確でない定期借地農や謄本保有農のばあいには、これまで貢納金以外に、契約更新や相続にさいして、地代のつり上げを要求され、土地を手放さざるをえなくなるのがふつうだったからである。そのうえ。かれらは、エンクロージャによって、直接に分解を促進されもした。すなわち、土地保有権の不明確な謄本保有農は、領主の領有権の主張のまえに、その伝統的な保有権を維持しえなくなり、土地を奪われることが多かったし、定期借地農のばあいには契約満期とともに土地をとりあげられたり、謄本借地農とともに、短期（一年）借地のあるいは任意借地の契約に切り換えられたりしたのである[39]」と。つまり囲込みという封建的収奪を基礎にしてヨーマンリは姿を消したのであって、たんに商品経済のみによって両極分解したわけではない。マルクスがここで「農業革命の暴力的槓桿」としての囲込みを問題にしたことが重要なのである[40]。

(36) 前掲『資本論』②九三六～九三七ページ。*Das Kapital*, Bd. I., S. 744～745.

(37) 前掲書、②九三八ページ。*Das Kapital*, Bd. I., S. 746.

(38) 前掲書、②九四四ページ。*Das Kapital*, Bd. I., S. 750～751.

(39) 大内力編著『農業経済論』、一九六七、筑摩書房、七二～七三ページ（渡辺寛稿）。

(40) なおここでマルクスが囲込みを「農業革命の暴力的槓桿」と呼ぶときの両者の論理的位置関係には不明確さがのこっているように思われる。囲込みをこのばあいの農業革命の前提としてとらえているかどうかが不明確なのである。農業革命の前提としてとらえるべきだというのが私の考えである。というのは農業における資本家的経営の成立のためには生産力の発展が必要であるが、そのためには一般的には経営面積の拡大が必要条件とされるからである。ところがHebelというのは促進剤ともとられうるので、必然的前提をなすという意味をこめているのかどうかが不明なのである。この問題について、楠井敏朗の浩瀚な著作の紹介するところによって、岡田与好の注目すべき見解を知った。この楠井の著作によれば、岡田は「マルクスは、周知のように、ヨウマンの消滅を、資本の原始的蓄積の基軸的局面を形作る農民からの土地収奪＝農民追放の結果として把握し、この過程――それをマルクスは『農業革命』と名付けたが――の経済外的な暴力的槓桿、とくにエンクロウジャーに関心を集中した。……農業革命は、土地所有関係の変革を中心とする農業の資本主義的改造の過程に止まるものではなく、資本主義的大工業のための、自由な労働力の供給と豊かな国内市場の創造の過程とされたのであり、かかるものとしては、それは、その中心局面である農民からの土地収奪は、産業革命の開始の前提である。マルクスが十八世紀中期までに、ヨウマンが消滅してしまったとするとき、このような理論上の要請があったと考えることはあながち不当ではあるまい」（楠井敏郎『イギリス農業革命史論』、一九六九、弘文堂、二五六～二五七ページの注）といっているという。この岡田の「農民からの土地収奪は、産業革命の開始の前提である」というのは論理的に正しい規定であると私は思う。楠井の岡田批評は誤解にもとづく論点すり替えではないかと思われる。

ところがマルクスにあってもその点が次第にぼかされてくるのである。すなわち第四節「資本家的借地農業者の生成」の冒頭で「次に問題になるのは、もともと資本家（といっても産業資本家であるが――犬塚）はどこから出てきたのか、ということである。というのは、農村民の収奪は直接にはただ大きな土地所有者をつくりだすだけだからである。借地農業者の生成についていえば、われわれはそれをいわば手探りすることができる。というのは、それは幾世紀にもわたる緩慢な過程だからである。農奴たち自身も、また自由な小土地所有者たちも、非常にさまざまな所有関係のもとに置かれていたのであり、したがってまた非常にさまざまな経済的諸関係のもとで解放されたのである」といったのち、「十五世紀を通じて独立農民や賃奉公と同時に自作する農僕が自分の労働で富をえているあいだけは、借地農業者の境遇もその生産領域も相変わらずたいしたものではない。十五世紀の最後の三分の一期の農業革命は、十六世紀のほとんど全体をつうじて（といっても最後の数十年を除いて）つづくのであるが、この革命は農村民を貧しくしてゆくのと同じ速さで借地農業者を富ませてゆく。共同牧場などの横領によって彼はほとんどただで自分の家畜を大いにふやすことができ、同時にこの家畜は土地耕作のためのいっそう豊富な肥料を彼に供給する」[41]という。

ここでまず問題になるのは、「農村民の収奪は直接にはただ大土地所有者をつくりだすだけ」のものなのであろうか、ということである。大土地所有の生成はこのばあいたんに大規模な土地所有をつくりだすことではなかった。農民からの借地要請にこたえることを意図した更地の土地の所有をつくりだすためのものであって、それは直接無産者をつくりだす土地所有である。そこにこそ囲込み運動の歴史的意義があったはずである。だがもっと重要な問題は、「共同牧場などの横領によって彼は」の彼と「豊富な肥料を彼に」の彼とは同じ人物であるが、借地農業者のことであって、その彼が「共同牧場などの横領」者なのだろうか、また「豊富な肥料」をもたらすことを可能にならしめた人物」なのだろうか。いうまでもなくその「彼」とは領主＝大土地所有者であり、囲込みがもたらした土地制度の変革である。それは明らかに領主の政治権力の行使いかんによって変わる土地変革の問題である。したがってその変革次第では領主権つきの土地売買[42]とか、領主権つきの又貸し[43]とかも出現したのであって、そのばあいには直接的には資本家と賃銀労働者への両極分解はおこらないことにもなる。あくまで土地所有制度の意図せざる結果としての封建制の自己否定的変革こそが農民層の両極分解を規定する基礎なのである。農奴制崩壊後の絶対王政期においても、「イングランドの荘園の三分の一を占めたといわれる僧院領ではなおいぜんとして賦役制度が存続していたし、また世俗領主地においても、土地についての領主権そのものが消滅したわけではなかった。……封建的諸負担にしても、賦役こそ大部分金納に代置されたとはいえ、結婚・相続税はいぜんとして存続しており、農民は旧来の身分制度の存続を、こうした人生の区切りごとに確認させられていたのである」[44]。その封建制度が長い過程を経て、一次二次の囲込み運動によって崩壊してゆき、それに応じてヨーマンリが消滅していったのであって、けっしてヨーマンリの力のみでそうなったのではなかった。

そして大詰め、第六節「産業資本家の生成」ではこういう。重商主義後期になると、「イギリスではこれらの（原蓄の――犬塚）契機は十七世紀末には殖民制度、国債制度、近代的租税制度、保護貿易制度として体系的に総括される。これらの方法は、一部は、残虐きわまる暴力によって行なわれる。……しかし、どの方法も、国家権力、すなわち社会の集中され組織された暴力を利用して、封建的生産様式から資本主義的生産様式への転化過程を温室的に促進して過渡期を短縮しようとする。暴力は、古い社会が新たな社会をはらんだときにはいつでもその助産婦になる。暴力はそれ自体が一つの経済的潜勢力なのである」と。しかし重商主義政策の暴力性と農民追放の暴力性とは一面では同じものがあるが、他面では異なるのではないだろうか。前者は助産婦といえても、後者はたんなる助産婦＝促進剤ではなかった。農民追放はそれがなければ労働力商品化が、したがって産業資本が成立しえなかったものである。たんなる助産婦ではないのである。(45) こうしてマルクスは原蓄論最後の七節において農民層分解論を基軸にしてその原蓄論を展開してゆくことになるのである。その検討は次項にまわす。

(41) 先の引用文を含めて、『資本論』、②九六九～九六七ページ。*Das Kapital*, Bd. I., S.770～771.

(42) 椎名重明は「マナーの売買は領主権の売買を含めて普通に行なわれていた」という。しかしそれをもって「領主的土地所有の私的土地所有への転化をいうわけにいかないし、いわんや近代的土地所有の成立というようにみなすことはできない」という（「イギリス市民革命の土地変革」、高橋幸八郎・古島敏雄編『近代化の経済的基礎』一九六八、岩波書店、二〇六ページ。のち椎名重明『近代的土地所有』一九七三、東京大学出版会、に所収、二四～二五ページ）。また新井嘉之作によればマナー制度の下での農民による土地売買は「売手である土地保有農民が、当該保有地をマナー領主に『還付』し、マナー裁判所の保有権移転の『承認』を経て、領主が買手に保有させるという一連の法的手続きを意味するものである」という（新井嘉之作『イギリス農村社会経済史』改装版、一九七七、御茶の水書房、一四三ページ、初版は一九五九年）。土地売買の決定権は領主がもっているのであって、領主としては封建的権利が確保されるかぎり、売買そのものは承認しうるものである。だがその売買は封建制の否定を意味しないことはいうまでもない。売買とか貸付とかという形態規定はそれにふさわしい実体をみずからつくりだすことはできないのでる。

(43) 吉岡昭彦は「総借地農は必ず賦役徴収権をも同時に貸与されており、その比重の相違はあれ、賦役は総借地農経営における労働力の一つの重要な構成要素となっていた」という。この「総借地農はかつて領主が自ら経営した直営地をそのまま一括して借地しているが故に、彼らの直営地経営とは異り、自らの内に共同体的諸関係を変革する自立的契機を含まないのみならず、様々の形で旧古典荘園体制が温存されている」という（吉岡昭彦『イギリス地主制の研究』一九六七、未来社、一四七～一四八ページ）。また「問題はまさしく、経営拡大が又貸を伴いつつ土地所有の拡大として現象し、しかも農民層分解が進展するほど貸付地の比重が増大してゆく点を如何に理論的に把握するかにかかっている」といって、土地の又貸しを「農業賃労働者把握の一必要条件」、「原始的蓄積の進行過程そのものに内在する構造的要因に規定された現象として理解すべき根拠も存在しえない」といっている（同書、八四〜八五ページ）。賦役徴収権つき土地貸付はもちろん近代的土地貸付ではなく、そこからは労働力商品化は生まれない。資本・賃労働の歴史的発生は封建的土地所有の否定を前提とすることが改めて確認されなければならない。

(44) 前掲、大内『農業経済論』五一〜五二ページ（渡辺寛稿）。

(45) この囲込み＝助産婦説は望月清司にあってもそうであるが、楠井敏朗にあってもそうである。「マルクスが……本源的蓄積の暴力的過程としてとらえられたものは、中産的生産者層の分解を通じて形成されつつある資本関係そのものを一層促進させるのに槓桿として役立った数々の変革についてのみであった」（楠井、前掲書、二四〇ページ）というのがそれである。

ここではイギリス資本主義の成立を中産的生産者層の両極分解をもってはじめて説きうるとした最初と思われる戦前の大塚久雄の論文「中産的生産者層とその分解——初期資本主義展開の基本的契機——」（初出、一九四一）と戦後『土地制度史学』創刊号を飾った同「『農民層の分解』に関する基本的考察」（初出、一九五八）、宇野弘蔵の戦前初版『経済政策論』上巻（一九三六）、にたいする書評（初出、一九三七）とそれにたいする宇野の反論「再刊に際して」（初出は一九四八）を検討してこの項の締めくくりとしたい。そこからは囲込みの新たな役割がみえてくるのである。まず戦前の大塚の論文の論旨を簡単に整理しよう。[46]「近代資本主義成立の基本的契機がほかならぬ中産的生産者層の両極への分解にある」ことの論証がこの論文の主題である。「イギリスの封建的農奴制の全機構的な解体期は十四世紀半ばを画期として始まる」。この頃までに農民層は広く直接に貨幣経済に巻き込まれ、商品生産者としての性格を帯び始めていたが、それとともに封建地代は労働地代の形態から貨幣地代の形態へと一般的な移行を開始した。農民は司法的には領主権から解放されて王権に直属するという傾向が早熟的に現われ、絶対王政がチューダー王朝の成立とともに確立された。ここに「ヨーロッパ史上無比の独立にして富裕な『ヨウマン層』を分出するにいたった」。それとともに都市においてもギルド制度の内部に「小親方層」が農村のヨウマンに照応する都市のヨウマンとして形成される。しかしこの都市の親方層の下に雇われていた職人層の多数はギルド的束縛を回避して、より自由な農村部に移住して手工業者となった。「彼らは一般に多かれ少なかれ土地を保有し、その土地の経営（農業・牧畜業など）と工業経営（特に毛織物製造）を兼ね営んでいた」「この部面ではながく賃銀労働者層が雇職人ないし徒弟の外観を残していた」。

さてここから農業でも工業でも「中産的生産者層の両極分解」が始まるのである。「イギリスでは十四世紀後半から十五世紀後半チューダー絶対王政の成立期にかけて、中産的生産者層（自営農民―小親方―農村小親方）が他のヨーロッパ諸国に比して著しく早熟的に形成されつつあった。この中産的生産者層は古い封建農奴制的・ギルド制的束縛からかなりの程度に解放され、そしてそれに応じて物質的生産諸力を新たな段階に押し上げつつ、この拡充されゆく新しい生産諸力の人間的主体を形成していた」。この分解に重要なことは二つある。一つは「十六世紀半頃にはイギリス初期資本主義が成立し、そして十七世紀半ば以降この分解がますます深化するとともに、分解の両極がようやく顕わとなり始め、ことに十八世紀に入ると母体たる中産的生産者層の外郭はますます影がうすれてゆくが、それにしても結局産業革命にいたるまで、この分解したがって産業資本の形成は、中産的生産者層という国民的基礎から全く切離されるということはない」ということであり、もう一つは「分解はまず中産的生産者層そのものの貧富両層への分化の現象として準備され、ついでこれを足場としつつ踵を接して近代的分解なる質的変化が現われ、こうして産業資本の萌芽が形成され始めるという道をとる。そしてこのばあいについても、初期資本主義を通じて産業革命にいたるまで、貧富両層への分化が多かれ少なかれ前面に現われて、近代的分解はその外観のもとに押しかくされつつ進行する」ということである。大塚はここで賢明にも「分化」と「分解」とを厳密に区別しようとしているが、じつは結果的には曖昧なのである。[47] それはともかく大塚の産業資本は中産的生産者層の両極分解から生まれるという主張の根拠はおよそこれに尽きるといっていい。

ただ問題はここまでの論理展開の過程において、囲込み運動については一言もふれられていないということである。この論文ではこれ以後三回出てくるだけである。第一回は「いわゆる『搾出地代』rack－rentの下にあえぐ過小農層の窮状が現われはじめ、さらにイギリス史上周知の綜画運動の過程に農民層のうちから果多しい浮浪者の群が放出されて来る。そして、十七世紀を経て十八世紀前半にいたればこの富農・貧農両層への分化は決定的になっている」[48]というところである。領主から高い搾出地代を要求された農民がそれには応えられないならば、借地契約不成立として土地から追われるかのごとき商品経済的理解が成り立つような表現ともいえるのであるが、もともと当該農民はかかる契約の下で耕作していたわけではない。領主権の下で隷属民として耕作を強制されていたはずである。農民追放は明らかに領主権力の行使によってなされたのであり、逆向きの経済外的強制にほかならない。それは本来の経済外的強制の方向が異なるだけである。この外的強制が重要なのである。

(46)「中産的生産者層――初期資本主義発展の基本的契機――」、『大塚久雄著作集』第三巻、一九六九、岩波書店、所収、

ここに引用した三つの部分は一六二～一七七ページにある。論文の初出は一九四一年。

(47) ここで「分化」とは富農・貧農への分化であり、「分解」とは資本家と賃銀労働者への分解だとすれば、これは一定の意味のある分類である。しかしそこには質的な違いがあることについては大塚はふれていない。むしろ引用文からもわかるように、量的な問題としてしかとらえていないように思われる。囲込み運動を重要視していないから、これは当然のことであろう。

(48) 前掲、『大塚久雄著作集』第三巻、一七三ページ。

二番目は「零細資本家のうち半農半工の形で毛織物製造を兼営していたものたちの一部は、原料の羊毛の必要から徐々に農耕から牧羊に転じて、その経営を拡大しつつ、周知の『綜画運動』のプリームム・モービレとしてそれを基底的に押進め、自身もそれによって成長しながら、十六世紀に入るとともに押しも押されぬ『牧羊資本家』またはいわゆる『大規模定期借地人』として立ち現われるようになる」(49)という点である。農業経営規模の拡大がもっぱら地代額などの合意という商品経済的契約をもって可能であるかのような認識は疑問である。もともとすでにその土地支配者は近代的地主に転化していたのだというのは理由にはならない。その地主はいつ、いかなる方法で近代的地主に転化したかが問題になるだけであるからである。ことは史実の問題というよりは理論的問題である。

最後の第三は、「小親方中の富裕層の経営規模の拡大、それに伴う雇職人＝徒弟の雇傭数の増大と新技術採用の傾向はほぼ確実に推測され、ことに十五世紀末にいたればその事実はもはや見紛うべくもない。そして十六世紀に入れば『綜画運動』によって農民層、ことに貧農層の一部が土地から追立てられて浮浪民の群と化し始めるとともに、そうした浮浪民はなかんずく工業の部面へ主として賃銀労働者……として吸収され、その結果農村工業を中心基盤として『工業資本家』とその『マニュファクチャー』的経営がいっせいに開花して来る」[50]というのである。ここでは「綜画運動」が起こるまえにすでに「雇職人」がすでに存在し、のちに起こる「綜画運動」はその増加を加速するだけという位置づけなのである。工業資本家にとってはその「綜画運動」によって土地から追われた浮浪者がそこに「たまたま」いたから彼を賃銀労働者として雇うということでいいのであり、そういう関係でしか本来ないのである。「群」としていた、したがって社会的存在としての浮浪者は封建権力の行使という非商品経済的要因によって生成したものである。契約違反として無産者になったのではないのであり、またたんなる商品経済的競争に敗れて、いいかえれば両極分解によって無産者になったわけではない。この点はすでにのべたことであるが、封建社会という経済と政治が合体している社会から、それが分離された社会への転換の歴史過程がその結合から分離への転化に理論的にふれずに説けるのであろうかという疑問は消えないのである。

つぎに大塚の第二論文、「『農民層の分解』に関する基本的考察」の検討をしよう。基本的には先の戦前の論文と変わりはない。新しい論点が新たに提起されているが、端的にいってそのために混乱は増しているように思われる。その検討すべき新しい論点は三点ある。第一点は、「厳密な意味での『農民層の分解』」は「小ブルジョア的商品生産者たる『農民』層（および広い意味では半農半工の『半農民』層）が、産業資本家層と賃銀労働者層という、近代の資本主義的生産様式を特徴づけるところの基本的な二大階級に分裂していくこと」[51]であるが、なにゆえあらためてこれを確認するかというと、「およそ歴史上に見いだされる農民層の両極分解（＝階級分化）一般、いわんやその貧富両層への分化の現象がすべて必ずしもこうした厳密な意味での『農民層の分解』ではない」からである。という意味は、絶対王政期において「産業資本を生みだす『農民層の分解』を見出すことができる。しかし、同時にそれと複雑に絡みあって、たとえば半封建的地主制のような、資本主義的でない階級関係に帰結するような両極分解が見だされることも、すでに実証的に明らかにされているとおりである」からであるというわけである。日本の戦前の地主制を念頭においていることは明らかである。だがイギリスにたいする後進資本主義諸国の成立期の分析をイギリスと同じ次元で行なうこと自体がすでに問題なのである。同じ抽象性で説けるという論理的保証はじつはないのである。イギリスを基準において、別の次元の要因を入れて説くほかはないと考えられる。

(49) 前掲書、一七六～一七七ページ。
(50) 前掲書、一七七ページ。
(51) この引用を含む以下三点の引用は、「『農民層の分解』に関する基礎的考察」、『大塚久雄著作集』第五巻、一九六九、岩波書店、所収、一六一～一六二ページ。論文の初出は一九五八年。

論点の第二は、『農民層の分解』とは農民層が分解によって賃銀労働者と産業資本家とを分出することであるが、この後者が基本的に「小ブルジョア的農民層」のうちから出てくるという基礎的認識は「研究史的にみて、なかなか重要であると思われる」(52)といって、「商人が産業資本家に転化するばあいも、小ブルジョア的生産者が産業資本家に経上がるばあいも、ともに十分に見いだされる」が、両者の「理論的立場は原理的な対立であって、両者を安易に混用することはゆるされない」という。宇野の「商人資本としてのイギリス羊毛工業」論を標的としての見解であることはいうまでもない。だが以上の二点は大塚の戦前の論文の延長線上にある論点にすぎない。

第三の論点はまったく新しい論点である。こういうのである。両極分解のいわば起点たるべき「小ブルジョア的商品生産者」は「古い封建的＝共同体的な『農民層』」から転化したものであるが、その歴史的条件はいったい何なのかと問い、「それは……彼らの内部における社会的分業の発達、つまり農業生産からのさまざまな工業生産の分離・独立と彼ら相互のあいだの市場関係の形成、にほかならない。こうした歴史的条件の成熟に応じて農民層の小ブルジョア化が進行し、彼らの小ブルジョア化に応じて『農民層の分解』が進行するのである。……『農民層の分解』はそれ自体としては階級分化の現象にほかならないけれども、このように不可避的に、社会的分業の進展と市場の形成を前提とし、それと因となり果となりあって――階級分化もまた市場関係の形成に参加しつつ――進行するのである(53)」というのである。これまで大塚は工業、農業それぞれ別々に、いわば粒説的に、しかしともに「中産的生産者層の両極分解」として説くことによって、資本主義の成立を解明しようとしたのだが、ここにきて両者を有機的に総合して社会的分業、市場関係という観点をとりいれたわけである。だが、それがどういう契機でとり入れたかについては語っていないし、農民層分解の前提になるということがいかなる意味をもつのかということについても語っていない。いささか唐突感を免れない。われわれがこの第二論文が「混乱を増している」といったことは、のちにみるようにこの点に関連するのである。

大塚の第三の論考は宇野の『経済政策論　上』にたいする書評である。三つの論点が指摘されている。第一は、依拠した研究が主としてリプソンなどに限られているが、他の諸研究を「典拠」とすれば宇野のような「断定を軽々にはなしえないはずである」というものであり、第二は、十六世紀ないし十八世紀のイギリスにおいてもマニュファクチャーが断片的にしか存在しなかったという宇野の見解について、リプソンから一文を引用して「職布工を直ちに

『半ば賃銀労働者』とされ、またその生産様式を『家内工業』——資本主義的協業の萌芽がでなくて——とされること」は疑問である、というものである。この二点にたいしては私には語る資格はもとよりない。第三点は、「重商主義が商人資本の政策であるという」宇野の規定も「また必ずしも正当でない」というものである。その根拠は「彼ら（重商主義者）が資本および資本家階級の利害即ち資本主義的生産の発展が近代的社会における国民的勢力および国民的優越の基礎となったことをも意識していた」という宇野も引用しているマルクスの言葉にあるという。[54] しかし重商主義政策が封建制から資本制への歴史の過渡期にある政策として一定期間相反する両面的性格をもつことは宇野も認めていることであって、「読み方によっては（宇野と）異なった意味にも解しうる」という消極的な批評では批判にならないのではなかろうか。

(52) この引用を含む以下三点の引用は、前掲書、一六三〜一六四ページ。
(53) 前掲書、一六九ページ。強調字体は原。
(54) この書評からの引用は「[書評] 宇野弘蔵教授著『経済政策論　上』を読んで」、『大塚久雄著作集』第四巻、一九六九、岩波書店、所収、四一四〜四一六ページ、初出は『経済学論集』七-一一、一九三七。

それよりこの書評で気になるのは、宇野が商人資本と商業資本とを概念内容が明確に異なるものとして使用しているのにたいして、大塚はあえて商人資本と呼ぶべきものを商業資本と呼んでいることである。方法の違いはここにあるのではないかと思うほどである。宇野においては商人資本はもっぱら資本主義の発生期を代表する資本の歴史的概念であって、「資本主義的生産およびそれに照応する交易諸関係」のみで構成されている社会――それを純粋資本主義社会という現実には存在しえない、しかし一定の時期の現実の資本主義社会の発展方向に沿った抽象化によってえられた社会と考えているが、その社会――では独立の資本形態としては存在しえないものであって、資本の流通運動形態としてしか存在しえないものとされている。それにたいして商業資本は流通過程においていわば外的なたんなる価格変動で利潤がえられる機会があれば、もちろんこれをとらえるが、それのみではもはや独立の資本たりえなくなっているので、産業資本に従属しつつ流通費を節約する役割において利潤の分与を受ける存在になっているものである。いいかえれば産業資本の確立を前提にしている点で商人資本とは次元をことにしているものである。しかし歴史過程を対象にしている政策論で宇野が商業資本という概念を使っているのは、産業資本と同様に、純粋資本主義内部の概念としてではなく、商人資本と同様の歴史的な資本として使っているのであって、産業資本とか商業資本とかはそれぞれ次元の異なる二種類（原理論の内部と外部との）のものがあるのである。しかし商人資本は本来はたとえば価格差のある諸流通圏間をつないで利潤を獲得するとか、小生産者を収奪するとかという資本主義がまだ完成していないときに存在しうる資本なのである。商品経済的形態規定は自らにふさわしい実体をつくりだすことはできないのである。したがって資本主義の法則は、資本主義の形成過程の分析にはそのままでは使えないものである。商業資本と商人資本との関係は善玉・悪玉の関係ではなく、利潤を獲得する方法の歴史的な違いの関係なのである。

宇野の戦前の著作『経済政策論』上巻（一九三六、弘文堂）にたいす大塚の書評への宇野の反論は戦後再版の『経済政策論　上』（一九四八、弘文堂）に「再刊に際して」として附されている。その最重要な部分はつぎの部分であると思われる。「産業資本家の『系譜』を探求し、これを直ちに産業資本とすることではなく、産業資本の社会的に確立する基礎がいかにして形成せられたかということに焦点がある。いうまでもなく中世的な都市手工業と農村において農業と結合せられて来た家庭的工業とが、共に従来の関係を分解されて、資本家的関係に移行する過程である。織匠がマニュファクチュアを経営するとしてもそのままではなれない。そこでも生産者が『商人になる』ことが必要である。また特に羊毛工業をとった理由もこの分解の広汎なる過程を見ることにある。単にマニュファクチュアが行なわれるというだけのことではない。実際また農業と結合せられた工業が分化し、独立化される点に国内市場の形成されてゆく過程もあるのである。私はそこに産業資本の確立を見たのであった[55]」ことこれである。

この一文では資本主義成立の前提としての「直接生産者と土地との分離」が書かれていないようにみえるが、じつはそうではなかった。もともと宇野にあっては当時の「直接生産者」とは農業と工業とを結合させて家庭的生業としているものだった。われわれは農民といえば、資本主義社会に存在する農民と観念しがちである。それがそもそもケアレスミスなのである。日本の古代では百姓とはたんに農民にかぎらず一般人民をさすとされる。直接生産者とはまさにその百姓なのである。封建時代末期ともなれば、その百姓には農業が主、工業が従の農民と工業が主で農業が従の職人、または手工業者の二類型があったであろうが、多数を占めていたのはもちろん前者である。社会的生産力が低かったからである。イギリスの原蓄期はその前者の農民が領主によってその耕作する土地から強制的に分離されたことから実体的には始まる。実体的には、というのはその前提として都市における毛織物手工業の発展によって原料としての羊毛にたいする需要が増大するという、そしてまたことに外国からのその需要も増大するという事実を逸することができないからである。ことに外部市場からの需要増大は重要である。こうして羊毛価格が騰貴し、領主によるエンクロージャ運動が強行され、無産者が排出されることになる。宇野にあってはこれが封建制崩壊と資本主義発生との実体的基礎をなすのである。戦前の『経済政策論』上巻、の第一篇「重商主義」はつぎの文章から始まっている。「資本主義的生産の根本的条件をなすものは労働力の商品化であるが、労働力は本来自然的に商品たるものではない。それは商品経済の発展せる社会において生産手段を所有せざるいわゆる無産労働者の出現によって始めて実現せられる。旧封建的中世紀的社会の崩壊によって発生せる土地を失った農民或いはギルドの特権を失った手工業者その他の無産者は一面においてはその生産手段を喪失すると同時に他面においては封建的中世紀的束縛より解放せられていわゆる二重の意味において自由なる近代的賃銀労働者となるのであるが、資本主義の確立は先ず第一にかかる無産者の大衆的生産を前提とするのである」[56]。この囲込み運動をさきの大塚にたいする反論の最後に出てくる「国内市場の形成」に関連させて考えると、囲込み運動の新たな意義が浮かんでくるのである。

(55)『宇野弘蔵著作集』第七巻(「経済政策論」)一九七四、岩波書店、二五六～二五七ページ。
(56) 前掲書、二七七ページ。

封建社会における富裕な農民というばあいの富裕とは何か。商品流通は無論あるであろうが、周辺部に存在する程度のはずである。そういう社会で富裕といっても、たんなる使用価値としての各種生産物自体を大量に所有していることではないであろう。少なくとも自家消費量を越えてますます生産を増大することも、所有することも意味がないことである。他の生産者もそれぞれ原則として自給自足しているからである。そういうところで商品として販売しようとしても、誰に売ることができるのであろうか。自給自足を原則としている社会では、大量に商品が売買されるということはありえない。したがってある生産物を自家消費量以上に大量に生産するということは、それが売れるという見込みがあることを前提にしているということにほかならない。ある使用価値の生産物が売れるということはその生産物をまったく生産しないか、あるいは少ししか生産しないものがある程度量的に存在することを前提とする。その生産物ははじめは特産物のような奢侈品の類のものであろう。だが問題はその商品になるものが奢侈品から次第に必需品に必然的に変わってゆくかどうかである。小生産者がそれぞれ自給自足を原則としているかぎり、商品化はその自給自足を越えるかぎりの量と質に制限されざるをえない。それが小生産の範囲内での農民層の分化といえるものであって、分業は発生しようがないのである。

分業が発生しうるためには自給自足の原則が破られて、国内市場が成立しなければならない。それには分業が成立しなければならない。農産物内部の分業も必要だが、最も重要なのは農業と工業とが結合している状態から、その分離が発生しなければならないことである。問題はそのことが商品経済の機能のみで達成されるのかどうかである。農業か工業か、どちらかをやめるという者がでてこなければならない。生産力が一般に低い時代においては、生活の必需品に近いものよりも、遠いもののほうから分離されるであろう。つまり自給度が強いものは食糧農産物ということになる。事実、農具とか生活用具とかという広義の工業品生産への分業化は比較的発生しやすいわけである。そういう道具とか用具とかを購入するということは比較的早く発生する。そのために必要な貨幣は余剰農産物を売ることによって調達しうるであろう。しかしそれどまりであろう。生活拠点ともいうべき食料農産物の生産から離れることは容易ならざることである。少なくとも資本主義に先だつ諸社会においては社会的に農業生産から離れうる条件はないといっていい。その最大の原因は、農業に専業化して道具や日用品を購入するためには、余剰農産物の生産を増大させなければならず、したがって経営土地面積を団地化というかたちで拡大しなければならないということにある。それは農民層の分解で達成されるというかもしれないが、しかしそれは論理が逆なのである。分解があって、経営面積が拡大しうるわけではない。後者を前提として前者が展開されるのである。同じ経営面積でも生産力の格差は生じうるが、狭い限界がある。生産力が低い時代ではとくにそうである。しかも脱農民化しようとするものが、資本主義社会におけるように生活しうる場が外部にあるならばともかく、ここでは社会的には与えられていない。出ようにも出られず、その土地にしがみつくしかない。商品経済は外部的条件次第で脱農民化を生むこともあれば生みえないこともあるのである。商品経済の限界を認識することなしには歴史過程は説けない。なんらかの権力によって理不尽にも小生産者を土地から強制的に追放するしか手はないのである。それがいうまでもなく囲込み運動による土地と直接生産者との領主による強制的分離である。その結果発生した賃銀労働者になるべき無産者を労働力商品として雇って行なわれる資本家的農業経営が成立する。いいかえれば農民層の両極への分解とは理論的にはこの農民追放という権力行使を起点とする運動であって、その逆ではないのである。農民追放が農民層の両極分解そのものといってもいいのである。

以上は資本主義の典型的な発生をみたイギリスのケースを抽象化したうえでの理論的展開なのであるが、現実にはイギリスでは生産物地代としての封建的地代はなかったとされる。封建地代が労働地代からいきなり貨幣地代に転化した。商品経済が一段と進化したことを前提とする資本主義の発生である。そこではさきにのべた農民追放をもって資本主義が成立するという論理は通用するのかどうかは、たしかに問題たりうる。大部分の研究では基本的には農民層の両極分解を通じて資本・賃労働関係が発生してくるのであって、農民追放等による権力行使はその促進作用しかもっていなかったという理解が支配的であることはさきにもしばしばみてきたところである。たとえば椎名重明はこういっている。農奴制が崩壊しつつあった「この段階における直営地の一括借地は、標準的な封建的農民層にはもちろん、形成されつつあった小ブルジョア的農民層にとっても、容易になしうるものではなかったことは明らかとなるであろう。数百エイカーにも及ぶ土地を借地し、それを経営しうる条件が一般的にできてくるのは、小ブルジョア的農民層の中からさらに裕福な層、即ち本来的な借地農層が形成され、自由に雇傭しうる賃労働者層が形成された時、つまりいわゆる農民層の分解がより一層進んだ段階においてである。同時に他方、そしてその時に至って初めて、上述したような直営地の大借地農業も、資本家的借地農業へと進化しうるのである。……／第一次エンクロウジャーが、牧羊のための大規模な囲込みとして、主として領主層或いはジェントルマン層によって推進された時、それらの囲込み地は必ずしもすべて従来の直営地の大借地農によってのみ経営されたのではなくて、形成途上にあった農業における産業資本も、そこに活動の場を見出したのである[57]」と。ここで主張されていることは農民層分解によって形成されつつある産業資本が囲込み運動によってその活動の場を与えられた、ということである。農業における産業資本は農民層の分解によって形成されるのであり、囲込みはその促進剤であるという位置づけなのである。問題の焦点は資本となる資金の発生ではない。資本形態は資本主義が成立しなくとも商品流通過程において商人資本とか高利貸資本とかというかたちで発生しうるのである。封建体制の下での無産者の発生がたんに農民層の両極分解で説けるのかどうかにこそ問題の焦点がある。もっとも農民層の分解なるものをどうとらえるかにもよるのだが、通説では商品経済の発展によって農民層は資本家と賃労働者との両極に分解されると考えられている。

そこで封建地代が貨幣地代のかたちをとっているばあいに農業における資本家的経営がいかなる条件の下で成立しうるのかを考察することにしよう。マルクスは『資本論』第三巻二七章「資本主義的地代の生成」第四節で貨幣地代を論じている。それはつぎのように始まっている。「ここで貨幣地代というのは――平均利潤を越える超過分でしかない資本主義的生産様式にもとづく産業地代または商業地代と区別してそういうのは――生産物地代のたんなる形態変化から生ずる地代のことであって、ちょうど生産物地代そのものがたんに労働地代の転化したものでしかなかったようなものである」[58]といい、「直接生産者は相変わらず自分の生活手段の少なくとも最大の部分を自分で生産しているとはいえ、今では彼の生産物の一部分は商品に転化させられなければならず、商品として生産されなければならない。そこで生産様式の性格が多かれ少なかれ変えられる。それは、その独立性を失い、社会的関連から分離された存在を失う。今では多かれ少なかれ生産費のなかに貨幣支出が入ってゆくその割合が決定的になる。……この種の地代の基礎はすでに解消に向かいつつあるとはいえ、この基礎は、まだ、出発点をなす生産物地代のばあいと同じままである。直接生産者は相変わらず相続またはその他の伝統による土地の占有者であって、彼はこの自分の最も重要な生産条件の所有者である領主に、余分な強制労働、即ち不払いの、無等価でなされる労働を、貨幣に転化した剰余生産物の形態で支払わなければならない」[59]といって貨幣地代も封建地代であることをいちおう確認する。しかしこのあとから新たな展開がでてくる。「最初まず散在的に現われ、やがて多かれ少なかれ国民的な規模で行なわれる、生産物地代の貨幣地代への転化は、商業や都市工業や商品生産一般がしたがってまた貨幣流通が、すでにかなりの発展をとげていることを前提する」[60]といってこう変わってくる。すなわち、この貨幣地代は封建地代の「最後の形態であると同時に、その解消の形態でもある」となり、この貨幣地代は借地資本家が取得する利潤を越える剰余に制限される「可能性の発展につれてはじめて成長することができる」ということになる。貨幣地代は封建地代の「解消形態」であるという。そして結局「それがさらに発展すれば、貨幣地代は、……資本主義的生産様式の形態、すなわち資本家的借地農業者が支払う地代（か——原）に到達せざるをえない」[61]といいきるのである。つまりマルクスもまた農民層分解によって資本家的農業経営が成立すると考えていたようなのである。

だが、その「到達せざるをえない」根拠としてマルクスがあげることについては疑問をはさまざるをえない。まずマルクスはさきにあげた引用につづけてつぎのようにいう。「貨幣地代とともに、土地の一部分を占有し耕作する隷属民と土地所有者とのあいだの伝統的な慣習法的な関係は、必然的に、契約的な、実定法の定則にしたがって規定された、純粋な貨幣関係に転化する。したがって、耕作する占有者は事実上たんなる借地農業者になる」[62]という。この「転化」はしかし、領主権の否定を媒介にするのであって、その必然性はたんに経済的な契約関係のみでは処理されえない。事実、このあと「この転化は、一方では、その他の一般的な生産関係が適当であれば、旧来の農民的占有者をだんだんに収奪して資本家的借地農業者をそれに代わらせるために、利用される」といっているのであって、この収奪とは旧来の農民的占有者を土地から追放することであって、たんに商品経済的契約を通してなされるものではない。領主権の行使なのである。土地の封建的関係からその貸借関係という近代的関係への転化がかかる封建的権力の最後の行使を媒介にしてなされることの意味が重要なのである。それは所有の本質にかかわることであって、われわれは最後にふれることにしたい。ただここでは商品経済的形態はみずから包摂しうる実体をつくることができないのであり、「たまたま」包摂しうる実体があれば包摂し、形態が発展する、という関係にある。そこに商品経済と歴史との関係があるわけである。

(57) 椎名重明「農業における産業資本の形成」大塚久雄・高橋幸八郎・松田智雄編著『西洋経済史講座』Ⅱ（封建制から資本主義への移行）、一九六〇、岩波書店、所収、二一九〜二二〇ページ。
(58)『資本論』⑤一〇二一ページ。*Das Kapital*, Bd. Ⅲ, S.805.
(59) 前掲書、⑤一〇二一〜一、〇二二ページ。*Das Kapital*, Bd. Ⅲ, S.805.

(60) 前掲書、⑤、一〇二二ページ。*Das Kapital*, a.a,O. S.805.
(61)『資本論』⑤一〇二三ページ、*Das Kapital*, S.806.「か」が挿入されているのは、引用文の「貨幣地代は」のあとに「――すべての中間形態、たとえば小農民的借地農業者のそれなどを別とすれば――自由な農民所有への土地の転化か、」が入っているからである。
(62)『資本論』⑤一〇二三ページ。以下の引用は、とくに断らないかぎりこの一〇二三～一〇二四ページからのもの。*Das Kapital*, S.806~807.

つづけてマルクスは「他方では、この転化は、従来の占有者が自分の地代支払い義務を買いもどして、自分が耕す土地の完全な所有権をもつ独立農民に転化するという結果に至らせる」という。農民占有地を領主が当の本人に売る、そして農民が独立農民になるというのだが、それはその土地が領主の所有のものであることを前提にするが、その根拠はどこにあるのだろうか。もともとは「所有者」は農民だったはずである。じつは売買が所有を生むことはすでにわれわれは見てきた。所有者本人が自分のものだというだけでは社会的関係を生まないが、売買はすでに一種の社会的関係をなすのであって、当事者二人は互いに商品所有者と認めていることになる。領主がその土地を売るといい、農民がその土地を買うといった瞬間に、その土地の所有者は領主であることが「社会的に」認められたことになる。少なくとも商品経済行為では売買という結果が所有という前提を生むのである。それは「所有」という概念が実体的な根拠をもっていないことを示すのであって、農民がその土地を領主から買ったということは、実体的には領主による農民収奪なのである。最初に占有したことが所有の根拠になるわけではないが、領主は他人の占有物を奪取してえたものを本人またはその子孫、或いは他人に売るという意味での収奪者なのである。商品経済にも詐欺瞞着による収奪はありうるが、それは双方合意というかたちをとっているのであって、封建領主なるが故になしうる収奪とは異なるのである。マルクスの文章はそこまで考えていたかどうかはわからない。

ついでマルクスは「現物地代の貨幣地代への転化は、さらに、無産の、貨幣で雇われる日雇労働者階級の形成を必然的に伴うだけでなく、これによって先行されさえもする」という。貨幣地代への転化が日雇労働者を形成するというと、商品経済が労働力商品を生むというように解釈されうるが、このばあい貨幣地代を支払いえない隷農が追放されるということであって、これは一見商品経済的原理によるものとみえるが、じつはそうではない。もともと隷農は領主と自由な契約のもとに借地していたわけではない。かりに自由契約のもとで借地していたのであれば、その契約地代を支払えなければ農民は追い出されるのは当然である。だが隷農は自由契約のもとで借地していたわけではない。はじめから農民は封建地代の貢納義務を負って耕作を強要されていたのであって、貨幣地代になっても封建的「生産物地代のたんなる形態変化から生ずる地代」にほかならない。領主権による土地からの分離を前提にしなければ「日雇労働者階級の形成を必然的に伴う」ことにはならないのである。

さらにマルクスはつづけて「それゆえ、この新たな階級がただ散在的にしか現われていないその発生期には、いくらかましな状態にあった地代負担農民のあいだでは、ちょうどすでに封建時代にもいくらか資産のある隷属農民は彼ら自身もまた隷農を保有していたように、自分の計算で農村賃銀労働者を搾取する慣習が必然的に発展したのである」という。このばあいの隷属農民が「彼ら自身もまた隷農を保有していた」ことは「農村賃銀労働者を搾取する」ことに「必然的に発展」することになるのであろうか。隷農の隷農は土地保有から分離はされているが、むしろ隷農の奴隷であろう。奴隷の解放は奴隷主たる隷農が土地から分離されたときに隷農とともに解放されることになるはずであって、隷農の支配のもとに賃銀労働者に発展するわけではない。賃銀労働者への「先行」などは社会的には存在しえないのである。直接生産者と土地との権力による分離こそ労働力商品を生むのである。

つづいて「こうして、彼らのあいだでは、いくらかの財産をかき集めて自分自身を将来の資本家に転化させる可能性がだんだん増加してゆく。こうして、古くからの自分で労働する土地占有者たち自身のあいだに資本家的借地農業者の培養場ができる」という。貨幣の蓄積を賃労働者の形成より重視しているかのごとくなのだが、貨幣の蓄積は産業資本の成立以前に商人資本や高利貸資本が商品流通を通してできるのであり、また小生産者でもできるのであって、資本の原始的蓄積がいかにして可能かということこそが問題なのである。農民層のなかから借地によって経営を拡大したいという要望がでるのだが、土地の更地化は領主権力をもってしかできない。むろん実際は借地者が農民追放行為を請け負うことがあるのだが、それは領主権力を後ろ盾にしてこそ可能なのである。産業資本家になろうとするものの外部にある力がするのである。賃銀労働者をつくるのも産業資本家のできることではなく、外部権力の意図せざる結果としてつくってしまうのである。そしてマルクスはにわかには理解しがたいことをいうのである。培養場の「発展は農村の外の資本主義的生産の一般的発展を条件としている」というのである。もちろん無産者を賃銀労働者に仕立てあげるのは都市の資本主義的生産であろうが、賃銀労働者のもとになる無産者は本来、農民層から排出されるのである。そのことを前提にして「農村の外の資本主義的生産の一般的発展」が可能になるのである。こうしてマルクスにあっても労働力商品は商品経済から自然に発生してくるという考えが一面で根強く存在するのである。

ではこの無産者の創出後はどう展開するのであろうか。十四世紀末までには農奴制は消滅したといわれるが、それ以後一挙に農民は解放されたわけではなく、貨幣地代を封建地代として貢納する隷農制に移行した[63]。貨幣地代は軽いものであり、農民はかなり自由になったといわれるが、土地を自由に処分することはできなかった。そこに牧羊地帯で囲込みが起こったわけである。まず羊毛生産に特化した資本家的借地農業経営が形態的には成立する。形態的には、という意味はそこに雇われる労働者は土地を追われた元農民であろうが、主に下男下女としてあるいは作男として雇主の屋敷内の一部をあてがわれ、住み込みとして食事も支給されるといったように生活そのものが雇主に従属していて、人身支配関係から完全には解放されていないと考えられるからである。それに地主に転化した、あるいは転化しつつある領主も囲込みの進展とともに領主権を失うわけであるが、その囲込みは一挙に全面的に行なわれるわけではないので、多かれ少なかれ封建的権限は残存する。それは雇用関係にも反映するであろう。[64]その点も重要だが、それだけではない。雇用労働者が増加すれば、食料農産物にたいする有効需要は原則として高まるはずであるが、ここでは自給されてしまうので高くならない。

(63)　吉岡昭彦はイギリスにおける農奴制崩壊後の地主・小作関係は「まぎれもなく封建的な生産関係」であったという。すなわち「地主＝小作関係はまさしく絶対王政成立期において、古典荘園体制の崩壊の中から形成されたことが確認される。その規模および態様はマナー乃至は村落ごとに可成りの偏差を示すとはいえ、領主権の弛緩と土地保有権の権利性の強化に伴って、後者の権原が地主権と小作権に分裂し、新たに小作農階級が発生し、地代はもはや剰余労働の一部を占めるにすぎず、その支配的部分は小作料として地主ブルジョワに収取されるにいたった。……地主は土地取戻権と動産差押権を保持し、それら諸権利を直接的な強制力によって行使しえたこと、小作料は貨幣形態が支配的であったが、なお現物経済的な残滓を伴い、かつ小作農民は本来の封建的諸負担を転嫁せしめられたこと。以上の点において地主＝小作関係は、私的権利性の貫徹を阻止されており、まぎれもなく封建的な生産関係であった」（吉岡昭彦『イギリス地主制の研究』一九六七、未来社、二二二～二二三ページ）。ただし地主＝小作関係は「まぎれもなく封建的な生産関係」なのに「地主＝ブルジョア」と規定しているのは平仄が合わないと思うのだが、封建制の崩壊期は資本主義の生成期であって、イギリスではその転換期が何世紀にもわたる長期を閲したということは、一方で領主が権力をなお維持しつつあり、他方では囲込みで権力を放棄しつつあるものがあって、前者は封建的性格をもち、後者はブルジョア的地主になったということではないだろうか。

(64) C.S. オーウィンの『イギリス農業発達史』(三澤嶽郎訳、一九七八、御茶の水書房、原著はC.S. Orwin, ***A History of English Farming***, Edinburgh、一九四九)によれば、イギリスの農業労働者については十八世紀ごろまでの「農業労働者は、厳密に定義される二つの階級に分かれていた。その一つは年期奉公契約で働く男女の農場使用人 (farm servant) で、彼らは農場の家で食事と住居とを無料で与えられ、賃金として年ぎめで一時払いの現金を支給された。もう一つは日雇労働者 (day labourer) で、彼らはどこでも生活できる所で生活し、雇主に求められるままにその日その日を働いた。男の農場使用人は、主として農場の家畜を扱った。彼らは、車引き・馬車引き・馬丁・羊飼い・牛飼いであった。彼らの仕事は、明らかに毎週七日間で、それが一年中つづいた。それは垣つくり・溝掘り・乾草作り・収穫・あざみ刈り・蕪の中耕・堆肥撒きなど、あらゆる畑仕事に従事し、農閑期と悪天候の日に仕事のない日雇労働者とは対照的であった。女の農場使用人は、大人も小人も主として屋内作業および酪農に従事した。しかし野外および牛舎内の搾乳牛および子牛・豚・鶏の世話も彼らの仕事であった。彼らの仕事は、男の農場使用人と同じように、休みなくつづいた。これに対し、女の日雇労働者の仕事はたいてい季節的であって、しばしば請負業者のもとに移動労働隊として組織化されていた」(前掲書、一一三〜一一四ページ)という。農業労働者は貧しい生活や強度の労働を強いられていたこともさることながら、とくにその雇用形態において生活の独立性が保障されていないことが問題であろう。そのことは一方では無産者が多数発生したことにもよるが、他方では大部分の農業労働がなお手労働に依存したものであることを基礎にしていると考えられる。いずれにせよそのことが雇主の労働者にたいする恣意的支配慣行をうむことになるであろうと考えられる。

その需要を高める要因は農業外部に出ていった大多数の無産者のほうにある。彼らは絶対王政によるさまざまな強制法規によって手工業者としての親方の徒弟になる。その親方の一部はマニュファクチュアとして資本家になっている。これも形態的になっているにすぎない。親方の大多数のものは商人資本の支配のもとに問屋制家内工業を営むことになる。当時はまだ羊毛製品の国内一円的統一市場が形成される以前の時代であって、各地方市場ごとに価格水準が異なっている。生産費を下げることによる利益よりも、市場価格差または請負工賃差を利用することによる利益がはるかに大きい。その価格差をしる才覚は商人的才覚である。その代替物の価格動向まで通暁する才覚は商人にまさるものはいないであろう。親方がマニュファクチュアを経営するには当然商人的才覚を要請される。職人的技術による生産力格差は市場別価格差の利用より利益が大きいとはかぎらないからである。いずれにせよ商人資本的性格の資本が毛織物生産の大勢を支配することになる。さらに商人資本またはその性格をもつ資本は、あらゆる機会をとらえて自己の利益のために利用する性質をもっているのであるから、絶対王政と結託して生産制限や販売制限の諸政策を制定させて、流通を支配し、結局小生産者たる親方層ならびに職人層からその生産手段を収奪して、これを事実上の賃銀労働者に転化せしめる。この賃労働者化は囲込みを前提としたうえで、絶対王政の権力をも利用して商人資本的性格をもつものによって、はじめて実現されたのである。こうしてここでも小生産者の賃労働者への転化はたんに発展途上の商品経済の作用のみではなく、それとは外的な存在のものの利用をもってはじめて可能であることがわかるのである。

こうして工業においても労働力商品化はなお職人的労働力商品化という未完成のものとしてではあるが、発生することになり、それとともに農業市場と工業市場というかたちの国内市場がその形成の緒につくことになる。このことを前提にして、いいかえれば農業と結合していた工業が独立化する過程のうちに産業革命が開始されることになる。

それも必ずしも商品経済のみから出たものではない発明家によって、機械が発明され一足先に産業資本が名実ともに工業で形成されるのである。囲込みで無産者が排出され、それはいったん職人化というそれ自体は必ずしも商品経済に固有のものとはいえないものへの回り道をとって労働力商品に転化したが、機械の発明は無産者が職人という回り道をしなくても、そのままで賃銀労働者になることを可能にしたのである(65)。ここでも歴史過程と理論的展開とはいわば質的に異なることが示されている。ともかくこうして労働力商品化という形態が直接的に実体を把握しうるようになったわけである。資本主義の成立という結果が、自らの前提を最初に示していた、そして途中の歴史的経過はこれを省略せざるをえない、というのが原理論なのである。それはともかく産業革命は今度は農業分野に波及し、条播機が発明され、その利用をまっていわゆるノーフォーク農法が全国一円に普及することになり、そのことによって資本家的農業経営がほぼ完成することになる(66)。農業賃銀労働者もその基幹部分は近代化されることになる(67)。

こうして手工業小生産者にたいする商人資本による収奪を媒介にして資本家的生産関係が確実なものに成長し、生産力の裏づけをもってその生産関係が確立するということになるわけである。その過程は商人資本の自己否定の過程であり、こうして原理論から歴史的役割を終えた商人資本は消えることになる。はじめは囲込みで一方では農業に資本家的生産関係の形態が出現し、他方では無産者が都市に流れ、手工業の職人になり結局商人資本という資本主義発生期に特有の資本によって収奪され、商品労働力に転化される。そして産業革命による機械の発明によって、工業においてはじめて名実ともなった産業資本が成立する。その機械の発明によって農業の機械化が成立することによって、農業資本主義化が完成するということになる(68)。このときすでに時代の生産力を代表するものが工業生産力であることが示されているわけである。しかしそこにはこの時代の生産力発展の限界が示されているともいえるのである。そこにすでに農業が資本主義のネックになることが暗示されているからである。それもまた商品経済的要因外の条件の発展と資本主義によるその制約関係にかかわることなのである。

(65) 後進国の資本主義化は先進国イギリスのような展開では行なわれえなかった。それはイギリスの資本主義化が行なわれえた条件がそこにはなかったからであるが、その解明はイギリスにおける典型的な資本主義の成立を基準とするいわゆる段階論を踏まえたうえでなされなければならない。もちろん封建制の否定は前提となるが、その否定のされ方がイギリスとは構造的に異なっていたのであり、土地と直接生産者との分離も直接的に行なわれないで、封建的土地領有制の否定が近代的土地所有の法制的制定というかたちで行われた。封建領主の個別的権力行使による農民の追放というかたちではなく、農民と土地との分離以前に法律制定という権力行為によって分離しうる体制をつくってしまったのであり、あとは商品経済の作用をもって商品経済的に必要な分離を実現してゆくというかたちがとられたのである。分離と近代的土地所有の制定がイギリスのばあいと前後が逆転しているのである。それはまさに後進国の必然性といっていいであろう。なおドイツにおいても日本においても近代的土地所有の資本主義における意義を客観的にわかったうえで制定されたものではもちろんない。近代国家建設のために必要な財源を地租として確保するという実務上の必要からなされたにすぎない。藤瀬浩司によれば十九世紀初頭、イエナ敗戦後のプロシャ政府は「領主層に自己経営の維持と再建のために農民地の半分に対する処分権を与えるが、領主の『自由な処分権』は拒絶され、可能な限りの農民階層の維持が、問題となっている。このような国家政策の施行は、絶対王政の物質的基礎＝軍事的・財政的基礎の確保に主要な基盤をもつといえよう。……そして、国家のもっとも安定的で重要な財政収入は、さしあたり、農民にたいする賦課・地租などであった」（藤瀬浩司『近代ドイツ農業の形成』一九六七、御茶の水書房、二一九〜二二〇ページ）。

(66) 一七三二年タウンゼンド卿によって完成されたノーフォーク農法は蕪―大麦―牧草―小麦という四年輪作農法であって、「放牧と家畜の冬期飼料とを確保するうえに、大きな効果をもたらした。これによってより多くの家畜が維持できるようになり、たんに羊毛と畜肉の増産が可能になっただけでなく、畜肥の増大によってさらに農産物の増産も可能になるという、循環的効果が生じたものであった」（前掲、大内力編著『農業経済論』六六〜六七ページ、渡辺寛稿）。同じ頃ジェスロ・タルは条播機を発明し、無肥連作農法を提唱した。マルクスが「近代的農業はイギリスでは十八世紀の中ごろから始まる」（『資本論』第一巻、大月書店版、②八七八ページ、*Das Kapital*, Bd. I. S.702.）といったのはこういうことを背景にしていた。だがノーフォーク農法は当時なかなか普及しなかった。「なぜなら、その実行には、かならず大規模なカブ栽培――中耕作業を不可欠とする――を必要とし、したがってそうとう大規模な集団化された土地（囲込み地）を前提とするものであったからである。これにたいして、開放耕地制においては、中耕作業は不可能で、各個の経営規模も一般に遥かに小さく、耕地強制の存在を前提として、共同放牧、共同採草、および三圃式農法を行なうものであったから」（飯沼二郎「資本制大農経営の成立」大塚久雄・高橋幸八郎・松田智雄編著『西洋経済史講座』Ⅳ、〔封建制から資本主義への移行〔二〕〕一九六〇、岩波書店、所収、二五七ページ）である。だが、「この当時におけるノーフォーク農法の普及には、なお、大きな技術的障害があった。それは、カブの播種はすべて散播であった。しかし、播種から収穫までの間に、なんらの作業も必要としない穀物や牧草に比して、カブは一度ないし二度の中耕を不可欠としていたから、その中耕作業にたいして、散播はすこぶる困難な条件をあたえるものであった」（前掲書、飯沼稿、二六〇ページ）。したがって「散播」から「条播」に切りかえなければならないが、広大な耕地に手で条播することはきわめて困難であった。そこでタルの条播機が改めて注目されることになった。その条播機は改良されて十八世紀末にはノーフォーク農法にとりいれられて、レスター伯爵による条播農法が普及した。「こうして、いわば第二期のノーフォーク農法は、条播機と結びついて、十九世紀の前半期に、イングランド全土に普及していった」（前掲書、二六二ページ）。しかしこの「背後には、『産業革命』の結果、機械工作技術が急速に発達して、良質で安価な条播機の大量生産が可能になったという事情も無視してはならない」（前掲書、二六一ページ）。いずれにせよ「農業の機械化が本格的に進み、農民離村の現象がはっきりあらわれてくるのは一八三〇年以後のことなのである」（前掲書、二六四ページ）と飯沼がいうとき、それはイギリスにおける工業で産業資本がほぼ確立する時期と符節を合わせていることを意味している。

（67）飯沼二郎によればアーサー・ヤングの一七六八年の著書（A. Young, *A Six Weeks Tour through the Southern Counties of England and Wales*, pp.5, 7-21. London, 1768）にはつぎの記述があるという。ノーフォーク地方の農場はすべて大きいが、そのうち代表的な農場として示されているのは「経営規模一一〇〇エイカーで、下僕六人、労働者六人、馬三〇頭、牛二〇頭、羊九〇〇頭、犂五台を保持し、収穫期には別に総計約四〇〇人を雇用している。その年間の粗収入二二六五ポンド、支出一〇〇二ポンド、（その中には下僕六人の賃金一二〇ポンド、労働者六人の賃金一五〇ポンド、および地代、十分の一税、町民税エイカーあたり六シリングで三三〇ポンドが含まれている）、差引、純収益一二六三ポンドであった」（前掲、飯沼二郎「資本制大農経営の成立」、『西洋経済史講座』Ⅳ、二五九ページ）。下僕より労働者の賃金のほうが二五％高い。「労働者」はより近代的労働者とみていいのではないか、と思われる。

（68）櫻井毅の新著『資本主義の農業的起源と経済学』（二〇〇九、社会評論社）はイギリス資本主義の発生過程は工業よりさきに出現した農業資本主義の成立を基軸にして解明されるべきだと主張するものである。ただしそのあいだに、商人資本の役割を入れるべきだという。その主張の根拠を簡単にまとめると、「マルクスは、十五世紀以降、緩慢な形ではあるが、まず農業で資本主義化が先行し、それがその後の工業での資本主義化を支えた、と考えているといっていいように思われる」（前掲書、六八ページ、以下、とくに断らないかぎり同書のページ数のみを記す）とし、「地主、借地農業資本家、農業労働者からなる三肢構造が、……十六世紀に至るまでに農村にかなり出現してきた」のであり、これは「農業における資本家的経営の確立であり、資本家的生産様式の歴史的誕生といってよい」（七〇〜七一ページ）という。そしてそういう認識を前提にすると、宇野弘蔵のイギリス資本主義成立論には「封建制から資本主義への転化を、小生産者からマニュファクチュアを通して機械制大工業にいたる工業生産の内部的な生産組織の発展の筋道でとらえようとする視角が見て取れるのではないか。……それは、大塚史学やドップの方法と区別した宇野自身の商人資本の資本主義形成における歴史的役割を、逆に軽視することにならないか、と危惧されるのである」（三三〇ページ）というのである。

大塚史学に宇野説は近接するものだという櫻井の主張はこれまで展開してきたわれわれの考えからすると、にわかには理解しがたいものであるが、それはこういう意味なのであった。「商人や金融業者、そしてとうの昔に封建的領主であることを辞めて、今はただ商人的利益を追求する地主による資本蓄積が、十六世紀以降の農地のエンクロージャーによる無産民の創出と結びつくとき、資本と賃労働という生産関係を軸にした資本家的経営が初めてイギリスで成立した……つまり地主による土地所有の大規模化の動きが借地農業者への依存を深め、その借地農業者が市場の拡大のために生産性の拡大に努めて、それが労働者の雇用に結びつくとき、その変化こそが、イングランドに最初の資本主義をもたらした原因になった」（同上ページ）というのである。つまり「地主」が商人資本的役割を担ったというわけである。

　以上のように桜井説がとらえられるとすれば、われわれはいくつかの疑問をはさまざるをえない。さしあたりつぎの三点をあげることができる。第一に、囲込み運動と近代的土地所有の成立との理論的前後関係が不明であるということである。この問題はしかし、イギリスで農奴制が崩壊したあといかなるかたちの封建制も消滅して、たんに資本主義的生産が長期にわたって徐々に形成されてくることになるとみるか、領主の農民にたいする封建的支配力は弱まったが、相続税とか結婚税とかその他のかたちでなお保持されていたとみるかによって、本来は異なる結果がでてくるのだが、その点がそもそも不明確なのである。通説では隷農制に変わり、それが徐々に崩壊してゆくとされていると思われるのであり、われわれもそう思うのだが、櫻井はすでに封建制は農奴制の崩壊以後は存在しないとみているようなのだが、その点が明確ではないのでる。けれども桜井説に乗っても疑問は消えない。櫻井は十六世紀以後「土地の封建的領有権はすでに解体されていて、土地の近代的な所有権が広範に成立していたといってよい」といい、ついで「そういう中でさらにエンクロージャー運動が始まっていたのである。それは一方では富農のあいだで行なわれた農地の囲い込み、すなわち地条の整理、土地の再分配と統合であり、他方では地主の旧直営地の囲い込みであった」という。地主や領主はすでに近代的土地所有者というのだから、「その囲い込みの進展は当然、領主ないしジェントリ地主にとって私有権の行使であり、その結果、貧しい農民を追い出して、土地を失った無産民を新しい階級として創り出すことを意味するものであった」（以上、一一八〜一一九ページ）と結論する。この一連の文章は辻褄が合わないものである。すでに封建的土地領有制は解体されているのであるから地主は近代的土地所有者である。したがって「私有権」の行使とはその近代的土地所有権にもとづく行使である。しかし農民は双方合意のうえでその土地を借りていたのだろうか。そうではなく、もともとその土地を耕作していたか、領主によって耕作を強制されて、封建地代（労働地代であろうと貨幣地代であろうと）を貢納していたのではなかったか。そうであれば領主の土地所有は近代的土地所有ではなくて封建的土地領有である。だからこそ「地主」はその土地を借地希望農民に貸付けるために農民をその土地から追放したのだが、その追放行為は近代的土地所有の権限によるものではなく、まさに封建領主としての権力によるものである。また農奴制が崩壊したときに領主は近代的土地所有者としてたんなる地主になったといっても、それはいかなる方法でなったのか。たんに宣言すればなれるというものではないであろう。農奴がその土地に住んでいて、領主の土地と自分にあてがわれた土地を耕作していたわけである。その土地から農奴を追放しなくては近代的土地所有は成立しない。農民を土地から追放して土地を貸しつけるべき更地にし、農民を無産民にすることこそ、近代的土地所有生成の任務である。それはまさに「貧しい農民を追い出して、土地を失った無産民を新しい階級として創り出す」ことである。このばあい櫻井にあっては近代的土地所有が前提になって、その権限にもとづいて農民を追放するというのであるが、それは順序が逆である。近代的土地所有者自体にそのような権力を行使する権限はない。封建領主の権力を行使して農民を追放することによって近代的土地所有者になったのである。その権力の行使は封建領主の自己否定としての最後の権力行使である。このことは領主が近代的土地所有者になったことを宣言しても、農民が土地から離れなかったならばどうなるかを考えればすぐわかることではないであろうか。強力による農民追放を前提にしてこそ近代的土地所有は成立するのである。いいかえれば領主はたんなる地主として農民を追放しうるわけではなく、ましてや商人資本による収奪として追放できるわけではない。ここの櫻井の論理は封建的土地領有制が存続していたとしても、近代的土地所有を前提にしていたとしても、辻褄が合わないのである。

第二に、十五世紀から十八世紀にかけてたしかに三肢構造がまず農業分野で形成されたことはたしかであるが、櫻井自身が指摘しているようになお形式的形成に留まっていたことをどう考えたらいいかという問題である。当時の農業労働者は、われわれが不十分ながらみたように、奉公人的性格を抜けきれていないのであって、多かれ少なかれ雇主に隷属していたとみられる。独立の生活を営みえて、自由に移動できる労働力商品としてまだ完成していなかったと考えられる。問題はより完成された労働力商品になりうるためにはどういう条件が必要であるかを明らかにしなければならないのではないか。それは農業における機械の採用だと考えられる。イギリスにおける近代農法の基になったノーフォーク農法が産業革命によってえられた改良条播機を組み込むことによって全国的普及を達成したということは示唆的である。労働力商品を完成せしめる実体が産業革命というかならずしも商品経済的要因とはいえないものによってもたらされたことが重要ではないかと思われる。いいかえれば農業、工業別々に資本主義的生産が形成されるということではなく、賃労働者の基になる無産者は農村で領主権力の行使をもって発生し、その大部分は都市の手工業に流れ、そこで商人資本の収奪にあって職人的賃銀労働者になり、産業革命による機械の登場によって、名実ともに労働力商品になる。ついでその機械化が農業に波及して農業の基幹労働力は近代的賃銀労働者になる、というように農業、工業は相互に商品経済的に関連しあいながら発展するのではないかと考えられる。なおすでに引用したように、櫻井は「とうの昔に封建領主であることを辞めて、今はただ商人的利益を追求する地主による資本蓄積」というが、地主はただ借地要望農民が提示する地代額のなかから最大のものを選ぶだけであって、商人のようにみずから積極的に働きかけをするわけではないであろう。少なくとも商人資本が手工業者を収奪して、これを賃労働者に転化するようなことを地主が借地農にするわけではない。旧農民を収奪したのは領主権力による農民追放である。むしろ商人的行動を新たに展開せざるをえなくなるのは借地資本家になるもののほうである。

第三に、領主による囲込みは近代的土地所有を発生させるものであるが、それだけではない。農業から、それまで結合していた工業を分離させて分業を発生させ、それぞれの国内市場を作りだすとともに、商品経済を一挙に拡大させるものである、ということはすでに宇野が明らかにしていることであり、われわれもその点をすでにのべた。その点に櫻井がふれていないのは、大塚史学と同様に、商品経済史観によるのではないかとも思うのである。商品経済は非商品経済的要因たる封建的権力行使がなくとも自己発展するものだというのが商品経済史観だからである。旧農民から工業を分離させたのは囲込みであることはいうまでもない。櫻井は宇野が大塚史学に近接しているというが、囲込みを前提にしてこそ近代的土地所有が発生することを否定する櫻井こそ大塚史学に近いのではないだろうか。宇野重商主義段階論は商人資本による収奪から説きおこしているかたちになっているが、政策論の戦前版でも戦後版でも劈頭、封建制の崩壊＝労働力の商品化から説き起こしているのであって、近代的土地所有によって封建制の崩壊を説くということからではない。

四　マルクスの原始的蓄積論（二）

それでは資本主義の発生の歴史過程はマルクスによってどのように総括されていたか。これは例の『資本論』一巻二四章七節「資本主義的蓄積の歴史的傾向」において資本主義の没落期よりやや具体的に展開されている。しかしもちろんなお抽象的であって、きわめて難解である。資本の原始的蓄積から資本主義の成立までは文節では四つに分かれているが、最後の文節はまた三つないし四つに分けられる。マルクスの考えを正確に読みとるために、文節にわけて考察しよう。そうするに値する文章である。

七節はこう始まる。「資本の本源的蓄積、すなわち資本の歴史的生成は、どういうことに帰着するのであろうか。それが奴隷や農奴から賃銀労働者への直接の転化でないかぎり、つまりたんなる形態変換でないかぎり、それが意味するものは、ただ直接生産者の収奪、すなわち自分の労働にもとづく私有の解消でしかないのである」[69]。ここでまず問題になるのは「それが奴隷や農奴から賃銀労働者への直接の転化でないかぎり」とはいかなる意味なのか、ということである。奴隷はともかく農奴から賃銀労働者への直接の転化は問題ない。問題は「転化ではないかぎり」とはどういう意味か、にある。「転化ではないとすれば」という意味か、「直接の転化ではないのだから」という意味かといえば、ごく自然に解釈すれば、前者であろう。しかしそれにしても転化であることを明確に否定しているわけではない。なぜこのように不明確ないい方をしたのかという疑問は残る。結局、否定も肯定も明確にしないまま終わっているのであって、のちに明らかにするように、ここにじつは躓きの石があったというように思われる。第二に、「直接生産者の収奪」とは「自分の労働にもとづく私有の解消」を意味するといっているのであるが、この「私有の解消」とは何を意味するのだろうか。そもそも「自分の労働にもとづく私有」とは自己労働が私有の根拠をなすという意味なのであろうが、それは労働が投下される土地の所有を前提にしているのであって、その労働生産物ではない土地所有の根拠はどこにあるのだろうかという根源的な問いを発したのは宇野であった。(70)この問題は資本主義社会成立の前提をなす近代的土地所有の根拠はどこにあるかという問題とも密接に関連する重要な問題であって、のちにとりあげたい。ともかく「自分の労働にもとづく私有の解消」というのは直接生産者がその土地所有を失うという意味になる。つまり原蓄というのは、直接生産者がその所有する土地を失うということだとマルクスはいうのである。いかにして失うのか、が問題である。第三に、もっとも不思議なのは封建領主による土地と人身にたいする支配関係が全然でてこないということである。そしてそれと裏腹の関係にあるが、土地なり、職場なりを所有している独立自営の小生産者からなる、いわゆる小商品生産者社会なるものがここでは想定されていて、その社会から資本主義社会が生成されてくるかのごとくに説いている。そのことはこのあとにつづくパラグラフでいよいよ明確になる。

(69)『資本論』⑤、九九三ページ。*Das Kapital*, Bd.1., S.789. 七節からの引用文は九九三〜九九四ページからのもの（*Das Kapital.* では S.789〜790）である。

(70) 宇野は『資本論に学ぶ』（一九七五、東京大学出版会）で「最初の私有というのは自分で生産したものを自分の所有にする。これが私有の原則である。われわれが考えると、そういってちっともさしつかえないように思いますね。自分が働いて作ったものだから、これは自分の所有物である。所有物というのは、だいたい自分の労働の生産物を所有するというのが当然で、資本家のように人の労働の生産物を取上げて自分の私有にするのはけしからん、こういうふうに考えられると思うのです。／これは、マルクスがあの節の最初のほうでも途中でも言っているのですけれども、しかしこの私有というのはもう少し考える必要がある。マルクスはここで資本家的な私有と小生産者のそういう自分の労働による私有とを並べて、なにか自分の労働によって得たものを私有するというのが本源的な私有であって、資本家的な私有のほうはなんだかインチキな私有のようにみえるような、そういういい方をしている。これはもういっぺん考える必要があるのですね。／というのは、土地の問題があるからです。農業の場合だと一定の土地を耕して、そしてそこから得た作物を自分のものにする。しかし、その土地にほかの人が入ってきたらどうするか。こういう問題があるわけです」（九三～九四ページ）といっている（初出は一九六四年の講演）。

この土地私有の根拠は何か、という宇野の問題提起にたいして、「個人的な私有」と「厳密な意味における私有」との関連にたいする宇野の「無理解」と称する問題にすりかえて、正面から反論をしていない論考に福冨正美の『共同体論争と所有の原理』（一九七〇、未来社）がある。「わたしは、土地独占にかんする宇野教授の理解にたいする批判は別としても、このような見解（「マルクスのいわゆる否定の否定も、共有制を否定した私有制を否定するものとしてこそ、否定の否定をなすものといってよい」という宇野の見解。『宇野著作集』一〇巻、三五〇ページ。――犬塚）には賛成することができない」（同書、三八ページ）というが、ここで宇野がいう私有の前提をなす土地私有は「土地独占」にほかならないと宇野がいっているにもかかわらず、その「批判は別としても、このような見解には賛成することができない」とはどういうことなのであろうか。

第二パラグラフはこうである。「社会的、集団的所有の対立物としての私有は、ただ労働手段と労働の外的諸条件とが私人のものであるばあいにのみ存立する。しかし、この私人が労働者であるか非労働者であるかによって、私有もまた性格の違うものになる。一見して私有が示している無限の色合いは、ただこの両極端のあいだにあるいろいろな中間状態を反映しているだけである」。ここで「社会的、集団的所有」とは古代の共同体による土地共有制のことであろう。その対立物としての私有とは個人としての私的土地所有のことである。その所有者には自らその土地を耕す労働者であるばあいと非労働者であるばあいとがある。後者は奴隷主とか封建領主とかであろうが、これらはマルクスの原蓄論では脇役になっている。原蓄の主役は前者の土地を所有する小生産者に絞られてゆく。

すなわち第三パラグラフでは、「労働者が自分の生産手段を私有しているということは小経営の基礎であり、小経営は、社会的生産と労働者自身の自由な個性との発展のために必要な一つの条件である。たしかにこの生産様式は、奴隷制や農奴制やその他の隷属的諸関係の内部でも存在する。しかし、それが繁栄し、全精力を発揮し、十分な典型的形態を獲得するのは、ただ、労働者が自分の取り扱う労働条件の自由な私有者であるばあい、すなわち農民は自分が耕す畑の、手工業者は彼が老練な腕で使いこなす用具の、自由な私有者であるばあいだけである」といって、原蓄の主役が土地私有者である小生産者であることが明確にされる。そういう小生産者は「奴隷制や農奴制やその他の隷属的諸関係の内部でも存在する」といっているが、それ以上の関心は示されていない。なにゆえマルクスは封建的生産関係に注目しないで小生産者の生産様式にこだわったのか。それは小生産者における生産力の発展がその生産様式に矛盾することによって、いわばそのまま資本主義が生成するという考えにこだわっていたからである。それは結局、封建的生産関係との対立を決定的媒介としないで説こうということになる。

実際、つぎのパラグラフのはじめの部分でこういっている。「この生産様式は、土地やその他の生産手段の分散を前提する。それは、生産手段の集積を排除するとともに、同じ生産過程のなかでの協業や分業、自然にたいする社会的な支配や規制、社会的生産諸力の自由な発展を排除する。それは生産および社会の狭い自然発生的な限界としか調和しない」。こうしていよいよマルクス原蓄論の核心部分に入ってゆく。すなわち「ある程度の高さに達すれば、この生産様式は、自分自身を破壊する物質的手段を生みだす。この瞬間から、社会の胎内では、この生産様式を桎梏と感ずる力と情熱とが動き出す。この生産様式は滅ぼされなければならないし、それは滅ぼされる」というところがまさに核心部分である。宇野は「ここが何べん読んでみても文章がよくわからない[71]」という。わからないのは「こういう生産方法であるかぎりは、労働の社会的な生産力というのは発展しっこない。非常に小さいスケールの生産しか行なわれない。こういう生産方法のもとにおいて、それがある程度の高度に達すると自分自身を破壊する[72]」というところなのであるが、この宇野の「わからない」という理由にもいささか問題がある。だがその問題の検討はもう少しあとに回すことにして、ここではマルクスのいうことをさきに聞こう。前の引用文につづけてこういう。「その絶滅、個人的で分散的な生産手段の社会的に集積された生産手段への転化、したがって多数人の矮小所有の大量所有への転化、したがってまた民衆の大群からの土地や生活手段や労働用具の収奪、この恐ろしい重苦しい民衆収奪こそは、資本の前史をなしているのである。それは多くの暴力的な方法が含まれているのであって、われわれはそのうちのただ画期的なものだけを資本の本源的蓄積の方法として検討したのである。直接生産者の収奪は、なにものをも容赦しない野蛮さで、もっとも恥知らずで汚らしくて卑しくて憎らしい欲情の衝動によって、行なわれる」という。このマルクスの主張は、小経営という「生産様式」が「自分自身を破壊する」とは要するに生産力が小経営の枠を打ち破って、必然的に小経営者層は資本家と賃銀労働者とへ両極分解せざるをえない、という主張である。そしてここがマルクス原蓄論の核心だと私は考える。農民を暴力的な方法で土地から追放するという行為は、すでに示唆しておいたようにその促進剤であるという位置づけである[73]。だが資本主義成立の前夜では、これもすでにのべたように論理的には小経営の両極分解は成立しない。せいぜい小経営の枠内での分化でしかないはずである。というのは両極分解とはなによりもまず労働市場の社会的成立を前提にしているものだからである。そもそも本源的蓄積とは土地と直接生産者との強力による分離の過程であって、労働力の商品化が行なわれる労働市場とはその分離を前提として成立するものだからである。したがって小経営が商品経済的な生産力競争に負けたからといって、その土地から離れることはできない。行き先がないからである。にもかかわらずそうした農民を土地から追放するにはゲヴァルトをもってするしかない。そのゲヴァルトを所持しているのは封建領主であって、したがってその封建的権力の行使なくしては両極分解は成立しないのである。[74] けっして商品経済的運動のみによって歴史の転換は生まれない。しかもこの土地と直接生産者との分離は、もちろん突如発生するのではなく土地生産物、ここではじめは羊毛の国際価格が騰貴するとか、のちには穀物価格が騰貴するとかといった、必ずしも厳密な意味での商品経済的な要因のみによって生じたものではない条件を前提にしているのである。それればかりではない。

(71) 前掲書、八〇ページ。

(72) 同ページ。

(73) 望月清司もそう考えている一人である。その重厚な大著『マルクス歴史理論の研究』(一九七三、岩波書店)のなかで「勤勉にして節約を生活の信条とする自立的小生産者」(三九七ページ)が自己労働によって蓄積した貨幣財産を生産に投下し、それで得た剰余価値(一)を、賃銀労働者を雇ったうえで再び生産に投下し、その結果剰余価値(二)を獲得したときには(これを「第二循環の終わりの問題」という)、彼は資本家に転化したという。これはマルクスの『経済学批判要綱』

のなかにある見解（『資本論草稿集』でいえば、②、一九九三、大月書店版、九八〜一〇〇ページ）を基礎とする主張なのであるが、そしてこういう。「貨幣財産という意味での資本の『成立』は商業および高利貸のところで十分達成されうる。また第一循環のはじまりに新投下されるはずの資本の『生成』も、論理的にはその資本の循環のために最小限必要な賃金労働者の存在を前提すれば足りる。そして、もし気が遠くなるような長い期間を忍耐するならば、商品交換＝商品生産は徐々に農民層の自然成長的な分解をもたらし、きわめてゆるやかなテンポで『労働と所有の同一性』を解体してゆくであろう。しかし、そうした賃金労働者がまったく自然成長的にのみ社会的に生成するのを手をこまぬいて待つだけの忍耐力を資本はもたない。可能的な資本としての貨幣財産が『古い生産様式の解体という歴史的過程を通じて、一方では労働の客観的諸条件を購入することができるようになり、他方では生きた労働自体を、貨幣と引換えに自由になった労働者から手に入れることができるよう』（マルクス、『要綱』――犬塚）な、ひとつの『分離』過程、ひとつの解体過程は、それゆえ短期集中的・一挙大量的であることが歴史的には必要なのである」（四〇〇〜四〇一ページ）と。イギリスにおける封建制から資本主義への移行の基本は小生産者層の両極分解にあるのであって、封建領主による農民追放は、その両極分解の促進剤でしかなかったというマルクスと同様の位置づけなのである。

なおここで望月は第一循環の終わりでえた剰余価値（一）は自己の労働によって蓄積した自己資金によるものだから「自己労働にもとづく私有」だが、第二循環の終わりでえた剰余価値（二）は剰余価値（一）によってえられた剰余価値だから「資本主義的取得」であることを『要綱』にもとづいて展開しているのであるが、マルクスは『資本論』のなかで自身の見解をより整理したかたちで展開している。第一巻第七篇第二二章「剰余価値の資本への転化」でこういっている。「最初の一万ポンドの資本は二千ポンドの剰余価値を生み、それが資本化される。新たな二千ポンドの資本は四〇〇ポンドの剰余価値を生む。これがまた資本化されて、つまり第二の追加資本に転化されて、新たな剰余価値八〇ポンドを生み、また同じことが繰り返される」（『資本論』②、大月書店版、七五七ページ。*Das Kapital*, Bd. I. S.607）そして「最初の資本は一万ポンドの前貸しによって形成された。その所持者は、どこからそれを手に入れたのか。彼自身の労働や彼の先祖の労働によってだ！経済学の代表者たちはみな一様にこう答えてくれる。そして、実際にも彼らの仮定は、商品生産の諸法則に一致するただ一つのものであるように見える」（同、七五八ページ。S.608）といい、そしてこういうのである。「第一の追加資本二千ポンドの蓄積の前提は、資本家によって前貸しされた、彼の『最初の労働』によって彼のものになった、一万ポンドという価値額だった。ところが、第二の追加資本四〇〇ポンドの前提は、それに先行する、第一の追加資本二千ポンドの蓄積にほかならないのであって、これの生んだ剰余価値の資本化されたものが第二の追加資本である。過去の不払い労働の所有が、今では、生きている不払い労働をますます大きな規模でいま取得するためのただ一つの条件として現れるのである」（同。七五九ページ。S.609.）と。つまり最初の二千ポンドの剰余価値とそれが生んだ四〇〇ポンドの剰余価値とは所有の法則がちがうというのである。前者は「商品生産と商品流通とにもとづく取得の法則」であるが、後者は「この（第一の）法則自身の、内的な、不可避的な弁証法によって、その正反対物に一変」（同。七六〇ページ。S.609.）したものであるというのである。マルクスは最初に投資した資金と二番目の投下資金の発生根拠がちがうことを理由としてこういうのであるが、ともに労働力商品を使って得たものであり、最初から投下したものは資本であり剰余価値はその資本が生産したものである。どういう資金であろうと資本が労働力商品を購入して生産した剰余価値は資本主義的取得によるものなのである。投下した資金が小生産者の自己労働にもとづく資金であろうと商人資本や高利貸資本が稼いだ資本であろうと、労働力商品を購入して生産して剰余価値が得られれば、その資本は産業資本である。労働力商品の価値と労働力商品の使用価値としての労働が生産した価値とが異なるのは当然のことである。ここのマルクスにあっては労働力商品の特殊性を所有論でどう理解するかというときに「自己労働にもとづく私有」論にこだわったために、混乱が生じたとしか思われない。「自己労働にもとづく私有」も土地の私有を前提にしているのであるが、その私有の根拠は労働に求めることはできない。その問題をいまは問わないとしても、こういう問題がある。自己労働によって生活必需品の余剰生産物は発生しうる。それを販売するわけであるが、誰が買うのか。小生産者社会では原則としてみな自給している。購入するものは例外的にしかいないのである。マルクスも望月も、賃銀労働者階級を、したがってまた資本家階級を暗に前提してしまっているのではないだろうか。

なおこのマルクスの見解について宇野の詳細な批判がある。『宇野著作集』第九巻（「経済学方法論」）一三五〜一三八ページの注。

(74) 大塚久雄によって「現在でも吾が国西洋経済史学界にその存在の意義をなお充分にもちつづけている……力作」と評された戸谷敏之『イギリス・ヨーマンの研究』(法政大学経済学部学友会の学生機関誌『経苑』第一六号、一九三七、所収。一九四五年八月の敗戦直後フィリピンの山中で戦死。享年三三歳。戦後、一九五二年御茶ノ水書房から公刊された。大塚の前記評価はそこに載っている)は名著である。この大塚の文章には「戸谷君の立場は一見したところ、近来私(大塚)の見解に加えられている或る種の批判に相似しているように思われるかも知れないが、決してそれらと同日の論ではないことは、彼が資本主義発達の基本線をすでに中産的生産者層の両極分解としてとらえているという点に照らして明らかであろうと思う」(一四〇ページ)と記している。その戸谷の文章は「綜括。ヨーマンはイギリス資本主義発生のための地盤であり、しかもヨーマンは資本主義の進展により消滅していった。これがヨーマン生存の論理である」(一〇六ページ)というものであって、必ずしも明確ではない。戸谷はいたるところで「綜劃」(エンクロジャー・ムーヴメント——犬塚)について語っている。「綜劃」をどうとらえているかによる。たとえばこういっている。「領主は多額の地代を獲得するために『農業家』『牧畜家』にその土地を借地させようとする。『農業家』『牧畜家』は綜画した農場・牧場を要求する。両者の期するところ追放と搾出地代が現出するのだ。/ここにおいてわれわれは、十六世紀のイギリス農民がなぜ一面自由となり富裕となりつつも他面その土地から放逐され煉獄の苦しみを悩まねばならなかったかという矛盾を解きほごすための鍵を握った」(六三ページ)といい、また「かかる資本主義の発展が、かつて封建社会において支配していた領主と結びつきつつなされたものであって、支配せられていた農民の利害とは相反した方向をとったものであることも忘却してはならぬ」(六四ページ)といっているのは明らかに「綜劃」運動の歴史的意義を認めているものである。

後進資本主義国ではイギリスのような農民追放は行なわれなかった。しかしなんら権力が介入しないで近代的土地所有が成立したわけではなかった。それははじめから国家権力が出動したのであるが、それも近代的土地所有を作ろうとしてなされたわけではもちろんない。そのこと自体はイギリスにおいても変わりはない。イギリスのばあいはすでにみたように個別領主が領地から農民を追放して高い地代で借地したいという農民に貸したほうが有利と考えたからにほかならない。

後進国で封建的土地領有制を国家が解体したのは、それによって国家が結果的に近代国家を樹立するために必要な封建制の解体費用や国家財政の確立のための資金を捻出しようとして地租をとるためであった。それが結果的に近代的土地所有を成立させることになった。先進国を前提とする後進国特有の原蓄であった。この点は稿を改めて論ずべき問題である。

さらにはそれ自体商品経済的要因のみによって規定されてはいない技術、生産力の発展をも前提にしているのである。なかでも権力による「身分解放」はその絶対的条件をなす。まさに宇野がいうように「『それ自身ブルジョア的発展の産物たる王権』ばかりでなく、『王権や議会に傲然と対立せる大封建領主』も資本の本源的蓄積の基礎をなす農民からの土地収奪を自ら、しかも多分に封建的権力をもって行ったのである」[75]。これは封建領主による封建制の自己否定である[76]。そしてまたマルクスもいうように「大封建領主は、土地にたいして彼自身と同じ封建的権利をもっていた農民をその土地から暴力的に駆逐することによって、また農民の共同地を横領することによって、比べものにならないほどより大きなプロレタリアートをつくりだした[77]」のである。

だが、他方マルクスには新しい生産関係は旧生産関係の発展のなかから生まれてくるという考えがある。それはさきに引用したところからも明らかにうかがわれるのであるが、その他のところでも、たとえば「資本主義社会の経済的構造は封建社会の経済構造から生まれてきた[78]」という。これは封建社会が発展して、その延長線上に資本主義社会が生まれたという意味にとれる。だがこの文章のすぐあとにつぎの文章がつづくのである。「後者の解体が前者の諸要素を解き放した」というのである。この二つの文章はどうつながるのだろうか。確かに封建社会は封建的生産関係とそれとは異質の商品経済とによって成り立っている二元的社会である。その一方が解体してもう一方が発展して資本主義が生まれたとでもいうのだろうか。しかしそういうふうに機械的にわけることができるのであろうか。封建的生産関係と商品経済とは異質でもあり対立するものでもあるが、両者あいまって一つの社会の経済過程を展開していたのであり、商品経済のほうは封建的生産関係によって規制を受け、歪められたものとしてしか存在しえなかったものである。一つの社会にあって片方が発展し、もう片方が衰退するといったような機械的な関係にあったわけではない。商品経済が発展してそのまま資本主義が成立するわけではない。資本主義社会の発生は封建社会の解体という歴史過程を前提としているのであって、その解体を前提としつつ資本主義的生産関係が徐々に発展してきたのである。あとの文章のほうが正しいのである。それにもかかわらずなぜかマルクスは封建社会における商品経済的要素が徐々に発展し、資本主義社会が成立するという考えに固執する。それは商品経済史観に共通する考え方なのだが、それがすでにみてきたように小生産者層の商品経済による両極分解によって資本主義社会が成立するという考えなのである。それはあらゆる異質のものが商品経済のもとにひれ伏すというまさに商品経済史観である。しかし「新しい生産様式は、決して単に小経営としての旧生産様式の変革としてあらわれるものではない。それは当然に旧生産関係の『破壊』に基づく、新たなる生産関係の展開の過程のうちに実現される[79]」のである。

(75)『宇野著作集』第九巻、三六七～三六八ページ。初出は一九五一年。「過渡期の取扱い方について」。括弧内は『資本論』大月書店版、②、九三八ページ。*Das Kapital.* Bd. I. S.746.

(76) この「封建制の自己否定」という意味は封建社会が自己否定されたという意味である。というのは封建社会は経済過程が自立していなくて、政治過程と結合していることを前提としてはじめて成り立ちえた社会であり、したがってその政治体制が崩壊すれば封建社会も崩壊することになる。封建社会の崩壊過程における政治過程の変革の決定的重要性の根拠もまたそこにある。その政治変革は商品経済の徹底化のもとに生産力を解放し、発展させた。その逆ではない。

唯物史観によれば、「物質的生産諸力の一定の発展段階に対応する生産諸関係」の総体は「社会の経済的機構」としての土台を形成し、「そのうえに、法律的、政治的上部構造がそびえたつ」、そして「社会の物質的生産諸力は、その発展がある段階にたっすると、いままでそのなかで動いてきた既存の生産諸関係、あるいはその法律的表現にすぎない所有関係と矛盾するようになる。これらの諸関係は、生産諸力の発展諸形態からその桎梏へと一変する。このとき社会革命の時期がはじまる」（マルクス『経済学批判』岩波文庫版、一九五六、「序言」一三ページ）というわけであるが、この一般的公式は封建制から資本制への移行の歴史過程のばあいと資本主義内部の歴史過程のばあいとでは違う側面があるのではないかと思われる。前者の歴史過程においては政治変革を前提として生産力が解放されるが、後者の歴史過程においては、生産力の発展が政治変革を要請するということになるのではあるが、それ自体がいわば商品経済を否定する政治変革を直接もたらすとはいえない。しかしその政治体制は下部構造と原則として分離されているために、生産力の資本家的利害による独走を許し、その正常な発展を阻害することになる。そうだとすれば、政治の季節が再び新たに要請されることになる。だがそれは封建制から資本制への変革とは異なって、資本制の自己否定によってもたらされる変革ではない。歴史上初めての人間の主体性による変革である。

(77)『資本論』大月書店版、②、九三八ページ。*Das Kapital.* Bd. I. S.745.「比べものにならないほどより大きな」というのは「資本主義的生産の基礎をつくりだした変革の序曲は、十五世紀の最後の三分の一期と十六世紀の最初の数十年間に演ぜられた。……封建的家臣団の解体によって、無保護なプロレタリアの大群が労働市場に投げ出された」と比べて、という意味である。

(78)『資本論』大月書店版、②、九三四ページ。*Das Kapital.* Bd. I. S.743.

(79) 前掲、『宇野著作集』第一〇巻、三四三ページ。

さてここでさきにあげた宇野によるマルクスの小経営が「自分自身を破壊する」という説の批判の問題点を明らかにしておきたい。宇野は小経営では生産力が上らないのは当然だという。それは基本的には事実だし、マルクスもそういっている。だからといって生産物の価格がある程度長期に騰貴するというような必ずしも内的条件のみとはいえない条件が与えられるならば、その小生産者から経営面積拡大の要望は生まれないとはいえない。まさに「この生産様式を桎梏と感ずる力と情熱とが動きだす」のは事実である。経営面積を拡大すれば生産量や生産力が上昇するという見通しが客観的にたつことはありうるし、そのばあいは面積拡大要望は出てきうる。事実、十六世紀以来のイギリスの例でいえば、毛織物手工業が発展し、海外からの羊毛需要が増大して、羊毛価格が異常に騰貴するという条件が与えられるならば、そして従来からの穀作ではなく粗放的に経営できる牧羊業においてならば、それだけで経営面積拡大要望は出てきうる。十六世紀以後のイギリスがそういう条件を国内的にも国際的にも与えられたということは、しかしどこの国においても与えられるということではない。そのことは島国イギリスが封建制の中心部をなす西ヨーロッパ大陸諸国から見るとその辺境に位置しており、古くから封建的支配関係が弱く、商品経済が発展していたからだといっても、そのことのみで説明しうることではないであろう。商品経済と非商品経済との関係が問題なのであり、その関係において商品経済のみが一方的に規定者になるとはかぎらないからである。商品経済はすべてのものを自己に服せしめる、と思うのはそれ自体商品経済的イデオロギーである。商品経済がそれほど強いものでなかったからこそすでにみたように資本主義には歴史過程があるのである。

それはともかく事実としてイギリスは資本主義の先進国になった。だがそうならしめた条件は当時の農民にとっては外的な条件である。というよりのちにだんだん明らかにしてゆくように、外的条件以外にはありえない、というべきであろう。端的にいえば、自給自足体制のもとでは商品購入需要は自然には出てこないからである。そういう外的条件を前提にして農民はどういう商品経済的行動をとるのであろうか。このばあいすべての農民が商品経済的行動をとるとはかぎらない。はじめは大部分の農民が自給経済に浸っていたのであるから、そう簡単に商品経済的行動にでることはできない。いくらかでも生産力を高くできるもの、市況に明るい商人的性格や知識をもっているもの、農業、畜産の生産にあかるいもの、果ては領主の家臣に懇意なものなど、結局上層農民ということになるのであろうが、それも商才をもち、技術に明るい農民ということになるであろうが、ともかく営農を発展させると考えられる前述の外的諸条件を充分に使いこなせる能力のある商人的性格をもつ、自給自足体制をいくらかでも超えうる能力をもつしかし農民範疇を越えるものではない人々が、領主にたいして土地の借用を申込むことになると考えられる。

だが問題は経営を拡大するためには領主に土地の借用を申し込まなければならないことにある。その借用は形態的にはまさに商品経済のものであるが、そこまでであって、形態は自分の力ではそれ以上には進むことができないのである[80]。相手がその段階では商品経済的形態で包摂されうるような実体をもっていないからである。相手は土地のたんなる――つまり更地の土地の――所有者ではなく、土地とそれと結合している領民＝農民にたいする支配者だからである。問題はしたがって経営面積を拡大したいという要望をもって借地を願う農民にとっては、それを実現しうる条件が自分の商品経済的努力のみによってはえられないという点にある。資本主義が成立したのちにはもちろんのこと、成立の過程においても、近代的土地所有は成立しているか、または成立しつつあるのであるから、それを実現しうる条件はもちろん与えられる。そして両極分解が起こりうる。しかしその前夜ではその実現条件はその小生産者の商品経済的努力の外部にあるのである。

(80) これもすでにのべてきたことであるが、そのヒントは宇野によって与えられたものである。宇野はこういう発言をしている。「論理的には形態から実体は説けないのです。形態は共同体の〝間〟から出てきたものなのに実体は共同体の方にあるのです。その実体を形態がつかまえるのだから、つまり〝間〟から出てきたものが実体をつかまえるのだから、形態がずっと発展してくれれば必ず労働力が商品化する、という論理が出てくるはずのようで、実際は必ずしもそうはいかないのです」〔宇野弘蔵『経済学の効用』一九七二、東京大学出版会、一六ページ。〕

五　農民追放と近代的土地所有の成立

ここでイギリスの原蓄過程における近代的土地所有の成立過程を理論的に考えてみよう。原蓄過程はつぎのようなことで始まるであろう。領民である農民の一部は経営面積を拡大しようとして、自己の領主にたいして更地の「借地」を申込む。そのばあいイギリスの例でいえば封建的貨幣地代より高いいわゆる搾出地代（rack rent）を支払うことを申出る。問題は領主がその「借地」申入れを承諾しその土地を「貸出そう」としても、その土地は現にみずからの領民たる農民が先祖代々から耕していることにある。領主はその農民を封建領主の資格によって、したがって封建的権力によってその土地から強制的に追放することによってのみ貸出すべき更地を作りだすことができる。そのこと自体はいかなる意味においても商品経済的契約による行為ではない。直接生産者は相互に自由な契約によって耕作していたわけではなかったからである。農民がその土地を耕作していたのは、すでに引用したマルクスの言葉にもあるように、それが農民の「封建的権利」でもあり、領主による強制でもあったからである。領主のこの農民追放という対応行為自体ももちろん商品経済的行為ではなく、それとは異質の政治的権力行為である。この政治的権力行為によって歴史の扉が開かれたのである。まさに「借地」という商品経済的形態そのものは近代的土地所有の形成という歴史過程を直接的にはつくりえないし、同時に労働力の商品化という発生過程も直接的にはつくりえないのである。(81)

(81) 資本主義社会の発生、発展、爛熟の歴史過程は商品経済的要因のみによっては展開できないのであって、それと非商品経済的要因との対立関係によって行なわれることを明確にしたのは宇野であった。それはいかなる意味をもつのか、をいくつかの発言、あるいは文章で見ておくと以下のごとくである。まず梅本克己との対談でこういっている。「対象自身が歴史的に発展するものであり、その発展が商品形態の非商品経済への滲透として、いいかえればその具体的過程は資本主義以前では勿論のこと、資本主義に入ってからもいわゆる自立的な運動として行なわれるわけではないので、この発展が、理論的展開自身に反映するとはいえない、……たしかに貨幣は商品から、資本は貨幣から発展したものといってよいのですが、それは商品経済の発生史的規定とはいえても、商品経済の滲透する社会自身の発展を反映するものではない。また資本主義の発生よりずっと以前にすでに資本の発生があるわけで、この形態規定の展開を資本主義の発生期の歴史的反映とするわけにもゆかない。資本主義の発展もまた商品経済による非商品経済の解消過程としてあるので、外的な対立による発展」である（宇野弘蔵・梅本克己『社会科学と弁証法』一九六七、六二〜六三ページ。初出は六六年、「《対談》社会科学と弁証法」）。ただここで「商品経済と非商品経済との外的な対立による発展」といって、資本家的商品経済といっていないのは、引用からもわかるように資本主義の発生期を題材にとっているからである。しかし、たとえば小商品生産者はどちらに入るのかというときに、誤解を招く。小商品生産者はここでいう商品経済には入らないのである。ここで商品経済といえば資本家的商品経済のことであって、要するに純粋資本主義の世界のことである。

事実、宇野の『経済学方法論』（一九六二）では「元来、資本主義の発展は、旧来の封建的な社会関係を排除しつつ行なわれてきたのであって、その歴史的過程は、単なる資本家的商品経済の発展とはいえない。いわば異質的な要因を多かれ少なかれ含む過程である。したがってまた純粋化の傾向自身は理論的体系の展開の内に含まれないのがむしろ当然といってよい」（『宇野著作集』第九巻、二二ページ）といい、「資本主義の発生・発展・没落の歴史的過程は決して資本家的商品経済だけで片付けられるものではない」（同、二三ページ）といっている。このことは宇野のいうように、厳密に考えておかなければならない。たとえば資本主義社会で賃銀労働者のあるものが立志伝中の人として資本家になることはありうることであるが、必然性はもちろんない。このばあい資本家になったのも、商品経済的原理のみでなったわけではなく、多かれ少なかれ非商品経済的要因との合成によってなったからである。海外市場の開拓とか新産業の興隆とかも同様である。そういうことはまさに現状分析として説かれなければならない。

なおこのときイギリスの第一次エンクロウジャーにおいては主穀農業にとっては劣等地であったイングランド北西部において原蓄の主役としての牧羊業が発展したという事実は注目されていい。それはひとつには従来の農業の主役であった、自給的性格の強い穀作農業の生産力の発展度は相対的に低かったはずであり、もうひとつには社会的生産力の発展が新しい段階を迎えたことを意味するからである。このあとのほうの意味は、商品生産の発展が自給的な、したがって必需品的な生産物の生産からではなくて、当時においては余剰的な意味をもっていた工業の原料となる生産物の生産から始まったという事実である。それは商品の発生の原型を反映するものであるが、ここではもちろんそのことが重要だというわけではない。重要なのは生産力の発展が新たな段階を迎えたことをそれが意味するからである。封建社会の主要生産力が土地生産力であったのにたいし、羊毛手工業の発展によって労働生産物としての生産手段が重要性を増してきたからである。その長い延長線の上に産業革命が花開くわけである。その意味では生産力の発展を前提として生産関係の変革が生ずるといっていいのである。[82]

ともかくこうして近代的土地所有が結果的に成立するのだが、イギリスのばあいには封建制から資本制への移行期、十五〜十八世紀四〇〇年に及ぶ長期原蓄期の前半期においては、第一次囲込み運動として個々の領主の封建的私的権力の行使によって領地ごとに近代的土地所有が時と所のギャップを伴ないながら成立するというかたちになる。[83] 領主制が部分的に地域的に崩れたのちにおいては新たな借地人ははじめから契約にもとづく借地ということにもなるであろうから、全体としてみるとあたかも商品経済的関係から近代的土地所有が生まれるようにみえることにもなる。もちろんそれは仮象であって、すでにその土地では事実上部分的に近代的土地所有は成立していたのであるが、他のところではまだ領主制が存続していたとみるべきであろう。いずれにせよ封建体制の下で借地関係が発生するには理論的に権力の介入を必要とするのである。

(82) 宇野は初期の論文「『資本論』による社会科学的方法の確立」（一九四八）のなかで、中世から近代への歴史過程における「生産力と生産関係との関係もこれを商品経済自身において行なわれるものと看做すことは出来ない。当時の基本的社会関係に対してはいわば規制的な社会関係の展開であるが、しかしその社会的生産力の発展に及ぼす影響は、当時の社会の生産力を規定する主要生産手段の性質の如何によっては、決して単なる規制的なる社会関係の展開とも言えないのである。具体的にいえば封建社会における土地に対して労働の生産物としての生産手段が重要性を加えて来るに従って、新たなる社会関係の基礎を形成するものとなって来る。それにしてもこの過程は、単なる商品経済の発展ではない。寧ろ旧社会関係を分解しつつその生産力を基礎とする発展である」（前掲、『宇野著作集』第三巻〔「価値論」〕、三二六ページ）。

(83) マルクスは『資本論』第三巻四七章「資本主義的地代の生成」の「貨幣地代」の最後のところで領主地解体後の資本主

義的農業の特徴としてつぎのようにのべていることは示唆的である。「第一に。このように資本が独立な主導的力として農業にはいって行くことは、一度に一般的に起きるのではなく、しだいに別々の生産部門で起きて行くのである。それがまず第一につかまえるのは、本来の農業ではなくて、牧畜、ことに牧羊のような生産部門である。この牧羊の主要生産物である羊毛は、産業の上昇期に最初は生産価格を越える市場価格の恒常的な超過分を与え、それが後にはじめて平均化されるようになるのである。たとえば十六世紀のイギリスではそうである。／第二に。この資本主義的生産は最初はただ散在的に現われるだけだから、つぎのような過程に反対を唱える必要は少しもない。すなわち、資本主義的生産がまず支配下に置くのは、ただ、その独自な豊穣さや特別に有利な位置によって全体として差額地代を支払うことができるような、いろいろな地所の複合地だけだ、という仮定がそれである。／第三に。仮に、事実上都市需要の重みの増加を前提する資本主義的生産様式が侵入してきたとき、土地生産物の価格は、たとえば十七世紀の最後の三分の一期にイギリスでは疑いもなくそうだったように、生産価格よりも高かったとしても、このことは、この生産様式が資本の下への農業の単なる包摂からいくらかでも抜け出しさえすれば、また、この生産様式の発展と必然的に結びついている農業上の改良や生産費の低減が現われるようになれば、十八世紀の前半にイギリスでそうだったように、土地生産物の価格の低下という反動によって相殺されるであろう」(『資本論』大月書店版、⑤、一〇二七ページ。*Das Kapital*, Bd. Ⅲ. S.809~810.)。

この第一点はイギリスにおける封建的土地領有制の崩壊がいっぺんに行なわれないで、ばらばらに行なわれるのはこのばあい崩壊の典型としては当然のことである、ここでは一方では近代的土地所有が部分的に成立しているのに、他方ではまだ封建制が存続しているという状況が生まれるのであって、このことがいつの間にやら農民層の両極分解によって資本主義的農業が成立したかのような仮象を生み、前提としての近代的土地所有の成立の重要性が見失われることにもなるのである。だからたとえばヨーゼフ・クーリッシェルが「イギリスでは、賦役と貢租が慣習法の力により漸次に自然と死滅したために、本来の意味の農民解放は実際生じなかった」(クーリッシェル『ヨーロッパ近世経済史』Ⅱ、松田智雄監修・訳、一九八三、東洋経済新報社、原著は一九二九年刊。一五〇ページ)というのは、農民解放の歴史的意義を不明確にするものである。どのような仕方であろうと、賦役と貢租が死滅することこそが「本来の意味の農民解放」を意味するのである。第二、第三の条件は偶然といえば偶然であるが、ただ商品経済はその当該商品経済主体がみずから生みだしたものではない客体としてのその偶然の好機をすばやくとらえる性質があることが重要なのである。

原蓄の後半期においてはそれ自身としてはなお封建的性格を完全に解消したとはいえない公権力によって共有地から事実上、下層農民を追放することによって近代的土地所有が制度として成立するのである。[84]いずれにせよ封建社会から資本主義社会への体制転換の歴史過程は商品経済の論理のみでは説くことができないのであって、商品経済的要因の発展を基礎としながらも、それとは異質の権力その他の上部構造的要因の出動を必須の条件として成り立っているのである。われわれは原蓄論の最初に、「奴隷や農奴から賃銀労働者への直接の転化でないかぎり」というマルクスのいい方が躓きの石であるといったのであるが、それはその「農奴から賃銀労働者への」転化の過程の解明こそがじつは本筋の議論だったという意味であった。

ところでこの領主による土地と直接労働者との強力的分離は盾の両面として一方で近代的土地所有を、他方では無産者を生んだのだが、論理的には前者が後者の前提をなしている。したがって農民追放を結果として生む「借地」申込みは経営面積拡大志向をもつとしても、資本家的経営への志向を必ずしも前提してはいない。そしてその経営面積拡大が資本家的経営にまで発展するという保障はそのときには必ずしもない。しかし農民が「借地」を申し込む以前において既存経営地を手一杯に耕作していたのであるから——そしてそれは農民範疇を超えないかぎりで経営の大小を多少とも生んでいたのであって、したがって——「借地」を申し込むということ自体、経営拡大志向自体はもっていたことになる。その程度の生産力の上昇は前提されるといっていい。問題はそれ以上の生産力の上昇は商品経済の力だけでは不可能だというところにある。「借地」申込みは無産者の大量発生を必然的な前提としてなされたわけではないが、抽象的にはそれを前提するという先取り的性格を内蔵していた形態といっていいかもしれない。領主による農民追放を経て借地した小生産者は自己と直接的にはかかわりのない無産者を新たに形成されつつある労働市場で「発見」して、自己の商品経済的行為自体が生んだとはいえない価格関係等の外的な諸条件次第によっては、その無産者を雇い入れることによって、農業資本家に転化することになる。(85)いいかえれば農民追放を前提としてはじめて農民層の分解が本格的に展開されうるのである。それまでは小農的生産の枠内での分化でしかなかったというべきである。

これを形態と実体との関連で考えると、借地を申込んだところまでの事実からは、商品―貨幣―資本の流通形態の展開の必然性は、それ自体としては実在しないのであって、その形態的展開が原理論の流通論で展開されうるということは、産業資本の存在を原理論がすでに前提していたことを意味する。いいかえれば商品―貨幣―資本の形態的展開は資本主義的生産の流通過程を抽象的に切ってとったものであることを意味していた。それは原理論が純粋資本主義を対象とするものであるから、産業資本の存在をいわばはじめから前提にしていたことに由来する。したがって原理論では産業資本がいかなるものからいかにして生成されたかという過程はいわば捨象されているのであって、その過程は原理論のみでは説けないのである。それはすでにみたようにさまざまな具体的歴史的諸条件を入れざるをえない歴史分析の問題になるのである。(86)

(84) この農村共同体のなかにある共有地の囲込みは、それ以前の囲込みが第一次または領主的エンクロウジャーと呼ばれるのにたいして第二次または議会エンクロウジャーと呼ばれる。椎名重明によれば、「ミドランド地方を中心とする開放耕地制の残存地域において、農村共同体の農民層の分解がより一層明確な形で進行するにつれて、必然的に全面的な囲込みへと移行せざるをえなくなった」が、その実施にあたってはいろいろな問題が発生した。共有地内の「土地所有に応じて囲込み地の分配を行なうにしても、土地を所有しないものの共同放牧権等に対する補償、十分の一税その他教会に附随していた諸権利の問題、さらに土地所有者相互の間での土地の交換分合をどのように行なうかというような問題」である。しかしこの時期においては「農村共同体は旧来のマナー領主或いはマナー所有者の支配から離脱し、ほとんど領主権とは無関係になっていたとはいえ、囲込みが土地所有にもとづくかぎり、マナー所有者を除いては事態は一歩も前進しえなかった」のであり、結局「囲込みを推進しようとすれば、それを強制せしめうる権力を必要とした」のである。その結果が囲込み地ごとに議会の承認を得て行われた第二次囲込み運動である。「十八世紀の後半から十九世紀の前半にかけての囲込みが圧倒的に多」かった。（以上の引用は椎名重明『イギリス産業革命期の農業構造』一九六二、御茶ノ水書房、一〇三～一〇四ページ）。その結果は「土地所有における両極分解の進行」（前掲書、一八二ページ）であった。どうしてそうなったかといえば、共有地内の関係土地所有者数による議決ではなく、賛成者の土地所有総面積またはその「価値」の総額の共有地総面積または総「価値」にたいする割合が五分の四ないし四分の三あれば囲込みが法的に成立し、さらに一八三六年以後は三分の二あれば議会の議決を必要とせずに囲込みができることとなったことによる。このことは「明らかに法（したがって国家権力―〔原〕）自体が、そのような大土地所有者階級を積極的に援護するようになったことを示す」（前掲書、一八二ページ）のである、という。

ここでは囲込みが領主やその関係者であり封建的性格を多分に残していた大土地所有者がなお封建的性格を脱していない権力を利用して行なわれ、その結果農民の大部分が土地を失う結果になった事情は語られている。だが問題は封建権力による農民追放と農民層の両極分解との前後関係、すなわち論理的にはどちらが前提をなすのかという点にある。その主張に多少不明確な部分があるようにも思われるのであるが、農民層の分解を前提として農民追放がありえた、というのが椎名の主張である。たとえば最初に引用しておいた「……開放耕地制の残存地域において、農村共同体の農民層の分解がより一層明確な形で進行するにつれて、必然的に全面的な囲込みへと移行せざるをえなくなった」というのは明らかに農民層の分解を前提として囲込みへの移行が行なわれたという趣旨であり、また「囲込みそのものの直接的結果としてではなくても、囲込みによって共同放牧権その他自給的経営の基礎を失った結果、小土地所有或いは小規模自作農は市場の動きに完全にほんろうされ、自作農或いは小土地所有者として存在しつづけることができなくなった」（同書、二九四ページ）というのは、一方では「小土地所有或いは小規模自作農」は市場の動きという商品経済的要因によって「完全にほんろうされ、自作農或いは小土地所有者として存在しつづけることができなくなった」ということを基本とする主張のようでもあるが、他方では「囲込みによって共同放牧権その他自給的経営の基礎を失った結果」という論理のほうを重視している主張でもあると読める。前者のばあい「小土地所有者」の土地所有は完全に領主支配から解放されていることを前提にしているので、初めから問題ではないことになる。

さらにまた「借地関係の近代化が、第二次エンクロウジャーを契機として決定的に進行したことは、このような経営の面における農民層の両極分解＝農業の資本主義化の必然的な結果であ」る（同書、三七五ページ）といっているのであり、これは農民層分解を前提として借地関係が――「近代化」はともかくとして――成立したと明らかに主張しているのである。これは商品経済的原理のみで資本主義社会が成立したという主張である。だが前にも指摘したことだが、農民層分解とはこのばあい資本家――それも商人資本家ではなくて産業資本家であるが――と賃銀労働者への両極分解のことであるが、出発点は封建社会である。労働市場が存在しないのに、少なくとも社会的には存在しないのにどうして賃銀労働者になれるのだろうか。資本主義社会とは生産が資本・賃労働関係で行なわれる社会である。それがいかにして発生するかを説こうとしているときに、それを前提することは背理である。それとも粒説といわれるように、商品流通があればいずれは必然的に粒のように資本・賃労働関係が発生し、それが商品経済の発展とともに膨張して資本主義社会が成立するとでも考えているのであろうか。ところで資本家的借地農業経営は更地の土地の所有の存在を前提にしている。封建社会では「自己労働にもとづく私有」の基礎をなす自作農的土地所有を前提にしているのだから、更地の土地は共同体内では原則として存在しない。さらにいえば他に働き口が社会的に存在しない封建社会では商品経済には農民を土地から追い出す力かは、資本主義の原理的解剖は封建社会の解剖の一つの鍵である、とここでは答えるほかはない。

は原則としてない。だからこそ暴力なり、封建的・法的権力なりを行使して農民を追放するのである。囲込みは農民層の両極分解を前提にしているわけではない。逆であって、農民層の分解が囲込みを前提にしているのである。労働力商品化の社会的発生とそれと対を成す近代的土地所有の形成は商品経済の論理のみでは説けないのである。なにゆえそうなるのかは、資本主義の原理的解剖は封建社会の解剖の一つの鍵である、とここでは答えるほかはない。

(85) 封建社会において農民が借地申込みという商品経済的行為をしたことが直ちに借地関係、いいかえれば近代的土地所有をつくりだすことができないことについて、宇野はある対談でつぎのような発言をしている。つまり借地という商品経済的形態が近代的土地所有の形成という実体をつくれるかどうかという問題についてであるが、「この形態は実体を完全に、いいかえれば永久に変わらないようにつかまえる、ということは実際にはできない。そこに無理があるわけで、資本主義の基礎をなす労働力の商品化はその無理の集中的表現といってよいのです。土地の商品化も無理なのですが、それは労働力の商品化の条件をなすものとしてです。労働力が商品化しなければならぬ、ということの意味を説こうとすれば、まず形態があって、それが実体を次第につかまえるようになってくることを明確にしなければならない」といったのち、「労働力の商品化によって商品経済の全面化は論理的に説けないのか」という質問にこうこたえる。「これもちょっとむずかしい問題だが、論理的には形態から実体は説けないのです。形態は、共同体の〝間〟から出てきたものなのに実体は共同体のほうにあるのです。その実体を形態がつかまえるのだから、つまり〝間〟から出てきたものが実体をつかまえるのだから、形態がずっと発展してくれれば必ず労働力が商品化する、という論理が出てくるはずのようで、実際は必ずしもそうはいかないのです」（宇野弘蔵『経済学の効用』一九七二、東京大学出版会、一五〜一八ページ）といっている。ついでにいうとまず実体があって、そこから形態が出てくるという常識論を主張する人は社会主義を信じているようでじつは信じてはいないということになる、ともいっている。

(86) 封建社会において小商品生産者が商品経済的行為のみで産業資本家になれるのであれば、それは原理論で説けるということになりそうだと考えられるかもしれないが、それは不可能だということは少し考えればわかることである。なるほど小商品生産者は貨幣を蓄積しうる。だが産業資本家になるためには賃銀労働者を雇用しなければならないが、小商品生産者はみずから賃銀労働者を、しかも商品経済的行為のみで社会的につくりだすことはできない。小商品生産者は自らも自己労働をはじめとして自給部分等の非商品経済部分を抱えているのであって、つねに商品経済的行動をとりうる保証はない。とることも、とらないことも、とりえないこともあるのであって、それは外部の歴史的条件によるのである。だから原理論の問題ではなく歴史過程の問題になるのである。賃銀労働者になると想定されるものも同様に小商品生産者なのであるから、必ず賃銀労働者になるという必然性をもってはいない。そして非商品経済的要因のうち最大のものは封建領主の支配下にあるということである。資本主義社会においても小商品生産者は存在しうるが、封建社会におけるものとは質的に異なることはいうまでもない。政治的法律的なそれ自身非商品経済的要因を抜きにしては産業資本の生成は説けないのである。

「封建社会の資本主義社会への転化は原理論で展開される商品から資本への展開にそのままは反映されるものではない。後者は前者の一面にすぎない。また原理論で展開される、商品・貨幣・資本の流通形態は、じつは資本主義的生産の流通形態の抽象的形態として、それ自身では存立しえないものとして、資本の生産過程にその基礎を求めることになるのである。資本主義自身も決して単なる商品経済という抽象物から発生するものではないのと同様に、原理論もまた単純商品経済論から資本主義的商品経済を展開するわけではない」（『宇野著作集』第九巻〔「経済学方法論」〕、四五ページ）という宇野の言葉もそういう意味であろう。

そしてこの商品―貨幣―資本の流通形態の展開は、たんなる形式論理の展開ではなくて、対象が自立的運動体であることに由来して、貨幣を前提にして商品が措定され、資本を前提にして貨幣が措定されるという、前提が結果によって生ずる、あるいは措定されるという、宇野のいわゆる弁証法的論理の展開になっている。いいかえれば商品―貨幣―資本の資本は産業資本を前提にしたものだったのであって、その流通形態的側面が流通論では問題にされていたのである。産業資本でなければ、はじめの商品も貨幣も完全なものではないし、第一、貨幣から資本への転化にさいして論理的断絶を埋めるものとして原蓄過程をいれてこざるをえなくなるからである。いうまでもなく原蓄過程という歴史過程は原理論で直接説けるものではないからである。生産そのものがしたがって商品形態のもとに行なわれていることを前提としているのであって、たとえば商品所有者が自己の商品の価値を主観的にある商品の等価形態に置くという価値表現はいわば動力ともいうべきものとしてすでに貨幣的なものを前提にしているわけである。[87]そしてこれを歴史分析との関連でいえば、「ブルジョア社会は、もっとも発展した、しかももっとも多様な、生産の歴史的組織である。だからこの社会の諸関係を表現する諸カテゴリーは、この社会の仕組みの理解は、同時にまた、すでに没落してしまったいっさいの社会形態の仕組みと生産諸関係とを洞察することを可能にする、そして、こうした過去の社会形態の破片と諸要素とをもってブルジョア社会は築かれているのであり、それらのうち、部分的にはなお克服されない異物がこの社会でも余命を保っているし、ただの前兆にすぎなかったものが完全な意義をもつものにまで発展している等々である。要するに人間の解剖は猿の解剖にたいするひとつの鍵である」[88]。資本主義の社会も過去の社会の発展の結果であるが、その発展過程において、商品経済が歴史的に新たに当面したもののなかで、なにをいかに包摂し、なにを包摂しえなかったか、そして包摂したときはいかに商品経済的諸形態を発展させたか、あるいはまた一応包摂するが自らも偏畸をうけることになったか、を分析しうるし、分析しなければならない、ということなのである。

(87)　この弁証的方法は稿を改めて論ずるに値するものであるが、マルクスは「経済学批判序説」の「経済学の方法」のなかで、この弁証法的方法を説いている。ヘーゲルの弁証法を批判したうえで「しかし抽象的なものから具体的なものへ上向する方法は、ただ、具体的なものを自分のものにするための、それを精神のうえで具体的なものとして再生産するための、思考にとっての仕方にすぎない。だがそれは、けっして、具体的なもの自身の成立過程ではない。たとえば、もっとも単純な経済学的カテゴリー、一例をあげれば、交換価値は、人口を、一定の関係のもとで、生産している人口を想定し、またある種の家族や共同体や国家等々を想定する。交換価値は、すでに与えられている具体的な全体の抽象的で一面的な関連としてのほかには、どうしても実在のしようがない。これに反して、カテゴリーとしては、交換価値はノアの洪水以前からある」（マルクス『経済学批判』一九五六、岩波文庫、三一三ページ）といい、さらに「貨幣は、きわめて早くからしかも全面的にひとつの役割を演ずるものであるとはいえ、やはり古代においてはそれが支配的要素として存在したということは、ただ一面的に規定された国民、つまり商業国民について指摘できるだけである。そしてもっとも開花した古代、つまりギリシャ人やローマ人のもとでさえ、近代ブルジョア社会で前提されているような貨幣の完全な発達は、ただその崩壊の時代にあらわれたにすぎない。こうしてこのまったく単純なカテゴリーは歴史的には、社会のもっとも発展した状態にならなければ、集約的な形ではあらわれないのである」（前掲書、三一六ページ）といっているところは、歴史の経済学的解明に、弁証法が方法的示唆を与えている。この弁証法を比較的早い時期に経済学のなかに取り入れて具体的に発展させる基礎を築いたのが宇野であった。宇野は「『資本論』による社会科学的方法の確立」という論文で、「マルクスは『資本論』においてもその理論的分析によって得られた法則を明らかにすると、必ずこの法則を歴史的事実によって解明している。この法則自身が歴史的過程のうちに確立せられたものであることを論証するのである。私はこの点を、現在の事実は、その生成、展開自身の内に過去の歴史的なる発生、発展過程を集約的に含蓄しているからであると解している。勿論、それは単なる繰り返しとしてではなく常に新たなる展開に相違ないが、しかし一定の関係の下に展開される新たなる事実は、この関係の発端からの展開を含蓄することなくしては、新たなる事実としても現われ得ない。例えば個々の資本の形成は、常に商品、貨幣、資本の一般的発展過程をもその内に含蓄している。それだからこそ一定の発達段階における経済関係を支配する法則は、同時にまたかかる関係の発展過程自身をも究明し得るものとなるのである」とマルクスの方法を正当なるものとして評価したうえで、つぎのようにその方法の新たな面のあることを示唆している。「『資本論』がその第一篇を『商品』を以て始めたことは、それがその対象を資本主義的商品経済に限定し、決して経済生活一般を以てしないことを示すものに外ならない。そしてまたそれが従来の経済学の理論に免れることの出来なかった論理の欠陥を一掃すると同時に、その論証はいわゆる弁証法的方法を採らざるを得なかったことを明らかにする。即ちあらゆる社会に通ずる一般的原則が特殊歴史的形態を有する法則として現われ、この特殊形態を通して一般的原則を明らかにすることとなるのであるが、かくの如きいわば否定的方法によって始めて得られる、その首尾一貫した論理は、資本主義的商品経済が事実歴史的に一形態たることを十分に論証しているといえるのである」（以上、宇野からの引用は『宇野著作集』第三巻〔「価値論」〕四九～五〇ページ）。この「一般的原則」とはのちの経済原則のことである。

(88) マルクス、前掲、『経済学批判』、岩波文庫版、三一九～三二〇ページ。

商品—貨幣—資本という形態的展開は資本主義に先だつ諸社会においても発現するのであるが、その必然性は論証できない。事実の問題なのである。この時代の資本はいわば必然性を保証するものとしての実体を欠いた形態的展開であって、[89]いわば不純なる資本としての商人資本とか高利貸資本とかとしてしか存立できないのである。そして生産過程をつかむ以前の流通形態の資本は純粋資本主義では独立のものとしては存在しえないで、たんに形態としてのみ、したがって産業資本に従属するものとしてのみ存在する商人資本的形式の資本、または金貸資本的形式の資本としてのみ存在するものとなる。いいかえれば歴史的な商人資本とか金貸資本とかは資本として完成されたものではないのである。産業資本という労働力商品を基礎とする資本を前提にすることによってはじめて資本は完成される。それは商品形態は貨幣形態を前提にしないと完成しないということを、貨幣形態は資本形態を前提にしないということを、そして資本形態は産業資本を前提にしないと完成しないということを、意味する。商人資本や金貸資本は、商品経済的要因と非商品経済的要因との外的対立関係の発展としての歴史過程に当てはめると、小商品生産者と同様に非商品経済的要因に入るのである。

近代的土地所有の形成過程は原理論を基準としていうとどうなるのであろうか。原理論では土地所有が前提、借地が結果になるが、そのことは土地が貸借できるものとして措定されるとき、近代的土地所有に転化することを意味する。たんに土地が売買されたり自己使用されたりすることでは近代的土地所有は完成しないのである。考えてみれば商品にしても土地にしても、その所有権の権原としての使用、収益、処分の自由のうちもっとも規定的なのは収益権という商品経済に固有の権原である。そしてじつは収益権が所有を根拠づけているのである。商品については売るという行為[90]が、土地については貸付という行為[91]が、所有そのものをつくるのである。結果が前提を措定するわけである。土地所有は貸付という行為によって完成する。

(89) ここでも形態が先に発生して、あとで実体が形成されるかたちになるのだが、形態が実体をつかむには歴史過程が必要なのであって、それはたんに原理論の論理では説けないのである。

(90)「自分の商品を手放すことによって、他人の商品を自分のものにするのである。それゆえ、彼らは互いに相手を私的土地所有者としてみとめあわなければならない」(『資本論』①、一一三ページ。*Das Kapital*, Bd. I., S.99.)

(91)「物件のみの社会は静的社会であり、孤立的社会である。債権の媒介によって動的な社会となり、相互依存的な社会となる。社会の経済的発展はかくしてのみ能く企図しうる」、「自由なる所有権は主体に対して財貨の利用を確保する権利ではなく、他人に財貨を利用せしめて収益を収める資本と化し、債権は所有権をして資本的利用を実現せしめる法律的手段と化した。即ち債権は所有権と結合して他人を支配する手段と化してしまったのである」(我妻栄『民法研究V』〔債権総論〕一九六八、有斐閣、四、六ページ)。これが我妻の「近代法における債権の優越的地位」論である。

このことがじつは封建的所有と資本主義的所有を分かつのである。所有の完成形はじつは資本主義的所有なのであって、所有それ自体が利益を生む所有なのである。所有物の使用価値を一定期間売ること、いいかえれば債権こそ所有の本質である。近代的土地所有の本質はまさに債権をもちうるところにある。封建的所有、その代表は封建的土地領有制であるが、それは経済外的強制による「他人労働にもとづく所有」という実体をもつ。隷属農民の「土地所有」は土地の使用価値の占有でしかない。いわば「半所有」である。資本主義的所有はこの封建的所有という実体を商品売買形式=商品形態で包摂したものである。いいかえれば商品売買(一定期間の使用価値の売買を含む)による「他人労働にもとづく所有」にほかならない。所有という商品経済に発する形態が「他人労働にもとづく所有」という実体を商品形態で包摂したものとして、ここに完成したわけである。

このことを資本主義の形成期という歴史過程の場で論ずると、農民が領主に借地を求めることはそれ自体相手を土地の実効支配者として、いいかえれば土地の所有者として認めているということであって、貸付は借手と借手からその土地の所有者と認められているものとの間で条件が整えば実現される。その条件とは抽象的にいえば貸手側では封建的私的特権を失ってもなお余りある利益があるかどうかであり、借手側では封建地代よりなお高い借地料を支払ってもなお利益があるかどうかであろう。封建領主としてはその特権を失うことになるのであるから、ことは商品経済的損得とは異質の判断を迫られることになる。しかも領民を追放することになるわけで、いずれにしても商品経済的要因のみでできることではないことは確かである。したがってたんなる商品経済的形態のみではこの歴史過程という実体を説くことはできないのである。[92] イギリスの資本主義発生期でいえば、当時の国際経済の条件の下でイギリスの牧羊業と毛織物手工業が異常に有利な産業になりえたという、必ずしもイギリスの商品経済固有の条件にのみにかかわるわけではない条件が資本主義形成に有利に働いたともいえるのである。外的条件も商品経済的形態でとり入れるのではあるが、外的条件自体は必ずしもすべてが商品経済的条件ではないのである。世界的労働市場を形成できないことにも現われるように、非商品経済的要因が入っているのである。帝国主義段階になればそれは一層重みを増す。[93]

資本主義の典型的発生の原因を商品経済にのみ求めることはその衰退の原因を商品経済にのみ求めざるをえなくなる。商品経済は自己に包摂しうるものをすべてみずから作りだすことができるというものではないことを確認すべきなのである。資本主義が生成、確立、爛熟という歴史的展開をするということがそのことを示している。歴史過程が純粋資本主義を対象とする原理論のみでは説けないのは当然なのである。本来の人間社会が原理論の裏側に陰画として存在するものだからである。そのことを論証していることが原理論の最大の功績ともいえるのである。資本主義はつねに外的条件を個別的に自己に有利なように利用しようとして運動しているにすぎない。純粋資本主義が、あるいは市民社会が理想的な資本主義などとは資本主義自身は少しも思っていないのである。資本主義は自己の歴史過程の本質を知りえないために、歓喜したり困惑したりするだけである。

(92) 後進国における資本主義の発展について、宇野はこういっている。「資本家的商品経済が一般的にいって一つの独立した社会に滲透する、といった場合にも、どういうふうな滲透の仕方をするかは、その社会がいままでどんな生産関係をもち、外部とどんな関係をもっていたか、またどういう発展段階にある資本主義が入ってくるのか、というようなことがいろいろ関係してくるので、結局どういう結果を生み出すか、ということも理論的にはいえない。『資本論』は、商品経済の法則、経済法則というものがそのままあらゆる場合に（後進国などでも）貫徹するようにいっているのですが、そう簡単にはいえないと思う。……歴史と論理の問題でもそうだが、商品経済は二重になっているので、他の社会からどういう影響を受け、それが入った国でどういう発展をするかは一概にいえない。商品経済自身から、つまり形態自身から歴史を説くということはもちろんできない……原理で規定しうるような問題ではない」（前掲、宇野『経済学の効用』四九ページ）。

(93) 原理論の問題ではなく、段階論、現状分析の問題としていえば、いいかえれば資本主義の歴史過程の問題としていえば、資本や商品には国際市場はありうるが、労働市場には国際市場は、柴垣和夫がいうようにありえない。その根拠は「それ（労働市場）は労働力なる商品が、さまざまの歴史的・文化的・人種的特殊性を刻印された人間の人格と結びついた存在であり、したがってその他の商品や貨幣のごとく資本が必要におうじて自由に生産したり移動させたりしえない存在であるがゆえに、地域的にかぎられた限界のうちでしか形成されえなかったこと」（柴垣和夫『社会科学の論理』、一九七九、東京大学出版会、八四ページ）にあるといっていいであろうが、そもそも資本主義社会の人間といえども商品経済的要因と非商品経済的要因との合成で生活しているのであり、その後者の要因のなかには抽象的であるが、共同体的人間関係の名残が完全に消えているわけではないであろう。とくに家族共同体は賃労働の世代的再生産に必須の条件をなすのであって、資本主義はその存在を前提条件としている。資本主義は家族共同体を社会的には破壊しえないわけである。多民族国家がことのほか家族共同体を重視するのはそのためとも考えられる。いずれにせよ原論学者は資本主義的形態規定の力を強く見すぎているのではないだろうか。

資本家的商品経済と非資本家的商品経済との外的対立運動が歴史過程をなすのであるが、後者の一定の変化または特定の要因の出現あるいは消滅によって前者が純化、発展、阻害されることによって、その歴史過程が展開される。その歴史過程の変化が一定の法則性をもって顕在化する部面が経済政策をはじめとして政治・法律諸関係などの上部構造であり、[94]それを通じて発現する歴史過程の変化の傾向、構造、根拠を解明する分野が段階論であるというのが宇野段階論である。[95]ここでの問題は原理論の諸法則がすべての非資本家的商品経済的要因を自家薬籠中のものと化し、なにが何でも自己に従わせるほど強いものではないということの確認が重要だということなのである。十九世紀末以来の帝国主義段階の出現と後進諸国の資本主義の発生、発展がそれぞれイギリスのばあいと著しく異なるという事実がいわばその証拠である。その歴史過程の構造、根拠を解明するさいに基準をなすのが原理論にほかならないのであって、むしろこの歴史過程の分析こそが経済学の最重要な課題であることはいまさらいうまでもないことである。原理論が資本主義の本質を裏側から見たものとすれば、歴史過程の分析こそそれを表側から見るものだといえるかもしれない。

(94) 上部構造と下部構造との関係も経済学によって始めて解明されるのであって、それは一見すると前者が後者を規定しているように見えるからである。所有は上部か下部かといえば、下部構造に属するのであるが、法律学者は法律が決めるものと思いやすいようである。かつて宇野と鵜飼信成、有泉亨との座談会で宇野の「賃金で労働力を売買していることは、法律関係だといえばそれまでですけれども、法律関係で売買が行なわれているとはいえない」という発言にたいして、鵜飼が「売買ということ自体が、法律的に交換する、前に向うに属していたものがこっちの所有に属し、こっちの所有だったものが向うの所有に帰する、そういうことじゃないのでしょうか」といい、宇野が「そこが法律関係を予想しないでも解ける問題じゃないですか」とこたえたのにたいし、鵜飼は「解けないんじゃありませんか」と反論する。宇野は「包んでいるという意味でしょう。それだけなんですよ。だからたとえば商品の内容規定からいえば、いまこれが平等な立場にあるということは、とくに法律関係としてある必要はない」とこたえている（「経済学者の立場から法律学への疑問」『法律時報』一九五五年四月号、一七ページ）。

(95) 段階論についてはここではとくに論ずることはできないが、原理論との関連でいえば、つぎのことを指摘しておくことが必要であろう。自立的運動体としての純粋資本主義においては、注（7）の宇野からの引用文にもあるように、あらゆる人類社会がその充足を迫られる宇野のいわゆる経済原則が法則として強制されるために、政策を経済過程から排除しえたのであるが、資本主義が帝国手段階になると、巨大固定資本を擁するいわゆる独占資本が一方では海外新市場を新たな草刈場として海外に積極的に進出し、それを保障し、加速するものとして国家権力を利用する。他方、体内的には小生産者層を温存しつつ、これを結果的には収奪する。そうなると、原理論の三大法則、すなわち価値法則、利潤率均等化法則、および人口法則は多かれ少なかれ阻害されることになる。発展期の資本主義は法則をもって経済原則を充足する傾向が強かったが、それが阻害されることになり、その社会を維持する原則を、他方では阻害しておきながら、充足しようという政策を国民の負担において展開せざるをえなくなる。いわばこれまで純粋資本主義に近接しつつあった現実を高い生産力のまま、また純粋資本主義から離間させる運動が展開されることになるのである。実体、ことに生産力の部分的高度化が進展し、独占資本が形成されるようになると、原理論の諸法則が阻害されるようになり、経済原則の充足が危うくなる。それは稀に需要が供給を超過する爆発的好況として現われることもあるが、大体はその反対の供給が需要を大幅に超過する長期の不況として現われる。そうなるとこれまで階級的性格をもたずに、経済過程から原則的に分離されていた無色透明な市民社会的原理として法体系が修正を余儀なくされて、経済原則の実現を補完しようとしつつ、資本家的階級社会を維持するという法本来の任務を明らかにすることになる。こうして段階論としての歴史過程の画期は、発生期商人資本の重商主義政策、発展期産業資本の無階級的市民法の完成＝自由主義政策、金融資本の帝国主義政策という政策の変化として現われることになる。資本主義一般に通ずる政策はないからこそ、特定の任務をもつそれぞれの政策の消長のなかに資本主義の歴史過程の画期があるのである。前注の座談会を呼び起こした元になった宇野の「思想の言葉」(『思想』一九五一年一二月号)につぎの一文がある。「経済学が資本家的商品経済の発展の段階を明らかにするのに対応して、法律学ではそれ自身の側からこの変化に対応した法律関係自身の変化を明らかにするということが行なわれなければならないのであるが、それは決して経済関係のように実質的に階級関係を明らかにするというものではない。寧ろ階級的性格をもたない市民社会の原理として完成されるものといってよい。ところがこの市民社会的原理が、資本主義の更に進んだ段階では、具体的にいえば最近のいわゆる金融資本の時代になると、修正されてくるということが明らかになれば、その変化は資本家的階級関係の変化に対応するものとして、いいかえれば法律自身が資本家的階級社会を規制するものとしてあることを明らかにされることになる(『宇野著作集』第一〇巻、四五七ページ)。

資本主義の発生が資本家的商品経済の自己発展として説けるのであれば、資本主義は人類の到達した永遠の社会になる。人間社会の本来的なもの、つまり共同体から必然的に商品経済が発生し、その商品経済によって封建末期に農民層の分解が必然的に生まれ、それがそれ自体として必然的に資本主義になるというのであれば、逃れようがない。それは「意図に反して」資本主義を人類の営為が必然的に到達した社会とみることになる。『資本論』が労働価値説から開始されていることがこうした誤解を生んだのであろう。労働が商品の価値を形成する、ということが最初から説かれたことが労働という人類社会共通の本来的なものから必然的に商品が発生するという誤解を生んだと考えられる。それはさらに使用価値一般を意味する財貨が必然的に商品になるという誤解を生んだ。だが、労働や財貨という実体から直接的に商品が生まれたのではなく、共同体と共同体の間から商品が生まれ、その商品という形態が労働を包摂したのである。共同体と共同体の間から商品が生まれた、ということは人類が何をしなければならないか、を暗示するものである。資本家的商品経済の解明は商品という特殊歴史的形態の解明から始められなければならなかったのである。

ところで土地と農民との強力的分離による近代的土地所有の成立は所有論としてみると、つぎのような特質をもつ。第一に、それが歴史性をもつ所有であることである。商品の所有は商品の発生とともに存在する。それにたいしてこの土地所有は資本主義に先立つ諸社会では原則として所有と自己労働とが結合していたのであり、封建的土地領有にしてもその結合していたものをまとめて支配するものであった。ところがこの近代的土地所有は更地の土地そのものの所有である。所有として純化したといえるが、同時に所有の根拠の虚偽性もまた明らかである。第二に、そういう所有の権原は形式的には使用、収益、処分の自由の権利であるが、資本主義的生産にとって意味のあるのは、すでにみたように収益権、つまり貸付の権原である。それは社会的には歴史上初めての発生である。しかも他人一般と商品経済的関係を恒常的に結びつけうる権原である。使用、処分の権原は従来からあったものであるが、純粋資本主義においては土地所有者は資本をもっていないので生産手段として使用することはできない。賃貸料を払わなければ、何人にも利用させないという権原を確保するためだけに存在するものである。それは労働力商品の所有者である賃銀労働者が、自分ではその自己の所有する労働力を使用することもできないことに対応する。賃銀労働者は資本も生産手段も所有していないからである。第三に、この所有の根拠規定は商品所有よりさらに薄いもので、いわば所有が所有を生むのであるが、この点は最後に問題にする。そもそも所有には実体がないのであって、商品の所有は、マルクスがいうように「自分の商品を手放すことによって、他人の商品を自分のものにするのである。だから彼らは互いに相手を私的所有者として認めあわなければならない[96]」といえるのであって、商品売買においては売るものがその商品をつくったかどうかはわかりようがないし、売るという行為が買うものにとっては商品が売るものの所有であることを前提にしているのである。しかし売買契約が結ばれ、支払いを済ませば、商品は自分の手に入るので、所有の実感が湧く。いいかえれば商品の所有は、商品所有者が存在するということ自体ではなく、その商品所有者が商品を売ろうとする対人行為が生むのである。ここでも結果が前提を措定している。そういうことをさきの引用でマルクスはいっているのである。この点は商品の発生時も資本主義社会になってからでも変わりはない。ところが近代的土地所有の発生のばあいは、農民が領主にたいして借地を申入れをしたときに始まり、領主がそれをうけいれようとして、貸付予定地の耕作を先祖代々命じていた当の耕作農民を追放し、貸付を完了したときにその土地所有が成立するのである。ものの移動はない。その代わり農民追放という非商品経済的な特殊歴史的事実が介在する。その土地所有が成立したのちは一定期間の土地使用権の売買という行動が商品のばあいと同様に所有を根拠づけることになる。近代的土地所有においては土地所有者は労働者でも資本家でもなく自らその土地を使用することができずに、所有権を手元に置いたままその所有物の一定期間の使用価値を売ることによって、貨幣を所有することになるのであって、いわばみずから生産したものではない商品の売買という形態のみで所有が所有を生むのである。商品経済が本質において形態のみであることをこれは示している。そしてこの近代的土地所有はこれまでその土地を耕作することが権利でもあり義務でもあった小農民がただで使用することを拒むことによって、彼らを労働力商品に転化した。こうして純粋資本主義社会においてはすべてが、つまり資本家も賃銀労働者も土地所有者もみな商品所有者になった。そして生産、流通、分配のすべてが商品売買という形態のみによって処理することができるようになったのであって、その中枢を確保しているのがこの近代的土地所有なのであった。

（96）『資本論』第一巻、①、一一三ページ、「第二章　交換過程」、*Das Kapital*, Bd. I., S.99. この引用文のあとに、つぎに文章がつづく。「契約をその形態とするこの法的関係は、法律的に発展していてもいなくても、経済的関係がそこに反映している一つの意志関係である。この法的関係はまたは意志関係の内容は、経済的関係そのものによって与えられている」。それは法律的に「所有」なるものが規定される以前から、事実関係から「所有」が発生していることが重要なのである。それは法律で商品売買が規定されてなくとも、売買は起こりうるのであり、そして「所有」なるものがこの商品売買から直接生ずるものであることを示している。

さてここでふたたび『資本論』一巻二四章七節にもどって、マルクス原蓄論の総括に入ろう。われわれはこれまで小経営という生産様式が「自分自身を破壊する物質的手段」を生み、この生産様式は滅ぼされる、というマルクスの主張をみてきた。それは要するに、小経営が生産力の発展によって資本家と賃銀労働者とに両極分解するというものであった。その過程で直接生産者の収奪が行なわれ、そこには暴力的な方法が含まれたが、そのうち画期的なものだけを検討した、という。そしてその暴力的方法は小生産者の両極分解を促進する役割をもったというのであって、基本は両極分解にあるというのであった。そしてこう総括するのである。「自分の労働によって得た、いわば個々独立の労働個体とその労働条件との癒合にもとづく私有は、他人のではあるが形式的には自由な労働の搾取に基づく資本主義的私有によって駆逐されるのである」[97]。この結論はこのすぐあとで総括されている資本主義の発生から没落までの歴史過程の規定における「第一の否定」とまったく同じである。その歴史過程の規定はわれわれがすでにみているものであるが、念のためにもう一度掲げよう。「資本主義的生産様式から生まれる資本主義的取得様式は、したがってまた資本主義的私有も、自分の労働にもとづく個人的な私有の第一の否定である。しかし、資本主義的生産は、一つの自然過程の必然性をもって、それ自身の否定を生みだす。それは否定の否定である。この否定は、私有を再建しはしないが、しかし、資本主義時代の成果を基礎とする個人的所有をつくりだす。すなわち、協業と土地の共有と労働そのものによって生産される生産手段の共有とを基礎とする個人的所有をつくりだすのである(98)」。

じつはマルクスが資本主義の発生過程を論ずるときに、一方ではすでに指摘しておいたように「農奴から賃金労働者への直接の転化」という要因を気にかけながらも、他方では小生産者の商品経済による両極分解を最重要要因として固執した原因がここにあった。封建社会から資本主義社会への移行を「自己労働にもとづく私有」の否定からうまれたものとして説こうとしたことにこだわりつづけたのである。この否定の規定がすぐまえにみた「この重苦しい民衆収奪」という非商品経済的要因の介在をたんに促進剤とみなしている点で、マルクスの「歴史的傾向」の分析が「商品経済的に一面的な抽象性」に偏していることを示していると批判したのが宇野である(99)。このマルクスの規定を唯物史観の公式に当てはめるとどうなるかという観点から、宇野はつぎのように位置づけた。「資本主義の発生を、……一方では、『社会的生産諸力の自由なる発展を排除する』小経営としての生産様式を『生産手段の社会的に集積された』新しい生産様式への転化とし、他方では個々独立の労働者の、自己の労働にもとづく私有の、『他人の、しかし形式的には自由な労働の搾取にもとづく資本主義的私有』による駆逐として規定したマルクスは、資本主義的生産の発展過程では、前とは逆に生産様式を唯物史観にいわゆる生産力の地位におくことになる。それは資本主義的私有を生産関係とし、一定の発展段階でこれと矛盾するようになる、社会的生産としての生産様式というわけである(100)」。いいかえれば、封建性から資本主義への移行は「社会的生産諸力」の発展が「小経営としての生産様式」という生産関係と矛盾することによって、資本主義から社会主義への移行は生産力の位置に生産関係がおかれ、その発展が生産関係の位置におかれた資本主義的私有と矛盾する、というわけである。まさにそうである。われわれがそこから汲みとるべきものは、資本主義が小経営的生産様式の両極分解から生まれ、社会主義が資本主義的生産関係の自己発展の結果、資本主義的私有制が解体することによって生まれる、というのがマルクスの歴史規定であったということ、これである。いずれも移行は自己解体によるというのであって、歴史過程に決定的働きをなす政治過程を経済過程に完全に閉じ込めてしまっているのである。

(97)『資本論』②、大月書店版、九九四ページ。*Das Kapital*, Bd.1.. S.790.
(98) 前掲書、②、九九五ページ、*Das Kapital*, Bd.1.. S.791.
(99) 前掲『宇野著作集』第一〇巻、三四四ページ。
(100) 前掲書、三四四〜三四五ページ。

マルクスのこの歴史過程の理解には混濁があることは否めない。その原因はおそらく彼がこだわったその所有論にある。そこで宇野によるマルクス所有論批判をみてみよう。資本の原始的蓄積の歴史的意義は「中世的封建的土地所有を解消して土地の近代的私有を確保し、資本主義社会として私有制を全面的に確立せしめるものにほかならなかった。『資本主義的私有』こそ私有制の本質を示すものである。／……元来『自分の労働にもとづく個人的な私有』なるものが、実は自分の労働にもとづかない土地の所有を前提にしているのであって、資本主義は、土地によって代表される、制限せられていて独占せられうる自然力を、一応その体制の外において初めて私有制を全面的に展開することができたのであった。……私有制なるものは、それを前提とする商品経済的な売買、貸借関係自身によって確保されるのであって、むしろ『自分の労働にもとづく』ものとしてではない。……資本が借入れた土地で、生産手段とともに商品として買い入れた労働力の使用価値としての労働によって生産された生産物を自己の生産物として私有するということは、いわば首尾一貫した私有制のあらわれにほかならない[101]」というのがその全論理である。つまりはわれわれがすでに明らかにした商品を売るという結果がその前提たるその商品の所有の根拠だというのであって、労働力まで商品化している資本主義社会の私有制こそそのことを徹底化したものにほかならないということである。いいかえれば産業資本家は他人の所有物である土地を借入れ、労働生産物である生産手段と労働力とを買入れて、それらを使用した結果、労働力商品の使用価値たる労働が生産した生産物は当然それらの商品を買い入れた自己の所有物になるというわけである。端的にいえば産業資本家は土地を借り入れ、購入した商品を「消費」した結果「生産」されたものは自分のものになるという首尾一貫した論理だというのである。所有が所有を生んだということに他ならない。所有自体が畢竟、人類社会にとって根源的なものではないということなのである[102]。

(101) 前掲書、三四九〜三五〇ページ。
(102) 宇野は自らの所有規定を基礎にして、『資本論』一巻二二章第一節の「商品生産の所有法則の資本主義的取得法則への変転」への批判を展開している注のなかで、このマルクスの歴史規定は本来、つぎのように説くべきだといっている。「私有制も、商品経済とともに共同体の内部に浸透し、資本家的商品経済の確立によって全面的に確立されるものと理解すれば、第一の否定は、共同体的所有の私有制による否定となり、第二の否定は、資本主義とともに私有制一般を否定する社会主義的変革となる」(『宇野著作集』第九巻、一三七～一三八ページ)。

マルクスが封建制から資本主義への移行規定としてあげた「自己労働にもとづく私有」から「他人労働にもとづく私有」への転換は「正しい私有」が「正しくない私有」によって否定されたというがごとき意味をもつものとするならば、資本主義批判としては根底をついたものいえない。「自己の労働にもとづく私有」の基礎をなす土地所有の根拠の不明を近代的土地所有の成立を旋回軸にして明らかにして、「自己労働にもとづく私有」なるものはもともと存在していなかったのであって、「他人労働にもとづく私有」こそが私有なのであり、労働力商品化によって私有が完成するということこそ私有の架空性という本質とともに資本主義の本質を衝いたものといえるのではないであろうか。

だがこのばあい通常の商品は期間の長短はあれ消費すればなくなるので、売買の繰り返しのうちに解消されて、気にならなくなるということもありうるが、土地は自然物なので見ただけでは誰の所有物かはわからない。その所有の架空性は現実的には消えない。商品経済はそれは問わないとして、封印しているのである。しかし土地所有は一切の所有の根源をなしている。それは労働力商品の所有とともに所有そのものの架空性を示している。純粋資本主義社会の住人のうち土地だけを所有していてあとは何もしていない土地所有者から、資本家と賃金労働者は土地を借りている借地人である。商品は共同体と共同体との間に発生したといわれるが、実体のほうはすべて共同体の内部にあって、その間の空間には何もない。あるとすれば商品経済的形態のみで、土地所有という形態のうえで商品、貨幣、資本という形態が踊っているといえなくはない。そうだとすれば、共同体のなかにいる実体としての非資本家的商品経済的なるものがこの間の空間に侵入して起こす歴史過程こそが救いである、といえるのかもしれない。

マルクスは『資本論』において純粋資本主義の内部構造を解明したのであるが、彼にあっては資本主義の発生、発展、死滅の歴史過程も純粋資本主義の発生、発展、死滅なのであった。そのことは純粋資本主義の内部構造の解明は同時にその歴史過程の解明でもあると考えていたことと同義である。しかしそれで一貫していたかどうかは別問題である。マルクスにはいろいろな考えがあるからである。前者の解明を原理論と呼ぶならば、段階論も現状分析もすべて原理論に吸収されていたのであった。すでにみたカウフマンの書評にある「ある一つの与えられた社会的有機体の発生、存在、発展、死滅」の過程を基本的に解明したという表現はマルクスの意に沿っていたわけである。

だが彼が『資本論』の本体部分といえるところで展開しているのは資本主義を自立的運動体としてとらえ、それを本来の弁証法的論理をもって基本的にはほぼ解明しえたことは間違いないところであろうと思われる。弁証法的論理は自立的運動体を解明しうる論理だと考えられるからである。だがその同じ弁証法的論理をもって歴史過程をも解明しうると考えていたところにわれわれは疑問をもつ。われわれはその一端を彼の原蓄論の検討をとおして明らかにしようとした。そもそも歴史過程は自立的でないからこそ一回限りの歴史過程をなすのである。そして念のためにいえば資本主義が自立的運動体であるからこそそっくり替えられるのである。全体が歴史性を前提にしているのである。封建制から資本制、資本制から社会主義への移行は、必然性があるといっても、それは歴史的必然性なのであって、商品経済の自己発展としての必然性ではない。第一の移行が人間の客体性による必然性であるとすれば、第二の移行は人間の主体性による必然性なのである。資本主義が人間の本来的なものと必然的に結合しているのであれば、自立的運動体ではなくなり、逆に廃棄はなしえないものとなるのである。

第三節　原理論の任務と歴史分析

原理論の対象とする純粋資本主義社会は、資本家的商品経済自体がその固有の運動によって到達したと想定される抽象的世界である。その抽象的世界そのものは現実には決して存在しなかったし、また存在しえないが、一定の時期までは現実に現われた運動に基礎を有する世界である。この抽象的世界は十九世紀中葉までのイギリスを基軸とする広域の地域の世界であって、そこでは資本家的商品経済が自由に運動を展開しつづけている。そこでは国境は捨象されている。したがっていわゆるイギリス資本主義の発生期にはイギリス地域の農村から羊毛が他の地域に販売され、資本主義の発展期にはアメリカ地域から綿花がイギリス綿工業に自由に販売され、イギリスからアメリカその他に綿製品が自由に販売されているのであって、そこではイギリスの都市・農村とかアメリカの農村・都市とかの区別は存在しない。いいかえればそこではすべての産業が一様に、かつ同時に資本家的経営になるという運動が展開されているのではなくて、まず当該地域でもっとも資本家的経営に転化しやすい産業から徐々に拡大されるというかたちで、展開されている。そういう運動の極限に純粋資本主義社会が想定されるのである。その世界に現実を直接入れ込んで国境を設定すると、大塚史学や世界資本主義論になるのである。国家を捨象するということは、もちろん軽視しているからではない。資本主義社会の発生期においても、また変質期においてはもちろん国家は他の非商品経済的諸要因とともに、重要な作用を資本主義経済に及ぼしているのであり、その点は資本主義の歴史過程の解明には欠くべからざる問題領域をなしている。だがその点の解明にはまず資本家的商品経済の運動機構こそがそれ自体として明らかになっていなければならない。そのためにこそここでは国家は捨象されなければならないし、またそのこと自体が対象自身が純粋資本主義社会としてそれ自身に自立しうるものであることを示しているのである。

われわれのこの純粋資本主義社会の想定の仕方に示唆を与えるものとして、宇野のつぎの文章がある。「先進国イギリスにおいても、農業の資本主義化は、長い期間にわたる資本家的工業の発展の過程のうちに、さらにまたかかる資本家的工業の発展にともなう外国貿易の進展の影響の下に、具体的にいえば工業原料品の輸入によって、ようやく完成されたにすぎなかった。／元来、資本主義は、従来農業と直接的に結合せられて来た工業が、農業から分離されて資本家的に経営されることによってその発生を見たのであるが、工業が農業と直接的に結合せられて来たということ自身が、農業の資本家的経営に不適当なる面を基礎とするものにほかならなかった。……資本主義は、この農業と自然的に結合された工業を分離し、自己の確立の基盤として発展して来たのであって、それは農業にとってはいわば資本主義的経営に不適当なるものを残された産業として、しかも資本主義的工業の発展とともに、その生産力の増進の圧倒的影響のもとに、みずからも資本家的商品経済に体制的に組みいれられるということになるのであった。イギリス資本主義が羊毛工業を出発点として、後に綿工業の機械化によってその確立を見、農業の資本主義化がようやく十九世紀中葉の穀物条例の廃止によって、外国貿易に補充されつつ完成せられるということも、かかる関連を基礎とするものにほかならない[103]」。このように「資本主義は、従来農業と直接的に結合せられて来た工業が、農業から分離されて資本家的に経営されることによって、その発生を見」「外国貿易に補完されつつ完成せられる」という方向を思惟によって延長した先にあるのが純粋資本主義社会ということになるといっていいであろう。

この純粋資本主義社会の想定への過程をもう少し具体的に、しかし図式的に展開するとつぎのようになるであろう。ヨーロッパ大航海時代―大商人資本の貨幣蓄積―イギリス羊毛（のちには穀物も）の輸出―イギリス毛織物手工業の隆盛＝牧羊業の発展―封建権力による農民追放―封建制の自己崩壊―農業専業化（農工分離）の発生―農業生産力の上昇―借地農業資本家経営の成立―無産者の大量発生―商人資本による問屋制家内工業の発展（マニュファクチュアの部分的形成）―産業革命―資本家的綿工業の成立＝労働力商品化の成立―穀物条例の廃止＝イギリス資本主義の成立―穀物・綿花の輸入の増大―綿製品の輸出の増大―イギリスの工業品の輸出・農産物の輸入による後進諸国の資本主義化作用、これである。もっとも純粋資本主義社会を想定するときには、この図式を極度に抽象化しなければならない。外国貿易を自由貿易を根拠にして同一地域内の商品売買に抽象化しなければならないし、労働力商品の発生過程も近代的土地所有の成立過程も、捨象しなければならない。直接生産者と土地との分離による労働力商品化の発生過程と近代的土地所有の成立過程は純粋資本主義社会が前提にしているものであって、純粋資本主義は自己の出生過程について何も語っていないのであり、語りえないものである。その出生過程はすでにわれわれはのべたし、先の図式にもあるように、商品経済的要因のみで展開されたわけではないからである。誤解を避けるためにあえて重複していえば、封建社会末期における土地と直接生産者の分離過程は商品経済的要因のみによって実現されたわけではないからである。また綿工業的生産力が資本家的商品経済にもっとも適合的なものではあるが、後者によってのみ作られたものではない。もともと生産力の発展は資本主義によって異常に、そしてしばしば資本主義的歪曲をともないつつ、促進されたものではあるが、それ自体は人類社会とともにあるものである。事実、巨大な固定設備を擁する生産力になると資本主義は一定の変質を余儀なくさせられるのである。いずれにせよ純粋資本主義を対象とする原理論は資本主義の内部構造はこれを明らかにしえても、資本主義の発生、発展、爛熟の歴史的過程については直接的には何事も語っていないし、語りえないのである。その歴史性は原理論の背後に隠れるといっていい。

実際、宇野はわれわれがさきに引用した文章の最初のほうで、イギリスにおける農業の資本主義化が資本家的工業の発展にともなう工業原料品の輸入によって完成されたという意味のことを述べたところに注をいれてつぎのように、強度の抽象化を行なっている。「イギリスがその資本主義社会としての完成を、工業品の輸出に対応する原料品としての農産物の輸入によって実現したということは、経済学の原理の想定する純粋の資本主義社会のように、全産業が資本主義的に経営されるものとする社会とは、著しく異るものである。しかもイギリスに農産物を輸出していたアメリカが資本主義化すれば、イギリス自身はみずから原料品をも資本家的に生産する純粋の資本主義社会を実現するというようなことにはならない。資本主義の発展は、実際上は、経済学の原理に想定する純粋の資本主義社会をそのままに実現するものではない。ただイギリスにおける資本主義の発展は、十九世紀六十年代まではそういう純粋の資本主義社会への発展の傾向を示していたのであって、マルクスのいうようにそういう社会に最も近似するものといってよかった。経済学は、資本主義のそういう発展傾向に即して純粋の資本主義社会を想定し、それによって資本家的社会関係を支配する法則を明らかにしようというのである。……資本主義社会が自らの力で旧来の封建的諸関係を破壊して純粋の資本主義社会に近づく方向に、たとい一時的にしろ、またイギリス一国においてせよ、進みつつあったという事実は、なおその当時旧来の諸関係の残存を許し、全産業の資本主義化を実現するというのでもなく、また重要な農産物の輸入をなしつつあったにせよ、原理論の想定を許すものといってよい[104]」と。かくてわれわれはつぎのように抽象化することができるであろう。原理論の想定する純粋資本主義社会とは、十九世紀中葉までのイギリスを中心とする広域の地域で資本家的商品経済をもって統一化しつつある現実の運動の延長線上にある架空の世界である。その運動はイギリスの綿工業を中心にしつつも、はじめから世界的に展開する運動である。そこでは国家が捨象されていて「自由貿易」=自由な商品売買が行なわれている。そしてイギリスとそのイギリスが綿花を「輸入」し、綿製品を「輸出」するアメリカとの関係はいわばイギリス「国内」の都市と農村の関係に等しく、みな一様に商品経済関係をもって結ばれている同一世界内にある関係である。さらに抽象化を徹底すれば、イギリス、アメリカという固有名詞をも省略された資本家的商品経済のみによって構成されている世界ということになる。それはどういうことを意味するのか。商品形態が労働力という実体を包摂することによって成り立っている自立的運動体としての純粋資本主義のみがのこるということになる。そしてそこからはその発生過程も変質過程も消え去っている。だが同時に商品形態が労働力という実体を包摂しているという一点において歴史性は確保されているのである。これが原理論の対象が純粋資本主義社会であるということの意味なのである。

(103) 『宇野著作集』第八巻(「農業問題序論」)、一九七四、岩波書店、一五二〜一五三ページ。「日本資本主義の特殊構造と農業問題」(初出は東畑精一・宇野弘蔵編『日本農業の全貌』第四巻、『日本資本主義と農業』、一九五九、農林省農業総合研究所、所収)。

(104) 前掲書、一五四〜一五五ページ。注(1)

原理論の対象をなす純粋資本主義社会が全体として歴史性を有しながら、それ自体の内部には歴史が存在しないということは、その内部機構を解明する論理にいかなる性格を与えることになるのか、ということが問題になる。もとよりしかし、それは大問題であって、それを真正面からここで論ずる余裕も準備も、そして何よりその資格もいまの私にはない。それはマルクスが全生涯をかけて『資本論』のいわば本流のところで追究した問題である。ここではそのマルクスが追究した問題を自らの問題として徹底的に追究し、考え抜いたと私には思われる宇野の考えをもとに、そこから学びとったと自分では思っていることを基礎にしてのべることにとどめざるをえない。

純粋資本主義社会の内部論理は一口でいえば論理的展開の終わりが始めを生むという、いいかえれば結果が前提を示すという、自立的運動体の論理であるということである。『資本論』冒頭の商品形態がそれ自身の内在的要因によって貨幣形態を生み、同様にその貨幣形態が資本形態を生み、その資本形態が生産過程をつかみ、結局資本家、賃銀労働者および土地所有者の三大階級を生み出して一応その論理的展開は終わるが、その三大階級はふたたび最初の商品を生み出すという論理展開になっているのであって、閉じられた円環論理になっているのである。しかもその内部の展開も、結果が前提を生むという円環論理になっている。たとえば商品から貨幣への展開も、そうであって相対的価値形態にある商品の所有者がその個別的判断によって自己の商品と交換したいと望む特定の使用価値の一定量を等価形態に置くということ自体が、貨幣的なものをその等価形態のものにいわば勝手に想定しているのである。その価値表現が等価形態に置かれる使用価値においても、自己の商品の価値表現者の数においても拡大深化する過程のうちに、もともと価値表現者のなかにあった貨幣的位置にあったものが貨幣となって外化するわけである。そのことはいいかえれば貨幣という結果が自分を生みだす前提を特定化していたことを意味しているのである。この論理展開が特殊なものであることは形式論理と対比するならば歴然とする。形式論理ではある特定の結果を生むであろうと思われる前提を置いてそこから出発するが、その前提がその特定の結果を生まないときは論外として、厄介なのはそのある前提がその特定の結果を生むばあいもあれば、生まないばあいもあるというときである。このばあいは前提と結果との関係に必然的な内的関連がないのである。ところが商品形態と貨幣形態との関係はこうした外的関係ではないのである。もともと一体化したものの内部の関係なのである、ということが価値形態論の展開自身が示していると考えられるのである。いわば結果が自分を生んだ前提を内蔵していたのである。[105] それを前提から措定してゆくという論理が弁証法的論理だと考えられるのである。いいかえれば自立的運動体の論理である。純粋資本主義が全体として歴史的存在であるにもかかわらず、その内部には歴史過程が消滅しているという論理をもつというのは、この自立的運動体の論理によるのである。

(105) 新訳のマルクス『資本論草稿集』①には、「結果が前提を示す」ことにかんしてつぎのような文章がある。「単純な諸範疇は、より具体的な諸範疇で精神的に表現されている。より多面的な関連または関係がまだ措定されていないまま、より未発展な具体物がすでに実現されていることもありうるような諸関係の表現であるということ、他方では、より発展した具体物は、同じ範疇を従属的な関係として保持しつづけるということである。貨幣は、資本が実存するよりもまえ、銀行が実存するよりまえ、などに、実存することができるし、また歴史的に実存してもいた。そこで、この面からすれば、次のように言うことができる。すなわち、より単純な範疇は、より未発展な一全体の支配的な諸関係を表現することもできるし、あるいはまた、より発展した一全体の従属的な諸関係を表現することもできるのであって、こうした諸関係は、より具体的な範疇で表現されている方向へとその全体が発展していくそのまえに、すでに歴史的に実存していたのであった。そのかぎりでは、もっとも単純なものから複合的なものへと上向していく抽象的思考の歩みは、現実的歴史的過程に照応するであろう」(『マルクス資本論草稿集』①、資本論草稿集翻訳委員会訳、一九八一、大月書店、五三ページ。「経済学批判要綱」への序説、の3.「経済学の方法」)。またつぎの文章にも注目すべきであろう。「商品は交換価値となる。商品の交換価値は、商品に内在する貨幣性質である。この商品の貨幣性質は、貨幣として商品から解放されて、すべての特殊な諸商品およびそれらの自然的存在様式から分離された、一つの一般的な社会的存在を獲得する。生産物の交換価値としての自己にたいする関係は、生産物の自分とならんで存在する貨幣にたいする関係、またはすべての生産物のそれらすべての外部に存在する貨幣にたいする関係となる。諸生産物の現実の交換がそれらの交換価値をつくりだすように、諸生産物の交換価値は貨幣をつくりだす」（前掲書、一二一ページ、「経済学批判要綱、第一分冊、Ⅱ．「貨幣にかんする章」の「貨幣の成立と本質」。また宇野の初期の論文「『資本論』による社会科学的方法の確立」（初出は一九四八年）にはつぎの文章がある。「ヨリ単純なる規定はそれ自身の内にヨリ複雑なる規定の展開力を含蓄しているのである。それはいわばかかる復元力を有する抽象である」（『宇野著作集』③、三五ページ）。また『資本論』の「全体系は最も単純なる商品自身からの発展転化の過程として、いわば最初の性格を保有しつつしかも新たなる関係の下に新たなる形態と運動とをなすものとなっている。たとえば商品、貨幣、資本の関係でも、それは全く別個の三者ではない。貨幣は商品であり、商品の転化したものに外ならない。しかしまた決して単なる商品ではない。商品に対立するものである。資本も同様にそれは貨幣であり、商品でもあるが、しかし単なる貨幣でもなければ、単なる商品でもない。単なる生産手段では勿論ない。この関係は、同時的に相対立しながら決して別個のものの対立に留まるものではない。いずれも内面的な発展転化の関係を有する対立である。『商品』から始まり『諸階級』に終る理論体系は、かくの如き内面的な発展転化の過程を有するものとして始めてこの『諸階級』をも一つの歴史的産物として、したがってまたこれを一歴史的形態として分析し得たのである」（『宇野著作集』③、四九ページ）。なおこの論文は「『資本論』によって確立されたこのいわゆる唯物弁証法が、単に社会科学だけでなく、自然科学にまで取上げられ、その部面における確立が探求せられつつあることは極めて興味ある注目すべきことといわねばならない」（同、五三ページ）という文章で筆がおかれているが、このこと自体「注目すべきこととといわねばならない」。

ところでこの自立的運動体の自立とは何から自立しているのであろうか。それはもちろん一社会の経済過程が政治、宗教、その他の上部構造から独立してそれ自体として自立しうるということを意味している。そしてそのことはその社会の全経済過程が商品形態をもって包摂されているからであるが、一社会の全経済過程が商品形態をもって包摂されると、商品形態の展開のみで一社会の経済過程が自立しうるということを解明したものこそ、原理論なのであった。だがこのばあい注意を要するのは、そのことが商品経済にはもともとそういう能力があったということを必ずしも意味しないということである。商品経済自体は資本主義に先だつ諸社会にも部分的には存在したのであるが、それは小生産者の生産物の商品化でしかなかった。労働力そのものが商品化されていなかったのであり、その点が資本主義社会の商品経済と決定的に異なる点である。労働力まで商品化しなければ、全経済過程が商品経済的に処理されえないのである。資本主義に先だつ諸社会における小生産者はそれ自身に自由な経済活動をなしえない存在であった。本来はなしうるのに、封建的支配のためになしえなかったというのではなく、本来小生産者社会ではなしえないことはすでにみてきたところである。共同体による政治的規制は小生産者存続の条件をなしていたのである。したがって小生産者の生産物による商品経済は、それが発展すれば資本家的商品経済に転化しうるというものではない。そこになんらかの政治的要因が入らなければその転化は生じえないことはすでにみた。その転化とは労働力商品化の社会的出現であるが、それによって全経済過程の商品経済化が実現されることになる。そしてそのことによって経済過程の上部構造からの分離・独立が可能になるわけである。「自由なる独立自営農民」を過大評価はできないのである。

ところでしかし現実の資本主義社会においては労働力商品化によってひとたび資本主義社会が成立すると、その後も自立が確保されうるかというと、そうはいえない。帝国主義段階には政治過程がふたたび経済過程に関与せざるをえなくなるのであって、経済過程の自立性は阻害されることになる。その阻害はそれに留まらない。いわゆる自由主義段階においても、現実には多かれ少なかれ政治的介入は避けられないのであって、その限り原理論の法則は多少とも阻害されることになる。いずれにしても厳密にいえば経済過程の自立は純粋資本主義に限られるわけである。かくて純粋資本主義を対象とする原理論は資本家的商品経済が労働力商品化という一点を押さえることによって、一社会の経済過程の自立性を商品の形態的展開のみによって実現しうることを明らかにしたところにその固有の任務があった。

そこでつぎの問題は労働力商品化を基軸にして商品経済的形態の展開が一社会の経済過程の自立化を達成せしめるという原理論規定が資本主義の発生・発展・変質の歴史過程にとっていかなる意味をもつかということである。主客を顚倒していえば、その歴史過程が、大きなことをいうつもりはないが、人類史の上でいかなる意味をもつか、ということでもある。その歴史過程はすでにみたように現実に歴史的に発生する非商品経済的、非資本主義的諸要因によって、原理論の諸法則の展開がいわば発生・促進・阻害の作用を通じて行なわれるのであるが、その発生・促進・阻害の歴史過程は人類史からいうといかに位置づけられるかということである。いうまでもなく資本主義の発生・発展・変質と法則の発生・促進・阻害とは表裏の関係にある。ここで原理論の諸法則の別の側面が問題になる。人類社会が共通に実現しなければならない宇野のいわゆる経済原則と法則との関係である。この点を明らかにしたのも宇野の功績である。それを一口でいえば、商品の価値を形成するのが一定量の労働であるという価値法則が特殊歴史的な資本主義社会を一人類社会としてその存立を保証する経済原則を実現するものであるということである。

宇野はこういっている。「価値法則にしても、利潤率均等化の法則にしても、それは明らかにあらゆる社会に通ずる経済原則を経済法則として強制しているにすぎないのですが、人口法則にしても、経済生活をますます経済的にする生産方法の改善を齎らす特殊形態にすぎないのです。科学技術の発達、応用は、たしかにいかなる社会でもその経済生活をますます経済的にするものとして、いいかえれば人類社会の進歩を示すものといってよいのですが、資本主義社会ではそれが特殊の法則を通して実現されるのです(106)」。人類社会が共通に充足しなければならない経済原則を資本主義社会は法則をもって強制することによって実現するというわけである。資本主義は本来、人間の主体性による原則の実現を、そういうものとして認識できないで、没人間的物的関係として、つまり客体的に法則による強制として行なうのである。さきに主客顛倒していえばといったのは、資本主義による原則実現の仕方のほうが裏側に回り道を作って行なう方法であり、人間の主体性によって直接原則を実現するほうが人類社会の表側の道だったという意味であった。

(106)『宇野著作集』(「資本論の経済学」)⑥、四一〜四二ページ。初出は『資本論の経済学』、一九六九、岩波新書。

こうなったのももともと商品が共同体の内部から発生したのではなく、共同体と共同体との間から発生したことに淵源する。その間の空間にはいわば形態のみあって、実体はない。そしてその形態とはマルクスのいう「相互に他者」としての関係である。資本主義に先だつ諸社会における小生産者は一方の片足を共同体の中に置きつつ、もう一方の片足を共同体の外に置いた。だが資本主義はすべての関係を共同体の外部に置いていながら、その外部を内部と誤認しているのである。だがその外部は所詮外部に徹することはできない。人間そのものが外部になりきれないものだからである。そうであるゆえに歴史過程があるのである。原理論の諸法則の展開が非商品経済的、非資本主義的諸要因によって、発生、促進されるときには、人類社会は深く沈みこみ、阻害されるときには表層部に浮かんでくるともいえる。資本主義社会でありながら、なにゆえ非商品経済的、非資本主義的諸要因が現われるのか。それは形態が実体を作れないし、実体から形態が生まれてくるわけではないからである。両者は別次元に存在するものであって、ある特殊の歴史的条件と生産力水準のもとで、労働力が土地から強制的に分離されたために、労働力が商品形態に包摂されたのである。労働力と土地との分離が商品経済史観のいうように無条件的に必然的なことであるならば、資本主義社会は人類にとって永遠の社会になる。また非商品経済的要因としての生産力は資本主義的形態とは別に独自に発展する性質をもっている。その生産力の発展が商品形態による実体の包摂を困難にするばあいがあるのである。出現した生産力を資本は個別的に利用し、包摂しようとするだけであって、その結果、商品経済が歪曲されることになっても、個別を越えた問題とみなすだけであって、個別的にはその歪曲さえ自己の利益のために利用するのである。必然性には無条件の必然性と条件付の必然性とがあって、原理論内部の形態規定の展開は、原則の実現の問題を含めて無条件の必然性によるものであるのにたいして、資本主義の歴史過程の必然性は条件付必然性であって、それは外部からの作用による必然性である。したがって無条件の必然性と条件付の必然性との違いは同一次元内の世界の必然性と異次元間の交錯による必然性だといえるのかもしれない。それはともかく資本主義の変質期において外部から非資本家的商品経済がやってきて、原理論の諸法則の展開とともに経済原則の充足が阻害されることになるということは、共同体が外部からやってきた資本家的商品経済によって破壊されたということの反映であるともいえるのである。

第二章　大内力の日本農業論の原型

第一節　『日本資本主義の農業問題』の衝撃

一　論旨と当面の問題点

山田盛太郎の『日本資本主義分析』[1]に代表される講座派理論に画かれた日本社会の暗さと貧しさこそ日本資本主義の本質をなすと実感していた敗戦直後の多くの若者にとって――私もその一人であるが――大内力の『日本資本主義の農業問題』がもつ鮮烈な論理性にはたしかに刮目させるものがあった。この大内の著書は一九四八年に初版[2]がでたが、その後五二年には改訂版がだされた。初版は著者自ら「著書としてはわたくしの処女作」としているが[3]、二〇〇九年四月の没後に「インフレイションと日本農業」と題する未発表の原稿が発見され、二〇一一年に公刊されたから[4]、実質的には処女作ではない。けれども学界への鮮烈なデビューはこの『日本資本主義の農業問題』を処女作として行われたのである。なおこの書の第一章ないし第三章の元になったのは一九四六年に発表された「過小農制度と日本資本主義」[5]であるという[6]。

（1）山田盛太郎『日本資本主義分析』、一九三四、岩波書店。
（2）大内力『日本資本主義の農業問題』、初版は一九四八、日本評論社。
（3）大内力『日本資本主義の農業問題』（改訂版）、一九五二、東京大学出版会、「はしがき」（初版の「はしがき」）ivページ。
（4）大内力『インフレイションと日本農業』大内力先生遺稿刊行会編、二〇一一、山愛書院。なお本書の「まえがき―大内経済学の形成―」（佐伯尚美稿）によれば、未発表の草稿はこのほかに「農業生産力への反省―農業財政学研究序説―」（一九四五年七月執筆）、「古きものと新しきもの―知多農村調査報告―」（一九四五年一〇月執筆）、「自作農主義の効果―社会党農業綱領批判―」（一九四五年一一月執筆）、「インフレイションと日本農業」（一九四六年六月執筆）、「農業過剰人口の存在形態」（一九四八年八月執筆）が発見されているという。なおのちに知ったのだが、柴垣和夫によれば、大内の処女論文は「農村財政の諸問題」、一九四四年三月、だという（大内力「私の経済学を語る」上、『エコノミスト』、一九七九年二月二〇日号、五二ページの柴垣の発言による）。
（5）「過小農制度と日本資本主義」、『季刊経済思潮』、第一号、一九四六。大内力「日本農業の論理」（同、『日本農業の論理』、日本評論社、一九四九、所収）、一七四ページの注（1）による。
（6）前掲『日本資本主義の農業問題』（初版）「はしがき」四ページによる。

この『日本資本主義の農業問題』の狙いは農地改革の歴史的意義を明らかにするところにおかれていると考えられるが、そのために講座派理論の徹底的批判が前提にされている。そこに本書の魅力もあるのだが、逆にそのために分析の対象とする日本資本主義がどの時代のものかについては明確な規定がなく、いわばその成立期から農地改革までの全時期が対象とされているので、日本資本主義の発展段階についての著者の考えが読みとりにくくなっている。著者は本書で日本農業の構造分析に重点をおいているのであるが、その構造も本来、資本主義の発生、発展、爛熟の歴史過程のうちに変化するのだから、この点を捨象して構造を一般的に説くことには大きな限界があるはずである。だが、その点の解明は著者ののちの仕事になり、そこでは水準の高い業績を残していることは周知の事実である。

大内の本書での狙いは講座派理論が日本の明治初期以来の農民を少なくとも敗戦までは封建的農民＝隷農と規定していることに徹底的批判を加え、そのうえで農地改革の歴史的意義を明らかにしようとしたことにあったのであって、そのために明治初年以来連綿として存続している小農による農業の特質と、それを必然ならしめる日本資本主義の「特殊性」を明らかにしようとしたのであり、それを基礎にして農地改革の歴史的意義を明らかにしようとしたわけである。事実上分析の対象とした時期は日露戦争以後、とくに第一次世界大戦以後から農地改革までの時期であって、[7]この時期以前においては多少とも農民層の両極分解がみられたのにたいして、この時期にはこの傾向が逆転して農民層が農民のまま零落するのを伴いつついわゆる中農標準化傾向が現われた時期である。まさに「日本資本主義の農業問題」が出現した時期だったのである。本書はこの時期を日本資本主義の「特殊性」に基礎をおく小農的農業を中枢とする農業問題発現の時代として切りとって分析したのち、農地改革が農民の将来にいかなる展望を約束するものであるかどうかを考察したものである。初版のでた一九四八年は、四五年に第一次農地改革案が成立したが[8]マッカーサー元帥の承認をえることができなかったために四六年に第二次農地改革案が成立した[9]その二年後に当たる。改革事業の完了は四九年秋であったから、その完了の前年に出版され、五二年改訂版は完了後で、しかも農地改革の結果を固定化する農地法が成立した年に出版されている。初版と改訂版とでは出版時の情況はかわっているが、内容は基本的にはかわっていない。ここでは新かなづかいで書かれ、増補訂正されている五二年版を検討の対象とし、必要に応じて四八年初版をとりあげることにする。

（7）『日本資本主義の農業問題』五二年版では「日清戦争を手始めに日露戦争、第一次欧洲〈原〉大戦、満洲事変、太平洋戦争とたえず戦争をくりかえしつつ執拗に大陸進出をこころみなければならなかったのである」（一九六ページ）とあるが、そのすぐあとで「もちろん、とくに日露戦争以後においては、たんに商品市場として大陸を支配するばかりでなく、資本市場としてこれを確保しようとする帝国主義的色彩が強くあらわれている」（同ページ）といっている。そしてこのあとレーニンの『帝国主義』からの引用をしたのち「日本の農業がとくにおくれており、日本の労働大衆が、とくに貧困であるとすれば、日本では資本過剰が比較的早く、かつ深刻にあらわれて、帝国主義の一般的傾向を超えて日本を帝国主義にせざるをえなかった理由も、おのずから明らかであるにちがいない」（一九七ページ）という。だが、後年の楫西光速・加藤俊彦・大島清・大内力『日本資本主義の発展Ⅲ』（東京大学出版会、一九五九）では「日清戦争前後の時期に産業資本の確立期をむかえた日本の資本主義は、日露戦争に勝利をしめたのち、一九一〇年代にはいると、いち早く、早熟的に独占資本段階への移行を開始した」（四六一ページ）とある。この段階規定のほうが正しいのであって、したがって概括的にいえば日露戦争後から日本資本主義は帝国主義段階への形成期が始まり、第一次世界大戦後にその段階にはいったとみるべきであろう。

（8）農地改革の動きは日本自体としては戦時中から展開されている。一九三八年農地調整法、三九年小作料統制令、四一年臨時農地価格統制令、食糧管理法にもとづく小作料の代金納化、米の二重価格制度による小作料の事実上の引き下げ、四一年臨時農地管理令がそれである（大内前掲書五二年版、二一九ページ）。

（9）その正式名称は「農地調整法中改正法律案および自作農創設特別措置法」である。

この『日本資本主義の農業問題』は「日本民主化の根本的課題」という副題をもつ「序説」と第一章「実態」、第二章「学説」、第三章「分析」、第四章「展望」という四章構成になっている。このうち講座派理論にたいする批判が展開されている「学説」は衝撃的な内容になっている。いま順を追って各章の内容を簡単に明らかにしておこう。もちろん対象としているのは太平洋戦争まえの時代の日本農業である。まず「序説」で「われわれに課せられた仕事」は「日本の農民はなにゆえ貧乏であるかという問題に、科学的に答えることでなければならない[10]」とし、「実態」で日本の農業が零細な小農によって担われていること、そしてその小農の多くは「半封建的」な小作制度のもとにおかれていることを説いたのち、小作料が高率物納制であることを明らかにしている。その収穫量にたいする割合は明治初年の七〇%近くから昭和一〇年ごろの五〇%にまで低下しているもののかなりの高率である。自作農にしても新たに自作農になったものはこの高率小作料は高地価を意味するからその生活を圧迫することになる。そのために小農にあっては一般に「過労と過剰労働力とが同時的に存在[11]」することになる。それにもかかわらず農業所得は家計費の八〇%をカヴァーするにすぎない。このことはマルクスの分割農的土地所有に比定しうるものである[12]。こうして日本の農民のほとんどは「『半封建的』過小農」に属するのであり、「農村に封建的思想・感情ないし慣行を色濃く残存せしめるにいたるのはとうぜんである[13]」というのである。

(10) 前掲『日本資本主義の農業問題』(改訂版)(以下同様)、四～五ページ。
(11) 同、三〇ページ。
(12) 同、四二ページ。
(13) 同、五〇ページ。農家分類については四八年初版では五二年版の小農はほとんど過小農と表記されているが、その過小農というのは Roscher の定義によるもので、それによると「自家労力でもって一杯一杯に経営をなしうるだけの経営規模をもつ農家が小農であり、それより大きなものが中農および大農、それより小さなものが過小農である。中農および大農は多かれ少かれ雇用労力に依存する経営であるが、そのうち経営主が労働者とともに労働するもの、すなはちマルクスのいはゆる小親方に相当するものが中農であり、さらに大きな経営で経営主はたゞ管理や監督の任に当たるだけのものが大農と呼ばれる。また過小農はつねに自己の経営では消化しきれない過剰労働力を有する経営だといふことになる」(初版本、一〇ページ)。五二年版では過小農と小農との二通りの言い方がされている。そのちがいの根拠は五二年版でつぎのように説明されている。「小農」というのはロッシャーの定義に変えて、エンゲルスの「自分の家族とともに通常耕作できるよりも大きくなく、そして家族を養うよりも小さくないところの土地所有者あるいは小作人」という定義を採用している。そして「この定義のなかには」ということは「小農」というのはということになるが、「(一)自分の家族だけで経営できる、という技術的条件と、(二)家族を養うにたる、という経済的条件と、二つが含まれている。そこで技術的にいって家族労力だけでは経営ができないで、多かれすくなかれ雇用労力に依存しなければならない、小農よりも大きな農民を、われわれは大農、および中農と呼ぼう」。この大農と中農の定義は四八年版と同じである。そして「過小農」についても家族労働力が経営規模より過大であるということで同じ定義である。五二版の定義は一見精緻になったように見えるが、かえって混乱を生んでいる、農業経営規模が家族労働力で処理できる最大のものでありながら、農業所得のみでは生活しえないために農閑期に農外労働に従事せざるをえない農家はこの定義によると小農でもないし、過小農でもないということになるからである。小農の二つの条件のうち経済的条件は充たしていないからであり、家族労働力の自家農業内完全燃焼できるという点では過小農でもないからである。むしろ自家労働力で経営できる最大の規模という技術的条件できまる規模を中心にして階層分類するというロッシャーのほうが優れているのではないだろうか。技術的条件は経営面積の規模によって規定される性質が強いのでそう簡単に動くものではないと考えていいであろう。経済的条件のほうはその各階層の運動機構を分析するときに必要なのである。

ついで「学説」にはいる。まずとりあげられるのは東畑精一である。東畑は耕地面積にたいして農業人口が過剰なのが農民の貧困の原因をなすという。そのことを大内はこう説明する。この耕地面積にたいする労働力が多すぎることが「農業経営を小さくし、集約的なものにしてきたのであるが、そのことがまた労働生産力を低下せしめ、農民の生活水準をおしさげるとともに、地価や小作料を引（原）あげてきた、というのである[14]」と。そしてこう反論する。東畑の「明るい見とおしは、日華事変が太平洋戦争に発展し、農村の人口はますます減少したにもかかわらず、ついに実現されなかった[15]」。東畑においては「人口と土地とが直接に、いわばマルサス的な方式で対置されている、……しかし経済学の問題として考えれば、人口と土地、人間と自然とが、このように直接に対置されることはけっして正しい把握の仕方ではない[16]」。そしてこの東畑説にはつぎのような難点があるとしている。「耕地が相対的に不足だというが、耕地の不足はかならずしも自然的絶対的不足ではない。……ただそれがじっさいに拡張されえないのはなぜかといえば、『農民の赤貧と無権利がその乏しい資産をもってしては未開墾地や原野等を耕作する余裕を与えない』（これはシャーリフの言葉である。――犬塚）からであり、『本質的には地勢ではなくて、土地所有』（これは近藤康男の言葉である。――犬塚）が耕地の拡張をさまたげているからである。とすれば、耕地の相対的不足をもたらすものは『半封建的』過小農そのものなのであって、土地不足から小農制を説明することは正に逆であろう[17]」というのである。たしかに日本の小農層が貧乏であったのはたんに土地の広さと農民層の数との比較からは説明できない。しかし抽象的にはそのことと関連がないわけではない。つづいて大内は「農業経営は、…小農経営の限度をこえていちじるしく大きくなるようなことはありえない」として、その原因をつぎのようにいう。「農業の低所得性が、したがってまた一般に経営資本の欠乏が、あらゆる技術的改良を阻止する結果だといってよいであろう。つまり農民が貧乏であることが経営の拡大を妨げるのである。…この点からも、単純に過剰人口から小農制を説明するのは疑問である[18]」というのである。たんなる過剰人口から説明するのでは農民が貧乏なのは貧乏だからだといっていることになりかねないというわけである。問題は農民が貧乏であることの根拠にある。それはたしかにたんなる「過剰人口」ではないが、日本の農民層が産業予備軍としての構造的過剰人口として存在せざるをえなかったという特殊歴史的な事情が土地問題を媒介にして農民の貧困を生んだのである。農民が構造的過剰人口を構成せざるをえなかったということは簡単にいえば工業労働者の増大が大きな制約下にあったという日本資本主義の後進国的位置に由来する。その意味でそれはけっして農業内部のみの問題ではなく、日本資本主義自身の問題なのである。事実、大内はこの書でも後にだんだんこうした脈絡を明確にして行くのである。

(14) 前掲、大内『日本資本主義の農業問題』(改訂版、以下同様)、五五～五六ページ。
(15) 同、五七ページ。
(16) 同、五八ページ。
(17) 五九ページ。なおこの引用文中の大内自身が引用している二つの引用文のうち、最初のものはシャー・リフ『戦争と日本経済』(和田勇訳)、あとのものは近藤康男『転換期の農業問題』一九三四、日本評論社、からのものという。
(18) すぐまえの引用文とともに、同、六〇～六一ページ。なおここで「結果」というのは「原因」とするべきであろう。

日本の農民が貧乏であったことの根拠がかれらが容易に賃銀労働者になれなかったという構造的過剰人口にあると

いうことについては多少説明を要することであるから、ここで簡単に説明しておきたい。農業における労働生産力の上昇は原則として一労働力当たりの経営土地の拡大を前提条件にしている。農業生産力の上昇のためには、農業労働者数にたいして経営規模がより大きく拡大されなければならない。ところが農業に利用しうる土地総面積は原則として一定であると考えていいから、農業労働生産力の上昇は、農業労働者（ここでは農民）総数が減少し、経営規模の拡大とともに経営体総数は減少することを条件としている。農業労働者が減少するということは、通常かれらが非農業労働者、ことに工業労働者になるということである。この移動は工業労働者の雇用拡大を通じて展開される。その結果、農家総数が減少し、一戸当たり農家の経営面積が拡大しうることになり、農業機械等を導入しうれば、労働生産力を上昇しうることになり、雇用労働力を導入して、経営を拡大しうることになる。農業における資本家的経営の成立は基本的にこのような論理で実現されうると考えていいであろう。ところが日本のような後進資本主義の国ではじめから相対的に高い工業生産力をもって出発するほかはなかった。商品経済的な対外競争に負けてしまうからである。いわゆる資本構成の高い生産力をもって展開せざるをえなかったわけである。それはそれだけ雇用労働者への吸引力を弱めることを意味する。農民が賃銀労働者になる道がそれだけ制約されるからである。その結果、多数残存する農民はより多くの所得を獲得しようとして、小生産者としてたがいに競争することになり、そのことは農産物価格を低下せしめることになる。このことはさきにのべた農業生産力の発展過程の論理を逆説的に読めば容易に理解しうることである。こうして日本の農民が貧困ならざるをえなかったのは日本資本主義がいわばイギリス資本主義にたいして後進資本主義たらざるをえなかったことに由来する構造的過剰人口の形成にその根拠をもつといっていいのである。それは後進資本主義の発生、発展の歴史過程特有の問題だった。

もともと小生産者にとっては資本家的商品経済は苦手である。その生産物たる農産物の需要の変化に対応するのが困難だからである。生産物の増大はもちろんのこととして減少もそうである。それでも需要が継続的に増大するときはいい。価格上昇とともに農民層は上下に分解して、一方では農業生産のブルジョア的発展があり、他方では農民のプロレタリア化がすすむ。資本主義の発展期にみられる現象である。問題になるのは需要が長期にわたって減退し、雇用機会が閉塞している不況期には農業を辞めるわけにゆかないので、かえってその農業生産を増加させ価格をさらに低下させるということにもなる。資本家的経営のばあいには破産することができるが、小生産者にはもともと破産している状況なので破産することもできない。農民層は半失業の構造的過剰人口に転化する。こうして「単純」ではない「過剰人口から小農制を説明する」ことこそが正しいのである。

ついで講座派批判が展開されるが、ここからがこの書の真骨頂をなすところである。最初にとりあげられるのが近藤康男である。近藤が山田盛太郎の「土地所有者たるの資格が圧倒的に優位を占める場合に於いては、利潤を目標とする資本主義的農業経営の成立し得る余地を存しない。…これ日本資本主義発達の場合に何故に、農業上、利潤の成立を許さぬ全剰余労働吸収の地代範疇――半隷農主的寄生地主制が鞏化せられるかの根拠を明示する[19]」という主張を引用したのち、「……基本的な鍵は、先述した如き（資本投下によって――犬塚）可能なる生産力の発達を現実に許容すべき生産関係が樹立されることである。基本的なのは土地制度を農業生産への投資を可能ならしむべき線に沿って改めることである[20]」という点を取り上げて、大内は「それならばかかる地主・小作人関係は、或いはその経済的表現である『利潤の成立を許さぬ全剰余労働吸収の地代範疇』は、それならばどうして成立し、どうして存続してきたのか、という点を問題にしなければならないであろう[21]」とする。そのさい資本主義社会における地代という所得範疇はいかにして成立するかが問題になる。一般に商品の価値は機械などの償却部分、原材料などの不変資本プラス労賃、利潤、地代によって構成されるが、問題は不変資本部分をのぞく三者のうち、なにが最初に決定され、控除されるかが問題である。それは労賃部分であって、残余が剰余価値を形成する。つぎに決定されるのが利潤であって、平均利潤を基準として決定される。こう説いたのちに、「このように生産された価値はまず労賃を支払い、次に利潤を支払い、最後に地代を支払う。したがってほんらいの地代は、…労賃および利潤を前提とし、それらによって規制された与えられた限界内の大きさにとどまるべきものである。逆にまず地代が決定され、それが労賃や利潤を規制すのではないのである[22]」と説く。

(19)　前掲、山田盛太郎『日本資本主義分析』、一九一ページ。
(20)　前掲、近藤康男『転換期の農業問題』、一一ページ。
(21)　前掲、大内『日本資本主義の農業問題』七二～七三ページ。
(22)　同、七七ページ。

「それならば、日本の場合に、『利潤の成立を許さぬ全剰余労働吸収の地代範疇』たる小作料が、いなそれどころか、しばしば労賃部分にすら食いこむような高率小作料が成立するのは何故であろうか[23]」と問えば、近藤は「地主の力が伝統的に強大である」点、すなわちその土地所有が保有している強烈な力はつぎの二点に現われているという。一つは「封建地代の一種たる生産物」たるこの「現物地代は経済上…労働地代の形態変化に過ぎない。……経済外的強制はその純粋な形態に於ては封建的武力であるが、資本主義経済の下に於ける土地所有制度も経済外的強制たり得る。

即ち国民経済の資本主義化が不完全にしか行はれず、人口の多数が土地を離れては生活し得ない事情の下においては、地主小作人関係は、その法律的形式は物の賃貸借といふ経済的関係であり、その発現の様式も小作料せり上げといふ過程をとるに拘らず、生殺与奪の権を一方が他方に対し握ることゝなり、主従関係を再生産し、直接生産者の手許には必要労働のみが留まり、剰余労働の全部が地主の手に移り、利潤の残る余地が失はれる[24]」というものであり、もう一つは明治初年の地租改正のさいの「地租が、その形式に於て、貨幣形態となり近代的租税となったのに拘らず、その経済的実質に於て貢租の性質を有するのは、窮極に於ては農業生産様式に於いて封建以来の形態がそのまゝに踏襲され、農業技術の停滞、農具や役畜の欠乏に制約せられるところの零細農耕、それに基くところの零細なる土地所有の支配といふことに照応してゐる[25]」というものである。要するに地主の力はいわゆる経済外強制にあるというのである。

(23) 大内、前掲書、七八ページ。
(24) 近藤康男『改訂・農業経済論』、一九四二、時潮社、六一～六二ページ。
(25) 近藤康男『日本農業経済論』、一九四二、時潮社、三五～三六ページ。

しかしこれにたいして大内は日本の「半封建的」小作料の根拠をこのような「経済外強制」に求めることは、何も近藤だけではない、として「日本の『正当派』マルクス主義者においては古典的議論であり、われわれはその典型的なものをたとえば野呂栄太郎氏や平野義太郎氏や山田盛太郎博士にみいだす[26]」といって、この三人の学説批判を展開する。それは簡単にいうとこうである。まず「野呂氏にあっては明らかに高率小作料の基礎は『経済外強制』にもとめられている。しかもこのばあい注意を要することは、この『経済外強制』なるものが、純封建的なものとして、『嘗て封建領主が、小農民の上に有した所の『経済外強制』と同じ範疇のものとして理解されている、という点である[27]」。「かかる野呂氏の見解はさらに山田博士や平野氏によってうけつがれ、発展させられた。まず山田博士に寄れば、日本の『半封建的土地所有制＝半農奴制的零細農耕は、軍事的半農奴制的日本資本主義の基本規定として現はれる』のであるが、かかる土地制度は、一八七三年（明治六年）の地租改正によって、『旧幕藩を基調とする純粋封建的土地所有組織＝零細耕作農奴経済から軍事的半農奴制的堡塁をもつ半封建的土地所有制＝半農奴制的零細農耕への編替へを』経て成立したものである。しかもこの『半封建的土地所有関係＝半農奴制的零細農耕。かくの如きものが日本農業を構成付け、又、軌道づける』のであるから、かかる土地制度はすくなくとも『特殊的、顚倒的、日本資本主義』の存続するかぎりは本質的変化をうけないで存続するものであるらしい[28]」といって、最後に山田説をこう総括する。「かくの如き、土地所有者たるの資格の圧倒的優位。利潤の成立を許さぬ全剰余労働吸収の地代範疇。即ち、小作者を隷農制＝半隷農制的従属関係におき、土地所有者を依食化し、自作者を特殊型ならしむる所の、かくの如き地主資格＝地代範疇なるものは、畢竟は、二層の従属規定によって、与へられた所に外ならぬ。即ち、一は、総収穫高の三四％を徴収する地租の線、二は、総収穫高の六八％を徴収する地代の線。如何なる零細片の土地所有も、右の二層の従属規定から免れることを得ない。この二層の規定を確保するものが、公力＝〔経済外的強制〕、その相関である」と[29]。

(26) 大内、前掲書、八三ページ。なお、野呂栄太郎の代表的著書は『日本資本主義発達史』(一九四七、岩波書店『野呂栄太郎全集』、第一巻)、山田盛太郎のそれは『日本資本主義分析』(一九三四、岩波書店)、平野義太郎のそれは『日本資本主義社会の機構』(一九三四、岩波書店)である。
(27) 同、八六ページ。
(28) 同、八八ページ。なお『』内は山田、前掲書からの引用文である。
(29) 同、八九ページ。なお山田のいう「公力＝〔経済外的強制〕」のなかの「＝」の意味は大内がいうように〔大内、前掲書、九一ページの注(62)〕、よくわからない。しかしいずれにせよ山田にあっては「公力」とは絶対王政の権力を意味するのであろうが、その権力がもつ「経済外的強制」と領主の農民にたいする「経済外的強制」とは性格の異なるもので、それを「＝」で結んで済ますわけにはゆかない。

このように「経済外強制」こそ、明治維新以来の、正確にいうと地租改正以来の日本の地主小作関係を封建的生産関係と規定する基底的規定であるにもかかわらず、近藤、野呂、山田にあってはその存在を実証できないでいることを大内は明らかにしている。そして「『経済外強制』は、明治初年に移転の自由、職業の自由、土地売買の自由、などがみとめられたときすでに除去されているのであって、かかる自由を地主が制限する力はまったく存在しない」[30]という大内の判断は正しいのである。しかしたとえば「移転の自由、職業の自由」等といっても現実に誰でも自由に移転したり自由に自分の希望する職業につくことが実現されるという意味ではない。封建時代のように、制度として禁じられているわけではないという意味である。封建社会から資本主義社会への転換はその意味で法制度の転換を前提にしているのである。[31] 封建社会は法制度という上部構造と経済構造とが結合している社会であって、資本主義社会はそれが分離されて、経済構造が商品経済原理を基礎として自立化していることを原則としている社会である。資本主義社会の上部構造においては身分的権力的関係は排除され、自由平等の関係が保障されたが、それは下部構造における資本・賃労働を基礎とする資本家的商品経済関係の自立性によって維持されているのである。

(30) 大内、前掲書、九八ページ。

(31) 暉峻衆三は近著『わが農業問題研究の軌跡』、二〇一三、御茶ノ水書房、において、にわかには理解困難なことをいっている。「『労農派』、およびそれを批判しながらもその流れを汲む宇野や大内は法制度がそのまま実態化するものとして捉えた。また、『講座派』、およびその代表格である山田は制度と実態との区分を不明確にしたまま『封建性』を強調したために、宇野や大内から、山田らは維新後の農業・農村を『封建制』とイコールに捉えている、と厳しく攻撃されることになった。山田らの理論展開にも、攻撃されてやむをえないような不明確さと欠陥があったというべきであろう」(同書、二一八ページ)という。

ここで最初に指摘しておくべきことは暉峻が、山田は『日本資本主義分析』で「封建制」ではなく「『封建性』を強調したために」といっているのは意図的と思えるほどの誤りであるということである。すでにみたように「半封建的土地所有制＝半農奴制的零細農耕」といっているのはたんなる「封建性」でないことは明らかである。ところが暉峻は山田の本来の主張が「封建性」にあったといっている。「山田が執筆したと推定される…『農地改革顚末概要』の『序言』は『云う迄もなく、ポツダム宣言に闡明されているところの所謂日本民主化の主内容は日本封建性の廃止であり、その実体は農地改革にある』」(前掲、暉峻『軌跡』、二一八ページ)と書かれていることを紹介したのち、「言葉を厳密に選ぼうとすることで定評のあった山田だ。その山田によって、戦後の言論が自由化された段階に明記されているのは、『封建性』、『封建的』なるものであって、『封建制』ではない」(同、二一九ページ)という。山田の本来の主張が「封建性」であって、戦前の言論統制があったときには「封建性」とは書けずに「半封建的土地所有＝半農奴制的零細農耕」としたというのである。だが、これは逆ではないだろうか。すぐまえにみたように山田は「封建性の廃止」といっているのであって、廃止しうるのは「封建制」であって、思想・感情としての封建性は制度ではないのだからそう簡単に「廃止」できるものではないであろう。山田の「封建性」とは「封建制」の意味なのであろう。本音は「半封建的土地所有制＝半農奴制的零細農耕」のほうにあったと考えるほうが山田理論としては筋が通っている。暉峻は「戦後、山田は規定を修正的に明確化した」というが、これではすこしも明確になっていない。むしろ山田は戦前の見解をこの『顚末概要』で変えたと理解するほうが自然である。

もう一つの問題は、そしてこれがより重要な問題であるが、「法制度」と「実態」との関係である。「宇野や大内は法制度がそのまま実態化するもの」としたと暉峻がいうとき、「法制度」とは文脈からすると明らかにブルジョア的法制度のことである。宇野や大内が「法制度」も実態も封建制的なものではなく、いわばブルジョア的なものだとして捉えたというのはそのとおりである。暉峻は「法制度」はブルジョア的建前であり、実態は「半封建的」だとしていることになる。そして暉峻のいう実態とは「半封建的地主的土地所有」のことなのである。すなわち、こういう。「日本資本主義の後進性と早熟性と関わって、維新後もなお社会の広大な基礎をなす農村部では、大量の伝来的小生産農民がひきつづき滞留することとなった。そのことを基礎にして、幕藩体制下にすでに生成、展開しつつあった商人・金貸資本と、その一形態をなす地主的土地所有がさらに本格的に展開し、『前近代的』、『半封建的』な諸関係が、明治維新後も地主・小作関係をはじめ農村部に広く、かつ色濃く伝承されることになった。これが実態である」（以上の引用は、同、二一八ページ）という。だがこの暉峻説は講座派理論より理論構成としては後退した主張になっているのではないであろうか。山田は地主の封建地主たる根拠を小作農民にたいする「法制度」としての経済外強制力に求めていた。しかしそれは実証されなかったことは大内が明らかにしている。暉峻は幕藩体制下にすでに生成、展開した地主的土地所有は「法制度」としての封建的権力をもつものではなかったと考えていたはずであるから、その地主的土地所有が有するであろうとされる「『前近代的』、『半封建的』な諸関係」も「法制度」としての封建的権力ではないはずである。にもかかわらず「『前近代的』、『半封建的』な諸関係」という「実態」があるとはどういうことであろうか。暉峻は封建制とは「法制度」の問題ではなく「実態」の問題だと考えていることがそもそも間違いでなかろうか。封建制とはもともと「法制度」としての存在であって、制度そのものが実体をなすのである。だがその実体がなくても、貧者が虐げられるのは経済的強制によるのである。小作農がたんに貧しいなどということは封建制の実在を証明したことにならないし、その貧しさの真因を解明したことにもならない。「思想、感情、慣行」としての封建性の実在についても同断である。暉峻が「これが実態である」とわざわざいっているのは、「法制度」が実態と離間していると考えているからであるとしか考えられない。

平野もまた高い小作料の原因を「半隷農制的従属関係」、「半封建的土地所有」にもとめているのであるが、これまでの近藤、野呂、山田が「経済外強制」の存在を具体的に明らかにしてこなかったのにたいして、平野はつぎのように明らかにしている点が特徴的である。「小作の本質は、鎌止め、小作権の取上げなどの経済外的強制の下に、所与の土地に緊縛せられる農民が、その全剰余生産物を、直接的関係において、汲みとられる関係である[32]」というのがそれである。だが大内はこの「鎌止め、小作権の取上げ」は経済外的強制ではないとする。それは「農民を土地に緊縛するものではなく、逆に農民を土地から追いたてようとするものであることはいうまでもないであろう[33]」といい、「地主が小作地をとりあげて、他の小作人にこれを耕作させるということは、土地にたいする小作人の競争を前提としてのみ成りたちうることである。いいかえればそれは農民が土地に緊縛されているからではなくて、農民が土地から解放されているから生ずる現象である[34]」と正当に批判する。このばあい地主が小作地をとりあげるのは小作人の契約違反を前提にしているのであって、「債権にもとず（原）いた強制執行および契約解除[35]」という純然たる商品経済的行為である。

(32) 平野義太郎『日本資本主義社会の機構』、一九四八、岩波書店、三四ページ。
(33) 大内、前掲書、一〇二ページ。
(34) 同、一〇三ページ。
(35) 同、一〇二ページ。

ついでいわゆる新講座派といわれる信夫清三郎、石渡貞雄、小池基之の学説批判に移る。まず信夫は経済外強制には純粋に封建的な時代のものと絶対主義の段階のものとの二つがあって、「絶対主義は直接生産者が資本家になろうとする場合に商人と地主がその資本主義への萌芽をつみとるために作り上げた政治形態[36]」である。明治維新以後「そういう絶対主義の権力を背景として地主と小作の関係がある。‥それが具体的に現れると土地の取上げなどというものになる。そういうものが地主が小作料を取上げることを保障しておるわけです[37]」という。こうして大内は信夫の見解を長文の引用をもって紹介したあと「かつての『講座派』の主張したような純封建的な『経済外強制』は明治以後の日本には存在していないが、そのかわり絶対主義的『経済外強制』が存在していて、それが高率小作料を実現する根拠となっている、というのである[38]」という。この信夫のような主張は石渡によっても展開されている。「経済外強制も絶対君主制の成立段階により又特殊性により種々の変形を経るし経てよいはずなのである。・・・高度な資本の成立してゐる下での絶対君主制は、封建的経済外強制そのまゝをなすことは出来ぬばかりか、それは絶対君主制自体をさへ成立せしめ得ない。こゝでは経済外強制はたゞ政治的自由や言論の自由を徹底的に弾圧するだけで充分なのだ。……ここで経済外強制は二つの歪曲をなす。（一）は経済外強制の発動が外形を変へること（二）は経済外強制をする主体がここの領主等でなく中央の政府によつて統一的に国家権力として発動するといふことである。これは純粋の封建的経済外強制ではない。それ故特にこれを『半』封建的といふ所以もあるのである[39]」という。小池にあってもほぼ同様であって、「『地主的土地所有』はこのような機構[40]の土台として、維持・存続されてきたのであり、その限りにおいて、『農民層』は一つの『身分的階級』として、かかる『地主的土地所有』の対立物であったのである[41]」といっている。

（36）共同研究会「農業民主化の基本問題」、『朝日評論』、二の二（一一〇～一一一ページ）、大内の引用による。大内、前掲書、一一〇ページ。
（37）まえの引用文とともに、共同研究会文書からの引用である。大内、前掲書、一一〇～一一一ページ。
（38）大内、前掲書、一一二～一一三ページ。
（39）石渡貞雄「農村民主化の方向」、『世界経済』、一の一〇、一四ページ。大内の引用による。前掲書、一一三ページ。この石渡の主張は国家が「領主等」に代わって国家権力を発動して小作料を取り立てるというのだから、『「半」封建的』どころか「超封建的」である。

(40) 大内によれば、この「機構」とは小池によって「改訂を施されたこの論文では、『このような』というのが何をさすのか不明確になっているが、この論文（「農地改革の歴史的課題」——犬塚）のはじめのもの〔『経済評論』、一の四、所載「日本農業革命の理論」〕では、地主的官僚的政治機構のことになっている」（大内、前掲書、一一三～一一四ページ）ということである。

(41) 小池基之「農地改革の歴史的課題」、一八ページ。大内の引用による。前掲書、一一四ページ。

以上の新講座派の理論にたいして大内の批判が展開される。これまでの経済外強制論が否定されたことは評価できるが、これで問題が解決されたわけではないとして、いくつかの論点をしめす。第一に、小作農は地主に直接に人格的、身分的に隷属はしていないはずなのに、信夫は小作農が「小作料支払の義務から解除されず、身分的な隷属から解放されることはなかった」という。しかし「小作料支払いの義務から解放され」ないのは、およそ土地私有が存在する社会ではどこでもあることである。「小作争議の被告を国家の裁判にゆだねなければならないのは、地主と小作人が法律的に平等な、お互いに自由な人格だからである[42]」と批判する。第二に、地主と小作農が対等の人格であるとしても、その地主が小作農から高い小作料をとりたてうる根拠は、信夫によれば「絶対主義の権力」にあり、「天皇制の『おもみ』」にあり、石渡によれば「中央政府」の、「統一的」な「国家権力」にあるというが、「しかしそれだけではたいした説明にはならない」。「国家権力は、契約に定められた小作料を忠実に支払うべきことを強制しているだけであって、農民が農民という身分に生まれついたがゆえに地主との隷従関係に入り高い小作料を支払わなければならない、と強制しているわけではない[43]」からである。第三に、「信夫＝石渡理論が八・一五以前の日本の政治形態を絶対主義と規定している点が問題[44]」である。ここで絶対主義の歴史的位置を詳しく論ずるわけにゆかないが、私の理解によれば、いずれにせよ資本主義成立直前の時期における封建権力とブルジョア権力の均衡状態にある時期の政治形態であって、事実、信夫によれば、日本の「国家の組織と行政とは、財閥的・独占的な資本家と寄生的な地主の利益によって支へられ[45]」ているとされる。しかし「資本はここでは財閥的・独占的資本である。すなわちたとえ財閥というような特殊な形をとってはいても、資本は独占的な金融資本の段階にたっしているのである[46]」という大内の判断が正しい。こういう時期の政治形態を絶対主義と規定するのは誤りであり、ましてやさきにみた石渡の「高度な資本の成立している下での絶対君主制」などというのはアナクロニズムにほかならない。

(42) 大内、前掲書、一一六ページ。
(43) 同、一一七ページ。
(44) 同、一一七〜一一八ページ。
(45) 同、一一八ページ。
(46) 同、同ページ。

そのあと、そして最後に、神山茂夫のマルクスによる「事情の力」という経済外強制の概念をもって、日本の地主

・小作関係の「封建制」を根拠づけようとする説にたいする批判が展開される。神山はいう。「都市及び農村における資本主義の未発達の結果、土地を奪われた農民は、完全にプロレタリア化する諸条件をもたず、余儀なく小作人となり、かつその小作地にどの程度にか縛りつけられざるをえない事情のもとにおかれる。マルクスが物納地代における『経済外的強制』の要因としてあげたところのこの『事情の力』こそは、わが小作農民を土地に縛りつける重要な原因の一つである」[47]と。それにたいして大内はまず、領主のもとにある「直接生産者はむしろ直接強制のかわりにMacht der Verhältnisseによって、そして鞭のかわりには法的規定にかりたてられて、自分自身の責任のもとに剰余労働を給付しなければならなくなる」とマルクスがいっているばあいのMacht der Verhältnisseを「高畠訳の『資本論』のように『事情の力』と訳するのは、けっして適訳とはいえない。……むしろ……このVerhältnisseというのは、非自由民としての封建的農民の領主にたいする地位、ないしは関係を意味する言葉なのである。したがって、これを、農民が制度上土地から切りはなされ、身分的には自由となっているにもかかわらず、ただ事実上他にエンプロイメントがないために土地から離れえないという、すぐれて経済的な事情にあてはめ、そこから『経済外強制』を根拠づけようとするのは、まったくの誤解である」[48]。まったく間然とするところのない批判である。

(47) 神山茂夫『日本農業における資本主義の発達』、二六三ページ。大内の引用による。大内、前掲書、一二二ページ。この神山説とほぼ同様なことを小池もいっているという。大内、同、一二二～一二三ページ。
(48) 大内、前掲書、一二四～一二五ページ。なおMacht der Verhältnisseは、大内にあっては「彼の地位からする力」と訳され、宇野にあっては「諸関係の力」と訳されている。大内、前掲書、注(117)、一二五ページ。

こうして明治維新以来八・一五まで日本の地主・小作関係が封建的・半封建的関係であったという講座派理論は成りたたないことが明かとなった。それでは小作料がなにゆえ現物形態であり高率なものであったかが改めて問題になる。現物形態であったのは小作料が高率であったからであると大内は説く。「日本の小作料はしばしば農民の労賃部分にくいこむほどの高さをもっているのであるが、かかる重い負担は貨幣形態においては小作人にとってとうてい耐えがたいものとなる。なぜならば、貨幣形態の小作料となれば、小作人は米価の変動の危険をも負担しなければならないことになるが、そうなれば低米価のときには高率小作料は支払う余地がないからである。それゆえに米価の変動の危険負担は地主がこれを引受けることによって、小作料は最大限まで引きあげられる、ということになったのである。このいみで、日本の小作料が物納形態を原則とすることは、高率小作料であることの結果であって、それ自体が『封建性』をいみするものではないといわなければならない[49]」ということになるのであり、同様に「減免慣行は豊凶作という自然的危険負担を、すくなくとも一部分地主の負担とする制度である[50]」ということができる。かくて「このようにして、高率小作料の根拠さえ経済的に解明されうるならば、それに付随した他の問題はかんたんに解決するのであるが、その高率小作料自体は……小作地にたいする競争によって説明しうるものである。しかしここでいう競争というのは、けっして単純な土地対人口比率というごときものではない。……かならずこの両者を媒介する生産関係が考察の中心におかれなければならない[51]」といって問題の中枢を明示する。これまでの諸学説もいちおう生産関係を問題にしてきたのではあるが、それはあくまで農業内部の生産関係であり、具体的には地主・小作人関係であった。しかし小作人は「いつでもその土地を放棄して自由に近代的な賃銀労働者になりうる自由人であり、そのいみでは日本の資本主義社会全体の法則性に支配されている存在[52]」である。「日本の農民を規制する生産関係はけっして、地主・小作の関係にかぎるわけでなく、むしろこの関係も日本資本主義の生産関係の一環として成立しているものだといわなければならない。とすれば、地主が小作農からその剰余価値の全部を小作料として吸収しうるとしても、それは地主のもつ何らかの『経済外強制』によるものではなくて、資本主義の法則性にもとず（原）いて、全国民経済的な機構のうちにおいてはじめて可能となるわけであろう。またしばしば小作料が労賃部分にまでくいこむとしても、それは小作料ないしは剰余価値が大きいから労賃が小さい、と理解してはならないのであって、労賃が小さいから剰余価値ないしは小作料が大きいのであろう。問題を全機構的に考えればこの結論は動かないところである[53]」と結論する。大内日本農業論の理論的核心をなす部分である。「かくてわれわれはいまや問題をたんに農業部門の内部において考えないで、日本資本主義の機構のなかに、あるいは、よりくわしくいえば、日本資本主義の総過程のうちにわれわれの問題の解答を求めなければならないことになった[54]」といってこの「学説」の章を閉じるのである。

(49) 大内、前掲書、一三〇〜一三一ページ。
(50) 同、一三二ページ。
(51) 同、一三二〜一三三ページ。
(52) 同、一三四ページ。
(53) 同、一三五ページ。農民の生産する価値生産物のうち最初にきまるのは農民労働力の価値部分であって、残余が剰余価値になるというのは労働力の価値の運動と剰余価値の現実的形態としての利潤部分や地代部分の現実の運動との関係の結果としていえるのであって、原理論の世界では、それが結局労働力の価値がさきに一定のものとして規定されるということになるのであるが、現実の世界では原理論には含まれない具体的な諸要因が入りこんできて、原理論どおりにはゆかないばあいが起こりうることも視野にいれなければならない。とくに賃労働者の労働力とは異なる性質をもっている農民の労働力のばあいは、現実に雇用関係のもとで労働力水準がきまるわけではないので、その偏差は大きくなる。しかもそれは資本主義の発展段階によっても異なるので複雑なものとなるのは避けられない。ただ講座派理論は小作料のほうが理論的に先に決まるとしていることが問題なのである。大内はその点を突いたものであるが、現状分析としてはさらに彫琢をくわえる必要があるといわなければならない。資本主義が相当に発展しているにもかかわらず、農民層が構造的過剰人口として存在していることが問題であって、それは封建制の残存の問題ではなくて、日本資本主義自体の成立の特殊性によるのである。それは何か、を大内は追求してゆくのである。大内のこの処女作は、当時のマルクス経済学の学界の支配的学説だった講座派理論にたいしてマルクス経済学の科学的立場から「異議あり」の手を挙げたところに最大の意義があったといっていいであろう。

(54) 同、一三七ページ。

こうして明治維新から八・一五にいたる時期において地主・小作関係を封建的・半封建的生産関係と規定するものとしての経済外強制が存在したという講座派理論は完膚なきまでに否定された。だが封建社会から資本主義社会への転化の歴史過程はその経済外強制の否定を前提にしたうえで、資本主義の歴史過程を形成せしめる非純粋商品経済的諸要因の作用をも考慮しなければならないものであった。

そして事実、つぎの第三章「分析」は構造分析のかたちをとっているが、内容は歴史過程の分析を含んでいるのであって、この「分析」において大内は最初に（1）「貨幣資本Gの存在」、（2）「労働力Aの存在」、（3）「生産手段Pmの存在」、（4）「生産物市場の存在」にわけて、それぞれその発生・発展の過程を解明しようとしている。そしてその結論は著者自身の言葉でいえば、つぎの如くである。「けっきょく日本の『半封建的』な過小農なるものは、日本資本主義の成立・発展過程のうちに成立し、かつ維持されてきた、という事実である。いいかえれば、それは日本の総資本の拡大再生産の過程において、その資本の要求におうじてつくりだされかつ維持されてきたのである。それゆえにわれわれはいまや小農制をつくりだし維持してきたものがたんなる人口過剰、土地欠乏というような自然的条件ではなくて資本主義社会の必然的法則としての過剰人口、すなわち資本の再生産の条件として存在する産業予備軍としての過剰人口であることを知る。また同時に、『半封建的』過小農を作り出しかつ維持してきたものが、封建的ないし半封建的土地所有のもつ経済外強制やあるいは絶対主義権力のもつ強力（ゲヴァルト）やによって実現される封建地代それ自体ではなくて、資本の再生産の条件として与えられた低賃金にもとず（原）く農家の低所得であり、高率地代は逆にかかる過小農の低所得によって維持されているものにすぎないことをはっきりと把握できるのである。問題を真に『全機構的に』把握しようとするならば、かかる結論は動かないところであろう」[55]。一口でいえば、小作農が貧しいのは、小作料が高いからではなくて、反対に小農民が貧しいから小作料は高くなるということなのである。一見常識とは逆であるが、これには経済学的に科学的根拠があるのである。その根拠を大内はのべているのであるが、いま簡単にいえばこうである。

1、小農民が自家の農業生産において獲得する価値生産物（生産物価値から農具、肥料などの不変資本部分をのぞいたもの）のうちで最初にその量（価格）がきまるのは経済学的にいえば農民の労働力の価値（労賃部分に相当する。通常Vと表記される）である。残余が利潤部分と地代部分になる。

2、そのV部分の水準は一般の賃金労働者のV水準よりたしかに低いものであるが、それは産業予備軍としての過剰人口として存在する小農民は賃銀労働者とは異なって、小生産者であるためにより多くの所得をえようとして労働を多投する競争を展開し、その結果生産量は増大し、農産物価格を低からしめることになり、自家農業労働力の価格水準（V水準）は一般の賃銀労働者のV水準より低いものになる。

3、価値生産物のうちこのV部分を引いた残余は利潤部分と地代部分よりなるが、利潤部分は小生産者にとっても、あることに越したことはないが、なくてもそれだけでは小生産は破綻しない。それが小生産者の資本家とは異なるところである。生産増大競争は結局利潤を実現しないところまで展開される。結局、その利潤部分の価値は無償で社会に贈与されることになる。それにたいして地代部分はそれが実現されなければ、そもそも小作農として存在しえないことになるから、実現されて地主の取分になる。結局、価値生産物は農民の労賃部分と地代部分[56]とによって構成されることになるが、農民の競争はその労賃水準を下げるから、結果として地代部分は増大することになるわけである。

(55) 大内、前掲書、二一三〜二一四ページ。
(56) この地代部分は厳密にいうと絶対地代と差額地代よりなるが、絶対地代は当該農業労働が生産した剰余価値よりなっているが、差額地代は当該資本主義社会の農民をもふくむ全労働者の生産した剰余価値部分からの控除部分よりなりたっている。

この日本農業における農産物価格の形成機構は、この著作ではその基本線が示されただけであるが、その後の著書であり、われわれがこの後検討する『農業問題』[57]でより明確な骨格があたえられることになるが、その論理構成自体は学界でこの『日本資本主義の農業問題』においてはじめて出現したものである。そしてこの大内の日本農業における農産物価格の形成理論はさきに指摘した四つの条件の分析を通じて形成されたものである。だが大内によるこの四条件の分析には疑問をはさまざるをえない問題点がある。

(57) 大内力『農業問題』、初版、一九五一、改訂版、一九六一、いずれも岩波全書。

まず最初の「貨幣資本の条件」についていえばこうである。この「貨幣資本の条件」とは、資本主義成立のための資本の蓄積にかかわる条件のことである。資本主義が成立したのちの資本の蓄積は「生産された剰余価値の一部が蓄積されてゆくのが原則である。けれども資本主義の発端においては、どうしても資本主義の外部における資本の蓄積が前提されなければならない。これがすなわち『いわゆる原始的蓄積』、"Die sog. ursprüngliche Akkumulation" である」[58]といって、この原蓄過程をつぎの三点にわたって説明している。第一は、「資本主義がいちおう成立したのちにおいても資本家はあらゆる機会を利用して資本の蓄積をしようとする。……もし彼が自己の剰余価値以外のところから貨幣をえてこれを資本化することができれば、それは彼の『禁欲』なしに『蓄積』をおこなう最上の手段となる」[59]。第二に、「徳川時代に資本の蓄積がなおきわめて微弱であったために明治初年においてはこの原始的蓄積は維新政府の財政措置によって強行されざるをえなかった。……近代的産業の育成に努力した明治初年の諸政策はまさにかかる原始的蓄積の強行過程である」[60]。第三に、この諸政策を遂行するのに必要な財政収入は租税収入で賄うほかはないが、その中心は地租収入である。それを確保するために「地租改正」政策がおこなわれたが、そのさいの「政府の果たした役割は、農村において形成された価値を地租という形で吸収し、それを資本家的生産の育成のためにさまざまの形で滔々と流してやることにほかならなかった[61]」というのである。

(58) 大内、前掲『日本資本主義の農業問題』、一四四ページ。
(59) 大内、前掲書、一四四ページ。
(60) 同、一四五ページ。
(61) 同、一四五〜一四六ページ。

日本のような後進国で資本主義を成立させるためには、国家財政資金を産業育成に投じざるをえないことは理解できる。しかし資本になるべき資金を投じたからといって資本主義的生産が成立するわけではない[62]。もともと貨幣の蓄積そのものは資本主義以前の諸社会において主として商人資本によっておこなわれている。問題は貨幣が蓄積されれば資本主義が必ず成立するというわけではないことにある[63]。事実、小生産者から商品を安く買って、他で高く売るという商人資本は資本主義が成立すると本来は消滅して、商品流通は商業資本によって担われることにならざるをえないことになる。いうまでもなく小生産者の労働力が社会的に商品化されなければ、いいかえれば農民（小生産者）と土地との分離が実現しなければ、資本主義は成立しえないのである。そしてその農民と土地との分離はたんに商品経済の力だけでは実現できるものではないのであって、なんらかの強力手段が必要なのである。そもそも大内が貨幣の蓄積をもって資本の原始的蓄積とみなしていること自体が問題だった。マルクスが『資本論』一巻二四章第七節で資本の原始的蓄積をことさらに説いたのは封建的隷属民たる農民が領主によって政治権力的に土地から分離される過程を賃銀労働者の特殊歴史的発生過程として説く必要があったからであって、その過程はたんに商品経済の論理のみでは説けないからである。(64) 資本主義の成立を説くに当たって、この土地と直接労働者たる農民との権力による分離を重要視していないことは大内理論の重要な問題点をなしている。

(62) 政府資金を生産者に有利に貸付けたからといって、資本主義が成立するわけではない。農民と土地との強力的分離によって労働力商品化が実現されなければ、資本主義は成立しえないのであって、ただ当時の日本は西欧資本主義諸国の種々なる圧力をうけて早急に資本主義を成立させるほかはなかったのであって、そのためにはたんに財政資金を投じるだけでは不可能であった。農民と土地との強力的分離を早めるほかはなかった。その分離そのものは貨幣資本がたんに増加しただけで実現されるわけではない。資本が産業資本たりうるための無産労働者が存在していないからである。だが日本においてその無産労働者の創出の前提条件は地租改正という強権力によって実現され、地租改正成立後の数年間はきわめて高い地租が徴収され、土地所有を失う農民が多数出現した。それが日本資本主義の成立に際しての強力による労働力商品化の実現過程であった。それだけではない。その過程で農民から吸い上げた財政資金をもって近代国家機構をつくりあげ、殖産興業の資金にもしたのである。それらすべての資金は農民を近代的土地所有者たらしめることの代償としてきわめて高い地租を徴収するという政治的行為によってえたものである。むしろ原因結果が逆転して、高い地租をとるために近代的土地所有制の創出を実施したというのが真実である。商品経済には結果が前提をつくりだすという転倒的性格があるのであって、それが人をして政治行為も商品経済的行為と見誤まらせることにもなる。とくに資本主義の発生期には商品経済的行為ではない政治行為までが農民の労働力の価格を価値以下にしてしまうのである。それは商品経済が政治を抱きこむことによって歴史過程を生むのであって、たんなる商品経済的行為ではない。

(63) 古代ローマ社会は商人資本が栄えたが、資本主義には転化せず、生産力が低かったために自壊せざるをえなかったのである。

(64) 私は「原理論と歴史分析とはどこが違うか」（名城大学『名城論叢』第一一巻第四号（二〇一一年三月）という論文の九三ページ以下で、マルクスの原始的蓄積論を論じたが、そこのマルクスにあっては相反する二つの見解が展開されていることを問題にした。一つは農民と土地との強力的分離による労働力商品化の実現としての原蓄論であり、もう一つは自己労働にもとづく私有の他人労働にもとづく資本主義的私有への転化としての原蓄論である（『資本論』、第一巻、大月版、②、九九三〜九九四ページ、*Das Kapital*, Bd.1., S.789~790.）。本来の原蓄論は前者であって、私有の根拠も労働力商品化を基礎にして首尾一貫した論理として説けると思っている。それは私有が私有を生むという意味で首尾一貫しているのであり、それゆえに私有は歴史的産物なのである。それにたいして後者は本来の私有は自己労働にもとづく私有であって、他人労働にもとづく私有は本来的私有ではないという見解を基礎にしている。しかし宇野もいっているのであるが、自己労働にもとづく私有といっても、土地の私有はそれでは説明できないことをどう考えるかという問題がある。そもそも私有という概念が歴史的概念なのである。

ここで大内の現状分析の方法についての疑問点を二つ提起しておきたい。一つは資本主義の形成過程は商品経済の発展という観点のみから説けるかという疑問、いいかえれば経済学原理論のみでと説けるかという疑問であり、もう一つは大内の分析は歴史のいちおうの到達点の構造分析であるが、そこでえられた結論はそのままその到達点にいたる歴史過程にそのまま通用することができるのかという疑問であり、いいかえればその構造に歴史的変化はないのかという疑問である。前者の疑問についていえば、すでにみたように講座派の経済外強制論を徹底的に批判した大内が、しかしその講座派の多くの人たちがそうであるように、賃銀労働者の形成＝労働力商品化は商品経済が発展すれば自然に実現されるものと考えていないか、という疑問である。

労働力商品化の発生こそがマルクスのいう資本の原始的蓄積の本質をなすのであり、それはとりもなおさず資本主義の成立をいみする産業資本の成立条件をなすものである。大内はこの労働力商品化の形成過程についてはここではあたかも当然の前提として存在しているかのごとくであって、なにも語らない。それはもちろん「分析」の二段目で説くことになっているからであろう。しかし地租改正は資本の蓄積を促進するための財政資金の確保を直接の目的にしたものであったが、いわば意図せざる結果として封建的な農民の土地占有を否定して近代的土地所有に転化するという革命を実現したものである。西南雄藩の初期ブルジョア政権によって、有力諸藩の封建的土地支配権をわけのわからないうちに剝奪したのである。この権力による土地制度の変革は資本の蓄積促進をはるかに上回る歴史的意味をもっている。封建体制が直接生産者たる農民にたいして経済外強制を行使せざるをえないのは、封建領主が農民の土地占有権を認めざるをえない関係にあったからであって、その農民の土地占有権を意図せざる結果として明治政府が否定したところにその革命性がある。その否定はたんなる商品経済的行為で実現できるものではない。その点が大内にあって、十分に考慮されていたとは考えられないのである。(65) 歴史的変革はもちろんのこととして、歴史的過程もまた経済学原理論のみによっては解明しえないと思われるのである。(66)

(65) 大内は『日本資本主義の農業問題』（改訂版）、一五〇ページの注（17）で「もちろん地租改正のさいにいっきょに地租が近代化したとはいえないであろう。すくなくとも、形式的には一方では地租が一定額の貨幣として固定し、他方では土地私有権（使用、収益、処分の自由）がみとめられたことによって、このとき近代的租税になったわけであるが、しかしこのとき採用された課税標準たる地価の算定にしても、なお多くのあいまいな点をのこしているし、……その実質的重さはなお『封建的』貢租と変わらなかった。これが名実ともに近代的租税となるのは後のインフレイションおよびデフレイションの過程を経過したのち、ほぼ一八九〇年代のことである」といっているが、地租改正の制度的変革を重視するならば、一八七三～八一年の制度完成期を重視すべきではないかと思われる。この時期に領主による農民支配の廃止＝農民的土地占有の否定がおこなわれたとみていい。なお大内力『農業史』（一九六〇、東洋経済新報社）の第二章「原始的蓄積期」では「近代的土地所有は、むろんこのときの地券の発行によってはじめて成立したものではない。すでにわれわれが知っているように、それは徳川中期以降、商品経済の発達と農民層の分解とをつうじて事実上成立してきた」（五二ページ。執筆者は大谷瑞郎）とある。この書は四人（大内力、大谷瑞朗、齋藤仁、佐伯尚美）の「分担執筆になるものである。しかしわたくしがあとで勝手に削ったり書きたしたりしているから、主たる責任はむろんわたくしにある」（「はしがき」ⅱページ）と大内はいっている。大谷の論文は封建制から資本主義への転換が商品経済のみで実現できるという典型的な商品経済史観である。

(66) 後年、大内は歴史過程の分析と経済学の法則との関係をつぎのようにいっている。経済学の「運動法則が循環運動のなかで現われるということは、別の面からいえば、この種の運動はおよそ資本主義を前提とする限り、どういう国のどの時代にも存在するということをいみする。つまりそれは超歴史的な法則性なのである。……それは資本主義の、……生成・発展・変質（＝衰退）という歴史的運動をこえてつねに作用する法則であるといういみで超歴史的なのである。といっても、そういう法則性は無媒介的に、そのままの姿で現われるわけではない。それがときどきのさまざまの条件によって、種々の歪曲をうけ、まわり道をして自己貫徹してゆくものであることは……景気変動に関連して示唆しておいたとおりである。だが、歪曲されたりまわり道をしたりするということは、けっしてそういう法則性が止揚され、作用しなくなるということではない。法則は無限に複雑な歪曲を経ながらも自己貫徹をしてゆく。なぜならば、それは商品経済に必然的に現われる法則性であり、資本主義をして資本主義たらしめる基本的な原理にほかならないからである」(『大内力経済学大系』、第一巻、経済学方法論、一九八〇、東京大学出版会、六四ページ)と。初期の考えをほぼそのまま堅持しているわけである。私はのちにこれを検討したいと思っているが、問題は法則が完全なかたちで存在する場はどこかということにある。それは純粋資本主義という抽象的世界であって、現実にはどこにも存在していない世界である、と考えるか否かにある。もともとその法則は資本主義の現実の発生から発展までの歴史的運動のいわば極限を想定し、その極限状態の中核を純粋商品と規定して、あとはその商品の内部構造の論理的展開を、現実の商品経済的運動を背後において、その運動にそって論理を展開することによって見出された法則であると私は考える。いわば一つの商品経済的運動の傾向を徹底化した極限世界という抽象的世界の内部構造を明らかにすることによってえられた法則である。いわばその抽象世界のなかで螺旋的に拡大循環している法則であると私には思われる。またそういう抽象的世界を想定しなければ論証できない法則なのである。現実はかかる純粋の抽象世界にはなりえないし、そのこと自体がその法則の人類にとっての他の重要な側面をあらわしていると思われるのであって、いずれにせよ資本主義の法則は帝国主義段階を知る位置にあるわれわれには、現実にはあるときは促進され、他のときには阻害される性質を内包していると認識できる。このばあい純粋資本主義自体の内部の法則は十九世紀中葉の資本主義の発展期までの時代をその発展にそって抽象化してえられる世界においてのみ認識できるのであって、事実マルクスにはできたのである。そして『資本論』を知ったものには法則貫徹の方向に現実が展開することは容易に理解できるが、しかし法則貫徹が阻害される方向に現実が展開されることは十九世紀末以降の事実を知らなければ簡単には理解しえない。しかしわれわれはすでにそのことを知りうる位置にある。そこにこの法則の歴史性があるわけである。この点をもう少し具体的に、今後の大内力の学説検討を通じて考えてゆきたいと思うわけである。

もう一つの疑問は、構造分析と歴史過程の分析との関係の問題である。大内が「分析」でとりあげている時期は明治初年から八・一五までの時期であるが、主にとりあげているのは大正中期から八・一五までの時期であることはさきに指摘したが、それは資料の関係もあるであろうが、戦前期の日本資本主義の性格がほぼかたまったといっていい時期であると判断したからであろう。それは一定の歴史的発展の到達点としての時期をえらんだと思われる。問題はその時期にいたるまでの歴史過程の分析方法である。そのばあい宇野弘蔵の段階論は有力な示唆を与えるものである。事実、大内ものちに宇野の段階論を基礎にして独自の段階論を展開することになり、それはわれわれものちに検討したいと思うのであるが、しかし宇野の段階論は宇野自身がいっているように資本主義の歴史過程には直接使えないものである。とくに資本主義の発生期そのもの、発生期から発展期、発展期から爛熟期、といった段階から段階への歴史過程そのものの分析には直接使えないのであり、宇野はそれらは現状分析そのものの課題だとしているのである。宇野自身がいっているように段階論は資本主義の典型的な発生、発展、爛熟の時期を重商主義段階の資本主義、自由主義段階の資本主義、帝国主義段階の資本主義としていわば静態的にタイプ論としてとらえているのみだからである。前二者の段階はイギリスを、最後の段階はイギリスとドイツとアメリカをとってその内部構造を解明している。歴史過程を分析するには段階論を前提にしなくてはならないのであるが、その前提のいみは原理論が段階論の前提であるのと同様に、逆説的いみでの前提なのである。現状分析としての歴史過程の分析においては、段階論の各段階を短縮したり飛び越えたりしていることを考慮せざるをえないのである。またそういうかたちで段階論は現状分析に役立ちうるし、現状分析を科学たらしめるといっていいように思われる。

こういう問題点はあるが、むろんあと知恵の類の問題である。大内はすでにみたように明治初年以来の日本農業が「半封建的」構造をもっているようにみえるのは日本資本主義の「特殊性」という性格に由来するものであることを明らかにしようとしたのであるが、その「特殊性」の中身はここではついに明確にはされてはいない。後進性は強く主張されているがそれが特殊性そのものとはいってはいない。むしろ「半封建的」にみえる性格は封建制の残存によるものではなく、日本資本主義自身の資本主義としての性格なのだということの発見にこそ意味があったのである。講座派理論は単純化していえば本来、資本主義といえばイギリス資本主義のように資本家、賃銀労働者および近代的土地所有者の三大階級で構成されている社会であると考えていたのであって、大内はそれにたいして小農民が一般に農業を担っていても資本主義たりうるということを理論的にも実証的にも明らかにした点にその最大の功績があったといっていいのである。(67) その後の世界史は多くの資本主義国の農業が小農民によって営まれていることをますます明らかにしているのである。小農が大勢を占めていても資本主義たりうるということの発見は資本主義の歴史的限界の発見なのであった。

(67) この点について大内には宇野からの影響は直接的にはなかったと考えられる。晩年、大内は『日本資本主義の農業問題』のヒントになったのは「鈴木(鴻一郎)さんの『増産と農地制度』(『社会政策時報』一九四二年三月号、同、『日本農業と農業理論』、御茶の水書房、一九五一、所収)という戦争中に書いた論文」であり、「この鈴木さんの論文は宇野理論からヒントを得た論文」であるという(大内力『埋火——大内力回顧録——』、御茶の水書房、二〇〇四、六九ページ)。なお大内は当時宇野の『経済政策論』上(弘文堂、一九三六)を知らなかったという(『埋火』、七二ページ)。ただ『日本資本主義の農業問題』を書いた当時は宇野の段階論を「半分ぐらいというか、少し入門しかけたということでしょうか」、『経済政策論』上では「それほどはっきり段階論という考え方になっていなかった。……むしろ戦後の……『経済政策論』の方に、段階論が非常にはっきり出ている」(同、九七ページ)という理解であった。いずれにせよ宇野の段階論を先に知っていたのは鈴木だった。大内はむしろ後進性（農村過剰人口——低賃銀）という点に注目していた段階だった。

つまり歴史的位置を明確にしえた到達点を基準にしてそこにいたる途中の歴史過程の役割を探ることがその分析の課題になるということが重要であると思われる。のちにわれわれがみるように大内がそのことをかたちをかえて法則はいつでも貫徹するといったのでは、その課題に応えたことにならないであろう。もともと法則にはあえていえば二つのものがあって、ひとつは純粋資本主義という抽象的世界において、始めがあって終わりがあり、かつその終わりが始めを生むという循環的法則であり、もうひとつは資本主義の発生・発展・爛熟の各歴史過程において始めと終わりが不可逆的な相違をなすことになっていて、それぞれ独自の歴史的展開を示す、いわゆる段階論的展開としての法則性である。前者が純粋資本主義的商品経済の諸要因のみによって展開される法則であるのにたいして、後者はその純粋資本主義的商品経済の諸要因と非純粋資本主義的商品経済の諸要因との合成によって展開されるいわば歴史的法則性である。問題はこの後者のなかの非純粋資本主義的商品経済の諸要因にあって、その要因いかんによって資本主義の歴史過程が特殊に展開されるのである。その点はのちに詳しく論じたいが、かんたんにいえばその非純粋資本主義的商品経済の諸要因とはさしあたり小生産者や政策、生産力水準、国際関係、等である。注意を要するのは純粋資本主義的商品経済か否かにあるのであって、上にあげた諸要因は商品経済のみによっては支配されていないという点にある。原理論における貨幣、資本、労働力商品、生産手段、生産対象、等はすべて商品経済的運動のみをなしうるとされているものである。そしてもちろん原理論における商品のいわば価値もいつも価値どおりに売買されるわけではないし、資本家の行動もつねに法則どおりに行われるわけではない。けれどもその法則からはなれる行動にもおのずと限度があって法則に規制されるのであり、そのくりかえしのうちに法則が貫徹するのにたいして、たとえば小生産者のばあいは法則に規制されることもあれば、法則から離れたまま法則の規制をうけずに、いわば実体的に動くということもあるという決定的違いがある。法則にたいする復元力があるかないかというちがいが決定的なのである。それゆえに小生産者は歴史的条件次第では、賃銀労働者になるばあいと資本家に転化するばあいとさらには農民のまま零落するばあいなどとがあるのであって、そのちがいはつねに純粋に商品経済的要因のみによって決定されるというわけではない。資本には倒産はありうるが、小生産者には倒産は存在しない。生産力にしても、綿工業的生産力にあっては商品経済に適合的であるが、小生産者的技術や重工業的生産力にあっては商品経済の法則がいつも全面展開されるわけではない。国際関係にしても国家の政策にしても、そして国家そのものも、いつでも商品経済的行動をしているわけではない。法則はもともと資本家的商品経済という特殊歴史的なものの法則であって、したがって法則は資本主義の発生、発展、爛熟の歴史過程においてかたちをかえて、いつでも貫徹するものということではなくて、人類社会には必ず存在する非商品経済的要因の作用のいかんによって法則の作用が促進され、資本主義的発展がもたらされることにもなり、あるいは法則の作用が阻害されて、資本主義的発展が阻害され、一種の畸形化の道をあゆむことにもなるのである。促進されるばあいは非商品経済的要因の作用を入れても結果は同じであるというわけにはゆかないであろう。国によっては発展段階の省略、飛び越えがありうるのであって(68)、そのことは結果の構造規定によって判断されうるのである。ドイツは資本主義の発生を自由主義段階として実現し、日本はそれを帝国主義段階として実現したともいえるのである。

（68）日本では宇野のいう自由主義段階も、さらには重商主義段階もなかったとも考えられるのであって、日本資本主義はその発生、発展を金融資本形態のもとに行われたとも考えられる。いずれにしても資本主義国は重商主義段階、自由主義段階を経なくとも、発生、発展それ自体は展開する。段階論は特定の典型国について展開される資本のタイプ論であって、重商主義、自由主義、帝国主義という段階論はすべての資本主義国の発生、発展、爛熟の歴史的発展段階とは必ずしも一致するものではないと思われる。段階論がタイプ論たるゆえんである。しかしそのかわり原理論的論理の強靭性を指摘しなければならない。第二次大戦後の長期にわたる発展性はそのことをいみしている。

さきにみた日本における地租改正事業が農民の土地占有を政治的に否定するというそれ自身は商品経済的行為とはいえない権力的行為をおこなったうえで、同時にあらためて農民的土地所有というかたちで近代的土地所有が設定されたのであり、あるいは封建的権力の支配化のもとで事実上存在していた農民身分の地主的土地「所有」をも明治ブルジョア政権が地租をとるためにそのまま近代的土地所有として認めたのであるが、イギリスの近代的土地所有の設定は日本のばあいとは異なって領主が隷農を土地から追放してみずからが近代的土地所有者になるというかたちでおこなわれた。イギリスでは封建領主の自己否定的権力行使によって自己の領地より農民を追放して自ら近代的土地所有者になったのにたいして、日本では西南雄藩の下層武士層による初期ブルジョア政権が封建的土地領有制を否定して農民占有地をそのまま農民的土地所有地として近代的土地所有を設定した。地租を徴収するためである。しかしともに農民の土地占有を直接に暴力または法によって否定することによって、資本主義を成立させる歴史を切り開いたのである。そのことは結果を前提にした判断によって明らかになったといえる。いいかえればこの運動の途中には様々な要因がいりまじっているが、到達点がわかっていたので運動の方向に沿って諸要因を整理しつつ論理を展開すれば到達点に帰着することになると同時に、その運動の歴史的意義も解明されることになるというふうに理解できるのである。[69] それをはじめから到達点の目標を前提にしないで、ただたんに歴史過程を分析したのでは、イデオロギー的偏向の介入を避けられないことになるであろうと思われる。そして封建制が否定されて資本主義的制度が発生してからは純粋資本家的商品経済の諸要因と非純粋商品経済的諸要因とのせめぎあいが展開され、前者の要因が徐々にか急速にかはあれ拡大増加してゆくが、両要因の判断基準は原理論の諸規定が与えている。それだけではない。原理論は商品経済的運動の展開とその発展形態をも抽象的にではあるが示している。それを基準にして現実の歴史的特殊性を明らかにすることができるわけである。いいかえれば原理論の論理が資本家的商品概念自身の自己展開として発展するのにたいして、歴史的過程の論理はこの原理論の論理の循環的自己展開の過程のなかに非商品経済的諸要因がはいることによってその要因の性格による固有の偏畸を生む。そのことによって様々な歴史過程が展開されることになるわけであって、そのことをつうじて各種の非商品経済的要因固有の歴史にたいする作用が明らかになると考えられるのである。いいかえるならば商品経済的要因の発展と非商品経済的要因との絡み合いの発展過程を、原理論を基準として分析すれば日本資本主義の形成・発展過程が解明されうるということなのである。だが、当の農民にとっては農地所有者になったけれども高い地租をとられるし、小作農にとっては封建時代よりおそらく高い小作料をとられることになったであろうから、わけのわからないうちに生活はかえって貧しくなったとしか感じなかったであろう。

(69) このような方法をとらないで歴史過程をそのまま事実の展開にそって解明しようとすると客観的分析が困難になること

を丹羽邦男の研究を対象にして検討するとこういうことになる。その著書『土地問題の起源』（一九八九、平凡社）の「二農民の立場から――幕末・維新期の土地政策」の「5『王政復古』の理想――維新政府の土地政策」は維新政府が明治元年十二月一つの布告をだしたことから説きおこされている。丹羽によればこの布告は「後代の研究者によって、土地を所持する農民に私的土地所有権を認めた最初の政府法令と誤読された経緯」があるというもので、その誤読の元は「百姓持という近世初期の農民の「土地所持」を所有権と理解したことにあるという。この布告は「近世石高制下の農民土地所持の原則」と「士・商・工身分」の者に土地が買い取られている現実を認めたものに過ぎないとしている。しかし維新政府の土地政策はこの布告の一年前に「堺県で、管下村々役人に発せられた演達」であって、和泉、河内などを治める堺県知事小河一敏（おごうかずとし）が県内「支配村々役人共へ」当てた指令であって、「小河が尊攘の志士として明治維新に託した『王政復古』の理想を、民政へ実現しようとする熱意が籠められている」ものである。その趣旨は「農民を、『朝廷の御民』で、『朝廷の御土地を受けもち』耕作にはげむものと位置づけ」、「このようなあるべき姿に『復古』するため、たとえ、何十年前に売却した田地であっても、失った田地を相応の代金で請戻し、無高の百姓をなくすよう村役人が世話することを命じている」という。そして丹羽は「農民経済の発展した畿内では、このような内容の演達は、現実離れしており、一片の空文に終わっただろうと考えるのは、後世の利口すぎる歴史家の陥り易い即断である」という。丹羽によれば和泉、河内は商品生産の発展にもとづき地主的土地所有が広汎な展開をみせ、小作と地主に階層分化している。そして「小河は堺県知事としてこの現状を充分認識した上で、まず堺県で『王土思想』にもとづく土地政策を実施し、さらに政府中央に建議して、全国におよぼそうとした」というわけである（以上、前掲書、八三～八九ページより引用）。

ここからが本論である。当時「豪農の田地を民につくらせ」る方法には「小作」と「上（う）わ米」の二種類があった。「小作」とは「豪農の田地を小民につくらせ、肥糞の類も皆与え遣わし申し候て、毛上は有るを限りに地主の方へ受けとり、その中より貢を奉り、田地の高に掛り候諸出金を弁え出し、その残りを地主の所得に仕り、その所得の中より小作の者へわかち遣す法に御座候」というものであり、「上わ米作り」とは地主より田地を小民にわたしてつくらせ、小民より直に年貢を納め、高懸り物を弁え、田地の広狭、高の多少に随い、一箇年何程宛（づつ）と決め、地主へ米を遺し候事に御座候」というものである。この両者のうち「全国的にみると『小作』が多く、小民は苦しみが強い。『上わ米』も、年貢の外に『上わ米』を地主に出すのだから、四公六民のところが小民にとっては六公四民にもなるが、「小作」よりましである」(以上、同、九一～九二ページ)と丹羽はいう。この「小作」と「上わ米作り」とを比べると、商品経済的にすすんだ貸借形態は「小作」のほうである。丹羽はそういう捉え方をしていないことはすぐあとでみるが、この「上わ米作り」の法を小河は提案するのである。丹羽もそれを支持している。その根拠をつぎのように展開する。「当時の地主・小作関係には、領主の石高制との関わり方を異にする三つ形態が存在した。(1)小作人が貢租・諸掛りと地主への作徳米を、領主・地主に振り分けて納めるもの(いわゆる『分割納付』)、(2)小作人が小作料を村役人に直納、これを村役人が貢租・諸掛りと地主への作徳米を振り分け、後者を地主へ下付するもの(いわゆる『藩倉納付』)、(3)地主が、小作人から小作料の納付をうけ、そのうちから貢租・諸掛利を上納し、残りを作徳として取得するもの(いわゆる『地主庭先納付』)がそれである」ことを明らかにしたのち、「この(1)および(2)の形態にあっては、小作人は、多かれ少なかれ、年貢負担者=本百姓すなわち村共同体の成員の地位を依然として保持している。そして、この形態は、広く全国をみたばあい、すくなくとも幕領においては普通の存在であった」(同、九二～九三ページ)といって、ともに小作人による(1)の「分割納付」と(2)の「藩倉納付」こそ「上わ米作り」の法としてこれを支持する。その理由はすでに引用したように小作人が「年貢負担者=本百姓すなわち村共同体の成員の地位を依然として保持している」ことに求めているようなのである。そして結論としてこういうのである。「このような現状の下で、小河の提起した『上わ米』の法は、全国的にみて実施可能な方策であったといえよう。そして、その成功度に応じて地主的土地所有は弱化し、地主の私的土地所有は否定され、たんなる策得米拾得者にすぎない存在になってゆくであろう」(同、九三ページ)というのである。この丹羽の分析方法と結論は経済学を基礎とするものとは到底いえない。丹羽が問題としている時期は明治元年から四、五年までの、地租改正前の時期であって、まさに歴史的転換期である。当時はすでに商品経済化の動きはけっして無視しいえない勢いで展開している時代であり、しかも本来の封建的土地領有制の崩壊が制度的に開始され始めた時期である。土地の賃貸借関係も本来商品経済関係を基軸にして成りたちうるものである。丹羽のあげる三つの土地貸借関係のうちもっとも商品経済に適合的なのはすでに指摘したように（3）の「地主庭先納付」である。それはもっともいい土地所有形態はいかなるものかといった素朴な問題ではありえないのであって、資本主義的土地所有とはいかなる土地所有かということこそがはじめから問題だったのである。「分割納入」におけるように小作人が土地所有にかかる貢租・諸掛りを地主に代わって村役人までもってゆく行為は商品経済的行為ではないし、「藩倉納付」におけるように小作人が村役人に小作料を直納するのも、村役人がこの小作料を貢租・諸掛りと地主への作徳米とにふりわける行為も商品経済的行為ではない。それらは商品経済的実体がまだ商品経済的形態に完全に包摂し切れていない状態の、おそらく経過的形態である。そういう形態の瑕疵はそこに非商品経済的要因が侵入する余地を残すことにある。商品経済が発展すれば消滅するはずのものである。通常の賃貸借関係が発展すれば、これらの関係は消滅するはずである。このように地主・小作関係が曖昧なかたちになるのは封建制度下では当然のことであって、地主・小作関係が封建制とは異質の関係だからにほかならない。事実、「小作」が「上わ米」より多いというのはその結果であろう。そういう「小作」が多いので「小作は苦しみが強い」というのはある意味で当然である。商品経済は競争関係を伴うので、「苦しい」ことは十分ありうる。いずれにせよ「分割納入」や「藩倉納付」は「地主庭先納付」よりはるかに商品経済的形態として未完成なものなのであって、商品経済が発展すれば消滅してゆく運命にある。丹羽は「上わ米」の法が拡大されれば、地主的土地所有は弱化し、否定されるであろうというが、それは地主的土地所有が封建的、半封建的制度であるという認識を前提としている見解である。地主・小作関係そのものは経済的関係であって、領主・隷農関係が支配服従関係であることを考えれば、制度としてはどちらに歴史の進歩があるかは容易にわかることである。すでに大内説の検討を通じて明らかなように、地主的土地所有を封建的土地所有と規定したことがそもそも錯誤であって、明治以降、消滅または立ち消えたのは「上わ米」の法のほうであって、「小作」ではなかったのである。小河の明治四年九月の建議も、丹羽によれば、建議の後半の部分では「自らこれを『姑息』の、『愚説』」といったという。ここでしかし、私がいいたいのは丹羽説批判が直接課題ではなく、歴史的過渡期の分析方法であって、なにが真に新しく、何が真に古いのかを一方では歴史の行き先そのものを基準にしつつ、他方では歴史の収斂した方向を基礎とする原理論を基準にして判断しなければならないということである。何が新しく、何が古いかはただちに判断することはじつは必ずしも容易なことではない。そこにイデオロギーがはいり込むからである。いわば現実の動きそのものが「判断」したことに従うほかにないであろう。それにしても資本主義の発生、発展期の解明はまだ容易である。原理論＝『資本論』の理論に収斂する方向でいちおう考えればいいからである。困難は帝国主義段階と第一次世界大戦以後の時期の分析方法である。原理論から離間するというのは、収斂ではなく拡散だからである。地域も方向も範囲も様々に拡散するのだから、現状分析がことのほか重要になってくることだけは確かであろう。

大内の第二の「労働力の条件」（無産労働者の創出）についても疑問とするところがある。劈頭、大内はこういう。「資本主義的生産にとって、無所有の自由なる労働者層が必要であることはいうまでもない。だからこそ資本主義は封建制度のもとにおける農奴を身分的に自由にするとともに生産手段からも自由にし、いわゆる鳥のごとく自由なプロレタリアート層を作りだすことからはじまるのであって、さきにみた『いわゆる原始的蓄積なるものは、生産者を生産手段から分離せしめる歴史的行程にほかならない』（これは『資本論』からの引用文――犬塚）のである。日本においては封建的な身分制度の廃除は明治初年におこなわれたが、『生産者を生産手段から分離せしめる歴史的行程』は地租改正をつうじておこなわれた[70]」と。別に言葉尻をとらえるわけではないが、「資本主義は封建制度のもとにおける農奴を身分的に自由にするとともに生産手段からも自由にし、いわゆる鳥のごとく自由なプロレタリアート層を作りだすことからはじまる」という文章は資本主義は土地と農奴の分離をもってはじまるという意味であって間違いではないが、その分離をおこなう主体が必ずしも明確ではないともいえる。資本主義そのものがかかる分離をおこなうという意味にうけとられかねないのではないであろうか。資本主義社会はプロレタリアートを再生産するが、創出するわけではない。しかしプロレタリアートが創出されることから資本主義は発生するが、そのプロレタリアートを創出する主体は何であろうか。まさか商品経済というわけにはゆかないであろう。日本では、これに相当するのはさきにみたように明治維新の初期ブルジョア政権というなかば封建的な下層武士団による地租改正政策という政治的行為である。こうなるのも日本資本主義成立の後進性に由来するわけである。ところが資本主義の祖国ともいうべきイギリスではすでにのべたように個々の領主自身による農民追放という自己否定的政治的行為である。それにたいして日本では封建時代にもっていたいわば封建的権利としての農民の土地占有権がわけがわからないうちに国家によって近代的土地所有権に転化させられた。それは農民にとって望むところであったといっていいのかもしれないが、そのかわりすでにみたようにきわめて高い地租を課せられることになった。それが実際上小作料を高める作用をもったことは過渡期の現象として否定できないであろう。そして近代的土地所有者になった農民には、土地の占有を失ったという実感も土地所有者になったという実感もないままに高い地租を支払うことを義務づけられたという実感のみが残ったにちがいない。それにたいしてイギリスでは領主は客観的にはみずから農奴支配権を放棄しておきながら、それを自覚することなしに近代的大土地所有者にみずからを転化させた。その直接的動機は支配地たる領地としての大面積の土地から隷農を追放して土地を牧羊業者の要望にこたえて封建地代より高い地代で貸したほうをえらんだことによって、かかる転化を成しとげたのである。これも当の農民にとってはわけのわからぬうちに封建的土地領有制が近代的土地所有制になったわけである。このばあい近代的土地所有を前提としての結果たる土地の賃貸が事実上さきに出現して、始めて近代的土地所有が措定されるという関係によるのである。土地の賃貸には実体があって、近代的土地所有には本来実体がないことを示している。それが土地所有の資本主義的形態なのである。土地の賃貸は実際に存在して、その前提としての抽象的な土地所有という形態が存在することが判明するという逆転した関係である。

日本のばあいはイギリスとは異なって初期ブルジョア政権が旧領主にたいしては土地と農民にたいする支配権を僅かの債権を与えてこれをとりあげ、直接農民にたいしては土地占有権を否定し、高い地租徴収と引換えに近代的土地所有を付与した。こうしてイギリスでは個々の封建領主自身による自己否定的権力行使によって二〇〇年以上の歳月をかけて農民の土地占有権を否定しつつ封建的土地領有者からみずからを近代的土地所有者とする転換が実現されたのにたいして、日本では初期ブルジョア政権がきわめて短期間に封建時代の農民の土地占有権を否定すると同時に農民を近代的土地所有者に認定して高い地租を徴収したのである。こうしてイギリスと日本との近代的土地所有成立事情のちがいは歴史性のちがいを前提とする実施の方策がちがうことに由来する。その歴史性のちがいとはイギリスにおいては隷属農民の土地占有の否定が土地から農民を直接切りはなすという徹底的なかたちでおこなわれたのにたいして[71]、日本では土地と農民との実際上の分離を省略して、直接農民に近代的土地所有権を与えたというかたちでおこなわれた。それは農民から高い地租をとるためであった。

(70) 大内、前掲書、一六四ページ。
(71) イギリスにおいては農民と土地との分離がエンクロージャー・ムーヴメントとしておこなわれたことには、封建地代が貨幣形態で支払われたことが大きな影響を与えたと宇野はつぎのようにいっている。「経済外強制の必要とされる根本的条件は、直接の生産者たる農民が、『相続またはその他の伝統によって』土地の占有者たることである。マルクスのあげた（封建地代の——犬塚）三形態にもこの点は共通して前提されている。金納地代の形態をとるとき、その経済的基礎は著しく変化せざるを得ないのであるが、それでもなおこの形態が封建的地代たるためには、この根本の条件が依然としてのこされていなければならない。勿論、その占有は自営農民による自由な所有と異って、土地そのものを商品経済的に処分し得るものではない。それと同時に土地所有者側（領主側――犬塚）においても、同様に直接の生産者の占有を保証し、これを侵害しない点に封建的関係が成立している。経済外強制をもって直接の生産者の剰余労働を直接的に獲得しうる根拠も、またしなければならぬ理由もそこにある。土地所有者自身が、イギリスのエンクロージュアにおいて見られたように、農民と土地とのこの直接的関係を切断して、農民の占有を否定することは、すでに封建的関係から近代的関係への転換を示すものに外ならない。その場合の強力的手段には、多分に封建的性格を認めざるを得ない場合もあるであろうが、しかしこれをも経済外強制として、従来の封建的地代獲得の強制と同一視することは出来ないであろう」（「いわゆる経済外強制について」、『宇野弘蔵著作集』第八巻〔以下⑧と記す。以下同様〕〔「農業問題序論」〕、七九～八〇ページ。）と。封建地代が金納地代になると、農産物価格の変動に応じて地代額は変動しうることにもなるが、封建制のもとでは原則としてそうはならないであろう。この時期土地生産物は一般に上昇傾向にあるから地代率は低下する。それとともに農民の商品経済活動も活発になるであろう。そうした農民のなかから経営農地の拡大を借地として実現しようとする動きがでてくる。その借地料は封建地代より高くなりうる。領主もそれに応じて、支配地の農民を「経済外強制」を逆向きに行使して支配地から追放することになる。事実、イギリスでは牧羊業として大経営、もしくは形態的には初期資本家的経営が発生した。だがこのばあいの「経済外強制」は農民の土地独占を前提にした本来の封建的なそれではなくて、その前提を否定するものとしての「経済外強制」＝農民追放強制であって、封建制に固有のものとは異なるものである。上記宇野からの引用文はこのことを主張するものであった。

ここに興味深いいわば弁証法的な関係がある。国家による地租徴収権は論理的には近代的土地所有権の確立を前提にしているが、現実の行為としては結果としての地租徴収権が先に現われて、それによってその結果が前提としての土地所有権を措定するという関係である。[72] イギリスのばあいには近代的土地所有の結果としての土地賃貸借が前提としての近代的土地所有を措定するということになるであろう。このイギリスと日本のちがいは先進的な資本主義化と後進的な資本主義化とのちがいに由来するといっていいであろう。こうしていずれにせよイギリスにおいてはきわめて長期にわたる資本主義の発生期に、しかし少しずつ農民から無産者になり、無産者から一方では家内工業的小生産者になり、他方では圧倒的多数がいわば本格的に賃銀労働者になったのにたいして、日本ではきわめて短期に封建農民から自由な小農になり、ほぼそのまま資本主義社会にずれこみつつその農民層のなかから長い期間をかけて徐々に一部は商工業の小生産者や小営業者になり、多くは賃銀労働者になったが、その賃銀労働者に転換をとげたのは農家の次三男や婦女子であった。並木正吉は明治初年からほぼ戦前期まで日本の農家戸数はほぼ五五〇万戸、農業従事人口はほぼ一四〇〇万人という一定数であったことを明らかにしている。[73] 離農したかれらはかりに貧困であっても、よかれあしかれ出自としての農民の小生産者的プチブル意識からは容易には解放されない存在であったといえるのではないであろうか。それも農民追放が労働者階級を生んだイギリスにたいする日本の後進性の現われである。

(72) 林健久『日本における租税国家の成立』(一九六五、東京大学出版会)によれば、地租「改正により原則として全国の土地について一地一主が確定され、はじめは地券を媒介として、のちには土地台帳の整備によって、土地を商品として売買するための法制度が完全に整備された。そして、土地が近代的所有権の対象として確定されたことは、同時に農民が土地から切りはなされてプロレタリアートになる自由をえたことを意味する」のであって、同時に「それは日本における近代的租税制度の形成をも意味している。というのは、近代的租税制度は私的所有権の確立をまって、はじめてその成立がいいうるからである」。そして「近代的所有権が確立してくれば、……支配権力は私的所有権のディメンションを超えた普遍的なものとして立ちあらわれ、公的な性格を明示しつつ、私的所有権にもとづく果実の第二次的分配に参加するという形の収入すなわち租税に依存することになる。それに対応して、私的所有はその表現として租税承諾権をもち、その行使によって自らの原則的な立場をまもるのである」（以上、いずれも一八九ページ）という。ここでも私的所有という前提が結果としての租税承諾権によって措定されるという関係が展開されている。商品の所有が売買というその結果によって措定されることと同様である。抽象的なもの現実的現象形態によってその抽象的なものの存在が措定されるわけであるが、これは商品経済に特有の抽象性の自立性を表している。ただしその抽象性は空間にあって、自立的に浮かんでいるものである。商品経済の具体的諸関係は地上に映るその影であるといえないであろうか。

(73) 並木正吉『農村は変わる』、一九六〇、岩波新書、一五二〜一五三ページ。

さて第三は生産手段の条件であるが、ここで対象とされているのは農業の生産手段ではなくて、工業の生産手段としての農産物のことをいっている。農業の生産手段ならば土地、水利、肥料、農具等いろいろあって、みな簡単にすむ問題ではないので、大内はのちに『農業問題』以下の多くの著書で詳細な分析を与えている。ここでは繭・生糸の生産、輸出をとりあげている。日本の資本主義の発生・発展期は先進国イギリスとはもちろん異なるし、同じ後進国のドイツともちがう。イギリスの発生期は毛織物という手工業製品の輸出のみでなく、その原料となる羊毛という農産物をも輸出し、もっぱら貨幣とともに金銀財宝を手にいれた時代だった。イギリスはその発展期にその貨幣で後進諸国から農産物や工業原料の綿花を輸入し、綿製品を輸出して大きな利益とともに、その貨幣をとりもどした。ドイツ資本主義は日本より先進国であるが、イギリスにたいしては後進国であった。その発生・発展期は食糧農産物（穀物）をイギリスに輸出し、それでえた貨幣をもってイギリスから毛織物や綿製品をはじめとする工業製品を輸入した。いずれの国も資本主義の発生期は農畜産物の輸出をもって外貨を稼いだのであった。先進国はみなみずからを工業国とし、後進国を農業国とする関係を展開した。それはリカードの比較生産費説で解明しうる現象であって、先進国は農産物を自国でつくるより相対的に安価に、後進国は工業製品を自国でつくるより相対的に安価に手に入れる方法である。しかもそれは資本主義の発生がかつて農業の一部を構成していた工業を分離独立させる機能をもっていたことを明らかにするものであった。資本主義はみずから自立性をもちながらその成立は他国との貿易関係をもって実現されるものであることを示すものである。さらにいえば商品経済なるものが共同体と共同体との間で発生する外的なものであることを明らかにし、さらに生産力の発展なるものが外的刺激によって促進される性質をもっていることを示すものでもあった。

日本資本主義の発生・発展期にも先進国にたいするこういう関係がミニチュア版として現れたのが繭・生糸の輸出であるが、その生産は中上層農の副業としておこなわれたにすぎないことを大内は指摘している[74]。ただその養蚕が副業的にしかおこなわれなかった根拠を「小農的養蚕が多くのばあい労賃部分だけをも実現しえないほどに安い繭価格を成立させるという事実[75]」に求め、その低価格の実現は「製糸資本家が小生産者を事実上の債務奴隷として支配するところの特約取引制度によっていよいよ完全なものとなる[76]」のであって、結局国内の資本による小生産者の収奪によるとしている。それはもちろん正しい指摘であるが、じつは原因はかかる国内条件によるだけではない。さきにのべた工業先進国にたいする後進国の輸出入の特質が背後において作用していることにもよるとみなければならないであろう。

ただしそれは消極的ないみにおいて重視しなければならないことである。イギリスにたいする後進国ドイツが資本主義の確立期においてイギリスに穀物を輸出して、その見返りとして綿製品とともに機械類を輸入して資本主義的発展を促進させたという事実があるからである。西欧資本主義圏から遠くはなれた極東にあって、生活様式の異なる日本は農産物輸出においてはドイツより不利な条件下にあったという事情が重視される必要があった。[77] 後年大内は先進国・後進国問題をより重視するようになるのであって、大内段階論はこの問題を必須の条件としてその内部にとりいれることになる。だがこれはのちに問題にすべきことであるが、後進性は段階論にいれるべきか現状分析にいれるべきか、という問題があることをここで表明しておきたい。ただこの大内の処女作では「この（養蚕という『農業部面の資本蓄積』の）面でも農業の発展は資本の力によって抑えられ、過小農が過小農として固定する傾向を強くしめす[78]」ものとして、もっぱら国内条件をもって規定しようとしているのである。

(74) 大内、前掲書、一八四ページ。
(75) 同、一八五ページ。
(76) 同ページ。
(77) 大内はこの『日本資本主義の農業問題』では日本資本主義の後進性をことさらに注視するということをしていないように思われる。本書全体をつうじてこの「後進性」という言葉は意外と少ない。4箇所でてくるにすぎない。すなわち（1）は一六七ページではイギリスにおけるようなエンクロウジャー・ムーヴメントがみられなかったことを日本の後進性によるものとしている。（2）は一七二ページの日本の工業の人口吸収力が弱かったことは日本資本主義が海外市場を独占的に支配できなかった後進性によるとしていること、（3）は一九六ページの後進国日本の対外進出が他の帝国主義国との軋轢をともなっていたこと、（4）は一九九ページの日本の資本が外国市場に進出するばあいダンピングをおこなうということにあらわれる後進性である。

(78) 大内、前掲書、一八七ページ。

この国内条件重視説は、しかし他面ではのちのちまで維持されているのであって、これも大内説の特徴の一つといっていいであろう。われわれとしては現状分析のどの部面が国内条件によってより強く規定され、どの部面が対外条件によって規定されているかという問題を考えていいのではないかと考える。だがのちに大内は日本資本主義の後進性を重視するようになるのであるが、こんどは一足飛びに段階論の重要な要因としてこれを重視するようになる。

最後に第四の市場の条件を検討しよう。資本主義の発展過程にとっては商品の販売市場の問題がじつは生産過程の問題より重要である。それは生産過程が発展の基礎をなすにもかかわらず、発展の直接的動力をなす販売市場の拡大のほうが重要であるという資本主義自体がもっている顚倒性を現している。大内はこの資本主義の発生・発展過程をレーニンに依拠しつつ商品経済の発展によって農民層の分解がひきおこされ、それによって自立的に資本主義が成立することを説く。すなわちレーニンの『ロシアにおける資本主義の発展』からの引用をしめしつつ、商業的農業の発展は工業製品にたいする市場をつくりだすことから議論を展開する。それはこういう手順でおこなわれる。資本主義の発展はいわゆる資本構成の高度化をともなって展開するのであるが、それは雇用労働力を絶対的には増大させるが資本にたいして相対的に減少させる。そのため生産力の増進にたいして商品の需要の相対的縮小はいずれは決定的制約を生むことになると説いたのち、「抽象的な原理論のかぎりで考えても、このようにして資本主義にとっては市場の梗塞はさけられない運命である。だが、問題をより具体的に考えれば、いずれの資本主義も、国内においても国外にも、なお資本主義化していない経済圏を、すなわちローザ的な表現をもちいれば、非資本主義的外囲をのこしている[79]」といって、このローザの見解を肯定的にとりあげる。もちろんそのさい非資本主義的外囲を「剰余価値の販売市場として」位置づけるローザの誤りを批判したうえで、「『生産物の販売市場として』と読みかえるならば、正鵠をえた指摘となしうるであろう[80]」という。そしてこう結論をだす。「資本主義が封建時代の自然経済を主としていた農村にたいして、商品経済を浸透せしめ、その自給体制を掘りくずしていったこと、そしてそれによって農業の商品生産化がすすみ、自給的な家内工業が駆逐され、農業技術の進歩が生じ、かくて農民層の分解がおしすすめられることは明らかであろう。農民のプロレタリア化は、このような農民層の分解の半面にほかならなのである[81]」という。このあとレーニンの前記『発展』から、商業的農業の発展が国内市場をつくりだし、農業の専門化が進展し、そのことが工業製品ならびに農業用生産手段にたいする需要をつくりだして商業的農業が発展し、最後に労働力にたいする需要をつくりだす、といったレーニンの文章を引用して、「このような形で農村が資本主義にとって、重要な国内市場の場であること、そして資本主義はこのような国内市場を自己の固有な再生産機構の外にもつことによって、たんにその成立を可能にしたばかりでなく、その急激な発展をも可能にしたことは、疑を入れない事実であろう[82]」と結ぶ。

(79) 大内、前掲書、一九二ページ。
(80) 同、一九三ページ。
(81) 同ページ。
(82) 同、一九四ページ。

だがこのレーニンと大内の主張には重大な欠陥がある。工業品にたいする国内市場を農業がつくりだすのはいいとして、その農業生産物にたいする最初の市場はどこがつくりだすのであろうか、という問題がはじめから無視されている。資本主義以前の時代には農業は自給経済を原則としていた。その商品経済は補足的な位置におかれていたはずである。そうした状況のもとで農民層の分解は自然に生ずるのであろうか。労働生産力としての農業生産力の上昇も自然に生ずるのであろうか。第一に、生産力上昇を誘引する農産物にたいする需要の増大は農業の内部のみで自然に生ずるのであろうか。第二に、もっと重要なことは需要増大にともなう農業労働生産力の増進には一経営当たりの土地面積の増大が必要であるが、そのためには封建体制下にあっては土地に貼りついている農民を排除しなければならない。その農民は封建領主の支配下にある。たんに商品経済的要因のみでは、しかも農民個人の力のみではその支配を排除することは不可能である。すくなくとも自然発生的商品経済の発展程度ではその支配を解除することはできない。しかも土地総面積は原則として一定であるから、農業人口は減じなければならない。そもそも封建体制下では無産者を排出するにいたる農民層の分解は原則として生じえないのである。封建的制約のもとで例外的にしか発生しない。封建権力はたんに商品経済が発展すれば自然に崩壊するというものではない。封建社会は商品経済が発展すれば自然に崩壊するということを前提とするここでのレーニンや大内の見解は成り立たないのである。

封建社会を崩壊にみちびく商品経済はじつは封建社会の内部のものではない。イギリス資本主義の発生期にヨーロッパ大陸への羊毛・毛織物の輸出の増大という外的条件がもたらした商品経済である。レーニンも大内も資本主義の発生という歴史的対象をいわば『資本論』の原理論の論理で説こうとしていると思われるのであるが、しかし資本主義発生の歴史過程は国内商品経済の発展自体のみで説けるのであろうか。イギリスやドイツや日本やにおいてもはたしてそれは説けるのであろうか。商品経済は共同体の真っ只中から発生するほど人類社会にとって本質的なものであろうか。資本主義をもたらすような商品経済が共同体と共同体の間で発生したということはイギリスやドイツや日本やにおいてもいえることではないであろうか。資本主義発生期のイギリスにおける羊毛・毛織物にたいする商品経済的需要はヨーロッパ大陸という外部からの需要であり、資本主義発展期のドイツの麦類にたいする商品経済的需要はイギリスという外部からの需要であり、資本主義発展期ならびに帝国主義段階の日本にいたっては大内が強調するように[83]、工業製品ははじめから海外市場目当てにつくられたのである。

(83) 同、一九六ページ。

以上のような小さからぬ疑問点はあるのだが、それは以下にのべる大内の分析結果をより確かにするものにするにすぎず、大内による日本資本主義の分析を欧米資本主義の分析と同一次元の論理で説くための一つの問題点を提示したものにすぎない。その大内の分析結果はおよそこういっていいであろう。もともと国内市場が小さかった日本資本主義は帝国主義段階になるといっそう海外市場の拡大を必要とすることになる。工業製品を輸出するためにはさしあたりアジア後進諸国の農産物をある程度輸入しなくてはならない。とくに植民地朝鮮・台湾の米の輸入は必要だったが、同時にそれは日本の小農に犠牲を強いるものだった。しかもその小農制の政策的維持は日本の低賃金体制確保のためには必要であった。大内はこうして「要するに小農制の維持を利用することによって、農民に負担と犠牲とを強要しつつ対外侵略を強行した事実は否定すべくもないのである。このいみで日本の小農社会は日本の帝国主義の支柱であったといってよく、国内市場のきょくたんに狭隘な――それはまた小農制の結果でもあるが――日本においては、資本主義はかかる基盤なしにはおよそ成立し発展しえなかったといってよい[84]」と締めくくる。そして「明治以来のあらゆる農業政策がつねに小農維持を固執しなければならなかったゆえんもまたそこにある[85]」といっていいが、小農維持はそれ自体が目的ではなく、工業製品輸出増進にたいする対応策なのである。

(84) 同、二〇九ページ。
(85) 同、二一〇ページ。

ところで大内の分析全体の総括は以下の如くである。「われわれはいまや小農制をつくりだし維持してきたものがたんなる人口過剰、土地欠乏というような自然的な条件ではなくて、資本主義社会の必然的法則としての過剰人口、すなわち資本の再生産の条件として存在する産業予備軍としての過剰人口であることを知る。また同時に、『半封建的』過小農をつくりだしかつ維持してきたものが、封建的ないしは半封建的土地所有のもつ経済外強制やあるいは絶対主義権力のもつ強力(ゲヴァルト)やによって実現される封建地代それ自体ではなくて、資本の再生産の条件として与えられた低賃銀にもとず(原)く農家低所得であり、高率地代は逆にかかる過小農の低所得性によって維持されているものにすぎないことをはっきりと把握できるのである。問題を真に『全機構的に』把握しようとするならば、かかる結論は動かないところであろう[86]」。要するにここの基幹的な論理は日本の賃銀労働者が貧しいために日本の小農民も貧しさからは解放されない。農民が貧しいから、逆に剰余としての地代は高くなる、という従来からの大内説である。ここでこれまでと異なって新たな要因がだされているのは日本の農民を貧しい境遇においこんでいる直接的要因は日本の賃銀労働者の低賃銀であるが、その低賃銀を規定するものとして「産業予備軍としての過剰人口」をあげている点である。この過剰人口にたいしては論理上重要にもかかわらず、ここではことさらな説明はない。この過剰人口は景気変動の不況期に現われる資本主義に通常みられる、ほぼ原理論上の、あるいは発展期の資本主義にみられる一時的失業人口としての相対的過剰人口ではなくて、恒常的失業状態にある過剰人口であろう。かりにそうだとしても、資本主義のどういう状態、あるいは段階のときにあらわれるものかについて説明があってしかるべきものと思われるが、残念ながらここにはない。大内が日本資本主義の後進性の主張に慎重なのはそのことと関係があるとも予想される。おそらく当時としては今後の課題としたのではないかと思われるが、「産業予備軍としての過剰人口」説は示唆的にせよ、一歩前進した問題提起であろう。

(86) 同、二一四ページ。

ただしこの問題とは別に、「かかる日本資本主義の特殊な構造は日本の資本主義がその成立の当初から、その与えられた歴史的・社会的条件のゆえに背負わなければならなかった、いわば原罪であって、それは資本主義自体の死による贖罪を経なければ潔められえないものだからである[87]」というのは論理的帰結をのべているにすぎないが、ある意味で結論を急ぎすぎたともいえる。この書が世に出て以来すでに半世紀以上を閲しているのに、資本主義は矛盾を質的にも量的にも深めつつ、執拗に生きのびている。没落期の資本主義は発展期のそれがいわば一つの典型的な資本主義に収斂してゆくものであるのに反して、原理論的資本主義から拡散してゆくものであるから、それは様々に拡散してゆく状態にあるともいえよう。事実、古典的な帝国主義段階では帝国主義諸国はいくつかの型に分かれたが、しかしいまや金本位制離脱後は意外と共通性を強くしつつあるともいいうる。いまや封建論争の時代ではないが、これをイデオロギーのちがいによる論争と理解したのでは何のための論争だったのかということになる。その科学的な決着を前提にしてそのごの資本主義の変質状況の解明こそが急務となっている。事実、大内はその点でも大きな業績をのこしているのである。

(87) 同、二一四〜二一五ページ。

第四章「展望」は敗戦直後からおこなわれた農地改革の歴史的意義を論じたものである。この農地改革は占領軍の後押しで実施されたものであるが、講座派はこの農地改革によって日本農業を支配していた封建的地主制は解体され、「独立自営農民」が形成されることによって農業ブルジョアジーとプロレタリアとへの両極分解が展開され、日本農業の近代化が達成されると考えた。そういう観点から農地改革の実施方策について批判を展開し、不徹底を非難したのであるが、改革後結局は両極分解は展開されないで、今日にいたるまで資本家的農業が広汎に形成されるという事態は発生しないままに終わっている。講座派理論は結果的にいえば本来の資本主義は十九世紀中葉のイギリス資本主義のみだという考えを基軸にしているのであって、資本主義なるものを理想型においてしか理解しえない理論なのであり、資本主義の歴史過程は原理論としての『資本論』のみでは説けないことを理解しえない理論なのである。農地改革が徹底化したかたちで実現すれば日本が明るい近代的社会としての資本主義社会になるという認識は資本主義が資本主義でありながら一定の歴史過程を展開しうるという本質を見抜けない完全なアナクロニズムであった。講座派理論は資本主義自体の特殊な歴史過程を理解しえない死せる理論であることは戦後の事実が示している。

大内は「実態」「学説」「分析」を通して日本農業の構造分析をおこない、つぎの結論に達した。「小農をこのように（ミゼラブルな生活と低生産力を改善しえない——犬塚）小農として維持してきたのは、けっして、地主のもつ封建的権力、すなわち『経済外強制』ではなくて、日本資本主義それ自体の構造的特質であった。だから農村に封建的な色彩がいかに色濃く残っていようとも、それは何らかの封建制度が農村に残存しているのではなく、農民が半自給的な、半商品経済的な小農形態にとどめおかれたがために『思想・感情・乃至慣行』として残存しているものにほかならないのである。そしてこのような小農経営こそ日本の『資本主義が自らに課されたる問題を解決することなくして発展する為の犠牲』として維持されてきたものなのだから、いかにパラドシカルにきこえようとも、日本農村においては、封建的なものがとりもなおさず資本主義的なのである(88)」。これは戦前の日本農業の構造分析の端的な結論なのであるが、それは日本資本主義の発生から太平洋戦争にいたるまでの日本資本主義の歴史過程を前提とする結論であった。そしてこの結論を前提にして、農地改革を検討した結果が「要するに、全農民が『独立自営農民』になったとしても、そこに何らかの剰余価値が蓄積され、そこから農業の拡大再生産がおこなわれるというようなことは、いかなるいみでも期待できない、ということになる。むしろリリパット的自作農は、じゅうぜんと変わらない、あるいはそれ以下の生活水準を維持しうるにすぎないことをわれわれは期待すべきであろう。このばあいには、農民層の分解がおこなわれるとしても、それは農民層が全体として没落し、半プロレタリア化ないしはプロレタリア化してゆくのであって、けっして農業ブルジョアジーと農業プロレタリアートとへの分解は生じないのである[89]」というのが、農地改革の評価としての大内の一応の結論である。

(88) 大内、前掲書、二八四ページ。なお文中『資本主義が自らに課されたる問題を解決することなくして発展する為の犠牲』の引用文は宇野弘蔵「わが国農村の封建性」(初出は『改造』一九四六年五月号。『宇野弘蔵著作集』、⑧、五五ページ)からのものである。なお大内の引用した宇野の文章はこの著作集版では、「自ら」と「為」はともにひらがなとなっている。

(89) 同、二九〇ページ。

だがここで農地改革が大内によれば近代的土地所有である地主的土地所有をほぼ壊滅状態に追い込んだ根拠を大内は明らかにしていない[90]。資本主義にとっては土地所有は所有権の根幹を構成するものである。農地改革はそれを制度として廃止したわけではもちろんないが、有償買収とはいえ政府が強制的に買い上げたのは資本主義社会としては異例中の異例であることには変わりない。さきの大内の引用文のなかの宇野の言葉になぞらえていえば、「資本主義がみずからに課されたる問題を解決することなくして発展するための犠牲」とされたのは宇野にあっては農業の資本家的発展である。しかし犠牲にされたのはたんにそれだけではない。小農的農業自体も危うくなる。土地の非農業的利用の増大傾向に農民自身も乗ってしまうからである。この点は重要な問題なのでのちに改めて問題にする。いずれにせよそれは資本主義がいまやたんなる帝国主義段階をいわば超えて、いっそう修正を余儀なくされるにいたったことをしめすものである。農地改革による地主・小作関係の変革は昭和恐慌後の金本位制停止とともに資本主義に新たなる国家独占資本主義体制の到来を告げるものであった。いずれにせよそれはのちの問題であるが、戦前の農業問題の所在と農地改革の結果との関係でいえば、戦前の零細小作貧農の広汎な存在という特質が農地改革後は零細自作貧農の創出ということになるというのが大内農地改革論の結論になるのであった。

(90) なおここで大内は講座派の議論のなかに地主的土地所有の無償没収をすべきだという主張があることについて、それは「『講座派』理論の自己否定であり、矛盾である」（二六〇ページ）といっているが、その問題とは別にして、「土地所有は資本主義社会の本質的構成要素ではない」（二五九ページ）いっている。これはしかし重大な問題なので、『日本資本主義の農業問題』の総括のところで、他の重要な問題とともに、改めて検討したい。

こうした結論がでるまでの大内の論理の運びをごく簡単にみておこう。自作農創設がいかなるいみをもつのかと問い、第一に、この農地改革によっては農業経営の零細性はいささかも解消しない。改革後にできあがったものは小人的（リリパット）な自作農である。第二に、日本の「過小自作農」はどのような発展をしめすかというとき、多くのひとがレーニンにならって「アメリ型の道」を提唱した。「農民がすべて『独立自営農民』になれば、じゅうらい地主によって吸収されていた剰余価値が生産的資本として農業に投じられ、農業の拡大再生産が可能となる、という理由から、農業ブルジョアジーが日本においても成立し、それによって生産力の増大、農業生産の社会化が可能となる、という見解である」[91]。このような農業ブルジョアジーの成長を期待する見解にたいして大内は「農民が貧しいのは小作料が高いからである、という誤った理論にもとず（原）くものである。このような理解のしかたが本末転倒であり、われわれは逆に農民が貧しいから小作料が高い、というふうに把握しなければならない」[92]と反論する。農民をとりまく雇用市場で高い賃金がえられるのであれば、農民はそちらに行く。そういう雇用市場が構造的に存在しないからこそ、やむをえず小生産者としてはたらき、より多くの農産物を生産するが、そのことがまた農産物過剰を生み、農産物価格をひくからしめてしまう。日本のような後進資本主義国はこうして過剰人口としての産業予備軍を多数農村に抱え込まざるをえないのである、というのが大内の解答である。

(91) 同、二八五〜二八六ページ。こういう見解は栗原百寿、塙遼一、信夫清三郎、らによって提唱された。
(92) 同、二八七〜二八八ページ。

こうして農地改革が農村にもたらすものはなにかという問いにたいして大内はつぎのように答える。「それは要するにリリパット的自作農の創設である。そしてその点においてはこの改革はたしかに徹底したものであることは事実である。しかしこの改革によってただちに農業経営自体の大規模化が生まれるとは考えられないし、そういう発展にたいする障碍はかならずしも軽減されるとも思えないのである。いな、日本資本主義のおかれている諸条件から考えれば、小農制はいぜんとして解消しないといっていいであろう。そしてかかる小農制こそが農民の生活を困苦欠乏に追いやり、農村の封建的色彩を色濃く残存せしめ農村の民主化をはばんできた根源であるとすれば、この農地改革が農村の民主化にとっていかなる役割をはたすかも、おのずから明らかであろう。農村民主化の途は遠いといわなければならない[93]」といい、さらに農業政策にふれて「日本の小農社会は日本資本主義が生みだしたものであり、かつ、日本資本主義は、かかる小農制社会を利用しつくすことによって、ようやく自己の再生産構造を維持しえたのである。その意味で、過小農を過小農として維持することは、明治以来の日本ブルジョアジーの変わらざる念願であり、政府の伝統的な小農保護政策はまさにこのような資本の利益の表明にほかならなかったのである[94]」といって本書を閉じるのである。

(93) 同、二九九ページ。
(94) 同、三〇〇ページ。

こうして大内が本書における農業問題の位置づけにおいては農業が資本主義とは関係なく単独で動き、それ自体でその性格が規定されるという見方を退け、農業問題が資本主義の構造、性格によって規定されるという正しい方法を終始重視したことは、講座派理論が農業も資本主義の重要な構成部門であることを強調しながら、事実上農業が封建的地主制の支配下にあるとしたために、農業問題を農業内部に局限して論じつつ、むしろ大内とは反対に農業構造の性格によって資本主義が規定されるという逆立ちした方法をとっていることを際立たせるものであった。しかも講座派の日本農業分析そのものが存在しない封建的経済外強制を基礎とするものであったことはほぼ完膚なきまでに批判された。そして農地改革の評価においても、講座派が農地改革によって半封建的農業構造が解体されることによって、日本農業においても農民層の両極分解が開始され、農業の資本主義化が開始されるであろうと認識したことにたいして、それは時代錯誤の認識にほかならないのであって、農地改革の結果出現するのはリリパット的自作農でしかないことを明らかにした。

しかしこの農地改革の評価にしてもその改革が始まったばかりの時期の評価であって、その改革が具体的にいかなる結果を生むかはまだ明確にしえないときのものであった。したがって講座派にしても大内にしても改革のいわば理論的帰結を展開するほかはなかった。現実の結果はしかし、大内の理論的想定が正しかったこと示すものであった。ただ、その後の事実の経過をみると、戦前の昭和恐慌後の回復過程における零細小作農が、賃労働零細兼業小作農だったのにたいして、戦後は農地改革後の零細自作農が賃労働零細兼業自作農に転化している事実は注目に値する。(95) 兼業賃労働者の性格が違っているのであって、これが高度成長期に梶井功らが明らかにした土地もち労働者(96)に転化してゆくのである。それはいわゆる国家独占資本主義の特質の一つをなす賃銀労働者の一つの歪曲された形態をなすと考えられるのである。

(95) じつは自作農化傾向は昭和恐慌以後徐々に発生したのであって、それは農家の自小作別では明確に現われていないが、田全体では、第1表にしめしたように、明治末期から昭和恐慌までは自作田は微増に過ぎないが、小作田はかなり明確な増加をみせて、小作田化がすすんだが、恐慌以後は自作田が増えて、小作田が減少している。畑ではそういう動きは明確ではない。その意味で昭和恐慌にたいする政策的介入による影響をも考慮すれば、この時期から賃労働兼業自作化傾向が出現していたのであり、その延長線上に農地改革があったともいいうるのである。

第1表　自小作別田・畑の面積

（単位、1000町歩）

	田			畑		
	自作田	小作田	計	自作畑	小作畑	計
1903年	1437	1395	2832	1486	948	2434
	(100)	(100)	(100)	(100)	(100)	(100)
1929年	1475	1711	3786	1559	1092	2651
	(102.6)	(122.7)	(112.5)	(104.9)	(115.2)	(108.9)
1940年	1549	1651	3200	1708	1109	2817
	(107.8)	(118.4)	(113.0)	(114.9)	(117.0)	(115.7)

注）加用信文監修・農政調査委員会編『改訂日本農業基礎統計』、1997、農林統計協会。66ページによる。原資料は『農林省累年統計表』。

農地改革はじつはこれよりのち一方では借地大型小農をつくりだし、他方では土地もち労働者をつくりだした。そしてそれは改革完了後まれにみる高度成長をつくりだした一つの重要な原因をなしたといっていいのである。詳しくはのちにまたふれることになるであろうが、ここで簡単にその点を明らかにしておきたい。梶井功は『小企業農の存立条件』において、昭和四三年の農家経済調査によって三〇アール未満の農家の性格を「はたらく時間の八〇％は非農業であり、農業所得は必要な家計費のせいぜい一〇％しかないというような世帯、そして必要な家計費は賃金所得で充分賄われており、家計費充足上では農業所得を必要とはしない世帯、これはもう農をその業というよりは、農村に住み、余暇に農地を耕作している勤労者といった方がよさそうである(96)」とみて、これは昭和「四〇年以降の新事態」とみた。この農家層においては「自家農業への就業量は約半分に減ったが、その減少は職員勤務就業の六〇％増と恒常的賃労働就業の増にもっぱらふりむけられたのであり、賃金率の高い職員勤務あるいは恒常的賃労働への就業拡大が顕著であった」[97]。主な就業先を農外に求めながらも零細農地の営農にこだわるのは農業「基本法が描いた路線は画にかいた餅、というのが基本法一〇年の経過であった」[98]ということになる。

(96) 梶井功『小企業農の存立条件』、一九七三、東京大学出版会、二八ページ。
(97) 同、三一～三二ページ。
(98) 同、三三ページ。

こうして一九六〇年代後半以後出現してきた土地もち労働者の農地を梶井の「小企業農」、あるいは伊藤善雄の「あたらしい上層農」が借地して従来にはみられなかった大経営を展開することになるのであるが、この大経営についてはもっとのちの機会に検討することにして、ここではその大経営体に農地を貸しだす土地もち労働者の特殊な性格について考えてみたい[99]。といっても農業内部に限った話ではなくて、こういう自作農労働者が現れたということの意味である。かれらはたんなる兼業労働者ではなく、所得のいくぶん高い職員的勤労者のようであるが、そうではなくたんなる兼業労働者でもいいが、いわばかれらの外部への供給価格は相対的に高かったのではないかということである。もっともそれは土地もち労働者にかぎったことではない。小作料負担から解放され、さらに自作地地代分が追加所得として獲得しうることになったことによって、すべての旧小作、自小作農民の農外兼業への供給価格が高くなった。さらに敗戦による食糧不足は農業所得を増加させた。それにともなって農民の兼業労働への供給量は相対的に少なくなり、その供給価格を増大させることになる。他方敗戦によって壊滅状態にあった工業の復興が急がれたことは労働力需要を増大させた。こうした事情は一般に労働力の価値を増大せしめることになり、資本の側に生産力上昇を強制することになる。こうして農地改革完了直後から高度成長への胎動が始まり、昭和三〇年以降の高度成長につながるわけである。もちろん農地改革はその役割の一部をはたしたに違いないが、いずれにせよこの高度成長は農地改革をはじめとする政治過程の作用を抜きにしては語れないのであって、まさに国家独占資本主義的現象と考えられるのである。[100]

(99) 伊藤善雄がこの土地もち労働者をどういうものとして把握しているのかは、必ずしも明らかではない。もっとも「あたらしい上層農」の概念規定についても必ずしも明確ではないが、その著書『現代日本農民分解の研究』(一九七三、御茶の水書房)の巻末で、「補論〝資本型〟上層農の性格について」というコメントを提示している。だが「土地もち労働者」については同書でも、「かれら(「兼業土地持ち労働者」のこと——犬塚)は農地改革を生みの親とし、改革後の分解と経済成長とを助産婦として出現した階層であって、これもやはりレーニンの同じ規定では律しきれない、なかんずく地価騰貴という条件下での兼業土地持ち労働者をどうみるかは今後の重要な課題であろう」(同書、五一七ページ)というのみである。また伊藤善雄著の『現代借地制農業の形成』(一九七九、御茶の水書房)においても「土地持ち勤労者層の形成」という章で詳細な分析を与えているが、ついに明確な規定を与えてはいない。なお土地もち労働者に関連する農地法上の規定はほぼ三つあって、一つは所有農地を貸しだすばあいはその農地の所在する市町村に住所をもたなければならない(六条一項一号)、二つめは借地期間はとくに更新しない旨の通知がないかぎり一〇年以上とする(二〇条一項3号)、三つめは小作料は田にあっては収穫された米の価額の二五％、畑にあっては収穫された主作物の価額の一五％を原則とする（二四条）、である。

(100) 大内力は前記「私の経済学を語る」（下）のなかで敗戦直後の独占体制の解体を「戦後性」ととらえ、農地改革を「後進性」ととらえて、こういっている。「日本資本主義の後進的な構造をうまく利用して、高度成長ができたのではないか。まさにそういう戦後性と後進性という一種の特殊条件によって支えられたのが高度成長であって、そういう意味で、それは比較的短期的な、国家独占資本主義からいえば異常現象ではないか。こういう問題意識で『日本経済論』を書いたのです」（四二ページ下段〜四三ページ上段）といっているが、そのあとで高度成長＝異常現象説を否定して、「国家独占資本主義なるものは、そもそも高成長であるか、低成長であるかという一般的な問題の立て方をしたことそのものが間違っていたというべきでしょうね」（四三ページ中段）といっている。私がここでいうのもそういう意味においてである。

二 「共同研究」と問題点

大内力の『日本資本主義の農業問題』にたいする最初の批判は「『共同研究』—大内力氏『過小農制度と日本資本主義』—」として京都帝国大学経済学部の紀要『経済論叢』に現われた[101]。その「批判」の狙いはつぎの文章にこめられている。「大内氏は過小農制の存立根拠を『農村内部』でなく、日本資本主義の全機構の中に或いはその総過程の中に捜し求めようとせられる。これは吾々も同感である。併し日本資本主義の機構という場合当然その中に広義の政治的諸関係も含められねばならず、そしてこゝに絶対主義の重荷をせおつた日本資本主義の姿があらわになつて来る筈である。ところが大内氏が問題解決の鍵を求めている『農村の外部』には、工業部門や市場等があるに過ぎず、日本資本主義の機構とは工業や市場等と農村との間の経済的関係をいうらしいのである。併しわれわれは絶対主義の媒介を全然無視して、この両者の間の関係を考察することは出来ないと思ふのである。現に大内氏が『分析』の中で述べている、農村資金の工業部門への動員、これは財政金融機構を媒介とするものであり、それには当然絶対主義の権力機構と権力意志とが結びついていなければならない。また農村の低賃金と低価格とを足場とする資本の海外進出、その背後には当然絶対主義の支持があつたと見なければならない[102]」というのがそれである。およそ批判の対象とする見解に対立する見解をのべるときには、自己の見解の正しいことの根拠を簡単にでも先に説明することが論争の作法である。大内にたいするこの批判には絶対主義的政治権力機構の存在が前提されているのであるが、そうであればその絶対主義政治機構の存在をその根拠とともに実証しなければならないはずである。すくなくともそれが争点であることをのべなければならない。ところがその存在はあたかも当然のこととしてなんら語るところはない。その点は下部構造としての地主・小作関係が封建的関係であるのは説明する必要がないほど明白であるとしていることによると思われたが、じつはそうではなかった。この「共同研究」によれば、地主・小作関係が封建的関係であるかどうかは小さな問題であって、明治以降の日本を支配していたのはマルクスのいわゆる国家最高領主[103]としての絶対主義国家だったというのである。以下、その主要な問題点を三点にわたって検討しよう。

(101)「『共同研究』－大内力氏『過小農制度と日本資本主義』－」は『経済論叢』(京都帝国大学経済学会)、第六一巻第二号(一九四七年)所載のものであるが、著者名は表記されていない。ただ本文中に「島」、「山岡」の名がでてくるので、島恭彦、山岡亮一のことであると思われる。なお大内の「過小農制度と日本資本主義」はみる機会がえられなかった。だが『日本資本主義の農業問題』の第一章から第三章まではこの論文を基礎とするというのであるから、大きな違いはないとしていいであろう。

(102) 前掲、『経済論叢』六一-二、五四ページ、上段-下段（上下2段になっている）。

(103) 「国家最高領主」とはとくに説明はないが、つぎの文章にでてくるものであろう。「もし、彼ら（農奴―犬塚）に直接に土地所有者として相対すると同時に主権者として相対するものが、私的土地所有者ではなくて、アジアでのように国家であるならば、地代と租税とは一致する。または、寧ろ、その場合にはこの形態の地代とは別な租税は存在しないのである。このような事情のもとでは、従属関係は、政治的にも経済的にも、この国家にたいするすべての臣従関係に共通な形態以上に過酷な形態をとる必要はないのである。国家はここでは最高の領主である。主権はここでは国家的規模で集中された土地所有である。しかし、そのかわりにこの場合には私的土地所有は存在しない」（『資本論』〔大月書店版〕⑤、第三巻、一〇四一ページ。*Das Kapital*, Bd. Ⅲ, S. 799)

そこでまず戦前の日本社会が絶対主義国家だったという説から検討しよう。島はこう切りだす。「日本資本主義の基盤が農村にあるという意味で、また絶対主義の力強き支柱も其処に見出されなければならない。ということは『経済外的強制』の問題は特に農村、具体的には土地所有にかゝわる問題であるが、それは大内氏の云はれるような『農村部内』の問題ではないということである」[104]といったのち「それよりも問題は、大内氏が『経済外的強制』の概念をマルクスが労働地代について述べた甚だ厳格な意味に、即ち『人格的隷属関係、人格的非自由、農民の土地への緊縛（、犬塚）移転の自由の制限』等に限定していることである（。犬塚）そういう風に限定すれば、あるいは明治初年以来の日本の農村では経済外的強制というものは全く見られないといわれるかも知れない。併しこの概念はそういう幅のせまいものであろうか（。犬塚）この点について山岡君の意見は次のようである[105]」といって山岡説を紹介する。それによれば、われわれがさきに注一〇三に引用したマルクスの文章をひいたのち、[106]山岡はこのマルクスの見解によれば「非自由なる言葉はかなり広い解釈が許されるのではなかろうか。人格的非自由といっても、農民の土地への緊縛といっても、そこには種々なる段階が存するものと考えてはならないか[107]」というのである。そしてさらに「明治初年法律によって移転の自由、職業の自由、土地売買の自由は認められはしたけれども、この法律が低い層の農民の隅々にまで、言葉通りの実効をもたらすには、なお相当の長年月を要するであろう[108]」という。この最後の引用についていえば、封建的なものが思想、感情、慣行としてあったことは事実であるが、封建制が制度としてあったかどうかが決定的に重要なのであって、それはもはや存在しなかった。しかしこの文章からはその点は判然としていない。

(104) 前掲「共同研究」、五四ページ、下段。
(105) 同、五五ページ、上段。
(106) ただし(103)の引用文中で「国家はここでは最高の領主である」をふくむ以下の文章は引用されていない。
(107) 同、五五ページ、下段。
(108) 同上。

じつはこの「共同研究」の真の狙いも別のところにあったのであって、再び島が文脈を引きとったかのようであって、こうつづく。「さて地主と小作人との間に見られる以上のやうな広義の支配隷従の関係即ち経済外的強制に、更に又明治以後の日本では絶対主義の側から来る『経済外的強制』が離れ難くからみついている。なるほど……租税と地代、地租と小作料とは異なる範疇として区別されねばならない。併し封建的支配を多分にその中に織込んでいるわが絶対主義国家の現実はいわゆる『法治国家の理念』によつて割切れるものではない。明治政府の下では『総収穫高の三四%を徴収する地租』と『総収穫高の六八%を徴収する地代』とは相互規定的関係にあり、後者は直接前者の物的基礎をなしていた。それ故に絶対主義国家の公権力によつて地主の小作料徴収権従つて又土地所有権は保護され支持されたのであり、警察力によつて農民運動が弾圧されたのである。一般に明治初年以来、官治行政の機構が地方の封建的支配機構と急速に結びついてゆく過程、封建的勢力が公権力化される過程を無視してはならない。結局絶対主義の下では、農民の地主的支配よりの解放は名目的なものに止まり、高率小作料の重荷は解消しなかつたのである[109]」と。たしかに地租が小作料の半ばにおよぶのは高いといっていいであろうが、しかし小作料自体は農民が土地に緊縛されていないかぎり、外部労働市場が狭隘であることによって農民の借地競争が激化して高くなることは十分にありうることである。それに当時近代国家を早急につくろうとしていた明治政府はイギリスとは異なって関税とか物品税とかはとりようがなかったのであって、地主、自作農から租税をとるほかはなかった。国家としてはそのために近代的土地所有をつくらざるをえなかったといっていい。地租をとるために近代的土地所有制度をつくったといってもいいのである。その顚倒性も日本資本主義の後進性によるのである。農村外部の労働市場が狭隘なのは欧米先進資本主義諸国の経済的圧迫下にある資本主義発生期の日本にとっては当然のことなのである。資本主義になればどこの国でも、農民はすべて賃銀労働者に転化していて、しかも労働者は豊かになるなどとはいえない。資本主義国同士激烈な競争を展開しつつ発生、発展するのは資本主義の本性に由来する。それは封建制か資本主義かという問題ではなくて、資本主義自体の発展段階の性格の違いに由来する問題なのである。資本主義の型を固定的に考えてはならないのであって、資本主義はつねに歴史的変化をとげる存在であることはわれわれはすでに確認していることである。明治一一年から二二年まで地租はたしかに高かった。この一二年間のうちの明治一三年と一四年をのぞく一〇年間は単純平均で農林業所得の一三、四％の高率であった。[110]しかしこの一二年間は地租の年間総額は「四二〇〇万～四三〇〇万円で固定している。これにたいして（農林業）所得はインフレーション、デフレーションの波をそのままに、大きく揺れ動く……（しかし、明治）二三年以降は農林業所得額がそれまでの三億円から五～六億円へと急激にふえるため、負担率の方は逆に七～八％へと半減して（明治）三〇年代に入っていく」。[111]地租の高率性は西南戦争とともに始まったが、一八九〇年には収束する。この時期は「軽工業とくに綿糸紡績業を中心に産業の近代化がすすめられる」時期であって、「日清戦争による飛躍的発展をへて一九〇〇年前後（明治三十年代前半）にはそれは（産業の近代化は）一般に産業革命を達成して、産業資本の確立をもたらすことになる」[112]とすれば、一八九〇年は日本の原始的蓄積期の前半の終了期に当たるといっていいであろう。この時期までに林建久がいうように「封建反動として西南戦争を戦った薩摩藩の武士たちは、……一方において利子生活者となった武士階級をプロレタリアートの地位に追いやり、他方、封建貢租を近代的租税にくみかえる改正作業をスムーズに進行させるという予期しない結果をもたらした」[113]のである。一般に資本主義の産業資本時代は相対的にもっとも安定している時代なので、資本主義の構造分析がもっともよくできる時代であるが、資本主義の発生期や変質期は歴史的に質的変化の過程にあるのであって、構造分析も歴史的に変化しつつある構造として解明されなければならない。そのばあい変化の方向を探ることが重要なのである。つまり明治二〇年代初頭までに近代的地代の形成とともに「封建的貢租」から「近代的租税」への実質的転換が実現されたことが重要なのである。

(109) 前掲、「共同研究」、五五ページ、下段~五六ページ、上段。

(110) 林建久『日本における租税国家の成立』、一九六五、東京大学出版会、一八〇ページの第五九表「農林業所得の地租負担率」による。

(111) 前掲書、一八〇ページ。

(112) 梶西光速・加藤俊彦・大島清・大内力『日本資本主義の発展I』(新書版)、一九五七、東京大学出版会、三一ページ。

(113) 林、前掲書、一八一ページ。

こうして日本における土地と直接生産者の強力的分離は、イギリスのばあいとは異なって法制的分離として実現され、あとは商品経済的要因によって、いいかえれば外部労働市場における賃労働者雇用の増大によって、実質的分離が完成されるということになったのであった。日本においてはすでにそこにはブルジョア権力の介入はあっても封建的権力の介入は存在しないのである。たとえ小農民としての存続を「強制」されたとしても、被雇用機会の大きな増進がないという商品経済的強制なのであって、後進資本主義諸国では通常みられる現象である。日本のばあいにはそれが強く現われたのは事実である。戦前の日本の農家にあっては次三男と娘が外部労働市場にでてゆくのであって、長男は農家の跡継ぎとしてのこるのが通常であった。そのため農業就業人口はあまり変化がなく、およそ一四〇〇万人ほどであった。(114) それは農村に封建的関係が存在したからではなくて、日本資本主義の特質によるのである。それを封建制によるものとするのは逆説的にいえば資本主義なるものの認識が甘かったというほかはない。封建論争も根本的にいえば資本主義をいかなるものとして押さえるかという問題だったのである。

(114) 農家労働力の日本における農外流出の特殊性をこのように明確にとらえたのは先にも示唆したが、並木正吉の『農村は変わる』である。日本農家の「次三男は、戦前、小学校を卒業しても、数ヵ年の間、家にとどまって農業の手伝いをすることが多かった。それは、長兄が兵隊勤務を終え除隊するまでであったり、あるいは長兄の嫁（農家でてま〔＝労働力〕という）をもらうまでであったり、あるいは、次三男が兵隊生活にはいるまでであったりした。その理由は、次三男が労働力として必要であったからである。そのような経営が、一定の規模以上の農家であったことも、ことの性質上当然であった。／自分の家の農業を手伝ったあとでは、東北の一農民の言葉をかりると、「それまで育ててもらった恩返しをした」後では、次三男は、労働力としては、その家に不必要な存在に一変する。必要なてまから穀つぶしに一変するのである。……戦前の次三男の就職先の主なものは商店の丁稚小僧であった。それについては大工その他の職人であった」（同書、八五ページ）。農業就業人口の推移については、同書、一六一ページ以下を見よ。

第二に問題になるのは「国家最高領主説」である。注（一〇九）として引用した文章に「絶対主義国家の公権力」とか「封建的勢力が公権力化」という言葉があるが、それはなにかという問題である。まずすでに検討したように地主・小作関係の地主も封建地主であったとされていたが、それとこの国家最高領主との関係が定かではない。これもすでに引用したが、「地主と小作人との間に見られる以上のような広義の支配隷従の関係即ち経済外的強制に、更に又明治以後の日本では絶対主義の側から来る『経済外的強制』が離れ難くからみついている」というばあいの封建的地主と国家最高領主説との関係はいかなる関係なのか判然としない。前者の地主は発生過程からいえば商品経済的関係から発生したものであって、その小作との関係はその「小作地」から「小作料」が取れればいいのであって、後者の「国家領主」はそのことを前提にしているが、「小作料」の額まで規定しているわけではない。地租を高くしているのは事実であるが、そこには一定の限度がある。恣意的に高くすれば、小作農は移転の自由を「共同研究」も認めているように保障されているのであるから、職人職をもふくむ外部雇用市場に移動するだけである。「国家領主」制のもとでも、都市には資本・賃労働関係が存在しているらしいから、それは可能である。「小作料」は地主・小作の商品経済的競争関係で決まるのであって、「国家領主」はそのことを前提にして、地租をとるのである。ところが「共同研究」の理論では地主もまた「国家領主」のもとで封建的隷属関係にあるものとされている。都市の資本家や地主も「国家領主」に封建的に隷属しているとしているのかどうかは定かではないが、維新以降の租税は国家に封建的に隷属しているからとられるのであろうか。すくなくとも明治維新以後、地主・小作間で小作料額が自由な契約によって決められたものであるならば、その収納関係を国家が法をもって守るのはブルジョア国家としては当然である。念のためにいえば商品の価格が高いか低いかは、いわば外部から客観的には決められないのであって、購入者が高いと思っても買わざるをえないのは日常的に経験していることである。実質的に高いのだと認識するのは購入者のほうであって、販売者はそうは思わない。買わない自由は保障されているとされている。それが商品経済的、いいかえればブルジョア的自由平等の原則なるものである。

島は「広義の支配隷従の関係即ち経済外的強制」というが、この「広義の」というのはどういう意味で広義なのかもわからない。さらに不思議なのはすでにふれたが、農村は国家最高領主に支配されているのに都市はそうではなく、資本主義的経済が存在していると考えている。「日本資本主義の全機構」を問題にしなければならないといっているのは、むしろ日本は全体としては資本主義社会だということであろう。国家最高領主説では都市も資本主義たりえないものである。なぜなら農村では直接生産者が土地に緊縛されているならば、労働力の商品化は不可能であり、都市に無産労働者は理論的に存在しえないからである。いずれにしても、こういうわけで地租改正以後に封建制的地主・

小作関係は存在しないのであって、イギリスにおいては資本主義の発生過程の途中にブルジョア革命が生起したのとは異なって、ブルジョア権力が半ば確立しつつあるときに、地租改正が行われ、いわば資本主義の発生が開始されたとみていいのである。イギリスではブルジョア経済が先行してのちにブルジョア政権が確立したのにたいして、日本では資本主義の発生とブルジョア政権の確立が同時化、もしくは後者がいくらか早く先行したとみていいのではないかと考えられる。これも第一章で展開した、生産力の発展にたいして生産関係の変革が前提になるということの現れであると思うのである。それというのも資本主義なるものが形態が先行して、実体がそのもとで形成され、形態に包摂されるにいたるという性質をもっていることによるのではないかと思われる。生産関係の変革と生産力の発展がほぼ同時に発生したということは日本資本主義の後進性に由来するわけである。

「共同研究」の第三の、そして最後の問題点は、形式的平等の観点からいえば見解のちがいが論争されている部面だけではなく、そのおのおのの見解の基礎となっている最深部においてまるで異なったことをおのおの正しいものとしてたがいに抱いているために、したがってここでは相手も当然自分と同じ見解であろうと決めてかかっていることになり、違和感を抱きつつ議論がいつまでも平行線をたどって決定的な点で切り結ぶということがないということにあるのではないかということである。イデオロギーのちがいという問題ではなく、科学的認識の違いである。どちらかが間違っているか、両方とも間違っているかである。

私がそう思うようになったのは島のつぎの見解を知ったことがきっかけであった。二箇所に書かれていて、最初は「日本資本主義経済の諸問題の究明には、その全機構を動的にとらえる経済史学とこれを分析する経済理論との弁証法的統一よりなる経済学が是非とも必要である」[115]というものであり、もうひとつは「過剰人口とか低賃銀とかの量的なカテゴリーから高率地代を説明するのが唯一の経済学的解明でないこと、高率地代の中に含まれている歴史的なもの、質的なものの分析もまた同様に経済学の課題であることをわれわれはとくに指摘したい。われわれがさきに日本資本主義の問題を取扱うについて、経済理論と経済史学との統一の必要であることを述べたのは正にこの点に関してゞある」[116]というものである。もっとも「過剰人口」とか「低賃銀」とかがたんなる「量的カテゴリー」とは思わないが、「経済理論と経済史学との統一」という点は現状分析の方法として私自身の考えでもあったので、大きく気を強くしたのであった。もちろん「経済理論」とは『資本論』の基幹部分をなす、商品からはじまって諸階級に終わり、ふたたび商品に帰るという拡大循環的理論体系であって、原蓄論の歴史過程の部分は傍系の部分とみなす理解が私にはあって、島にあってはそうではないであろうが、「経済理論」とは島にあっても『資本論』であろうと思ったのである。そしてたしかに『資本論』ではあったが、――もっともそこに疑問がないわけではないが――私の理解する『資本論』ではなかった。

(115) 前掲論文、五八ページ上段～下段。
(116) 同、五九ページ上段～下段。

日本「資本主義」社会を科学的に分析するには「経済理論と経済史学との統一」のもとでおこなわれなければならないということのここでの意味は、日本は資本主義社会ではなく、封建制から資本制への転化の途中にあるという結論においてのみはじめて成立する、という意味なのであった。この「共同研究」の主張は非常に屈折したものなのであるが、それはつぎの主張に現われている。二つあって、一つはこうである。「『労農派』の批判はこの『講座派』の方法的誤謬に対するアンチテーゼとも考えられる。殊に最近の大内氏、宇野氏の論文は、『封建的』とか『経済外的強制』というようなことが一種の合言葉のように一派の間でふりまわされ、かかる合言葉ですべて問題が片付けられようとする非科学的態度への反撃だと思われる」といって、井上晴丸の名を上げ、「吾々がいま取り上げている大内氏の論文や宇野氏の最近の『所謂経済外強制について』という論文なども、こういう立場から自説を積極的に展開されたものだと思われる。問題はあくまで科学的、経済学的に究明されねばならぬという主張についてはまったく同感である」といい、「併し『講座派』の立場はともかくとして、われわれが『経済外的強制』の概念を持ちだすのは経済学以外或は科学以外の強制によつて問題を片付けようとしているのではない。絶対主義の権力機構が日本資本主義の機構と離れがたく結びついている、或は資本の総行程の媒介体とさえもなつているとすれば、日本資本主義経済分析を試みる経済学者自身この絶対主義の問題をとりあげるのは当然ではないか。必ずしも『経済外強制』という文字にとらわれる必要はないが、かゝる権力の要素は『経済学内』の問題であるといえる[117]」という。この説の難点は絶対主義権力の存在を実証していないし、しかも絶対主義権力の有力な基礎をなす封建的土地領有者には不思議なことに一言もふれていない。資本主義も帝国主義段階ともなれば独占資本が直接間接政治権力をもつことになるのであって、それを絶対主義権力とみなすのは資本主義の発展段階にたいする無理解に由来する。いいかえれば『資本論』が対象としている資本主義は生成、発展、爛熟という歴史的展開をする資本主義の、発展期までの過程を思惟によって徹底的に抽象化してえられた抽象的な資本主義である。そして理論として少々厄介なことに『資本論』の資本主義は抽象的に自立しうるがゆえに、あるいはもっと正確にいえば抽象的にのみ自立しうるがゆえに、歴史的存在なのである。爛熟期の資本主義はその経済の内部に政治をとりいれないと存立が危うくなるのであるが、その政治は絶対主義ではない。成立期には政治力が経済力になったが、爛熟期には経済力が政治力になるのである。そして厄介なことに日本資本主義は成立してすぐに爛熟の様相を帯びてきているということにある。

(117) 以上三つの文章、前掲論文、五七ページ下段～五八ページ上段。

「共同研究」のもうひとつの屈折している点はこうである。「大内氏は高率地代がまず『経済外的強制』によって収取されるのではなく、むしろ低賃銀が基礎であることを明らかにするために、所得範疇の成立順位に関するマルクスの理論を援用する」。そして価値生産物から「労賃が労働力の再生産費として限界の基礎をなし、まず最初に決定される。次に社会的総資本に対する総剰余価値の割合として平均利潤率、したがつて利潤が決定され、最後にこの平均利潤の成立の結果、価値と生産価格が喰い違いの生ずるところに初めて地代が発生する。だから地代がまず発生し、それが労賃や利潤を規制するのではないと大内氏はいうのである。併しこういうマルクスの理論をこゝで突然持ち出すこと自体が甚だおかしいのである」といって、「共同研究」の著者は大内が一言も語っていない「資本—利潤、土地—地代、労働—労銀」という三位一体の公式をだして、それが「資本主義社会特有のフイクション」だとマルクスはいっていると見当はずれの論難をする。そして「こういう資本主義社会を前提とする理論が、歴史的連関を無視し、日本資本主義社会と封建社会とのつながりをたちきつて突然持ちだされるということは、『経済外的強制』を否定するために『経済学外的強制』を用いたというよりほかはない[118]」と結ぶのである。農業が小農層によって支配されているが、工業、商業では明らかに資本家的経営が支配している社会を資本主義社会と見るのは間違いだというのはいくら敗戦直後だとはいえアナクロニズムである。資本主義社会といいうるためには資本家、賃銀労働者および土地所有者のみで構成されている社会であるときめつけるのは、じつは現実の資本主義の具体性と純粋資本主義の抽象性を理解しえず、結局、資本主義の本質を理解していない証拠なのである。

(118) 前掲論文、五八ページ下段〜五九ページ上段。

三　大内の反論と問題点

「共同研究」の批判にたいする大内の反論が「日本農業の論理—島教授その他の方々に答う—」[119]として一九四八年に発表された。その反論の要旨を摘記しよう。まず自説をつぎのようにまとめている。日本の農業問題は日本資本主義自体がつくりだした問題であるという基本的な視座を確認する。それはこれまで農業内部それ自体の問題としてとらえるという従来の通説となっている方法とは異なるものであって、この通説は明治以降の日本の土地所有を封建的土地所有と規定し、地主は封建的地主として「経済外強制」を通して小作農を従属的地位においこんだという理解である。だがこの「経済外強制」は明治以降の日本農業には存在しない。そしてそのことを前提にして日本の零細農業を規定しなければならない。こうして「われわれはいまや過小農制を作りだし維持するものがたんなる人口過剰一般ではなくて、資本の再生産の条件として存在する産業予備軍的な過剰人口であることを、また同様に過小農制を作りだすものが土地所有の力にもとずく高率地代それじたいではなくて、資本の再生産の条件として与えられた低賃銀にもとずく低所得であることを、はつきりと把握できる[120]」というのがそれである。

(119)『経済学研究』、第4号、一九四九、のちに大内力『日本農業の論理』、一九四九、日本評論社、に所収（第六章）。

(120) 前掲、『日本農業の論理』、一七九ページ。なおこの引用文にある「資本の再生産の条件として存在する産業予備軍的過剰人口」というい方は必ずしも正しいいいかたではない。大内はこの一ページまえに産業予備軍的過剰人口と同じような意味で「相対的過剰人口」という概念を使っているのであるが、この「相対的過剰人口」は景気循環過程の不況期に形成される原理論的概念であるのにたいして、産業予備軍は典型的には帝国主義段階に現れる慢性的な不況期の過剰人口である。「資本の再生産の条件」の資本のように資本一般がつくりだすものではなくて典型的には独占資本がつくりだすものである。なお『宇野弘蔵著作集』②「経済原論Ⅱ」、三二九〜三三二ページをみよ。

そのうえで反論をつぎのように展開する。主な論点は三つある。第一は、絶対主義的国家権力の無視という批判にたいするものである。その大内の反論はおよそつぎの四点である。第一点は経済過程と政治過程とをいっしょにして論ずるのは科学的方法ではない。基本的関係は前者にあって、後者は前者によって規定されるものである[121]。第二点は日本の国家権力が維新以来終戦にいたるまで一貫して絶対主義と規定されるべきかは経済過程の分析をとおして規定しなければならない[122]。第三点は絶対主義の存在、その機構は島自身説いてはいない。そして第四に、神山茂夫は国家権力の相対的独立性を理解しないことは「労農派」の欠陥だというが[123]、「国家権力が経済に与える作用は、その力が一度経済的力に変化され、社会の生産力をあるいは増大させ、或はその増大を阻止することによつて、初めて歴史の発展を促進したり、或は阻止したり、することになるのである。いずれにせよ、経済過程の分析を前提としないで、国家権力なり、政治的諸関係なりが問題になりえないことは明瞭であろう[124]」と反論する。

最終的に決定し実現させるのは経済過程であるという大内説に異存はないが、一般的にいえば政治的要因が経済過程をとらえたときに経済過程は自己の論理のみを貫くのか、それとも政治過程の要求による修正をうけるのかという問題にたいしてはどう答えるのであろうか。この問題を簡単化していえば、資本主義がいったん成立すれば政治過程は経済過程に規定されるのであるから政治過程がどうあろうと結局は経済の法則性は、たとえば価値法則は貫徹してゆくと考えていいか、という問題である。あるいは法則の作用に歪みが生じうるといえないかという問題である。

(121)　前掲、『日本農業の論理』、一八四－一八六ページ。
(122)　同、一八六－一八七ページ。
(123)　神山茂夫『天皇制に関する理論的諸問題』、一九四七、二一一ページ。大内による。前掲書、一八八ページ。
(124)　前掲『日本農業の論理』、一八九－一九〇ページ。

第二の論点は日本における絶対主義の存在の問題である。島に積極的展開はないのは大内のいうとおりである。わずかにそれがあると思われるのは「封建的支配を多分にその中に織り込んであるわが絶対主義国家の現実はいわゆる『法治国家の理念』によつて割切れるものではない。明治政府の下では『総収穫高の三四％を徴収する地租』と『総収穫高の六八％を徴収する地代』とは相互規定的関係にあり、後者は直接前者の物的基礎をなしていた。それ故に絶対主義国家の公権力によつて地主の小作料徴収権従つて又土地所有権は保護され支持されたのであり、警察力によつて農民運動が弾圧されたのである。一般に明治初年以来、官治行政の機構が地方の封建的支配機構と急速に結びついてゆく過程、封建的勢力が公権力化される過程を無視してはならない。結局絶対主義の下では、農民の地主的支配よりの解放は名目的なものに止まり、高率小作料の重荷は解消しなかつたのである」[125]というわれわれもさきに問題にした箇所である。「だが、これは絶対主義について何もいつていないのと同じことである」といって、つぎのように反論する。「近代的租税としての地租も、それが地代所得に課せられるものである以上、地代が地租の物的基礎であることは当然であろう。また地主の小作料徴収権や土地所有権が保護されるのは、私有財産制度のもとではあたりまえであり、農民運動もそれが私有財産制度に脅威を与えるとすれば弾圧されるであろう。それが日本においてとくに徹底的であつたとしても、それは一方では日本の資本主義がふつう以上に深刻な矛盾をはらんでいた結果であり、他方では労働者階級の社会的な力がとくに弱小であつた結果であつて――そしてこれはいずれも日本資本主義の後進性[126]にその原因をもつのであろう――それがただちに絶対主義の存在を証明するものとはいえない。また官治行政が封建的支配機構と結びついた、というのは何のことか私にはよくわからないが、もしそういうことがあるというならば、封建的支配機構が日本に存在していることをまずもつて立証しなければ無いみである。さいごに、農民が地主的支配から実質的に解放されない、ということも、絶対主義とは無関係である[127]」。ここでは小農としての日本の小作農が地主にたいして「高い」小作料を支払う根拠はどこにあるのかという問題にたいして、小作農が生産する価値生産物のうち、まず最初に規定されるのが小作農の労賃部分に相当する価値（端的にV部分）であって、その残余が小作料になるという客観的に存在するメカニズムを説いたのち、日本資本主義のもとでは一般に賃銀労働者の賃銀が低い水準にあることによって農民の労賃部分の水準も低くならざるを得なくなり、その結果、残余として規定される小作料が高くなるということこれまでの大内理論を基礎にして、絶対主義的政治権力によって小作料が高くなっているわけではないし、そもそも絶対主義政治権力はそのとき存在していなかったというわけである。このトルソーともいうべき大内理論の骨格はみごとというほかはない。ただこの理論の基幹部分を構成する日本の小農のV部分がなにゆえ低いのかがつぎに問題になるのであって、事実さきの引用のなかで「日本の資本主義がふつう以上に深刻な矛盾をはらんでいた」とあるのはこのかぎりでは何のことかわからない。そのさいでてくる「日本資本主義の後進性」とはどういうものか、さらには農民のV部分を低からしめている具体的過程[128]、それを規定している資本主義の要因とそのメカニズムも判然としていない。じっさいこのあと大内はこの点の解明に精力的にとりくむことになる。

(125) 前掲、大内著書、一九一－一九二ページ。原文は前掲、「共同研究」、五五－五六ページ。大内は五三－五四ページとしてあるが、誤記である。
(126) この「後進性」というのは日本資本主義の成立、発展が西欧資本主義諸国、とくにイギリス資本主義よりかなり遅れて出現したことをさすのであろうが、そのことが資本主義の構造にとっていかなる特殊性を形成することになるかはこれまで必ずしも明らかにしているとはいえない。ここでは後進性一般ということなのであろうが、この時期の大内はこの後進性を、先進国の発生・発展段階をかなり省略したかたちで通過したというようにはもちいているとはいえないようである。もともと『日本資本主義の農業問題』においても、「日本の後進性」という意味の言葉は四回しか使われていないことはすでに指摘した。一回目は維新以後の日本の農民はイギリスにおけるようにマニュファクチャーに吸収されてゆく条件が成熟していなかったのは日本の後進性によるとしているところ（一六九ページ）と、二回目は農業人口がほとんど減少しなかったのは工業の人口吸収力が弱いためでそれは日本資本主義の後進性によるとしているところ（一七二ページ）と、三回目は「後進国の日本」としては対外進出は他の帝国主義諸国との軋轢を伴わないではいなかったとしているところ（一九六ページ）と、四回目は後進国日本が輸出において他の帝国主義諸国と競争するときにダンピングをもって対抗したというところ（一九九ページ）である。問題はこの後進性が段階論の問題か、それとも現状分析の問題か、という点にあるが、私は現状分析の問題と思っているのであるが、のちにみるように大内は段階論の問題だとしている。いずれにせよ初期の大内にとって後進性は日本資本主義の特質をなすものとして位置づけてはいるが、そのこととこれまで明らかにした日本資本主義の諸特質との関連は必ずしも明らかにされてはいない。

(127) 前掲、大内著書、一九一－一九二ページ。

(128) 日本のばあい農業人口の農外流出は農家家族全員のかたちで行なわれるのは稀であって、農家家族がいわば一人づつ流出するのが通例であった。農家家族の農外流出は家族の年齢的成長とともにおこなわれるので、平均していえばさきにみたように農業就業人口は戦前は一四〇〇万人という一定数になるのであった。その一四〇〇万人説は並木正吉がたてた説であるが、かれはつぎのような興味深いことを伝えている。「戦前の農村ではつぎのような諺があった。《長子の一五は貧乏の谷／末子の一五は栄華の峠》。戦前の農家の子供は、平均して五～六人というところ、七人、八人という家もザラであった。その状態を基準とすると、長子が十五歳の時には末子はまだ乳飲児であったはずで、子供達は、もっぱら消費する役目をうけもち、働らき手として期待できるまでにはなっていない。ところが、末子が十五歳のときには長子は二五歳、或は、それ以上になっており、子供はすべて労働力として生産をうけもつようになっている。だから、家としては、一番楽なときである」（前掲、『農村は変わる』、三九－四〇ページ）ことこれである。後進国日本の資本主義はこのていどの農家労働力の流出で事足りるほど、相対的に資本構成が高くならざるをえなかったともいえるのである。

第三の論点は大内の諸説が「非歴史的」見解であると非難している点である。「大内氏もわが国の農村が完全に『封建的色彩』を払拭していないこと、其処に様々の非資本主義的、ないし『半封建的』慣行が存在していることを認められる。ところがこれらの封建的『色彩』や『慣行』は、大内氏によれば封建社会から現代にまで持続して来たものではない。日本の農民は明治初年に於て人格の自由を与へられ、封建的隷従の関係から解放されたのである。それでは何故に『封建的なもの』が存在しているのだろうか。それは大内氏によればこうである。一たん土地から解放された農民が、産業資本の未成熟の故に完全にプロレタリア化せずして、過小農として農村に堆積し、土地を求めて小作料をせりあげ、自己の生活水準を低下させる、其処に封建的色彩をもつた地代形態や小作関係が生まれる。この考えは『封建的色彩は、むしろ高率小作料の結果であつて、その原因ではない。』という大内氏の言葉にはつきり現わされている[129]」といって、さらにこうつづける。「生きた歴史的社会を分析しているわれわれは、この原因と結果との形式論的な使いわけを甚だ奇異に感じるのだが、要するに、こゝに示されている大内氏の主張をつゞめて見れば、『封建的色彩』は過去からうけつがれたものではなく、封建社会の崩壊の後に生まれた過小農（それは近代的なものでもないが封建的なものでもない）によつて新たに作り出されたものであるということになるだろう[130]」という。引用された大内の主張をわざわざ「形式論的」にひっくり返して、「封建的色彩」の結果が「高率小作料」なのだというのは大内の主張の真意をぜんぜん理解していないことを示している。しかも大内のいう「封建的色彩」をわざわざ「封建制度」に読みかえてみたり、その「封建制度」が封建社会崩壊後に生まれた過小農によって作りだされたなどと解釈するのは二重三重の曲解である。

(129) 前掲、「共同研究」、五六ページ上段～下段。

(130) 同、五六ページ下段。注(129)と(130)の引用文は大内も「反論」で引用している。

こうした「共同研究」の非難にたいして大内はおおよそつぎのように反論する。第一に「封建的色彩」が明治以後はじめて生じたとはいっていない。第二に明治以後、封建的生産関係が消滅したにもかかわらず「封建的色彩」が色濃く残ったのは何ゆえか、或は高率小作料が形成されたのは何ゆえか、と言い換えてもいい。第三に「経済外強制」は存在しない明治以後に「封建的色彩」があいかわらず残っているのは何ゆえか、第四にその基礎は小農制にあり、その小農制を維持してきたのは日本資本主義である。いいかえれば、第五に「封建的色彩」は徳川時代と同じであっても、それを支える支柱は異なっている、封建時代にはそれを支えるものは封建的生産関係であったが、明治以後は資本主義の総過程である。第六にその結果、日本資本主義の低賃銀構造が過剰人口を作りだし、それが農民を貧困化させたがゆえに、農民のV部分が小さくなった．その結果として地代が大きくなった、というのである。[131] 大内の反論は理屈が通っているのであり、全体として首尾一貫している。

(131) 大内、前掲書、一九五－一九八ページによる。

これにたいして「共同研究」が「封建的色彩」を「封建制度」としてしか理解しえないのは決定的難点をなすのである。前者は思想・感情・慣行としての封建性であり、非制度的なものである。後者は直接生産者を土地に緊縛し、封建的地代としての年貢を強制的に収奪する制度である。当然身分的強力的支配被支配関係の制度を基礎とするものである。その支配権力の基礎は土地の権力的領有制にあって、農奴或は隷農をその土地に緊縛する政治的制度である。直接生産者はいわゆる小生産者として通常家族単位で存在するが、年貢貢納の義務とともに耕作土地の占有を認められる。小生産者社会としての農村は封建時代はいうまでもなく、資本主義社会においても存在しうるのであって、小生産者集団のなかの一部の小生産者が経営面積を拡大しようとしても、その社会から他の一部の小生産者が離脱しないかぎりはその拡大は実現されない。通常土地面積には限りがあって、一部の小生産者が規模拡大するには他の一部の小生産者が離脱しなければならないからである。しかも封建時代においては原則として農民はその土地を離れては職もなく生きてはゆけない。封建社会ではしたがって、農村人口は固定的になるのが原則になる。資本主義社会においても、農産物価格が持続的に上昇することがないかぎりは、したがって農産物の輸出が増大するとか農産物の需要が賃銀労働者の増加に伴って増大するとかの条件が与えられないと、農村人口は固定的になる傾向がある。しかも封建社会の農村も資本家社会の小農によって構成される農村も、林野とか水利とかは共同で利用することになるので、農村共同体がいわば自然に形成され、その規制のもとで共同利用がおこなわれたり相互援助がおこなわれたりすることになる。それは小生産者社会に共通にみられる事態であって、封建時代であろうと資本主義社会であろうと変わりがないといっていい。

小生産者としての農民は封建社会では通常存在するが、資本主義社会にも存在しうる。だが本来固定的に存在しうるものではない。資本主義の発展とともに、農民は減少してゆくはずだからである。資本主義の発生期においては労働力商品としての無産労働者が形成されなければならない。それはたんなる商品経済的手法では形成されないのであって、マルクスが『資本論』第一巻二四章七節で説いたような強力による強制的手段をもってしか実現されないものである。日本資本主義の発生は、イギリスにおいて旧領主層が近代的土地所有者になったこととは異なって、旧封建農民が地租改正によって身分解放されて零細な近代的土地所有者に転化させられると同時に高率地租を国家権力によって徴収されることによって生じた、いわば強力による農民層分解の展開の結果生まれた無産者の発生とともにはじまったのである。だが無産者の社会的創出はイギリスのばあいのように、直接無産者を一挙に、しかし領主ごとに行われたのできわめて長期にわたったのとは異なって、日本では初期ブルジョア政権自体が農民的土地所有として近代的土地所有を設定したのは、高率地租をとるための意図せざる結果にほかならない。したがってその後は農業の商品経済化を通して一〇数年間は高率地租を徴収したのであり、同時に農民層分解が急速に展開し、小作農化が進展したわけである。日本では産業資本の発生、発展も政策的援助のもとでおこなわれたので急速ではあるが全体の量としてはたいしたものではなかったので、労働力の産業への吸収も量としては大きなものでなく、農家家族員の単身流出というかたちでおこなわれた。しかも婦女子が多かった。そのため農民の賃労働者化は農家数を急速に減少せしめるようなものではなかったのである。日本農業はこうしていまにいたっても農民によって営まれているのである。そしてもちろんそれはイギリスをのぞいて多くの有力な資本主義諸国においても同様である。むしろ純粋資本主義化の傾向は典型的には十九世紀末までのイギリスにおいてのみみられたといってもいいのであって(132)、多くの現実の資本主義諸国はもともと国内に小農民をかかえこんだまま発生・発展したのである。このように日本はイギリスに後れて、そしてさらにドイツやアメリカ等にも後れて資本主義を発生させながら、後進国として先進国にたいして、また他の後進諸国にたいしても同時代の資本主義として世界市場において競争せざるをえなかったというところに、いいかえれば初めからハンディキャップを負いながら平等の商品経済的競争をせざるをえなかったところに後進性の本質があったのである。それは商品経済そのものが共同体と共同体との外的関係から発生したということに由来していたのである。そういう認識が「共同研究」になかったところに一国内に分析を跼蹐せしめた原因があったのである。

(132) イギリスにおいては第一次世界大戦中より農業保護政策が出現し、とくに一九三〇年代の不況期からイギリス帝国諸国の農業問題をも配慮しつつ国内のとくに畜産物にたいする保護政策が展開されるようになった。イギリスが帝国内特恵関税政策をとったのも帝国諸国とイギリス国内の農業問題の処理方法だったのである。楊井克己編『世界経済論』(経済学大系六、一九六一、東京大学出版会)、第三篇第四章「特恵および互恵通商政策」(川口侃稿)、大島清編『世界経済論－世界恐慌を中心として－』(一九六五、勁草書房)、第二編「ブロック経済期」第三章第一節「イギリス」(江口雄次郎稿)。森建資『イギリス農業政策史』(二〇〇三、東京大学出版会)、とくに第三章「一九三〇年代の農業経営と農業政策」、拙稿「世界農業問題の発生」、梶井功編『農業問題―その外延と内包―』、一九九七、農山漁村文化協会、所収、をみられたい。なおイギリスをのぞく他の資本主義諸国では小農制が資本主義発生期以来維持されたのにたいして、イギリスにおいては発生期に成立した資本家的農業が維持されていることの根拠を考えるばあい、斉藤仁が資本主義の歴史過程一般について語ったつぎ見解は大きな示唆を与えるものである。「原蓄過程のあとに産業資本が確立し産業資本によって経済社会が編成されるようになると、資本の小農民に対する分解力は弱くなり、資本は農業への新たな参入を回避するようになるであろう。そして次の金融資本の段階にいたればこうした傾向はいっそう進むということになるであろう。しかしこうした傾向の中にあって、原蓄期に成立した資本家的農業経営がそこから資本が引き上げられずに残るという現象が同時に見られる。これは、産業資本段階では、この段階の中心的担い手である個人資本家に必要な、個々の産業に即した一種の技能的経験と知識が、現実には資本の移動にかなりの摩擦を伴わせることになっていたからであろう。また金融資本段階ではそれは、非独占セクターの資本家経営として残るということであったであろう」（斉藤仁『農業問題の論理』一九九九、日本経済評論社、一七ページ。これは一九七四年に発表された「経済学における農業経済学の位置」〔『農業経済研究』四六－二〕の「補説」として、前記著書に収録されたもので、「日本農業経済学会の一九七四年度大会のシンポジウムでの報告の記録である」）という文章のうち、「しかしこうした傾向の中にあって、原蓄期に成立した資本家的経営が云々……」部分を境にしてその前半はドイツの事情を、後半はイギリスの事情を語ったとも理解しうるとすれば、それぞれ原蓄期につくられた農業構造がそのまま維持されている根拠を語っているとも理解できると思われる。この文章のあと、斉藤は「以上の、農業展開の形態は原蓄段階に原型が与えられる、という考え方は、小農民を分解する力はこの論稿で述べた資本主義の発展段階を逐うごとに弱くなる、という農業問題の段階論次元の規定の直接の延長上にあるものとしてよいであろう。それは農業問題の原理論次元の規定とともに、現状分析のための作業仮説となる」（同、一七ページ）という文章はいささか難解であるが、「農業展開の形態は原蓄段階に原型が与えられる、という考え方」は農業問題の段階論次元の問題だという主張であろう。その点が私にはよくわからないが、むしろ私は「現状分析のための作業仮説」となる点にひかれたのである。斉藤説は一国内で原蓄期に形成された小農は以後も小農として、資本家的農業は以後も資本家的農業として残る傾向が強いという説であるが、私は勝手に前者はドイツに、後者はイギリスに当てはめると、その根拠がよくわかると理解したのである。そこで問題はその根拠は段階論で説けるのか、現状分析で説けるのか、ということになり、それは結局先進国か後進国かに由来する問題だから、結局現状分析の問題として処理すべきであるとかねがね思っていたことを再確認できたと思ったのである。

この問題は「共同研究」自身によってつぎのように拡大される。それはすでにみたことでるが、「地代がまず成立しそれが労賃や利潤を規制するのではない」という大内にたいして「併しこういうマルクスの理論をこゝで突然持ち出すこと自体が甚だおかしいのである[133]」というのである。これにたいして大内は「わたくしは島教授につぎの二つの問題をお考え願わなくてはならない。すなわちそれは第一に、資本家社会において、労賃部分がまず決定され、それによつて剰余価値部分の大きさが決定されるのはなぜか、ということ、および第二に、資本家社会では小生産者もまた資本家的観念によつて支配されざるをえないのは、いかなる理由によるのか、ということ、これである[134]」といって、つぎのような説明をする。「第一の点にかんしては」、といって、『資本論』からの引用をしたのち「労働力の価値はふつうの商品とは異なつて、その商品じたいを生産するのに必要な社会的平均的労働量によつて決定されるのではなく、労働者の生活資料の生産に必要な労働量によつて、いわば間接的に決定されるのである[135]」。この労働力商品の価値規定は、価値法則を成立させる枢軸的位置を占める規定である。したがって「資本家社会において年々新たに生産された価値のうち、なぜまず控除されるのが労賃部分であるのか自明であろう[136]」という。この規定を分析の基底にすえることが「おかしい」というのは、むろん農民が封建制の支配下にあるという認識があるからであろうが、じつはどうもそれだけではないようである。そもそも小農民に価値法則を適用すること自体が「おかしい」という公式主義があるのではないかと思われる。だから資本主義下の小農民の存在ということ自体が「共同研究」には背理として理解されていると思われる[137]。もっともここでの大内には無限定の価値法則適用があるのは無視しえないが、のちにそれが擬制化だということを明らかにしている。そしてのちにみるようにマルクスさえ価値法則の農民への擬制化的適用はしている。のちに問題にするように原理論としての『資本論』は純粋資本主義を前提とする理論なのであって、それがそのまま現実になることはありえないが、もちろんたんなる抽象的架空の理論体系ではなく、現実の運動方向にそって抽象した結果としての理論体系である。だから現実にこの運動を阻害する制度的な制約があれば、この擬制化も不可能になるが、その制約がないのであれば擬制化は可能なのである。

(133) 前掲、「共同研究」、五九ページ上段。

(134) 前掲、大内『日本農業の論理』、二〇二ページ。

(135) 同、二〇三ページ。

(136) 同、二〇五ページ。

(137) 「共同研究」においては資本主義社会において農民が存在しうるのは、資本主義発生期にやがて両極分解してゆく運命にある独立自営農民として存在している以外にはありえないことが前提されているのではないかと思われる。しかし明治以降の日本の農民は明治末ごろまでは両極分解の傾向をしめしたが、その後はその傾向も発展しないで、今日にいたるまで農民範疇でくくられるものであった。高度に発展した日本資本主義のなかに封建農民が存在するという見解は、つぎの点でも矛盾する。地主・小作関係においては経済外的力関係によって小作料がきまるというのであれば、その支配服従関係はその「領主・領民間」の個別的関係であるから、その小作料の量はかなり異なることになり、相場が形成されがたいはずである。それでは個々の地主の地代所得そのものも、その所有土地が同面積、同豊度であっても異なることになる。さらにその個別的地主小作関係のあいだに散在する自作農の所得も耕地規模と経済的諸関係とは別にさまざまに異なる高さになる。それは地租徴収の原則に齟齬をきたすものになるといわなければならない。

第二の問題はさきに指摘したように「資本家社会では小生産者もまた資本家的観念によって支配されざるをえない」のはなぜか、という問題である。「ここで前提されることは、明治以後の日本の農業においては、農産物の商品化がそうと進んでおり、かつ農民は人格的自由を与えられ、とくに土地に緊縛されていない、という事実である[138]」ことを確認したうえで、日本の小作料が差額地代第二形態として成立しているという大内独自の規定をおそらくここではじめて明らかにしている。そして日本の農産物価格は簡単化していえば「限界地の生産物の価格はC＋Vの水準に決定されるであろう[139]」として決定され、より具体的にいえば最劣等追加投資の生産物の価格（C＋V）の水準[140]に規定されるという独創的規定がでてくるのである。

(138) 大内、前掲書、二〇七ページ。
(139) 同、二〇八ページ。これは限界地以上の土地の生産物の価格はその標準的費用価格＋差額地代第一形態となるという意味である。
(140) このばあいには最劣等追加投資以外の投資の生産物の価格は標準的費用価格＋差額地代第二形態となる。

ついで大内は労働力一般と農民労働力の価値規定について、のちに大内農産物価格論の基礎となるつぎの三点の規定を与えている。第一点は、労働力の価値の大きさはきわめてフレキシブルであるということである。それは「『労働力なるものの価値の決定には、他の諸商品におけると異り、歴史的ならびに道徳的一要素がふくまれて』いるからである。もちろんそれには一定の最小限がある。それは労働者の肉体を維持してゆくための生理的限界であり、むろん一時的にはこの限界さえも無視して労賃が下落することもあるであろうが、原則としてこの水準以下にはさがりえない。だがそれ以上どこにきまるかは、その社会の『歴史的伝統、社会的慣習』にもよるし、景気の状況にもよるし、労働階級の組織的な力の強さにもよることであり、このいみで労働力の価値はひとつの『可変の大いさ』をもつている。この点は農民のばあいも同じであつて、Vの部分が全部実現されているかいないかはじつさい問題としてはそう一義的にかんたんには断定できないであろう[141]」という。第二点は「このV部分は、けつして農業の内部だけで決定されるものではない。……農民が人格的に自由であれば、……一定のモディフィケイションは必至であるが、終局的にはVの大きさは資本主義社会全体の賃銀水準によつて決定される[142]」ということである。この擬制労賃収入と農業外の労賃水準を比較して労働投下を自家農業か外部労働かの有利なほうをえらぶことになるであろう。第三点は、だがこの労働移動は、一般にそうだがとくに農民のばあいには、状況に応じてそれほど敏捷にはおこないえないで、その地域的な、ないしは個別的な価格差もきわめて大きくなる。とくに農民のばあいには土地や家屋等の小財産をもっていることがこの移動を制約することになる。「だが、いつぱんに資本主義の発達が労働の質的な差別をなくし、労働力の移動をより円滑にし、『賃銀をいたるところにおいて平等の低い水準におしさげ、プロレタリアートの内部における利害、生活状態を次第に平均化』するのと同じように、農民のプロレタリア化がいよいよすすむにつれてこの平準化もますますよく貫かれるようになることはたしかである[143]」ということである。しかし農民のばあい一定のモディフィケイションをうけることには注意しておかなければならない。

(141) 大内、前掲書、二〇九ページ。なおこのなかの引用文は第一のものは、マルクス、『資本論』、大月版、①、二二四ページ、*Das Kapital*, Bd. 1. S. 183. 第二、三のものはマルクス、『賃銀、価格、および利潤』からのものである。
(142) 同、同ページ。
(143) 同、二一一ページ。

第二節　のこされた問題点

一　唯物史観と現状分析との関係

ここで大内にのこされた問題点をいくつかあげておきたい。第一点は、唯物史観と現状分析との関係である。「日本資本主義の機構という場合は当然その中に広義の政治的諸関係も含められねばならず、そしてこゝに絶対主義の重荷をせおつた日本資本主義の姿があらわになつて来る筈である[144]」という「共同研究」の批判に対して、大内はつぎのようにこたえていることに関するものである。もちろんもはや絶対主義云々は問題にならない。問題は政治的諸関係をどういれるかという問題である。それに大内はこうこたえている。「われわれがもし経済過程と政治過程とを一緒くたにして、いつぺんに論じようとすれば、われわれの理論はたゞ混乱を生む以外にない。なぜなら、経済過程と政治過程とが一緒になつて、混とんとした形をとつているのがわれわれのまえに与えられている現実である、そしてこの与えられたカオスのなかに、因果的な法則性を見いだすことによつてこれを整序することこそ学問の仕事でなければならないからである。そこでわれわれは経済と政治との関係においても、いずれがより基本的であるのか、いいかえれば経済が政治の結果であるのか政治が経済の結果であるのかをまず明らかにしなければならないのである[145]」といって、エンゲルスの『反デューリング論』から「国家＝階級支配の道具」説を引用したのち、「われわれが国家権力を、そして政治的諸関係を、分析するまえに、日本の農業なり日本の資本主義なりの経済学的な分析をおこなわなければならないことはあまりにも明白であろう[146]」と結論する。これはのちにみずからもその翻訳に携わったマルクスの『経済学批判』「序言」の唯物史観の直接的適用による見解である。

(144) 前掲、「共同研究」、五四ページ上段。
(145) 前掲、大内、『日本農業の論理』、一八四〜一八五ページ。
(146) 同、一八六ページ。

だが私はこの適用方法には疑問をもつ。唯物史観の理論的性格を見誤っている疑いがある。経済過程が自立性をもつということは、上部構造が経済過程にたいして中立的であることを意味するのであり、したがってまた政治構造も中立的であることを前提としている。いいかえれば経済過程が一方的に政治構造を規定するわけではなく、自由主義的政治のもとでは経済過程が自立しうるということである。原則としてここでは政治過程を不要としているということとである。したがってその経済過程はいわば純粋の商品経済的構造をもつものであって、つまりは原理論世界としての経済過程である。唯物史観はしたがって純粋の資本主義社会を対象とする原理論を基礎にして成立する史観なのである。ただし生産力そのものはそれ自体が商品経済に由来するものではないが、この原理論に存在する生産力はいわばたまたま商品経済的形態に包摂されうるような特殊歴史的な生産力水準のものであったわけである。

ところが現実の資本主義の歴史過程は商品経済的要因を主要動力としつつも、政治その他の非資本主義的諸要因による作用、反作用の運動も加わって展開される。それが一定の時期にはその政治その他の運動が消極化して資本主義の現実が純粋資本主義に接近するのであり、一定の時期をすぎると別の政治その他の非資本主義的な商品経済の諸要因が発生して現実の資本主義を不純化してゆくと考えられる。つまり資本家的商品経済過程のみの世界は政治過程がなくても自立しうるのである。したがって大内の主張するように事実上政治過程が存在しているのに機械的に政治過程を分離して経済過程のみを分析し、しかるのちに政治その他の要因を付加すればいいというわけにはゆかない。経済過程が歴史の主要動力であるとしても、政治その他の要因がすでに経済過程に影響をおよぼしているばあいもありうるのであって、経済過程を分析するばあいにもその点に注意しなければならないわけである。そのことを唯物史観が示唆しているのである。

大内はすでに引用したように「国家権力を、そして政治的諸関係を、分析するまえに……日本の資本主義なり経済学的な分析をおこなわなければならない」といいながら、その数ページのちには「国家権力が経済に与える作用は、その力がいちど経済的な力に変化され、社会の生産力をあるいは増大させ、或はその増大を阻止することによつて、はじめて歴史の発展を促進したりあるいは阻止したり、することになるのである」[147]といっている。このばあい「国家権力が経済に与える作用」を考慮しないときの経済構造の分析と考慮したばあいのそれとは当然異なってくる。いいかえればそれは経済構造の自立的な変化では必ずしもないわけである。そのばあいは国家権力が何らかの作用をおよぼしていることを前提として経済構造を分析し、しかるのちに国家権力の作用による変化を探るという方法をとることになる。具体的にいえば、その時代が例えば帝国主義段階ならば、帝国主義段階論を媒介にしてその変化の歴史的意味を探るということになる。その歴史的意味はたんに経済構造の分析のみからは明らかにはならないはずである。純粋資本主義の経済構造はまたそれ自身として歴史的発展をするわけではないからである。歴史的発展の段階論はまたそのためにあるわけである。当時はまだ一般に宇野の段階論はしられていなかったのであろうが、[148] すくなくとも唯物史観が経済構造の自立性を前提として成立するものであることを考慮するならば、原理論が現状分析にいわば逆説的に役立つように、唯物史観もまた現状分析に逆説的に役立つのである。

(147) 前掲、大内『日本農業の論理』、一八九～一九〇ページ。

(148) 大内力『埋火—大内力回顧録—』(生活経済政策研究所編、二〇〇四、御茶の水書房)によれば、大内は当時宇野弘蔵の『経済政策論』(上巻、一九三八、弘文堂)をしらなかったという(七二ページ)。『日本資本主義の農業問題』を書いた当時は段階論を「半分くらいというか、すこし入門しかけたということでしょうか」(九六ページ)といい、『経済政策論(上)』では「それほどはっきり段階論という考え方になっていなかった……むしろ戦後の……『経済政策』の方に、段階論が非常にはっきりと出ている」(九七ページ)という理解であった。

そして事実、考えてみると小農経済自体が商品経済のみで構成されているわけではないのである。純粋の商品経済とは資本家的商品経済のことであって、それは徹頭徹尾商品経済的形態のもとに運動しているものである。小農経済においては商品として売れない生産物は自家消費することになるし、自家労働の評価にしても、商品経済への擬制化にすぎない。商品交換という形態的洗礼を必ずしもうけていない。小農の労働力は実際の賃労働とは別の動きをするのであって、多くは労働力の価値以下のものであるし、ときにはそれを超えて大きくなるばあいもおこりうる。いずれにせよ、原理論における賃労働者の行動とは異なる行動をとりうるのであって、それがじつは農業問題をひきおこすともいえるのである。資本は破産しうるが、小農は破産しえないで、ただひたすら零落する。だからこそ純粋資本主義を対象とする原理論は三大階級のみで構成されているのであって、必ずしも資本家的商品経済的行動をとるというわけでもなく、またとりうるものでもない小生産者は原理論にははいりえないのである。小生産者の経済的行動はつねに資本家的商品経済的行動であるとは必ずしもいえないし、さらには商品経済的行動ともいえないばあいすらある。農家の老人や子供は生産物の価格を考慮することなく、ただひたすら自己消費の目的をもって命をつなぐためにのみ労働せざるをえないこともある。資本家が破産しうることと、賃労働者が失業しうることとは異なるのである。したがって農民経済は商品経済と非商品経済との合体したものとして、唯物史観にいう自立的な土台には入りえないのであって、農民経済の分析は資本家的商品経済の体系としての原理論を基準としつつも、それだけでなく原理論の諸法則を何らかのかたちで阻害する側面も考慮しておこなうということになるのである。資本家的商品経済の諸法則の実現を阻害するのは、かくて封建制や封建性のみではなく、現実の資本主義においてさまざまなものがあるのであり、また法則の実現を促進するものもときとばあいによってあるわけである。

二　小農の非自立性

大内にあっては小農がもっている非商品経済的性格にたいする配慮が必ずしも十分ではないという論点である。その性格とは小農の非自立性である。農民が商品経済に接触して生産を拡大しようとしても、土地は一定であるから、一部の農民が脱農しないかぎり経営面積を拡大できない。工業と異なって主要生産手段たる土地をみずから生産できないからである。しかも他の農民の脱農を実現する他の職場自体も、その農民が希望すれば必ず就職できるというわけではない。その地域の近傍に資本家的企業が成立していなければならない。その企業の成立そのものは資本自体が実現できるものであるが、その実現は通常は景気の動向を見計らって資本自体が決定しうるものである。ところが後進資本主義日本では対先進資本主義との競争関係で経済規模をそう簡単には拡大できない事情があった。

こうした条件のもとでは最初の農業経営規模を拡大しようとする農民にとっては、追加利用しようとする農地の耕作農民が外部にでてゆくかどうかは自分で決定できることではないし、その農民が外部で就職できるかどうかもその当事者の農民がみずから決定できることではない。規模拡大希望の農民にとってはそれらはすべていわば他力本願である。この他力本願というのは農民が商品経済的に発展転化するのも、しないのもすべて他の条件如何に関わるということである。そういう意味で小農民は本来非自立的存在だったのである。それを補うものが農村共同体の機能だった。農村共同体あっての小農民集団ということになる。

個々の農民の経営規模の拡大希望も外部からの商品経済の作用によるものであるが、その商品経済は他の面でも容赦なく農村に侵入してくる。その商品の多くは工業製品であるが、それは農民みずからつくるよりは農産物を売ってえた貨幣で購入したほうがはるかに安く手にはいる。それゆえに農地を拡大しようという要求が出てくるのであるが、それが容易に実現できるものではないことはすでにのべた。それにもかかわらず外部から商品経済化の波は押し寄せてくる。それにはある程度対応せざるをえない、他方では自己防衛しなければならない。そのばあい自給経済の維持のためにもともとあった共同体の機能が強化されることになる。もともと農村共同体は小農民のすでにのべた商品経済にたいする非自立性を補完する組織であるが、大正末期の不況期のある小作争議の事例では一〜三町規模所有の在村自作小地主は同じ共同体の構成員たる小作農との間に深刻な対立を生む争議は起こりにくかったという。このことは「土地所有は部落内の土地所有である限り、かなり安定的であったことを物語るものであろう[149]」と斉藤仁はいう。これにたいして「この争議の後三町歩以上層は、大地主ほどそうであったが、土地売逃げ、また子弟の給与生活者化を進める。要するに地主の解体が顕著に見られるのである[150]」という。要するにイギリスにおいては領主が領地からみずからの隷属民たる農民を追放して、みずからをたんなる近代的土地所有者に純化し、農業は資本家的借地経営のもとにおこなわれることになったが、日本では封建的隷属農民の土地占有が地租改正のときに地租をとるために、結果的に近代的土地所有に転化せしめられたのであって、イギリスにおけるようなもっぱら貸付けるための土地所有になったわけではではなかった。典型的な資本主義が資本家、賃銀労働者およびいわば純粋の土地所有者の三者で構成されるものであるとすれば、明治以降の日本の土地所有は封建的土地所有ではないが、しかし典型的な近代的土地所有になったわけでもない。イギリスの土地所有がイギリス資本主義の先進性がつくった農業資本家にその土地を貸付け利潤の取得を保障するものになったのにたいして、日本では土地の借り手としての農業資本家が成立しえなかったのは、後進資本主義としてしかその発生、発展を実現できなかったからであった。農民の賃銀労働者化が制約されたために、食料農産物を始めとする農産物にたいする有効需要の増大が制約され、その価格上昇が抑制されたことによるのであって、そのため過剰人口としての農民が土地の借手になるほかはなかったのである。それはすでにふれたように資本主義成立の後進性によるのであって、封建的だからというわけではけっしてないのである。農民は経営規模を拡大しうる条件をみずからつくりえないという非自立的性格をもっている。そういう非自立的農民を包摂する部落は「生産共同体というよりは、まさに生活共同体としてあらわれ(151)」、その「部落共同体の内部の関係に地主小作関係が服したかたちに(152)」なったのである。そうなるのは資本家でもなく、賃銀労働者でもない小生産者としての農民の商品経済にたいする非自立性に由来するのである。

(149) 斉藤仁『農業問題の展開と自治村落』(一九八九、日本経済評論社)、二三一ページ。
(150) 同、二三〇〜二三一ページ。
(151) 同、二四二ページ。
(152) 同、二四五ページ。

三　土地所有は無用の瘤か

ここで問題にするのは資本主義にとって土地所有は本質的要因をなすものではないという大内の見解である。農地改革のさいに地主の土地の無償没収を主張した諸見解を批判して、大内はつぎのような議論を展開している。「マルクスもいうように『近代的な土地所有は封建的な土地所有であり』(a)ただ『資本の行動によって変化せしめられ、近代的な土地所有としてのその形態に転化せしめられたもの』(b)にすぎないのだから、土地所有は資本主義社会の本質的構成要素ではない。だから土地の『無償性の原則』を樹立することが、ブルジョア革命の段階においても可能だという議論もありうる。しかしこれはジェイムズ・ミル式の土地国有論にすぎない。『土地所有者は、古代および中世の世界においてはきわめて重要な役員であったが、工業的の世界においては無用の瘤である。だから急進的ブルジョアは、理論的には土地の私有の否定に進む。それを国家財産という形態においてブルジョア階級の、資本の共同財産にしようと欲するのである。』(c)前述の諸氏（講座派理論家――犬塚）をこのような急進ブルジョアであるとはわれわれは主張しようとは思わない。しかし『ブルジョア革命』の埒内で土地の無償没収を主張することは、こういう急進ブルジョアの空想に類するものではないであろうか。マルクスはまえの文章につづけていう、『しかし、実際にはその勇気が欠けている。というのは、ひとつの所有形態――労働条件にたいする私有のひとつの形態――にたいする攻撃は他の形態にたいして、ひじょうに危険なものとなるであろうから。』(d)と。かかるいみでも土地の無償没収を主張することは、『講座派』理論の自己否定であり、矛盾である」[153]と。これがここで議論すべき問題対象のすべてである。ここで引用した大内の文章のなかの引用はすべてマルクスの『剰余価値学説史』[154]のなかからとられているものであり、大内のここでの土地所有にかんする見解もそれにもとづいているものである。

(153) 前掲、大内『日本資本主義の農業問題』、二五九〜二六〇ページ。引用文中の(a)〜(d)の記号は私が挿入したものである。
(154) ただし大内が引用している原本の訳本はマルクス『剰余価値学説史』（大森義太郎訳）、第二巻第1部（黄土社版）、である。

ところが大内が利用した原書とその訳本はみる機会がえられなかったので、マルクス・エンゲルス全集版の『剰余価値学説史』の翻訳本（大月書店の国民文庫版、岡崎次郎・時永淑訳）をみるしかなかった。それはしかし、大森訳の原書とは版が異なるものであるらしく、大内の引用ページには引用文にあたるものがない。大内の主張を理解するには大内からの引用のみでは不可能なので、国民文庫版でそれに相当する箇所を独自にさがした。それにもとづいてその引用文のいみとそれを基礎とする大内の主張を検討することにする。まず私が注記した(a)と(b)の部分は原文ではこうなっている。「事実上近代的土地所有というのは封建的なものでありながら、それへの資本の働きかけによって変化させられたもの[155]」というものに当たるであろう。このあと大内の著書では「土地所有は資本主義社会の本質的要素ではない」という大内自身の文章がつづくのであるが、そういう意味の文章は国民文庫版のさきにあげた引用文のあとには見当たらない。この大内の文章に似た文章を国民文庫版で探すと、訳本で二〇〇ページほど前に、「資本主義的生産様式を前提すれば、資本家は、生産の必要な機能者であるだけでなく支配的な機能者でもある。これに反して、土地所有者はこの生産様式においてはまったく余計なものである[156]」という文章がある。そしてさきの大内からの引用文の(c)(d)部分は国民文庫版④の六七ページにある。

(155) 国民文庫版（マルクス・エンゲルス全集版）『剰余価値学説史』、④、二六六〜二六七ページ。この引用文をその前後をふくめて引用するとこうなっている。「資本主義的生産の立場からは、資本所有が事実上『本源的なもの』として現われるのである。なぜなら、それは、資本主義的生産がそれにもとづいている所有種類として、また、この資本主義的生産における要因および機能者として、立ち現われるのだからである。これは土地所有にはあてはまらない。土地所有は派生的なものとして現われる。なぜなら、事実上近代的土地所有というのは封建的なものでありながら、それへの資本の働きかけによって変化させられたものであって、したがって、近代的土地所有としてのその形態では、派生したものであり、資本主義的生産の結果だからである」。

(156) 同、④、六七ページ。

しかし資本主義社会における土地所有が本来封建的な土地所有であり、資本主義にとって本質的な要素ではないという考え方は疑問に思う。さきに示した『学説史』からの引用文（その詳しい引用文は注155に示した）の一ページまえにつぎの文章がある。「彼――私的土地所有者――は、資主義的生産にとって必要な生産当事者ではない。といっても、資本主義的生産にとって、土地所有が、労働者だけを除いて、だれかに、したがってたとえば国家に、帰属するということは必要であるが。このように資本主義的生産様式の本質にもとづき――封建的古代的などの生産様式と区別して――直接に生産に参加する諸階級を、したがってまた、生産された価値さらにはこの価値が実現される諸生産物の分けまえに直接にあずかる者を、資本家と賃労働者とに限定し、土地所有者（これは、資本主義的生産様式から生じたのではなく彼らに伝えられてきた自然力の所有関係によって、あとになってはじめてはいってくるのである）を除くということは、リカードなどにおける誤りであるどころか、資本主義的生産様式の適切な理論的表現になっており、この生産様式の特異性を表現しているのである」[157]。これは労働力商品がなければ資本家的商品経済はなりたたないのであり、その労働力商品は近代的土地所有を前提にしていることを無視している。このことの重大さは商品経済がたんに発展すれば資本主義が形成されるという商品経済史観を生むからである。この史観の最大の難点は資本主義の歴史的出現がたんに商品経済という経済的要因のみによって実現されると考えているところにあって、政治・法律等の上部構造の変革なくしては実現されないということを無視しているところにある。資本主義にいたるまでの人類の諸社会は経済過程が自立している社会ではなく、政治その他の上部構造と合体している社会であって、資本主義にいたって始めて下部構造と上部構造との分離が開始され、ほとんど完全に分離しえるかにみえたが、ふたたび結合されつつあるのである。この関係において資本主義において重要な鍵のひとつを握っているのが土地所有の問題であると私は思っている。

(157) 前掲、『剰余価値学説史』、④、二六五ページ。

大内は『日本農業の財政学』でもここと同じことを繰り返している。すなわち「マルクスやレーニンにおいては、土地所有の諸形態は、資本主義の出発点にあたつてはいかなる形態をとつていようとも、資本主義的諸関係が農業の内部に浸透してゆくにつれて、そのような諸関係に適合的なものに変革されてゆくことが強調されているのである。ここでは運動の主体はあくまでも資本主義の発達にあるのであつて、逆に土地所有の諸形態が資本主義の基柢となつてこれを規制するのではない」[158]という。ここで「土地所有の諸形態は、資本主義の出発点にあたつてはいかなる形態をとつていようとも、資本主義的諸関係が農業の内部に浸透してゆくにつれて、そのような諸関係に適合的なものに変革されてゆく」というのはいいすぎである。土地所有が封建的関係のもとにあるのならば、「資本主義的諸関係が農業の内部に浸透してゆく」ことは不可能である。「資本主義的諸関係」という経済関係それ自体に封建体制を破壊する力はない。それが政治的力に転換されてはじめて「資本主義的諸関係が農業の内部に浸透してゆく」ことができるのである。そしてその変革の政治力という上部構造もたんに商品経済が発展すれば形成されるというものではないであろう。[159]そこに上部構造の経済過程にたいする特異の位置があるのではないであろうか。

(158) 大内力『日本農業の財政学』、一九五〇、東京大学出版会、一五五ページ。
(159) マルクスは『資本論』第三巻地代論のはじめの三七章「緒論」でつぎのようにいっている。封建的「生産様式は、一方では、直接生産者が単なる土地の付属物（隷農や農奴や奴隷などの形での）という地位から解放されることを前提し、他方では、民衆の手から土地が収奪されることを前提する。その限りでは、土地所有の独占は資本主義的生産様式の歴史的前提であって、それは、なんらかの形での民衆の搾取にもとづいているすべての以前の生産様式の永続的な基礎であるように、資本主義的生産様式にとってもやはりその持続的な基礎である。しかし、資本主義的生産様式が始まろうとするときにそれが当面する土地所有の形態は、この生産様式に対応してはいない。それに対応する形態は、資本への農業の従属によってこの生産様式自身によってはじめてつくりだされるのである」（『資本論』、第三巻、大月書店版、⑤、七九五ページ。Karl Marx, *Das Kapital*, Bd. III., 〔Karl Marx, Friedrich Engels. Werke, Bd. 23., 1962〕, S. 630.

大内土地所有論の最大の難点ははじめに土地所有を前提にしないで資本による農業経営において差額地代が発生し、そのことが資本家の競争関係をつうじて土地所有を生むというその論理が無産労働者を土地利用から権力や法で排除しているという前提的事実を省略していることにある。大内が「差額地代においては、土地所有はけっして前提されるものではない。むしろ差額地代自身が土地所有を、すくなくとも最劣等地をのぞいては、つくりだす必然性をもっている[160]」というとき、土地所有者がはじめには存在しないのであるから誰でも土地を利用できるのに、どうして労働者ははじめから排除されるのか。農業資本家が平均利潤以上にでる地代の源泉をなす特別利潤を生むことになるのは、その土地を耕作したのちにはじめてわかることである。はじめに資本家が任意の土地を耕作するときはタダでおこなうとすれば、労働者の耕作を排除することはできない。また最初にはいくばくかの地代を払うとしても、土地所有者がいないのであるから払いようがない。払うとしても地代に相当する特別利潤も出ていないのだから、とくに労働者は当然としても、資本家にしてもできない。特別利潤の地代化は説けるが、土地所有の発生は説きえない。しかもその地代化も土地所有を前提にしているのである。さらに賃銀労働者の発生も、したがって産業資本の発生も土地所有を前提にしてはじめて説けるのである。事実、マルクスは『剰余価値学説史』第一一章「リカードの地代論」のなかで「土地所有が存在していて、資本主義的生産は、自分自身から発生したのではなくて自分よりもまえから存在している土地所有という前提のもとで自分の進路を切り開く[161]」といっているのである。宇野がいうように「資本主義の成立の基礎となる土地所有の確立は、単に『資本の競争自体』で発生史的に『論証』されるものといってよいのであろうか。直接の生産者を土地から排除しながら、資本には自由に投資しうるということは原理論的論証としても成立しないであろう[162]」といわなければならない。産業資本が産業資本に、賃労働が賃労働に、土地所有が土地所有に、それぞれ再生産されることは原理論において、しかり原理論においてのみ説くことができるが、その歴史的発生、発展、変質は原理論のみによっては説くことができないのである。

(160) 大内力『地代と土地所有』、一九五〇、東京大学出版会、二三二ページ。
(161) 前掲、マルクス『剰余価値学説史』(国民文庫版)、⑤、二一ページ。
(162) 『宇野弘蔵著作集』、④(マルクス経済学原理論の研究)、一九七四、岩波書店、三九八ページ。

のこる問題は(c)(d)の資本主義社会における土地国有論である。ここでもじつは大内が引用した急進ブルジョアが理論上では土地国有を欲するというさきにみたマルクスの文章の直前につぎの文章がある。「土地所有者はこの(資本主義的)生産様式においてはまったく余計な者である。この生産様式にとって必要なことのすべては、土地が共有でないということ、土地が労働者階級に属しない生産条件として彼らに相対するということ、それだけである。そして、この目的は、もし土地が国有化され、したがって国家が地代を受け取るとすれば、完全に達成される」[163]。だから急進ブルジョアは理論の上では個別的私的土地所有の否定にむかって進むが、実際にはその勇気はない、というわけである。その勇気がないという意味は、土地という生産手段の国有化は機械、原料などの生産手段にたいする労働者階級からの国有化要求を誘発しないかという恐れを意味するものであろう。しかしそれにもかかわらず土地国有化の理念がでてくるのは、その時代の工業、農業を問わず資本一般が自由競争をしていたということが前提になっていたからであろう。国家は自由主義国家としてその資本自身の自由競争の擁護者でしかなかったからである[164]。だが一般に帝国主義段階になると、独占体の出現によって資本自身の自由競争が大きく制約されるようになると、国家も自由主義国家の維持が困難になる。国家は土地国有のもとで巨大資本や中小企業、小生産者からの借地競争を自由主義的原則をもっては処理しえなくなる。国家はすべての土地が国有であったならば、さまざまな層からの国有地にたいする借地競争に一定の政策をもって対処せざるをえなくなる。産業政策とか福祉政策とかあるいは軍事上の政策とかをもって対処せざるをえない。それは自由主義国家のよくなしうることではない。むしろ土地私有制のもとで、個別に対処したほうが、さまざまな政策目的を達成しやすいといっていいであろう。したがって、おそらく資本主義の全歴史過程を通じて土地私有制こそが資本主義にとっては処理しやすい土地所有制であると思われる。土地国有と土地私有とは同じ面もあるが異なる面もある。異なる面の最大のものは土地を貸すか貸さないか、地代を申し出額のどれにするかという点で、意思決定が私有のばあいには私有者の個別的利益の最大化を基準にしてなされるのにたいして、国有のばあいには公共の福祉とか、産業政策とか、軍事的観点とかといった政治を基準にしてからもなされるということであろう。土地国有には土地の貸し出し決定にさいして政治がはいりうる性格があることこそが問題なのである。その点が土地私有制と決定的に異なる点なのである。

(163) 前掲、『剰余価値学説史』、④、六七ページ。

(164) だから宇野も土地国有も土地私有と変わらないといっていたのである。すなわち「土地国有の場合、最劣等地の差額地代はまったく消滅するか、あるいは、追加投資が一般的でなく部分的な場合だけしか消滅しないか」という原理論の特殊問題にたいする答えとして「土地が国有になっても資本家的生産の行われる限り、最劣等地にも地代を生ずることになれば、地代を生ずるものとしなければならない。土地国有はそこではなお資本の競争自身から生ずる地代に対して私有のばあいと異った特殊の意味を有するものではないと考える」(『宇野著作集』、②〈経済原論Ⅱ〉、四〇八ページ)といっていたのである。

もともと土地私有を「無用の瘤」と規定するのは間違いなのである。土地私有によって労働生産物の私有制が確立される。それを明らかにしたのは宇野である。こういっている。「土地の私有制は、その合理的根拠なくして成立するのであるが、しかしその確立なくしては労働生産物の私有制も実は確立し得ないのである。労働生産物は、その生産に当たる労働によってその私有制を基礎づけられるものとせられるのであるが、しかしそれは、労働の対象となり、場所となる、土地によって代表される自然そのものの、それ自身労働の生産物ではないものの私有を前提せざるをえない。それは私有制のアンティノミーといってよい。土地からの直接の生産者の分離が、いわゆる資本の原始的蓄積をなすものとして労働力の商品化を実現するのであって、資本はこれによって買入れた商品、労働力の使用価値としての労働によって生産をなし、その生産物を資本の生産物として獲得する。労働の場所としての土地は、地代を支払って借入れるわけである。かくして労働による私有制の基礎付けは、土地の私有制を前提とする資本家的商品経済においては、私有制を前提とする商品の売買過程のうちに解消されることになる。もともと、生産物は労働によってつくられるものには相違ないが、それだけで私有制は確立されるわけではない。商品経済は、私有制を前提にしながら、その前提となる私有制を資本主義という、自己の労働によるのでなく、商品として買入れた労働力による生産物の私有によって、確立することになるのである。かくて商品経済的にも根拠のない土地の私有によって、商品経済の下に全面的私有制が確立されるという点に、私有制自身の秘密があるといってよい」[165]。労働生産物の私有は労働生産物ではない土地の私有を前提にしているわけであるが、といって労働生産物の私有が合理的根拠をもつというわけではない。こうして土地私有は資本主義存立の前提をなすものであって、けっして「無用の瘤」ではないのである。

(165)『宇野著作集』②（経済原論Ⅱ）、一九七三、四一二ページ（「経済学演習講座」所収の「経済原論　問題と解答」）。

第三節　農地改革の歴史的意義

一　大内農地改革論の問題点

大内が『日本資本主義の農業問題』で農地改革論を展開しているときは、農地改革が実施の緒についたばかりであって、したがってその展開も多分に自身の理論的想定にもとづく判断によるものであったように思われる。そこで当時農地改革の実施がどのような情況になっていたかを簡単にもみておく必要があろう。発端は敗戦直後の一九四五年一〇月占領軍のマッカーサー元帥から発せられた日本民主化にかんする覚書にあった。日本政府は翌一一月農地調整法改正法律案を国会に上程、翌一二月成立したが、多くの欠陥と不徹底なところがあった（たとえば地主の五町歩保有）ため、四六年五月占領軍対日理事会は不満を表明し、イギリス案を骨子とする勧告が発せられた。同年一〇月自作農創設特別措置法が提出され、議会を通過、成立した。そのさい小作関係の調整法も通過したが、これは副次的なものとされた。実施は一九四七年から始められ、五〇年にほぼ完成された。不在地主の全貸付地、在村地主の貸付地から、都府県では一町歩、北海道では四町歩を超える分は、国が地主から強制買収し、小作人に売り渡した。その成果を維持するために、一九五二年農地法が制定され、耕作者の農地取得の促進、その権利の保護、農地利用関係の調整が図られた。

したがって大内の前掲書の初版がでたときは農地改革の実施が緒についたばかりのときであった。そして農地改革の結果の維持を目的とする農地法が制定された五二年には改訂版が出された。本書の農地改革論は改革の実施結果を対象とはなしえない時期にかかれたものであり、その政策そのものの経済学的意味を問題にするほかはなかった。しかしそれは重要な問題であって、のちのちまで問題になる類のものである。当時の国際的勢力と国内の一部の人々は日本農村の民主化こそ重要であって、自作農創設はその民主化達成の手段と考えていたのにたいし、日本政府は自作農創設こそ重要であると位置づけていたのである。農地改革においてさきにふれたように小作関係の調整が二次的な問題にされたのはそのためである。農地改革の理念がこのようなものであったことは改訂版より初版のほうが明確である。この問題はのちに日本経済の高度成長の時期から発現するようになった借地による農業経営の規模拡大が法的に制約されるという事態が発生するようになったときに、現実の問題になったのである。初版においてこう問題提起されていた。「このたび農地改革の原動力となつたものが国際的ならびに国内的な日本の民主化の要求であることは上にみた通りである。この場合、とくに日本の現状では前者の力が大きいことはあらためていふまでもない。しかしこゝで注意しなければならないことは、このやうな外から与へられた力は、一般的に日本の民主化、あるひはその一翼としての農村の民主化を要求してゐるのであつて、この要求にたいして自作農創設といふ具体的内容を与へたのはあくまでも日本の政府である、といふ事実であらう。それゆえ当然のことながら、この農地改革には日本政府自体の考へ方が色濃く反映してゐることは否めない。それがいかなるものであるかはのちに問題としなければならないが、それゆゑにこそわれわれはこの改革をたんに外から与へられたものとして受けとつてはならないのであつて、この改革のもつ真の社会的意義を分析し検討する必要があるのである。農地改革が発表されるや、数多くの批判がこれに向けられたのはこの意味で当然であるが、これらの批判が農村の民主化といふ当面の課題との関連において、はたして正肯をえてゐるかどうか。それを検討してみることが以下の仕事である[166]」というのがそれである。のちの高度成長期に小農範疇を越える大型の借地農業経営体が出現するかにみえたときに、それを大きく阻害し、あるいは畸形化せしめたのが農地改革の結果を維持するための農地法であったことは事実である。しかし阻害したのはもちろんそれだけではない。ひろく帝国主義段階であったことが、あるいは国家独占資本主義の体制下にあったことも、かかる阻害を生むことになったのも事実であるが、自作専業農家が賃労働兼業農家になって、所有農地の一部を耕作しないことになっても、小作料が法的に低く抑えられ、かつ小作権が強大になったために、農地貸し出しを忌避し、荒地にしたまま所有しておくという農村荒廃化の風潮をつくりだしたことの原因のひとつが農地改革とその後の農地法でもあったことは否めない事実である。

(166) 大内力『日本資本主義の農業問題』(初版) 一八五～一八六ページ。なお改訂版ではこうなっている。「このたびの農地改革の原動力となったものが国際的ならびに国内的な日本の民主化の要求であることはうえにみたとおりである。このばあい、とくに日本の現状では前者の力が大きいことはあらためていうまでもない。それはいずれにせよ、これらの諸勢力は、日本の農村の民主化が自作農創設という方法で達成できると考えていることは明らかである。そしてこの点にかんしては、多くの農地改革を論じたひとびとも、むしろとうぜんのこととして、それをみとめていたように思われる。だが、果たして農地改革は、そのような展望をわれわれに与えるものであろうか。われわれにとってはまず、その点が、問題なのである。そこでこの点をめぐっておこなわれた多くの議論を手がかりにしつつ、われわれの疑問を展開してみることにしよう」(改訂版、二二九～二三〇ページ) という。ここでは自作農創設が農地改革の主目的であるべきだという考えが多数派であることを大内は認めているのであるが、今日からみれば、自作農創設とそれを維持するための小作権の強大化がのちのみるように土地もち労働者という特異な階層を多数発生させ、農業経営の規模拡大を歪める結果をもたらしたことは否めない。なお大内本の初版では日本農村の民主化のためには自作農創設が必要であることを強く主張したのは日本であるとされているが（初版本、一八五～一八六ページ）、改訂版ではすでに紹介したように、国際的諸勢力も同様であるとされている。

そこでここでは大内のこのときの農地改革評価の結論部分を明確にしてその問題点を探ることにしよう。ただし以下では「改訂版」から引用することにする。それはこうはじまる。「この農地改革が農村にもたらすものが何であるかは明らかであろう。それは要するにリリパット的自作農の創設である。そしてその点においてはこの改革はたしかに徹底したものであることは事実である。しかしこの改革によって直ちに農業経営自体の大規模化が生まれるとは考えられないし、そういう発展にたいする障碍はかならずしも軽減されるとも思えないのである。いな、日本資本主義のおかれている諸条件から考えれば、小農制は依然として解消しないといっていいであろう。そしてかかる小農制こそが農民の生活を困苦欠乏に追いやり、農村に封建的色彩を色濃く残存せしめ農村の民主化をはばんできた根源であるとすれば、この農地改革が農村の民主化にとっていかなる役割をはたすかも、おのずから明かであろう[167]」という結論にたって、「日本の小農社会は日本資本主義が生みだしたものであり、かつ、日本資本主義は、かかる小農社会を利用しつくすことによって、ようやく自己の再生産構造を維持しえたのである。その意味で、過小農を過小農として維持することは、明治以来の日本ブルジョアジーの変わらざる念願であり、政府の伝統的な小農保護政策はまさにこのような資本の利益の表明にほかならなかったのである[168]」といってその結論のいみを説く。大内理論においては小農が貧しいのは小作料が高いからではなくて、基本的には日本資本主義の低賃銀構造にあるというものであった。それゆえ農民の貧しさを基盤とする地主制を解体しても農民の貧しさからの解放はないということを主張するものである。しかしここには農地改革によってこれまで支払っていた小作料に相当する部分が自己の所有になったことについての理論的錯誤があるのではないだろうか。農民が貧しいというのは大内にあっては農民労働力の価格が低いということであるが、ここで問題になっているのはその低い労賃部分に加えて、かつて小作料として地代部分であったものが所得にはいってくることがいかなるいみをもつかということである。農民の労働力の価格が低い以上、農産物価格は低いものになり、そういう条件のもとでは「要するに、全農民が『独立自営農民』になったとしても、そこに何らかの剰余価値が蓄積され、そこから農業の拡大再生産が行われるというようなことは、いかなる意味でも期待できない、ということになる。むしろリリパット的自作農は、じゅうぜんと変わらない、あるいはそれ以下の生活水準を維持しうるにすぎないことをわれわれは期待すべきであろう[169]」というのである。じつはこの引用文の「あるいはそれ以下の」というところに注記号がついていて、その注には「『じゅうぜん以下の』とここでわれわれがいういみは、じゅうぜんは小作農が数多く存在していたから農産物価格はだいたい労賃部分＋小作料の水準で決定されたので、自作農に多少の余剰の残る可能性があったのが、今後は労賃部分のみで価格が決定されることになるであろう、ということである。くわしくは前掲、拙著『財政学』二四八－二五〇頁をみよ[170]」とある。

(167) 前掲、『日本資本主義の農業問題』（改訂版）、二九九ページ。

(168) 同、三〇〇ページ。
(169) 同、二九〇ページ。
(170) 同、二九一ページ。ここの引用文は四八年初版と変わらない。ただ『日本農業の財政学』をみよ、とあるのは改訂版においてである。

その『日本農業の財政学』での論理の運びはこうなっている。まず小農経営が支配的なばあいには差額地代が存在するのみで、絶対地代と独占地代は成立しないものとしていい、といったのち「かりにすべての土地が耕作農民の所有にぞくしていれば、なるほど差額地代部分は超過利潤として農民の手にはいるのみで地代という独立の範疇とはならないであろうが、しかしそれにもかかわらず農産物価格は地代をふくまざる限界生産物の生産価格——というより小農のばあいはむしろ費用価格ないしそれ以下であることはまえにふれた——によつて決定されるから、地代部分が独立しようとしまいと価格には無関係であるからである。だが問題はそうかんたんではない」[171]といってここから独自の理論を展開してゆく。「日本のように農業が集約的に行われ、第二形態の差額地代が大きくなつていれば、とうぜん限界地にも地代は生ずる。ということはいいかえれば、すべての農業経営は多かれすくなかれ地代部分を実現している、ということである。いまかりにこの地代部分のうち、全経営に共通な量、いいかえれば最小の地代部分をqとしよう。そうすればより条件のいい土地のうえの経営はq+Δqの地代部分をもつ。耕作農民のほかに地主が存在し、農業が小作地においておこなわれているばあいには、この地代部分はすべて現実の地代に転化する。そして農民の手にのこるのはC+V（ないしC+Vの一部分）である。けれども、もし土地がすべて耕作農民のものであれば、他の条件が同一であれば、もつとも不利な条件で耕作する農民にもC＋Vのほかにqの部分が所得として実現されることになる」[172]。ここまではいい。ここからが疑問がでてくるのである。「だが、日本のような条件の下では、じつはこのqの部分は価格として実現されなくとも農民は耕作を続けるから、全耕地が農民の所有に帰している条件のもとでは、競争の結果はqの部分だけ価格が引き下げられ、農民はやはり最低生活費しか与えられなくなるであろう」[173]という文章のうち「qの部分は価格として実現されなくとも農民は耕作をつづける」ということはありえないのではないだろうか。なぜならqの部分の実現は最劣等追加投資（C＋V）の実現を前提としているのであって、qが実現されなければ市場価格は（C＋V）以下になるのであり、最劣等追加投資を行いえないことになる。そして小農制のもとで農産物価格が（C＋V）以下にさがれば、与えられた条件のもとでは供給不足が生じ、市場価格は上昇し、最劣等投資の（C＋V）のところまできて需給均衡がなりたつ。したがって農産物市場価格が最劣等追加投資の（C＋V）できまっているばあいにはそれより生産性が高い投資の生産物の価格には差額地代第二形態が入るのであって、qの部分が価格として実現されなければ限界投資そのものが不可能になるからである。

(171) 大内力『日本農業の財政学』、一九五〇、東京大学出版会、二四九ページ。
(172) 同上。
(173) 同。

こうして農地改革後、ほとんどすべての農民が自作農となったのであって、そのために「困苦欠乏」の身になったのではなくて、零細とはいえ土地所有者になった。それは農民を一面で保守化させていったのであるが、他面では農地整備や農業機械化をすすめてゆくことを可能にした。大内の農地改革にたいする評価も一面ではかわらざるをえないことになる。著者還暦のときにそれまでの日本農業論の集大成として出版された『日本農業論』ではこの点はこうかわっている。農地改革は「農業の発展にとっても相当大きな効果をもったといっていい。それは、たんにいまや土地の所有者となった農民が、労働意欲を高め、農事改良に一層努力するようになったためばかりではないし、小作料負担の軽減が小作農の農業への生産的投資の拡大を刺激したためばかりでもない。より重要なことは、大部分の農民が自作農化したことによって、土地改良＝農業基盤整備事業といった土地に固定する投資が容易におこなわれるようになった点にある[174]」という評価を与えている。まさに「農地改革は農業発展のスプリング・ボードの役割をはたしたのであった[175]」。やはり自作農化による地代部分の所得増加は日用品の購入増加ばかりではなく、農業用諸資材・機械の購入増加や土地改良等を可能にしたのであり、それを通じて景気昂揚の役割の一端をはたしたという点でも、農地改革は国家独占資本主義的政策でもあったといっていいであろう。それだけではない。都府県在村地主の小作地一町歩（北海度は四町歩）の所有のほかは、村外地主の全小作地をふくめて、全小作地を農民に解放したことがその後の農業にいかなる影響をおよぼしたかは重要な問題である。

(174) 大内力『日本農業論』、一九七八、岩波書店、三七三ページ。
(175) 同、同ページ。

もちろんしかし、それはのちに明らかにするように農業の発展にとってプラスの面のみをもたらしたのではなかった。いずれにせよ農地改革は国家独占資本主義あるいは国家管理資本主義としての現代資本主義の性格を考えるうえで興味深い対象であろう。この大内の農地改革にたいする評価が改革当初と改革事業が完了し高度成長が展開したあとでは、異なるところがあって、全面否定ではなくなっている。その点はのちにみるが、自作農化政策には反対であるという見解はここでも貫かれている。このあとで大内の農業生産力政策について検討するが、そこでも小農制が維持されているかぎりは展望は開かれないのであり、その小農制は結局のところ日本資本主義そのものによって規定されているからであるとしている。けれども当初の見解でも、誤りがはっきりしているところがある。それは農地改革によってほとんど全農民が自作農かそれに近いものになったとしても、その共通の自作地地代部分は農民の競争によって失われてしまうという理論的に納得しがたい見解であって、それはわれわれがすぐまえに検討したことである。

もともと大内は農地改革をふくむ農業政策を小農維持政策として位置づけていた。なぜ小農を維持するために政策が必要かといえば、小農は何の手もうたなければ、いずれはブルジョアジーとプロレタリアートとに両極分解する運命にあるが、そうなっては階級対立が激化する、それを軟化させるために小農を小農として維持しておいて賃銀労働者の需要に応じて小農から供給せしめるために、資本は国家をして小農維持政策をとらしめる、というものであったと思われる。いわば賃銀労働者の供給源確保のための小農維持政策である。したがって自作農創設政策は一時的な便法であって、本来は農産物価格政策とか農業生産力増進政策をもって小農を維持するのが小農維持政策である、というのが大内本来の主張であった。

だが私はこの大内説に疑問をもつ。大内には小農層は結局はブルジョアジーとプロレタリアートとに分解してしまうという考えがある。それを前提したうえで、大内はブルジョア政府はそうした分解が大きく展開するまえにできるだけ小農を小農として維持する政策を展開し、社会の安定化を図ろうとする、と考える。それが小農維持政策であるというわけである。したがってそのためには農産物価格政策とか農業生産力増大政策でたりるのであって、自作農創設政策は一時的な政策でたりるとするわけである。

しかし農民層のブルジョアジーとプロレタリアートへの両極分解は帝国主義段階になるとそうかんたんに展開するものと考えていいのであろうか。ドイツ[176]や日本[177]、そしてアメリカ[178]においてももう一世紀以上農業は小農によって担われていて、今後も資本家的経営によってとってかわるということはありそうにない。最先進国であったイギリス農業においてさえもともと農民層の両極分解は資本主義の自由主義段階まで展開されるが、十九世紀末以降は穀作は縮小し、畜産、野菜作の中小経営が増加している[179]。こうして主要資本主義諸国では帝国主義段階になると、農民層の両極分解そのものが著しく困難になり、農民層は農民のままただ貧困化してゆくということになる。農民層がブルジョアジーとプロレタリアートに分解するというのは資本主義的解決である。農民が農民のまま貧困化するというのはいわば資本主義をこえた問題である。貧困化した農民にとっては出口がないのであり、それは資本主義そのものの解決能力を超えた問題である。そうした危機を救ったのが農地改革であった。

(176)　渡辺寛によれば、十九世紀末から二十世紀初頭までの時期に、ドイツでは、「ほんらいこうした中間層（小農経営とみていい——犬塚、以下、括弧内は同様）は資本主義の発展とともに資本家階級と賃銀労働者階級との両極に分解していくはずのものなのであるが、われわれのいま扱っている時期（十九世紀末～二十世紀初頭）ではむしろ逆転（「中間層の増大という逆転現象」）がみられるようになっている」（大内力編著『農業経済論』一九六七、筑摩書房、一九五ページ、渡辺寛稿）という。

(177) 大内力は次のようにいっている。昭和初期以降「日本の農民層の分解は、農業の内部において上下への分解がおこなわれる形をとるのではなく、その上昇の運動はほぼ二町を限度として地主・ブルジョアの方向への脱農として、その下降の運動もまた農業外のプロレタリアの方向への脱農としてあらわれるという事実」（大内力『日本における農民層の分解』一九六九、東京大学出版会、一六九〜一七〇ページ）として現われたとしている。これは農業内部では「中農標準化傾向」として現われることを意味するのであるが、農民層の全運動が「農業経営規模別の統計に反映されたものにほかならない」（同書、同ページ）としている。農民層の全運動を社会全体からみれば、上下方向への全運動は上には地主化として、下には賃労働者化として、ともに農業外にでるのであって、こうした観点からいえば、これは両極分解だとしているのである。だがそうした見方からいえば。一〜二町中間層が相対的に、いいかえれば割合として増加することはありうるとしても、絶対的に増加することはありえないであろう。そして事実は中間層は相対的にも絶対的にも増大しているのである。したがって農業外に消えてゆく層を含めてみたばあいでも、中間階層が上下に分解する勢いが強いとはいえないのであって、むしろ錯綜する運動の結果からいえば、そこに集中する運動が存在するとみるべきであろう。なお拙著『日本における農民分解の機構』（一九六七、未来社）は一九二〇年代の日本の農民層分解を日本において典型的に現れた「中農標準化傾向」としてとらえ、その内的機構を明らかにしようとしたものである。

(178) 馬場宏二は現代アメリカ農業においても「全体としての農業の構造はけっして資本家的とはいいえないのである。そして、価格支持政策と工業の半分の労賃水準とに支えられながら、なおかつ資本家的生産が支配的になり得ないという事実は、こんにちの――より正確にいえば帝国主義段階以降の――資本主義のもとにおける農業の存在様式をしめすものとしてじゅうぶん注目しておかなければならない点である」（前掲、大内編著『農業経済論』、二五五ページ）といっている。

(179) ドイツや日本では帝国主義段階の農民層分解が中間層の経営体が増加するという特徴をもつことが明確にあらわれて、自由主義段階の両極分解が不明確なのにたいして、イギリスでは反対に自由主義段階までの両極分解が明確に読みとれるのにたいして、十九世紀末のその傾向の崩壊が明確に読みとれないという関係がある。それにイギリスの農業経営数の統計は非常に複雑に表現されていて、読みとりにくいようである。福留久大はHasbachやマルクスが一八五一年から六一年、七一年までの「国勢調査」を誤読していることを明らかにしたのち、「十九世紀中葉以降イギリス農業において、資本・賃労働関係の縮小、自営農業者の残存という形で、資本蓄積の後退が開始されていた」（「マルクス借地農業者論」（九州大学教養部『社会科学論集』、二五号、一九八五年一月、一二二ページ）ことを明らかにしている。

大内にあっては農民層の両極分解は法則にも等しい必然性をもっているとされる。だがそうであれば構造問題としての農業問題は生じないはずである。農民層の両極分解が困難になったために農業問題が発生したのである。その両極分解が困難になったというのは帝国主義段階になったからである、そしてその帝国主義諸国の対立が第一次世界大戦をひきおこした。しかしその後は各主要帝国主義諸国は金本位制から離脱しつつ特定の従属国を囲い込み、そこから農産物を輸入する代わりにそこへ工業製品を輸出するという宇野のいわゆる広域経済圏を作りだし、対立を一層激化させたが、各国は工業製品の輸出に利益をみいだしたことの裏面の問題として自国農業を保護せざるをえなくなった。だがそれは自国農業内の過剰人口を解消するにたるほどの保護ではありえなかった。そのことが自国農民を農民のまま貧困化させたのである。そのことは農民層の両極分解をますます困難にしたのであり、そのことが第二次世界大戦をひきおこす有力な原因のひとつになったといえるのである。農民を農民のまま貧困化させるというのはもはや資本主義にとっては厳密にいえば解決不能の問題である。資本主義の重要な原則の一部を否定することなくしては解決できない問題であった。農地改革における農業内部の地主的土地所有制の否定による自作農創設政策がそれである。

資本主義の原則の一部を否定すると高度成長がもたらされるとは当時だれも思わなかったにちがいない。戦前の地主制のもとでは小作料収入は証券投資に向い、いわば商品の供給増をもたらしたが、戦後の自作農制のもとでは自作地地代部分はもちろん農業生産投資にも向ったが、大部分は生活用品の追加購入に向った。農民の貧困もある程度改善されたわけで、それらは有効需要を増大させ、そのことも大型高度成長をもたらした一因であろう。たんなる古典的帝国主義段階とは異なる局面に資本主義は入ったと考えられるのである。農地改革はたんに資本の譲歩によるものではなくて、意図せざる結果として高度成長を招く一因となったのである。

二　小農維持政策の歴史的意義

大内は『日本資本主義の農業問題』（初版）を出版したその同じ一九四八年に「小農維持政策の社会的意義」という論文を発表している。[180]その冒頭でつぎのような問題を提起している。「日本の経済社会を全体としてみれば、そこに資本主義がいちじるしく発達し、帝国主義の段階にまでたつした高度の資本主義体制が、すくなくとも敗戦まで確立されていたこともまたうたがうべからざる事実である。ところで資本主義経済の発展は、いつぱんに、封建社会の解体から生じた小農経営（独立自営農民）を分解し、一方における農業ブルジョアジーと他方における農業プロレタリアートを成立せしめ、農業にも資本家的経営を発達せしめるのが原則である」[181]といい、「ところが日本農業においては、全般的な資本主義の高度の発達にもかゝわらず、……農民の階層分化と資本家的農業経営の発展とはほとんどみられないといつていゝ。……日本の農家の九九％までは小農ないし過小農であつて、多少とも雇用労力を恒常的に使用する経営は、ほとんどネグリジブルないみしかもつていない」[182]といったのち「しかし日本農業において、右にみたように小農経営が圧倒的であるのは、たんに日本農業においては資本主義がまだじゅうぶんに発達していないためなのであろうか。そしてもしこんごも日本の資本主義が発達してゆくとして、農村がますます資本主義のなかにまきこまれてゆけば、おそかれはやかれ日本の農業じたいもまた資本主義化しうるものなのであろうか。言葉をかえていえば、日本の小農経営というものは、封建制度下の農奴による経営と資本家的経営との中間項ないしは過渡的形態であつて、それはいずれは資本家的経営に発展してゆく展望をもつものなのであろうか。これが問題である」[183]といって、このあと講座派理論の批判を展開するのであるが、ここではそれは問題ではない。

(180)「小農維持政策の社会的意義」、『世界文化』、三の二、一九四八、所載。のち大内力『日本農業の論理』、日本評論社、一九四九、所収、第四章。
(181) 前掲、『日本農業の論理』、一〇六ページ。
(182) 同、一〇七ページ。
(183) 同、一〇九ページ。

ここで問題にするのは大内自身が立てた設問にたいする自身の解答である。すなわち当時すでに「帝国主義の段階」にまで達していた日本で、農業ブルジョアジーが成立しなかったのはなぜか、という問題にたいして、大内はつぎの三点をあげている。第一に、日本は急速に資本主義を成立させなければならなかったので、「その初期において広汎にマニュファクチュアを展開することが不可能」であったこと、第二に、「資本主義の展開は自生的にはおこなわれず、むしろできあがつた経営形態なり生産技術なりを輸入するという形でおこなわれる。したがつてそこではじめから比較的有機的構成の高い資本による生産が支配的になる」。第三に、「そこでは、資本の集積より集中の傾向が強くあらわれる」。以上の結果、「資本の蓄積を絶対的におくらせるし、またとくに可変資本の蓄積をいちじるしく緩慢なものにしないではおかないのである。そしてその結果、徳川時代から農村に堆積していた過剰人口は、資本主義の内部にじゅうぶんなエムプロイメントをみいだすことができず、たえず農村に堆積されることになつた」[184]。そしてこうした過剰人口の堆積のもとでは、第一に、外部にエンプロイメントをみいだせない農民の競争によって、「小作料は最高の率にまでせりあげられることになり、……そして多少とも資本の蓄積ができれば、それはたゞその農民も寄生地主化することにしか役だたなかつた」のであり、第二に、農民の競争によって、農業生産においては「平均利潤や地代はむろんのこと、労賃部分さえ全部は実現できないほどのところまで低下する」[185]。このことは一面では「日本のような後進資本主義にあつては、資本主義の発展が農業のぎせいと負担とにおいておこなわれなければならないために、資本主義による農民の搾取はいよいよ苛酷になり、したがつて農民の没落はいよいよ急速かつ深刻にならざるをえない」[186]ことになるが、他面では「農民がこのように半プロレタリア的な状態におかれているということは、とうぜんにまた日本の資本主義じたいに反作用をおよぼさずにはいない」のであり、そのことは「なによりもまず資本はこのような農村の過剰人口を利用することによつて豊富にして低廉な労働力を確保することができる」ということを意味するのである。「すなわちこのばあいには資本は、労働力の再生産をもつぱら農業の負担にすることによつて、価値よりもはるかに低い価格でもつて労働力を購入することができる」[187]わけである。

(184) 以上、同、一三三〜一三四ページ。

(185) 同、一三六〜一三七ページ。

(186) 同、一三九ページ。なおここで「搾取」というのは「収奪」概念の誤用ではないかと思われる。「搾取」とは賃銀労働者が労働力を売るという商品経済的行為によってその社会的に決定される対価をうけとる結果として剰余価値が資本の所有に帰することをいうのであって、「収奪」されるとは「独立」小生産者が互いの競争によってその生産物の販売価格を低くすることによる所得の減少をいう。「搾取」は労働力商品の販売によって生ずるのにたいして、「収奪」は小生産者がその生産物の販売によって生ずるものである。前者では需給均衡がなりたちうるが、後者では供給の弾力性が低いために、価格はもっぱら需要の大きさによってきまる傾向があって、価格の騰落が激しくなる。小生産者としての農民の労働力は商品労働力の需要にたいして過大なので、その生産物の価格が収奪されるわけである。そのばあい農民の労働力が商品に擬制化されてその価格が商品労働力の価格より低くなりうるのであって、社会的労賃水準を基準にしつつも現実の具体的諸条件によってきまる性質をもっている。

(187) 同、一四〇ページ。

大内はこうして農村のチープ・レイバーの利用によって日本資本主義は二つの特殊性格をもつにいたっているという。ひとつは「もつぱらかゝる低賃金によつて剰余価値を獲得してきたために、産業の技術的発展と合理化が逆に阻止されて、国際的水準からいえばはるかにおくれた技術段階にとゞまらざるをえなかった」ということであり、もうひとつは「このような低賃金と農民の低生活水準とによつて国内市場がきょくたんに狭隘なものになつた結果、比較的早くから日本の資本は海外市場に進出せざるをえなかつた[188]」ということである。さらにしかし、こういう経済的な面だけでなく、政治的な面からも小農を維持する必要があった。「政治的にみれば、このようなきょくたんな労働力の搾取を可能にするためには、資本はプロレタリアートの反抗にたいする前砦をぜひ必要とするであろうが、そのためには、たとえいかに没落してもその『身にしみこんだ所有欲』（エンゲルスも言葉――犬塚）のゆえに『社会主義に危険な敵をみる』ところの小ブルジョア的な小農民こそは、もつとも利用価値のある社会層である[189]」といって、こう結論としていうのである。「このようにして、経済的にいつても政治的にいつても、日本資本主義は、小農を小農として維持し、再生産しなければならない、という『内的要求』をもつているのであり、小農が小農以外のものに転化することをいかにしても拒否しなければならない、という必然性が資本主義じたいのなかにふくまれているのである[190]」といい、さらに「もし小農が余すところなく資本による収奪にさらされて、決定的に没落してしまうならば、右にみたような日本資本主義の基礎はくずれさつてしまうであろう。いな、そのように経済的に日本の資本主義が成立しえなくなるまえに、農民の反抗が強化されて、政治的に資本主義の存立がおびやかされるにいたるであろう[191]」というのである。

(188) 同、一四一ページ。
(189) 同、一四二ページ。
(190) 同、同ページ。なおここで「小農が小農以外のものに転化することをいかにしても拒否しなければならない、という必然性が資本主義じたいのなかにふくまれているのである」というのは、揚げ足とりでいうのではないが、おかしくはないだろうか。そういう必然性が資本主義経済自体にふくまれているというのであれば、別に政策として推進する必要はないのではないだろうか。それとも日本資本主義は資本主義ではないということなのであろうか。この点こそ私が問題にしたいところであって、のちにのべたい。小農が賃銀労働者に転化すること自体は経済的には資本にとっても困ることではない。むしろその道が閉ざされ、農民が階級的転化をすることなく、絶対的に貧困化することこそが資本にとって困ることなのである。すくなくとも農民維持政策の必然性はそこからはでてこないであろう。

(191) 同、一四三ページ。

ここで問題なのは「小農が余すところなく資本による収奪にさらされて、決定的に没落してしまう」とはどういうことを意味するのであろうか、ということである。小農が没落してしまうとは通常賃銀労働者になることであろう。もちろん低賃銀労働者になると考えてもいい。そのかぎりでいえば農産物にたいする需要は増大するので、農産物価格が上昇して少数になった農家にとっては歓迎すべきことであろう。事実、発展期のイギリスでは三大階級に純化する傾向にあって、資本主義としてはなんら困ることではなかった。問題はむしろ小農層が「決定的に没落して」しまわないで、いわば絶対的に貧困化するという、出口なしという状況になることにあるのではないだろうか。だが、大内にあっては資本主義である以上、その法則の展開によって農民はいずれは没落して賃労働者になるということがはじめから前提されている。だが、それは資本主義の歴史的展開のあり方によるのではないだろうか。大内が徹底的に構造分析にこだわっているのはつぎのような考えがあるからであろう。資本主義においては農業が農民によって担われていても、農民は遅かれ早かれ分解して農民の大部分は没落して賃銀労働者に転化してゆくものなのであるが、日本ではその過程が遅々としている、そこに日本資本主義の特殊な構造がある。だからその構造分析が重要なのだ、という考えである。この点はもう少しあとで問題にしよう。

ここではもう少し大内の主張をみておこう。大内によれば日本の農民の大部分はいずれはプロレタリアに転化してゆく運命にあるのであるが、これをいわば途中でとめて農民として維持し、プロレタリアにたいする前砦たらしめるのが小農維持政策の任務であった。その主張の二年後にでた『日本農業の財政学』の第一章第三節の「小農維持政策の意義」でそのことはより詳しく論じられている。そこでは論旨が明確になっているが、逆に難点も明確になっている。正確を期すために要になっているところを少し長くなるが引用する。「日本資本主義は農業にたいして、まつたく矛盾した二つの要求をもつている。すなわちそれは、一方ではますます農業および農民を資本主義経済のなかにまきこんでゆき、それを原料や食糧の仕入れのもととして、生産物の販売市場として、また労働力のプールとして利用しつくさなければならない。そしてこれらをつうずる農民の搾取によつてのみ日本資本主義は成立し、成長することができたのである。しかし、このように農村を資本主義のなかにまきこみ、それを搾取すればするほど、農民は没落し、農民層の分解がすすまざるをえない。だが、他方では、日本資本主義は、経済的にも政治的にも、かかる農民層の分解をあたうかぎり阻止し、小農を小農として維持しておかなければならない、という要求をもつている。けだし、かかる小農層を利用し、搾取することが日本資本主義の存立条件であるとともに、小農をプロレタリアートにたいする前砦たらしめることが、ブルジョアジーの支配を安泰にする絶対的条件だからである。かくて一方では資本主義のいわば盲目的な必然の法則によつて農民層は分解せしめられようとし、他方では資本主義の自己保存の努力によつて小農は維持されようとする。そしてかかる二つの相反する方向へ動く力の矛盾と統一のうえに、小農層の運命がかけられている、ということになる。小農維持政策というものは、ひつきようこのような矛盾の集中的表現にほかならないのである」[192]とまとめている。ついで政策の具体例をあげる。第一は農業生産力を増大するための新しい技術の開発や資本の調達は国家の任務となること、第二は小農を保護し、分解を可能なかぎり阻止するための農産物価格政策の展開であり、第三は不生産的死重を軽くするための政策、具体的には租税負担の軽減、負債整理問題の解決であり、最後は小作関係の調整、自作農創設政策である。そして最後に結論としてこういうのである。「カウツキーもいうように、小農階級の経済生活をおびやかしているものはほかならぬ資本主義の経済発展じたいなのであるから、小農維持ということは、けつきよくかかる経済の発展に抵抗しようとするこころみである、という事実であろう。それゆえ、小農維持政策は、あるていどその目的を達するにしても、けつきよくは経済法則を排除して小農の没落を決定的に阻止することは不可能であり、かならず破綻をそのうちに蔵しているわけである」[193]。

(192) 前掲、『日本農業の財政学』、一九五〇、東京大学出版会、八八〜八九ページ。

(193) 同、九七ページ。

この大内の小農維持政策論の根本的難点はすでに最初にかかげた要の部分にある。大内の主張は簡単にいえば、「資本主義のいわば盲目的な必然の法則によつて農民層は分解せしめられ」るのであるから、その法則に反して「小農の没落を決定的に阻止することは不可能」なのだというにつきる。「資本主義のいわば盲目的な必然の法則によつて農民層は分解せしめられ」るというのは法則ではない。法則とは純粋資本主義社会を対象とする原理論における価値法則と利潤率平均化法則と人口法則の三大法則だけである。純粋資本主義という世界を前提とする法則であって、そこではすべて資本家的商品経済的要因のみによって行動する階級、すなわち産業資本としての資本家、賃銀労働者、および土地所有者の三者しかいない世界であって、そこでは資本主義社会が発生し形成される歴史過程そのものはすでに消えている。それゆえ純粋資本主義社会では三大法則はいつでも存在する。ところが農民層が両極分解するかどうかという現象には原理論世界には存在しない封建権力や独占体権力や農民をふくむ小生産者や商人資本や金貸し資本や中間的諸階層といった非商品経済的諸要因、非資本家的商品経済的諸要因、国家権力や政治・法律等の諸上部諸構造も各種生産諸力等の存在をも、さらに国際関係をも前提にして展開されるものであって、それは法則性をもっているが、原理論でいう法則とは次元の異なるものである。歴史的具体的法則性であって、原理論における法則と同一視はできない。したがって、資本主義の形成、確立、爛熟の全歴史過程をつうじて農民層は両極分解するとは必ずしもいえないのである。およそ資本主義の形成、発展期までは両極分解する傾向はあるが、その程度や形は国により時代によって必ずしも同じではないし、ましてや爛熟期の帝国主義段階になると、両極分解はむしろ一般的には阻害されるようになる。歴史過程にも法則的なものはあるといっていいであろうが、原理論の法則とはその法則の性質をことにしていることは間違いない。したがって資本主義の歴史過程においてはつねに農民層は必ず両極分解するとは必ずしもいえないのである。その意味では小農維持政策が資本主義の法則に反するので、結局は失敗するとはいえない。しかし、だからといって小農維持政策が、大内の主張するように日本の資本の、政治的はともかくとしてたんなる経済的要求といえるかどうかは別問題である。

小農維持政策は本来、帝国主義段階になってから出現する政策である。自由主義段階までは、いずれの資本主義国においても、明確、不明確はあるにせよ農民層は両極に分解する傾向をみせる。帝国主義段階にはいると資本家的農業経営が解体するようになり、農民の農外賃労働者化が鈍化するようになり、中間層農民が絶対的にも増加してくる。これが中農標準化傾向と呼ばれている現象である。相対的過剰人口は景気動向いかんによって発生するが、新たに構造的、あるいは潜在的過剰人口が発生してくるようになる。農民の賃労働者化も鈍化し、賃労働兼業農家が増大する。同時に都市には資本家的業務を担当する新中間層としての勤労者が発生する。もはや旧中間層が一方的に両極分解するということにはならなくなる。それとともに階級関係も不明確になってくる。資本主義が形態的にはくずれたかたちになってくるのである。資本主義の基軸はこれまでの産業資本にかわって、金融資本にかわったのである。政策も基本的にはその金融資本によって規定されるようになったといっていいであろう。

小農保護政策もその金融資本の利害を基軸にして展開されることになる。ということは小農維持政策がたんに小農を維持することを目的として展開されたわけではないことを意味しているのである。たんに労働者階級にたいする前砦をつくるために立案され、実現されたわけではないであろうということである。金融資本のより大きな利益追求のための方策として小農維持政策、または小農保護政策を展開したとみるべきだと思われる。それは第一次世界大戦後から展開される朝鮮・台湾の植民地米の自由移入の問題である。

シャムやビルマといった外国産の米の輸入には、一九一一年以来国内米価が高騰しているときは関税をかけていないが、国内米価が低落しているときは米一〇〇斤（六〇〇グラム）当たり一円の定率関税がかけられて、国内米生産を保護しているが[194]、朝鮮、台湾の植民地米の移入にはいっさい関税がかけられていないという事実をどうみるかという問題である。質が日本米とくらべてさして劣らない朝鮮米にたいしても無関税である[195]。「朝鮮においては、第一次大戦中から一九一八年の米騒動にかけて、『内地』の食糧不足が強く感じられたので、大々的な産米の改良および増産政策がおこなわれた。一九二〇年にはじまる朝鮮産米増殖計画がこれ[196]」である。「台湾においても当初から産米の改良に努力が払われてきたが、一九二二年に蓬莱米の栽培試験に成功したので、以後これの普及につとめた。その結果朝鮮・台湾ともに米の生産が急速に増加し、それにおうじて『内地』にたいする移出量も急激に増加した[197]」。こうした「外地」米が大量に移入されはじめたのは昭和のはじめのころからで日本は世界恐慌にまきこまれていた時代だった。こういうときに安価な「外地」米が自由に移入されることにたいして「問題が殖民地政策と関連するだけにそうかんたんにはゆかなかつた」[198]と大内も明確な解答をだしていない。「『外地』米の移入統制という議論もないではなかつたが、つねに植民地側の強硬な反対にあつて、政府はこれをなしえなかつたのである。かくてさしあたつては『外地』米にたいしては直接の制限をくわえず、……『内地』の米価維持政策の一環としてこれにたいする対策をとることになつた」[199]といって、大内は以後事実の経過をのべるにとどまっている。

(194) 大内、前掲、『日本農業の財政学』、一七〇～一七一ページ。
(195) 朝鮮標準中米の東京、正米市場価格は日本米の深川標準中米価格より、一九一五年～一九二九年平均で、一割がたやすい。河合和男『朝鮮における産米増殖計画』、一九八六、未来社、一三七ページの表三－一二により計算の結果。なお朝鮮における米生産の年成長率は一九二〇～二五年で一・〇%、一九三〇～三五年で四・三%、であってかなり上昇しているが、台湾においては同期間で四・二%、四・一%で停滞的である（溝口敏行・梅村又次編『旧日本植民地経済統計』、一九八八、東洋経済新報社、山田三郎稿、三七ページ、表四－四による。数字の信憑性はあまり高くないようであるが、およそこういえよう）。
(196) 大内、前掲書、一七九ページ。
(197) 同、同ページ。
(198) 同、一八一ページ。
(199) 同、一八二ページ。

「『外地』米の移入統制」という「内地」側の見解に強硬な反対を表明したのは朝鮮、台湾の各「総督府」であった。その長官は日本の軍部が掌握している。かれらはいったいいかなる理由で反対したのか。それはおそらく日本の金融資本の意向に結果的にそって反対したのではないかと考えられる。かれらは植民地の地主や農民の意向にそって安価な「外地」米を「内地」に移出することによって植民地統治をスムーズに展開しうるだけでなく、それでえた貨幣をもって日本金融資本の工業製品を移入しうることが日本の利益になると考えたのではないかと思われる。いいかえれば「外地」を農業国とし、「内地」を工業国とする関係を構築することによって広域経済圏を構築しようとしたのではないだろうか。[200] 安価な植民地米の「内地」への流入は「内地」小農の利益に反するが、その流入の反面をなす工業製品輸出増による景気の回復効果が実現できれば「内地」小農にとっても利益になるわけである。植民地米の移入増進策は日本金融資本の景気対策だったのであり、日本資本主義が抱える農業問題対策でもあったといっていいであろう。小農維持政策の現実の役割は、古典的帝国主義段階といわゆる国家独占資本主義の時代とでは異なるものとしなければならない。この安価な植民地米の「内地」への移入にたいする対応策が自作農創設事業と農業生産力政策だったと考えられるのである。

(200) 河合和男は前掲書でこういっている。「朝鮮総督府は『産米増殖計画』による増産の約半分を朝鮮内での消費にあてて食糧需要増大、土地騰貴に対処することによって植民地支配体制の動揺を沈静化し、また残りを移出することによって日本の食糧・米価問題の解決に役立てると同時に、これまで植民地支配の社会的支柱として位置づけられ、さらに今や日本米穀市場の存在という有利な条件のもとで産米を集中し、米を移出することに利害をもつに至った朝鮮の地主層に日本帝国主義と共通の経済的利害をもたせることによって、またそれを通じてますます朝鮮と日本との経済関係を緊密化、あるいは朝鮮の日本に対する依存度を増大させることによって、日本帝国主義の朝鮮植民地支配体制の維持をはかろうとしたのである」（河合、前掲書、四三～四四ページ）。という文章は大いに示唆的である。

三　農業生産力と生産関係の変革

大内力に一九四八年発表の「日本のおける農業生産力論の展開」という論文がある。[201] そこでは日本の農業生産力の拡充、近代化をはばむものはほかならぬ過小農制そのものであり、それを維持するものが日本資本主義そのものであるから、いかんともしがたい、という認識がしめされている。その結論にいたる道筋はおよそこうである。農業生産力の問題が学界にあらわれたのは日華事変当初の一九三八～三九年前後であるが、農民のプロレタリア化は戦争中にいちじるしくすすみ、農業人口の流出、農業の粗放化、農業所得の低位性、農業生産力の増進が現われた。その生産力のなかでも労働生産力の増進が求められた。そのためには「過小農的生産関係が破砕されて、より大きな生産力に対応した新しい生産関係が作りだされなければならない[202]」が、そうした議論のなかで近藤康男の見解は注目に値する。近藤は「農業生産力の問題を考えるにさいして、土地所有がもつ作用の重要性を強く主張されている。そして日本農業の生産関係を土地制度の基盤のうえにたつものとして把握され、この基盤の変革こそが農業近代化の基礎要因であるとされる。そのかぎりでは、今までの諸説に欠如していた生産関係の把握がともかくもこゝろみられているのであり、問題は一歩解決に近づいているといつてい丶であろう[203]」と評価している。ただ近藤のばあい「土地制度がア・プリオリなものとして基柢におかれ、農業の全構造がこゝから説明されている。それゆえこの土地制度そのものは、政治によつて、いわば経済の外から変革されるもののように思われる。だが、かゝる理解のしかたは、あまりにも農業の内部に視野が踢蹐しているのではないであろうか。われわれが日本の資本主義全体との関連において問題をみるならば、日本農業の生産関係は過小農制度として理解されるべきであり、それを規制するものは、むしろ農業外の日本の資本主義社会であると考えられる。土地所有はこのような資本主義社会を基礎とし、それに規定されつゝ存在しているにすぎない[(204)]」といって、近藤説を批判する。そして農業生産力の問題はまだ十分に解明されていないとして、「われわれのみるところでは、日本農業の生産構造を日本資本主義全体の生産構造の一環として、この両者の構造的連関を分析するという態度が不じゅうぶんであることにその理由があるようである[(205)]」という。

(201) 大谷省三・大内力編『農業生産力論考』、一九四八、地球出版、所収。のち大内力『日本農業の論理』、一九四八、日本評論社、所収。

(202) 前掲、『日本農業の論理』、一五ページ。

(203) 前掲書、三四ページ。

(204) 同、四一ページ。ただ、この引用文中の「土地所有はこのような資本主義社会を基礎とし、それに規定されつゝ存在しているにすぎない」というのは問題がのこる。この土地所有というのはむろん近代的土地所有のことであろうが、それは資本主義によって一定の規定を受けているのではあるが、直接資本主義的経済がつくりだしたものではない。経済外的強力による土地と直接生産者との分離によってつくりだされたものをのちに資本主義が自己に適応させたものである。資本主義的商品経済は自立的に発生しうるものではないのである。

(205) 同、四二ページ。

そして最後に太平洋戦争中に発表した鈴木鴻一郎説にたどりついて、これを支持するのである。鈴木によれば、通説は、農産物の価値のうちまず地代が控除され残部が労賃＝農業所得になるという考えだが、これは逆立ちした理論であつて、「リカァドゥの理論によれば、剰余価値が下落または騰貴するから労働賃銀が騰貴または下落するのではなくて、逆に労働賃銀が騰貴または下落するから剰余価値が下落または騰貴するのであつた。吾々はこの理論から、日本の農村において小作料が高いから農民の労働賃銀が低いのではなくて、逆に農業労働賃銀が低いから小作料が高いのであるといふ多数の論者とは異なつた結論を引出すことはできないであらうか。我国においては小作料は全剰余価値を代表してゐるのみならず、更に賃銀部分にも喰ひ込んでゐると云はれてゐるが、それがかくも大であるのは農業労働賃銀が通例の賃銀水準以下に押し締められてゐる結果ではないであらうか[206]」という鈴木説を引用したのち、「よりくわしくいえば後進資本主義国として発足したわが国は、農村が完全に解体しないまえに近代的機械工業を輸入した。その結果として、(一) 農村から吸収される労働力は主として女子であり低賃銀を支払われるものであつたが、しかもこれらが過小農制の維持に役立つたこと、(二) 国内市場が狭くかつ国外市場も先進国の支配化にあつたから、工業の労働力吸収能力が小さく、したがつて農民は土地から離れる機会がすくなかつたこと、(三) 逆にかゝる低賃銀こそがわが国の工業の海外進出の武器となり、したがつて過小農制が資本により維持されたこと、等の現象を生じた[207]」と大内は解説する。ついで鈴木の結論として「土地所有が近代化してをり、従つて地主が農業生産から遊離し農耕を専ら資本の支配下にある近代化された零細経営によつて営まれてゐるとするならば、過少農制の必然的帰結たる農業低賃銀に照応する農業労働の低度の生産性は最早救治すべくもなく、増産は必然に謂ゆる土地生産力に、すなはち単位面積当りの生産数量の増大に、依拠されねばならないのである[208]」ことを紹介し、ついで「この鈴木教授の立論のきわめてすぐれている点は、農業生産力の問題をたんに農業内部の問題とみないで、資本主義社会の全体的な関連において、すなわちいわば社会の総過程のうちにおいて把握している点である[209]」と評価する。そしてわれわれが一番はじめに紹介したように、日本の農業生産力の拡充をはばむものは過小農制であり、その過小農制を維持するものが日本資本主義にほかならないという結論をひきだすのである。そしてあらためてこういうのである。「けれども八・一五以来、問題はさらに展開した。日本の資本主義社会はそのみじめな敗戦の結果として、いやでもおうでも変貌をとげなければならない立場におかれている。いまその変動は急速にすゝみつゝあるけれども、それがどのように展開してゆくかは未来の問題である。たゞわれわれはこう断定していゝであろう。明治維新以来こんにちまで日本のブルジョアジーはつねに封建的残存物をそのうちに温存しこれを利用することによつて発展してきた、それゆえにまた日本のブルジョアジーにはもはやこのような封建的なものを除去しようとする意思もないし、能力もない、ということがこれである。たとえば農地改革にしても相変わらず自作農創設という小農維持の線にそつてすゝもうとするブルジョア政府の退歩的政策は、彼等がまたもや旧来のようなゆがめられた資本主義社会を再生産しようと企図としていることを端的に物語つている[210]」と。

(206) 同、四三ページ、鈴木のもとの論文は「増産と農地制度——本邦農地所有形態に関する一試論——」、『社会政策時報』、一九四二年三月号、鈴木鴻一郎『日本農業と農業理論』、一九五一、御茶の水書房、所収、一三六～一三七ページ。

(207) 大内、前掲書、四四ページ。
(208) 大内、前掲書、四五ページ。鈴木、前掲『日本農業と農業理論』では、一五〇ページ。
(209) 大内、前掲書、四六ページ。
(210) 同四七ページ。

最後に大内がいっているように、「農地改革にしても、相変わらず自作農創設という小農維持政策の線にそつてす丶もうとするブルジョア政府の退歩的政策は、彼等がまたもや旧来のようなゆがめられた資本主義社会を再生産しようと企図していることを端的に物語つている」のであるが、資本主義社会はいずれの資本主義諸国においても、小農民や小生産者、あるいは一般に生産力といった非資本家的商品経済部分をかかえこんでいて、そのために不可逆的な歴史過程を展開するわけである。それでも資本主義の生成・発展期まではそれらの非資本家的商品経済部分の大部分は資本家的商品経済的性格のものに転化させられ、あるいはそれに適合的なものにさせられて、ゆくのであるが、爛熟期になると、まずこれまで資本家的商品経済に適合的であった工業生産力が特殊に発展して非適合的なものになるとともに、資本主義全体が不純なものに転化するようになる。そうかといってただちに没落するわけではない。経済過程だけからいえば没落の必然性はないともいえる。資本主義の純化はひとつに収斂する傾向をもつが、不純化はさまざまに不純化するわけである。資本の活動範囲も世界化する。ただそのなかにあって、ただひとつ資本主義に不得手な部門がある。農業である。帝国主義段階以後、農業は世界的な問題になってくるのである。この点について宇野はひとつの示唆を与えている、それは現実におこなわれた第二次農地改革の直前に書かれたと思われる未定稿「農地制度改革は何故おこなわれるか」という四ページにも満たない短文である。[211] まず最初に、農地制度の改革が「農地の無償没収によるにしろ、有償買上によるにしろ、また政府から与えられたものにしろ、新政権から要求せられたものにしろヨーロッパ諸国の敗戦乃至戦乱諸国に共通に」みられたのであり、「またそれはこれら諸国の再建の根本的課題の一つをなしているのである」といったのち「敗戦諸国の再起の途は、いうまでもなく恒久的な平和国家として徹底的な民主主義乃至社会主義的再建以外にはないのであるが、そのためには先ず第一にいわゆる枢軸諸国に共通な軍国主義の基礎をなすものを解体しなければならない。経済的にはここに二つの点が問題になる。即ち軍需工業と結んで急速に発達した資本主義をいかにして再編成するかというのが一つ。第二はかかる発達の基盤をなした農村の、特に遅れた農地制度の改革をなすことである。これは勿論政治的に民主主義の確立を保証するものとして要請せられるところであって、今次世界大戦の帰結の重要な特質をなすものである」と前置きして、「前世界大戦後の世界経済の最も根本的な問題は、いずれの国においても失業と農業危機の解決にあった。この二つの問題はしかし決して離ればなれに起きたものではない。いうまでもなく世界経済はもはやいわゆる農業国と工業国との国際分業関係を以ては片付け得なかった。農業国は農産物の、工業国は工業品の販路に極めて重大な困難を生じ、資本の対外貸付による打開も三十年代以後は殆んど不可能となって来た。各国ともにこれを国家的に積極的に解決せざるを得なくなった。失業は失業保険その他の社会政策によっては賄い切れないほどに大量的な現象となり、農産物の国際市場ももはや私的の競争に放置し得ないほどに危機的となって来た。この二つの大問題は勿論その国々の産業構成の如何によって重点を異にするが、いずれの国においても相関連した解決が要請せられた。而も三十年代始めの金本位制からの離脱は、その解決を著しく国家主義的に行わしめる最も重要な条件を与えたのである。／日、独、伊の旧枢軸諸国も勿論その間に各々産業構成上の相違があって、これも一概に論ずることは出来ないが、しかしこれらの諸国においては、この問題の解決に当たってだいたい共通した方法が採用されたことは、注目しなければならない。いわゆる統制経済にしても、広域経済にしても、いずれも専制官僚的形態として展開せられたのである。特に労働運動がいわゆる新秩序の名の下に殆んど完全に抹殺されたのであった。何故に然るかについては、なお種々究明すべき点も多いであろうが、それはともかく農業においていわゆる封建的性格を有する諸関係が残存していたという事実は、極めて重要な原因の一つとなすことが出来る。いわゆる広域経済の主張においても、指導国と成員国との関係は極めて不明確であって、事実上は成員国の後れた社会関係を基礎にした専制的支配関係が企図せられていたのである[212]」という。広域経済の指導国としての日本が成員国の朝鮮、台湾にたいして専制官僚としての総督府が専制的支配関係のもとに植民地米を日本に移出せしめたというさきにみた事実は国家独占資本主義的政策の先取りとしての歴史的意義を有するものであったことを、この宇野の文章が物語っているといえよう。工業国と農業国との関係が帝国主義的支配・被支配関係をもっておこなわれたことはもはや通用しないが、農業国と工業国との自由貿易が前者には工業の、後者には農業の、それぞれの発展をもたらすのであって、ヨーロッパでは十九世紀初頭からおこなわれたのにたいして、アジアでは二十世紀にはいって、しかも支配・被支配関係をもっておこなわれたところに、東アジア特有の後進性なり歪みなりがあったといえる。だがいまや工業国と農業国との貿易関係は自由貿易をもってしては済まされない問題になっている、もちろん暴力をもってはなおさら済まされない段階にきている。国家間の民主主義的関係をもって組織的に解決を図るしかない、ということをこの宇野の短文は意味しているといっていい。しかしこれが本書ののちに論ずる資本主義「発展の法則」なのである。

(211)『宇野弘蔵著作集』別巻（「学問と人と本」）、一九七四、岩波書店、所収。以下の宇野からの引用文はこの書の四二三～四二六ページからのもので、いちいちページ数をあげなかった。

(212) 右別巻、四二三～四二四ページ。

このあと宇野は農地改革についてのべている。「戦後、農地制度の改革が行われつつある諸国が、上述の如き世界情勢を基盤にして生じた民主主義諸国と非民主主義諸国との対立において、概ね後者に属したということは、決して偶然ではない。したがってまたそれは単純に敗戦という事実によってのみ強制せられたものでもない。寧ろ戦争の形態、或いは戦争そのものに対する一種の世界史的批判とでも言うべきものをふくんでいる。封建的な支配・服従関係が資本主義的に利用せられるとき、当然そこには封建社会に予想せられないような極端に非人間的方法と組織とが現出する。いわゆる総力戦の内にあっては人間もまた物的資源と並んで人的資源と看做され、現実にまたかかる取扱いを受けることとなる」[213]。ここで一言注記しておきたいことがある。「封建的な支配・服従関係が資本主義的に利用せられるとき、当然そこには封建社会に予想せられないような極端に非人間的方法と組織とが現出する」というところであるが、「封建的な支配・服従関係」とここで宇野がいっているのは有限な土地面積にたいして土地の借手が多いという、土地の供給にたいして借手需要が過多であるという経済的需給関係が土地所有者とどこにも逃げ場のない小生産者との間でおこると借り手側の弱みが発生し、それが限りなく「封建的な支配・服従関係」に接近するということなのである。小生産者という純粋資本主義では存在しえないものが多数存在すると、時と場合によって、こういうことがおこるのである。そのことの本質は封建制度の残存という問題ではなくて、資本主義自体の現実の問題なのである。そのことは資本主義の原理論と現実に存在する資本主義とのいわば必然的なちがいの問題なのである。現実の資本主義においてはなまじ資本主義的合理性をもっているだけに時と場合とによって「封建社会に予想せられないような極端に非人間的方法と組織とが現出する」のは第二次世界大戦がしめしていたのである。現実の資本主義はいい意味でもわるい意味でも資本主義的合理性を貫こうとする。人的資源といったモノとしての合理性である。

(213) 宇野、前掲書、四二四〜四二五ページ。

「農地制度の改革は、したがって単純に改革の行われる諸国の国内的問題に留まるものではない。実は世界史的意義を有する重要問題の一つであって、この改革の行われる諸国の管理を行う国々は勿論、これと関係ある世界各国にとっても忽せに出来ないものである。我が国の農地制度改革が、昨年末の議論を通過した『改正農地調整法』によって一応出発しながら、その後対日理事会においてもしばしば論議せられ、最近また新たなる再改正を必要とするに至ったという事情も、かくの如く考えて始めて理解することが出来るであろう。現在日本と同様にこれらの諸国における改革は、その点では外観は外部から与えられたもののようにも見えるであろう。しかし実際はすでに国内的にもしばしば問題となっていたし、前大戦後の革命的情勢によって改革が企てられたこともあったのであって、それがまた我が国でも見られるように特殊の方向に、その解決が求められつつあったのに過ぎない。敗戦によって要請せられて来たために、或いはその真の意義が見失われているのではないかとも考えられるのである。勿論、戦勝国としての連合軍にとっては、これらの諸国の国内問題としての農地改革そのものには直接の利害関係があるわけではない。……かかる改革を必要とする農地制度が、それ等の国々の政治機構に及ぼす影響力の点に問題がある。言い換えればそれは世界史的関連において問題となっているのである」[214]という。ここで宇野が主張していることは戦勝国としての連合軍は日本国内の農地改革そのものには利害関係があるわけではないが、農民の貧困の解決方法として、あるいはそれを根拠として東アジアを自己の勢力下におこうとした野望の粉砕を問題にしているというのである。ナチス・ドイツが東欧諸国を自己の勢力下におこうとしたのと同様に枢軸側の侵略行為の非難が連合国側の主張というのである。そこに日本、ドイツの戦後改革の世界史的意義があるというのである。

「したがってこの問題も単純に国内問題として考えることは、真にその解決を求める所以とは言えないであろう。寧ろかかる世界史的意義を明確にし、その方向に解決が求められて始めて、外部から与えられた問題としてでなく、国内問題としても正しい方向を採り得ることとなるわけである」[215]と宇野はいうのであるが、問題の中枢は多数の農民の存在をどうするかということにある。農民が減少しないことにはいつまでも零細経営であって、農業生産力の上昇は困難であり、農産物価格は騰貴せざるをえない。農民の減少には資本家的工業の発展による農民の賃労働者への転化運動しかない。そのためには工業製品の輸出市場の拡大を必要とする。これまでの日本は外部輸出市場を武力をもってつくりだし、これを自己の支配下においたことが世界の非難を浴びたのだった。工業製品輸入国は通常農産物輸出国である。戦争を永遠に交渉手段とはしないということは、したがって工業国は一般に工業品を輸出して農産物を輸入するということ以外に資本主義を展開することはできないのである。農業国もいずれは工業国に転化するであろうから、こういう関係がいつまでつづくかはわからない。しかし生産費格差は縮小しうるとしても、世界的規模で縮小するのは容易なことではない。

(214) 前掲書、四二五ページ。
(215) 同、四二六ページ。

こういうように考えてくると、宇野がいうようにつぎのような疑問がわいてくるのである。「この観点からすると例えば八千万の人口を有する我が国が、従来の外地を失った今後の経済において、その食糧をいかにして自給調達するかという方向が、果たして正しいか否かは甚だ疑問である。少なくともかかる目標を予定してかかることは、いわゆる農本主義に陥る危険を免れないであろう。勿論、今後の日本の農業或いは食糧問題をいかに解決するかを放置してよいというのではないが、世界経済に参加する型態とその実質的関係とに、全く不明確なるままで、今後の方向を決定するのは、一層無責任といわざるを得ないであろう[216]」というのである。私はこれまで食糧自給主義を主張してきたのであるが、それはいずれの国も遅かれ早かれ資本主義が発展し、いずれは工業国に転化することを前提として考えたために、農産物供給量は減少すると予想したことにもとづいている。さきにもふれたように遠い将来はわからないが、資本主義の世界的な現実の発展過程においては、各国ごとに発展段階がずれるという現実の歴史過程を考慮すれば、いずれの国も資本主義の発生は多かれ少なかれ農業国として展開されるのであり、農産物の輸出でえた外貨で工業化するための資金を稼ぎ出すわけである。その農産物を輸出する後進国にとっては先進国がその農産物を輸入することが前提になっているのであって、先進工業国が農産物を自給することは後進農業国にとっては自己の利益に反することなのである、先進工業国にとっても、他の有力資本主義諸国が影響力を行使しうる後進諸国を閉鎖的な自己の勢力圏にかかえこむといった事態が発生したときは食糧自給化を採用することにもなるのである。

宇野のここでの主張は、先進工業国である有力資本主義国は後進農業諸国を専制的にかかえこむというのではなく、自由貿易の原則のもとで工業国は工業品を輸出し、農業国は農産物を輸出することがたがいに利益になるというものであると考えられる。先進資本主義国が特定の後進農業国を自己の工業品の輸出市場として自己の勢力圏にかかえこむということが大戦争をひきおこした原因ではなかったかというのが宇野のここでの主張ではないであろうか。先進国は工業製品を後進諸国に輸出し、それでえた資金の一部をもって後進諸国から農産物を輸入することによって、農民層を減少せしめ、残存した農業生産者の経営規模を拡大し、資本家的農業経営を形成・拡大させる。後進国は農産物を先進諸国に輸出し、それでえた資金で工業諸国から生産手段をふくむ工業製品を輸入しつつ、工業生産を拡大発展させ、農民を賃銀労働者に転化せしめて、工業を資本家的生産に転化させる。こうして農業国も工業国もたがいに接近して農工両全の国に転化してくるであろう。そして以上の過程において工業国、農業国とも内外にわたって、民主主義を大原則にする。そのうえで農工両全が生産力発展度の格差を残しながらも資本主義のもとにおいても一応達成されうるのではないか。そしてここまでが資本主義の最高の発展であろう。それを前提として農工間労働力移動の自由を制約していた生産力発展の格差を社会主義によって解消しうるということになるのではないだろうか。(217)

(216) 同、四二六ページ。

(217) この考えは宇野の以下の発言がヒントになっている。「生産力の増進は生活水準の上昇を許すと同時に条件とする。事実、普通教育はわれわれの知る限りでも段々と年数を長くしてきている。これはバカにならないことと思うのです。例えば、ぼくらの年配だと電気製品いじるのが非常に下手ですが、今の子供は中学校へ行くようになると、電気製品をいじるのが相当上手になっていて、ラジオなど自分で造ってみたりする。もって一般的にもそういうことが言えると思う。／先日、逓信労働者らしい人から手紙がきて、『合理化というのは、先生が説かれたようなものではない』というのです。あれで人手不足を解消されるといっても『阿呆でもできる仕事をみんなでやらされることになる』と書いてあった。それは手紙の区分けを番号によってやるような仕事をみているのでそういうのでしょうが、逓信労働から鉄道労働へも移り、鉄道労働から建築労働にも移れるという、『なんでもつくれる』労働者の移動が、実際上可能になるような知識を一般的にするのでないと、社会主義社会の確立はできないでしょう。資本主義でもだんだんそういうものを要求しているので、中学校が義務教育になってもまだたらない程ではないか、とぼくは思う」（宇野弘蔵『経済学の効用』一九七二、東京大学出版会、六七～六八ページ）。名人芸などと見惚れていると、そこに人間にたいする差別の心が忍びよる。差別をうまないことのほうが上位にある。

最後に確認しておきたいことがある、宇野はつぎの文章でこの短文を結んでいる。「したがって農地制度の改革も、現在のところは他の諸問題と同様に、例えば財閥の解体、或いは労働運動の解放と同様に、従来の封建的性格の払拭という消極的改革に主眼があるものと考えなければならない。なお、著しく不明なる今後の方向を予定してかかることは、反ってこの主要問題を曖昧にすることともなるのである。すくなくとも爾余の方策はこの線に沿って展開せられ、制約されるものでなければならない[218]」。ここで「農地制度の改革も……従来の封建的性格の払拭という消極的改革に主眼があると考えなければならない」ということの意味は小作制度の改善であって、いわゆる自作農主義ではないはずであるといえないであろうか。最後にその点を問題にしよう。

大内力は一九七五年の論文「農地改革後の農業の発展[219]」のなかで「農地改革の逆効果」という重大な問題のあった

ことを指摘している。それは農地改革が、大内が当初より難点をなすものとして批判していた自作農創設に重点がおかれて実施されたために、すべての農民が土地所有にこだわらざるをえない立場に追い込まれ、農民層の分解が、賃労働者化の方向には土地もち労働者化という変則的なかたちで行われたが、とくに問題は農業経営の規模拡大が原則として不可能になったという指摘である。小農が経営土地面積規模を拡大するばあい、農地を購入していては投資効率が悪いから通常借地しようとするが、農地改革の結果を固定化しようとした農地法は小作権を異常に強大なものにしたために、農民はその土地が余っていたとしてもその農地法にもとづいてその土地を貸付しようとしないのは当然である。「農家のなかには、土地をうっかり貸出すと、つぎの農地改革のときそれを失うだろうという危惧をもっているものさえあるのである[220]」。それは私の経験からも農村でよく聞いた話である。「経営の規模拡大」というものも「請負耕作[221]」という歪められた形で、実体も小規模散在的借地の形式的集合体という効率の悪い経営体が多かった。大規模経営を借地によって実現することが困難であるという条件のもとでは、経営の大規模化は果樹園芸などの施設型といった集約化の方向にすすみ、土地利用型の穀作の発展は阻害され、穀物の輸入が増える、過度の集約化は過剰投資を生み、それができないばあいは兼業化を深め、固定資本投資は抑えられ、流動資本投資が偏重される、といった農業経営の歪みが深化する。「農地改革が農地の流動化を妨げるひとつの有力な原因となって、いることはたしかであろう。そのかぎりでそれは農業の展開を押し歪める条件ともなったのであって、まさにそれこそが農地改革の逆効果といわれるべきものなのである。そしてこの逆効果は、日本経済の展開がすすむにつれ、年一年と大きなものにならざるをえなかったのである[222]」というのが大内のこの論考の結びの文章である。一九四八年の処女作『日本資本主義の農業問題』以来、農地改革の評価は大筋でかわっていないのである。

(215) 前掲論文、四一五ページ。

(218) 宇野、前掲書、四二六五ページ。
(219)「農地改革後の農業の発展」、東京大学社会科学研究所編『戦後改革』、六、『農地改革』、一九七五、東京大学出版会、所収。
(220) 前掲論文、四一五ページ。
(221) 請負耕作とは土地所有者が土地を貸付けるのではなく、農産物(主に米)の生産を請負わす、ということであるが、事実上は貸付であって、貸付という形式をとらないで農地法の規制にかからないようにすることである。「請負う」ほうは多くのばあい数人の農民による集団借地経営体である。
(222) 同、四一六ページ。

なおここで重要なことは農地改革の逆効果ということが、国家独占資本主義の重要な一面を形成する歴史的意義を有するという事実である。農地改革がその逆効果によって借地による農業経営規模の正常なかたちの拡大を多かれ少なかれ阻害したことはすでに指摘したが、ある意味ではそれ以上に重要なことは小農が機械化を導入して農業生産力をある程度上昇させたのにもかかわらず、上昇する生活費を充たしえず、賃労働兼業化をすすめ、さらには個別労働力ごとに脱農し、所有地を貸付に出し農外賃労働者化を展開したという事実である。問題はその農外賃労働者化がかつてのようにプッシュされておこなわれたというよりも、農業外の労働力需要の拡大に引っ張られておこなわれたという事実である。農民はかつてのように小作貧農ではなくなっていた。農地改革によって、自作地地代分だけでも生活費を上昇しえたのである。つまり戦前とは異なって家全体としては相対的に高い所得を獲得しうる農外労働者になりえたわけである。それは無産労働者への転化ではなく、土地もち労働者への転化だった。戦前とは異なって、均分相続制になったこともそれを促進した。農民の自家農業総所得が相対的に高くなったこういうことが農民の労働力供給価格を高からしめることになり、工業資本は生産拡大のさいに、それに対応せざるをえなくなって、技術革新を採用する結果をもたらした。それは日本経済に未曾有の高度成長をもたらすことになった。この高度成長も国家独占資本主義の他の一面を現わしている。そのことに農地改革も重要な作用をおよぼしていたとみていい。[223] これも農地改革の逆効果の他の一面を意味するものといっていいであろう。国家独占資本主義はもともと法則の則をこえた政策の展開であるから、一度こえるとその結果によってはまた他の政策をもって対応せざるをえなくなる。重大な危機もおこりうるわけである。

(223) この点ものちの私の研究課題にしたいと考えているが、大内は「私の経済学を語る」、下(『エコノミスト』七九年二月二七日号)、で、つぎのように語っている。日本は敗戦で「社会体制が大幅に変化して、独占体制も一度突き崩された。農地改革その他で従来の日本の資本主義の枠組みが崩れた」(同、四一ページ、下段)、「そういう日本資本主義の後進的な構造をうまく利用して、高度成長ができたのではないか。まさにそういう戦後性と後進性という一種の特殊条件によって、支えられたのが高度成長であって、そういう意味で、それは比較的短期的な、国家独占資本主義からいえば異常現象ではないか」(同、四二ページ、上段)と思ったということであるが、じつは短期に終わらなかった。大内の国家独占資本主義の原型は金本位制離脱を前提とするインフレ政策による実質賃銀低下を意図する経済の停滞化論だったので、高度成長を「異常現象」とみたのであるが、この「語る」では、「国家独占資本主義なるものは、そもそも高成長であるとか、低成長であるかという一般的な問題のたて方をしたことそのものが間違っていたというべきでしょうね」(同、四二ページ、中段)といっている。いずれにしても農地改革の逆効果がその後の日本資本主義の構造変化にいわば黙したまま重要なはたらきをしていたことは間違いないというべきであろう。

以上、大内力の初期日本農業論を検討し、とくに農地改革論についてはその政策のみではなく、農地改革後およそ四分の一世紀後の日本農業の変貌の結果の分析までを含めて、簡単に検討してきたが、この農地改革論においては生産力と生産関係との関係は生産力が発展すると生産関係が変化するという通説ではなく、一定の生産関係の変化のあり方こそが生産力の変化を規定するという考えを貫いていることを確認することができた。農地改革という生産関係の変革は、農業では歪められたかたちにおいてではあるが、機械化が進展し、工業では高度成長をもたらしたといっていいであろう。しかし大内にあってはすでにみたように他方では商品経済の発展に伴う生産力の変化こそが生産関係を規定するという考えがあったこともわれわれにとっては確認済みである。これは下部構造と上部構造との関係の問題でもある。生産関係の変化や生産力の発展自体にも政治過程が必然的にからむのであって、今後の大内日本農業論の展開の検討を通じてこうした問題を考えてゆきたいと思う。しかしこの『日本資本主義の農業問題』における基本的考えは、大内自身のその後の研究範囲の驚異的な拡大、掘り下げの過程においても変わってはいないのであって、もちろん部分的な修正はあるが、骨格はくずれていない。その意味で大内日本農業論の原型をなすといっていいように思われる。(224)

(224) 大内は「私の経済学を語る」、下(『エコノミスト』一九七九年二月二七日号)で、つぎのように語っている。日本は敗戦で「社会体制が大幅に変化して、独占体制も一度突き崩された。農地改革その他で従来の日本の資本主義の枠組みが崩れた」（同、四一ページ）。「そういう日本資本主義の後進的な構造をうまく利用して、高度成長ができたのではないか。またそういう戦後性と後進性という一種の特殊条件によって、支えられたのが高度成長であって、そういう意味で、それは比較的短期的な国家独占資本主義からいえば異常現象ではないか」（同、四二ページ）と思ったということであるが、じつは短期に終わらなかった。大内の国家独占資本主義の原型は金本体制離脱を前提とするインフレ政策による実質賃銀低下を意図する経済の停滞化論だったので、高度成長を「異常現象」とみたのであるが、この「語る」では「国家独占資本主義なるものは、そもそも高成長であるとか、低成長であるという一般的な問題のたて方をしたことそのものが間違っていたというべきでしょうね」（同、四二ページ）といっている。いずれにしても農地改革の逆効果がその後の日本資本主義の構造変化にいわば黙したまま重要な働きをしていたことは間違いないというべきであろう。

第四節　農地改革の難点

一　農地改革の内容

一九四五年八月一五日、第二次世界大戦を敗北をもって迎えた日本は同年一〇月一二日占領軍司令官マッカーサーより幣原首相に与えられた日本民主化に関する覚書「日本産業機構の民主主義化」によって農地改革を実施することになった。「日本産業機構の民主主義化」が農村に向けられたのは、連合国が日本社会の民主化を考えるばあいに日本の農村こそがもっとも封建的であると考えていたことによる。だがそれにもかかわらず農地改革案が議会に上程されたとき反対が強かった。もともと日本の資本主義社会は有力資本主義諸国のなかでも最も貧しい部類の労働者階級によって維持されていたのであるが、多くの農民はその賃銀労働者層にも容易に入りえないで、より貧しい小作農民として暮らしていたのであり、自作農民も自作地地代部分が追加収入として得られるにしても生活水準そのものはこの貧しい小作農民によって規定されていたのであるから、貧しさには変わりない。もっとも地主といっても西欧資本主義諸国の地主とは異なって大半は小規模の地主であって、それゆえにこそ階級間経済格差よりも階級間意識格差の方がことさらに大きくなったといっていいように思われる。事実、政府は当初容易にこの農地改革問題をとりあげようとはしなかったのであって、マッカーサーの同年一一月一二日のいわば催促声明によって一一月二二日に閣議決定がなされ、議会にかけられて、一二月二八日に通過成立した。これが第一次農地改革（正式名称は「農地調整法改正法律」）である。

その内容はこうである。「①不在地主の所有する小作地及び在村地主の所有する全国平均五町歩を超える小作地は、五年間の予定で小作人の希望により開放する。その面積は二百六十万町歩の小作地のうち約百万町歩に達する。更にこの外五十万町歩は地主からできるだけ勧誘して、自作農創設のため土地を提供させる。②物納小作料を金納化する。換算の基準は、米は一石七十五円、大麦は一石二十四円三十銭等である。③物納小作料を金納化する。換算の基準は、米は一石七十五円、大麦は一石二十四円三十銭等である。④小作地の取上は、要件を厳重に制限するばかりでなく、市町村農地委員会の承諾がなければ罰せられる。⑤農地改革の推進機関として、広汎な権能を市町村農地委員会に持たせる。その委員は地主、自作、小作の各階層から五人宛選挙する外、地方長官は中立委員三人を任命する。[225]」というものであって、要するに自作農の創設と、小作料の金納化とその統制、耕作権の確立と推進機関としての農地委員会の改組、民主化である。だが、この第一次農地改革には大内力が指摘しているように[226]、地主に五町歩の保有地を認めたために開放面積が小作地の四割程度にとどまったこと、小作人の希望するばあいにのみ開放がおこなわれる建前であるために、地主が小作人を説得して開放を希望しないようにさせるケースが少なくなかったこと、小作人が希望すれば小作料物納が可能だったため、悪用されて物納がかなりおこなわれたこと、耕作権確立のための法的措置が強固でなかったため、事実上土地取上げが広汎におこなわれたこと、などの欠陥をもっていた。

(225) これは大内力『日本資本主義の農業問題』(改訂版)、一九五二、東京大学出版会、二二〇ページからの孫引きであるが、その出典は大和田啓気「農地改革の解説」、農林省「新農地制度の解説」、日本週報四八-五〇号、一一〜一二ページ。

(226) 前掲、大内書、二二一ページ。

さらにマッカーサー司令部も対日理事会もこの改革の不徹底さには不満であった。一九四六年五月には対日理事会においてイギリス案を骨子とする勧告案がつくられた。こうした対外的事情に拍車をかけられた政府は第二次農地改革の立案をすすめ、同年九月には農地調整法中改正法律案ならびに自作農創設特別措置法が国会に提出され、一〇月には通過成立した。これが第二次農地改革であるが、「この改革案は司令部によって『日本が経済的に安定し、政治的には、民主主義的な社会を創造する途上にある日本が、これまでに到達した最重要な里程標の一つであり』、『現存の弊害を芟除するために遥かに深く根底を衝いている』として承認されるところとなった[227]」。第二次農地改革の内容は次の如くである。「①土地の売買は自由な話合に任せず、地主の土地所有を制限する意味で、たとへ小作人が希望しなくても、地主から国が買収する。②買収すべき農地は、不耕作地主の小作地全部と在村地主の持ってゐる小作地で、北海道では四町歩、北海道以外では平均一町歩を超える部分とした。在村地主が更に自作地を相当持ってゐる場合は、一町歩以下の小作地でも買収する。これによって小作地の八割、二百萬町歩が二ヶ年間に開放される予定である。関係する地主は約百萬戸、小作人は自小作農を含めて約四百萬戸と数へられる。或る意味においては正に社会変革であると云ってよい。③農地の価格は、農産物価格並びに一般物価の値上りにも拘らずこれを据ゑ置く。④国が小作人に売渡す場合は、小作人の資産状態によって長期の年賦支払を認め、将来農産物が極度に値下りした場合は、年賦支払金を減免したり延期したりする。⑤買収及び売渡の計画は、地主、自作、小作の各階層別公選の委員によって組織される市町村農地委員会が自主的に作成、都道府県の農地委員会がこれを承認すれば、効力が生ずる。地方長官はこれによって買収及び売渡の手続を行ふ。⑥市町村農地委員会の構成を耕作者本意とし、耕作農民、特に小作農民の活動し得る道を拓いた(228)」。

(227) 前掲、大内書、二三二ページ。『』内の文章は朝日新聞、一九四六年一〇月三日号紙面のものである。
(228) 前掲、大内書、二三二－二三三ページ。

そして小作関係についてはつぎのとおりである。「①土地取上げの制限を更に強化した。農地改革実施後一ヶ年間は、原則として土地の取上げは認めない。②小作料は現在ストップされ、金納化によって実質的に相当引下げられたが、将来の問題として、農産物の価格が値下りした場合を考慮して、農産物価格がどれほど値下りしても、小作料は田では収穫米の価額の、畑では主作物の価額の一定割合を超えることは許さない。この一定割合と云ふのは、中央農地委員会の定める基準に従って、都道府県農地委員会が具体的に定めるが、田では二割五分、畑では一割五分以内である。③小作契約は、従来は口頭のものが大部分であったので、権利関係が明白でなく、地主、小作人間にいろいろ紛争の種となることが多かったし、問題になると小作人の不利に解決される傾向もあるので、今後はできるだけこれを書面にして、市町村農地委員会に届出させる様に指導する[229]」というものであった。

(229) 前掲、大内書、一二四ページ。

もともと農地改革の狙いは自作農創設と小作関係の改善という二本の柱からなりたっているが、この二次改革では、自作農創設に力点が置かれ、小作関係の改善は二次的な取り扱いがとられているのであって、大内はこれは「かなり重大な問題であろう[230]」と位置づけている。一次農地改革のときも自作農創設と小作関係の改善という二本の柱が立てられていたが、二次改革では明確に自作農創設の方に力点が置かれていた。一次改革のときにすでに向坂逸郎、大内兵衛、東畑精一は小作関係の改善の方が重要だと主張していたことを大内は紹介し[231]、そして大内も「この改革は……基本的には自作農創設方策であって、小作関係の調整はこの自作農創設を促進しかつ側面から補充するというような副次的意義を与えられているにすぎないと考えられる[232]」と位置づけていたのである。

(230) 前掲、大内書、二二五ページ。

(231) 向坂逸郎「土地制度改革について」(同氏『歴史的法則と現実』、所載)、大内兵衛「農地制度改革の意義」、『世界週報』二七－一、東畑精一「農地制度の基準」(同氏『農地をめぐる地主と農民』、所収)。大内、前掲書、二二八ページ。

(232) 同。二二五～二二六ページ。

農地改革が「小作関係の改善」よりも「自作農創設」を重視しておこなわれたことは政府自身が地主小作関係をたんなる土地の賃貸借関係ではなく、地主の小作にたいする封建的、あるいは半封建的関係であるとみなしていたことに由来することは否めない。戦前の日本の地主小作関係を封建制的関係にあるとみなしていたいわゆる「講座派」は、したがって農地改革がなお不十分なものとみなしたのは当然のことである。もちろんここで封建論争を展開するわけにはゆかないし、今日ではその論争のくりかえしは無意味とさえいえる。要するに講座派は資本主義の現実的展開を甘く見ていたのである。そのことはのちに現実のものとしてあらわれた。資本主義の現実の発展は国により、発展段階によってさまざまな形をとる。それぞれ現実的根拠と一定の法則性を有するのであるが、それは資本主義の老獪さを意味しているともいえる。老獪さというのは、小作農の貧しさが小作料が高いから貧しいのか、農民一般の生活水準が低い水準のものにならざるをえないからなのか、というように問題をたてたときに、この社会の常識では前者だとされているが、果たしてそろうか、という意味である。そして事実、農地改革はこの老獪さに乗せられた形で実施されたのである。

二　農地改革の難点

農地改革が敗戦直後の日本の食糧危機を救うのに役立ったことはたしかである。資本主義は奴隷制社会とは異なり、そして封建社会とは半分異なっていて、もともと人間社会の一般的存立条件をその内部に蔵しうる唯一の階級社会である。したがって自然に崩壊するということはありえない社会であるといわなければならない。その一般的存立条件が大戦争の敗戦によって危殆に瀕していると感ぜられるときは、資本主義的発展方法の政策かどうかを越えて社会存続のための政策が採用されることは十分にありうることである。農地改革にも敗戦直後の食糧危機を解決するという緊急措置的性格を担わざるをえなかった側面が確かにあった。そしてその緊急措置はたんなる緊急措置として経済体制が回復すれば元にもどるという性質のものではなかった。その緊急措置はたんなる食糧問題を解決するというものでもなかったからであって、土地制度の改革という、資本主義の根幹にかかわる改革だったからである。農地改革はたんなる価格政策でもなければ生産政策でもなかった。そもそも資本主義の成立にともなう近代的土地所有制度の制定はたんに土地の所有者を確定すればいいというものではない。資本主義の成立にともなう近代的土地所有の成立は、封建社会における土地と直接生産者との結合状態を暴力または政策をもって強制的に分離することによって実現されたものである。土地と直接生産者との結合が支配・被支配という経済外強制によって実現されていたからである。一部の学者に後進国日本においては商品経済の作用のみによってその分離がおこなわれたとする人がいるが、商品経済の力のみによっては封建制から資本主義への転換が実現できたわけではない。商品経済とは端的にいえば商品売買のことであって、封建制度は売買で消滅したのであろうか。封建領主がその権力を売らないといったらどうなるのであろうか。身分制という政治力によって構成された社会はそれを破壊する政治力がなければ崩壊しない。経済力の背後に政治力があるといっても、たんなる商品経済ではなく資本家的商品経済そのものには政治力が排除されているのである。たんなる商品経済のもとでは封建的身分制は存続しえたからである。その封建的政治構造はブルジョア革命という政治的行為によって崩壊する。明治維新は不徹底ながらブルジョア革命であった。封建的支配下にあった小農民は封建的身分制から解放されて、日本では原則として小土地所有の自由な小生産者農民となった。彼らは日本資本主義の形成・発展によってどう変わっていったのかということと戦後農地改革によって形成された自作農民がどう変わりえたのか、あるいは変わりえなかったのか、ということがここでの問題なのである。

資本主義成立期の小土地所有の農民は一方ではさしあたり借地によって経営面積を拡大していったが、他方では小土地所有を失って、賃銀労働者に転化した。農地改革にあっては自作農創設という土地と直接生産者とが政治によって結合されるという歴史の逆転を意味する側面があったが、それによって食糧危機をのりこえることができた。だが同時にそれは資本主義にとっては歴史の逆転を意味するものであった。もちろん現実の資本主義はいつも進歩発展すればいいというものではない。ときに逆転も必然のものとしてありうるのである。それは資本主義の強みといっていいのかもしれない。資本主義は部分的に労働力と土地との結合という逆転をすることによってみずからを維持することがありうるということを農地改革はしめしたのである。だがその結合は商品経済の原則を破るものであったために政治力を必要とした。その政治行為が農地改革であった。そのことによって発生したのが土地もち労働者という自作小農民であった。それは経済的に自然に形成されたものではなくて、農地改革という政治過程を前提として形成されたものである。だがこの土地もち労働者は資本主義初期の小生産者農民のばあいのように商品経済の発展に伴って賃銀労働者と大農業経営者、または地主とに分解していくものではないし、その必要もない。すでに資本主義は成立していたからである。さらに一九五二年に制定された農地法は農地改革の結果を維持するものとして貸付地主の権限を制約し、借地権が相対的に強く規定されている。[233]そのため小地片農地を所有している土地もち労働者は土地を一旦貸しだすと容易に解約できないので、荒らし作りをしてでも所有農地を貸しだそうとはしないという傾向を生むことになった。農地として売るよりも宅地、工業用地等として売ることを選考しているわけである。

(233) 農地法、一六条（農地又は採草放牧地の賃貸借の対抗力）、「農地又は採草放牧地の賃貸借は、その登記がなくても、農地又は採草放牧地の引渡があつたときは、これをもつてその後その農地又は採草放牧地について物権を取得した第三者に対抗することができる。」（以下略）。一七条（農地又は採草放牧地の賃貸借の更新）「農地又は採草放牧地の賃貸借について期間の定めがある場合において、その当事者が、その期間の満了の一年前から六月前まで（……）の間に、相手方に対して更新をしない旨の通知をしないときは、従前の賃貸借と同一の条件で更に賃貸借をしたものとみなす。」（以下略）。一八条（農地又は採草放牧地の賃貸借の解約等の制限）「農地又は採草放牧地の賃貸借の当事者は、政令で定めるところにより都道府県知事の許可を受けなければ、賃貸借の解除をし、解約の申入れをし、合意による解約をし、又は賃貸借の更新をしない旨の通知をしてはならない」（以下略）、宮崎直己『農地法読本』（三訂版）二〇一六、大成出版社、三〇〇～三〇一ページ。

一九六〇年代後半から始まった非農業部門への賃労働者化による農民の減少は、一農業経営当たり経営耕地を拡大せしめ、それによって農業生産力も上昇しうることになるはずであるから、資本家的工業の発展による農民の減少は本来、農業経営の発展を促進する条件をなす。事実、イギリス資本主義の成立後は農業の資本主義的発展はそのようにして実現されたといっていい。このことは宇野から学んだのであるが、宇野はこういっている。「封建社会の崩壊にともなう土地所有の近代化は、イギリスにおいても、極めて長期にわたる資本主義の発展の過程の内に準備せられた農業自身の資本主義化とともに、ようやくいわゆる資本家的土地所有を確立することになるのであった。農業自身の資本主義的経営にしても、またそれにともなう土地所有の資本家的形態にしても、それは決して農業自体の発展の結果として実現されたものではない。工業における資本主義の発展の対応物としてにすぎない(234)」のである。資本主義はさしあたり資本主義的生産に包摂されやすい工業部門で発展し、そのさい必要とされる賃労働者は農村の農民から調達され、それは農民を減少せしめて、残存農民一人当たりの耕地面積を拡大させるが、そのことは農業生産力を上昇せしめて農業資本主義化を実現させることになるというのである。

(234) 宇野弘蔵著作集、第八巻（農業問題序論）、一九七四、岩波書店。一五四ページ。論文名は「日本資本主義の特殊構造と農業問題」であり、初出は東畑精一・宇野弘蔵編『日本農業の全貌第四巻、日本資本主義と農業』一九五九、農林省農業総合研究所、所収。

なお上記引用文の「すぎない」に注印があり、その注の文章はつぎのとおりである。「後に言及するように、資本主義の発生、発展の過程は、封建的土地所有の崩壊をともなわずにはいないのであって、土地所有の近代化はその前提条件をなすものである。それは直ちに資本家的土地所有を意味するものではない。農業自身が資本家的に経営されるところに始めて土地所有の資本家的形態が確立される。経済学の原理は……農業を含む全産業の資本家的経営を想定する純粋の資本主義社会を想定するのであるが、そしてまたそうしなければ資本の利潤にたいする地代の原理を明らかにすることができないのであるが、実際上はそういう純粋の形において土地所有関係を展開した社会は、イギリスだけといってよい。それもまた五十年代においてさえ、原理論で明らかにされるような関係をそのままに実現していたのではない。なお賃銀や利潤に喰いこむ地代の存在をも許したのである。／なお対外輸出によって促進された農業の発展は、またしばしば資本家的経営の発展をともなうことがあった。それは直ちに国内の工業の資本主義的発展の対応物とはいえないのであって、多かれ少かれ国内の特殊な事情を伴うものとなるのである」（前掲、宇野著作集、第八巻、一五五〜一五六ページ）。

なお宇野は上記の論文のなかでつぎのようにいっている。注のなかの文章であるが「明治政府が、土地私有化を決定する際の基準そのものは、その変革の行われた過程における社会的勢力関係に基くものであって、そういう基準が後の資本主義的発展に影響がないというのではない。しかし資本主義の発展自身は、一般的にいって与えられた土地所有関係をも、それに適応した形態に変更してゆくのである。変革の過程で決定された所有関係が固定的に維持されるわけではない。事実、わが国の場合でも明治十年代に内容的には相当の変化があった。いわゆる地主的土地所有は、むしろ日本資本主義の特殊性に適応したものとして永く存続したものといってよい。問題は、反って戦後の農地改革の成果が、種々なる制限的方策によってでなければ維持しえないという点に残されているのである」（前掲書、一六〇〜一六一ページ、注（4）の文章）と。だが、農地改革の土地所有制度の改革はそう簡単にもとに戻るというものではないであろう。

一般に農業経営の規模拡大は借地のとりいれによっておこなわれる。所有地の拡大をとらないということであって、そのほうが資本家としての利益があがるからである。ところが農地改革が自作農創設を主眼としたものであるために、それは他方で借地による農業経営規模拡大を阻害する傾向を生んだ。政府は一九五二年に農地法を制定して借地による農業経営規模の拡大をはかったが、借地権が強い形で規定されているため、農地所有者は農地の貸し出しを嫌った。そのため農地の貸付という形ではなく、農作業を請け負わせるという脱法的形で事実上の農地賃貸借がおこなわれるようになった。だがそれは正常な農地賃貸借関係ではないために、全面的に拡大することはなかった。そして日本工業の高度成長が展開されるようになった七〇年代以降になると兼業農家も増大し、その自己所有の耕地を貸付に出すようになったのである。しかしまだ借地制農業が全面展開されているという状況ではない。工業が大きく発展したにもかかわらず農地改革のさいの自作農創設政策の反動性はこと土地所有にかかわるだけに工業化、都市化の進展にもかかわらず生き延びていると思われる。その意味で自作農創設政策としての農地改革は原始的蓄積期の明治初期とは異なって、農民層をブルジョアとプロレタリアとの両極に分解するという法則の実現を大きく阻害するものになっているのである。もちろん中間層としての農民層の両極分解はすすまざるをえないが、問題の焦点は農地改革によって形成された小土地所有の農家の去就にある。その土地所有は資本主義の本来の地主階級の土地所有とは異なって、農地改革で形成された自作農の小土地所有であって、その機能は地主的土地所有とは異なっていわば小農的土地所有である。地主的土地所有はもっぱら貸付だけのための土地所有であるが、小農的土地所有は複雑である。自作農のばあいには自己使用のための土地所有であって、農地改革の理念そのものである。兼業農家になれば、資産としての意味が強くなる土地所有になるが、農地法がある以上簡単に貸しつけるというわけにはゆかない。ドイツで見られたようなもともと先祖から大土地所有者だった地主が途中からその土地を使って自ら資本家的農業経営を始めることはありうるが、農地改革で小土地所有者になった農民が土地を購入して資本家的農業経営をするようなことはそもそも考えられない。農地改革を推進した政府も考えていなかったはずである。自作農創設を主張したものも農業経営の小農以上の発展を考えていなかったはずである。それがそもそも間違いだったというほかはない。

農業の発展を借地の拡大という正常な形態をもって実現する道をとざしてしまった農地改革の欠陥が敗戦から二〇年ほどたったときに開始された日本工業の高度成長によって解除される道程がはじまった。小農規模を超え、雇用労働をとりいれた借地大型農業経営体が発生してきたのである。それは農業内部の自立的発展によるのではなく、日本の工業が発展し、農民労働力が農外賃銀労働者に転化することによって開始されたのである、勿論遠い過去のイギリスでみられたような借地資本家的農業経営と単純に同一視するわけにはゆかないが、小農とか大農とかと異なった大経営体である。その実体を明らかにしたのは梶井功や伊藤喜雄であるが、梶井は「農業生産主体として従来把握されて自己完結的な個別経営、『農家』という形態での生産主体は、たしかに崩壊しつつある。しかしそれは『農業生産主体の崩壊』を同時に意味するものではない。『いえ』にかわる生産者組織のなかに、農業生産主体の存在を認識することが現段階では重要だと私はかんがえている[235]」という。梶井はこの新しい農業「生産者組織」は小農範疇を超えるものとしているのであって、「小企業農」と規定している。従来の小農経営を「補強補完」していたこれまでの「共同体的協業をなりたたせた原理と、今日の生産者組織のなかでの協業をなりたたせる原理とは、質的に異ならざるをえないのであって、そのちがいに注目して今日の生産者組織を位置づけることが重要だと、私はおもう。前者が無償性を本質としているのに、後者は価値法則にしたがって協業を構成しなければならなくなっているという点で、質的にちがうとみるからである[236]」といい、「個々の労働力主体が『いえ』から自立し、自らの主体的判断で就業＝労働力の価値実現方法を選択するようになり、それによって家族協業自体が崩壊するとき、無償性原理にもとづく相互扶助的労働提供もまた崩壊せざるをえない。他人の経営ではたらく労働力は、すでに価値どおりの支払いを要求する労働力である。この段階において編成される生産者組織は、価値法則の全面的支配において、個別経営を補強し、補完する協業を形成しなければならないのである。ここに現段階での生産者組織の特質がある。[237]」と明解な規定を与えている。われわれはここに二〇年をかけて農地改革の自作農主義という農業発展を制約する体制からの解放の時代を迎えることになったのである。二〇年は農家の基幹労働力の世代交代に要した年限とも考えられるが、いずれにせよこの間に工業の発展による工業労働者を中心とする都市人口の増大、それによる農家労働力の減少、残存農家一戸当たり平均耕地面積の拡大の可能性という「発展の法則」が大きく作用したとみていいであろう。

(235) 梶井功『小企業農の存立条件』、一九七三、東京大学出版会、「まえがき」iiiぺーじ。
(236) 同、二二〇ページ。
(237) 同、二二一～二二二ページ。なお梶井功『基本法農政下の農業問題』、一九七〇、東京大学出版会は「小企業農」の形成過程の実証分析である。また伊藤喜雄『現代日本農民分解の研究』、一九七三、御茶の水書房、同『現代借地制農業の形成』、一九七九、御茶の水書房は「小企業農」の形成過程の優れた実証分析である。

三　世界的農業問題の登場

宇野弘蔵著作集別巻（一九七四年、岩波書店）には農業関係の未定稿として「農地制度改革は何故行われるか」、「従来の我が国の農地制度と封建性」および「農業の構成」の三篇が載せられているが、斎藤晴造は「解説」において宇野が「一九四七年一月三菱経済研究所退職にともない、この論稿は未完となっているが、戦後の農業問題を研究するための重要な基礎研究であることは疑いない[238]」といっている。ここでとりあげるのは「農地制度改革は何故行われるか」と「従来の我が国の農地制度と封建性」である。この二編の論文は未定稿であるためか、わかりやすい論文になっていないが、農業問題の解決には工業化の発展が重要であることを説いたものである。まず「農地制度改革は何故行われるか」から見て行くと、日本、ドイツ、イタリアのいわゆる枢軸国に共通な軍国主義の基礎をなすものを解体しなければならないが「経済的にはここに二つの点が問題になる。即ち軍需工業と結んで急速に発達した資本主義をいかにして再編成するかというのが一つ、第二はかかる発達の基礎をなした農村の、特に遅れた農地制度の改革をなすことである[239]」といって、これは第二次世界大戦の帰結の重要な特質をなすという。これら三国においては「農業においてはいわゆる封建的性格を有する諸関係が残存していたという事実は、極めて重要な原因の一つとなすことが出来る[240]」という。第三に、「戦後、農地制度の改革が行われつつある諸国が、……世界情勢を基礎にして生じた民主主義諸国と非民主主義諸国との対立において概ね後者に属したということは、決して偶然ではない。したがってまたそれは単純に敗戦という事実によってのみ強制せられたものでもない。むしろ戦争の形態、あるいは戦争そのものに対する一種の世界史的批判とでもいうべきものを含んでいる[241]」。すなわち「農地制度の改革は、したがって単純に改革の行われる諸国の国内問題に留まるものではない。じつは世界史的意義を有する重要問題の一つであって、この改革で行われる諸国の管理を行う国々は勿論、これと関係ある世界各国にとっても忽せにできないものである[242]」。つまり農地制度の改革を要求する戦勝国も自国の農業問題を枢軸国の農業問題と関連させて解決しようとしていたというのである。「この問題も単純に国内問題として考えることは、真にその解決を求める所以とはいえないであろう。むしろかかる世界史的意義を明確にし、その方向に解決が求められて始めて、外部から与えられた問題としてではなく、国内問題としても正しい方向を採り得ることとなるわけである[243]」といい、このあと「工業をもって農業にかえる」という宇野のいわゆる資本主義「発展の法則」を打ち出すのである。「この問題も単純に国内問題として考えることは、真にその解決を求める所以とは言えないであろう。寧ろかかる世界史的意義を明確にし、その方向に解決が求められて始めて、外部から与えられた問題としてでなく、国内問題としても正しい方向を採り得ることとなるわけである」[244]といい、つづけてこういうのである。「この観点からすると例えば八千万の人口を有する我が国が、従来の外地を失った今後の経済において、その食糧をいかにして自給調達するかという方向が、果たして正しいか否かは甚だ疑問である。少なくともかかる目標を予定してかかることは、いわゆる農本主義に陥る危険を免れないであろう。勿論、今後の日本の農業或いは食糧問題をいかに解決するかを放置してよいというのではないが、世界経済に参加する形態とその実質的関係とに、全く不明確なるままで、今後の方向を決定するのは、一層無責任といわざるを得ないであろう」[245]というのである。もはや農業問題は世界資本主義の問題として解決を迫られているというのである。たんに帝国主義段階の問題ではなく、世界資本主義の問題になっているというのである。いわば国家独占資本主義のかかえている農業問題は世界農業問題だと、敗戦直後に宇野はすでにとらえていたのである。別の言い方をすれば、農業問題はいまや世界農業問題になったというわけである。

(238) 同書、五八六ページ。
(239) 同、四二三ページ。
(240) 同、四二四ページ。
(241) 同、四二四〜四二五ページ。

(242) 同、四二五ページ。
(243) 同、四二六ページ。
(244) 同、四二六ページ。
(245) 同ページ。

「従来の我が国の農地制度と封建制」という論考も同じ問題をやや具体的に論じたものであって、こういっている。「小作料が高率なることも、またそれが旧来の現物形態に留まることも、……我が国資本主義の後進国としての発展が齎した特殊性によって、耕地に対する農村人口の過剰ということから一般的には説明し得られることであって、これを直ちに封建的関係に基礎付ける必要はないのである。しかしそれも程度の問題であって、小作農が殊に過小農が殆んど堪え得られないほどの小作料が要求せられているということになると、これを経済的事情のみによって片付けることは出来ないのではないか、なんらかの経済外的力が作用しているのではないかという疑問が出て来る。従来しばしばこれを封建的乃至半封建的小作関係によるものとせられたのも正にこの点によるのである[246]」という。この「経済外的力」について宇野は制度として地主がもっているとはいっていない。しかし土地の借手が純小作農、自小作農、兼業農家、それに経営耕地の規模、土地の貸手の土地所有規模によっても小作料は異なることがあることをあげている。資本家的農業経営とは異なって、小農制のばあい法則的傾向を規定することは困難であるが、それがいよいよ困難になっているというのである。

(246) 同、四三四ページ。

第三章　大内力の日本農業の構造分析

第一節　構造分析㈠——『農業問題』（初版）

一　初版と改訂版の「はしがき」

ここで考察の対象とする大内の著作は主として『農業問題』（初版、一九五一、岩波全書）と『農業問題』（改訂版、一九六一、岩波全書）であるが、初版を対象として論争がおこなわれたので、それも逸するわけにはゆかない。この論争は大内の『農業問題』（初版）を主な対象として鈴木鴻一郎の「日本農業と『価値法則』[1]」と大島清の「わが国小作料は差額地代第二形態か[2]」によって挑まれ、大内はこれにたいして「価値法則と日本農業[3]」をもってこれに応えた。さらに『農業問題』初版の一年前に出版された『日本農業の財政学[4]』の序章と第一章とは学界デビュー作『日本資本主義の農業問題』（一九四八、日本評論社）においては大内理論の中枢の位置にありながらなお本格的に論じられていなかった農産物価格の形成論理を中心にその他重要問題についてやや詳しく展開しているものなので、逸することはできない。もちろんこのほかにも当時から重要な研究結果を発表していたし、その後はいうに及ばない。その点については必要に応じてとりあげる。

（1）鈴木鴻一郎『日本農業と農業理論』、一九五一、御茶の水書房、所収にして初出。
（2）法政大学経済学会『経済志林』二三巻一号。一九五五。
（3）東京大学社会科学研究所『社会科学研究』六巻三号、一九五六、のち大内力『地代と土地所有』、一九五八、東京大学出版会、に収録。
（4）大内力『日本農業の財政学』、一九五〇、東京大学出版部

この大内の『農業問題』の初版と改訂版とはのちにみるように大内日本農業論の骨格を形成するものといっていいのであるが、初版は一九五一年に、改訂版は一九六一年に出版された。しかしこの時期の大内は農業問題の研究のみをしていたわけではない。もともと日本資本主義の農業問題というとらえ方が示すように、この時期にも日本資本主義の全体にも研究の視野を広げていた。いま当面の農業問題解明に直接的、間接的に関連する、一九六〇年代初めごろまでの共著をふくむ著書だけをみてもその活動状況はおよそつぎのごとくである。『農業問題』初版以前には、処女作以外にも『日本農業の論理』、『日本農業の財政学』があることはすでにみたが、宇野弘蔵・鈴木鴻一郎・斉藤晴造・大内力著『日本における農業と資本主義』（一九四八、実業之日本社）が出版されているが、その主役は宇野弘蔵であって、重要な問題提起の書である。そのほかに大内が共著者の一人になっているものに梶西光速・大島清・加

藤俊彦・大内力著『日本における資本主義の発達』上・下（一九五一、東京大学出版会）、その同じ人たちによる『経済問題の基礎知識』（一九五二、暁教育図書）がある。さらに大内力『農業恐慌』（一九五四、有斐閣）は単著であるが、梶西光速・大島清・加藤俊彦・大内力著『日本資本主義の成立』（Ⅰ．一九五四、Ⅱ．一九五六、東京大学出版会）、武田隆夫・遠藤湘吉・大内力著『近代財政の理論―その批判的解明―』（初版、一九五五、改訂版、一九五八、時潮社）、林茂・小西四郎・大内力著『現代史―日本の百年―』（上・下、一九五七、毎日新聞社）、梶西光速・大島清・加藤俊彦・大内力著『日本資本主義の発展』（Ⅰ．一九五七、Ⅱ．一九五七、Ⅲ．一九五九、東京大学出版会）と共著がつづき、大内力『肥料の経済学』（一九五七、法政大学出版局）、同『農家経済』（一九五七、中央経済社）は単著であり、金沢夏樹・福武直・大内力著『日本農業の基礎知識』（一九五八、東京大学出版会）の共著、大内力『地代と土地所有』（一九五八、東京大学出版会）は単著であり、梶西光速・大島清・加藤俊彦・大内力著『日本資本主義の没落』（Ⅰ．一九六〇、Ⅱ．一九六一、Ⅲ．一九六三、Ⅳ．一九六四、Ⅴ．一九六五、Ⅵ．一九六七、Ⅶ．一九六八、Ⅷ．一九六九．東京大学出版会）、といった共著がつづく。さらに編著書ながら重要なものに『農業史』（一九六〇、東洋経済新報社）がある。以後六〇年代、七〇年代を通して多数の研究業績を世に送り出している。[(5)]そして一九七八年度末に東京大学を定年退職したあとも、大内経済学の集大成ともいうべき『大内力経済学大系』全八巻[(6)]を世に送り出した。最後の巻は没後三ヵ月後に出版された。

（5）その主なものをあげると、単著『日本経済論』（上、一九六二、下、一九六三、東京大学出版会）、同『アメリカ農業論』（一九六五、東京大学出版会）、同『「経済学」批判』（一九六七、日本評論社）、同『日本における農民層の分解』（一九六

九、東京大学出版会)、同『農業経済学序説』(一九七〇、時潮社)、同『国家独占資本主義』(一九七〇、東京大学出版会)、同『現代日本経済論』(一九七一、東京大学出版会)、同『経済学における古典と現代』(一九七二、東京大学出版会)、同『現代アメリカ農業論』(一九七二、東京大学出版会)、編著『現代資本主義の運命』(一九七二、東京大学出版会)、単著『日本農業論』(一九七八、岩波書店)、同『信用と銀行資本』(一九七八、東京大学出版会)、同『国家独占資本主義・破綻の構造』(一九八三、御茶の水書房)、である。なお編著書にはここでは一書しかあげていないが多数ある。

(6) 第一巻『経済学方法論』は一九八〇年、第二巻『経済原論』上、一九八一年、第三巻『経済原論』下、一九八二年、第四巻『帝国主義論』上、一九八五年、第五巻『帝国主義論』下、一九八五年、第六巻『世界経済論』一九九一年、第七巻『日本経済論』上、二〇〇〇年、第八巻『日本経済論』下、二〇〇九年である。いずれも発行所は東京大学出版会である。

以上にみたような横にも縦にも尋常ではない大内の研究業績をいわば背景において、ここでとりあげるのは『農業問題』初版である。まず「はしがき」で、なにが問題であり、それをどう説くべきかを明らかにしている。まず問題は資本主義の「多くの国において農業が完全に資本家的生産によって支配されるようにはならないで、むしろ中間段階たる小農民が数多く残存していることが注目されなければならないのである。そしてこのような小農民が資本主義の発達につれていかに変質してゆくかを明かにすることにこそ農業問題研究のキイポイントがある」[7]という。いいかえれば資本主義一般の農業問題ではなく、各国の資本主義の歴史的に規定された特殊性に着目し、そこにおける農業問題を解明すべきだというのである。そうすることによって「資本主義社会一般における農業問題の本質をも理解することができるようになる」[8]。そして解明の方法には二つあって、「ひとつは、たとえばイギリス、アメリカ、フランス、ドイツ、ロシア、日本といったような幾つかの異った資本主義の型に着目し、それらの国々で、重商主義、自由主義、帝国主義といった資本主義の各発展段階におうじて、どのような農業問題が発生しているかを明らかにし、その相互の比較をつうじて農業問題の本質を把握する、という方法であり、他は日本の農業問題をとくにとりあげ、それを日本資本主義の発達との関連において分析することによって農業問題の本質を明らかにする、という方法である」[9]。ところが前者のような研究は著者の研究の都合からいっても、また本書のようなコンパクトな書物には不適当なので、放棄したという。

(7) 大内力『農業問題』(一九五一、岩波全書)「はしがき」四ページ。
(8) 同、五ページ。
(9) 同、五ページ。

このように本書が日本資本主義自体がかかえる農業問題の解明を目的にしていることが簡明に語られている。ただし農業問題のとらえ方が、あらゆる資本主義に共通するものとしてはとらえられていないが、日本資本主義の発生から現代にいたる全過程に存在するものとして農業問題をとらえ、その解明を課題だとしていることには注意しておかなければならない。のちに問題にするが、『農業問題』改訂版の「初版はしがき」[10]では、「資本主義社会一般における農業問題の本質をも理解することができるようになる」という文章はそのまま再録されているが、さきに引用した初版の「それらの国で、重商主義、自由主義、帝国主義といった資本主義の各発展段階におうじて、どのような農業問題が発生しているかを明らかにし、その相互の比較をつうじて農業問題の本質を把握する、という方法」という部分は「それらの国で、重商主義、自由主義、帝国主義といった資本主義の各発展段階におうじて、どのように農業が発達し、その結果農業問題を発生せしめるにいたったかを世界史的類型として明らかにし、それによって農業問題の本質を把握するという方法[11]」というように微妙に変わっている。変化は初版では「資本主義の各発展段階におうじて、どのような農業問題が発生しているかを明らかにし、その相互の比較をつうじて農業問題の本質を把握する」というところが改訂版では「どのように農業が発達し、その結果農業問題を発生せしめるにいたったかを世界史的類型として明らかにし、それによって農業問題の本質を把握する」というように変わっているのである。初版では農業問題は資本主義の各発展段階に発生するのであり、「その相互の比較をつうじて」農業問題の本質を把握する、という主張になっているが、改訂版では農業問題は一定の資本主義国の発展過程において「どのように農業が発達し、その結果農業問題を発生せしめるにいたったかを世界史的類型」のちがいという観点から農業問題の本質を把握する、という主張になっている。前者においては農業問題は資本主義の各発展段階に応じて存在するというように読めるが、後者においては資本主義の発展とともに農業も発展するが、そのご「世界史的類型」差をもった農業問題が発生するというように読める主張になっている。このばあい農業問題が発生するのが資本主義の発展の三段階のどの段階であるかは示されていないが、資本主義の発展過程における一定の段階であるという意味であろう。だが改訂版では先に引用した文章の一ページまえに初版にはない新たな見解が示されていた。まず初版では「農業問題が経済学の一部門として研究されなければならないのは、それが資本主義の種々な発展段階におうじて、また各国の資本主義の異った構造的特質におうじて、それぞれ異った形態をとりつつ発生してくるからである[12]」と、ここまでは初版も改訂版も同じであるが、このあと初版では「なかんずくここでは、多くの国において農業が完全に資本家的生産によって支配されるようにはならないで、むしろ中間段階たる小農民が数多く残存していることが注目されなければならないのである。そしてこのような小農民が資本主義の発達につれていかに変質してゆくかを明らかにすることにこそ農業問題研究のキイポイントがあるわけである[13]」となっている。ところが、改訂版では「なかんずくここでは、多くの国においては、その資本主義がもっとも順調に発展した自由主義段階においてすら、農業は、完全に資本家的生産によって支配されるようにはならず、むしろ中間段階たる小農民を数多く残存せしめていたこと、そして資本主義がそのほんらいの発展傾向を失う帝国主義段階にはいると、農業の資本家的発展もおこなわれえなくなり、かえって小農民の存在が強化されるようになることが注目されなければならない。けだしそこにこそ資本主義にとって解決しえない問題としての農業問題の本質があるのだからである[14]」というように変わっている。つまり改訂版では大内が農業問題とは帝国主義段階の問題であることを明らかにしたのちに、先進国イギリスと後進国ドイツをとりあげ、「それらの国で、重商主義、自由主義、帝国主義といった資本主義の各発展段階におうじて、どのように農業が発達し、その結果農業問題を発生せしめるにいたったか[15]」を究明することが農業問題解明の課題であるといっているのは、読み方によっては初版「はしがき」に引っ張られた後退ともうけとれる。あるいは後年、大内が主張するようになる発展段階論のなかには先進国、後進国問題を入れなければならないという思いがあったのかもしれないが、それをおいて問わぬとすれば、「初版はしがき」もなお不明確さを残しているといわなければならない。しかしいずれにせよ課題の設定そのものが対象自体の性格に規定されているのが経済学の科学としての特殊性に由来しているのであって、『農業問題』初版の「はしがき」から改訂版の「初版はしがき」への変化は著者の農業問題にたいする科学的認識の進歩を意味しているのである。もともといわゆる農業問題なるものは純粋資本主義に基礎を有しながらそれ自体は抽象的思惟の世界にしかありえない原理論のみをもってこれを解明することができない特殊歴史的な具体性をもつものだった。純粋資本主義を対象とする原理論においては非商品経済的諸要因は本筋の論理には登場しないのであって、したがって商品経済的行動をとることもあれば、とらないこともあるといった小生産者は存在する余地がないのである。

(10) 改訂版なのにどうして「初版はしがき」となづけたのかはわからない。
(11) 大内力『農業問題』一九六一、改訂版「初版はしがき」五ページ。
(12) 大内力『農業問題』一九五一、初版「はしがき」四ページ。
(13) 前掲書、初版、四ページ。
(14) 前掲書、改訂版、「初版はしがき」四ページ。
(15) 同、五ページ。

二　農産物価格の形成

大内の『農業問題』初版は全六章からなりたっている。第一章「序説」、第二章「農業経営と農家経済」、第三章「農産物価格の形成」、第四章「土地所有と地代」、第五章「農業金融と財政投資」、第六章「農業恐慌と農民層の分解」である。このうち大内理論の独創性がもっともでているのは三、四および六章と考えられるのでこれをとりあげる。のちにみる「論争」でも三章四章がとりあげられている。そこでまず第三章「農産物価格の形成」であるが、その「二　農産物価格決定の特殊性」のなかのつぎの文章に注目しなければならない。すなわちこういっている。「農業にも資本主義的経営が支配的におこなわれており、かつ地代がここでは差額地代のみであると仮定するならば、農産物の市場価格は、限界地もしくは、限界投資の生産物の生産価格（費用価格＋平均利潤）によって、いいかえれば何ら地代をふくまない農産物の価格によって規制され、地代はただより優良な条件のもとで生産されしたがってより小さい個別的価格をもつにすぎない農産物についてのみ問題になりうるにすぎない、という点である。そして以下でとくにわれわれが問題にしなければならないのは、日本のばあいのように、家族労働による小農経営が支配的であるばあいには、右のような資本家的経営のもとにおいて認められる一般法則が、どのような修正をうけつつ適用されるか、という問題なのである[16]」と問題を設定する。ついでこの一般法則が「価値法則」であることをつぎのように明らかにする。「小農経営が支配的におこなわれていても、農業をとりまく社会が資本主義社会であり、かつ農業が深く資本主義社会のなかにまきこまれていれば、農産物の価格がまったく法則性をもたず、偶然的に決定されるということはありえない。周知のように、人間の社会はすべてその総労働力を、その社会の必要とする割合でさまざまの生産部門に配分しなければ存立しえないものであるが、資本主義社会はこのような労働力の配分を意識的計画的に遂行しうる機構をもっていないので、むしろ商品交換関係をつうじて、いいかえれば価格の変動をつうじて、このような労働力の配分を規制するものが価値法則であるといっていい[17]。そこで農業も、それがたとえ資本家的経営によって担当されてはいないにしても、すでにそれが資本主義社会の社会的分業の一分肢となっており、したがって資本主義社会はこの部門にも、一定の労働力を配分しなければ存立しえない条件がつくりだされているならば、やはり何らかの形で価値法則の支配をうけないわけにはゆかないのである。ただここでは、経営が資本家的原則、すなわち平均利潤の確保、という原則によって支配されていない、ということのために、一定の偏寄をうけた形で価値法則が自己を貫いてゆくにすぎない[18]」という。

(16) 前掲『農業問題』初版、一一七〜一一八ページ。

(17) ここには大内自身の注がついていて、それにたいしてマルクス「クーゲルマン宛の手紙」からの引用ページ数がしめされているが、問題はそれにつづくつぎの文章にある。すなわちこうである。「念のために注意しておけば、価値法則をこのように労働力配分の原理としてとらえることは、むろんただ価値法則の一面をとらえたにすぎない。このような法則性は資本主義社会では直接的に把握することはできないのであり、むしろわれわれは価値が一定の形態としてあらわれる点をとらえ、その展開を追求することによって価値の本質にいたる以外には方法はないのである。そのいみで、価値法則をたとえば商品交換を規制する法則として理解することもできるのである」(『農業問題』初版、一一九ページの注〔17〕)といっているが、私がここで問題にしたいのは価値法則を適用しうるかどうかの問題ではなく、価値法則が貫徹しているということが原理論におけるばあいと同じ意味あいで貫徹しているということであれば、疑問が残るのである。農業が小農民によって担われていても、価値法則が何らかの形で作用していることは間違いないが、小農制においては「一定の偏寄をうけた形で価値法則が自己を貫いてゆく」というとき、その「一定の偏寄」とはここでは「生産価格の法則」の代わりに、あたかも「費用価格の法則」にとって代わったかのごとくに説かれているが、かりにそうだとすれば「費用価格の法則」なるものがありうるのだろうか。生産価格を構成するCやVは生産資本、可変資本として資本概念であるが、費用価格に擬制化されたC、Vは資本ではないし、Vにいたっては貨幣でさえない。大内は注17で「価値法則をこのように労働力配分の原理としてとらえることは、むろんただ価値法則の一面をとらえたにすぎない」というが、農民においても労働力配分の原理は貫徹しているかのように説いているが、そのV水準はいちじるしく低いものであって、とうてい価値法則が貫徹しているとはいえないものである。構造的過剰人口としてのVでしかないのである。価値法則も費用価格実現もくずれた形で作用しているにすぎない。宇野弘蔵は「価値法則は、『労働による価値の決定』が根本であって、『等価交換』と『労働の配分』とはその展開による効果と考えてよい。もともと、商品交換は異なった使用価値の等価交換を形態上の原則とするものであって、一社会に全面的に行なわれる商品経済は、その生産に要する労働によって決定される価値によってその商品交換を規制せられるとともに、これによって社会的労働を各種の使用価値の生産に配分することになる」（『宇野弘蔵著作集』第2巻、以下たんに②と表記する。〔経済原論Ⅱ〕、一九七三、岩波書店、二五四ページ）といっている。賃銀労働者の労働として等質なのである。

(18) 前掲、『農業問題』、一一八〜一一九ページ。

正確を期するために長文の引用となった。対象が資本家的農業経営ではなく、小農的経営であることを断っているが、価値法則のやや直接的適用になっている点が問題である。ここで大内が価値法則による労働力配分の原理が実現されているといっていることにも疑問をもつ。ここで労働力配分の原理なるものを賃銀労働者のばあいと同様に小農のばあいにおいても自家農業労働によってえられる価値生産物のうち生産手段の価値と地代部分の価値とをのぞいた部分を賃銀労働者の労賃とみなし、これを自己労働力の価値として、それを基準として労働力移動や農業生産の増減を調節するものとみなしていいかどうかが問題である。もちろんそういう方向への運動が展開されることは事実であるが、農民のばあい労賃という形態をとらないことによる「誤差」自体が大きいいみをもつのではないかと思われる。小農経営は賃銀労働者とは異なって、小生産者的性格に由来する構造的制約をうけている。そればかりではない。日本資本主義が後進国的性格をもち、さらに帝国主義段階にあるということは、農民自体がたんに景気循環にともなう相対的過剰人口として存在するというのではなく、構造的慢性的過剰人口として存在していることを意味している。そういう現状分析的特殊条件を考慮するならば、小農経済においても「一定の偏寄をうけた形で価値法則が自己を貫いてゆく」といったのでは法則貫徹と「一定の偏寄」との次元の相違、いいかえれば前者が原理論的アプローチであるのにたいして後者は段階論的、現状分析的アプローチであるということが軽視されていることが問題なのである。

ここで原理論において価値法則が貫徹するということと段階論なり現状分析なりにおいて価値法則が「一定の偏寄」をうけて「貫徹する」ということとが次元の異なる問題であることを明確にしておくことが必要であろう。この問題に関連するものとして大内は、『農業問題』初版の一年前に出版された『日本農業の財政学』[19]でつぎのようにいっている。少し長い引用になるが、重要なのであえてする。「具体的な日本の資本主義社会を分析するということになれば、たんに抽象的な経済理論だけですべてを片ず（原）けてしまうわけにはゆかない。経済理論の前提とするような純粋な資本主義社会はどこにもないことはまえにもふれたが、とくに日本のような後進資本主義国においては、多くの他の条件がさまざまな形で経済法則に影響を与え、一定のモディフィケイションを強制するからである。このようないわば攪乱的諸条件は多々考えられるが、すくなくともつぎの二つの問題は重要であろう。第一には理論経済学が基本的な階級として資本家と労働者のみを考えているのにたいして、現実の資本主義にはそれ以外の中間階級が多々存在していること。ことに日本農業においては農民はほとんどすべてが単純商品生産者のような形態をとつている。したがつて農産物の価格決定にあたつても、地代の決定にあたつても、経済法則は一定のモディフィケイションをうけることになる。第二には、理論経済学が捨象している国家権力が存在し、それがその政策活動をつうじて経済的諸条件に変化を与えていること。もちろん……国家権力は万能ではない。けだし第一に国家権力は階級的な作用以外にはもちえないが、この階級関係はほかならぬ経済的条件によつて規定されるものだから、国家権力の発動の方向は経済的条件によつて決定され、けつして恣意的にではありえないから。また第二に、国家権力はけつきよく経済発展の方向およびいみ（原――犬塚）において作用するばあい以外には効果をもちえない[20]」と。この主張はむろんいわば方向として正しいものであり、私もそこに大きな示唆をえたのであるが、疑問がないわけではない。原理論世界に存在しないものは農民や政策だけなく、ここには登場しない生産力水準の問題もあるが、それはともかくとして、農民経済の分析においては農産物価格が生産価格にはきまらずに、費用価格によって規定されることを明確にしたのは大内の功績であるが、特殊性はそれだけではなく、V（労働力の価値）やC（生産手段の価値）やR（地代部分）においてその量的規定が阻害されていることが大内にあっては軽視されているように思われる。そしてその諸範疇の量的変化の運動も法則の範囲を超えることもあるという点が無視されているように思われる。たとえばときとして老人や子供といった非労働力が農作業等に駆り立てられたり、機械や牛馬が「資本」としてではなく資産とみなされたり、農産物の価格がさがっているときにかえって生産を増加させたりするという、非資本家的商品経済的行動をすることをどうみるかという問題である。VやCやRに擬制化されたものが、その擬制元の形態を内在的にとっていないために、擬制化されたものがその形態の範囲を超えて、運動してしまうのである。たんなるモディフィケイションではないのである。農民には小生産者的性格がまつわりついているのであって、それが価値法則から離間する運動をときとして起こす点が軽視されているのではないかと思われる。のちに問題にするが大内の農民層分解論によれば農民層は両極分解する運動を展開しているのであるが、それがそのままあらわれず、下向運動は零細農民として貧困化しつつ滞留するといった認識になっているのであって、その底で大内は一方であくまで非正常型の両極分解説にこだわっているのであるが、他方で農民の賃労働者化が思うようにすすまないことをうまく説明できないでいるように見受けられる。要するに農民にあってはVもCもRも不全の形態であることが見逃されているのである。もうひとつ政策の役割も軽く扱われているのではないだろうか。上部構造としての政策は下部構造に規定されているので、下部構造のゆるすかぎりで効果をもつにすぎないという考えのようである。それはわるくすると、商品経済史観に陥ることになりかねない。下部構造の自立性はいわば純粋資本主義のなかでのみ通用することなのである。所有権はこれを認めるという上部構造はじつは下部構造の反映なのであって、それゆえに資本主義経済は自立しうるのであるが、重商主義段階や帝国主義段階ではすでに下部構造の自立性が危うくなっているのである。そのためにどうしても特殊政治的上部構造によって補完されざるをえないのである。唯物史観にいう下部構造の自立性は純粋資本主義を前提にして論証されると考えるべきなのである。したがってたとえば帝国主義段階においては上部構造は下部構造に一方的にしたがうということではなくて、下部構造に一定の作用をおよぼし法則の展開を修正または阻害するのである。上部構造が下部構造に一定の作用をおよぼしうることを前提にしなくては歴史過程の解明は不可能になる。上部構造は下部構造に規定されるだけだといったのでは歴史過程は解明されないことになる。

(19) 大内力『日本農業の財政学』、一九五〇、東京大学出版会。
(20) 前掲書、一六～一七ページ。

原理論的抽象理論と現状分析的具体理論との次元のちがいを無視して価値法則が段階論や現状分析においても貫徹するという説は割と広く支持されているのであって、森恒夫によっても主張されている。森は宇野の主張の独特の解釈をもって自説を展開しているのであり、さらにまたその宇野の主張はことさらに難解な表現になっているので、最初に両者の問題の箇所を一括してかかげておくことにする。

森が問題とする宇野の文章は二つあって、

a．「個々の国々の資本主義の発展は、先ず資本主義自身の世界史的発展段階の必然性によつて——それはいわば原理論的必然性が、さらに歴史的に制約されてあらわれるのであるが、それによつて——規定されるのであつて、直ちに原理論的に解明されるものではない[21]」。

b．「原理論的に必然的法則として把握されたものも、……（原）段階論的規定の内に、資本主義の世界史的必然性として具体化される[22]」。

森の文章

「宇野氏が、原理論的法則性と段階移行の歴史的必然性との関連を全く無視されているわけではない。宇野氏によれば、資本主義の世界史的発展段階の必然性は『いわば原理論的必然性が、さらに歴史的に制約されてあらわれるのであ』り、また『原理論的に必然的法則として把握されたのも、……（原）段階的規定の内に、資本主義の世界史的必然性として具体化される』（宇野『経済政策論』二一、二七頁）のである。その含意はつぎのように考えられる。原理論的法則は、現実の歴史過程では原理論の展開で捨象された具体的諸条件のなかでのみ貫徹するのであり、そうした経済法則と現実の歴史的諸条件との絡み合いをとおしての原理論的法則の貫徹が、資本主義の段階変化を必然にするのである[23]」。

(21) 宇野弘蔵『経済政策論』、一九五四、弘文堂、二一ページ。なお念のためにいえば、――内の二つの「それ」は「資本主義自身の世界史的発展段階の必然性」のことをさしている。

(22) 同、二七ページ。

(23) 森恒夫「論理的展開と歴史的発展は表裏の関係たりうるか」(武田隆夫・遠藤湘吉・大内力編『資本論と帝国主義論――鈴木鴻一郎教授還暦記念――』、下、一九七一、東京大学出版会、所収)、二二一～二二二ページ。

こう対照してみると、森の宇野説理解が正しくないことが明確であるように思われる。森が宇野説を「原理論的法則」が「歴史過程」の「具体的諸条件のなかでのみ貫徹する」とか、「原理論的法則の貫徹が、資本主義の段階変化を必然にする」ということを主張していると理解したのは誤りであって、宇野は原理論的必然性が歴史過程では歴史的に制約されて、あるいは段階論的規定をうけてあらわれる、といっているのである。原理論と段階論とには内的関係がないとはいえないが、前者自体から後者がでてくる必然性は、鈴木・岩田理論とは異なって、ないのである。宇野の一九五四年版『経済政策論』での主張は、「原理論的に必然的法則として把握された」法則が段階論や現状分析という場においては、政策や生産力といったそれ自体としては非商品経済的諸要因や小農民といった非資本家的商品経済的諸要因による偏畸をうけながらも一定の作用を展開する、ということにある。もっとも宇野のこの『経済政策論』の二七ページ[24]には、大内や森の主張を許すかのような文章がある。「原理論的規定も歴史的性格をもたないわけではないが、しかしそれは資本主義に一般的なるものとしては、恰も永久的に繰り返えす法則であるかの如きものとして把握されるし、またかかるものとして段階論的規定の内にも貫徹されているのである」というのがそれである。

この文章自体も難解であるが、ここで宇野が「原理論的規定も……段階論的規定の内にも貫徹されている」というばあいの貫徹とは逆説的に貫徹するという意味であろう。もともと原理論には存在しない非商品経済的諸要因や非資本家的商品経済的諸要因が段階論や現状分析においては存在するのであって、それらは原理論的諸法則の展開を多かれ少なかれ阻害または畸形的に促進するものであるから、貫徹というのはいいすぎである。法則は展開されるが全面展開とはかぎらないからである。原理論の諸法則は厳密にいえば段階論や現状分析においてはさまざまに歪められて展開されるというのが宇野の真意ではないかと思われるのである。歪められるというばあいには法則展開が阻害されるということばかりではなく、政策や生産力その他によって段階とびこえといった促進されるばあいもあることに注意しなければならない。法則がそれ自身に特殊歴史的展開をなすといったのでは鈴木・岩田理論になるであろう。価値法則は原理論という場においてのみ必然性として貫徹しうるのであって、現実においては多かれ少なかれその貫徹は阻害をうけるのである。農民経済における「労賃」擬制化は賃銀労働者の労賃の阻害形態なのであって、その点の解明こそが重要であると思われるのである。(25)

(24) この宇野の一九五四年版『経済政策論』の二七ページの全体が七一年改訂版では削除されている。しかしこの二七ページの文章も間違っているわけではない。ただつぎの文章は誤解を招くのではないだろうか。「勿論、原理論的規定も歴史的性格をもたないわけではないが、しかしそれは資本主義に一般的なるものとしては、恰かも永久的に繰り返えす法則であるかの如きものとして把握されるし、またかかるものとして段階論的規定の内にも貫徹されているのである」（二七ページ）というのがそれである。

(25) 後年、大内は純粋資本主義を対象にしている『資本論』は歴史それ自体の分析には直接使えないということを、ここでの拙論を裏返したかたちで、いいかえれば段階論の必要性として説いている。『資本論』においては「歴史的叙述も、ここでは、その理論構成にとって必要であり、合目的的である事実のみが抽出され、われわれが純粋資本主義を、もしくはそのもとで展開される理論を、理解するための材料とされているのであって、もともとそれは歴史それ自体の分析でもないし、叙述でもないのである。それをあたかも歴史自体として考え、日本の歴史の分析に利用しようとしても、そのあいだの視角のくいちがいはどうしても埋めることのできないものである。したがって、ここからひきだされる結論も、やはり段階論の必要性ということであろう。『資本論』を歴史書として利用するのではなく、むしろそれを基準にして、資本主義の生成・発展・変質の歴史過程が段階論として明らかにされたとき、われわれははじめてそれを日本資本主義分析の基準たらしめうるのである」(大内力『経済学における古典と現代』、一九七二、東京大学出版会、一七七〜一七八ページ。初出は『経済学論集』、三三ー三、一九六七)。さきにみた『農業問題』の論調とはかわっているのである。

ここでふたたび『農業問題』(初版)に帰る。日本の農業物価格形成にも価値法則が貫徹しているとしたのち、つぎのようにその形成論理を説いてゆく。大内はこういっている。ふたたび長い引用になるが、以下の議論の中枢部分をなすものなので、煩をいとわず引用しよう。「小農民的生産が支配的におこなわれていても、もし農産物価格が他の資本家的商品の価格と同じように、地代をふくまざる農産物の生産価格で決定されるならば、農民の手には彼が前貸しした不変資本部分を差し引いたのちになお彼の自分自身の労働にたいする労賃部分と、自分の資本(原注1)にたいする利潤部分とが所得として実現される。また、より優れた条件のもとに投下された資本の生産物からは、このほかになお差額地代部分が生ずる。この部分は、もし彼が小作農であれば地主に支払われなければならないが、彼が自作農であればそれも一種の超過利潤として彼自身の所得となるであろう。かくして、農産物価格が生産価格の水準に決定されるならば、マルクスが、小農が、『自分自身のために労働し自分自身の生産物を売るとすれば、彼は第一には、自分自身を労働者としてもちいる自分自身の雇用者（資本家）とみなされ、また、自分自身を自分の借地農業者としてもちいる自分自身の土地所有者とみなされる。彼は賃労働者としての自分には労賃を支払い、資本家として自分には利潤を請求し、土地所有者としての自分には地代を支払う。』（原注2）といっているような事実がつくりだされることになるわけである。むろんこのばあい農民の手にはただひとつの所得が実現されるだけであり、この三つの部分が別々に独立の範疇として実現されるわけではない。けれども、農民をとりまく社会において、この三つの所得範疇がおのおの独立のものとしてあらわれてくれば、そして農民が封建社会におけるように土地に緊縛されて農業を営むことを強制されてはいないで、ばあいによっては土地を他人に貸付けて地主になることもでき、農業を放棄して賃労働者になることもでき、また"めぐまれた条件のもとでは彼の資本を他の事業に投じて資本家になることさえ可能である、といった条件がますます強く実現されてくれば。右のマルクスのいうような計算方法は、家族的小農においても採用されざるをえないものとなってくる。かくて『資本制生産によって支配されている社会状態の内部では非資本家的生産者も資本家的表象によって支配される』（原注3）ことになるのである[26]」。

(26) 前掲、『農業問題』、初版、一二〇〜一二一ページ。この引用文中の（原注1）にはこうかかれている。「ここで資本というのは、むろんげんみつないみではない。げんみつないみでいえば、資本はむろん他人の労働を支配して剰余価値を実現しえなければならないから、小農民のばあいにはなお資本という範疇はないといわなければならない。

その点くわしくは宇野弘蔵・鈴木鴻一郎・齋藤清造・大内力『日本における農業と資本主義』、一九四八年、〈実業之日本社〉一〇四頁以下をみよ」〈前掲、大内『農業問題』、一二一～一二二ページ〉とある。そこでその箇所をみるとこういう発言がある。「**大内**　だから（農民が土地を）資本だとして計算するのは、むしろ帳簿上の擬制をやつていることなんです。もちろんばくぜんとした資産というような考え方は農民にもあると思いますが。」、「**宇野**　逆に農家に商業的な面が多少ともはいるとどうなるか。企業家的な面、これもある程度はいつておると見なければならぬ。そうすると自分の労力によるとしても、生産の手段は皆労力の対象として資本のような形になるわけで、労力も亦働く元手だといういみをもつて来る。たとえば家族労力にしても自分の息子や娘はやはり一種の元手だというふうな考え方が生じて来るのではないですか。土地も肥料も何もかも全部企業的な面からいうと漠然とこれを資本化して考えるということにならないですか。こういうことがいえやしないかと思うのです。つまり企業的な面が一貫していない点にそういう混同があるのではないかと思うのだけれども、農家自身でほんとうに土地を資本と考えておるかどうかという点はちよつとむつかしいですが、実際はどう考えておるのでしょう。」「**大内**　そういう点なら自作と小作でも違う。自作だと先祖伝来の土地を持つているから割合に資本だという感じはないと思うのですが。しかし小作だといやでもおうでも小作料の計算をしなければならないでしょうから、よほど土地というものが収益計算の中に入つてくるでしよう。」「**宇野**　自作でも土地を買入れて自分の経営を拡大しなければならぬという、殊に企業家的な面が多少ともはいつて来ると、自家労力までみな資本に考えて、そして土地も農具も一緒に生産手段は全部資本だというふうな考え方がはいつて来るのではないかね。」「**鈴木**　今の大内君の場合でも、自作が祖先伝来の土地を持つていてもまわりに企業的な計算をする者がだんだんとでてくれば、やはり自作も順次にそういうふうに考えることになりませんか。」「**宇野**　それは少し強くみすぎることになりはしないか。」「**大内**　その場合は、むしろ生活費を得るためのファンドという考え方であつて、ちやんとした平均利潤なり、あるいは利子なりを生む資本という考え方ではないでしようね。」（前掲、『日本における農業と資本主義』、一〇六～一〇七ページ）となっている。ここの宇野の発言は、必ずしも明確ではないが、よく読むと、農民の営農目標は土地も労働も農具もまた息子も娘もいわば資産であって、その資産の増殖にあるといっているように思われる。それは商品経済にまきこまれた小生産者の営業目標である。そしてここでの大内の最後の発言はそれをセカンドしている発言である。だが先の『農業問題』からの引用文では小農的生産物が生産価格で決定されるばあいを想定しているのであって、小農は資本家とみなされているのである。ただし原注1ではそれには無理があることに注意を促しているわけである。小農が資本家に転化しうる条件があるばあいにはたんなる擬制の話ではなく、法則の実現の話になる。擬制化は法則展開のいわば裏側の話として意味があるのである。なお原注2と3は『資本論』からの引用箇所を示しているものである。

これまでの考察は小農を資本家に擬制化するというケースであるが、その擬制化が実際に可能となるのは、資本主義の発生、発展期のばあいである。しかも明確にそういえるのはイギリスのような先進資本主義国のばあいであって、十九世紀末にようやく資本主義を開始した日本のような後進資本主義国にあってはきわめて畸形的なかたちでしか適用しえなかった。しかもそれは明治末までの短期間にしか可能ではなかったのであり、とくに第一次世界大戦以後は農業の発展は小農制の枠内での発展に蹰躇するようになる。そういうばあいの擬制化はどうなるかということが問題になる。大内はそれをつぎのように展開する。「小農的経営が支配的におこなわれている条件のもとでは、農産物価格がこのように生産価格の水準にきまるということはむしろ例外にぞくする。むろん小農民でも、なるべく高く彼の生産物を売ろうと努力しているわけだから、農産物の需要がひじょうに大きいばあいにはその価格は生産価格ないしそれ以上にも騰貴しうるであろう。が、小農民においては、資本家とちがって、生産価格が実現されるような必然性は存在しないのである。といういみはこうである。資本家的生産においては、もし農産物価格がその最終投資に平均利潤を実現しうるほどに高まりえなければ、その資本は農業からひきあげられ、農産物の供給量が減少するから、けっきょく農産物価格は平均利潤を保証する水準、すなわち生産価格の水準まで高まらざるをえない。けれども小農的生産においては、価格がそれ以下にさがっても、農民はすぐには生産をやめるわけにはゆかないのである[27]」。だが、「ここでは農民には、じつは資本家に転化する道は事実上ほとんどとざされているのであり、彼は農業をやめて貸付地主化するか、賃労働者になるしか道はない。しかも彼が所有する一町前後の土地では、貸付地主として自立することもできないから、じっさい問題として農民にのこされている道は、農業を継続するか賃労働者になるか、という二つしかないであろう。このような条件のもとで農業生産がおこなわれていれば、農産物価格が生産価格以下に低下しても、なお農民が農業によって生活をささえうるかぎりは、農業生産はつづけられる。そこで、ここでは農産物価格の最下限は、限界生産物の不変資本＋最低生活費、いいかえれば、がいしてC＋Vという費用価格の水準によって与えられると考えることができる。もちろん限界生産物の価格がこの水準にきまり。それが農産物の市場価格を規制するとしても、より有利な条件のもとで生産される農産物には、一定の、差額地代部分に相当する超過部分が発生する。この部分は、農民が自作農であれば彼自身の所得となるし、小作農であれば小作料として地主に支払われる。が、いずれにせよ、農産物価格は、かくして、小農的農業のもとにおいては、原則として価値ないし生産価格よりはるかに低い水準に定まり、とくに小作農にはただ彼の労賃に相当するものを保証するにすぎないことにならざるをえないのである[28]」。「だが、このように小農的生産関係のもとでは農産物価格が、最終投資の生産物の費用価格によって規制される、ということについては、もうすこし立ちいった考察が必要である。……このような価格決定がおこなわれるのは、農民が賃労働者に転化しうる、という前提条件があるからであった。すなわち、かかる条件のもとでは、もし農産物価格がそれ以下にさがり、農民が、とくに小作農が小作料を支払ったのちに所得として獲得しうるものが、彼が農業外に労働力を売ったばあいに獲得しうる労賃より以下にさがるならば、彼は農業をやめて賃労働者になるであろう。そうすれば農産物の供給が減じ、価格は一定水準まで回復することになる。かかる機構をつうじて、けっきょく農産物価格の水準はこのばあい、費用価格の水準に規制されることになるわけである」[29]。けれどもじっさいには「生産物価格が費用価格以下になっても、一定のていどまでは農民は兼業の拡大によってその不足を補いつつ農業生産をつづけてゆく。むろんこの不足がいちじるしく大きくなれば、下層農家から漸次兼業の比重が増加し、農業生産が縮少してゆく傾向がすすむわけであるが、それでも、日本のばあいのように、資本主義の側における労働力需要がたえず比較的小さい状態におかれているばあいには、むしろ広汎に兼業を結合しつつこの低価格に耐えてゆくことになるであろう。こういうわけで、日本では、むしろ費用価格さえ全部が実現されず、農業所得は労賃部分を下まわる高さにさえあるていど恒常的にさがりうることになるのである」[30]というのである。

(27)　前掲、大内力『農業問題』、初版、一二二ページ。
(28)　同、一二三〜一二四ページ。
(29)　同、一二五ページ。
(30)　同、一二六ページ。

このあと一九三六年の「農家経済調査」の経営面積約八反歩の下層小作農の数字をとりあげて、その農業収入八二三円、これから小作料をのぞく本来の経費一八四円を差し引いて、六二九円の所得がえられるが、そこから小作料二四〇円を差し引けば三八九円がえられる。これが彼の本来の農業所得である。彼の家計費は五三三円で、それは「ほぼ最低生活費に近いもの」であって、「これをいちおう労賃部分とみなすことができるであろう。そうすると、農業所得は、この労賃部分の七三%をカヴァーしているにすぎない。だから、ここでは農産物価格はC＋Vではなくて、むしろC＋〇・七三Vという水準まで低下していると考えられるのである。そしてその不足の二七%は兼業労働によって獲得されているわけである」[31]という。これが大内の独創になる農民の自家農業の実現する労賃部分＝〇・七三V＝農民の年間家族生活費の七三%論である。そして農産物価格の決定機構論を欠落させていた講座派理論のいわば決定的弱点をつぎのように衝くのである。「このような農家の低所得の原因は、――……多くの学者はむしろ農家の不生産的経営、とくに小作料負担が過大である点にその原因を求めてきたのであるが、そうではなくて、じつは小農経営が比較的発達した資本主義のなかにまきこまれることによって、必然的に生ずる特殊な価格決定の機構にこそ、その主たる原因が求められなければならない、ということこれである。小作料負担はそれがいかに過大にみえようとも、ほんらいは自然的条件のよりすぐれた資本に生ずる超過利潤にすぎないのであって、むろんそれをも自己の所得となしうる自作農は、それをなしえない小作農より大なる所得をえることができるにはちがいないが、それにもかかわらず小作農の窮乏の原因は小作料負担の過大にあるのではなく、むしろ小作料をふくまざる農産物価格がきわめて低位におしさげられているためといわなければならないのである」[32]といい、最後に「このように低い価格が農民におしつけられるということは、むろん直接には小農民相互の競争の結果である。農民も他の商品販売者と同様に、他の競争者を排除して自己の商品を売るためには、一銭でも安くその商品を売らなければならない。このような競争が強ければ強いほど価格は低くおしさげられる傾向をもつ。けれどもむろん競争は価格を無限におしさげうるものではない。そこには一定の限度がある。そしてその限度は、うえにみたように資本主義社会における一般的な労賃水準によって規制されるのであり、たとえ現実にはその水準以下にさがりえても、それはいわば誤差の問題にすぎないのである」[33]という補論をのべて、第三章の二の「農産物価格決定の特殊性」の項を閉じるのである。

(31) 同、一二七ページ。
(32) 同、一二七～一二八ページ。
(33) 同、一二八～一二九ページ。この文中の「誤差の問題にすぎない」というのは問題であって、実際、論争点のひとつになるのである。

だが、この〇・七三Vとはなにを意味するのかは、よく考えてみると必ずしも判然としない。ここでは農民のVも賃銀労働者のVも年間生活費とされているのであるが、両者の年間労働日は異なっていて、賃銀労働者にあっては通常の休日を除く年間の就業日でえた年間の賃銀所得がVとされていて、それで通常年間の生活費をまかなっているとされているのにたいして、農民にあっては、そのVは賃銀労働者と同様に年間の生活費とされているが、年間の自家農業労働日は農閑期があるために通常、賃銀労働者の年間労働日よりかなり少ない。農閑期があるためであるが、その農閑期にも屋内でおこなう作業はあるが、通常は本来の農作業はおこないえない。そしてその農閑期に賃労働にでる機会がないとすれば、賃銀労働者の年間労働日より少ない年間自家農業日をもって年間の生活が可能でなければならない。大内の〇・七三V論はこうした考えを前提にしている。いいかえるならば農閑期のアイドル・レーバーも価格として実現されることが前提になっているわけである。いいかえるならば農閑期のアイドル・レーバーが価格として実現されなければ、一挙に脱農せざるをえないということになるわけである。農閑期のみにしか兼業労働として労働力を売るしかないときに、兼業機会が存在しないときには一挙に脱農するしかないからである。ところが実際は一九三六年の「農家経済調査」二種農家群（八反歩経営）小作農の兼業所得一五四円は家計費五三三円の二八・九％となるが、兼業所得のうち「労賃俸給収入」をとると一四二円となって、それは家計費の二六・六％になる。まさに農業所得の家計費充足率（七三％）の不足分にほぼ一致する。ただし戦前の統計においては農家所得には農業所得、兼業所得以外に家事収入というものがあって、この年にはその家事収入二六円がそっくり農家経済余剰になっている勘定である。さきの「農家経済調査」二種農家群小作農の家計費にたいする兼業所得の割合をみると、一九三一年が二八・九％、三三年が二五・六％、三五年、二四・八％、三七年、三一・九％、三九年、三二・二％、四一年、三一・七％であって、一九三〇年代はおよそ三割前後に推移していて、兼業が農閑期兼業であることを推定させる数字である。こうしてみると昭和恐慌以後、太平洋戦争に入るまでは、二種小作農は農閑期に賃労働兼業にでていたのであり、自家農業所得と兼業所得とを合して生活を維持していたのである。二種小作農はこの統計の初年度一九三一年から一九四〇年度までの農業所得と兼業所得との合計と家計費とを比べると、一〇年間中七年間は前者のほうが大きいのである。不足の三年間は一九三一年、三四年と三五年の三年間である。年間労働日の一部をなす農業労働日の労働による農業所得と兼業所得とをもって年間の生活を賄いえたのである。昭和初年以来は成立しえなかったとみなければならない。昭和初年以前においても、統計のある明治末以降でも全国の兼業農家率は一九四〇年ごろまでは三〇％前後に推移していたのであり、[35]明治末以前においてもとくに零細小作農においては「兼業生産物収入」をふくむさまざまな兼業収入に依存していたのではないかと推定される。むしろ資本主義の発展期においてはあるていど規模の大きい農業経営においてこそアイドル・レーバーが価格として実現されたのではないだろうか。ただしそのことも下層農家の生産する農産物が最劣等生産力の生産物としての高い生産費が農産物価格を規定したということが前提になるのである。というのは中層の農家が生産を増大しようとするばあいには経営面積を拡大しなければならず、そのこと自体が困難であるばかりではなく、雇用労働をいれざるをえないことになるはずで、いれれば採算がとりがたくなり、自家労働を多投するしかなく、それではアイドル・レーバーが価格としては実現されなくなるからである。したがってより下層の農家が家族労働を自家農業に追加労働として投下するか、あるいは被雇用兼業への追加就業増加をするかしかなくなり、ここが価格調節機能を発揮することになるであろう。いずれにせよアイドル・レーバーが価格として実現されることはなくなるのである。[36]いずれにしても大内のいうアイドル・レーバー価格実現説は遅くとも第一次大戦以後は通用しないといっていいように思われる。そうだとすれば大内がいうのとは異なって、「やはり農業所得は労賃部分のただ一部分にすぎないことになるであろう[37]」という事態ではないのであって、単位労働時間（通常一労働日）当たりの「労賃相当分」は社会的には低いものでありながらも実現されていたのであって、それが低いのは農民の労働力価値がもともと構造的過剰人口の労働力として低いからなのである。

(34)「農家経済調査」（昭和六年〜一六年度）によれば、兼業収入には「兼業生産物収入」「林業収入」「俸給労賃収入」「財産収入」「その他収入」があるが、A群（八反歩）農家では自小作別にかかわりなく、「俸給労賃収入」が最大であるが、ついで多いのは自作農では「財産収入」が、小作農では「兼業生産物収入」である。

(35) 農林省『農事統計表』による（加用信文監修農政調査委員会編『改訂　日本農業木曾統計』、一八七七、農林統計協会）、

一〇五ページ、「専業・兼業別農家数」によれば、兼業農家率は一九〇七年（明治四〇年）、三〇・一％、一二年、三一・四％、一七年、三〇・五％、二二年、三〇・三％、二七年、二九・六％、三二年、二七・二％、三七年、二五・二％である。

(36) 一九三六年の「農家経済調査」によれば、兼業労働と兼業所得は自小作別にいうと自作農が、一種農家（一町五反歩程度）でも二種農家（八反歩程度）でも、最小である。自家労働時間（能力換算）はばらばらで自作農がとくに少ないというわけではない。ところが農業所得は明確に両階層とも自作が最大で、つぎが自小作で、小作が最小である。自作地地代の多寡による格差である。家計費は自作が最大で、自小作、小作の順に小さくなる。このことから自作農において、アイドル・レーバーが価格として実現されているとみるのは誤りであって、自作地地代があるかどうかによるのであることは明らかである。

(37) 前掲、大内『農業問題』、初版、一二七ページ。

三　土地所有と地代

まず土地所有の問題からみてゆこう。大内力は「資本制的土地耕作は機能資本と土地所有との分離を前提とし、土地所有の自己経営を原則として排除する」というマルクスの文章を示したのち、「このような近代的土地所有にくらべれば日本の農業がなお資本家的経営を発達せしめていないことに対応して、日本の土地所有も、前近代的な形態を強くのこしているのである。すなわち、そこでは土地の約半分は小農民によって所有されかつ耕作されているし、また借地であってもその借り手はけっして農業資本家ではなく、小農民である。また地主の大きな部分がみずから農業にも従事しており、したがって在村地主なのである。このような点からみれば……日本の土地所有を封建的土地所有と考えるのは完全に誤謬であるけれども、すくなくともそれがなお過渡的形態をとっていることは否定できないであろう[38]」といっている。問題はこの「過渡的形態」ということの意味である。典型的資本主義社会を形成したイギリスにおいては、土地所有と農業経営とは分離されている。それが資本主義における典型的土地所有のあり方だとすれば、日本の農地の約半分は小農民によって所有されかつ耕作されているし、借地が資本家的経営によって使用されているわけでもなく、農民によって使用されているという意味では、日本の土地所有が「過渡的形態」にあるといっていいが、しかしそれはたんなる過渡的形態ではなく、戦前までそれが維持されてきた。戦後、農地改革以後は過渡的形態からさらに逆行したともいえる形態に転化されたが、いわゆる封建論者はこの自作農的形態から出発して本格的に所有と経営とが分離されて資本家的農業経営の成立を展望するというアナクロニズムに陥ったことはすでにみた。むしろ寄生地主制は解体し自作農体制は維持されながら、一九五〇年代後半以後の高度成長の時期に従来の農民的経営より規模の大きい経営体が増加をみせたが、高度成長の終焉とともにその動きも衰えをみせている。「農地改革はけっして農業問題を終局的に解決したものではなく、したがってまた土地問題さえも、けっしてこれで終局的に解決されたとはいえないのである。だから農地改革が一義的に進歩的、革命的であると考えるのはむろんあやまりであり、そこにはただ一時的な問題の緩和がみられるだけであるといわなければならないであろう[39]」というのは事実であるが、土地所有制度は制度なるがゆえに固定的性質をもっていることにわれわれはあらためて注目せざるをえない。高度成長以来、土地もち労働者が増加しているのも農地改革の効果のひとつである。それが工業の大都市集中化から地方分散化への転換をもたらしたひとつの原因でもあった。農地を所有したままこれを貸し出して所有地を離れて都会に移住することが農地法によって禁じられているからである。そのことが労働力の供給価格を高からしめて資本構成の高度化をうみ、高度成長をもたらした一因となったと考えられるのである。大内力は農地改革直後つぎのような予想をたてている。すなわち「だから、おそらく何年かのちには、この改革はむしろ歴史の進行を逆転せしめようとした空しい努力にすぎないのであり、資本主義の発達はそれにもかかわらず小農民を没落せしめ、土地を喪失せしめ、それをプロレタリア化してゆくものだ、ということが、いっそうはっきりとわれわれのまえに示されるにちがいないのである」[40]と。資本主義の言葉どおりの「異常」な発展、農民の土地喪失、プロレタリア化というこの指摘は当時知るよしもなかった今日の姿の一面をもののみごとに的中させていたのである。だが同時にそれは盾の一面でしかなかったことも事実である。農民の土地喪失とプロレタリア化は農民の土地もち労働者化をすすめただけであった。そして資本主義の「異常」な発展は国家独占資本主義として発展にすぎなかった。農業は大勢としては衰退の道をたどったのである。現実の資本主義社会の発展は商品経済の運動のみによって必ずしも達成されるものでもないし、一定の目標を立てて政策を展開すればその目標が実現されるというものでもない。その点はしかし最後に論じたい。

(38) 前掲書、一九四ページ。
(39) 同、二三一ページ。
(40) 同、二三一ページ。

そこで大内『農業問題』初版第四章「土地所有と地代」の二「小作関係とその本質」をとりあげよう。戦前日本の小作関係の特徴として大内はつぎの五点をあげる。第一は、小作料がきわめて高率であったこと、第二は、小作料が物納制であったこと、第三は、減免慣行があったこと、第四は、小作権が脆弱であったこと、第五に、地主の高利貸的性格が強かったこと、これである。[41] そしてこれらの特質が封建的色彩の強いものであったことはたしかであったという。[42] だが「資本主義は農村の封建的な関係を解体し、農民を土地から切りはなしてプロレタリア化しなければそもそも成立しえない[43]」のであり、「日本が明治以来資本主義社会として発展してきたことを容認する以上、農村に封建制度がそのまま残存しているなどということはとうていありえないことである[44]」という。うえの諸特質も「日本の資本主義の特殊性から以外には説明できない[45]」ものとするのである。

(41) 前掲『農業問題』、初版、一九六～二〇三ページ。
(42) 同、二〇三ページ。
(43) 同、二〇四～二〇五ページ。
(44) 同、二〇五ページ。
(45) 同、二〇五ページ。

そして上記の特質のうちいちばん重要なのは第一の特質であるとして、それを規定するものは小作料が差額地代第二形態のものであることを主張する。日本の小作料が高率であるということは第一に、「量的に収穫の半分におよぶほど大量である」ことであり、第二に、小作料が「なにゆえ小作農民の労賃部分にまでくいこむほどの高さをもつのか[46]」ということであるという。そして「第一の点については、日本のように農産物価格が低い水準におしさげられる条件のもとでは、農民はできるだけ大量の農産物を生産し、販売し、単価の低さを販売量の増大によってカヴァーしようとたえず努力していること、しかも日本の条件のもとでは耕地を外延的に拡大してこの目的をたっすることは不可能であるから、農民は第二章「農業経営と農家経済」でみたように、狭小な土地に惜しみなく労働と肥料その他の生産手段とを投入し、農業をいよいよ集約化することによって、いいかえれば反当収量を最大限に高めることによって、この目的を達しようとしていること、に注意すればたりるであろう[47]」という。第二の点については「日本では、地代をふくまざる生産物がすでにその価格として剰余価値はむろんのこと労賃部分さえ全部を実現しえていないこと[48]」をあげている。この第二点については「地代が労賃部分にくいこんだのではなく、はじめから剰余価値はむろんのこと労賃の一部分までが価格として実現されず、無償で社会に贈与されてしまっているためにほかならないのである[49]」と指摘している。かくて地代が高率であるのは「日本資本主義の与えられた諸条件のもとで生産をつづけなければならない小農民が競争の結果つくりだす低価格の作用なのである[50]」と結論する。

(46) 前掲書、二〇七ページ。
(47) 同、二〇七~二〇八ページ。
(48) 同、二〇七~二〇八ページ。
(49) 同、二〇八ページ。もともと小農民の剰余労働の形成する価値は、農民相互の競争によって農民の労働報酬として農民の手許には入りえないで、無償で社会全体のものに、そしてそれは結局資本家階級のふところにはいるのである。そしてついでにいえば、土地所有者の獲得する地代の源泉は直接生産者としての農民のみでなく社会全体の農民と賃銀労働者の形成する剰余価値の一部分なのである。

(50) 同、二〇八ページ。

このうち第一の特質の根拠が明らかになれば、以下の諸特質の根拠は容易に解明されうるとして、小作料現物納制は価格変動の危険負担を一部地主が負担する役割を果たすものであり、「ほんらい貨幣地代たるべきものがとらざるをえなかった便宜的形態[51]」にすぎないとする。そしてここでも「小作料が現物形態をとっているということは、けっして地代法則が……一定の偏寄をうけながらも貫かれてゆくことを排除するものではない[52]」とし、「小作料はやはり農産物価格の一定の水準と農民の一定の生活水準とを前提として、その量的関係が定まるのである[53]」といっていることは注意しておいていい点である。というのは、小作料が現物納制をとるのは「地主のほうからいっても、いわば細く長く農民から小作料をとりたててゆくためには、現物形態を維持せざるをえなかったと考えられる[54]」というのであるが、相手が資本家であれば「細く長く小作料をとりたててゆく」などという配慮は不要と考えられるからである。というのは現物納制はやはり農民が構造的過剰人口として存在していることを前提にしているのであり、この構造的過剰人口の存在は原理論の法則のみでは説きえないことであるからである。

(51) 前掲書、二〇九ページ。

(52) 同、同ページ。
(53) 同、二一〇ページ。
(54) 同、二〇九ページ。

同様に減免慣行は豊凶作の危険負担の一部を地主が負担するものであり、第四、第五の特徴も「小作農が経済的に窮乏しており、農業外のエンプロイメントがかぎられている条件のもとでは、必然的に発生しうる関係である[55]」のであって、「要するに日本の小作関係にあらわれたもろもろの、一見封建的な特徴もそれはやはり日本資本主義という、いちじるしく後進的な資本主義のなかにまきこまれた小農民の地位に由来するもの[56]」であると正しい結論を与えている。だが、大内の現状分析においてはまえにも引用したように「一定の偏寄をうけた形で価値法則が自己を貫いてゆく[57]」という認識を一貫して前提にしている。「一定の偏寄」と「価値法則の自己貫徹」とは同じ次元で語られうるものであろうか。「一定の偏寄」とは費用価格にきまるということであるが、費用価格という法則が原理論にありうるのであろうか。しかも小生産者の費用価格におけるVもCも「資本」であろうか。とくにこのばあいのVとは自己評価であって、その実質額は一般的賃銀労働者のVからの規制はつねにうけているとはいえ、一定の格差がつねに存在している。その格差の問題はまさにV概念の形態差に由来する現状分析的問題である。原理論における法則には価値法則のほかに利潤率平均化法則、人口法則があるが、少なくともこのころの大内にとっては利潤率平均化法則は「原則」とされている。さきの「一定の偏寄をうけた形で……」という文章のまえには「ただここでは、経営が資本家的原則、すなわち平均利潤の確保、という原則によって支配されていないために」という文章がおかれている。「法則」と「原則」とのちがいが必ずしも定かではないが、原則は法則ではないとしているのであろうと思われる。ただし価値法則は原則ではなくて法則とされている。そして「労働力の配分を規制するものが価値法則である[58]」といっている。その「価値法則」が「一定の偏寄をうけた形」で「自己を貫いてゆく」といったのでは、日本の農民が構造的過剰人口を形成していることが曖昧になってしまうのではないであろうか。法則の作用は一定の阻害をうけているのである。

(55) 前掲書、二一〇ページ。
(56) 同、二一九～二二一ページ。
(57) 同、二一九ページ。
(58) 同、二一八ページ。

さてここで現実の資本主義社会の歴史過程は商品経済的要因のみによって解明しうるのかどうかという問題について考えてみよう。農業問題に関連することでもあるので、大内にたいする疑問を提起しておきたい。大内にあっては資本主義の発生から自由主義段階までは商品経済的関係のみで展開できるという独特の考えがある。大内には以前からかかる考えがあるが、のちの『大内力経済学大系』第四巻においてより明確になっているものであって、こういうのである。「資本主義の発展はすくなくとも自由主義段階までは、商品経済的関係が全面的に拡大し、経済過程を一元的に支配してゆくようになる道程として現われる[59]」といえるかどうかである。つづいてこういっている。「それとともに経済過程は他のさまざまの上部構造から自立し、一個の自律的な運動体となる傾向を強める。資本主義の純化傾向といわれるのがそれであることはいうまでもない。その点をおさえるならば、資本主義の歴史的発展はさまざまの異った諸条件の制約を受けながらも基本的にはひとつの帰着点＝純粋資本主義に収斂しようとする運動になるのがとうぜんであって、多様な偏倚を示すのはこの基本的運動の現象形態であって、背後にある法則性はつねにひとつと考えることができよう。ただし帝国主義段階の展開はやや異質である。それはこういう純化傾向からの逸脱であり資本主義の変質であるだけに、そこでは多様化と拡散とが一般的傾向になるといっていい[60]」というのがその説明であるが、疑問の第一は唯物史観をどうとらえるかという問題である。「経済過程は他のさまざまの上部構造から自立し、一個の自律的な運動体となる」という点である。これによると、経済過程はいつでも自立的であるというが、それは上部構造と下部構造とが完全に分離されて経済過程＝下部構造が純粋商品経済過程として自立しうることを前提にしているのであって、純粋資本主義の自立性のことを意味している。それ以前のたとえば封建社会においては政治と経済とが合体しているのであって、上部構造と下部構造とは分離できない形になっている。経済過程と政治過程が分離していて、しかも経済過程が自立しうるものであることがわかるのは純粋資本主義社会においてのみである。そのことから他の社会においても下部構造が基礎をなすことが想定できるということである。だが社会の経済過程はつねに自立しているということではない。資本主義社会を対象にしてはじめて下部構造の自立性がわかるということである。いいかえれば人類社会はつねに上部構造と下部構造とが分離しているわけではなかったということである。さらに封建社会は上部構造と下部構造とが結合しているのであって、下部構造の自立性は論証できないのであって、したがって唯物史観は資本主義社会においてのみ論証できるのである。第二の問題は資本主義の発生、発展が商品経済的関係のみで説けるかという問題である。いうまでもなく資本主義の発生期には商品経済化を抑圧する、あるいは阻害するさまざまな封建的政策ならびに政治的諸制度が存在している。それは商品経済的諸行為を禁ずるものである。資本主義が発生、発展するためにはそれらの政治制度を廃止しなければならない。封建的諸制度があっては商品経済化がその深部にはすすまない。その封建制の廃止の行為は政治的行為であって、商品経済的行為そのものではない。封建的諸制度は商品経済的行為によって自然に破壊されるわけではない。封建的諸制度があってはそもそも商品経済は大きな制約のもとにある。商品経済によって自然に封建制が破壊されるとみるのはあと知恵による商品経済史観である。封建社会は経済よりも政治が優先している社会であること、あるいは封建的経済制度を維持しているのが政治であることを考えるならば、このことは容易に理解しうることである。第三に、大内は帝国主義段階においては純化傾向からの逸脱があらわれるということをいっているのであるが、その逸脱の「多様化と拡散」のなかには上部構造としての政治の下部構造への積極的な関与があるはずである。またしても上部構造の下部構造への干渉が重要なはたらきをすることになるのである。唯物史観は純粋資本主義の世界においてのみ成立するのであって、その他では文字通りには明確には現れない。それはなにを意味するか。経済過程と政治過程とが分離する社会はほんらいは正常な人類社会ではないことを一面ではいみしている、あるいは考えようによっては政治が優先する社会こそほんらいの人類社会であることを逆説的に示していると思うのである。

(59)(60)『大内力経済学大系』第四巻（「帝国主義論下」）一九八五、東京大学出版会、一六ページ。

日本の小地片分散農地所有制にたいして大規模農業経営の成立のためにはいかなる条件の構築が必要かを考えてみたい。そのばあい個々の当事者の商品経済的行為に任せていてはその目的は達せられないことは明らかである。大規模農業経営の成立が目的であるから土地利用はその所有者の自由というわけには行かない。しかも大規模土地利用であるから広範囲の農業地帯と非農業地帯とに分けなければならない。土地所有権にたいする私権は制約をうけることになるが、その計画の立案は民主的に実現されなければならないし、私権の制約にたいしては正当な補償が与えられなければならない。地代の形態、額、借地期間、土地利用の合理化にたいする地権者の了解、地権者と土地利用者とのあいだの調整、支援にかんする市町村、県、国の政策的支援、等々、さまざまの政策的支援が必要である。外国からの政策的配慮の下での輸入農産物にたいしても質的に劣らない農産物の生産を目的にする。以上のことを可能にする最低の条件は、農業従事者の減少と農業従事者の若年化である。いずれにせよ政策として必要なのは高生産力農業の構築であり、それを可能にするためには農業経営規模の拡大が必要であり、それを可能にするための農村過剰人口の解消政策の構築である。そしてその基本をなすのは工業の発展なのである。それによって農民の工業労働者化がすすみ、農民が減少して、農業経営規模の拡大が可能になるのである。

四　農民層の分解

農民層分解論についてはは敗戦直後からしばしばレーニンによってしめされた「二つの道」の理論の日本への適用をめぐって盛んに議論が行なわれた。適用しうるとした論者には神山茂夫、豊田四郎、菅間正朔が、反対派には信夫清三郎、小池基之らがいた。ともに講座派理論の支持者であった。しかしこのレーニンの「二つの道」論は農業のブルジョア的発展に「アメリカ型の道」と「プロシャ型の道」とがあって、その構造的差を論じたものである。大内はしかし、「日本の農業においては、いかなる形においても、農業の内部で資本家的経営が発展している、という事実はみいだされないし、またほんらい日本の資本主義は、農業にそのような形の発展をゆるさないような構造をもっている[61]」として、日本では「二つの道」論は問題になりえないとした。

(61) 前掲、大内『農業問題』初版、二七九ページ。

戦前期の日本の農民層の分解についての大内の把握の仕方は、つぎのようである。それは一～二町経営層に集中するというういわゆる「小農標準化」傾向として、ひとまず把握される。「日本の農業経営は、ほぼ二―三町という、家族労働力で経営できる最高限（＝小農の最高限）までしか発展する力をもたないこと、そして地主手作経営でこれより大きな経営がかっ（原）て存在したばあいにも、それはむしろこの層まで分解し縮少（原）する傾向を示していること、かくして、……日本の農業経営は北海道をべつとすればほぼ二町歩という線に集中する傾向を示しながら階級変動をとげていること[62]」といっていて、この二町歩経営に集中する運動をつぎのように想定している。まず五反程度の零細層のうち、小作または小自作は兼業化を深めて、プロレタリア化してゆく、この零細農家の自作または自小作は小作地を拡大していわゆる自小作前進を展開し、二町歩経営に上昇し、以後自作地を拡大してゆく。だがそのあとは横すべりをして、土地を購入して、これを小作にだし、地主化してゆく。そして他の事業をはじめたり株式に投資したりして脱農民化してゆく、というわけである[63]。これがいわゆる「小農標準化傾向」または「中農標準化傾向」といわれているものである。

(62) 同、二八〇〜二八一ページ。

(63) 同、二八二〜二八三ページによる。

だが大内の分解論の事実認識はこれで終わらない。この「小農標準化」論はこのかぎりでいえば、両極分解ではなくて、中間層集中化論だからであって、これを大内は両極分解論に鋳造しなおすのである。それはこうしておこなわれる。「標準化された小農層は、技術的いみにおいてこそ小農ではあるとしても、それがすぐ経済的ないみにおいても小農であるとはかぎらない。むしろ……恐慌期においては、このような一—二町層でさえ、農業だけでは家族をささええないという状態におかれることになるのである。だから、恐慌がますます深く農業をとらえ、かつますます長期化するにつれて、かかる一—二町層でさえ事実上半プロレタリア化せざるをえない条件がますます大きくなるのである。しかもこの層はすでに農業労働で手一杯であるから、兼業への依存が高まれば、どうしても経営を縮少（原）せざるをえなくなる。それゆえ資本主義の発達とそれにともなう恐慌の深化は、ついにはこのような一—二町層をも全面的に崩壊せしめるにいたるのである[64]」というのである。この主張は「小農標準化」は一時的な現象であって、ほんらいは両極分解が基本なのだと主張しているようにみえる。そしてそういう見解の延長線のうえでつぎのように両極分解論を展開してゆく。「われわれはこのようにして、一見停滞的な日本の農業においても、たえざる階級分解がすすんでいることをみいだす。そしてこの過程をつうじて、大多数の農民は、いよいよ小生産者としての資格を喪失し、プロレタリアに近づいているのである。……このような彼の地位の変化は、とうぜん彼の意識にも一定の変化を与えるであろう。そしてプロレタリアートは農民のあいだにますます多くの同盟軍をみだしうるようになるにちがいない[65]」という。

(64) 同、二八四～二八五ページ。
(65) 同、二八五ページ。

だが大内はこの両極分解説を徹底化させない。「だがそれにもかかわらず、農民層はけっして急激には分解しつくしはしない。なぜなら日本の資本主義は、農民を土地から離れては生活しえないような状態にたえずおいているから、農民は死にものぐるいで土地にしがみつかざるをえないし、またこの分解を阻止する政策もたえずおこなわれているからである。そしてそのかぎりで、農民の小ブルジョア的反動的性格は容易にはなくならず、プロレタリアートはむしろそこに敵をすらみいださなければならないのである[66]」といって、つぎのような結論をくだす。すなわち「かくて小農民は経済的基礎が二重であり、小ブルジョアであるとともにプロレタリアであるのにおうじて、その階級的意識においても雙面神（ヤヌス）である。そしてかかるものとして、彼等はむしろ資本主義の存続するかぎり、生きもえず死にもえないままに存続をつづけるのである[67]」といって擱筆するのである。結局、農民は両極に分解するのか、しないのか判然としていない。大内は農民とともに雙面神(ヤヌス)になったのだろうか。

(66) 二八五〜二八六ページ。

(67) 同、二八六ページ。

大内はさきの引用文にもあるとおり「分解を阻止する政策」というが、政策がなくても分解は阻止されているのではないだろうか。大半の農民は農民のまま貧困化し、収奪をうけている。プロレタリアになることが困難なのである。戦後の農地改革は多くの零細自作農を生んだ。しかしその同じ農地改革の延長線上にある農地法は土地所有を農村に残して都会に出て賃銀労働者になることを禁じた。土地を所有するなら土地を耕作しながら賃銀労働者になるほかはない。しかしそれですべての農民の生活が豊かになるという保障はない。日本資本主義が構造的過剰人口を生みだしているかぎりは政策が展開されなくても農民層の両極分解は阻害されるのである。

ところでしかし、大内は農民層の分解とは農民層が上下に分解することであるから、あくまでそのことにこだわって、中農標準化は一時的現象とみなそうとしていたことはすでにみた。ところが、後年、大内は大枠としての「中農標準化」を認めることになる。この「中農標準化」は一九二〇年代以後の日本の帝国主義段階に特徴的な現象なのであるが、大内は一九三〇年代の農民層の分解形態についてこういっている。「三〇年以後は日本でもやはり総農家数が減り、そのなかで分解基軸が多少とも上昇し、いわばより大型の、しかし家族経営にほかならない農家層が増大するといった条件ができはじめたのではないかということである。こういう傾向は、四〇年ごろから戦争のために中断され、また戦後は零細化が極端にすすんだが、一九五〇年以後ふたたび復活し、さらに発展をした。こう考えるならば、こんにちの日本の農民層の分解は、やはりほかの資本主義国の動向と脈絡が合っていることが明らかになるのであり、それは日本的ないみでの『大型小農化傾向』のあらわれとして理解できる[68]」というようになっている。この「大型小農化傾向」というのは「小農標準化傾向」の小農が大型になったもので、生産力の増大にともなって旧来の小農の経営規模が大きくなったものにすぎない。農民層分解の形態からみた判断であって、「小農標準化傾向」と質的には同じものとみていいであろう。そうすると『農業問題』初版のわれわれがすでにみた両極分解説は放棄したのだろうか。その問題とはべつに、この「大型小農化傾向」という特質をもつ大型小農が増大していることと両極分解とはどう整合するのだろうか。いいかえれば「小農標準化傾向」と農民層の両極分解説とは矛盾するのか整合しうるのかという問題である。従来は矛盾するものと考えられていた。だがそう考えたとしても、資本主義のさまざまな、いわば端倪すべからざる発展におうじて、これまでも農民層は両極に分解することもあれば、遅遅としてすすまないこともあった。いずれにしてもこれは難問をなしたのであって、それゆえにこそ大内はさきにみたように『農業問題』初版で「小農標準化」はいわば一時的現象であって、結局は両極分解せざるをえないという処理をしようとしたのである。そうしてまた多くの論者も「小農標準化」という事実を認めながらも、それは両極分解なのか、それともその否定なのかという問題に応えることを避けてきたのであった。その問題にいまあえて応えるとすれば、こういうことなのではないかと思う。

(68) 大内力『日本のおける農民層の分解』一九六九、東京大学出版会、二八四～二八五ページ。

それを解決する唯一の道は、この大型小農、あるいは「小農標準化」で標準化層となった小農とは両極分解運動の農業生産にあらわれた最上層農であったとみることができるのではないだろうか。いいかえれば分解層はその一段下の階層、または諸階層であって、最下層は賃銀労働者層に接している零細小作層というわけである。つまり農業生産のなかをみれば、上には大型小農、あるいは標準化運動で形成された小農、下には賃労働兼業農家層への小農以下層の両極分解であったとみることはできないかと思われるのである。戦前でいえば従来標準化層といわれた自小作一～二町層[69]は農業生産に現れた最上層であり、いわば最高度に商品経済的に対応しようとしているが、小生産者的性格をぬぐいきれないでいる。そしてこの階層以上の層は地主自作を経て農業生産外にでて地主その他に転化してゆくわけである。こうみれば零細中間層減少による、しかり矮小化された両極分解とみることができるのである。そしてこういう形の両極分解は工業の発展による農民の工業賃銀労働者化を媒介にして農民の減少を促進して、ここに農業経営の大規模化を生むことになるのである。分解基軸の上昇はまさに資本主義「発展の法則」をいみするのである。

(69) 北海道と沖縄をのぞいて一～二町層は日本の帝国主義段階というべき一九二〇年代にも、また国家独占資本主義体制に入った三〇年代においても、一貫して増加している階層である。ただ二〇年代にはそれとともに〇・五～一町層がわずかに増加傾向を示していた。三〇年代にはそれに代わって二～三町層が増加の伴走の役を務めていた。拙著『日本における農民分解の機構』、一九六七、未来社、三三〜四二ページ。

第二節　論争

一　鈴木鴻一郎「日本農業と『価値法則』」

大内の『農業問題』初版にたいして鈴木は「日本農業と『価値法則』――日本農業における商品経済の特殊性について――」[70]において、つぎのように批判を展開する。鈴木は大内の見解を、生産価格の法則が「一定の偏倚をうけ」て「自己を貫いてゆく」という形において、日本農業は「価値法則」の「支配」をうけているととらえ、つぎのように四つの問題点をあげる。第一は「日本の農業において生産価格の法則が『一定の偏倚をうけ』て『自己を貫いてゆく』とは、具体的にはいかなることであるか」ということであり、第二は大内によれば「日本農業の『価値法則』の『支配』をうけているというのは、農産物の価格が『費用価格』でなくて、すなわち『C+Vではなくて、むしろC+〇・七三Vという水準』によつて決定されているということだといつてよいであろう。だが日本農業においてCすなわち不変資本が、或いはVすなわち自己労賃ではなくて謂わば他人労賃が、成立しうる根拠があるであろうか」ということであり、第三は「日本農業においては農産物全部が価格をもつているといえるであろうか」ということであるが、これは自給部分まで価格をもつといえるかということである。[71]

(70) 鈴木鴻一郎「日本農業と『価値法則』」、前掲、同、『日本農業と農業理論』、一九五一、御茶ノ水書房、所収（初出）。
(71) 以上、三点は、前掲書、二二三〜二二六ページ。傍点は原。

これら三点以上に重要な問題はその小作料論にあるのであって、「大内教授の小作料論は農産物価格論の謂わば申し子として、これを基礎にして展開されている点に特色をもつている。その意味でそれはやはり日本農業に『価値法則』の『支配』を強調される教授の考え方の一表現である……／教授はまず小作料論にとつて農産物価格論がいかに不可欠であるかを強調されて次のように云われる。曰く、──『このような価格決定の機構を明らかにしなければ、なにゆえ小作料がきわめて高率であるかということさえ明らかにはなしえないであろう』[72]」という。そして結局第一になにゆえ小作料が収穫の半分にもおよぶほど高いのはなぜか、ということ、第二にそれがなにゆえ小作農民の労賃部分にもくいこむほどの高さになるのか、ということが問題になるが、それについて大内は、第一の問題については「『農産物価格が低い水準におしさげられる』結果として農民は『農業をいよいよ集約化する』ことを余儀なくせられ、そのために『第二形態の差額地代はとうぜん大きな量にたつする』ことになるからだというのである。しかし小作料の高率を説明するために農産物価格論は果たして不可欠の前提理論であろうか。また小作料は第二形態の差額地代そのものであり、その意味で資本制地代なのであろうか[73]」と鈴木はいうのである。そしてつぎのような弁明をしている。「それは大内教授の所説に対して以下に述べる幾つかの疑問は、私にとつては或る程度まで自己批判でもあるということである。というのは教授の所説は、教授自身の言明によれば、もともと私の所説に示唆を得られて展開されたものだからである。しかし上に述べた教授の所説は他方においてかつての私の所説以上に出ているものがあることもこれを否定できないであろう。そのかぎりでは以下の疑問も私の自己批判の範囲をこえるものがあることはいうまでもない[74]」といっている。

(72) 鈴木、前掲書、二二六ページ。
(73) 同、二二七ページ。
(74) 同、二二八ページ。なお大内によれば、日本の小作料が高率なのは日本資本主義が規定した低賃銀体質にその基礎を有するという認識は「旧稿(『日本資本主義の農業問題』の元になった「過小農制と日本資本主義」――犬塚)でもはっきり示しておいたように、鈴木鴻一郎教授の論考に示唆をうけたものである。同氏「増産と農地制度」、社会政策時報、二五八号、一九四二年、参照」(大内力『日本農業の論理』一九四九、日本評論社、一九九ページ)とある。

鈴木が提起した大内にたいする具体的な問題点をあげると、第一に農民の生産する農産物は自家消費分をふくめてすべて商品概念でおさえられるかという点である。大内のあげている一九三六年の「農家経済調査」によれば調査対象になっている農家の農業経営費、家計費それぞれ平均でその三割は自給部分よりなっている。もちろんその「現物」部分は単純に「使用価値」とはいえないが、「だからといってこれを積極的に『商品』でありまた『価値』であるということは疑問」である[75]、というのが第一点。第二点は「教授においてはむしろ『現物』部分も『商品交換』に入る部分も区別がなく、一様に『商品』としてとらえられている上に、さらに積極的に資本制商品を規制する生産価格の法則の『適用』が試みられているのである」[76]といって、つぎの大内の文章をあげて、問題だという。大内はいう「われわれが問題にしなければならないのは、日本のばあいのように、家族労働による小農経営が支配的であるばあいには、……資本家的経営のもとにおいてみとめられる一般法則（生産価格の法則）が、どのような修正をうけつつ適用されるか、という問題なのである」と。[77]第三点はこの「生産価格の法則」を大内が「適用」するばあいに、強調することはもちろん「『どのような修正をうけ』るかという点にあるであろうことはこれを推測するに難くない。けれども、それが『どのような修正をうけつつ』であるにせよ、ともかくも『適用される』と考えておられることだけは明らかであるといつてよいであろう。こゝに吾々にとつて疑問に思われる問題がある」[78]という。要するにここで鈴木がもっとも問題にしたいのは、小生産者としての農民の生産物が商品になるばあいと資本家的商品との質的ちがいがどこにあるかということであって、「すなわち彼等（農民――犬塚）は『自分の生産物を商品として生産しうるところの諸条件なしに』農産物を『商品』として生産しているのである。言葉を換えていえば、彼等農民にあつては農産物の『商品』性は外部の資本制商品経済から与えられているのであつて、農業経営の内部から与えられているのではないのである。それは他人の労働を資本としてつかわないということからきているものであり、逆にいえば自家労力を基礎にしているということの結果であるといつてよいであろう。そのため農産物は『商品』ではあり得ても資本制商品ではありえないと考えられるのであるが、このあたりのことが大内教授においては必ずしも明確にされているとはいゝ難いように思われる」[79]というわけである。鈴木にも問題はあるが、鈴木のいうとおり大内が小生産者と資本家との同一性を強調しすぎていることはたしかであって、その異質性にも配慮する必要があることもたしかである。

(75)鈴木、前掲、『日本農業と農業理論』、二二九〜二三一ページ。
(76)同、二三二ページ。
(77)この引用文は大内『農業問題』初版、一一八ページからのもの。〔生産価格の法則〕という挿入句は鈴木のもの。傍点は原。
(78)鈴木、前掲書、二三二ページ。
(79)同、二三四〜二三五ページ。この引用文中の「自家労力を基礎にしているということの結果であるといつてよいであろう」という部分の末尾には注じるしがついていて、「詳しくは宇野、鈴木、大内、齋藤、『日本における農業と資本主義』、一一二〜一一三頁をみよ」とある。そこにはこうある。「**宇野**　商品経済が外部から関係して来る。内部から商品経済化するということがないと、計算を内面的にしない。自家生産物を外部からにしても計算してかかるということは、これは商品経済と接触する以上どうしても起る現象です。日本の農家経済はだいたい外部から与えられた商品計算をする。農家以外の外部が商品経済である。又実際農家の経済も封建時代のような自給経済的なものとしてやつて行くことが出来なくなつている。その基礎が奪われて来ておるわけです。たとえば家庭工業がなくなるとか、共有地がなくなるとか、そういう条件がなくなつて来ている。自給経済に適応した条件がないから当然商品経済の中に織り込まれなければならない。それでは根本から商品経済化しているかというとそうでもない。これにはマルクスの有名な文句がありますね。農民は、その生産物を商品として生産し得る条件なくして商人となり産業家となるという、あの関係にあるのだと思うのです。要するに商品経済の計算のしかたは外部から与えられている。その限度もそれで与えられているということがいえると思うのです。／**齋藤**　つまり商品として生産し得る条件なくしてというのが問題になるわけですね。／**宇野**　そうです。商品として生産し得る条件なくしてというのは、資本家的商品経済と接触し、その中にあり乍ら、自己の経済の内部からの計算をしないということだと思う。他人の労力は使わない。他人の労力をつかうにしてもそれは家族的なものとして使おうとする傾向があるといえるのではないですか。これは一般的にいうと少しいい過ぎかもしれないが、一般に小農に関しては他人の労力を使う場合もやはり自家労力化して使うということはいえませんか。それはどうでしよう。いい過ぎですか。雇用労働を使うとしても他人の労働を資本として無制限に拡大しようという動機は持つていない。それはやはり家族労力の補充として雇用労働を使う。そういうことはいえませんか。此の点は農家の資本を考える場合に相当重大なポイントだと思う。従つて農家が金融を受けるという場合にも、特殊の性質をもつてくる。たとえば土地に対して低利資金を受ける場合に農家としてはどうでしよう．勿論それは本来の資本ではない、しかし矢張資金として受けるのでしようが、いつかその土地が自分の家の資産になるという意味で低利資金を受けるというような考えがあるのではないでしようか。／**大内**　そういう傾向は非常に強いでしようね。低利資金の場合でなくても、少し小金がたまつたという場合にも、純粋な利廻り計算からいえば株や何かを買つた方が得だとしても、やはり普通土地を買うという傾向がある。今度の農地改革のあとなどですと、小作料が金納になつてあれだけ下ると小作農の方がむしろ有利なくらいになつて来る。それでもやはり土地を買おうとする。／**鈴木**　それは一つには株を買おうと思つてもそのつてが農村には乏しい。そういうこともあるでしよう。／**宇野**　それもあるでしようが、それがすでにそういう関係を基礎にしている。農家として立つということの中に置かれると資金自身も資産化して来る。それだからつてもないことになる」（宇野弘蔵・大内力・鈴木鴻一郎・斉藤晴造『日本における農業と資本主義』、一九四八、実業之日本社、一一二～一一四ページ）。

賃銀労働者の労働はもっぱら他人のための労働であるが、小生産者としての農民の労働は必ずしもそうではない。他人のための労働のときもあるが。自分のための労働というときもある。小生産者にとっては自己および家族の労働の必要労働部分による生産物はそれによって家族の生活の再生産ができるかぎりのものでいいのであって、通常はその生産は歴史をこえて可能である。家族労働による剰余労働部分による生産物は通常商品として販売する。それによってえた貨幣は日用品、農具等の購入に使われるほかは、資金として蓄積される。小農制が維持されているということは一方では農民が容易に賃銀労働者になる機会がないということであり、他方では農業経営規模を一定規模以上に拡大することは通常きわめて困難であることを意味する。したがって貨幣の蓄積は農業経営規模の拡大には向かわないで、土地購入に向う。つまり貨幣の蓄積は資本にはならないで資金あるいは資産となる。それは農業生産そのものの性格というよりも、小生産者としての性格によるのである。そして小生産者たらざるをえないというのはかれらをとりまいているものが後進的な資本主義だからである。農産物にたいする国内外の需要が長期にわたって増大するとか、資本主義が順調に発展するとかの条件がなければ、通常小農制は残存するのであって、貨幣蓄積は資本にはならず、資金になるといっていいであろう。

鈴木が問題にする第二の問題は、CやVの概念を農民の生産物に「適用」していいかという問題である。「Vの問題というのは、これをさらに立入つていえば、大内教授においては農民の労賃部分がVすなわち他人労賃と同一視されているのではないか、ということである」[80]。事実、大内はすでに一九四九年出版の『日本農業の論理』で「まず決定されるのは労賃部分（具体的には農家の生活費）であり、それがいちじるしく低いから地代部分（具体的には小作料）が大きくなる、と理解すべきであつて、小作料が高いから農家の生活ていどが低い、という考え方は逆立ちである」[81]といっていたことを鈴木は指摘する。そして「吾々はこゝに『農家の生活費』すなわち労賃部分が他人労賃の賃銀Vと全く同一視されていることを見出しうるであろう」[82]というのである。そしてさらに「(大内が)『類推』の方法によつて、農民の労賃部分はこれをVと『見なし』て差支えないというのである。そしてそのかぎりでは私としても何らの異存もないのである」[83]が、「しかし大内教授はこの『類推』を過大評価せられ、農民の労賃部分と他人労賃との謂わば質的の相違を顧みられず、相違はこれをすべて量的なものに還元しておられるように思われる。教授がしばしば繰返えし主張しておられる『一般的な労賃水準』と農民の労賃水準との『誤差の問題』というのがこれである。だが都会における『一般的な労賃水準』と農民の労賃水準との相違は単なる『誤差』にとゞまるものではないであろう」[84]といって、農民の労賃部分が「自家労力の謂ゆる完全燃焼と結びついているに反して」、他人労賃が「利潤の追求と結びついていることを容易に見出しうるであろうからである」[85]という。

(80) 鈴木、前掲『日本農業と農業理論』、二三五ページ。
(81) 大内、前掲『日本農業の論理』、一九四九、一九九ページ、なお大内によれば、この考え方は大内「過小農制度と日本資本主義」、一九四六、に発表しているということである〔前掲『日本農業の論理』一九九ページの注(31)による〕。
(82) 鈴木、前掲書、二三五ページ。
(83) 同、二三七ページ。
(84) 同、二三七ページ。
(85) 同、二三七〜二三八ページ。

このことはCの問題についてもいえる。日本農業においては不変資本としてのCは存在しないことは大内も認めている。だがそれは一貫されていないと鈴木はいうのであって、「例えば『農産物価格はC＋VではなくてむしろC＋〇・七三Vという水準まで低下している』といわれる場合がそれである」[86]。大内にあっては農民のVは七三%しか実現されていないが、Cは一〇〇%実現されていることが前提とされている。[87]「だが小農民についこのような事実が果たしてみられうるであろうか[88]」と鈴木はいう。実際、小農民は「固定資本」の「減価償却」ができないからといって倒産することは原則としてない。資本家的経営には倒産はありうるが、小生産者としての農民には原則として破産はありえても倒産はありえない。その意味では農民の所有する建物、農業機械のような生産手段といったものは俗に固定資本とよばれても本来鈴木がいうように資本ではないからである。[89]

(86) 鈴木、前掲書、二三九ページ。
(87) 同、同ページ。
(88) 同、二四〇ページ。
(89) 鈴木は「生産手段特に土地、建物、農具等を一〇〇％鎖却して」（前掲書、二四〇ページ）というが、土地は資本ではないことはいうまでもない。なお、昭和四〇年代後半、愛知県の豊田市内農村部で中型の乗用トラクターが中堅農家に採用されるようになったころの話であるが、ある農家で聞き取り調査をしたとき、息子を農家の跡継ぎにさせるために乗用トラクターを買い入れたという話を聞いたことがある。団地の窓からトラクターを駆使しているところをみられるのも満更ではない様子だったという。

第三の問題は小作料の問題である。「果たして小作料の高率は『農産物価格の特殊性』を明らかにしなければこれを説明することが出来ないものであろうか」と鈴木はいうのであるが、鈴木によれば「問題は、小作料が果たして『農産物価格のなかから支払われるものである』か否かにかゝつてくるわけであるが、その場合教授はそもそも小作料をいかなるものとしてとらえておられるのであろうか。教授はこれについて次のように云われる。曰く、小作料は『日本のような小農的生産支が（原——犬塚）配的におこなわれているばあいには差額地代以外のものではありえない』と。こゝから教授は、小作料をもつて『限界生産物の価値によつて決定される市場価値とより有利な条件のもとにおける生産物の個別的価値との差額として存在している』といわれるのであるが、もしそうだとすれば、小作料が『農産物価格のなかから支払われるものである』ことは何ら疑問の余地がないであろう。そこで問題は、結局、小作料が『差額地代以外のものではありえない』か否かにあるわけであるが、その点は果たしてどのように解釈すべきであろうか[90]」と問題を提起する。そしてつぎの三点が問題であるという。1.「恐らくは『類推』の方法によつて小作料を『差額地代』と『見なし』ておられることは疑いがない[91]」こと、2.「小作料は資本制地代たる差額地代の性質をもつものとされているように思われるのである。何故なら、教授においては『小作料が差額地代であるかぎり、かならずしもそれは農業内部の剰余価値だとはいえないし、したがつて地主が直接農民を搾取しているとはいえない』ということが指摘されているからである[92]」、3.「小作料をもつて資本制地代たる『差額地代以外のものではありえない』とするならば、それは『農業内部の剰余価値とはいえないし、したがつて地主が直接農民を搾取しているとはいえない』であろう。その場合、それはマルクスの謂ゆる『虚偽の社会的価値』であつて、『消費者としてみた社会』が負担しているものだからである。だが小作料は小作農民が現実に生産した農産物の一部が『現物形態』をもつてそのまゝ地主に支払われるのではないだろうか[93]」と鈴木はいうのである。つまり鈴木によれば差額地代は「価値の実体的基礎たる労働を欠如するもの」であるのにたいして、現実に小作農が支払う小作料は「小作農民の労働から支払われるもの」だというのである。

(90) 鈴木、前掲書、二四一ページ。
(91) 同、二四二ページ。
(92) 同、二四三ページ。文中の引用文は大内『農業問題』初版、二一五ページからのもの。
(93) 同、二四三ページ。

この鈴木の最後の主張は私としてもうけいれることはできない。たしかに小作料は地主にたいして現物形態で支払うのであるが、地主・小作関係をいわば資本主義以前の諸社会におけるような支配者（領主）とその隷属民との特殊個別的隷属関係とみなしうるのであれば、年貢率は「虚偽の社会的価値」としての差額地代の発生を許さない。領主が異なれば、あるいは同一領主の下でもさまざまな封建的政治、政策によって年貢の高さ＝収奪率は異なるからである。年貢率が個別封建領主ごとに異なり、あるいは同一領地内でもさまざまに異なると考えられるのであるから、年貢の高さは端的にいって土地豊度の差を必ずしも反映しない。土地自然がもともと具有している土地豊度の差に比例して年貢量が決まるということは多少あるにしても、領内の政治構造は領主ごとにちがうはずである。もともと「虚偽の社会的価値」としての差額地代は広域の商品経済圏の存在を前提として、その中から価値を収奪するものである、最劣等地の生産物が基準価格を形成することによって需要と供給とが交差する商品経済圏が拡大することを前提にしている、明治以来工業と商業の発展にともない、米穀市場は発展し、地主による現物小作料米の販売圏は拡大していったはずである。小作米の「虚偽の社会的価値」は結局「消費者としてみた社会」が負担しているといっていいが、厳密にいえば工業、商業の資本家が負担していると見ていいのであり、それは労働力商品化を確保している土地所有にたいする資本家の譲歩なのである。

こういうわけで日本の戦前の小作料が高率だったことが地主・小作の封建的関係とされるものによるのではなく、大内がいうように日本資本主義が後進的資本主義として農業を過剰人口として滞留させざるをえなかった農民によって担当させるにいたったという事情によると思うのであるが、その間の論理は大内がいうよりはもう少し複雑であったように思われる。すなわち大内の考えは日本資本主義の後進性による構造的過剰人口の農村内の滞留――小農による農業生産競争の激化――農産物価格の低水準――農民層の貧困化――農民による土地借り入れ競争の激化――小作料の効率化という論理である。だが事情はもっと複雑だったというのが鈴木説である。「小作料が何故高率であるかはむしろ私がかつて説明したように農民相互の競争による彼等の労働の集約的投下から、従つて第二形態の差額地代をもつて『類推』される差額地代の増大から、これを説明すれば、それでことは足りるのではないであろうか。そうだとすれば、小農民の低い農産物価格を招来せしめると同じ原因が、小作料についてはこれを逆に高からしめているのだと考えてよいであろう。すなわちまず農民相互の競争ということがあつて、それが一方では小作料の高率を結果するとともに、他方では農産物価格の低廉を招来しているといつて差支えないように思われるのである(94)」というのであって、農民は小作農になるか、賃銀労働者になるかといった二者択一できる情況にはなかったのであって、もっぱら小作地借り入れ競争を展開するしかなかったのであり、そのことがまた農業生産増大に拍車をかけ、農産物価格を低くからしめたという主張なのである(95)。だがこの主張には一定の前提条件が必要であるがそのことについては鈴木は語っていない。その条件とは何かということを考えたばあい、つぎの二つのことがあげられよう。一つは過剰人口は資本主義の成立後に発生したというのではなく、日本資本主義の成立が西欧からの工業機械、技術の輸入をもっておこなわれたために、多くの労働者の雇用を必要としなかったし、かつ必要な労働者としては知識水準や技能水準の高いものが求められたはずであるから当時の農民にとっては工業労働者になる道は狭いものであったと考えられること、これは当時かなり重要なことで工業労働者は知識と技術の高いものがなりえたもので、ましてそういう技能をもっていないもの、中途採用は困難であったとこと、もう一つは当時の農家にあっては他出できるのは次三男や娘であって、農家の世帯主ではなかったのであって、彼にとっては農業を続けるか賃銀労働者になるかという二者択一は問題にならなかったといっていいであろう(96)。そしてこうした資本主義の成立期の事情は大きくくくれば昭和恐慌まで多少弱められながらもつづいたと考えられる。問題になる過剰人口は不況期にあらわれる相対的過剰人口というよりも資本主義成立期にすでに存在した構造的過剰人口なのであった。

(94) 鈴木、前掲書、二四四ページ。

(95) このことに関して、例の『日本における農業と資本主義』につぎのような討議がおこなわれている。「**大内**　つまり問題は工業における過剰人口に、あるひ（原——犬塚）は一般に資本主義社会の相対的過剰人口に全部還元されてしまうことになりますね。／**宇野**　しかしその場合、日本の過剰人口が農村過剰人口として存在せざるを得ないところに問題があるわけだ。一遍工場に集まつて来たのが農村に帰つて来るのでなくて、最初から農村の過剰人口としてある。これは前にいつた様に資本の有機的構成の高度のものがはいつてきた。つまり産業予備軍という形で工場外の都会にあるのでなくて、最初から産業予備軍が農村にあつて、こつちは高度に資本主義化し得るという関係ができておるのじやないか。さつき齋藤君のいつた競争ではその水準を決定するものを明らかにし得ないというのは、資本家的商品生産の条件が与えられて居る場合ならそういえるが、此の場合はそうではない。つまり競争が賃銀を引き下げるというのは、小作料を高くするという競争があるから賃銀に当たる部分がそこまでも下がり得るのではないか。こういうふうに考えられやしいか。／**大内**　それはたしかに競争は直接的には小作料を高めるという点で働くわけですけれども、その前に農業外に賃銀一般を低めるという力があり、低賃金が作りだされているから小作料がそんなに高くなるまで競争がおこなわれるのではないでしょうか。もちろん賃銀を低めるのを（も？——犬塚）やはり競争だから競争は小作料にも賃銀にも同じく作用をしているともいえますが。／**宇野**　同じ作用をしているわけですね。だから賃銀が低いから小作料が高いのだというのはどうも賃銀が低いからということがどこから出てくるか。その点に問題がある。／**大内**　それはむしろ農業外の賃銀が高ければ農業の賃銀も高くなり、農外賃銀が低いから農業の賃銀もまた低いということです。／**齋藤**　日本の農業の労働力は賃銀労働者としてではないから明確な形で賃銀を要求するものではないでしょう。／**宇野**　僕もそう思う。農家経済の基礎からそうなるわけだ」（二〇六〜二〇八ページ）。ここでの大内・宇野間の議論はかみあっていないようである。ここでの大内の主張は農民の貧しさの原因としての高小作料と低賃銀との二者択一的議論であるが、それは賃銀さえ低くすれば雇用はいつでもあるということを前提にしている。しかも雇用の発生場所が農村なのか都会なのかによっても事情は異なるし、農外雇用に行くのが農家の戸主なのか次三男なのかによっても異なる。日本の農村においては戦前には農家の戸主にたいしては低賃銀ならばいつでも雇用があるというわけではなかったであろう。もちろん季節的なあるいは臨時的な雇用はあったが、それでは農家たることをやめるわけにはゆかないであろう。離農問題を大内がやや抽象的に論じていたのにたいして宇野は具体的にとらえていた。議論の次元が異なっていたのである。

(96) 前注の議論の続きの問題であるが、こういう議論が展開されている。「**大内**　自由な競争が行なわれて労働力の移動が自由であれば、結局都会の賃銀も農家の賃銀部分も同じ水準に決まるのじゃないですか、むろん多少の誤差はありますけれども……／**鈴木**　宇野先生がいわれるのはこういうようにいえるわけですね。同一価値部分のうち賃銀がまず第一次的の決定者であるという理論は資本家的社会にのみ通用する理論であつて、それを資本家的ならざる要素をもつている農村にアダプトさせた場合この理論がそのまま農村に妥当するかどうかとなると、そこまでいくのは疑問だと思うというお説ですね。／**宇野**　ぼくのはまつたくそうです。それはもちろん都会の労賃と関係があるということはいえるね。しかし農家のいまの所得の中の賃銀部分と想定されている――ほんとをいえば賃銀部分かどうかわからないが、類推して賃銀部分にしてあるだけのものだが、それが先ず決定されてさし引かれるというよりは、小作料の方が差引かれて残つたものが所得なんだ。収入の中で経費を先に引いてみると、これじゃ食えないというところまで抑えられている。そういうふうな関係だと思う。それでなるべく収入を多くしようとすれば小作料が少々高くても土地をある程度拡大した方がよろしいというので、やはり小作料を上げる競争がそこへ出てくるのじゃないか、そういうふうに考える。農家の労働賃銀にあたる部分と、それから都会の賃銀との比較というのは相当困難な問題です。それは前にいつた自給性と結びつく。自家労働力でやつている小農の経営と結びついた複雑な問題になつてくると思う。それがたとえば農家へ雇傭されている賃銀労働者であるとすれば、それは都会の賃銀と比較してすぐ高い方に行けるかもしれない。しかし自分の家をもち、それから多少とも土地をもちして（原――犬塚）いる者の賃銀の決定というものは、都会との間に自由に流通し得る面が少いので比較が出来ない。比較をどこにもつてくるかということがちよつといえない。次男とか三男とかはそういうふうにして出てゆくかもしれない。しかし世帯主、農家の経営者自身になるとそういう比較は相当困難になる。その点で僕はやはり競争説であるけれども逆に農家のそういう事情が都会の低賃銀にも影響があるものと考えている。もちろん山田君と同じようには思わない。その事情が資本主義によるのだから」と宇野はいうのである。ここで宇野が主張したいことは高い小作料を払って小作するか、農外賃労働者になるかという選択を農民がせまられているということではなくて、農家の当主が経営規模を変えないで、より労働稠密な稲作を続行するか、高い小作料を払っても稲作規模を拡大するかという選択を迫られているということなのである。

資本家的商品経済と小生産者的商品経済とは質的に異なるものであって、前者が純粋資本主義という現実に基礎を有しながら現実には存在しない抽象世界を対象にしてのみ自立的社会として解明しえたのにたいして、後者はそれ自体完成された商品経済ではなく、したがってまた本来は共同体規制という上部構造と結びついてのみ存在しえたものであった。資本、利潤、賃労働、地代といった諸範疇はそれぞれ固有の形態と一定の生産力のもとにおいてのみ固有の運動をなしうるのであって、小生産者においてはそれぞれそれに対応したものがありえながら、それらは原理論の範疇を擬制したものにほかならず、その運動は本来の範疇固有の運動からは多かれ少なかれ外れた運動とならざるをえない。運動は一定の形態を通した運動だからである。どの程度はずれた運動になるのかの解明は、段階論や現状分析の課題である。それは原理の諸法則の作用がさまざまに阻害されるということであって、それゆえにこそ現実の資本主義は一回かぎりの歴史的展開をなすわけである。上記の宇野の発言は延長するとそういうことを意味していると思うのである。

鈴木による大内批判の主要点は以上にのべたことで尽きるといっていいが、最後に注のなかで大内の農民層の分解についての論評があって、私にはそれは看過しえないものなので、のべておきたい。こういっている。「大内教授においては、農民層の分解がむしろ過大に評価されている……」といって大内の「小農民はおそかれ早かれ分解する」という文章を引用したのち、「もちろん吾々といえども農民層の分解の事実そのものを否定するものではない。だが吾々はこの分解に明確な限度のあることを強調したいのである。教授においてはこの限度はむしろ指摘されていないように思われるのであつて、そこに吾々は疑問をもつのである。／ここに分解の限度というのは小農民がいろいろの形で半ば『プロレタリア化』しつつも、半ばは依然として『農民』たるの性質を残しているという意味である。わが国においてはこのような形による以外には農民層の分解は困難であるということである。この分解の困難または限度を強調することが農民層の分解を論ずる上に極めて重要ではないかと考えるのである。しかるに小農経営の商品経済化を事実以上に強調することになれば、この点が過少評価されて、『プロレタリア化』の方がむしろ一方的に過大評価されることになるであろう[97]」というが、私もそう思う。

(97) 鈴木、前掲書、二四七〜二四八ページ。この点はさきの『農業問題』五一年、初版についての論評でも述べたことであるが、大内は、結局、終生農民層は分解するであろう、といいつづけたのである。価値法則の貫徹に固執していたのもその延長線上にあったというべきか。大内は独創的に新たな道を切り開いていったのであるが、他方では旧労農派的ともいうべき部分ももっていたように思われる。鈴木がうえでとりあげたその著書の最後に「分析の立場」なるものを提唱しながら、いっこうにその具体的内容を明らかにしていないのは、方向は大内とまったく逆であるが、一面で両者は共通するところがあるように思う。

二　大島清「わが国小作料は差額地代第二形態か」

大島は最初に大内が「講座派」は価値法則の理解を誤っているとして、つぎのようにいっていることをとりあげる。「『講座派』の理論においては、第一に農産物価格論が存在しない。農産物の売買はすべて急迫販売で片づ（大内文では「ず」）けられてしまい、価値法則はそもそも妥当し（「え」が大内文でははいっている）ないものとされている。だが、これは何よりも先ず価値法則についての理解にあやまりがある。すなわち価値法則を等しき労働量間の交換関係としてのみ理解しようとし、それが商品経済社会における社会の総労働量の配分を規制する原理であること、したがつて一定の条件のもとではかえつて等しからざる労働量の交換をつうじて価値法則が貫かれてゆくものであることを見のがしているものだと思われる[98]」ということこれである。不等価交換がかえってじつは価値法則を実現してゆくばあいがあることに大内が注意を喚起していることを大島は明らかにしている。そして大内が「講座派」の欠陥として具体的にあげているつぎの二点をとりあげる。ともに資本家的生産関係ではなく小農的生産関係においては農産物価格と地代はどうなるかということに関する問題である。農産物価格については「小農的生産関係のもとにおいては、価値法則は、むろんゆがめられた形をとるのであつて、小農の生産物は資本家的商品のばあいのように生産価格による交換は行（大内文では「おこ」）なわれないが、それにもかかわらず価値法則はやはり貫かれている（大内文では「、」挿入）と思う。それはたとえば『資本論』第三巻分割地農民（パルツエレン・バウエル）にかんするマルクスの叙述をみれば明瞭であろう[99]」というのである。ついで「『講座派』理論においては、小作料もまた地代法則とは無関係に、経済外強制によつて説明されている。しかも地代は、とくに差額地代は、けつして土地から支払われるのではなく、価格から支払われるものであり、したがつて、地代論のまえに価格論が展開されなければならないにもかかわらず、かえつて地代論ないし小作料論が説明の出発点におかれるという滑稽な首尾転倒が行なわれているのである。ここでもわれわれは、地代の法則は一定のモディフィケーション（大内文では「イ」）をうけつつ日本の小作料にも妥当すると考えるのであるが、『講座派』にはそういう考え方はまったくないのである」[100]。なおここで語られている小農の生産物においては生産価格による交換は行なわれていないということはすぐ前の引用文にあった価値法則上の不等価交換と同じ意味なのかどうかにはふれていないことを確認しておく必要がある。

(98) 二四～二五ページ。原文は前掲、大内力『日本農業の財政学』、一八ページ。

(99) 二五～二六ページ。原文では前掲『財政学』一八ページ。なお『資本論』第三巻、「分割地農民にかんするマルクスの叙述」というのは、「分割地農民が自分の土地を耕作するためには、または耕作するための土地を買うためには、正常な資本主義的生産様式の場合のように土地生産物の市場価格が彼のために平均利潤を上げるだけの高さに上がる必要はないのであり、まして、この平均利潤を越えて地代の形で固定される超過分を生むほどの高さに上がることなどはなおさら必要ではないのである。つまり、市場価格が彼の生産物の価値または生産価格まで上がる必要はないのである。……最も不利な条件のもとで労働する農民の剰余労働の一部分は、社会に無償で贈与されるのであって、生産価格の規制に、または価値形成一般に、加わらないのである。つまり、このより低い価格は、生産者たちの貧困の結果であって、けっして彼等の労働の生産性の結果ではないのである」（マルクス『資本論』第三巻、大月書店版、第五分冊〔以下たん⑤と略記〕、マルクス・エンゲルス全集刊行委員会訳、一九六七、一〇三三ページ。Karl Marx, Das Kapital, Bd. Ⅲ.〔Karl Marx－Friedrich Engels Werke, Band 25, 1964〕S.814～815.）の部分であろう。

(100) 同、二六ページ。原本では同一八～一九ページ。

この大内の見解について大島はつぎのような疑問を提示している。「大内氏が『一定の条件のもとでは、かえつて等からしからざる労働量の交換を通じて価値法則が貫かれてゆく』というのは、じつは等価交換の法則が、一定の条件のもとで（資本主義下の小農的生産様式のもとで）、モディファイされざる得ないこと（工農産物間の不等価交換）、しかも工農産物間の不等価交換が行なわれながら、農業をふくむすべての産業分野には労働力配分法則としての価値法則がつらぬかれている、というのであろう。しかし同じく価値法則の現れである等価交換の法則が修正されるといいながら、労働力配分の法則としての価値法則が貫徹されるというならば、それがどの程度に貫かれているかを問題とすべきで、たんに価値法則は農業問題においても貫徹している、といっただけでは一つの独断にすぎないではないか(101)」と問いつめる。大島は不等価交換は「資本主義下の小農的生産様式のもとで」のみおこると主張しているのかと思うと、そうではないのである。この文章の直前につぎの文章が置かれていた。「大内のいうとおり。価値法則を『等しき労働量間の交換関係としてのみ』理解することは明らかに誤りだ。しかしまた、価値法則とは、等価交換の法則ではなく、資本制商品生産社会の総労働力の配分を規制する法則であると理解するならば、これも一面的であり、正しくない。いうまでもなく商品の価値は労働によつてきまるという価値規定を基礎として、商品はそれにふくまれた労働量にしたがつて交換される（等価交換の法則）のであり、同時にその法則が貫徹しようとして作用すればこそ、社会的総労働力の各生産部門間え（原――犬塚）の配分が、資本主義特有の仕方で規制されるのである。価値法則はそのようなものとして、資本制社会の基礎的な法則として作用しつつ、自らを貫ぬくのである(102)」というのがそれである。ここでも価値法則には不等化交換もあるが、本来、それは「等価交換の法則」であり、「資本主義下の小農的生産関係のもとで」は不等化交換が行われる、といっている。価値法則において不等価交換が何故行なわれるのか、その不等価交換と小農制のもとでのそれとはどう異なるのか、あるいは同じなのか、については納得のいく説明は大内のばあいと同様に、与えられていないのである。

(101) 大島、前掲論文、二六～二七ページ。

(102) 同、二六ページ。

したがってここで純粋資本主義を対象としてはじめて完全な形で展開しうる価値法則が大内にあっては、すでにみたようにこれを「等しき労働量間の交換関係としてのみ理解しよう」とするのは間違いであって、「一定の条件のもとではかえつて等しからざる労働量の交換をつうじて価値法則が貫かれてゆく」のであり、小農の生産物においてもそれは貫かれているという。大島にあっては「大内氏のいうとおり、価値法則を『等しき労働量間の交換関係としてのみ』理解することは明らかに誤り」であるが、「商品はそれにふくまれた労働量にしたがつて交換されるのであり、……価値法則はそのようなものとして、資本制社会の基礎的な法則として作用しつつ、自らを貫く」と大内と同じようなことをいっている。ただ大内と異なっているのは一方では不等価交換はありうるといいながら、他方で価値法則を等労働量交換だといって不整合が目立っている。じつは価値法則はそう簡単な法則ではない。この大島・大内論争のおこなわれたときから一二年後に出版された宇野弘蔵編『現代経済学演習講座　新訂経済原論』(103)から宇野の考えを聞こう。「〔26〕価値法則の必然的根拠」の「質問一」「価値法則として考えられている労働による価値の決定、等価交換、労働の配分のそれぞれの内的関連はどうなっているのか」という問いにたいして、宇野はこうこたえている。

「価値法則は、『労働による価値の決定』が根本であって、『等価交換』と『労働の配分』とはその展開による効果と考えてよい。もともと、商品交換は異なった使用価値の等価交換を形態上の原則とするものであって、一社会に全面的に行なわれる商品経済は、その生産に要する労働によって決定される価値によってその商品交換を規制せられるとともに、これによって社会的労働を各種の使用価値の生産に配分することになる。この点は、しかし利潤論で明らかにされるように、そういう全面的商品経済はかならず資本家的商品経済として行なわれるために、剰余価値の利潤としての分配を基準とすることになり、直接的にはみられなくなる。価値からズレた生産価格が価値にかわってその規制者となるのである。しかし、利潤そのものが資本家と労働者との、価値による交換関係を基礎にする剰余価値の転化したものであって、価値法則は、資本による、いわば回り道をとおして貫徹される。資本は、種々の使用価値の生産を、その利益にしたがって選択するという点で、一方では商品の価値法則の展開にもっとも適した性質を有しながら、他方では直接その価値法則をそのままには実現しえないという制限を受ける。人間の自主的行動の基準になるべき経済原則を商品経済の法則としての客体的な規制とすることから生ずる回り道といってよい」[(104)]。

(103) 宇野弘蔵編『現代経済学演習講座　新訂経済原論』、一九六七、青林書院新社。
(104) 前掲、『宇野弘蔵著作集』第二巻（「経済原論Ⅱ」）、二五四〜二五五ページ。

ここで宇野が主張していることの要諦は、資本主義の価値法則なるものがこれまでのすべての人類社会が人間特有の労働によって獲得しえたものによって存立しえたという共通の原則を基礎としているということにある。この「共通の原則を基礎にしている」ということは共通の部分と共通ではない部分とがあるということをいみしている。その点を本格的に考察することはとうていできないが、資本主義の特殊性を明らかにすることはじつは価値法則の歴史的特殊性を明らかにすることにもなるので少し考えてみたい。左記の表のⅠは平均的な資本構成、Ⅱはその高い資本構成、Ⅲは低い資本構成を代表している。

Ⅰ　80c＋20v＋20m＝120
Ⅱ　90c＋10v＋10m＝110
Ⅲ　70c＋30v＋30m＝130

Ⅰ、Ⅱ、Ⅲの三部門の資本が社会の全資本を代表するものとし、その生産物の価値構成と利潤率とを表のようにする。固定資本の存在、回転期間の相違、その他はすべて捨象するものとする。なお平均利潤率は60÷300＝0.2（二〇％）である。なおこれは説明の都合上、前掲『宇野著作集』②の一一一ページからそのままとったものである。この表によれば各部門の剰余価値率は第Ⅰ部門では20m÷（80c＋20v）＝20％であり、同様に第Ⅱ部門では一〇％、第Ⅲ部門では三〇％になるが、資本主義社会では各資本が独立しておのおの最大の利潤率も求めて競争しているのであるから、その結果、結局総剰余価値六〇ｍを総資本三〇〇で除した二〇％という同率の利潤率になる。しかしそれは資本が独立して最大の利潤を求めうるということを前提にしている。したがって資本主義体制ではない社会においては、社会の総剰余価値に当たるものを統一的政治的行為によって配分することが可能であるはずである。「労働による価値の決定」を基礎づけている人間社会の一般的原則に直接的に依拠することができるのであれば可能ということになる。「あらゆる生産物がその生産に要する労働時間によってえられるという労働生産過程の一般的原則は、商品経済の下にあっては、その交換の基準としての価値法則としてあらわれる[105]」という宇野の言葉の逆説である。

そして資本主義社会においては労働による価値規定はそのままにはおこなわれない。さきに例示したように、資本の競争はその資本ごとに生産される剰余価値をそのまま利潤とすることを許さない。さきに示した表では固定資本が省略されているが、それでも各資本ごとに利潤率は異なっている。その固定資本の量もさまざまに異なっているのであるから個別利潤率はその相違度を大きくする。投下資本の大きさにおうじて剰余価値を利潤として分配することを要求するし、それが資本の本性でもある。商品の価格は左にしめしたように費用価格に平均利潤を加えた生産価格として実現される。

Ⅰ　80c + 20v + 20m = 120
Ⅱ　90c + 10v + 20m = 120
Ⅲ　70c + 30v + 20m = 120

(105) 前掲、『宇野著作集』②、四三ページ。

生産価格は各資本にとってその生産した価値量とは異なる量になっているのであって、個々の商品はすべて不等価交換されるのである。しかし商品総量としては総価格＝総価値になっている。価値は全体として価格を締め上げているわけである。したがって価値法則とは大内や大島がいうのとは異なって、同一次元上で等価交換と不等価交換とが入り混じっているというのは間違いであって、一方で価値以上のものがあれば、他方で同量の価値以下のものがあるという不等価交換を通して全体としては等価交換を実現しているというべきものである。このことの歴史的意義を考えるとき、この不等価交換と「労働による価値の決定」を本質とする価値法則との関係をどう考えたらいいかという問題が生ずる。宇野はこの「〔26〕価値法則の必然的根拠の第二問の解答のなかで「商品の価値法則も、あらゆる社会に共通な原則を基礎とするもの」であるといって、その原則を「絶対的基礎」とし、それを「必然的根拠」として価値法則があるといっている。[106]その「絶対的基礎」とはすでにのべた「あらゆる生産物がその生産に要する労働時間によってえられるという労働生産過程の一般的原則」ということなのであるが、それをもう少しくわしくいうとこうである。資本主義社会において生産手段と消費資料とが生産され、「互いに需要するものを供給することになる。それはまた全社会の労働力を生産手段と共に、それぞれの生産物の生産に必要とせられる程度に応じて配分することによって、年々の再生産を継続するという、経済生活の合理的処理に当然なる、いわばあらゆる社会に共通なる経済の原則を、商品形態をもって行なうものにほかならない、資本家的商品経済は、それを価格の運動によって調整せられつつ貫徹される価値法則によって実現するのである」[107]ということこれである。そしてこの労働こそが生産物の生産、分配を一般的に規定するというのが人類社会の一般的原則なのであるが、資本主義社会においては資本の私的性格によってこの原則がゆがめられているのであり、それが価値法則としてあらわれているわけである。まさに「価値法則は、資本による、いわば回り道をとおして貫徹される。資本は、種々の使用価値の生産を、その利益にしたがって選択するという点で、一方では商品の価値法則展開にもっとも適した性質を有しながら、他方では直接その価値法則をそのままには実現しえないという制限を受ける」[108]のである。ただしここでいう価値法則とは労働が価値を直接決定するという価値法則の「根本」のことをいっている。その意味では資本主義の価値法則はゆがんだ価値法則であり、それを宇野は「回り道」といっているのである。[109]

(106) 同、二五五ページ。
(107) 前掲、『宇野著作集』、②、八六ページ。そしてこの価値法則の前提としての「絶対的基礎」は結果としての「必然的根拠」によってわかるという関係にあるというのである。②、二五五ページ)。
(108) 前掲書、②、二五五ページ。
(109) 宇野は人類社会存立の根拠をしめすものが価値法則の「絶対的基礎」をなすといい、それが資本によって偏畸せしめれているものを価値法則の「必然的根拠」といって、その両者の関係をつぎのように説いている。私もそれに依拠しているのでその全文をかかげておく。「商品の価値法則も、あらゆる社会に共通な原則を基礎とするものであって、『資本の再生産過程』で述べる絶対的基礎というのはその点を明らかにするものである。これにたいしてここで説く必然的根拠は、必然的法則として展開される根拠として、労働力を基礎とする資本の生産過程における資本家と労働者との関係を明らかにするものである。いわば前者を後に展開されるべき前提としての後者の関係が先取り的に展開されているわけである」(前掲、『宇野著作集』②、二五五ページ)。そして両者の関係について、別の場所でこう説いている。「価値法則の必然的展開は、労働力商品化を基礎とする資本の生産過程ではじめて論証されるものと、われわれは考えている。これにたいして『価値法則の絶対的基礎』は、あらゆる社会につうずる経済的要請が、商品経済では価値法則としてあらわれる点を明らかにする。この点は、また、価値法則の必然的根拠の論証を資本の生産過程においてなす、われわれの方法を誤解して、資本主義にさきだつ諸社会における商品経済に価値法則を否定するものとする批評にたいしての答えをなすものと思う。商品経済を支配する価値法則が、その基礎をあらゆる社会に共通な経済的要請におくということは、商品経済が種々なる異質的社会にも、その間隙に浸透しうる理由を明らかにするとともに、その法則的展開をこれらの諸社会の経済過程によって影響され、阻害されて、十分にはなしえないことがしばしばあるにもかかわらず、その展開の根拠をしめすものといってよい。われわれは、それがために労働価値説の論証を、『資本論』のように二商品の交換関係でなすことをしないのであるが、それはけっして資本主義にさきだつ諸社会における商品経済に価値法則を否定するわけではない。いいかえれば価値法則は、この『絶対的基礎』によって商品経済に一般的なることを明らかにされ、『必然的根拠』によって価値の実体を論証されるということになる」（同、三四六〜三四七ページ）。

以上は大内、大島の価値法則の理解にたいする欠陥を問題にし、その欠陥は宇野のように価値法則を正しく位置づけるならば解消されることが明らかとなった。しかし大内、大島がもともと問題にしたのは日本において小農によって農業が担われているばあいには価値法則がいかなる作用を展開するかということであった。これまで明らかになったことは平均化の結果、資本構成の高い産業では剰余価値率が高くなり、低い産業では低くなるということであって、われわれの問題としてはさしあたりこのことは一般に農業が資本家的におこなわれているとすればどうなるかという問題になる。われわれがすでに本書第一章[110]でみたようにイギリスでは大経営でも十九世紀はじめごろまでは農業機械は条播機ぐらいのものであって、肥料などは農場自家製であり、常用の農業労働者はわずかであって臨時雇いがかなり多かった。「農業の機械化が本格的にすすみ、農民離村の現象がはっきりあらわれてくるのは一八三〇年以後のことなのである」[111]が、農業の機械化がすすんだといっても、綿工業のようにはすすまなかったであろうし、農業の資本構成は工業にくらべれば低いものと考えていいであろう。もっとも当時の代表産業は綿工業だから資本の回転率は高くてVの年間総量も高くなるが、それにおうじて流動不変資本も高くなるから、やはり農業の資本構成のほうが低いとみていいであろう。したがって資本主義がもっとも順調に発展した時期にも、資本家的農業における剰余価値率は工業にくらべて低いものとみていいであろう。しかしここまでは原理論段階の論理である。

(110) 六一ページの注(34)と六二ページの注(35)。
(111) 飯沼二郎「資本制大農経営の成立」(大塚久雄・高橋幸八郎・松田智雄編著『西洋経済史講座』Ⅳ、一九六〇、岩波書店書店、二六七ページ)。

この時期のイギリス農業としては農村過剰人口が残存していた時期であり、農業の資本構成も大きく高度化された時代ではなかったし、また農業に農繁期、農閑期がある以上は多くの日雇労働者を雇わざるをえなかった。彼らの賃銀は低かったから剰余価値の増分はさしあたりは農業資本家の得るところとなったであろうが、農産物貿易関係や労働力需給関係いかんによっては、農業経営が縮小され、ばあいによっては資本家的農業経営が解体にむかい、農業が小農によって担われることもありうるし、あるいは反対に農業日雇労働者が常雇労働者にかわることもありうるし、大型機械が導入されたり、大型生産装置が発明されて資本構成が高くなるということもありうるのであって、これはもはや原理論の問題ではなく、段階論なり、現状分析なりの問題である。そして日本のばあいには資本家的農業経営がどうなるかという問題ではなくて、日本農業を担っているのが小農であり、彼らは戦前の日本においては困難な状況下におかれていて、日本の小作料を高からしめたのは小作農民のいわゆるV水準がもともと低かったからなのであって、その低さを規定していたものが、構造的過剰人口として存在せざるをえなかった低賃銀労働者階級なのであると考えたのが大内であった。それにたいして、いや日本の農民の生活水準は労働者の低い賃銀よりもさらに低いV水準なのだから、それはかれら小農がおかれている境遇が半封建的な地主の支配下にあったからなのだという講座派に近い考えをもっていたのが大島だった。だが私には両者とも現実の資本主義を原理論の資本主義像に近づけて考えているように思われる。問題の焦点は両者とも同じ考えを前提にしている点にあるように思われる。資本主義においては農民の低いV水準を規定する要因が農民のいわば接するところに存在しているのであって、大内はそれを低賃銀労働市場とみ、大島は地主の要求に小作農民が屈せざるをえない関係があるとしている。農民のV水準と労働者の低賃銀構造とはむろん関係はあるが、重要なことは後者は少しづつかわるというのではなく好況、恐慌、不況という景気循環を描いていわば段階的にかわるのであって、農民のV水準よりも農外賃銀労働者の賃銀が高くても不況期においては必ずしも農外雇用が拡大するわけではないために、農民は脱農して賃銀労働者に転化できるわけではない。好況期にはいればその転化は好転するであろうが、帝国主義段階ともなれば好況期が短く不況期が長くなるのである。さらに農家の戸主と次三男、娘とでは農外就業の条件は大きく異なることはすでにみたところである。次三男、娘ならば離村して就職しうるであろうが、農家の戸主のばあい廃農覚悟の問題になるので完全転職は困難である。彼らの多くは兼業農家化ということになる。いずれにせよ大島にあっては農家の転職困難の根拠を地主の基本的には存在しない封建的性格に求めているし、大内にあっては基本的に農民の離農を労働者の雇用先変更とおなじようなものとしてとらえられているところが問題なのである。
こういう考えを下地にして大島論文を具体的に検討しよう。ただ最初にことわっておきたいことがあって、大内の主張には客観的に正しいかそうでないかは別問題として、明快さがあって、理解しやすいが、大島の批判ないしは問題提起には「理論的に説明したことにはならない」とか「賛意を表しかねる」とかといった結論だけがあって、その根拠が必ずしもしめされていないように思われるのであって、批判なり疑問なりの趣旨が判然としていないきらいがある。とりあげるべき大内にたいする問題点の指摘の第一点は、「農産物の生産価格が成立せず、また他面資本と労働の移動が種々なる事情により事実上制限されているわが国のごとき農業においても、『価値法則はやはり貫かれている』といつただけでは、理論的にも正確だとはいえまい。あるいは『そこで農業も、それがたとえ資本家経営によつて担当されてはいないとしても、すでにそれが資本主義社会の社会的分業の一分岐となつており、したがつて資本主義社会はこの部門にも、一定の労働力を配分しなければ存立しえない条件がつくりだされているならば、やはり何らかの形で価値法則の支配をうけないわけにはゆかないのである』といつても、それではまだ真に価値法則がいかなる形で、いかなる程度に作用し、また貫徹しているかを説明したことにはならないであろう[112]」というものである。こういう疑問がでてくるのは当然であるが、大島自身の分析なり見解はこの論文で必ずしも表明されてはいないのである。しかしこの大島の大内にたいする疑問の提起は理解できるものである。大内は価値法則がゆがめられながらも貫徹しているという見解にたいしては、私もこの論文でも疑問を提起しておいた。そもそも価値法則が貫徹しうるのは純粋資本主義においてのみなのであって、現実には多かれ少なかれその作用は阻害されざるをえない。その意味ですでにみた「価値法則の展開による効果」（宇野）としての等価交換や労働配分の法則はともに小農制農業においては阻害をうけている。生産価格が形成されないことや農民が特殊に過剰人口を形成していることがそのあらわれである。

その意味でこの大島の疑問は正当である。ただそうなる根拠が問題なのであって、大島が半封建制、ないしはそれに近いものに根拠を求めているところに問題がある。資本主義自身にそれを許容する性格があるところに問題があるのである。第二点は、「小作料の高率性を、あるものは地主小作間の経済外的強制によつて、あるものは小作人間の競争によつて説明せんとしたのであるが、このこと自体は決して『首尾転倒』でもなければ、方法論的に誤っていたとはいえない。問題は、従来のごとき地主的土地所有の歴史的性格の規定や競争論だけでは、日本農業の分析が十分具体的に果たされないということであり、したがって、農産物価格論こそ、従来の農業理論の欠陥を補うものとして重視されねばならぬということである[113]」という問題提起はいみを判断しかねるものである。この文章は二重、三重にも矛盾しているものであって、いみをはかりかねる。地主小作間の関係を経済外的強制によるものとするのは講座派理論にほかならないと理解するほかはないが、それとはべつに小作料を小作人の競争によって説明するのは当の論争相手の大内理論であるが、この相対立する理論が「方法的に誤っていたとはいえない」といい、その直後にそれだけでは「分析が十分具体的に果たされない」と否定し、農産物価格論こそが「重視されねばならぬ」という。しかもここでは自説の農産物価格論が積極的には展開されていないのである。このあと大内の農産物価格論の中心的論点の一つである差額地代第二形態論について、自説を展開しているのであるが、それはその第二形態は第一形態を前提にしていることの確認であって、それは大内にあっても同様であって、べつに大内の難点をなすものではないのである。

(112) 前掲、大島論文、二八ページ、括弧内の引用文は大内力『農業問題』五一年版、一八一ページからのもの。
(113) 同、二九ページ。

第三の論点は、日本の現物小作料が農産物価格のなかから支払われるとする大内説批判である。それは「たとえわが国の現物小作料が、観念的には貨幣計算されていることが事実としても、資本制生産様式の基礎上で部分的に残存する現物地代についてマルクスの説いたことを、資本主義下の小農的生産様式の上に普遍的に成立する現物小作料にそのまま適用し、わが国の小作料も農産物の価格の中から支払われている、となすことはどうしても無理である[114]」という。これからその根拠が展開されると思うのが通常と思うのであるが、つぎの文章はこうである。いきなり「以上によつてもわかる通り、大内氏が日本の現物小作料をもつて、農産物の価格の中から支払われているとなす根拠は薄弱であるのみならず、むしろ誤つていることが明らかとなつたであろう[115]」というのである。これは論証といえるものであろうか、引用文の中にも「観念的には貨幣計算されていることは事実としても」とか、他のところでは「もちろん農産物の価格と小作料の高さとの間には、密接不可分の関係があることは否定できないが[116]」といっているにもかかわらず、小農的生産様式のもとでは価格評価はありえないと独断しているのである。だが**第2表**「小作農の小作料と手取米」にあるように一九二〇年恐慌からの回復期には小作料現物は低下していて、小作農家の経済を潤しているが、昭和にはいって景気が後退しはじめ、とくに一九二九年の恐慌以降不況の深化とともに米価が激しく下落しはじめると小作料現物も低下してくる。その昭和恐慌の回復過程に入り、準戦時体制から戦時体制の時期になると米価騰貴とともに小作料現物量も上昇傾向を示してくる。こうして小作料現物量は米価が上昇すると増大し、米価が下落すると減少する傾向をもっているのであり、小作料価格換算額はその動きを増幅してしめしているのである。このことは小作農の生活費、すなわちV水準が一定の固定性をもっていることを、いいかえれば小作料はその剰余であることを意味しているわけである。

第２表　小作農の小作料と手取米

	米価（1石当・円）	小作料（反当・石）	農家手取米（反当・石）	反　収（石）
1922	36.85	1.14	1.49	2,63
23	31.57	1.13	1.25	2.38
24	37.64	1.09	1.37	2.46
25	41.95	1.08	1.48	2.56
26	38.44	1.07	1.38	2.45
27	35.93	1.02	1.57	2.59
28	31.38	1.03	1.52	2.55
29	29.19	1.03	1.60	2.63
30	27.34	1.03	−	−
31	18.46	1.02	1.27	2.29
32	20.69	1.01	1.37	2.38
33	21.42	1.02	1.53	2.55
34	24.90	1.04	1.09	2.13
35	29.86	1.02	1.25	2.27
36	30.70	1.03	1.46	2.49
37	31.76	1.04	1.45	2.49
38	33.99	1.05	1.48	2.53
39	35.95	1.06	1.70	2.76
40	43.23	1.07	1.36	2.43

注）１）加用信文監修・農政調査委員会編『改訂日本農業基礎統計』、1977、農林統計協会、等による。
２）米価は１石当り正米価格。記『基礎統計』546 ページ、米穀年度のもの。
３）小作料は日本勧業銀行調査のもの、普通田、全国平均値。
４）農家手取米は反収から小作料を引いたもの。
５）反収は 1929 年までは帝国農会の米生産費。31〜40 年は農林省の米生産費によるもの。

(114) 大島論文、三一ページ。
(115) 同、同ページ。
(116) 同、三二ページ。

第四の論点は小作料の性格規定の問題である。大島はこういっている。「農民の必要労働部分をこえる剰余労働部分の全部または一部が直接に農民から収納されたものであり、擬制的に考えうる利潤部分と労賃の一部をふくむものとして、いわゆる『名目地代』と見た方が妥当であるとの見解も成立するが、そしてこれはわが国小作料の範疇規定として有力な見解であると思われる」[117]という。この名目地代説については大島はもっぱら栗原百壽の説を援用している。その栗原説を注で紹介しているが、それはこうである。「分割地農民のもとでこの現実的借地料ないし地価は『肉体的限度まで下ることがある』（「資本論」日評版一一分冊三七六頁―原）必要労働部分をのぞいた、全剰余労働部分を吸するものでありうる。それは名目地代として差額地代や絶対地代と範疇的に別個のものであるというのみでなく、絶対地代はいうまでもなく、差額地代部分すら十分には実現しえないような市場価格のもとにおいても、なおかつ高額借地料として実存しうるのである。……零細な分割地を確保するために利潤部分も労賃部分も借地料または地価として提供するという、小経営的な、生きるための競争によってつくりだされる名目地代にほかならないのである」[118]。この「名目地代」という言葉は『資本論』の「分益農制と農民的分割地所有」のなかの文章にもとづいている。「分割地経営が賃借地でおこなわれる場合にも、借地料は、ほかのどの関係よりもずっと多く利潤の一部を含んでおり、また労賃からの控除分をさえ含んでいる。借地料はこのような場合にはただ名目的に地代であるだけで、労賃や利潤にたいする独立な範疇としての地代ではないのである」[119]がそれである。後進国型の資本主義の形成期にはよくみられるものと考えていいであろう。日本のばあい資本主義形成期において領主制そのものは短期間に解体され、幕末以来隷属農民身分でありながら、他面では事実上の貸付地主でもあったものが地租改正によって地主身分または地主自作農身分になった。他方その地租改正後は自作農民になったもののなかから新たな貸付地主をうみだした。しかし当時は農外雇用の機会は当然少なかったから新たに没落して小作農や自小作農になったものがいたであろう[120]。だがそのばあい「名目地代」のなかに「利潤部分も労賃部分」も含まれているというのは問題である。むろんマルクスも引用したように同じ意味のことをいっているのであるが、同様に疑わしいと私は思う。なぜならこの時期は労働者階級の形成期であり、したがってまた産業資本の形成期でもあるのだから、労賃範疇も利潤範疇も形成期である。理論的には後の資本主義の確立期を前提にして範疇規定が確立されるのであって、あとに確立する概念規定をそのままもちだして直接性格を規定するのは、範疇形成過程の歴史的意義を解くゆえんではないであろう。資本主義が確立し労賃範疇が成立しているのに農民のばあいその労賃に相当する所得がそれにくらべて低いのはなにゆえか、という問題ならば、それは成立する。マルクスのばあいは資本主義発生期の地代形態を問題にしていたのであって、形態の未完成を指摘しているにすぎないと考えられる。栗原にあっては、したがってまた大島にあってもマルクスとは問題が異なるのである。

(117) 大島論文、三五ページ。
(118) 栗原百壽「わが国小作料の地代論的研究」、東北大学経済学会研究年報『経済学』、一九五二年第三号七一―七二ページ。
(119)『資本論』⑤、一〇三八ページ、Das Kapital. Bd. Ⅲ, S.818.
(120) 国による統計で最初にわかる自作地、小作地割合は一九〇三（明治三六）年で自作地が五五・五％で小作地が四四・五％であり、自小作別農家割合は統計にでてくる最初のものは一九〇八（明治四一）年の自作農三三・三％、自小作農三九・一％、小作農二七・六％である。そしてたとえば一九二六（昭和一）年の自作地割合は五三・九％、小作地割合は四六・一％だからすでに明治中期までに農民層の分解は相当すすんでいたのであり、それはまさに後進国的資本主義成立期の特徴をあらわしている。（以上、加用信文監修・農制調査委員会編『改訂　日本農業基礎統計』、一九七七、農林統計協会、六六、六七ページによる）。

それにしても大島は、すでにみたように栗原がいうように「『名目地代』と見た方が妥当であるとの見解も成立するが、そしてこれはわが国小作料の範疇規定として有力な見解であると思われる」というのであるが、さきの大島論文の注（14）のなかで、「明治年間をつうじて、わが国小作料が緩慢ながら漸騰していつたのは、旧来の封建地代がさらに小作人間の競争によつて増騰したものとして、封建地代を基準にした小農の生きるための競争によつてつくり出されたところの、分割地所有での名目地代の確立過程に外ならなかったのである。つまり旧来の封建地代が、小農的競争のわくのなかにとりこめられたものが、形態上からいえば分割地所有での名目地代であり、実際上は、いわゆる半封建地代である。」（前掲、栗原論文、九三～九四ページ）という栗原の文章を紹介しているのであるが、それについて何も注釈をつけていない。「封建地代が、小農的競争のわくのなかにとりこめられたもの」とはなにをいおうとしているのか、小農が競争によって封建地代をつくりだすとでもいうのであろうか。栗原説も背理だが、それをそのまま引用して済ませている大島説は背理をこえている。資本主義の形成期にいきなり資本主義的地代法則が展開されると考えるのは、資本主義が歴史形成体たることを見失っているにすぎない。労賃範疇の成立自体も資本主義の確立を前提にしているのであって労賃概念自体が未成熟だったのである。資本主義の形成期に地代が労賃の一部をも含んでいたという認識自体が資本主義が歴史的運動体たることを無視していることをいみしている。資本主義の労賃形態自体が形成過程にあるときは資本主義の地代形態自体も形成過程にある。マルクスの最大の功績の一つは原理論を基本的に構築したことにあるのであって、帝国主義段階の資本主義を知りうる時代の直前に没したことはわれわれにとっても無念なことであった。マルクスが帝国主義段階を知りえたならば、それを説くさいに、『資本論』の有効性と限界性が一層明確になったにちがいない。資本主義の形成期に農民の「労賃」水準が極度に低いというのは「半封建地代」によるのではなく、資本主義が歴史形成体たることによるのである。

最後に第五の論点は、日本の小作料は「虚偽の社会的価値」ではないという大島の主張である。大島にあっては結局誰がみても資本家、賃銀労働者、および近代的土地所有者で構成されているとみなされる社会においてのみ『資本論』の論理は通用するものとされているのであって、農業が小農民によって担われているような社会には通用しないとされている。その点は旧講座派と共通する。「わが国の小農的農業経営においては平均利潤が成立するなどとは認められないであろうから、小作料が平均利潤を起（原）える超過利潤であるなどとはとうてい考えられないのではないか[121]」と大内が主張していないことをあげて、このような公式主義的な「批判」をもって、たりると考えているように思われる。『資本論』の本筋の理論はたしかに純粋資本主義を対象としたものであるが、それは小農の存在する資本主義社会を対象としても科学的究明のための有力な導きの糸としての判断基準になるのである。現実の資本主義がいかに純粋資本主義から離れているかということの構造、性格のいみを探るには、そもそも純粋資本主義の構造理論が前提として必要なのである。そして純粋資本主義から離れているからこそ資本主義は歴史形成体になるのである。しかし大島は結局のところ、大内のたてた問題を誤解しているように思われる。米を売るのは地主も売るし小作農も自作農も売る。しかしその販売価格を規制するのは生産費である。小農民は利潤獲得を必然的条件にはしていない。資本家のばあいには利潤がでなければ、資本家たりえなくなるが、農民にとってはそうではない、利潤が得られるのであればそれにこしたことはないが、得られなくても生産を続行することができる。その最低の条件はＣ＋Ｖという費用価格の水準が実現されることである。そのことを明確にしたのが大内である。ところが農業では土地に豊度の差がある、豊度の高い土地では低い土地と同じ費用を投じても収量が多い。つまり両者では同じ費用をかけながら生産物量は異なって豊度の高い土地での生産物の生産費はよりやすい。しかし販売価格は一物一価であって、小農のばあいには最劣等地で生産された生産物の価格（Ｃ＋Ｖ）＝費用価格が最高の価格になるが、市場の需要がその最劣等地の生産物を必要としているかぎりは市場価格はその最劣等地の生産物の費用価格で決まらざるをえない。そうすると優等地生産物には市場価格とその当該生産物の費用価格との差額は、その土地の豊度がもともと高いことによるものとして地代＝小作料となってその土地所有者に支払われることになる。ところがこのことに異義ありとして大島は三つの疑問を提起し批判する。一つは「わが国の小作料は、……地主と小作農との社会的関係の中から発生する。しかしそれは貨幣地代ではなく、現実的には農産物の価格の中から支払われるものではない」というものであり、第二には日本の小作料は「資本制差額地代の範疇でないことは明らかである。平均利潤を超える利潤超過分、あるいは『虚偽の社会的価値』が小作料に転化するというからには、これが農産物を規制する特殊な市場価値法則にしたがつて決定される価値の中から生ずること、その価値の中から小作料が支払われるという事実がなければならならぬ」という批判であり、第三は「小作料が貨幣計算されるということと、それが特殊な市場価値法則によつて決定される農産物の価格の中から支払われるということとは決して同一のことではない[122]」という批判である。

(121) 大島論文、四二ページ。
(122) 同、四六ページ。

第一の批判から検討しよう。**第2表**の「小作農の小作料と手取米」によると、米価は一九二〇年代前半には不況の中でも上昇傾向にあったが、後半には不況下にあって低落し、三一年には恐慌下にあって最低を記録し、以後徐々に騰貴してゆくが、三〇年代後半にはやや大きく上昇している、それにたいして小作料現物は三〇年代初頭までに小幅に減少して、以後は徐々に上昇しているが、大観していえば、小作料現物量はほとんど不変であるといえる。地主にとっては小作料はその換算額が問題なのであって、それはもののみごとに米価変動の動きにシンクロナイズしている結果になっている。そして小作農の、反収から小作料現物を引いた農家手取現物量は昭和恐慌期をのぞいては小作料現物より高い水準に推移している。主食自給化が大きいいみをもっていた小作農にとって貧しいながらも最低限の生活を保障するものであったであろう。もしかりに小作料金納制であったならば、商人に買い叩かれて孤立無援の小作農は行き場のない立場に追い込まれるであろう。小作米を大量に売る地主にあってはそういうことはないであろう。もちろん小作農は好況期にはそうはならないであろう。そういう意味では小作料現物納入制は構造的過剰人口体制下の制度であったといえよう。逆にいえば地主にとっては小作料金納制のほうが短期的には有利だともいえるが、そのばあいは借手の農民がいなくなるだけである。小作料の物納制は小作農の競争にとって最低限の生活に必要な米現物量を知らしめるという歯止めをなすのであって、小農制の破綻をまねかないための方策なのである。いいかえれば小作料現物納付制がとられているというのは原理論の世界のことではなくて、帝国主義段階の資本主義を前提にしているのである。地主にとっても地主制を維持するためには小作料現物納付制のほうがいいのである。第二の「虚偽の社会的価値」の非難は大島の誤解によるのではないだろうか。それは生産価格であろうと費用価格であろうとかかわりはない。土地自然の豊度が高いことによる利益は、労働という価値実体を欠くものとして価格として実現されるのであるが、その価格を保証する労働の実体を、当の農民の生産した剰余労働を含めた社会全体の剰余労働から土地所有が掠めとったものにすぎない。資本は労働力商品を確保するために土地所有による剰余価値からの掠奪を認めざるをえないのである。第三の問題はその意図がよくのみこめないが、小作料現物を売ってえた貨幣はその現物小作料を生産した農民の労働だけでなく、その社会の全労働者と全小生産者の労働が生産した価値の一部を体現しているのであって、社会全体の労働という実体をもっている。小作料は優等地生産物の価格に入っているのであって、その中から支払われるのであるが、その価格の実体をなす労働は社会全体の労働なのである。

三　大内力の反論

大内は『農業問題』（一九五一年版）で「農業も、それがたとえ資本家的経営によって担当されてはいないとしても、すでにそれが資本主義社会の社会的分業の一分岐となっており、したがって資本主義社会はこの部門にも、一定の労働力を配分しなければ存立しえない条件がつくりだされているならば、やはり何らかの形で価値法則の支配をうけないわけにはゆかないのである。ただここでは、経営が資本家的原則、すなわち平均利潤の確保、という原則によって支配されていない、ということのために一定の偏寄をうけた形で価値法則が自己を貫いてゆくにすぎない[123]」といっている。問題は「価値法則が自己を貫いてゆくにすぎない」ということのいみにある。ここで「一定の偏奇をうけた形」でというのは「経営が資本家的原則、すなわち平均利潤の確保という原則によって支配されていない」で、経営が小農民によっておこなわれているために、「農産物価格の最下限は、限界生産物の不変資本＋最低生活費、いいかえれば、がいしてC＋Vという費用価格の水準によって与えられる[124]」ということによるという。農業が資本家的経営によっておこなわれていれば限界生産物の生産価格で決定されるのにたいして、ここでは費用価格で決定されるということになるにすぎない。価値法則の貫徹の形が「一定の偏畸をうけた」にすぎないという主張である。そしてこの文章についての注（17）のなかでは、限界生産物としての農産物の価格が費用価格に決定されることによって、価値法則の一面をなす「労働力の配分の原理」が貫徹するとして、つぎのようにいっている。「価値法則をこのように労働力配分の原理としてとらえることは、むろんただ価値法則の一面をとらえたにすぎない。このような法則性は資本主義社会では直接的に把握することはできないのであり、むしろわれわれは価値が一定の形態としてあらわれる点をとらえ、その展開を追求することによって価値の本質にいたる以外には方法はないのである[125]」と。そしてつづけて「価値法則をたとえば商品交換を規制する法則として理解することもできるのである[126]」という。

(123) 大内力『農業問題』(五一年版)、一一八〜一一九ページ。
(124) 同、一二三ページ。ここで注意しておくべきことは「農産物価格の最下限は、限界生産物の不変資本＋最低生活費」といっていることである。この「最低生活費」といういみは端的にいえばVという意味なのであって、こののち大内は農民のVも最低生活費といっているのであって、後者がことさらに低いといういみではなく、賃銀労働者と同じ最低生活費V水準にあるといういみなのである。
(125) 同、一一九ページ。
(126) 同、同ページ。

ここで私が問題にしたいのは、価値法則という法則が「一定の偏奇をうけた形」で貫徹するというとき、偏奇をうけても法則なのか、ということである。価値法則は資本とか賃銀とか利潤とか地代とかといった一定の形態をとおして自己を展開する。形態が歪曲されると法則の展開は一定の阻害をうけるのである。大内にあっては二つ問題がある。

一つは生産価格の法則はあるが、費用価格の法則なるものはあるのか、ということであり、もう一つはこのことと関連するのだが、原理論における費用価格の概念においてはCもVも資本の一部なのであって、C、Vはそれぞれ不変資本、可変資本としてそれに見合った資本主義的運動を展開するものとして存在している。小農の生産する農産物価格が費用価格の水準に決まるといっても、そのC部分もV部分も資本家的生産関係におけるばあいとは異なって、その本来の性格とは異なる面があり、運動においてもそうである。そこでは価値法則の展開もさまざまに阻害をうけるのである。CもVも小生産者としての農民にあっては資本ではないからである。それゆえ生産価格の法則が費用価格の「法則」になるというのみでなく、その費用価格を構成する農民経済におけるC、Vも原理論におけるものとは異なる面があることが問題になる。価値法則が何らかのかたちで作用しているのは事実だが、多かれ少なかれ阻害されたかたちで展開されるのであって、貫徹するというのはいいすぎであろう。むしろ貫徹がさまざまに阻害されていること、そしてそれがいかなる歴史的意味をもっているかということを明らかにすることが現状分析の課題ではなかろうかと思うのである。資本主義における農民経済の現状分析や歴史過程の分析が原理論を基礎としながらも、段階論を前提にしなくてはならないのもそこに根拠をもっている。もちろん大内は農民経済におけるC、Vが資本でないことは知っている。事実、大内は鈴木、大島にたいする反論で「それはげんみつないみでの『資本』ではないことを註記したのでリ、鈴木教授もその点はみとめておられる[127]」というのであるが、しかしこの同じページのなかで「CとかVとかというのは、げんみつにいえば、たんに『資本制商品に特有な範疇』なのではなく、むしろ原理論で考えているような純粋の資本制商品に特有な範疇なのである。しかし、このようにして得られた概念は、現実の資本主義社会の分析に利用しうるし、また利用しえなければそもそもいみがない。現実に与えられた資本や地代は、多かれすくなかれ夾雑物をふくんである。しかしその基本的な性格が『資本』や『地代』なる概念をもって律しうるならば、それを資本、地代として観念する以外にはないのである」といっている。この文章はにわかには理解するのが難しいが、こういうことであろう。CとかVとかの概念は厳密にいえば純粋資本主義という抽象的世界のなかにおいてのみ存在するのであって、現実の資本主義においては多かれ少なかれ「夾雑物」をふくんでいる。しかしそのような「夾雑物」は捨象しなければならないのであって、「その基本的な性格が『資本』や『地代』なる概念をもって律しうるならば、それを資本、地代として観念する以外にはないのである」というのがその論旨である。しかしこの見解は重大なミスを犯している。直接、資本主義的生産にもとづく「資本」や「地代」や「賃銀」やならば、まさに形態そのものが資本主義的概念なのであって、それに附随するその他のものはまさに「夾雑物」といって捨象していいであろうが、ここで問題になっているのは小生産者の「資本」や「地代」や「賃銀」なのであって、その存在形態や性格や形成機構や運動機構などは資本制生産関係のもとでのものではないのである。資本主義的生産と小農的生産とは生産として同じだから大差はないとはまさか思っていないであろうが、その差はまさに質的差なのである。その差を「夾雑物」として排除したならば、小農の本質をとらえたことにはならない。たしかに小農経済にも資本と同じ性質のものがないとはいえない。しかし資本と異なる性質や行動をとることも同時に十分にあるのであって、資本と同じ面をとってあとは捨象していいというわけにはゆかない。むしろ異なる面こそが農業問題を形成するのである。異なる面はけっして「夾雑物」のみではないのであって、小農民にあっては生産物の価格が低下するとかえって生産が増加するというのはたんなる「夾雑物」ではない。むしろこちらの方こそが重要なのである。農業問題の本質はむしろその異なる面にこそ存在する。小農的生産のばあい資本家的生産と同じように律しうる部分もあり、律しえない部分もあるというとき、大内は前者だけをもって原理論における概念として観念していいというのである。それは律しえない部分は「夾雑物」として捨象していいということである。そうすると律しえない部分がすべてたんなる「夾雑物」であるとすると、およそ現実の資本主義はすべて原理論の資本主義と同じものになってしまう。けれども「夾雑物」のなかには「夾雑物」として律しえない部分があるのであって、そもそも資本主義社会に小農民が構造的に存在することと自体がたんなる「夾雑物」ではないのである。小農民の資本主義的運動のみをとりあげて、小生産者的性格、運動をとりあげないのでは資本主義における農民とその農業を分析したことにはならない。うえの引用文と同じページにはまた「いかに限定をうけるにしても、ここでもその基本的な性格なり運動なりが『資本』と共通の面をもつばあいには、われわれはこれを資本として観念する以外にないであろう」という。しかしその共通する面とともにそれとは異なる面があり、しかもそれは資本にたいして中立的なものではなく、資本の運動に反する運動をするとき、これを無視して、現状分析になるのだろうか。いうまでもなく小生産者の性格、運動は資本家のそれとは必ずしも同じではないのであり、また賃労働者とも必ずしも同じではないからこそ、農業問題という特殊歴史的な問題が発生するのである。農業問題研究に大きな業績を残した大内は小農経済の反または非資本主義的性格は十分に知っているはずなのに、さきにも示唆したがのちにもみるように小農民は結局は両極に分解してゆく運命にあると考えているのである。そのいみでは旧労農派の系譜をひいているのであって、旧講座派の裏返しという面をもっているといえる。しかし重要なことは変化の基軸をなすものが原理論内の概念なのであって、それが分析方法の評価の基準になることは確かなのである。

(127) 大内力「価値法則と日本農業」、同『地代と土地所有』一九五八、東京大学出版会、所収、二六七ページ。初出は東京大学社会科学研究所、『社会科学研究』、六―三、一九五五、所載。

以上にのべたことが大内農業問題論と批判に対する大内の反論の最大の問題点である。以下、この「反論」の具体的問題点をあげてみたい。鈴木鴻一郎と大島清による大内批判はすでにみたので、大内がそれをどうけとめたかということをもふくめてその反論を検討しよう。大内がうけた批判の「基本的問題というのは、一言にしていえば、わたくしが——そしておそらくはマルクスもまた——小農のもとで生産された農産物の価格やそのもとにおける地代を支配する法則性を解明するにあたって、生産価格や地代とくに差額地代かんする法則が、一定のモディフィケーションをうけつつもここにも妥当する、そしてそのいみで日本の農業もまた価値法則の支配下にあるといっていいと考えている点にたいする疑問、もしくは非難である[128]」と大内はうけとめている。抽象的にいえばこれは間違いではない。それゆえ大内が「わたくしがまさに問題にしているのは農産物価格にせよ、小作料にせよ、それはけっして無法則的に、恣意的にきまるものではありえない、それは何らかの法則性をもってきまる傾向をもっている、その法則性を明かにするということなのである。おそらくは鈴木教授も大島教授もそのことを否定はされないであろう。だが否定されないとすれば、この法則性の把握のために、どういう手つづきが必要かをもう一歩つっこんで考えてみることが要求されるのではないであろうか[129]」いうとき、誰も反対しえないであろう。だが、つづけてつぎのようにいうとき、異論をはさまずにはいられない。「わたくしに与えられた経済現象を分析するということは、結局与えられた現象のなかに、経済学の原理論で明らかにされた法則性がどのような形で貫徹されているか、どこまでゆがみをうけ、修正をうけながらも貫かれてゆくか、ということを明確にすることだと考えている[130]」というときの経済学の法則性が「ゆがみをうけ、修正をうけながらも貫かれてゆくか」という問題設定はありえないのではないであろうか。原理論内の法則は原理論の世界においてのみ貫徹するのであって、現実の資本主義社会には原理論には前提されていない非商品経済的ならびに非資本家的商品経済的諸要因が多かれ少なかれ存在しているのであって、それらの諸要因によって原理論の諸法則の作用はさまざまに阻害されると考えなければならない。その諸要因をここで詳述することはできないが、そのもっとも重要なものの一つに生産力の水準がある。それがかわることによって原理論に瑕疵が生じ、それゆえにこそ資本主義社会が歴史的展開をなすのである。もちろん大内も原理論の諸法則が特殊歴史的規定性をもっていることは知っている。だがこういっている。「なるほど経済学は資本主義経済なる特殊歴史的な社会において経済法則を把握する、そのいみでこの経済法則は、特殊歴史的な形態規定性を与えられている。しかし経済法則は一面においてはすべての人間社会に共通ないわば経済原則とでもよばるべきものをその基礎にもっているのであり、法則はかかる原則の特殊歴史的な形態にほかならないのである[131]」という。たしかに原理論の諸法則は「かかる原則の特殊歴史的な形態」である。しかしここでは資本主義の法則の展開に瑕疵が生じても人間社会に共通な経済原則はそのまま維持されているというように考えられているように思われる。だがそのばあいには経済原則にも瑕疵を生じているものと考えなければならない。にもかかわらず直ちに資本主義が崩壊するものではないのはそれが法則ではなくて人間社会存立の原則だからである。いわば人間社会に危険信号が発せられたということなのである。法則の展開にゆがみがあっては、法則の貫徹とはいえないのであって、阻害されているというべきなのである。

(128) 前掲書、二六〇～二六一ページ。
(129) 同、二七一～二七二ページ。
(130) 同、二七二ページ。
(131) 同、二七三ページ。

以下、大内の反論にそって問題点をあげてゆこう。第一に、大内は農家の生活費を労賃部分とみなしているが、鈴木によれば労賃とは本来他人労働の賃銀Vのことであって、それを自己労働に当てはめるのはおかしいとする非難にたいして、大内は労働賃銀を前提にして剰余価値が決定されるという「マルクスの命題はむろん資本主義社会についての法則性を指摘しているものであるが、しかしそれは同時に、いかなる人間社会でも、まず直接生産者の労働力の再生産が確保されなければならないという原則がその基礎にあることは明らかである。……いわんや日本の農民の小作料について、同じ原則が究極においては貫かれていることを、いかにして否定できるのであろうか[132]」と答えている。「直接生産者の労働力の再生産の確保」は封建社会においては政治的に傾斜したかたちで決定されるが、資本主義においては経済法則によって実現される。だが具体的に考えると、農民のばあいはその実現までのいわば距離が賃銀労働者の転職のばあいとは異なって深く大きいのである。それも農家の次三男や娘のばあいにはそうでもないが、戸主となると困難である。賃銀労働者のばあいにはさきにものべたように好況、不況の波のなかで子弟の就職および本人の再就職もきまるであろうが、したがってまた農家の次三男や娘のばあいにはそれに順ずるであろうが、農家の戸主ともなれば通常廃農しなければならず、そう簡単に農外に就職することは困難であって、多くのばあい兼業農家化することになるであろう。こうして日本では戸主にとっては構造的不況下にあるのと同じことになるであろう。帝国主義段階であればこの傾向は激化することになる。小作料の高さはそういういみでかかる具体的な経済的強制によって決定されるのであって、たんに賃銀労働者の賃銀によって直接的に決定されるとはいえないであろう。

(132) 同、二七四ページ。

第二の問題点は、農家の兼業化が第二次大戦前においては一定の制約下にあることに注意が払われていないことである。大内はこういっている。戦前の日本農業においては「明らかに商品生産が支配的になっており、商品交換を通じて農業の再生産が維持されている。またここでは農民の労働力は、兼業をつうじて広汎に農業内外の労働市場につながっており、商品化しうるものとなっている」[133]というが、戦前においては太平洋戦争の突入するまでは兼業への従事はほぼ一定の割合にかぎられていたのである。兼業農家率は統計がとられはじめた明治三九年以来、じつに昭和一五（一九四〇）年まで三〇％内外に終始していたのである。[134]その点は農家経済調査の「二種小作農」（七〜八反経営）における農家所得にたいする兼業所得の割合からも察しがつく。一九三一年、二八・二％、三五年、二三・四％、四〇年、二四・八％である。そのことは大戦開始までは農家の兼業が農閑期にかぎられていたと想定できるということである。農家は原則として「ひま」があれば農業内外で働くということである。そういうみでは兼業化はある程度までは農業所得水準にかかわりなく「ひま」があれば兼業に出るということとみていいであろう。それが戦後の高度成長期以来、農業労働を削ってまでも賃労働兼業にでるというように兼業の意味が異なってきたとみなければならない。大内と鈴木・大島間の論争においては両者において問題の抽象度が異なる点が問題である。大内にあっては理論的整合性におそらく重点をおいているために、その抽象度が高くなっているのである。しかし現状分析においてはある程度具体性が高くなることが要請されるのである。

(133) 同、二七五ページ。

(134) 明治三九年が二九・〇％、大正九年が三〇・三％、昭和五年が二八・〇％、同一五年が三一・四％であり、昭和一六年が五八・五％、一七年が六二・〇％と急増している。前掲『改定日本農業基礎統計』、一〇五ページによる。

第三の問題点は価値法則における不等価交換と小農生産物と工業生産物との不等価交換とのいみの違いが論争の両当事者にあっては不明確のままに論争になっているのではないかという問題である。まず大内が問題にしている大島の主張は大内によるとこうである。「大内氏は農工産物間には等価交換の法則は行なわれないといったが（それは事実だ）、法律上形式上はともかく、自由な資本と労働の移動が事実上行なわれがたいこと、すなわち農産物が生産価格あるいは価値に近い市場価格で販売されなくとも、農業生産者は土地をはなれ農業外に流失するわけではなく、費用価格Ｃ＋Ｖさえ与えられるならば農業に止まること、そのために資本制工業製品は生産価格Ｃ＋Ｖ＋Ｐで売られて利潤が得られるに反し、小農業的農産物の価格は生産者に利潤を与えないことをいみする。一言にすれば資本主義下の小農的生産様式のもとでは、農工産物の交換を規制する等価交換の法則はゆがめられてあらわれざるをえないと同時にこのことは各生産部門への労働力の配分自身をも或る程度までは規制しえないものとしてあるのである」[135]。これにたいする大内の反論はこうである。「この大島教授の批判は明らかに誤解にたっている。というのは、小農業的農産物の価格がＣ＋Ｖという水準にきまる傾向をもち、Ｃ＋Ｖ＋Ｐにならないのは、……資本と労働の移動が不自由だからではなく、むしろその移動は自由であっても、家族労働を中心とする経営のばあいには、Ｐの実現を必要としないからなのである。それはあたかも、生産価格の成立にさいして、平均以下の資本構成をもつ資本の生産物は、価値以下の価格をしか実現しえず、事実上不等化交換になる関係と似ている。それも資本と労働の移動が自由でないからではなく、資本の論理として、価値の実現が必要ではないからなのである。それゆえ不等価交換がおこなわれるから、労働の配分の法則が貫徹しないというのはあやまりであり、むしろ一定の条件のもとでは不等価交換によってこそ労働の配分の原則が貫かれてゆくのである[136]」。

(135) 大内が引用している大島の文章は大島清『農産物価格論の理論的研究』(統計研究会編『農産物価格変動の理論的統計的研究』、所収)からのものであるが、私がこれまで引用してきた大島論文「わが国小作料は差額地代第二形態か」はそれをもとにした論文である。そのもとになった論文は閲覧の機会がなかった。大内の引用している文章はその『農産物価格論の理論的研究』からのものである。なお「(それは事実だ)」は大島のものである。

(136) 大内前掲書、二七五〜二七六ページ。

ここに二つの問題がある、小農が生産する農産物の価格がC+Vの費用価格の水準にきまるのはなぜかという問題であり、もう一つはそのばあいのVが過剰人口的V水準のものでしかないのは何故かという問題であるが、この点は論争の両当事者にともに問題とされていないという問題である。第一の問題からいえば、大島にあっては日本の農民は「自由な資本と労働の移動が事実上行なわれがたいこと[137]」をどうやら根拠にして農民が土地からはなれがたくなっているのであり、農産物価格は費用価格の水準にとどまり、利潤をえることができなくなっているという主張のようである。ようである、というのはその真意が不明だからであるが、「移動」が困難なのはなにゆえか、には何ら答えていない。何らかのかたちで封建制に支配されているのか、「資本」はともかくとして農民がここでは日本資本主義によって構造的過剰人口としての位置を与えられているからか、あるいはもっと別の理由があるのか、本来答えるべき義務があると思うからである。すくなくとも封建制の存在のためなのかどうかは明確にしなければ、議論はいっさいすすまない。かりに封建的権力によって支配されているのであれば、「等価交換の法則はゆがめられる」ことや「各生産部門への労働力の配分自身」も規制されるということから農民は解放されることはない。もっともこういうことは資本主義下でもありうることなのであるが、それは封建的権力の問題ではなく、独占資本といった経済力を基礎とするものである。封建制下であれば直ちに答はでるだけのことである。しかし資本主義下の小農はいつでも経済力によって進歩を阻まれるとはかぎらない。資本主義下では資本主義の歴史過程いかんによっては小農民は両極に分解し、資本家的農業をうみだすことも可能であり、帝国主義段階であれば、小農として堆積する傾向になる。それは小農のおかれている資本主義の歴史過程のいかんによるのであって、小農自身の運動のみによって規定されるわけではない。ここの大島説は小農はいつでも滞留するという固定的観念にとらわれている。そしてその根源も講座派理論にこだわっているからではないであろうか。

(137) あとから書かれた『経済志林』掲載の論文では、ここはこう書かれている。「法律上形式上はともかく、自由な資本と労働の移動が種々な形で制限され、事実上、資本制社会におけるほど行なわれがたいこと」同誌、二七ページ。ここでは経済的事情によって移動が制限されているのではなく、政治権力的なものによって制限されているとしているように読める。しかしそうであれば重要なことなので挙証する義務があるであろう。

これにたいして大内農産物価格論は小農が生産する農産物価格がC＋Vの費用価格の水準に決まり残余の剰余価値は無償で社会に奉仕されることを明らかにした。したがってその剰余価値部分は事実上資本一般の剰余価値増分になる。農民はその結果C＋Vを確保しえたのであって、そうであれば剰余労働をしないで、V部分だけ労働すればいいかというとそうはゆかない。農民は農民同士の農産物増産競争によって最大限の労働を自ら行い、その結果やっとV部分を確保しうるのである。生産価格形成運動に参加しながら、自らは価値増殖分としてはV部分しか獲得できないのである。だがこの価値法則の資本家的形態としての生産価格の形成は全資本が生産した全剰余価値を各資本の固定資本をふくむ資本量に等しい割合で分配する資本家的機構なのであって、各資本がかかえるV部分の水準はすべて等しいものと前提されている。だが小農の生産物の価値にしめるVは一般的賃銀労働者のVとは必ずしも同じ水準のものではない。とくに日本におけるように資本主義が一定の段階にまで発展したにもかかわらず日本農業を担っている農民のVの水準は一般的な賃銀労働者のVに比べるとかなり低いものであって、そのことこそが農業問題の基軸をなすのである、この段階の大内にあってはこの日本農民のV水準が低いものであることがかならずしも明確にされてはいないのである。[138]大内の〇・七三V論はすでにみたように年間の農業所得が年間の生活費の七三％しか支えていないことをしめしているだけであって、残りの二七％は兼業所得で賄われていることはすでにみた。それでは一労働日あたりのV水準が賃銀労働者のそれとくらべて高いもであるかどうかはわからないのである。そしてそれが戦前期のばあいすでにみたようにいちじるしく低いものであることが問題なのである。

そして日本の農民、ことにその世帯主としての農民にとっては、当面農外雇用の拡大が望めないとすれば、生活水準向上の道は自家農業への労働多投しかのこされていない。だがそれは農民のV総量の増加とはなっても一労働日あたりのV水準が低下してゆくことが問題なのである。だがこの論理にはいわば後日談がある。このV部分を形成した労働は他人労働ではなく、自己労働である。それを行使する主体は労働する本人である。農民の競争は本人が自己にたいして労働多投を要求させるのである。ここが一定の労働にたいして一定の報酬がえられる賃労働と異なる点である。この自己労働多投に形態的歯止めは明確にはない。自ら決定するほかはないのである。賃銀労働者とは異なる小生産者の特殊性であろう。それも小生産者が原理論には存在しえないことによるのである。それはもはや原理論のみによっては解明しえないのであり、段階論をふまえたうえでの現状分析の問題なのである。概念自体が原理論のみではおさえられなくなっているのであって、原理論的歯止めはききにくくなっている。そういう問題意識がこの段階の大内には欠如しているように思われるのである。こうした農民の多様なVの高さの解明は現状分析の問題であって、法則性との間には大きな距離があるとみなければならない。

(138) 大内の〇・七三V論はすでにみたように年間の農業所得が年間の生活費の七三%しか支えていないことをしめしているだけであって、残りの二七%は兼業所得で賄われていることはすでにみた。それでは一労働日あたりのV水準が賃銀労働者のそれとくらべて高いものであるかどうかはわからないのである。そしてそれが戦前期のばあいすでにみたようにいちじるしく低いものであることが問題なのである。

第四の問題は法則とその具体的展開との間にある誤差といわれる問題である。鈴木が大内になげかけた問題である。それにたいして大内はこう答えている。「このばあい、もし農民の労働力がまったく自由に農業外の賃労働に転化しうる条件がそなわっていれば、いいかえればその意味で農工間の労働力に完全競争がおこなわれていれば、農民の労働所得と賃銀のいっぱん的水準とは完全に一致するはずである。しかしじっさいには、農民は土地その他の生産手段をもっているし、伝統的に父母の業をつづけてゆくというような心理をあるていどまで働くであろうから、農業から農業外への労働力の移動はあるていど障害をうけるであろう。もちろんそれは、ほんらいの賃銀労働者についてもあるていどまではいえることであり、労働力の一資本から他の資本への移動は、そうかんたんにはおこなわれない性質をほんらいもっている。それゆえにまた労働賃金や労働条件には、そうとう大きな凹凸ができるのである。しかし、農工間の移動は、あるいはそれ以上に大きな障害をもっているかもしれない。しかしそれにもかかわらず、労働力の移動がおこなわれるかぎりではこの両者を均等化せしめようとする力はたえず作用しているのであり、かつ資本主義の発達によって農民層がますます深く商品経済のなかにまきこまれ、それとともに農民層の分解がすすみ、農民の一部がいよいよ深くプロレタリア化してゆく傾向がみられるのだから、そしてそのいみで右の力はますます強大になってゆくのだから、法則的にはわれわれは右の均等化を考えることができる。しかも現実にはこの均等化が実現していないとすれば、それは完全競争がそれだけゆがめられているためであり、そのいみで誤差と考えていい(139)」という。しかし農民の移動といっても、すでにたびたび指摘したように、次三男の移動と戸主の移動とは同様にはあつかいえないのであり、後者のばあい日本の雇用慣行では中途採用ということになり、いわば一家をあげての移転というかたちでの移動になるので、かなりの困難を伴うことは想像にかたくないであろう。また戦後においては工場の地方分散によって兼業化というかたちで農家戸主の賃労働者化が容易になったが、同時に兼業農家がふえたにすぎないということになり、それでは本来の農業問題が解消することにはならないことが重要なのである。兼業農家が増加するだけでは土地使用の集中による大規模農業経営体が成立しえないからであり、農民層の両極分解がすすみえないからである。

なお右の引用文にある「農民層の分解がすすみ」というところに（註）があり、そこで大内はこういっている。「ついでに一言いっておけば、鈴木教授はわたくしが農民層の分解を過大評価し、その『プロレタリア化』を強調しすぎると、指摘されている（鈴木、前掲『日本農業と農業理論』、二四七〜二四八ページ。——犬塚）。教授のいみされるところは、日本のばあいには、小農民がいろいろの形で半ば『プロレタリア化』しつつも、半ばは依然として『農民』たるの性質を残している。そして『わが国においてはこのような形による以外には農民層の分解は困難である。』このような『分解の困難または限度を強調すること』がきわめて重要であるにもかかわらずわたくしがその点を過小評価しているというのである。しかし右のような限度があり、そのいみで農民層の分解がゆがめられた形をとらざるをえないこと、その原因はほかならぬ後進国としての日本資本主義の特殊な構造にあることは、むしろわたくしがたえず指摘してきたことである。それゆえこの点を看過しているように誣いられることは、私は拒否したい。だが、このように分解がいかにゆがめられていようとも、農民の労働力がますます大量に商品化されてきていることは否定しえない事実なのであり、そのいみで農民層の分解がすすんでいることも明白な事実であろう。日本の農家の七〇％近くは労働力を売る農家なのである。そしてかかる形をつうじて、農民は自分の労働力を商品として計算せざるをえなくなり、またそれが農工間の労働力移動を必然にするてこにもなるのである。その点が不明確にされると、かえって農業を孤立的にあつかうあやまりにおちいるであろう」[140]といっている。だがこの大内の反論は筋違いではなかろうか。本来の農民層の分解は資本家的農業経営の成立であって、この点は大内にあっても同様であろう。だがその成立のためには土地利用の集中化が可能でなければならない。そのためには農民のプロレタリア化が完全離農独立賃労働者化という形で実現されなければならないのであって、それが賃労働兼業自作農家化という形で広汎におこなわれるかぎりでは、土地利用の集中化は不可能であって、相変わらず農民層の分解はゆがめられた形になるのである。

大内は農民層の分解がゆがめられた形でおこなわれるのは「後進国としての日本資本主義の特殊な構造」によるといっているが、農民のプロレタリア化が賃労働兼業農家という形で展開されるのもその同じ「特殊な構造」によるのであり、鈴木はそのことを主張しているのである。大内が農民労働力の商品化がすすんでいるといっても、兼業化というかたちでは本来の両極分解は展開されえないのである。なおまた小農においては「農産物が資本制商品であり、農民の労働が賃労働であり、農民の用いる生産手段が資本であるといった理解」を大内が前提にしているわけではないのはたしかであるが、その「質的差異を知ったうえで、われわれが農産物の価格水準を決定する法則性を問題にするさいには、この質的差異がどのような量的差異となってあらわれるかを問題にしているのである[141]」というとき、「量的差異」が「質的差異」をあらわしていることを認めている。この考えをこれまで問題にしなかった、生産手段のうちの「固定資本」に適用するとどうなるか。それは農家にとっては償却を要するものとしてはかならずしもとらえられているのではなく、つまり資本としてではなく、資産としてつかえるかぎりはつかうという位置づけになっているのではないだろうか[142]。費用計算して有利になるということよりも、過酷な労働の緩和のためとか、あるいは戦後においては若者を自家農業につなぎとめるためとかの理由で導入している面もあるのではないだろうか。

(139) 大内前掲書、二八七ページ。
(140) 同、二八七〜二八八ページ。
(141) 同、二九〇ページ。
(142) 宇野弘蔵はこういっている。「資本主義の発展に伴う商品経済の確立は、一方ではかくの如く我が国農家に未だ資本家的発展の社会的条件を与えているとは言えないが、しかし他方では農家に或る程度の生産手段の購入を強制し、その生産物の販売との間の交互作用を通じて商品経済への参加をますます深めることになる。それと同時に農家にとっては、この資産の増加が、資本家的企業における資本の増殖による経営の拡大と同様の意義を有することにもなるのであった。……先ず第一に土地所有からの解放を求めることになるのであるが、それは資本家的企業によって求められる方向と異って土地自身を自作地として所有することに向う。土地は農家資産の最も重要なる要素をなすのである」(『宇野弘蔵著作集』別巻、一九七四、四八一~四八二ページ)。この別巻の「解説」者・斉藤晴造によればこの文章の書かれた時期は一九四六年と考えられる、という。

最後に小作料の性格規定にかんする問題である。二つあって一つは小作料が虚偽の社会的価値かどうかという問題であり、もう一つは小作料が小作農のVに食いこんでいるかどうかという問題である。最初の問題についていえば、大内が小作料はいわゆる「虚偽の社会的価値」であると規定したことにたいして鈴木や大島が「現物形態」をもって直接地主に支払われるのであるからそれは差額地代といえないし、小作料が農産物価格のなかから支払われるともいえないという批判にたいして、大内は「地代は資本制地代の場合でも、外観上は農業資本家の利潤のなかから直接徴収されるように見えるであろう。しかしだからといって地代が農業資本家の剰余価値によって負担されるということにはすぐはなりえない。私が問題にしているのは、現象の背後に、一見それと矛盾するようにみえながら作用している法則性なのである[143]」と一蹴している。問題は地代になる生産増分が土地の豊度が高いことによるものかどうかにあるのであって、現物かどうかには関係ないのである。したがってそれは「虚偽の社会的価値」である。ここまでは大内のいうとおりである。ここからあとが問題なのである。

(143) 同、二九二ページ。

小作料が高くなるから農民の労賃部分が低くなるという大島の主張に反対して、大内はここでこれまでのべていなかった新たな観点に立って反論を展開する。大島は二つの点で誤解しているとしてこういう。二番目の点は「虚偽の社会的価値」の問題なのでここではふれる必要はない。問題は第一の点である。「第一に、教授は小作料が競争『その他の事情』によって高くなるがゆえに、農民は農産物価格から労賃部分を全部実現しえなくなり、それゆえに兼業に依存せざるをえなくなると考えられている。しかしこの論理は逆であろう。なぜなら農民が兼業所得によって生活費の一部をカヴァーしうるという条件が与えられるからこそ、小作料をそこまで高めるほどに競争が継続されうるのであり、もしそういう条件がなければ、小作料は農民の労賃部分という限界以上には高まりえないはずである[144]」といって、さらにこういう。「ただVが農業内部で全部実現されることを要求しえなくなることによって小作料がV部分にくいこむ形をとりうることになると考えるべきであろう[145]」と。ここで問題なのは、「農民が兼業所得によって生活費の一部をカヴァーしうるという条件が与えられるからこそ、小作料をそこまで高めるほどに競争が継続されうる」ことが必ず「Vが農業内部で全部実現されることを要求しえなくなることによって小作料がV部分にくいこむ形をとりうることになる」のであろうかということである。そうなりうるためには一定の条件が前提される。それは農

第3表　小作農の農業所得と兼業所得

1935年、円・時

	農業所得	兼業所得	計
所　得	573 (78.9)	153 (21.1)	726 (100)
労働時間	5541 (80.5)	1340 (19.5)	6881 (100)
10時間当たり所得	1.03	1.14	1.06

注1）稲葉泰三編『覆刻版　農家経済調査報告』、1953、農業総合研究会による。
2）一種農家、経営面積、14.4反、うち小作地13.3反。
3）農業所得には小作料287円はのぞかれている。
4）家計費は693円で経済余剰は33円である。
5）農業の労働時間は能力換算値である。

外兼業労働の一労働日当たり所得が自家農業労働一日当たり所得より大きいという条件である。イクオールまたは小であれば、最低限、小作料はもっぱら自家農業所得から支払われざるをえないということになる。それを確かめるためには結局一労働日あたりの兼業労働所得と一労働日当たりの自家農業労働所得とをくらべるしかないのである。労賃水準は年生活費の何％になるかといっても、そのかぎりではその年生活費そのものの決め手がないのである。Vの高さは日給とか週給とか月給とかといった単位労働時間当たりの所得で表す以外にない。〇・七三V論の難点はそこに労働時間がはいっていないことにある。一労働日当たりの農業労働所得と同じく兼業労働所得とを一九三五年の「一種農家」（経営面積一四〜一六反）の小作農についてみると、**第3表**のようになる。労働一〇時間当たり所得は農業所得で一円三銭、兼業所得で一円一四銭となる。そして農業所得と兼業所得とは前者がその合計の約八〇％であり、後者が約二〇％である。労働時間においても大体その程度である。農家経済調査によると兼業所得の農家所得にたいする割合は一九二〇年代にはおよそ三〇％であり昭和恐慌以後はこのようにいくらか低くなるが、準戦時体制以後、とくに太平洋戦争期から三〇％から四〇％に増大する。農外兼業所得の割合がこうした変化をとげたことは農外兼業が農閑期兼業からしだいに増大し自家農業労働と代替関係のあるものに変化していったことを意味している。しかしここで注目すべきことは一〇時間当たり所得が農業と兼業とで意外と差がないということである。差があるとすれば、それは労働力商品の実体があるものとその擬制化との差であろう。後者は農民自身の自己判断で労働投下ができるので労働報酬というVがいくらか低くなるにすぎないといっていいであろう。小作料は自家農業内部から支払われているとみていいであろう。大島や大内がいうように、「小作料がV部分にくいこむ形をとりうることになる」とは考えられないのである。やはり小作料は農民のVによって規定されているのであるといっていいのではないかと思うのである。

(144) 同、二九八ページ。
(145) 同、同ページ。

第三節　構造分析(二)――『農業問題』改訂版ほか

一　改訂版の問題点

大内力の『農業問題』初版にたいする改訂版の最大の特徴は資本主義にとって難問をなす農業問題が資本主義の帝国主義段階への推転とともにはじまったという視角の登場である。ただしそれはその根拠を資本主義の後進性と帝国主義段階への推転という二点においているものであって、のちにみるように問題の処理の方法に不明確さをのこすものになっている。しかしその視角はいずれにせよ第一章「序説」の「二　日本農業の社会的環境」に新たにつけくわえられた資本主義の重商主義段階、自由主義段階、帝国主義段階という発展段階論と、その各段階の農業の状態を先進国イギリスと後進国ドイツについて概説を与えていることからはじめられている。その視角は初版本にはほとんどなかったものである。このうち前者の資本主義の発展段階論は宇野弘蔵の創見によるものであることはいうまでもないが、大内もそのことを明記している[146]。ただ興味深いのは大内がこのいわゆる段階論を概説しているところでつぎのようにいっていることである。「帝国主義段階はむろん資本主義の最高の発展段階にちがいないが、しかしそれは自由主義段階のたんなる延長のうえに成立するものではない。いいかえれば、資本主義がみずからを純粋化しつつ発達する自由主義段階の歴史的傾向の延長のうえに、ますます純粋化が徹底されるという形で帝国主義段階がつながるわけではなく、むしろここでは資本主義はますます純粋な状態から離れてゆき、その最後においては、歴史的な過渡期につながってゆくという展開をしめすのである。自由競争が排除されて独占が形成され、国家権力が経済から排除されるのではなく逆にますます深くそのなかにとり込まれてゆくというこの段階の特色を考えただけでもそのことはおよそ明らかであろう。そこでこのような帝国主義段階への発展が、資本主義にとってはその逆転的発展をいみするものだとするならば、そのような発展が、資本主義がもっとも純粋に発達したところからではなく、かえってその発達がはじめからゆがめられており、はやくから帝国主義段階への推転を必然にするような条件をみずからのうちに孕んでいたところからはじまるのは、むしろとうぜんのことであろう[147]」という。大内はここでは後進国なら後進国の、先進国なら先進国の、それぞれの自由主義段階から帝国主義主義段階への推転過程を基礎としてそれぞれの帝国主義段階を規定しようとしているが、宇野にあっては段階論としての帝国主義段階の規定を基礎としてその歴史的推転過程を規定する方法になっているのである。宇野は段階論の規定そのものと段階から段階への歴史的過程の解明とは次元の異なる問題としているのである。その分析結果は異なることになるのであって、その点はすぐのちに問題にしたい。

(146) 大内力『農業問題』一九六一、一一ページ、註(9)。そこであげられている宇野の著書は『経済政策論』、経済学全集第九巻、一九五四、である。

(147) 大内、前掲書、四〇ページ。

それはともかく大内が農業問題を帝国主義段階の問題としてとらえようとしていることはたしかである。しかしそのもっと奥に農業生産なるものが資本主義的生産にむかないものであり、逆にいえば資本主義は農業を苦手産業視しているという認識がある。「イギリスが十九世紀なかごろにはほぼそれ（農業の資本主義化——犬塚）を達成しえたのは、むしろ世界の唯一の先進国としてのその地位に由来するものだったのであり、後進国たるドイツには、もはやそういう力はなかったのである。しかもイギリスでさえ、資本主義が帝国主義段階にたっすると、むしろそうした力を失ってゆく。それはもともと農業生産なるものが、資本家的生産としてこれを処理することがいちじるしく困難なものであり、特殊に恵まれた条件がととのわないと資本主義化しえないものだということに由来するのであるが、他方、大部分の国の資本主義はそれを達成できなかったし、また帝国主義段階になると一般にそれをなしえなくなるというところに、資本主義のひとつの歴史的限界がみられるといってもいいであろう(148)」と大内はいう。もちろんここに書かれていることは事実である。だがここでは農業が資本主義的生産には不向きであるということにすぎない。帝国主義段階になるとどうなるかが問題である。この段階になると、農民層の賃労働者化がすすまず、農民層は構造的な過剰人口として堆積するから、農業の資本主義化はますます不可能になるというのが大内説である。こういっている。農業問題とは「抽象的にいえば、資本主義自体が農業の内部につくりだし、しかも資本主義によって解決しえない社会的矛盾ということになろうが、われわれはそれをより具体的には、この社会における農民の存在の点でとらえなければならない。そうすれば、農民の零細な経営と経済とに資本主義の矛盾が集中的にあらわれるということはまず自明のこととなる。なぜなら、中間層たる小農民の経営は、もともと資本主義経済の要求する大量的商品生産には適合しえないものであり、そのいみでそれはたえず分解されようとしている。そしてその過程で多くの農民の経済的窮迫と没落とが必然化されるわけだからである。もっとも、こうした農民の没落自体は、まだ資本主義自体の解決しえない矛盾ではない。もし農業に資本主義的発展が保証されているならば、農民はやがて消滅し、ただ労働者としてのかれらの存在が、あらためて社会的矛盾を荷うものになるにすぎないであろう。しかしこういう保証がとくに帝国主義段階においてはありえなくなり、農民の農民としての存在が資本主義のなかでは解決しえないものになったとき、かれらの窮乏と没落は、労働問題とはべつに、ひとつの社会問題となり、農業問題となるのである。われわれは、かかる歴史的背景において、農業問題の本質をとらえなければならないであろう[149]」という。この文章は晦渋である。真意は資本主義の自由主義段階までは農民は没落しても、それは資本主義の解決しえない問題ではない、その没落は農民層のブルジョアジーとプロレタリアとへの両極分解を意味するからである、だが帝国主義段階になると農民層はこの両極に分解しがたくなり、農民のまま「窮乏と没落」の状態にとどまることになるからである、ということにあるといっていいであろう。しかし全体としてどこか韜晦しているところがあると思われる。ここでは帝国主義段階になると農民は「窮乏と没落」に瀕しながらも農民にとどまらざるをえないといういみのことをいっていると解釈するほかはないが、『農業問題』初版においても、またこの改訂版においても最終部では「われわれはこのようにして、一見停滞的な日本の農業においても、たえざる階級分解がすすんでいることをみいだす。そしてこの過程をつうじて、大多数の農民は、いよいよ小生産者としての資格を喪失し、プロレタリアに近づいているのである[150]」といっているのである。ここでは農民層の分解はすすむといっている。あとからつけくわえられた改訂版の序説部分とは異なる主張が展開されているのである。いずれにしても明快さを欠いていることは事実であろう。揚げ足をとるわけではないが、「窮乏」と「没落」とは意味が異なる。前者は農民のままだが、後者は農民のプロレタリア化であって、質的に異なる事象であろう。

(148) 同、五二～五三ページ。
(149) 同、五三ページ。
(150) 大内力『農業問題』初版、二八五ページ。改訂版、三三九ページ。

問題は帝国主義段階をいかなるものとしておさえるかという問題でもある。それは自由主義段階までの資本主義が原理論の世界に接近することをいみするのにたいして、現実の資本主義が帝国主義段階においては原理論の世界から離れるということをいみするのであって、離れるということはさまざまな方向に離れることをいみする。その離れ方は、発展期までの資本主義がさまざまに離れた位置から出発して原理論の世界に帰一する方向への運動を展開するのとちょうど反対に、原理論の世界に多かれ少なかれ近い姿からさまざまな方向にはなれてゆく段階といっていいであろう。もちろんその帝国主義段階の資本主義はいわば首もとは資本主義に押さえられているが、原理論には登場しない部面、ことに外的関係、外的交易関係、外的政治関係を利用することによって展開される資本主義の段階であると考えられるのである。したがって農民層の分解が抑制されることが一般的現象となるが、外的関係の利用いかんによっては促進されることもありうると考えられる。資本主義の発生期が外的関係の利用によって実現されたように、資本主義の爛熟期もまた外的関係の利用によって展開されるのである。資本主義の発展期は外的関係の内的関係への転化によって実現されたといえるのではないかと考えられるのである。資本家的商品経済はもともと外的関係の内的関係への転化によって成りたっているからである。したがって外的関係の内部化そのものは資本主義たるかぎりつねに作用しているとしなければならないであろう。そこにまた段階論自体と段階から段階への推転過程とが次元を異にするものであることがあらわれている。

改訂版についてもうひとつ問題にしたい。それは日本の帝国主義段階において朝鮮・台湾の「外地」からの移入米に関税がかけられていない根拠はどこにあるかという問題である。大内は第四章の「農産物価格の実現の過程(二)」で、戦前の米価政策の展開をつぎのようにまとめている。「日本の米価政策は、明治初年のものをのぞけば、一九〇四年の『非常特別法』によって設定され、〇五年七月から実施された米穀関税からはじまる。もっともこの関税は、はじめは日露戦争の戦費調達のための財政関税たる性格が強く、それが農業保護関税の性格をはっきりもってくるのは、むしろ一九一〇年の『関税定率法』以後であるといえよう。いずれにせよ、ほぼ一九〇〇年ごろまで米の輸出国であった日本は、上述のようにこのころから輸入国になった。しかも工業製品を輸出し、食糧を輸入するようになった日本には、十九世紀のイギリスと同じように、それはますます相対的に安く輸入されるようになったし、また日本への米の輸出国であった南方諸国や日本の植民地朝鮮・台湾では農民の生活水準が日本よりずっと低かったことがそれに拍車をかけたのであった[151]」。タイ、ビルマなどの南方諸国の米は日本の米より安価だったので、日本は輸入関税を必要とした。「この保護関税は、その後国内の米価が騰貴したときには撤廃され、それが低落したときには復活されているが、一九二七年以後は恒常的なものになり、三〇年からはじゅうらいの一〇〇斤につき一円が二円にひきあげられた。さらに二八年からは輸入制限がおこなわれ、三一年には輸出入が許可制にされることによって、保護政策はいっそう強められつつこんどの戦争までつづいたわけである[152]」。

(151) 同、一八六ページ。この引用文のなかで日本は明治中期ごろまで米の輸出国であったことがのべられているが、これは重要なことであって、いずれの資本主義国もその発生期においては農産物を輸出し、工業製品を輸入したのであって、それは農産物の輸出でえた資金で工業製品を輸入しえたからである。ドイツも資本主義の成立期においてはイギリスに穀物を輸出して」えた資金で綿製品や機械を輸入しえたのである。「すなわち、相対的に高い生産力のもとで生産されたイギリスの織維品がドイツに輸入され、ドイツからは農産物が輸出されるようになり、このような貿易関係をつうじて商品経済が進展するにつれ、自然経済的に農業と結合されていたドイツの工業は、徐々に分離することとなったのである」(戸原四郎『ドイツ金融資本の成立過程』、一九六〇、東京大学出版会。二二ページ)。ただイギリスは最先進国であったために、羊毛という畜産物とともに、毛織物という工業製品を輸出しえたのである。それでえたものは金銀財宝という貨幣そのものであった。日本はドイツと同様に農産物たる米を輸出したのであるが、ドイツがイギリスと同じ西欧圏内に所在したのにたいして、「辺境」に所在したという特殊性をかかえていたわけである。日本における資本主義成立の苛烈さのひとつの原因でもある。

(152) 同、一八七ページ。

しかしここからが私が問題にしたいところである。南方諸国からの輸入米にたいしては関税政策や輸入制限を適用しえても、植民地朝鮮・台湾からの移入米には適用しえなかった事情があったと考えられるのである。問題はその根拠である。大内にあってはその根拠を初版と同様に、ここでも、「これらの植民地でも、日本による開発がすすむとともに良質の米が大量に生産されるようになり、そのうえ商品経済の滲透にともなって農民の窮迫販売が増加したので、大正の末ごろから『内地』への移出量は急激に増加し、ついに昭和恐慌のころには『内地』市場米の三分の一近くを占めるほどになったのであるが、そしてまたそれが上述のように『内地』米より低い価格をもっていたので、そうでなくとも慢性的不況のもとで米価の低落がいちじるしくなるのに悩んでいた『内地』農民に重大な脅威を与えることになったのであるが、しかしそうかといって、『外地』米を『内地』市場から閉めだせば、植民地農民が窮乏し、植民政策上重大な問題にならざるをえなかったからである[153]」というのみである。根拠の内容が語られていないのである。植民地農民が窮乏したから、というのは理由にならないであろう。それでは、そもそも植民地にしたこと自体が問題になるからである。このばあい一九三〇年代からみられるようになったドイツの「広域経済圏」＝いわゆるブロック経済圏とおなじ構想が日本の軍部に、そしてまた日本の支配的資本集団に芽生えていたこと自体が問題になるのではないかと思われる。朝鮮・台湾の両総督府を牛耳っていたのは陸、海の軍部である。安価な植民地米を無関税で日本に移出させ、それでえた資金をもって、一方では農業をさらに発展させつつ、他方では日本の工業製品を移入せしめる資金とするという構想である。それで日本の工業が発展すれば失業者が減少し、さらに雇用が増大すれば農民も減少し、貧農の救済にも役立つ。植民地を農業国とし自国を工業国として発展させる道である。それが昭和恐慌に発する長期の不況下にあった当時の日本工業の発展への道であると考えたわけである。その延長線上に日本を盟主とする東アジア広域経済圏構想がある。それはナチス・ドイツの広域経済圏構想に呼応するものであって、それはイギリス帝国ブロックに対抗するものであった。そういう世界情勢の下で、日本の工業製品の植民地への移出増進を進展させるための安価な植民地米の移入増加は日本の農家に打撃を与えることになる。その対策としての小農保護政策だったのである。いわば日本の金融資本の利益にもとづく政策が日本の農民層に犠牲を強いることにたいする農業保護政策だったにすぎない。こうして農業問題はたんに帝国主義国内部の問題を超えて、世界農業問題になったのである。農業問題は昭和恐慌以後、帝国主義の国内に跼蹐していては解けない問題になっているのではないであろうか。

(153) 同、一八七ページ。

二　マルクスの擬制化論

資本主義社会における小生産者としての農民の経済的行動を原理論の諸規定を基準にして分析するという擬制化の手法はマルクス以来多くおこなわれている。それは現状分析の方法の一環として大内もおこなっている。だが問題は擬制化論と原理論との関係をどう位置づけるかという点にあるのであって、それは擬制化論が現状分析においていいかなる位置を占めるのかという問題に帰着するのである。その根拠は行論の内にしめされるであろう。まずマルクス自身が『資本論』のなかでおこなっている擬制化を検討したい。『資本論』第三巻第一章「費用価格と利潤」のなかでつぎのようにいっている。「資本主義的生産に支配されている社会状態のなかでは、資本家でない生産者も資本家的観念に支配されている。およそ現実の事情の深い把握によってきわだっているバルザックは、彼の最後の小説『農民』のなかで、小農民が、高利貸の好意をつなぐためにいろいろな労働を無償で提供していながら、自分の労働が自分にとって少しも現金投下を必要とはしないという理由から、自分は高利貸になにも与えてはいないのだと思っているということを、適切に描き出している。こうして高利貸のほうは一石で二鳥を落とすということになる。彼は労賃の現金投下を免れる。そして、自分の畑で労働しないためにますます零落してゆく農民をますます深く高利蜘蛛の網に巻きこんでゆくのである[154]」。この部分はバルザックの『農民』ではこうなっている。「白人奴隷（借金している農民――犬塚）のお陰でリグー（田舎高利貸――犬塚）は懐手のまま、薪束や乾草や麦を刈って束ねて取り込ませるのだった。利子の支払いを延期してもらうことを考えれば、百姓にとって手仕事はなんでもない。さればリグーは数箇月の延滞に僅かではあるが利子を要求する一方、債務者に無理やりに手仕事を強いて彼らを搾取した。百姓は自分の懐が痛まないところから何物も与えるわけではないと考え、その骨折り仕事に唯々諾々と従うのだった。こうして時々、額面以上のものをリグーに支払った[155]」とある。これは農民が借金返済の遅延を許してくれたお礼に高利貸のためめに仕事をかってでたことが、高利貸にとっては遅延料を支払わせたと擬制したことにたいして、農民のほうは純粋にお礼の表現として理解していること、そしてさらに高利貸のためにタダ働きを遅延料以上に支払ったことをいみするものとしてマルクスはあげているわけである。一方が遅延料を労働としてうけとったのにたいして、他方は労働はタダと認識していて高利貸に感謝している姿を描きだしたものである。訳者の「解説」によれば、この小説の一部は一八四四年に新聞に発表され、単行本としてまとめられたのは一八五五年ということであるから、時代背景は資本主義の初期としていいであろう。タダ働きと農民が認識したのも、資本主義の初期だからであって、のちにはとうぜん労働も賃労働に擬制化されることになる。擬制化にも歴史的発展があるわけである。

(154)『資本論』、前掲、大月書店版、④、四八ページ。*Das Kapital*, Bd. Ⅲ, S.49.

(155) バルザック・水野亮訳『農民』下巻、一九五〇、岩波文庫、一一九ページ。旧かなを新かなに直した。

マルクスが二番目にあげている擬制化はよく引用されるものであるが、『資本論』第三巻第五〇章「競争の外観」のなかのつぎの文章である。「資本主義的生産様式の基礎の上では、新たにつけ加えられた労働を表わす価値を労賃、利潤、地代という収入形態に分解させることがまったく自明なことになるので、この方法が(われわれが地代のところでその例をあげたような過去の歴史時代のことは言わないとして)もともとこれらの収入形態の存在条件がないところでも適用されるのである。すなわち、いっさいが類推によってこれらの収入形態のもとに包摂されるのである。／もし一人の独立な労働者――これを一人の小農民としよう、というのは、その場合には三つの収入形態のすべてを適用することができるから――が自分自身のために労働して自分自身の生産物を売るとすれば、彼は、第一に、自分自身を労働者として使用する自分自身の雇主(資本家)とみなされ、次には、自分自身を自分の借地農業者として使用する自分自身の土地所有者とみなされる。彼は、賃銀労働者としての自分には労賃を支払い、資本家としての自分のためには利潤を要求し、土地所有者としての自分には地代を支払う」[156]。このような農民経営が存在しうるのは資本主義の発生期においてであって、以前より農民の数が減少して、その分賃銀労働者が増大していることを存立条件にしているのである。いいかえれば一方では食料農産物にたいする有効需要が増大し、他方では農民が減少して一農業経営当たり経営面積が拡大しているわけである。借地または自営農民経営から資本家的農業経営への転化期である。そういう条件のもとでこうした擬制化が可能なのである。それは実際の歴史過程としては封建制農業から資本制農業への転化過程としてあらわれる。それはこの擬制化が語られている章に先行する第四七章「資本主義的地代の生成」でより具体的に語られている。「現物地代の貨幣地代への転化は、さらに、無産の、貨幣で雇われる日雇労働者階級の形成を必然的に伴うだけではなく、これによって先行されさえもする。……彼等のあいだでは、いくらかの財産をかき集めて自分自身を将来の資本家に転化させる可能性がだんだん発展して行く。こうして、古くからの自分で労働する土地占有者たち自身のあいだに資本家的借地農業者の培養場ができるのであるが、その発展は農村の外の資本主義的生産の一般的発展を条件としているのであって、十六世紀のイギリスで当時の貨幣の累進的な減価が伝来の長期借地契約のもとで土地所有者を犠牲にして借地農業者の富をふやしたように、この培養場が特別に有力な事情に助けられる場合には、それはとくに急速に発達するのである」[157]。なおこのような農業経営の発展は「一般に、世界市場や商業やマニュファクチュアの相対的に高い発展がすでに与えられている場合にはじめて可能なのである」（同ページ）という点は注目に値するものである。

(156)『資本論』、大月書店版、⑤、一一一八〜一一一九ページ。*Das Kapital*, Bd. Ⅲ., S.882. なお大内も同様の箇所を引用している。『農業問題』、改訂版、一四八ページ。

(157)『資本論』、⑤、一〇二五ページ。*Das Kapital*, Bd. Ⅲ., S.807. なおこのような農業経営の発展は「一般に、世界市場や商業やマニュファクチュアの相対的に高い発展がすでに与えられている場合にはじめて可能なのである」(同ページ)という点は注目に値するものである。

最後に分割地農民経営のばあいの擬制化の問題である。マルクスは「資本主義的地代の生成」のなかで「分割地農民にとって搾取の制限として現われるものは、一方では、彼が小さな資本家であるかぎりでは資本の平均利潤ではなく、他方では、彼が土地所有者であるかぎりでは地代の必要ではない。小さな資本家としての彼にとって絶対的制限として現われるものは、本来の費用を差し引いてから彼が自分自身に支払う労賃にほかならない。生産物の価格が彼にこの労賃を保証するかぎり、彼は自分の土地を耕すであろう。そして、しばしば、労賃が肉体的最低限に達するまで、彼はそうするであろう[158]」という。ここでマルクスは分割地農民が土地所有者であるかぎりでは地代の必要はないといっているが、所有土地が優等地であるかぎり、また追加投資が限界投資であるかぎりは差額地代は当然はいってくるのであって、それがはいってこなければ限界地生産は不可能となり、総供給量が需要量を充たせなくなって、価格は上昇せざるをえなくなる。したがって彼には原則として土地所有者であるかぎりは差額地代と労賃部分は手にすることができるのである。土地所有者でなくともいったんは差額地代部分は手にしたうえで土地所有者に支払うことになるのである。ただしこの労賃部分は日本のばあいにすでに考察したように、実際の農外労働者の賃銀より低くなるのが通常である。この分割地農民の労賃部分が農業外の一般の労賃水準より低いというかぎりでは、後進資本主義国の、ことに帝国主義段階にはいった時代の農民の農業所得水準をしめすものといっていいであろう。農民経営におけるC部分の考察はしなかったが、日本のばあいに述べたように、本来の「資本」たる機能はなく、たんに労働軽減化その他のための「資産」としての意味が強いといっていいであろう。以上考察したことは自営農民のばあいVやR（地代）やC、さらにP（利潤）への擬制化は資本主義の発展段階によって異なり、さらにその概念そのものも欠陥をもったりもたなかったりするという歴史性をもっていると考えられるといっていいのではないかと思われる。

(158)『資本論』、⑤、一〇三二ページ。*Das Kapital*, ⑤, Ⅲ, 8. 814.

三　大内力の擬制化論

大内による日本の農産物価格形成論の核心部分はつぎのように展開されている。「小農的経営が支配的におこなわれている条件のもとでは……資本家とちがって、生産価格が実現されるような必然性は存在しない[159]」。資本家的経営のばあいには生産価格の水準にきまるが、「小農的生産においては、価格がそれ以下にさがっても、農民はすぐには生産をやめるわけにはゆかない。……資本主義の初期の段階においてならともかく、資本主義があるていど発達してくれば、小農民が自分の資産を売りはらってえたぐらいの資金で、他の生産部門で資本家的経営を始めることは事実上不可能である。……それゆえここでは農民には、じつは資本家に転化する道は事実上ほとんど閉ざされているのであり、かれは農業をやめて貸付地主化するか、賃労働者になるしか道はない。……じっさい問題として農民にのこされている道は、農業を継続するか賃労働者になるかという二つしかないであろう。このような条件のもとで農業生産がおこなわれていれば、農産物価格が生産価格以下に低下しても、なお農民が農業によって生活をささえうるかぎり、農業生産はつづけられることになる。そこで、ここでは農産物の価格の最低限は、限界生産物の不変資本＋最低生活費、いいかえれば、がいしてC＋Vという費用価格の水準によって与えられると考えることができる(160)」ということこれである。このあとマルクスがさきの注(158)で紹介した分割地農民にあっては自作地があってもその地に発生する差額地代は「必要ではない」などといった間違ったことは大内はいわない。その差額地代は土地所有者としての農民の所有になることを明記している。こうして「小農的経営が支配的におこなわれている条件」の存在を前提しうるかぎりにおいて、以上の大内の論理は成りたっている。より簡単にいえば、日本の小農的経営が生産する農産物の価格は、限界生産物の価格によって規定されているのであり、その限界生産物の価格は「不変資本＋最低生活費」という費用価格によって規定されている、というものであった。このばあい「最低生活費」とは賃銀労働者よりさらに低い賃銀というものではなくて、もともと賃労働者の賃銀と同水準の「最低生活費」といういみのものなのであった。

(159) 前掲大内『農業問題』改訂版、一四九ページ。
(160) 同、一五〇ページ。なおここで「最低生活費」というのはまえにも示唆したことがあるが、賃銀労働者の生活費より低いという意味ではなく、Vが一般に「最低生活費」であるという意味である。農民の生活費も賃銀労働者の生活費と量的にも同じであるというのである。事実、その「最低生活費」にたいする注(14)で大内はこういっている。「このばあい最低生活費というのは、いうまでもなく農民がみずからの生活のために必要とする生活費であるのにたいして、C＋Vというばあいのvは、ほんらいは資本家が労働者に支払う労働賃銀（可変資本）の大きさを示すものである。しかしこの労働賃銀は労働力の価格にたいする対価であり、労働力の価格は原則として当該社会で歴史的・社会的に決定される最低生活費によって規定されるものだから、そのいみですくなくとも量的には両者は対応関係にあるといっていい。のみならず、農民は、みずからの労働力を売るものではなく、したがってかれが農業で労働した結果えられる所得は、労働賃銀という形態はとらないとしても、しかもそれは資本主義社会では、農民がみずからにたいして支払う労賃として観念されるようになることは、先にも触れたとおりである。そういう論理のうえにおいて不変資本＋最低生活費は、C＋Vをもって類推しうるものとなるわけである」（大内『農業問題』改訂版一五一〜一五二ページ）と。だが戦前においてはとくに農家の戸主はそう簡単に賃銀労働者にはなれなかったし、次三男、娘にしてもそうであって、一般的には農外に職をえてもその賃銀はより低いものだった。そのことはすぐのちにみるように大内も認めているのである。

だが日本の農民が、もちろん戦前の日本において農業外に就職することは容易ではなかった。それでも農家の次三男や娘のばあいにはまだ容易だとしても、農家経済調査の小作農のばあいには「製糸女工」「紡織」とか「食料品工業」とかといった低賃銀のところにしか就職できなかったと想定されるのである。[161] しかし農家の戸主ともなれば農外賃銀労働者への移動はかなり困難だったといわなければならない。ところが大内はこういうのである。「このように小農的生産関係のもとでは農産物価格が、最終投資の生産物の費用価格によって規制されるということについては、もうすこし立ちいった考察が必要である。……このような価格決定がおこなわれるのは、農民が賃労働者に転化しうるという前提条件があるからであった。すなわち、かかる条件のもとでは、もし農産物価格がそれ以下にさがり、農民が小作料を支払ったのちに、所得として獲得しうるものが、かれが農業外に労働力を売ったばあいに獲得しうる労賃以下にさがるならば、かれは農業をやめて賃銀労働者になるであろう。そうすれば農産物の供給が減じ、価格は一定水準まで回復することになる。かかる機構をつうじて、けっきょく農産物価格の水準はこのばあい、費用価格の水準に規制されることになるわけである」[162]というのであるが、問題は農産物価格を規定する農家の労働力はいかなる労働力かという点にある。農家たることを継続するか否かを決定する労働力であるから、それは農家の戸主労働力であるとしなければならない。その戸主労働力がいわば中途採用というかたちで農外賃銀労働者になるというばあいは、そもそもそれ自体が困難であり、たとえ就職できたとしてもかなり賃銀の低い待遇の悪いところにしか就職できないであろう。その所得はこれまで農家として農業を営んでえた所得よりもさらに低いものであろう。ということはよほどの好景気か、もしくは夜逃げ同様の離散というケースでの離農ということになるであろう。農家の戸主労働力はいわば通底低音のように景気の好況・不況にかかわりなく過剰人口として存在せざるをえなかった。そしてそこにこそ農業問題の核心があったのである。そうであれば所得水準は低くても農業を継続した方がまだ救われるということになる。結局、農民のVは賃銀労働者一般のVよりも低いという構造ができあがっているのであって、さきの大内の論理ははじめから農民のVも農外賃銀労働者のVも同一水準であるという前提から出発して、もし農民のVが低下したときには農民は賃労働者になるということを述べているにすぎない。はじめの前提がそもそも事実ではないのであって、それが事実ならば、始めから農民層が滞留するということはありえない。控えめにいっても農民は農業が好きだから農業を営んでいるとはかぎらない。正常な農民層の分解とは農民層が賃銀労働者に転化することを基軸とするものであって、それは農民の所得が賃銀労働者の所得よりも低いことを前提にして展開されたのであり、その結果一方では農民は減少し、他方ではその分、農地に余裕が生じ、借地によって資本家的農業が形成されるということにもなる。大正中期以降の日本では農民のVが賃銀労働者のVよりもそもそも低いのにもかかわらず、賃銀労働者の増大力が日本資本主義の構造的特質によって抑えられていたために、農民のそもそもの低賃金構造が破砕されずにのこったのである。いまさらいう必要はさらさらないが、農民の滞留は日本資本主義の「封建制」によるというような単純なものではない。農民が中途で賃銀労働者になることがそもそも困難だったのである。大内は労賃（V）、地代（R）、資本（C）、利潤（P）の原理論上の諸概念を農民に適用しようとするばあいもほぼそのままの形で実現される、あるいは実現されないというのであるが、そのばあいは多かれ少なかれ阻害された形でしか実現されないのである。農民は原理論には登場できない存在なのであって、農民にあってはそれらの概念を純粋に適用できないことをそれはいみしている。大内は『農業問題』初版で、農民の生活費Vは「資本主義社会における一般的な労賃水準によって規制されるのであり、たとえ現実にはその水準以下にさがりえても、それはいわば誤差の問題にすぎないのである[163]」といっていたが、それは改訂版では削除されている。「誤差の問題にすぎない」とはけっしていえないのである。けれども改訂版でも「そこには（農産物価格の低下には――犬塚）一定に限度がある。その限度は、うえにみたように資本主義社会における一般的な労賃水準によって規制されるのであり、たとえ現実にはその水準以下にさがりえても、基準はやはり労賃水準にあるのである[164]」といっていてやはり原理論規定の範囲を超えてはいないのである。

(161) 拙著『日本における農民分解の機構』、一九六七、未来社、小作農の「農業労働一日当たりV」（一三八ページ第43表の一九二〇年代、三〇年代初頭の数字）と一一二～一一三ページおよび一一四～一一五ページの産業別労務者の一日当たり賃銀とを比較すると、およそそういうことはわかる。

(162) 同、一五二ページ。
(163) 大内『農業問題』初版、一二八〜一二九ページ。
(164) 大内、『農業問題』改訂版、一五六ページ。

大内の農産物価格論は「小農的経営が支配的におこなわれている条件」を前提にして展開されたのであるが、そのさいその小農的経営を固定的に、あるいは一種のタイプ論としてとらえたために、直接原理論をそれに対応させることになったと考えられる。ところが小農制は資本主義の歴史的運動によって動かされる存在なのである。さらにその小農制はもとよりすべての資本主義に前提されうるものではない。日本自体においても明治末までは小農経営は両極に分解する運動がみられたのであるが、大正中期以降は小農経営の分解が困難化し、固定的存在になった。もちろんそこにはそうなるにいたる歴史的根拠が存在するはずである。後進資本主義としての日本資本主義は明治末までは発展期にあってそれ以後帝国主義段階への移行期に入り、大正中期以降帝国主義段階に突入した。それとともに農民層が堆積の傾向をしめすにいたるのであり、それが日本資本主義の農業問題を発生させたのである。そのことを私は大内経済学から学んだと自覚している。この改訂版『農業問題』はその歴史的過程の分析の必要性がいわば緒についたばかりの時期のものであって、もともと歴史性を内蔵する擬制化手法を構造分析において直接的に使用したことが問題だったといわなければならないであろう。

四　宇野弘蔵の擬制化論

宇野弘蔵に『価値論』という書がある。初版は一九四七年にでたが再刊が一九六五年にでた。「大体旧版のままで、ただ仮名づかいその他の訂正を加えて再刊することにした」（再刊序）という。この書の「序論」の「Ⅱ　価値論の対象と方法とにかんする二、三の注意」のなかに小生産者にたいする価値法則の適用にかんする擬制化問題を論じているところがある。それは擬制化が一面的なものであることを論じたものであって、私にはそれは正しいものと思われた。私がそこから学びえたことを記したい。「資本主義社会が商品経済を基礎にするということは、……その基本的社会関係が労働力なる特殊の商品を通して商品形態をあたえられることをいみする[165]」として以下の三点をあげる。第一に、商品経済は全面的に社会化されるのであって、一般に生産物は商品化しえないものはないのであるが、生産物の種類によってその商品化の意義は非常に異なっている。「直接生活に必要のない生産物」、たとえば贅沢品が商品化したとしても、それは社会的には根本的変化をおよぼすことにはならないが、「食糧や衣料品の商品化は、その社会自身が商品経済化してきたことをしめすものである。労働力の商品化がかかる生活資料の商品化を徹底的に実現するものであることはいうまでもない。それと同時に他のあらゆる生産物もまた商品化されざるをえなくなる[166]」。第二に、「労働力商品化とともに商品経済そのものが、偶然的性質を失って、本質的に、必然的に行われることになる」。第三に、「資本家的に生産せられない生産物もまた資本家的に生産せられたものと同様の関係をその内部に想定せられることになる。資本主義の社会はいかに発達した国々でも、完全に全社会を資本主義的関係に編成するものではない。多かれ少なかれ従前の生産方法の存続を許すものである。いいかえれば直接の生産者による商品の生産が依然として行われる。しかしこれらの商品もまた、けっしていわゆる単純なる商品として生産せられることにはならない。

資本家的商品と同じようにその生産にあたって原料その他の生産手段の価値を生産費として計量するばかりでなく、自己の労働自身をも自分自身の賃銀労働として、したがってまたそれにたいする剰余労働を利益の基礎をなすものとして計算するようなことにならざるをえないのである。そればかりではない。他のあらゆる労働が、たとい資本家によって雇用せられるという関係にない場合でも、賃銀労働の形態を想定せられることになる。かくてあらゆる種類の労働が賃銀ないし報酬をえて提供せられるものとみなされるようになり、全社会の労働は商品形態を通して交換せられる関係を確立してくる[167]」。

(165) 宇野弘蔵著作集、③「価値論」二二〇ページ。
(166) 同、二二一ページ。
(167) 第二、第三の引用文は同、二二一〜二二二ページ。

ここで宇野がいおうとしていることは、労働力まで商品化されている資本主義社会においては、資本家的に生産されていないものでも、商品化されうるということである。そしてその商品化は資本主義に先立つ諸社会におけるのとは異なって、「農業に結合せられた家庭工業の分離は、自給的なる農業部面をも商品経済化させずにはおかない。それはけっして資本主義社会以前の小農と同一視することはできない[168]」というのである。資本主義以前においては農民は農産物とともに工業品も自給用として生産していたのであって、したがってそれらを商品化する必然性はない。けれども宇野の抽象力のすごさは資本主義社会における小農生産物の商品も資本主義以前の商品も、資本主義的に生産された商品と同じ性質をもっているということをみぬいていたことにある。「それはもちろん具体的な関係を捨象した、一面的規定としてであって、われわれがかかる商品を一般的に商品として理解するにも、じつは資本家的商品の発達した形態を抽象したものによってでなければならない理由もそこにある。……それは労働力自身をさえ商品として理解しうる段階にいたってはじめて展開されうる抽象である(169)」といってつぎのように結論をしめしている。「われわれが商品を分析し、その価値法則を明らかにせんとする場合には、当然商品形態を抽象的に扱かわざるをえないのであるが、それは具体的にはきわめて原始的な商品から資本家的に生産せられた商品にいたるまでに、共通に現われるものでなければならない。しかもいかなる種類の商品にも共通なこの形態は、資本主義社会に特有な労働力なる商品においてはじめて純粋に他人のための使用価値として現われるのである(170)」と。ここで宇野が主張していることは商品の抽象的本質は他人のための使用価値にあるということである。しかしさらに深読みすれば、資本主義においてはそれが徹底的になっていてたんにそれだけではない。他人のための使用価値が他人のための使用価値を生産していること、いいかえれば商品が商品を生産しているという自己完結的行為を行っていることをも明らかにしているのである。その自己完結性が同時に資本主義が歴史的存在であることをも暗示しているのである。そこまで視野にいれて考えると資本主義以前の商品化はたまたま過剰生産されたものの商品化であり、あるいは共同体の政治的必要からの商品化であり、資本主義社会の小農民における商品化は家庭工業が成りたたなくなったゆえの農産物の商品化であるのにたいして資本主義的生産においては商品化は徹底的商品化であって、その商品は売れなければ使用価値でさえないというものである。資本主義社会における小生産者における生産物の商品化は「一面的規定」として商品であって、全面的な商品とはいえないということになる。売れなければ自家消費されるからである。小生産者の商品は資本家的商品に擬制化されうるが、その擬制化は「一面的規定」としての擬制化であるということになる。

(168) 同、二二二ページ。
(169) 同、二二三ページ。
(170) 同上ページ。

労働力商品は純粋に「他人のための使用価値」であって、それゆえに社会的なものであるのにたいして、農民が賃労働兼業にでるばあいの労働力商品化は一面的に「他人のための使用価値」であって、自家農業生産物の大部分は「自分のための使用価値」としてかなり低い擬制的価格になる。もちろん一般的な都市労賃水準が抽象的には基礎にあるといっていいが、その自家農産物の擬制的価格水準はその都市労賃水準よりかなり低くなっている。「社会の中に生産する個人が、社会的に生産するといっても、その社会の一員たるその個人が、自己のために生産するものは、これを社会的とはいわない。分業がいかに発達しても、それは商品として市場に提供せられるものにかんして社会的関係が形成せられるものであって、その根底からの社会的関係が考えられているわけではない。いいかえれば商品所有者の社会的関係にすぎないのである。社会と個人との対立的関係が残るのも当然といわなければならない(171)」といった事態が発生するであろう。

(171) 前掲、宇野。③、二二四ページ。

以下、宇野は小生産者「社会」が資本主義社会とは異なっていかに不安定で欠陥をもっているかをつぎのように説いている。封建制の解体後に生まれた「個々の小生産者が自己の自由意志によって商品を生産し、販売しつつあるものと考えている間に、その基礎条件をなすその財産を蚕食せられて、商品の生産も販売ももはや自由勝手になしうるものではなくなってくる。いいかえれば自己のためにする生産の余地は、ますます狭隘となり、縮小せざるをえない。商品経済は、商品市場に抽象的に想定せられる社会的関係を、その根底自体に持ち込まざるをえなくなる」[172]。実際、商品経済はけっして商品市場にとどまることによって一社会たることをうるものではない。「資本主義は、いわばこれを具体的に実現する唯一の形態なのであった。分業はいわゆる職業的分業のごとくに個人的分業ではなくなる。産業的分業として社会的に生産するもの分業となる。個人の自由として行なわれた商品の生産は社会的に強制せられた生産となる、直接の生産者はもはや自己の自由意志によって商品の生産をなすものではない」[173]。小生産者は商品経済的に分解せしめられて賃労働者に転化する。こうして「自己の商品として提供しうる唯一の商品が、じつは商品として生産せられたものではない自己の労働力にほかならないという事実から生ずるのである」[174]。こうして商品(労働力商品)による商品の生産という資本家を生産主体とするモノがモノを生産するという自立的な、したがってまた労働力商品がモノではないことを根拠にして歴史的たらざるをえない社会としての資本主義社会が成立するのである。

(172) 同、二二五ページ。
(173) 同、二二五ページ。
(174) 同、二二五ページ。

「商品経済自身は、生産にたいしては外的にあたえられたものにすぎないにしても、……これが一社会の基本的関係を支配するものとなるためには、いかなる社会にも絶対的に必要とせられる生産自身を支配し、把握しなければならないのであって、商品の価値法則もこの絶対的条件を充足するものとして展開されなければならない。そこに法則としての意義も力もある。商品経済の社会も、それが存続するためには、社会の成員の生活を保証するものでなければならない[175]」といって資本主義社会がともかく人類社会として存立しうる根拠をなす価値法則の意義を明確にしたのち、「価値法則もしたがって、小生産者的商品生産の行われるかぎりは、十分にその展開をみることにはならない。小生産者的関係は、部分的には商品関係を実現しながら、なお全体としてその社会の存続を保証しうるものにはならないからである。それはいちおう外観的には価値法則を純粋に展開するもののように見えるのであるが、市場関係の抽象としてそうであるにすぎない。一社会制度として確立せられる根本的条件を欠くのである[176]」といって、小生産者的生産関係においては価値法則の作用は阻害されることを論証しているのである。小農経済においても価値法則はもちろん作用はしているのであるが、大内のいうように貫徹しているとはいえないのである。擬制化がつねに一面的であるのは擬制化の対象が資本主義の歴史過程として存在しているからなのである。そして一面的擬制化をとおして資本主義の歴史過程の特質を分析解明できるわけである。そして擬制化というばあい、生産価格が成立しないで費用価格にしかならないということにとどまらず、農民労働力の価値（V）や生産手段の価値（C）や地代（R）なども阻害されたかたちでしか実現されないということもふくみうるといわなければならない。そして擬制化が一面的だということは対象の歴史性によることをいみしているのであって、それも具体的に規定しなければならないことになる。

(175) 同、二二七ページ。
(176) 同、一七七〜一七八ページ。

五　農産物価格論と段階論

大内力の『日本資本主義の農業問題』における講座派理論批判が日本の地主小作関係を日本資本主義自体の問題として位置づけて『資本論』のとくに価格理論をもって具体的に展開されたことはきわめて斬新なものであったことは否定できない。けれども日本農業、そしてさらに日本資本主義自体は講座派のように理解しえないのは当然なのだが、そうかといって『資本論』で展開されている原理論のみで処理できるものではなかった。講座派には『資本論』が主に対象としているイギリス資本主義と異なるものは基本的に資本主義国とはいえないという、いまからいえばある種の常識的な理解が存在した。そしてたしかにあの「輝ける」西欧資本主義諸国に比べるならば、封建的とみえる部分が後進国としての日本資本主義には多々あったことも事実である。そういう発想はしかし逆にいえば資本主義なるものを「理想的」にとらえていたことでもあった。問題は資本主義自体のとらえ方にあったのである。そして大内にもそういう問題意識がはじめから明確にあったともいえないであろう。むしろ封建制の存在が科学的に否定されるならば、日本の農業問題は日本の資本主義自体の問題になるという発想ではなかったかと思われる。まさに『日本資本主義の農業問題』は農業問題をとおしての日本資本主義論の、さらには資本主義そのもの解明への新たな出発点だったのである。

講座派には資本主義たりうるためには『資本論』に描かれているような資本家、賃銀労働者、そして近代的土地所有者という三大階級で構成されていなければならないという考えが前提されていた。大内にもそういう考えがなかったとはいえないように思われる。それはたとえば農民層の分解は、すでにわれわれもふれたことがあるが、形のうえでは中農標準化傾向という事実となって現われているが、それはじつは両極分解の変形なのだという考えに大内はこだわっていた点にも現れている。とくに大内理論の初期には日本資本主義の特殊性はいわゆる発展段階論よりも資本主義の後進性に重点をおいてとらえられていた。その点では旧労農派の伝統にのっていた。日本資本主義の現実を原理論としての『資本論』の論理の軸線にそって解明しようと悪戦苦闘していたのである。農業問題では農産物価格論において原理論のVやCやRやの概念を駆使して新たな領域をひらいたのはその功績である。だがそういう原理論の諸法則の貫徹へ向けての追求は新たな問題点の発掘には役立つが、解明にはいたらないのではないだろうか。原理論の使い方は資本主義の発展期までと爛熟期とではおのずと異なることになるからである。おそくとも大正中期以後の日本資本主義は若くしてすでに発展期をすぎていた。その資本主義はすでに発展期をすぎて爛熟期に向っていた。そうだとすればその資本主義は原理論の諸法則の展開をいかに阻害しているかということこそが問題になるのである。法則の展開がいかに阻害されているかという問題の解明は法則の展開がいかに貫徹してゆくかという問題の解明と同様に重要である。むしろ前者の問題こそが資本主義の限界を具体的に明らかにするものとして重要といえるのである。そしてこうした問題の背後には経済学の法則が歴史的法則としていかに自然科学の法則とはその性質をことにしているかという問題が存在しているのである。擬制化問題も明らかに歴史科学としての経済学の問題だったのである。

第四節　構造分析(三)——『農家経済』

一　成果と問題点

ここでは大内力著『農家経済』[177]の成果と問題点を明らかにしたい。この書は農林省の『農家経済調査』によって、戦前は昭和恐慌をぬけだした後の一九三六年（昭和一一年）をとりあげ、戦後は高度成長の開始前夜にあたる一九五四年（昭和二九年）をとりあげて、日本の農家経済の構造的特質を詳細に分析している。[178]この書の第一章は日本の農家経済の特質と「農家経済調査」の解説および「調査農家の位置づけ」がのべられている。第二章で「戦前の農家経済」を、第三章で「戦後の農家経済」を分析解明し、最後に第四章で「戦前より戦後にかけての農家経済の変貌」をもってくくられている。ここでは戦後の分析は省いた。

(177) 大内力『農家経済』、一九五七、中央経済社。
(178) 本書「はしがき」で大部分の統計表の作成とその分析は大内のプランにしたがって佐伯尚美がおこなったものを、あとで大内が全面的に筆をいれ、書きかえたり、書きたしたり、あるいは削ったりしたので、「むろん本書の責任はわたくしのものである」と記されている。

「戦前の農家経済」から、大内の解明した論点とそこにいかなる問題点があるかを検討してゆこう。分析対象として一九三六年がとられた理由として大内は、戦後を戦前と比較するばあい通常一九三四〜三六年がとられるが、農家経済のばあい三四年はその前年の三三年の大豊作とこの年の大凶作、および繭価の暴落によって、農家経済は好調ではなかったし、その影響は三五年にものこっていたことをあげている。この時期の「農家経済調査」は一九三一年から四一年まで各年、同じ方式で作成されたものであるが、農家の経営規模としては二種類が採られていて、「第一種農家」として経営規模が耕作地一町四、五反程度の農家がとられ、「第二種農家」として耕作地八、九反程度の農家がとられている。そしてそのそれぞれが、自作農、自小作農、小作農にわけられている。そして本書では一九三六年の調査対象農家の日本の全農家における位置づけを最初に与えている。調査農家は全体としてかなり上層に偏っているが、経営規模が比較的小さい、「第二種農家」ですら「いっぱんに中間よりずっとうえの位置にあり、選定方法の『当該市町村の平均耕地面積の七割未満を耕作する農家』という定義が予想させるものとはかなりかけはなれている」。そして経営規模の相対的に大きな「第一種農家」になると、「その位置は下から八〜九〇%という、ほとんど日本の農家のうちの最上層部を代表するものとさえなっている」[179]。なお大内の著書では、規模の大きい「第一種農家」が「B群農家」とされ、規模の小さい「第二種農家」が「A群農家」とされている。以下、ここでは経営規模の小さい農家が「A群農家」であり、規模の大きい農家が「B群農家」とされていることに注意しておこう。

(179) この直前の引用文とともに、大内前掲書、五三～五四ページ。なお本書は具体的な分析をおこなう前に、「調査農家の選定」や「調査結果の表示方法」や「調査農家の位置づけ」等について詳細な検討をしている。いま調査対象農家が存在する農区のみをあげると、「北海道、東北、北陸、北関東、南関東、東海、山陰、近畿、瀬戸内、北九州、南海」の一一の農区である（前掲書、三七～三八ページ）。

では「戦前の農家経済」にたいする著者の分析結果とそこに問題がないかどうかを検討してゆこう。第二章「戦前の農家経済」の「概観」のところで、まず農家経済の貨幣経済化についてこういっている。「A群、B群ともに、収入面でも支出面でも、そのなかば以上が貨幣経済化しており、農家経済の基調が貨幣経済の面におかれるようになっていることは、一見して明らかである。だが、いまA群とB群とを比較してみると収入、支出ともにB群は、A群よりも貨幣経済化のていどがじゃっかん高くなっており、経営規模の大きな農家ほど商品経済との接触が深いことがしめされている。またこれを自小作別の観点からみると、A群、B群のいずれにあっても小作から自小作、自作とゆくにつれて規則的に貨幣経済化率は上昇している[180]」といい、「こうした傾向があらわれてくるもっとも大きな原因は、いうまでもなく小作料の支払いが、現物形態でおこなわれているからであるが、……ここでは右の二点、すなわち農家経済の貨幣経済化は、経営規模の上昇につれていくぶん強くなること、および小作より自小作、自作とすすむにつれてかなり強くなることを注意しておくにとどめよう[181]」というのは、貨幣経済化を農民の生産物にかぎった一面的な見方ではないであろうか。農民の部分的賃労働者化がとくに小作農において兼業労働化という、たんにそれ以前からある農民生産物の商品化以上に質的に深い資本主義的商品化の意義が軽くとらえられてはいないだろうか。そしてその高次の商品化は、生産物の商品化とは異なって、自作よりは自小作、小作とすすむにつれて強くなっているのである。もちろん兼業労働への依存度が自作、自小作、小作にゆくにしたがって高まり、そのことが農民の生産物の商品化とともに、「日本の農家経済は農業外部の資本主義に密接に結びつけられており、その動きに強く規制されていることはほぼ明らかである」[182]とはいっている。しかし農家経済の商品化が農民の生産物の枠をこえて農民の労働力にまでおよび、しかも完全脱農民化はこれを制約するという歪曲化された農民労働力商品化の中途半端な性格にこそ農業問題の核心部分があるのであって、自作、自小作農民の生産物の商品生産化が資本家的経営を形成せしめない原因もまたそこにあるのである。いずれにせよ封建時代には工業品生産者でもあった小生産者としての農民から工業を奪いながらなお彼らを農業専門の、しかしそれでは自立しえない小生産者たらしめているところに、日本資本主義の矛盾が存在するのである。大内の農民の兼業化問題のとらえ方には問題が残るのである。じつはこれよりまえに大内は第一章の「日本の農家経済の特質と『農家経済調査』」の「二　日本農家の構成」において日本の「農家のうち、零細小作農として出発したものは、戦前の重い小作料負担のもとでは、よほど特殊な好機にめぐまれないかぎり上昇することは不可能である」[183]といった把握をしていることがすでに問題だった。零細小作農の多数の存在自体が後進資本主義国としての日本資本主義が構造的過剰人口をかかえこまざるをえなかったことに由来しているのであって、そのことは大内自身が主張していることだったはずである。「重い小作料負担」はその結果だった。下層農家の多数が賃銀労働者に完全に転化しえないで、賃労働兼業農家として滞留せざるをえないことは、上層農家が資本家的経営に転化しえないで地主化してゆくこととともに過剰人口をかかえこまざるをえない日本資本主義の特質に由来することは大内自身の『日本資本主義の農業問題』以来の主張だったはずである。われわれはさきに大内の『農業問題』を検討したさいにも、農民層の分解もいずれは正常なかたちの両極分解が発生するであろうという基本的な考えがあることをみたのであるが、日本資本主義の後進性をたんなる後進性とみる旧労農派的見解の残像が大内にはあるのであろうか、という思いを禁じえない。じつは大内には下層兼業農家はいずれは賃銀労働者に転化するはずだというふうに考えていたことはすでにわれわれも気づいていたのであるが、その点はまたのちに触れる機会があるであろう。ただ一言ここでいっておきたいことは農民の賃労働者化はいかなる経路で実現されるのか、そしてそのさい安価な農産物の輸入を許すのかどうかということをどう考えているのかということである。

(180) 前掲書、五九ページ。
(181) 同、五九〜六〇ページ。
(182) 同、六三ページ。
(183) 同、二四ページ。

とはいえしかし、第二章の「二　農業生産の構造」で戦前の日本農家の経済的上向運動が中農自小作農どまりであって、そののちは地主化への横すべりであり、下向運動は自営兼業をもふくむが、多くは賃労働兼業農家として堆積する傾向を打破しえないものであったことを、つぎのように具体的にのべている点はその事実認識の確かさをしめすものである。「日本の農家が経済的に上昇し、農業経営を拡大してゆくばあい、小作農は、それが五反以下というような零細農であればむろんのこと、A群ていどの農家であっても、上昇することはむずかしい。それはいうまでもなく小作料の圧力のためであるが、それだけにそういう農家は、むしろ兼業化への傾向を強くもっており、農業はできるだけ手をぬいておこなおうとするようになるのである。これにたいしてA群ていどの自小作、ないしはもっと零細であっても自作であれば、むろん超人的な努力を必要とするであろうが、上昇する可能性をもっている。そのばあいには、まず小作地を拡大する形で経営の拡大がおこなわれる。A群の自小作が、生産諸条件は貧弱でありながら、労働と肥料の増投によって土地生産力の上昇をねらっているのも、このような上昇の努力をしめしているものであろうし、B群の自小作の優位は、いわばそういう上昇の上限をしめしているとみることができるのである。また小作であっても、B群ていどに経営が大きくなれば、やはり農民的に上昇することが可能なのであり、それがB群の小作の上昇力に反映されているわけである。しかし、一定の限度、すなわち、自家の労働力でほぼ完全に経営をなしうる限度まで経営が大きくなると、それ以上経営を拡大することは、雇用労働力へのいぞん度を大きくし、かえって経営を不安定にするし、採算をしばしば不利にする。したがって農家は、その辺から、経営を大きくするよりは、むしろ土地を買い入れて、小作は自小作に、自小作は自作へという横すべりの運動をするようになる[184]」とまとめているのである。ただしかし、大内にとっては自明のことだったのであろう[185]が、こうした貧困な零細小作農が広範に存在したこと自体が、一方では後進国の資本主義成立の特殊性として農民的土地所有にたいする国家による短期・強烈な収奪（地租改正）の結果なのであり、他方では西欧資本主義諸国から直接綿工業機械を輸入せざるをえなかったために工業の賃労働雇用力が相対的に弱かったことの結果だったのである。この点は明確にしておくべきだったと思われる。

(184) 同、七七〜七八ページ。

(185) この『農家経済』が出版されたのは『日本資本主義の成立Ⅰ・Ⅱ』(楫西光速・加藤俊彦・大島清・大内力の共著、Ⅰ一九五五年、Ⅱ一九五六年、東京大学出版会、ただし一九五四年に『日本資本主義の成立』が出版されていて、これがのちの『日本資本主義の成立Ⅰ』になっている)の出版ののちである。この一九五四年版(五五年版でも同じであるが)の『日本資本主義の成立』には「ブルジョア的関係の萌芽的形成は、むろん封建社会の内部における生産力の発展によってもたらされるのであり、それが封建的諸関係をあるていどまでつきくずし、同時に、たとえば農民を土地からきりはなしてプロレタリア化するとともに、社会の一部に貨幣的富を蓄積してゆく、という形で、ブルジョア的関係の成立する基礎をつくりだしてゆくのである」(五四年版、二〇六ページ)とあって、やや公式的であり、抽象的でもあるが、農民を土地からきりはなすことが重要な条件になっている。ただし、それはたんに商品経済的要因のみでは達成されえないのであって、権力の行使を必要とすることが不明確になっている点は問題である。商品経済が発展すれば自然に資本主義になるというものではないのである。地租改正は明らかに権力の行使なのである。そしてそれは結果からいえば、というより結果によって判断するよりほかはないのであるが、ブルジョア権力だったのである。

ついで農家の「兼業の構造」が分析されている。そして結論としてこうまとめている。「自小作別の兼業の構造をまとめていえば、自作農家は農業外部への投資、林業収入などのような財産的収入が比較的多く、農業外部へ労働力を販売するばあいでも比較的安定した所でそれをおこなっているのにたいして、小作のばあいになるときわめて不安定な形での農業外部への労働力の販売と零細家内副業が兼業の主要な内容となっているということになる。いいかえれば、自作はかなり余裕をもった形で兼業収入をあげているのにたいし、小作のばあいには生活窮迫的色彩がきわめて濃厚であるということになるであろう。そして自小作は両者のほぼ中間に位するものとみることができる[186]」という。

これをもうすこし具体的にいうと、賃労働兼業は自作、自小作、小作にゆくにしたがって増加してゆくが、その内容は想像をいれて考えると、「B群ではおそらく下級サラリーマン、工員などのような比較的安定した有利なものが多いであろうが、A群では土工、日傭、出稼などのように不安定なものになる傾向が強いであろう(187)」という。しかし兼業としての財産収入は自作、自小作、小作にゆくにしたがって漸減するのであって、林業などの財産収入や有価証券保有などの財産収入は自作農にもっとも強く結びついている、という。これはたしかにこの時期の特徴だといっていいであろう。このほか兼業生産物収入があるが、これは炭焼きとか農産加工とかであって、下層農家の兼業であろう。こうみてくると、兼業の主流は賃労働兼業であって、その大部分は「土工、日傭、出稼」であったと想像される。サラリーマンや工員兼業はむしろ中農層に多かったと思われる。そしてこの時期の上層農の兼業の特徴は有価証券等の保有という財産収入にあったといっていいのではないかと思われる。だがそれは農民層の上向分解の一形態には相違ないが、純然たるブルジョア化ではなく、プチ・ブル的資産蓄積をめざすブルジョア化にすぎなかった。農業資本家への転化が不可能なのはおそらく土地利用の集団的集積が下層農民の農業離脱が困難なことによって不可能であることに由来するものと考えられる。また農家の家計は、自小作別に第一生活費はそう大きな差がみられないが、より生活水準の高さをしめす第二生活費は自作、自小作、小作にゆくにしたがって低くなるという構造をしめしているのであって(188)、その小作農でさえ容易に賃労働者に転化できないのであるから、自小作、自作がその生活水準を維持したまま賃労働者に転化することはいっそう困難である。小土地所有の農民が土地を貸しだして賃銀労働者に転化することは一般的にはありえないというべきであろう。ただここで問題になるのは工業発展の低位性と農民の貧しさとはある意味で相互規定的な関係にある。工業の発展が低いから農民は賃労働者になれずに貧困化する、農民が貧しいから工業製品が国内であまり売れないので工業が発展しないという関係がある。その悪循環を打破する契機はどこにあるかを考えるべきであった。東洋は西欧とは異なって、資本主義はいわば日本だけが突出していたのであって、周りの商品経済の発展度が低かったことが日本の資本主義的発展を制約したといえるのである。しかしそのことが逆に日本の帝国主義化を早めたともいえるであろう。かかる対外関係の考察がほとんどなされていないことが問題としてのこるのである。だがこのことはじつは資本主義の具体的な性格を規定するうえで重要なことだったのである。

(186) 同、九八ページ。
(187) 同、九六ページ。なおここで著者は断っているわけではないが挙家脱農としての転職先をあげているわけではないであろう。そのばあいはまた話が異なってくる。
(188) 同、一〇一ページ。

二　大内力の分析の結論

大内の分析も最終部に入る。「農家経済の総括」である。大内は**第4表**「農業所得と農家家計の比較」をかかげてつぎのように総括する。「すなわちもし仮に小作料、租税等の諸負担が課せられず、農家が純粋に生産的経費しか支出しなかったとしたならば、……各農家はA群の自作をのぞいては、いずれも農業生産によって自己の家族の生活を維持するという小農的必要を満たし、そのうえじゃっかんの余剰をも残すことが可能となったであろうが、しかもそ

第4表　農業所得と農家家計の比較

（円）

		農業収入（A）	生産的農業経費（B）	ほんらいの農業所得（C＝A－B）	家計費（D）	（E＝C－D）	諸負担など（F）	差引余剰（E－F）
A群	自　作	959	227	732	751	－19	91	－110
	自小作	932	184	748	621	＋127	214	－87
	小　作	823	168	655	532	＋123	266	－143
B群	自　作	1374	306	1068	879	＋189	129	＋60
	自小作	1437	304	1133	826	＋307	295	＋12
	小　作	1341	256	1085	741	＋344	424	－80

注）1）諸負担などは農業上のものだけを計上した（原注）。大内力『農業経済』、106ページの第55表。
　　2）「生産的農業経費」とは「固定費的経費」（土地、土地改良費、建物費、農具費）と「流動費的経費」（種苗費、蚕種費、家畜飼料費、肥料費、高熱動力費、薬剤費、加工原料費、労賃）の計であって、「不生産的経費」（負債利子、諸負担、小作料、賃借料、販売費、その他）を含まない。

れはB群により多く、自作にもっともすくないという形においてであるということこれである。ところで、このほんらいの剰余が両群ともに自作において最小であるという点についてであるが、それはけっして自小作、小作の生産面での優越性をしめすものではない。表によっても明らかなように、ほんらいの農業所得にはそれほど大きな違いはみられないのであるから、こうしたほんらいの剰余のちがいは主として家計費の大小から生じたとしなければならないであろう。事実A群の自小作、小作がA群の自作と同一水準の家計構造をもったとすると、そのほんらいの剰余は自小作はマイナス三円、小作はマイナス九六円となって、小作料、租税等の諸負担が仮になかったとしても農業所得のみをもってしては家計を維持することができなくなってしまうのである。しかもわれわれがすでにみたように、A群の自作農家の生活水準もそれほど高いものとはいいがたいのであるから、A群自小作、小作は生活水準を最低限度——ないしそれ以下——にきりさげることによって、ようやくほんらいの剰余を生みうる状態にあるということができるであろう。これにたいしてB群のばあいには、かりに自小作、小作が自作と同一水準の家計支出をおこなったとしても、自小作では二五四円、小作では二〇五円のほんらいの剰余をうみだしうることになるから、A群に比していちだんと有利な地位に立っている」[189]という。こうして経営規模八反ていどのA群農家のすべてと、同じく一町四反ていどのB群の小作農は一方で家計費をきりつめ、他方で兼業所得にたよるという状況がいっそう切実なものになっているのである。とくにA群のなかにあって差し引き剰余のマイナスが最小である自小作は「もっとも労働集約的な農業経営をおこなっている層なのであり、このような過重労働と過少消費という二重の自己搾取のうえにようやくそれ以上の赤字が生ずるのを防ぎとめているのにすぎないのである。だが、そこに自小作層のいわば農民的な性格がはっきりとでているといってよい」[190]のであって、大内はのべていないが賃労働兼業のばあいには自己の意思のみによっては就業できないのにたいして、自営農業への就業、それに自営兼業への就業も同じであるが、それらへの就業は自己の意思によって可能なのであり、それが自己搾取を可能にするのである。そしてそれこそがまさに個別労働の採算性よりも全体としての採算性を重視するという小生産者としての農民の性格の現れなのである。

(189) 同、一〇六～一〇七ページ。

(190) 同、一〇九ページ。

つぎにB群についていえば、「これらの農家群は小作料、租税等の諸負担がまったくなかったばあいには、いずれも小農的経営としていちおう成りたち、しかも多少の剰余をのこしうる条件を備えたものであった。そして、……諸

第5表　農業所得と兼業所得

（円）

		農業所得 A	兼業所得 B	所得合計 C＝A＋B	家計費 D	余剰 E＝C－D	農業所得の 家計費充足率 F＝A/D（%）
A群	自　作	638	119	757	751	6	85.0
	自小作	533	138	671	621	50	85.8
	小　作	389	154	543	533	10	73.0
B群	自　作	938	135	1073	879	194	106.7
	自小作	836	127	963	826	137	101.2
	小　作	659	149	808	741	67	88.9

注）前掲、『覆刻版　農家経済調査報告』によって作成した。1936年。
　1）農業所得＝農業収入－農業経営費（「不生産的経費」をふくむ）。なお農業所得には自作地地代部分がふくまれている。
　2）兼業所得＝兼業収入－兼業費

負担がかれらのうえにつけくわえられても、自作、自小作のばあいにはなおかつ農業所得をもって農家の家計をまかなうという原則をつらぬくことが可能となっているのであり、小作になってはじめて、農業所得だけでは家計をカヴァーすることができず、農業外部への兼業をどうしても必要とするという条件があらわれてくるのである」と大内がいうのはいいとしても、つづけて「小作になってはじめて、農業所得だけでは家計をカヴァーすることができず、農業外部への兼業をどうしても必要とするという条件があらわれてくるのである[191]」というのはそれ自体は正しいのであるが、農民が賃労働兼業にでるのは農業所得のみでは生活できないという理由のみからではなく、農閑期に兼業機会があれば農業所得のみで生活しえたとしても兼業にでてゆくのである。そこに小生産者としての農民の性格が現れている。同じ兼業でも性質の異なる二種類のものがあることの意義を明らかにしておくことがこのさい必要ではないであろうか。事実、われわれがつくった**第5表**「農業所得と兼業所得」によれば、A群農家ばかりではなくB群農家も兼業しているのであり、その所得はA群とほとんどかわらない。農業所得が低い、高いにかかわりなく、農閑期に賃労働兼業機会があれば、それを利用するのではないであろうか。農閑期があり、そのとき近場に稼ぐ機会があれば稼ぎにでかけるというのが賃銀労働者と異なる小生産者の生き方ではないであろうか。そしてそれが農民間に競争を生み、農産物価格の低下をよびおこし、結果として農業労働所得と賃労働兼業所得もしくは兼業生産物の生産をもって年間の生活費を稼ぎだすという構造ができあがるのではないだろうか。むしろ結果的にA群農家のすべてとB群農家の小作農は農業所得と兼業所得をもってようやく生活しうることになったわけである。そして農業経営規模の比較的大きい自作農のばあい自作地地代部分は農家家計の剰余をなすということになる。A群（八～九反経営）のすべての農家とB群（一町四～五反）の小作農は農業所得が家計費を充たさないために兼業労働にでているが、B群の自作農と自小作農家は農業所得が家計費を充たしていても兼業労働にでているのである。しかもその兼業所得はA群農家のそれに劣らない額である。この兼業労働は農閑期におこなわれているとみていいであろう。B群の自作農と自小作農家においてはその農業所得が家計費を充たしいているのは自作地地代をえているからであろうが、それでもなお農閑期に他に稼ぎどころがあれば稼ぎにでるというのが小生産者のかわらぬ行動パターンである。このばあいのちにまたくわしくのべるが、A群農家のすべてとB群の小作農においてその農業所得が家計費を賄えないことを基礎として農産物の価格水準が形成されることが前提になって、B群の自作農と自小作農とがその農業所得をもって家計を賄いうるメカニズムが形成されるとみなければならないであろう。そのばあいそれは自作地があるからだとのみはいえない。この階層の自小作農にあってもその農業所得が家計費を充たしているからである。いずれにせよ農閑期を生ずるような営農形態であり、かつ近場に賃労働兼業につけるような条件があるばあいには農業所得で家計費が賄われていても、その兼業を採りいれるのではないかと考えられる。そして兼業を取りいれる農家階層においてはそのことが当初は農業所得で家計費を賄いえたにもかかわらず、農民の競争は結局農業所得と兼業所得との合計をもってしか家計を賄いえないという結果をもたらすことになるといっていいのではないかと思われる。事実、さきの**第5表**「農業所得と兼業所得」によればA群農家においては自作、自小作、小作のいずれにおいても兼業所得がなければ家計費を賄いえない状態になっている。いずれにせよ日本で兼業農家の統計がとられるようになった一九〇六（明治三九）年以来太平洋戦争にはいるまで兼業農家が一貫して全農家のほぼ三割ていどあったということは(192)そのことを意味しているのではないかと思われる。

(191) 前の引用文をふくめて、前掲書、一一〇ページ。
(192) 総農家にしめる兼業農家の割合は一九〇六年が二九・二％で、一九三六年が二五・五％であり、一九四〇年が三二・四％である（前掲、『改定　日本農業基礎統計』一〇五ページによる。その注によれば、兼業とは「わが国では一貫して世帯単位の概念を採用し、世帯員中農業以外の業に従事するものの有無によって判定する建前がとられている」とある。このばあい「世帯員中農業以外の業に従事するもの」が通年的に農業以外の業に勤務しているもののみのばあいも兼業農家とされると考えられる。

大内の「農家経済の総括」としての結論をきこう。まずA群農家についていえば、「ここではいずれの農家も辛うじていくらかの黒字をのこしており、しかもそれは自小作において最大、小作がこれにつぎ、自作において最小ということになっているが、いずれにしてもかれらの経済が黒字になりえたのは、過重労働と過少消費という二重の自己搾取にくわえて、農業外部への労働力販売という半プロレタリア化の道があったからであった。さらにこれらA群内部では自作は一方では商業的農業を拡大しつつ、他方では農外投資や下級サラリーマン化という形で、農業所得の低位性をカヴァーしようとしているのにたいして、小作はむしろ農産物の商品化には積極的意欲をしめさず、日傭い出稼ぎ等の下級賃労働か、あるいは零細な家内副業にその兼業収入源を求めつつ飯米農家化する傾向をもっていた。そして自小作が、これら両者の中間にあって、一方では可能なかぎりでの自己搾取によって農産物の商品化の拡大をはかるという自作的傾向をしめしつつ、他方では日傭い、出稼ぎによって兼業収入の増大をめざすという小作的傾向を示している。ただかれらにあっては、前者の傾向が主流をなしており、後者はむしろやむをえざる悪としてみられるにすぎないのである。さきにあげた自小作において農家経済余剰が最大になるという数字も、このような自小作のすぐれて自己搾取的な性質の結果として読みとらなければならないであろう」[193]と総括している。またB群についてはこの群の小作のばあいには……A群の自小作にたいする評価がある程度あてはまるのであって、かれらは兼業をなお不可欠なものとはしているが、A群の小作のように飯米農家化する傾向はみられず、むしろ農民的に上昇しようとする努力を強くしている。しかし自作、自小作になると兼業収入は、もはやA群にみられたような喫緊の、いわばかれらの存立条件を左右するほどの重大なものではなくなっている。かれらにとって兼業の必要は、農業労働の季節的繁閑を調節し、経営全体としての能率を高めるという第二義的なものか、あるいは農業内部に蓄積された剰余を農業外に投資するためのものとしてあらわれてくるのである。そしてA群の小作とは反対の方向においてであるが、かれらも、とくにその自作は脱農民化への傾向を強めている。それはいわば日本の農業経営としては、ほぼ昇りつめた姿をしめしているのであり、それ以上の上昇はかれらを非農民化、有産階級化する以外にないというところに到達しているのである[194]」とむすんでいる。

(193) 前掲書、一一〇～一一一ページ。

(194) 同、一一一～一一二ページ。

こうして大内はAB両群の自小作別農家の性格と運動方向を簡潔につぎのようにまとめている。すなわち、A群の自作は一方では「商業的農業の拡大」、他方では「下級サラリーマン化」、同小作は日傭い、出稼ぎの飯米農家化、同自小作は一方では「自己搾取的自作農化傾向」をもち、これが主流であり、他方では日傭い、出稼ぎ、小作農化である。B群では小作はA群の自小作のような農民的上昇力をもち、自小作、自作の兼業化は「二義的」なものであり、自作は有産階級に横すべりをしている、としている。各層の性格規定と運動方向の指摘はおよそ適確である。ただ私としてはことにA群のような経営土地の小さい農家やB群の小作農にあっては自家労働を投下しうるあらゆる機会を自家農業内外に求めてゆくという小生産者的行動パターンがあることを重視すべきであると思う。兼業もたんに第二義的というよりは蓄財の一環としてかれらにとっては重要な行為というべきなのである。ドイツよりさらに後進的資本主義として出発した国としては、農業の発展が小生産者的枠組みを破砕できなかったことの根拠を問うことのほうが重要であると考える。大内のここでの分析は農民各層の性格と分解の方向を規定したのであるが、その運動が成立する根拠はかならずしもしめされてはいない。つまりいいかえるならば、中農標準化傾向と農民層の分解との関係が明確ではないということである。中農標準化傾向が農民層分解の一形態であるならば、分解層はどの層で上層、下層はどこかが判然としていないのである。

三　農民層の両極分解としての中農標準化傾向

中農標準化傾向とはじつは農民層の両極分解の一形態であると考えられる。その根拠の解明には詳細な分析が必要とされるであろうからここでおこなうわけにはゆかない。だがその基本的な論点は提起しうる。すなわち**第6表**「農業所得水準と兼業所得水準の比較」によれば、A群においてもB郡においても家族総労働にしめる農業と兼業との割合と総所得にしめる農業と兼業との割合が驚くほど似通っていることがわかる。とくにA群では労働における割合が農業八割にたいして兼業が二割であるが、所得においても大体同じ割合である。B群においては農業と兼業との割合比率では自小作別に多少バラつきがあって、自作では農業の割合が多少高く、小作では兼業の割合が相対的に高い。けれども自作、自小作、小作の各層では総労働における農業と兼業の比率と総所得における農業と兼業との比率は大体同じになっている。しかしA群に典型的に現われているように農業と兼業との比率が労働においても所得においても大体同じになっているということは重要である。すなわちそれは一労働日当たりの所得が自家農業においても兼業においても大体同水準であることをいみしている。この点は事実、**第7表**「10時間労働当たり農業所得と兼業所得」をみても一〇時間当たり所得は兼業所得のほうがいくらか高いが大体同じような高さになっている。まえの表にもどるが、B群では経営面畡が大きいことによって、労働でも所得でも農業の比率が高くなっているのであり、自作、小作間のとくに農業所得格差が大きいのは自作地地代の格差によるとみていいであろう。その点ではA群自作の農業労働所得がいわば突出しているのも自作地地代のためであろう。

以上の事実はなにを意味するのであろうか。大筋をしめすということであれば、一農業労働日所得＝一兼業労働日所得＝一労働日所得＝一日当たり農家家族生活費＝一労働日当たり農民のVということである。このVはたとえば自

第６表　農業所得水準と兼業所得水準の比較

		農業労働（時間）	兼業労働（時間）	計（時間）	農業所得（円）	兼業所得（円）	計（円）
A群	自　作	4616 (87.7)	646 (12.3)	5262 (100)	638 (84.3)	119 (15.7)	757 (100)
	自小作	5367 (79.4)	1393 (20.6)	6760 (100)	533 (79.4)	138 (20.6)	671 (100)
	小　作	4294 (79.0)	1140 (21.0)	5434 (100)	389 (71.6)	154 (28.4)	543 (100)
B群	自　作	5743 (88.5)	746 (11.5)	6489 (100)	938 (87.4)	135 (12.6)	1073 (100)
	自小作	5430 (86.5)	849 (13.5)	6279 (100)	836 (86.8)	127 (13.2)	963 (100)
	小　作	6073 (82.0)	1331 (18.0)	7404 (100)	659 (81.6)	149 (18.4)	808 (100)

注）前掲『農家経済調査報告』による。1936 年。

第７表　10 時間労働当たり農業所得と兼業所得

（円）

		農業所得（円）	家族農業労働時間（時）	同 10 時間当たり所得（円）	兼業所得（円）	兼業労働時間（時）	同 10 時間当たり所得（円）
A群	自　作	638	4616	1.38	119	646	1.84
	自小作	533	5367	0.99	138	1393	0.99
	小　作	389	4294	0.91	154	1140	1.53
B群	自　作	938	6653	1.41	135	746	1.81
	自小作	836	6402	1.31	127	849	1.50
	小　作	659	6477	1.02	140	1331	1.12

注）前掲『農家経済調査報告』による。1936 年。
家族農業労働時間は実数である。

家農業で年間二〇〇日働いて（あとは農閑期）一年間生活しうるといったものではなく、はしょっていえば一日労働して一日の生活費がえられるといった意味でのVである。その生活費が農業所得でも兼業所得でも一日当たりではほぼ同じていどなのである。農民の兼業所得水準が自家農業と同様に一日兼業労働にでて一日分の生活費がえられるにすぎないという低水準になっているのである。つまり

第8表　家族1人当たり家計費

		家族員数（人）	農業従業者数（人）	家計費（円）	1人当たり家計費（円）
A群	自　作	5.24	3.04	751	143
	自小作	5.08	3.14	621	122
	小　作	5.71	3.15	533	93
B群	自　作	7.02	4.10	879	125
	自小作	6.91	4.00	826	120
	小　作	6.84	4.03	741	108

注）前掲『農家経済調査報告』による。1936年。

第9表　土地生産性と労働生産性

		耕作地（反）（A）	農業収入（円）（B）	農業労働時間（時）（C）	土地生産性（円）B/A	労働生産性（円）B/C
A群	自　作	8.6	959	4807	112	2.00
	自小作	9.1	932	5464	102	1.71
	小　作	8.3	823	4224	99	1.95
B群	自　作	14.6	1374	6962	94	1.97
	自小作	14.6	1437	6797	98	2.11
	小　作	14.4	1341	6649	93	2.02

注）前掲『農家経済調査報告』による。1936年。
農業労働時間は農家家族世帯員と雇用労働の農業労働時間の計。

農閑期に行われる農家の兼業が日雇的兼業であることを基礎として自家農業労働の評価が一日当たり労働の評価として規定されるのである。

A群とB群とでは経営規模が異なるが、そのかわり**第8表**「家族1人当たり家計費」にあるように家族員数がB群の方が一人以上多いが、一人当たり家計費はA群農家より低い。家計費は家族数が増えると増加するが一人当たりには逓減的になる性質がある。しかしそれにしても生活水準にはそれほど大きな差はないか、もしくはむしろB群のほうが低いというべきであろう。ただB群農家には余剰の蓄積力が大きいという特質があるとみるべきであろう。ただ**第9表**「土地生産性と労働生産性」にあるように、A群農家はB群農家にくらべて土地生産力に優れているが、労働生産力では劣っている。それにたいしてB群農家はちょうど逆に労働生産力で優れて土地生産力で劣っている。B群は発展力のある小商品生産者であって、A群は衰退しつつある、あるいは上層と下層との両極に分解しつつある不安定な小生産者であるといっていいであろう。それ自体は過剰人口的農民なのである。そのなかにあってA群でもB群でも自小作の支払反当小作料がいちばん高くなっているのは**第10表**「自小作農別反当小作料」がしめすとおりであって、それは宇野がいうように自小作が自作、小作より農民的発展の意欲が強いことをしめしているものといっていいであろう。[195]以上の事実のうち七～八反経営のA群農家が上下に分解しているという想定は重要ないみをもっている。従来日本の戦前期の農民層分解が中農または小農標準化傾向をもつといわれたが、これが両極分解を意味するのか、それとも中農に集中化するのか、学界でかならずしも明確にはされてこなかった。むしろ後者のように考えられてきた。そうだとすればそれは分解とはいえない。私はさきに示唆したはずであるが、小農標準化傾向とは農業経営規模としては〇・五～一町層が一～二町層の自作または自小作小農と、〇・五町未満層の二兼農家とへ分解することをいみするとみている。小農標準化とはその上向運動が経営としては一～二町層の小農に向っての運動であって、そこで止まって、あとは地主化して農業生産の外部にでることをいみするのである。下向運動も経営としては二兼〇・五反未満層どまりであって、そのさきは賃銀労働者として農業の外部に出てしまうのである。まことにリリパット的分解なのである。さきの〇・五～一町層のA群農家は、とくにその自小作農はまさに分階層であったのであり、一～二町層のB群農家は上層に析出された上層農家だったのである。そしてそれ以上の階層は地主化して農業生産

第10表　自小作農別反当小作料

		小作地			小作料	反当小作料
		田（反）	畑（反）	計（反）	（円）	（円）
A群	自　作	3	1	5	14	2.8
	自小作	40	9	49	159	3.2
	小　作	66	14	81	240	3.9
B群	自　作	3	2	5	14	2.8
	自小作	53	16	69	202	2.9
	小　作	102	30	132	370	2.8

注）前掲『農家経済調査報告』による。1936年。

担当者ではなくなるのである。

(195) 宇野弘蔵は「自小作農形態の特殊性」という論文のなかで、「多かれ少かれ自作地を所有する自作兼小作農がある程度までは高い小作料にしてもこれを支払って自家労力を十分に使用し得る経営面咳を獲得しようというのは当然であって、これが小作農家にとって不当に高い小作料となることもあり得るのではないであろうか」(前掲、『宇野弘蔵著作集』⑧、四六ページ)といっている。この文章が所在する論文は一九四五年一一月に発表されたものであるが、『宇野弘蔵著作集』別巻に収録されている「未定稿Ⅱ」の「農家の構成」は斉藤晴造の解説によれば、一九四六年にかかれたものと考えられるという。実際それは自小作農の特殊性をより具体的に明らかにしたものとなっている。その結論部分には小商品生産者としてのもっとも発展した特質を明らかにしている。こういっている「自小作農はいうまでもなく自己の所有地に小作地を加えて農業経営をなすものであって、小作地の借入れは単純に企業家的立場において行われるものではない。それは自家労働力のいわゆる完全燃焼を基準としての借入れであると同時に経営耕地に対する所有の解放を目標とするものである。我が国農業の家族労作経営の根本は実にこの点にある。自作農がその発展の道を地主的経済に求め、農家としては往々にしてその積極性を失い勝ちとなり、小作農が地主に対してしばしば貧農的地位を強制せられる傾向にあることは、自小作農のこの農家としての積極的競争に圧倒せられるからに外ならない。商品経済を基礎とする自小作農経営の競争は、一面では家族労働の極端なる強化による生産物価格を通して、他面では自作地の援護による小作地の争奪によって、自作農、小作農にとって極度の負担を強いるのである。総耕地面積の半ば以上を経営し、農家戸数の四割五分にも達する自小作農は、その家族労作経営を以て、我が国農業に単なる生計のための経営でもなければ、また利潤のための経営でもない、一種独特の家族的経営様式を確立して来たのである。それは極度に家族的消費を節約し、また家族労働を強化するということに基礎を置くものである」(前掲『著作集』別巻、四七九～四八〇ページ)と。ここに登場する一～二町自小作家族経営は増加しつつある農業生産経営としては最高の経営であって、「経営耕地に対する所有の解放」とは自作地の地代部分の一部を借入地地代に上乗せするといういみである。そうまでして家族労動力の完全燃焼ができるように小作地をとりいれて経営地の拡大をしようとするわけである。事実われわれがすでにみたように自小作農の借入地小作料は最高だったのである（**第11表**「自小作農別小作料」をみられたい）。

こうして戦前期の農民は農閑期には賃労働兼業にでるか、炭焼きなどの兼業生産物の生産をとりいれるか、そうしたことをせざるをえないのである。その点では封建時代の農民が農業のかたわら家庭工業にも携わっていたことと同じである。ただ資本主義のもとでは家庭工業は少なくなって、賃労働兼業が多くなったわけである。そうした兼業ができないばあいには生活の仕方を極度におとさざるをえない。また生活の仕方をおとせば何とかなりうるのも、賃銀労働者とは異なる小生産者の特徴であろう。賃労働兼業にでていく点が封建時代の農民と大きく異なる点であろうが、農業以外の稼ぎもしなければならないことは共通しているのである。

こういうわけで多角的農業経営とか大規模農業経営とか、あるいは地主自作経営などをのぞけば大半の農民にあっては農業も兼業もその所得はそれに従事した労働日分の生活費しか保証しなかった。したがって日本の農民の大半をしめる水田単作地帯の農民は、農閑期には兼業労働にでざるをえなかったのである。そのことは小農民が小農民として農業を徹底的に商品経済的に経営することは無理であることをしめしている。いいかえれば農民の生産する農産物の価格は兼業労働をとりこむことを前提にして形成されていることをいみしている。ところがここでの大内は農民の自家農業労働の問題を兼業労働を抜きに論じうるものとして兼業問題を二次的な意味しかもたないものとしているの

第11表　自小作農別小作料と地租

（円）

		不生産的経費の計	小作料	諸負担	うち地租	小作料＋地租
A群	自　作	91	14	54	27	41
	自小作	214	159	28	11	170
	小　作	265	240	11	2	251
B群	自　作	128	14	79	44	58
	自小作	294	202	52	23	225
	小　作	423	370	18	4	374

注）前掲『農家経済調査報告』による。1936年。

1）不生産的経費とは負債利子、諸負担、小作料、賃借料、販売費、その他よりなる。

2）地租には、国税として、田税、畑税、宅地税、その他地税よりなる。府県税、市町村税にはそれぞれ地租付加税がある。ここの地租はその合計である。

である。けれどもさきにみたように農産物価格が農業労働一日当たりに形成する価値が不変資本部分とか地代とかをのぞいていえば、一日分の生活費（V）にしか当たらないということを基礎にして形成されるものとすれば、そして年間労働日のすべてを農業に投下することができないで、かつその所得がその投下労働日の生活しか保障しえないものであるかぎりは、残余の生活費は原則として兼業労働所得をもって賄うほかはないということになるのである。それは農閑期兼業労働を前提にして農業労働の価値形成力が規定されていることによるのである。それはおそらく試行錯誤のうちにそうなったはずである。以上はA群農家のばあいであって、そこでは一日あたり農業労働所得が一日あたり兼業労働所得より大きくなりえた農家は上昇しB群農家に転化する。小さいばあいには一段下の〇・五反以下層に転化して賃労働者的性格を強くする。B群農家、とくにその自作、自小作のばあいは兼業所得が仮になくても、年間生活が可能であった。しかし農閑期がある以上は小生産者としては兼業機会があるならば兼業に従事しない理由はない。小生産者としてあらゆる機会を利用するはずである。またそういうような自己労働力の使い方は小生産者しかできないのである。しかしその経済的行動の選択幅を大きくなしうるにはみずからの生活を最低限保証するだけの土地の所有者でなければならないであろう。もちろん土地所有には国家をはじめとして府県、市町村から地租を徴収される。しかしその地租総額は第11表「自小作農別小作料と地租」にあるように借地農の小作料にくらべるならば、その一割ていどである。小作料がいかに高いものであったことがうかがれるのであるが、それはそれで商品経済的運動の結果なのである。しかしそれを規定していたのはたんに小作農の土地借地競争の結果によるわけではない。その競争を小作農に強いた日本資本主義の後発国的性格に由来する過剰人口圧力を下地にして、さらに帝国主義段階への転化によって、いわば構造化された過剰人口的圧力がその基底に存在していたのである。

四　農業問題解決策としての「発展の法則」

過剰人口的圧力は帝国主義段階に入ると変化はしないのだろうか。すでに世界の有力資本主義諸国が十九世紀末以来帝国主義段階に突入してから優に一世紀以上を閲している。今日のわれわれにとっては第二次世界大戦後の一九五〇年代後半からの資本主義の高度成長は優に半世紀以上を閲している。帝国主義段階＝低成長とのみ規定することはできなくなっている。考えてみると帝国主義段階とは自由主義段階を離れることを意味しているのであって、離れ方にはいろいろあっても不思議はない。今や大戦争という大破壊そのものが「人為的」生産関係の変革を意味している時代である。その生産関係の大変革が意図せざる生産力の高度成長をもたらしたのであって、こういうことも帝国主義段階には十分ありうることなのであった。帝国主義段階とは自由主義段階から離間するということなのであって、離れ方には戦争と平和ということもありうるのである。

日本農業が日本資本主義の成立・発展期に資本家的発展をなしえなかったのは日本資本主義がドイツよりさらに後進国的な成立を余儀なくされたからにほかならなった。明治末期まではそれでもきわめて弱いかたちで方向としては農民層の資本主義的に正常な両極分解の発生をみたのであった。しかし帝国主義段階に特有ないわゆる中農標準化傾向は明治末期から現われはじめ、とくに第一次大戦後にいたって明確にみられるようになった。その中心をなすのはこれまでみてきたような小商品生産農民としての資本主義的対応であった。中農標準化傾向という農民層分解の特殊に矮小化された形態もその資本主義の発展の問題と関係がある。だが第二次世界大戦後には世界の有力資本主義諸国では農民層の分解も大きく変わることになる。佐伯尚美は「現代資本主義の下で、農民層分解にも再び大きな変貌が訪れることになる。かつて古典的帝国主義段階でみられた中農標準化現象が崩れ、再び新たな形態・性格の両極分化が開始されることがそれである[196]」といったのち、つぎのように日本をふくむ主要資本主義諸国に共通する現象としてとらえた正しい認識を示している。「それは自由主義段階におけるような農業内部における資本主義的経営の発展・拡大を意味するものではけっしてなかった。総農場数の急減にともない、いずれの国においても農場内部は、一部の専業的大経営と残りの大多数の零細兼業経営という二つの階層にますます明瞭に分化しつつある。しかも、この二つの階層はともに農業内部における資本＝賃労働関係とは無縁である。前者は高度の資本装備をもち、その生産規模を一段と拡大してきているものの、その雇用労働への依存はむしろ低下ぎみである。これに対して後者は主として農業外企業に雇用される土地持ち労働者であるが、かつての〝貧農〟イメージとは異なってその生活内容は著しく向上し、いわゆる安定兼業農家化しつつあり、彼等の生活水準は場合によっては上層農家をも上回っている。要するに、一部の企業的家族大経営と大多数の安定兼業経営というのが、先進資本主義国にほぼ共通にみられる農民層分解の方向なのである。こうした新しいタイプの農民層分解をどうとらえるかというのが、現代資本主義の農業問題を理解するキー・ポイントである[197]」といっているのである。

(196) 佐伯、前掲『農業経済学講義』、五七ページ。なおここでは中農標準化を通説と同様に両極分解とみてはいないようなのであって、私の理解とは異なっている。

(197) 佐伯、前掲書、五八～五九ページ。なおここでは上層農はいわば大型小農であるという捉え方をしているが、条件次第では小資本家的経営にもなりうると考えていいのではないかと思われる。

この第二次大戦後の主要資本主義諸国に現れた農民層分解の新たな形をどうとらえたらいいかという問題を考えるとき、宇野が主張してやまない「発展の法則」という考え方が一つの有力な鍵を提供していると思われる。われわれがさきにみたように植民地米の移入にはなにゆえ関税をかけなかったということもこの「発展の法則」にかかわるのであり、日本における農民層の分解がさしあたり明確にブルジョワジーとプロレタリアに両極に分解しないのもその問題にかかわってくるのである。農民の労働は商品としての労働力の使用価値としての労働ではない。資本主義社会においては一面ではたしかにその小生産者の労働力の使用価値が価値を生むという結果をもたらすが、いつも必ずそうなるとはかぎらない。小農の生産物の価格が下がったからといってかならずしも農業への労働の増投をやめるわけではない。労働力が買った商品ではないからである。もちろんその低下も程度問題であるが、自己労働をある程度投下しつづけうるのである。そのために農民の自己労働の価値形成力は低下を避けえないことになるのである。このばあい後進諸国の、あるいは特殊先進国のアメリカの安価な農産物を原則制限抜きに輸入することは国内農民の貧困化を招くものとして、これまで抑制されてきた。しかしこれでは農民の貧しさからの解放はなしえないこともまた事実である。農業の労働生産性をあげるには原則として一戸当たり経営面積を拡大する必要があるが、そのためには土地総面積が一定である以上は農民総数の減少が前提にならざるをえない。そこで発想の転換をして、安価な農産物輸入を制御しつつ敢行して、食糧費を低位に抑えつつ賃銀労働者の雇用を拡大せしめ、工業を発展せしめて、工業製品を後進農業諸国等に輸出して、ますます農民の賃銀労働者化を促進させる。つまり工業製品を輸出して農産物を輸入するという、自己を工業国とし、他を農業国とする関係の実現、これが宇野の「発展の法則」であって、主要資本主義諸国は資本主義発展の段階のいかんを問わず、事実上これまで外的関係を自己に有利に利用して発展してきたのである。後発資本主義諸国がその農業問題を根本的に解決するにはこれしかないのもまた事実なのである。そうしないかぎり農民を莫大な財政資金をもって保護しつつ、それにもかかわらず結局は保護しえずに、しかもかりに保護していても農家数を減少せしめえない以上、結局農業問題を解決することにはならないのである。その解決策が宇野の「発展の法則」説なのである。

第四章　資本主義「発展の法則」と日本農業

第一節　資本主義「発展の法則」

宇野弘蔵に資本主義「発展の法則」という考え方があって、資本主義全体の解明にとっても、またその農業問題の解明にとっても有力な方法を提供している。それは、ごく簡単にいえば、資本主義は工業において発展し、工業製品が農業国に輸出され、農業国からは農産物が輸入される。それに応じて工業国では農村の労働力が工業労働者になって農村を離れ、残存農民一人当たりの平均耕地面積が拡大しうることになり、農業生産力が上昇しうることになって、農業経営規模が拡大して発展する、というものである。それを論じた宇野の論文を発表順にあげると、①「資本主義の成立と農村分解の過程」、一九三五年、『中央公論』、のち『農業問題序論』、一九四七年、改造社に収録、②「我が国農村の封建性」、『改造』、一九四六年、のち前掲『農業問題序論』に収録、③「農業問題序論」、前掲『農業問題序論』に初出、④『日本における農業と資本主義』一九四八年、[共同研究]（討論会記録）、宇野弘蔵・鈴木鴻一郎・大内力・斎藤清造、実業之日本社、⑤「日本資本主義の特殊構造と農業問題」、東畑精一・宇野弘蔵編『日本農業の全貌第四巻　日本資本主義と農業』、一九五九年、岩波書店に所収、である。(1)　このうち④の『日本における農業と資本主義』は座談会の記録なので、ここでとりあげることは省くことにする。こうした論考を通じて資本主義「発展の法則」が、先ず工業にあらわれ、貿易を通じて自国農業がいかに変化するかを明らかにしたい。

（1）④以外は前掲『宇野弘蔵著作集』第八巻・岩波書店に収録されている。

この「発展の法則」が最初に発表されたのが「資本主義の成立と農村分解の過程」においてであった。その要旨をできるだけ原文にそってのべると以下の如くである。「機械的大工業の原料品は一般的には自国の農村によってこれを調達することは出来なかった。海外の植民地乃至農業国によってこれを供給されると共に、これらの諸国にまた分解的に作用し、その機械的大工業の生産物の販路を見出すのである[2]」。これによって「要するに資本家的産業の発展が従業労働者の絶対数を著しく増加することは事実である。そしてまた資本家的産業の発達による剰余価値の消費量の増大もさらに産業の多様化をもたらし、これらの部面の労働者をも増加する[3]」。もちろん労働力商品の量には限りがあるので、雇用増大による労賃騰貴を抑えるために資本は一定の時期に生産力の上昇をもって応える。そのため「機械的大工業によって資本主義の発展を実現した社会は、むしろ一般的に資本の蓄積の異常なる増進にもかかわらず、その価値増殖に対して相対的に過剰なる労働人口を有することとなるのであった[4]」。

（2）『宇野弘蔵著作集』第八巻、二九ページ。
（3）同、同ページ。
（4）同、三〇ページ。

「しからば農業労働者はいかがであったか。イギリスにおける近代的農業は十八世紀の中葉に始まるといわれるが、農業におけるその発展は他の産業部門においてよりもさらに一層労働者の地位を低下するものとして作用した。労働人口は絶対的にも過剰となるのであった。それは勿論、都会の工業と外国移住とにそのはけ口を求めるのであるが、のこった労働者はもはや労働者とはいえないいわゆる被救恤民の地位に堕ちたのである」[5]。こうして「機械的大工業と近代的農業とを両極とする典型的資本主義は、近代的プロレタリアを完成すると同時に他方では多数の僕婢と家内工業労働者とを包括するのであるが、それは種々なる形態の相対的過剰人口を基礎として成立するものであった」[6]。

（5）同、三二ページ。
（6）同、三三ページ。

以上は先進国イギリスのばあいであるが、後進国ドイツのばあいはどうなるのか。「彼ら（フリードリッヒ・リストら――犬塚）の輸入せんとした資本主義はもはや十六、七世紀のイギリスの資本主義ではなかった。産業革命がそのあらゆる社会的影響を及ぼして実現して来た十九世紀の機械的大工業であった」[7]。後進諸国が機械的大工業をもって原始的蓄積を行なうばあいには新たに農村分解を強行しなくても資本主義的生産方法を輸入しうるのであって、「後進諸国がかかる方法によって機械的大工業としての資本主義を輸入する場合には、とくに例えば農産物の輸出が行なわれるというようなことがない限り、他の部面が資本主義化してもその典型的なる発展を見ることは困難である。したがってかかる場合には農村の分解はむしろ他部面の資本主義化による資本主義的商品経済を通じて行われるのが普通である。『多数の民衆を突如として強行的に生活資料から分離しこれを放れたるプロレタリアとして労働市場に投ぜしめる』過程の代償として、これらの国々はそのまま残されたる旧生産方法と土地所有関係との漸次的なる跛行的関係の発展として現われる資本主義経済の侵入によって苦しまなければならない」[8]。しかしこの過渡的形態はその解決を困難化するのであるが、それは資本家的生産方法の発展と全然異なった方向への解決ではない。「かくて農業におけるかかる状態は、後進諸国の工業における資本主義の単なる未発達の問題ではない。機械的大工業をもって始まる資本主義は、それ自身に特有なる人口法則を展開するものであって、農村の強力的分解による過剰人口を工業に吸収するという典型的機構を有していない」[9]のであって、農村に多くの農民を残したまま工業は発展する。「勿論、資本主義の発展による農村分解は工業都市への人口の集中をもたらし、工業部門の多様なる発展はこれを必要とする」[10]のであるが、農村において行なわれる産業予備軍の形成のされ方がイギリスとは異なるのである。ドイツ資本主義は資本主義の形成期を短期的に省略し、いきなり産業資本をもって成立することになった。いきなり資本構成の比較的高い段階から開始されたので農民の大半を賃銀労働者に転化する必要はなかった。この点が資本主義の祖国イギリスと決定的に異なるところであった。「その最も著しい形態は、農村の子女が代表的産業への労働者として供給される点に現れている。これもまた資本主義の発展に伴う商業、交通等の発達によってこの部面に吸収される農村人口を無視するわけではない。また特に重工業の発達により成年男子の労働者が必要とされ供給される点を軽視するのでもない。さらになお後進諸国にしてもその発展の時期を異にし、農村分解の過程を異にするに従ってこれらの点が異って現われることはいうまでもない[11]」。資本主義的生産においては「従来の需要量の生産に対して極めて少数の労働者をもって充分なのであって、その生産額はこれを超過して異常な増加を示すのである。勿論、資本家的生産の発展はその生産能力の増進によって国内の需要をも非常に増大せしめるのであるが、農村の分解の不徹底はその制限として作用し、これらの産業の発展はかくして直ちに外国市場を必要とすることとなる。そして外国市場における競争能力は結局その発展の程度に従ってまた労働者の吸収能力を制限するのである[12]」。

(7) 同、三四ページ。
(8) 同、三四〜三五ページ。
(9) 同、三五ページ。
(10) 同、同ページ。
(11) 同、同ページ。
(12) 同、三六〜三七ページ。

後進国は「先進国の資本主義に圧迫されて、急速に資本主義化するために大規模の資本家的工業に政治的に有力な保護を必要としたのであって、両者の関係は同じ保護政策にしてもイギリスの十七、八世紀と著しく異なったものがある。保護関税が育成関税と名づけられ得る点に資本家の国家権力に対する関係が現われている」[13]。「ただしかし農業と工業のごとき対立においては先進国イギリスが示しているようにその食料品、原料品の決定的輸入によって資本主義的に再生産過程が確立され得る点を注意しなければならない」[14]と宇野はいう。「工業をもって農業に代える法」をもって農業もまた資本家的生産を確立することになるという意味である。「後進諸国が資本家的生産方法を採用した方法は、保護政策の背後に行われた株式制度を利用する資本の集中によってイギリス資本主義に追付くことにあった。この方法がもたらした資本主義はしかしたちまちにして資本の形態そのものを変質せしめることとなった。いわゆる金融資本は産業的にはむしろこれらの後進諸国にとってその資本主義確立の最も有力なる手段となったのであるが、——このことが資本主義発展の必然的結果としての金融資本を否定するものではないことは言うまでもない——この新たなる資本形態は各国の資本主義勢力の各々の集中によって政治的には国民国家に新たなる中心点を形成するのであった。国家主義が新たなる内容をもって主張されなければならなかった。分解の過程にあった農村は政治的に極めて重要なる意義をもつと同時にこの分解過程はいかにかして阻止されなければならなかった。資本主義の下に農業と工業とを国家的に統一するという経済的にはかかる国民国家にとってほとんど不可能なる問題が政治的には絶対的に必要なるものになって来たのである」[15]。

(13) 同、三八ページ。

(14) 同、同ページ。
(15) 同、三九ページ。

だがここら辺当たりからの宇野の論述の仕方は微妙に変わってきている。後進諸国における農業関税による自国農業保護は政策としては当然でてくるが、その背後にいわば不純な意図が隠されていることを暗示しているのである。「農業関税が農業労働者は勿論小農にとっても決して有利なるものとはいえなかったにもかかわらず、絶対的に必要なるものと考えられるようになった[16]」とか、その農業保護政策は「帝国主義的目的のためにすでに進行しつつあったこの分解過程を阻止する方向にも利用されねばならなかった[17]」といったような、その必然性を問うような言い方をしているのである。こういっている。この農業保護政策が「農村の政治的獲得の点において不成功のものとはいえないであろうが、経済的にはその進化を妨害するものとして作用したことは否定できない[18]」というのである。資本主義においては結局は農民層は正常な形で分解する、というのが宇野の考えなのである。

(16) 同、三九ページ。
(17) 同、同ページ。
(18) 同、四〇ページ。

しかし実際は農民層の分解が阻害されるような政策がとられることになる。「後進諸国は、すでに完成せる機械的大工業を輸入することによって、その農村の分解を資本家的商品経済のいわば側圧によってなし崩し的に行うものとして資本主義化の過程に入り、政策もまた多かれ少かれこれに対立して主張されることとなったのであるが、その発展はたちまちにして上述のごとき（分解を阻害するという――犬塚）転換を強制されるのであった[19]」といい、さらにつづけて「もっともドイツはなお六〇年代より七〇年代へかけての資本主義の異常の発展によって実質的にこの転換の基礎が与えられたのに反してわが国のごとき場合にはこの転換と資本主義の成立自身とがある程度まで重なり合い、いわばかかる転換の内部的準備なくしてこれを最初から強制されることとなるのであって、いわゆる低賃銀を利用して外国市場における競争にその発展を求めなければならなかった[20]」。こうして農業もまた長期的にみれば資本主義化の方向をたどらざるをえないわけである。「かくて後進諸国においても、資本の拡大投資がかかる基礎条件として要求する国内の再生産過程を通して農村の分解を進めるわけであって、それは必ずしも積極的に農村の資本主義的大経営化としてではない。ことに穀物その他の直接消費資料の生産部面として残った農業はしばしば旧形態のまま資本主義的再生産過程に役立ちつつ資本主義によって支配的に侵入を受けるのである。勿論、この過程において農民のプロレタリア化は典型的形態としてではないが、漸次進行する。ドイツのごときは……外国の穀物の輸入がこの過程を著しく促進し、かかる経営の新たなる転換をも強制したのであった。わが国でもかかる過程が全然否定されているわけではない[21]」。以上のことは「発展の法則」としてまとめられる。すなわち「かくて後進諸国の資本主義の成立は、その必然的前提となるべき農村の分解を一部的にはむしろその発展の結果として、種々なる形を通して政策によって或いは促進的に或いは停滞的に一般的には慢性的過程として実現してゆく、勿論それぞれ特殊の国においてこの過程自身は特殊の形態をとるのであるが、しかしそれは資本主義そのものがおのおの特殊の法則によって発展するという意味にとってはならない。資本主義はイギリスにおいても戦前のロシア、ドイツにおいてもまた日本においても同様なる発展の法則をもって発達するのであって、それが阻害され歪曲されるところに各国の特殊性があるに過ぎない。また実際かくなければ、これを経済学的に分析することは不可能であり無益であるであろう[22]」。

(19) 同、四〇ページ。
(20) 同、同ページ。
(21) 同、四一ページ
(22) 同、同ページ。

宇野がこの論文で明らかにしたことは宇野の言葉でいえばつぎのことであった。「後進諸国が資本主義化を開始したときイギリスの資本主義そのものは……そのメダルの裏を明かにしていた。しかし後進諸国にとっては外面的にはこの方法を輸入しない限り資本主義国の農業国となってその分解を受けなければならなかったのであって、それは善いことか悪いことかの問題ではなかった。それかといってこれを学校教師ふうにその短所を棄てて長所をのみとるということは許されなかった。また内面的にもかかる輸入をなし得る国として多かれ少かれすでにその準備を有していたのであって、それは旧社会の崩壊と同様の必然性でもあった。それと同時にその移植はそれぞれ特殊の形態もってしばしば顚倒されたる順序をもって行われ、農村の分解はその最も極端なる形態を強制されるのであった。……もとよりわれわれはここでは日本資本主義の特殊形態を究明しようというのではなかった。むしろその前提として一般に後進国としての規定を明らかにすることが目的であった。それは資本主義が種々なる歪曲を受けながらも自己の発展法則をを貫徹するものであるということを理解するために、必ず先ずなされなければならないからである[23]」というのである。かくてすべての資本主義諸国では、そしてその全時代を通じて「発展の法則」は貫徹するのである。

(23) 同、四一～四二ページ。

つぎに「わが国農村の封建制」から「発展の法則」を明らかにしたいが、その前にさきの宇野論文一覧に掲げなかった「自小作農形態の特殊性」に一言触れておきたい。これも宇野独特の自小作農観であって、日本の零細自作農が小作地を追加しつつ経営を拡大してゆくものとしての自小作農ではなくて、家族労働力で経営可能な最高の規模まで経営を拡大することが目的であって、借地地代の性格もそれによって規定される、という意味での自小作農規定なのである。その点だけをここで明らかにしておきたい。こういっている。「少くとも小作地と共に自作地を耕作するという自小作農家にとって、小作料を現物で納めるということはなんらの矛盾でもない。ことにこれらの自小作農にとっては小作地の経営は、いうまでもなくこれを永久的に小作地として経営しようという動機で行われるものではない。多少とも余力を得ればこれを自作地として獲得するということが念願である。いいかえれば決して単なる企業家的立場から借入れたものではない。自作農への発展が、ほとんど外部からの想像を許さない程の過度の労働の強化の動力ともなっているのである。この点に自小作農の自作農に対する生産物価格における競争を認めることが出来ると共に物納小作料の根拠も理解し得られると思う[24]」といっている。原論の法則性が、原論には存在しない小農のもとにあっては歪められるといっているのである。

(24) 宇野著作集⑧、四八ページ。

さて「わが国農村の封建制」をとりあげよう。「従来のわが国政治の専制的傾向は、この農村の封建性を基盤とするものともいえるのであって先ず何よりもこの点が明らかにされなければならない[25]」ということから、この論文は開始される。資本主義は元来商品経済としては極めて合理的な社会機構を有するものであるが、現実の資本主義的商品経済は決して直ちにこれに応ずるものではない。「しかしそれだけにまた商品経済的に合理的解決が与えられれば、必然的力をもって動くのである。いい換えれば商品の価値法則をもって全機構が貫徹されている[26]」資本主義が成立しうるためには土地と労働力とに商品形態が与えられなければならないが、たんにそれだけでは資本主義の合理主義に適応しえない。「資本は土地に対しては、地代の形態で、資本主義の実現する剰余価値の一部を与えて妥協し、資本自身の間に生ずる不均衡を排除するという消極的方法を採らざるを得なかったのであるが、労働力に対しては、これに反して、機械的大工業の発達による生産力の発展をもって、出来得る限り労働力を機械によって排除し、いわゆる相対的過剰人口を形成して、いつでも必要に応じて労働力を求め得る基礎をつくったのである[27]」。だが我が国の資本主義はこの前提条件を十分に解決することなくして、その発達を急がなければならなかった。その解決を農村に押しつけてきたわけである。そのときすでに西欧資本主義諸国ではその問題はすでに解決されていた。「わが国は、先進国イギリスに発達した機械制大工業をそのまま輸入して、資本主義的生産を開始することによって、イギリスがやったように、土地をその直接の生産者から強力的に分解して農業をも含む資本家的生産を展開する基礎をつくる必要もなければ、またこれに対応して大工業の発展に必要な相対的過剰人口を都市に準備しておく必要もなかった。農村が両者を共に引受けたのである。すなわち都市における資本主義的大企業の発達に対して、農村は従来のままの小農経営を存続しながら少くともその青年子女を資本の要求に応じて都市の大工業に提供するといった関係を展開してきたのである」[28]。もともと商品経済は共同体の内部から発生したのではなく、共同体と共同体の間から発生したものである。したがってそれは共同体間の生産力の差を外的に利用してこそ発展するという反共同体的性格を本来もっているのである。

(25) 同、五三ページ。
(26) 同、五三ページ。
(27) 同、五四ページ。
(28) 同、五四〜五五ページ。

「小農経営は、農民自身がいわば土地に所有される封建的関係か、あるいはまた農民自身が土地を所有するいわゆる自営農民たるか、いずれにしても土地と生産者との直接的結合を前提とするものであって、借地関係は決してその本来的形態ではないのである。借地関係はむしろ企業家的性格をもつものであって、雇用労働を基礎として始めてその合理的根拠を得るのである。わが国農村は、かくして都市における資本主義的経済の発展と共に極めて困難なる種々なる問題を背負わなければならなかった。それは資本主義がみずからに課されたる問題を解決することなくして発展するための犠牲に外ならなかった」[29]。日本は確かに明治維新で政治制度としての封建制度は原則的に否定されたが社会関係のなかには、ことに第二次大戦前では小農民的農業で営まれている農村ではとくに封建的慣行が広く残っていた。戦後は反封建的政治運動によって大分減退したが、全くなくなったわけではない。それは小生産者社会そのもののなかに、相互扶助関係と競争的関係という相反する社会関係が存在するからである。またそれなるがゆえに諸歴史社会を通して付属的社会として存続しえたのである。「半ば自給的な、半ば商品経済的な小農経営の農家としては、封建的思想・感情乃至慣行の残存することを避けるのは、極めて困難なことといわなければならない。それは新たなる思想・感情を育成し、旧来の慣行に代位すべき社会関係を展開する基礎となる、社会的労働形態を発展せしめる積極的契機を与えられていないからである」[30]と宇野はいう。

(29) 同、五五ページ。
(30) 同、五九ページ。

戦前の地主小作関係において極度の貧困を強いられた小作農自身が地主とのいわば身分の違いによるものと考えざるを得なかったことは事実であろう。しかしこの事態を客観的に解明することを自己の任務と考えるものまでがそう認識したということは、ヒューマニズムに藉口した言い訳であろう。それは当時の日本資本主義自身が作り出した事態なのであって、農民にたいする農外の雇用関係が開けるならば、解消しうるものであった。しかし戦前のようなあいには農民にたいする農外雇用関係が長期にわたって必ずしも拡大するとはいえないということは、ありうるのである。「家族労働を基調とする小農経営は、みずから封建的性質を脱却し得ないと同時に、地主自身にも封建的性格を保持せしめるものである。実際またわが国農村の封建性は、封建的大地主によるというよりも、小作農と直接に交渉のある中小地主によって維持されている。それは制度としての封建性ではなく、思想・感情乃至慣行としての封建性として当然のことであるが、これがまた資本主義制度の要求する社会関係を歪曲して、一種の第二次的制度ともいうべきものを展開する基調となることを見逃すことは出来ない。しかしこの場合には封建的支配関係による上からの規定ではなく、小農と中小地主との関係を基礎として、むしろ逆に下からの影響とも認むべきものが支配する。いい換えれば小農自身が保有する封建性が、中小地主、大地主、資本家をして封建的性格を保持せしめ、一般的に政治関係そのものにも及ぶものといえる[31]」。この論文が発表されたのは一九四六年五月であって、自作農創設特別措置法が成立したのは一九四六年一〇月であった。したがって実際に行なわれた農地改革は日本農業の単なる封建的性格の否定を超えた資本主義のいわば一種の体制を越えた国家独占資本主義的政策であったことには宇野はまだ明確に規定しえなかったといっていい。だが、国家独占資本主義なるものが政策をもっていわば資本家的商品経済化を強化拡大する性格をもつものとすれば、その事態をある程度予見していたともいえるのである。この論文はつぎの文で終わっている。「農村民主化の過程」は「わが国資本主義が単に製造工業に留まらず運輸その他のいわゆる公共的性質を有する部面にまで顕著なる発展を遂げ、有業人口構成に今後大なる変化でも実現されれば、この問題もおのずから解決されるものといえる。また外国穀物の輸入が増進され、従来のごとく農業保護に藉口してこれを阻止するがごとき政策が行われなければ、これもまた問題の解決となるものといえるであろうが、その場合には人口問題に難点残すこととなる。いずれにしてもわが国資本主義自身の発展のいかんによって決定されることはいうまでもない。それはこの問題自身が日本資本主義の特殊性によって発生したものといえるからである[32]」。すなわち「工業をもって農業にかえる」という資本主義「発展の法則」によって解決されうるというのである。人口問題もその過程のうちに解決されるというわけである。

(31) 同、六〇ページ。
(32) 同、六二ページ。

第二節　資本主義の農業問題

宇野の『農業問題序論』は後進国の農業問題をとりあげているが事実上は当然のことながら、後進資本主義でなにゆえ農業問題が生ずるのかを論じているのである。資本主義の発展は、とくに工業においてその一般的基礎をえたのであるが、その工業は元来は農業と直接結合されてきたものを、先ず農業から分離し、独立させることから開始されたと宇野は説く[33]。貨幣財産としてあらわれた資本が土地を主要な生産手段とする農業を直ちには支配することはできなかった。資本主義なるものが工業から出発したことは重要である。その結果は、第一に農業がその生産関係をもってその社会を決定的に支配するものとはいえないものになった。一面では土地所有関係が基本的社会関係たる位置を失うとともに、他面ではこの土地所有関係がまた資本にとって容易に処理できないものたることが明らかになる。第二に、農業生産の技術的に特殊な性質にも規定されて農業における資本家的生産は労働人口にたいして困難な問題を残すことになった。農業労働力は農閑期に過剰になり、農繁期には過小になる。

(33) 以下とくにことわらない限りは、宇野弘蔵著作集、⑧、一一～二一ページからの引用であって、いちいちあげないことにする。

第三に、資本の蓄積に伴って生ずる労働人口にたいする需要の変動は農業においてはたんに相対的に減少するだけでなく、工業におけるようにヨリ大なる需要の増加によって吸収されないために、絶対的に減少する傾向を示した。農村は常に都市工業にたいする無産労働者の供給源をなしたのである。第四に、「十九世紀中葉の『世界の工場』としてのイギリスは、大陸諸国を農業国にすることによって実現せられたのである。さらにまたこれらの諸国が工業国化した十九世紀後半には、世界的に植民地的農業国がその農産物をもってこれを補充したのである。われわれはかかる過程の内に資本主義の発展が、農業自身をいかに処理して来たかを知ることが出来る。それは決して資本主義の内部における根本的解決を与えるものではなかった」。そして「工業における資本主義の発展と共に、農業もまたその工業を失うことによってその旧来の社会関係を維持し得ないものとして、むしろ資本主義の発展に即応した変化を示さざるを得なかったのである」。資本主義的工業は、その国内に農産物を十分にえられなければ、国外にこれを求めて発展することになんらの困難を有しない。「実際また一般的にいって国内工業の発展は外国農産物の輸入を必至とするのであった」。イギリスの羊毛工業が問屋制度ないしマニュファクチュア制の下にあっては国内に羊毛を生産しうることがその発展の有力な根拠になったのに反し、機械工業のもとに発展した綿工業はその原料を外国に求めたのには必然性があったのである。綿工業製品を原料国に輸出することによって綿工業が一層発展しうるからである。

「農業と結合せられた工業を失った農村が、その生産物の少くとも一部分を商品化せざるを得ないのは当然であるが、商品経済のかかる侵入は農業の生産力を増進しながら、市場への依存によってその独立性と安定性とを喪失せしめる。したがって小農的経営は、単にその点だけでも、結局経営困難に陥らざるを得ない。それがまた資本家的経営にとっても価格の不利なる低落を不可避的にするのである。その上土地所有関係と労働力の過不足とが、かかる大経営を工業におけるように決定的に有利なるものとしないのであって、資本の集中は制限されざるを得ない」。農業においては「大経営の支配的地位が確保されないという事実は、農業自身における資本主義が工業の場合と異った事実の下にあることを示すものに外ならない。……国内に残存する小経営と無用の競争をしてまで農業を資本主義化するものではない。いわゆる農業保護政策として採用されるものも、それは多くの場合、農業における資本の利益を根拠とするものではなく、土地所有者の利害関係に基くものに外ならなかった。イギリスの十九世紀前半における穀物関税は明らかにそのことを示している」。

「後進国の資本主義化は、イギリスの繊維工業において完成されたものを輸入したばかりではなかった。新たに鉄工業を中心とするいわゆる重工業をその基礎としたのであって、産業における株式会社制度を極度に利用するものとして行われた。高度の資本の有機的構成を有する産業が、比較的容易に採り入れられたのもそのためであるが、それがまた農村の分解をイギリスのように徹底的に実現することなくして済ますことになった」。日本の農業問題もまさにこの後進資本主義に生じた問題であるが、「わが国の農業問題でも、その根源は、単に農業における生産力と生産関係との矛盾衝突にあるのではない。わが国の小農経営がいかなる生産関係の下にあるかは、農業問題究明の目標であるが、それが簡単に片づかないのは、封建社会と資本主義社会とを分つ基本的な社会関係としてないからである。われわれはそれをいずれかの基本的社会関係に擬制的に解消してもならないが、それかといってそれをまた基本的社会関係と同じ水準のものとして決定的にしてしまうわけにもゆかないが、それかといってそれをまた基本的社会関係と同じ水準のものとして決定的にしてしまうわけにもゆかない。いわゆる型の理論は、この間の事情を無視したものといわざるを得ない[34]」と宇野はいう。そしてしかし日本においては「農村の経済と都市の経済とが別個独立のものとして存在し、僅かに間接的に外部的な商品経済を通して交通しているに過ぎないという状態にでもあればともかく、その場合でもかなり重大な影響なしには済まないが、そうでないと基本的社会関係は、残存する社会関係を、その必要があれば比較的容易に変革してゆくものである。基本的社会関係が従属的社会関係に対するかかる意義を理解しない者は、基本的社会関係の背後に作用しつつある客観的な法則をも無視せざるを得なくなる。したがって資本主義社会における小農経済の推移が、経済学的に分析せられ得る根拠も失われることになる。それと同時に農業問題はもはや本来の経済学の問題とはいえないものになるのである。いわば経済史的問題とならざるを得ない。わが国の農業問題は果してかかるものであろうか。わが国の資本主義がいかに特殊なものにしても、農業に対してかかる関係にあるものといえるのであろうか。その点は、何もとくに研究をなさずとも、第一次世界大戦後の資本主義の発展が、農業問題をいかに展開し来たったかを考えて見ただけでも明らかなことといえるであろう。それはわが国資本主義の下の農業問題であるというだけではない。わが国資本主義を通して世界的な農業問題の特殊の表現ともなって来ているのである。いわゆる昭和農業恐慌は、決してわが国のみに限られる現象ではなかったのである[35]」というのである。

(34) 宇野著作集、⑧、一九ページ。

(35) 宇野著作集、⑧、一九～二〇ページ。

難解な文章ではあるが、要するの「基本的社会関係」を律する法則が、いいかえれば原理論の諸法則が究極的には貫徹するということであろう。確かに帝国主義段階に入るとその諸法則は歪みを生ずるのであるが、結局は貫徹することになるというのであろう。それはいいかえれば資本主義「発展の法則」が貫徹するということである。確かに段階論の法則性よりも原理論の法則性のほうがより基本的であることは確かなのである。

最後に宇野の「日本資本主義の特殊構造と農業問題」を検討しよう。この論文は一見「発展の法則」を論じていないようにみえる。まずその要旨をみると「一．資本主義と農業」では「元来、資本主義は、従来農業と直接的に結合せられて来た工業が、農業から分離されて資本家的に経営されることによって、その発生を見た[36]」のであるが、「資本主義の発展は、かかる工業を農業から分離するとともに、もともと土地に制限された農業に自然的に過剰化の傾向をもっていた労働人口、或いはむしろ工業の農業からの分離によって生ずる過剰労働力をも、農業から分離し、工業労働力に転化することを基礎とする」[37]。しかしここで注意しなければならないのは、宇野がつねづねいっているように労働力の土地からの分離は商品経済の作用のみでは実現されえないのであって、強力を必要とする。そしてその後は資本家的生産そのものがつくりだす相対的過剰人口の形成を通して実現されることになり、資本主義は一社会として確立される。こうして「封建社会の崩壊にともなう土地所有の近代化は、イギリスにおいても、極めて長期にわたる資本主義の発展の過程の内に準備せられた農業自身の資本主義化とともに、ようやくいわゆる資本家的土地所有を確立することになるのであった。農業自身の資本主義的経営にしても、またそれにともなう土地所有の資本家的形態にしても、それは決して農業自体の発展の結果として実現されたものではない。工業における資本主義の発展の対応物としてにすぎない」[38]。以後、その工業の発展によって農業自身をも資本家的商品経済にされることになった。

(36) 宇野著作集、⑧、一五二ページ。
(37) 同、⑧、一五三ページ。
(38) 同、⑧、一五四ページ

「二　日本資本主義の特殊性」では日本は勿論のこと、ドイツ、アメリカ、フランス等の後進資本主義諸国も、「その資本主義化の過程は、アメリカのような植民地国は別として、旧来のの歴史的過程を前提としながら、それぞれに特殊資本家的生産方法としての機械的大工業の輸入の時期によって、すでにその出発点を異にし、著しく異った様相を呈するのであった。いずれもイギリスのように二世紀にもわたる資本の原始的蓄積の過程を必要とするものではなかった。農村は多かれ少かれイギリスのような徹底的分解を受けないままで、その国の資本主義化を実現したのである[39]」。しかしもちろん農村からの補給を受けないというわけではない。「しかしそれはもはやイギリスのような暴力的手段をもってする補給ではなかった。イギリスと共に、しかしある程度イギリスに対抗して行われる、いわゆる工業保護政策によって歪曲せられた、自由主義体制の下にその資本主義化を実現したのである[40]」。日本の資本主義は「同じ後進国といっても、十九世紀後半の、しかもすでに七十年代以後のいわゆる金融資本の時代の資本主義化であった。それは機械的大工業としてもすでに高度に発達したものであったが、そればかりでなく、ほとんど最初から株式会社形式をもってしたのであって、その資本主義化の過程の農村に及ぼす影響は、極めて特色のあるものとならざるをえなかった[41]」。農村は異常な過剰労働力を擁したまま残されることになった。日本の農村は日本の工業品にたいする市場にはなりえなかった。いきおい日本の工業は海外市場を目標として発展せざるをえなかった。しかし日本の工業は農村から労働力を補給される必要があった。そのためには封建的支配服従関係を制度としてのこしておいてはその必要を満たしえないから、そのため最低限近代的土地所有制度を確立することは必要であった。地租改正という政治的行為によって近代的土地所有は確立した。その結果、「わが国では、近代的土地所有制は、農村過剰人口をして常に産業予備軍の特殊形態たらしめる過小農経営を普及せしめることになったのである[42]」。しかしそれにしても日本においても原始的蓄積過程およびその後の資本主義の発展によって土地所有の大規模化が展開したのであって「わが国の土地所有が、いわゆる地主的土地所有として確立され、永く残存したということは、決して資本家的土地所有の展開を制度的に拒否するというものではない。いわゆる地主的土地所有が、高率の現物小作料を基礎にして成立し、それに付随して旧来の封建的な慣行等々を永く残存せしめたということは、わが国の資本主義自身が要請した、特殊の産業予備軍としての農村過剰人口によるものにほかならない[43]」のである。

(39) 同、⑧、一五六ページ。
(40) 同、⑧、同上ページ。
(41) 同、⑧、一五六～一五七ページ。
(42) 同、⑧、一五八ページ。
(43) 同、⑧、一五八ページ。

そして「三　日本の農業問題」では「わが国における農業問題は、資本主義の金融資本の段階に多かれ少かれあらゆる国々に共通に現われる農業問題の、特殊形態といってよい。それは端的にいえば、資本主義社会にあって、その商品経済に支配せられながら、農業自身は資本主義的経営をなしえないという点にある[44]」。日本の小農制のもとでは「その生産物の価格は、資本家的関係による正常な規制を受けないばかりでなく、小農的競争によって常に経営に不利に決定される傾向をもつことになる。そしてそれは必ず商人的に利用される。いわゆる独占資本の利潤の一要因となることも避けられない。農民は、これに対して過度労働によって経営の補充をなしつつますますその傾向を強化することになるのである[45]」。農民層の階層分解はすすみ「それは一方では一定の経営面咳を基準とする分化として現われ、他方ではいわゆる自作、自小作、小作の分化として現われる。しかしそれも結局は、一町内外の経営をなす自小作農を中心とした過小農経営を基軸とすることになるのである。それと同時に他面では、小作農、特に自小作農の競争によって高率の小作料を維持することにもなる[46]」。そして最後にこうまとめる。「最後に、しかしこういう経営困難な農家にとって農業問題を決定的に解決不能の問題たらしめるのは、資本主義経済の中にありながら、小農的経営の確立を求めざるをえないという点である。土地価格は、多数の小作、自小作農にとっては、高率小作料によって決定される以上に騰貴する傾向にあるのであるが、しかも土地購入が不断の目標となってくる。勿論、高価格の土地購入は、農業経営自身の負担をなすものに過ぎない。それは決して小農経営を経済的に保障するものではない。しかも土地所有に対する要求は放棄しえないのであう。わが国農村における小作争議の特殊の性格も、じつはこの土地所有の要求と切離しては理解しえられない。それは単なる小作料の軽減にあったものとはいえない。それはまたさらに根本的には資本家的経営として解決されえないという点に問題を有していたのである。戦後の農地改革が土地問題を一応は解決したとしても、問題解決の途を拓くものといいえないのも、この点にあるものと考えられる[47]」。そして宇野はこの論文の最後につぎのようにいって、日本資本主義が資本主義として発展しない限りはこの農業問題を解決しえないことを宣言するのである。「それは単に農業の問題として、農業自身において解決されるものではない。日本資本主義自体の問題である。いい換えれば日本資本主義自身が、かかる解決困難な問題をもつ農村をみずから形成しながら、これによって確立されているという点に問題があるのである[48]」といってこの論文を閉じるのである。問題はこの最後の文章をどう理解するかにある。日本資本主義自身は確かに第二次大戦まではここに画かれていた状態であった。だが二十世紀七〇年代以後、つぎにあげる統計（**第12表**）が示しているように、就業人口のうち、二次産業、三次産業、とくに三次産業のウエイトが巨大になり、農林業の就業人口の割合は二十一世紀初頭にわずか数パーセントに落

第12表　産業別就業者（戦前期）

（1,000人）

	総数			内男子		
	1920年	1930年	1940年	1920年	1930年	1940年
全産業	26966 （100）	29341 （108.8）	32231 （119.5）	16820 （100）	18878 （112.2）	19599 （116.5）
1次産業	14442 （100）	14490 （100.3）	14192 （98.3）	8117 （100）	8130 （100.2）	6994 （86.2）
うち農業	13727 （100）	13742 （100.1）	13363 （97.3）	7469 （100）	7465 （99.9）	6271 （84.0）
2次産業	5576 （100）	5993 （107.5）	8419 （151.0）	3926 （100）	4516 （1105.0）	6442 （164.1）
うち製造業	4438 （100）	4702 （105.9）	6845 （154.2）	1892 （100）	2276 （120.3）	4959 （262.1）
3次産業	6948 （100）	8858 （127.5）	9620 （138.5）	4779 （100）	6232 （130.4）	6164 （129.0）
うち卸売・小卸売	2650 （100）	4113 （155.2）	4083 （154.1）	1831 （100）	2904 （158.6）	260.8 （142.4）
運輸通信・公益事業	1133 （100）	1289 （113.8）	1516 （133.8）	68 （100）	1192 （1760.3）	1355 （1992.6）

注）経済企画庁調査局統計課『日本の経済統計』（上）、1964年至誠堂、52ページによる。
（原資料、総理府統計局「国勢調査報告」、原注、14歳以上就業者）

ち込んで、農林業の消滅とさえいわれるようになっている。土地条件からいえば、ただしすでに問題にしたように土地所有構造には問題があるが、大面積農業経営が可能になる条件は形成されつつあるのである。日本農業でも零細経営は不変の宿命とはいえない状況を創りだしうる条件が発生しているのである。日本農業「発展の法則」が実現できる土地条件が形成できる時代になったわけである。宇野の「発展の法則」はこの論文の最初に出現して以降、背後に退きながら最後にしっかりとその存在を明確にしているのである。

(44) 著作集、⑧、一六二ページ。
(45) 同、⑧、一六二ページ。
(46) 同、⑧、一六二〜一六三ページ。
(47) 同、⑧、一六三ページ。
(48) 同、⑧、一六三ページ。

第三節　現実の展開

「発展の法則」の日本資本主義における展開はどうであったのか。問題は帝国主義段階においてどうなったかにあるが、まず第二次大戦前の状況を概観すると**第12表**のごとくである。戦前日本の一九二〇年代は長期不況で農業就業者は男子はわずかに減少しただけで女性を含めれば一九三〇年代にはわずかに増加している。だが三〇年代の不況下では金本位制から離脱後満州事変から太平洋戦争にいたる戦時経済という異常事態になって、製造業を中心とする工業が発展し、二次産業従事者が男子を中心として増大した。三次産業従事者はそれより早く増大している。三次産業就業者の増大にリードされて太平洋戦争直前に製造業就業者も著しく増大した。大戦争への突入によって二次、三次産業就業者は増大し、農業就業者は、とくにその男子は減少に転ずる。

その後は産業別就業人口の動向は**第13表**のごとくである。農林業就業人口は一九五〇年代初頭から一九七五年までの時期については、第一次高度成長期の六〇年代から急速に減少し、一九五五年の一五〇〇万人から七五年には半分以下の六一〇万人に減少した。全産業人口の四割から一割に減少したのである。全体の就業人口はこの二〇年間に四一〇〇万人から五一〇〇万人に増加したのにもかかわらず、非農林業人口は全就業人口の六割から九割に増大した。帝国主義段階になると工業商業の就業人口は停滞的になるといわれるが、戦後日本の高度成長には、二次、とくに三次産業人口が異常に増加したのである。高度成長がはじまった一九五五年頃からのほぼ二〇年間に非農林業人口は六割から九割に増大した。そして一九八〇年から二十一世紀初頭にいたる間に、**第14表**にあるように非農林業就業人口はほぼ五〇〇〇万人から二十一世紀初頭には六〇〇〇万に増加した。全就業人口の九〇パーセントから九七パーセン

第 13 表　産業別就業人口 (1)

（万人）

	農林業	非農林業				合計
		漁業水産養殖業	2 次産業	3 次産業	計	
1953 年	1607 (40.8)	62 (1.6)	942 (23.9)	1324 (33.7)	2331 (59.2)	3938 (100)
1955 年	1478 (36.1)	58 (1.4)	997 (24.4)	1557 (38.1)	2612 (63.9)	4090 (100)
1960 年	1273 (28.7)	67 (1.5)	1242 (28.0)	1854 (41.8)	3163 (71.3)	4436 (100)
1965 年	1046 (22.1)	67 (1.4)	1507 (31.9)	2109 (44.6)	2683 (77.9)	4729 (100)
1970 年	842 (16.5)	44 (0.9)	1791 (35.2)	2414 (47.4)	4249 (83.5)	5091 (100)
1975 年	609 (11.9)	43 (0.8)	1815 (35.4)	2664 (51.9)	4522 (88.1)	5131 (100)

注）加用信文監修　農政調査委員会編『改訂日本農業基礎統計』、1997、農林統計協会、8 ページによる。
原資料は、総理府統計局労働力調査報告
1953 年の数字は 1955 年以降の数字とは接続しない。
2 次産業とは鉱業、建設業、製造業の計
3 次産業とは卸売・小売り、金融・保険、不動産業、運輸・通信業・電気・ガス・水道業、サービス業、公務の計。
男女計の数字である。現表の「その他」はのぞく、満 15 歳以上。
「1955 年以降の数字は 1967 年改正とともに補正された数字を採用した。したがって、1954 年以前の数字とは接続しない」という。

トへと増加した。農林業就業人口は五三一万人から二〇〇万人に、六割減少した。その結果、農林業就業人口は全就業人口の三パーセントにまで激減したのである。この間に産業総就業人口は五五〇〇万人から六三〇〇万人にほぼ一五パーセント増加しているが、この表ではピークは一九九五年で二十一世紀に入ると四パーセントほどに減少している。明治以来の日本資本主義の発達史のなかで農林業就業人口がこのように激しく減少することはなかった。そして非農林業人口のなかでも一貫して増大しているのは三次産業就業人口であって、二次産業就業人口は一九九五年までは増加しているが以後は減少に転じている。二十一世紀初頭には三次産業就業者が全就業人口の七割をしめるにいたっている。二次大戦敗戦後の一九五三年に一六〇〇万人を数えた農林業就業人口は二〇一四年には二一〇万人の一割三分にまで減少しているのである。すでに日本はいわば超工業化社会に

第14表 産業別就業人口（2）

（万人）

	農林業	非農林業				合計
		漁業水産養殖業	2次産業	3次産業	計	
1980年	531 (9.6)	45 (0.8)	1926 (34.9)	3020 (54.7)	4991 (90.4)	5522 (100)
1985年	464 (8.0)	45 (0.8)	1992 (34.4)	3283 (56.8)	5320 (92.0)	5784 (100)
1990年	411 (6.6)	40 (0.6)	2099 (33.8)	3669 (59.0)	5808 (93.4)	6219 (100)
1995年	340 (5.3)	27 (0.4)	2125 (33.0)	3940 (61.3)	6092 (94.7)	6432 (100)
2000年	297 (4.6)	29 (0.5)	1979 (30.9)	4103 (64.0)	6111 (95.4)	6408 (100)
2005年	259 (4.1)	23 (0.4)	1713 (27.3)	4285 (68.2)	6021 (95.9)	6280 (100)
2008年	246 (3.9)	23 (0.4)	1684 (26.7)	4357 (69.0)	6064 (96.1)	6310 (100)
2014年	209 (303)	21 (0.3)	1548 (24.8)	4474 (71.6)	6043 (96.7)	6252 (100)

注）『ポケット農林水産統計』各年版。
1次産業、2次産業は旧来の定義による。
3次産業は年によってさまざまな業種がとりあげられているが、その合計である。15歳以上、男女計。

なっているのである。

帝国主義段階に入ると資本主義の発展は鈍化するといわれるが、日本は一九四〇年代に準戦時体制に入って以来、敗戦をはさんで一九六〇年代頃から二次産業、三次産業が異常に発展した。農業就業人口の減少はすでに**第12表**でみたように、男女計では一九三〇年以後みられるが、男子だけについていうと、その減少は一九二〇年代から始まっているのであって、これはいわば資本主義発展の法則といっていいことなのである。戦後においてはそれが極端に進展したことはすでにみた。資本主義における個別商品経済的行動は原理的にいって工業から農業、商業にわたって一様に発生するわけではない。個別資本がいちばん儲かると考えるものをえらぶのであって、ひとつの業種に集中すればその競争は激しくなるだけのことであって、仮にある一つの業種がたまたま儲かりそうにないと判断されれば、その産業は欠落するだけの話である。ただ販売市場は国内だけでなく、むしろ国外が重視されるのが普通だ

第15表　専兼業別農家数（1）（旧定義）

（1,000戸）

	総農家数	専業農家	兼業農家		
			計	1種	2種
1960年	6057 （100）	2078 （100）	3979 （100）	2036 （100）	1942 （100）
1965	5665 （93.5）	1219 （58.7）	4446 （111.7）	2081 （102.2）	2365 （121.8）
1970	5402 （89.2）	845 （40.7）	4557 （114.5）	1814 （89.1）	2743 （141.2）
1975	4953 （81.8）	616 （29.6）	4337 （109.0）	1259 （61.8）	3078 （158.5）
2080	4661 （77.0）	623 （30.0）	4038 （101.5）	1002 （49.2）	3036 （156.3）
2085	4376 （72.2）	626 （30.1）	3750 （94.2）	775 （38.1）	2975 （153.2）

注）『ポケット農林水産統計』1990年版による。

1）農家とは、経営耕地面積が東日本（北海道・青森・岩手・宮城・山形・秋田・福島・茨城・群馬・栃木・埼玉・千葉・新潟・富山の14道県）にあっては10a以上、西日本（これ以外の33都府県）にあっては5a以上の農業を営む世帯及び経営耕地面積がそれに達しないものあるいは全くないものでも調査日前1年間の農産物販売金額が10万円以上（昭和35年は2万円以上、40年は3万円、45年は5万円、50〜54年は7万円以上）あった世帯をいう。

第1種兼業：自家農業を主とする兼業農家。第2種兼業：自家農業を従とする兼業農家。この場合の主従は、原則としていずれの所得が多いかによって定める。

から、一国内にかぎれば、需給不均衡は常にある。資本主義は国内外の市場にたいして個別資本が最大の利益を獲得しようと競争する社会体制である。したがって資本主義は工業を選考して農業を忌避する性格をもっている。そして事実それは長期にわたるが、理論的にはさしあたりのことであって、すべての資本主義国が工業を選考して農業を忌避し、農業国が工業国化してゆけば、農業も儲かる産業になる。農業企業一企業当たりの企業規模は拡大する。その窮極の姿が『資本論』が対象とする純粋資本主義社会である。

このことは一国の工業が発展すれば、結局農業も発展せざるをえないことを意味している。工業が発展すれば農民は工業労働者に転化する。それが進展すれば農民総数は減少する。それに応じて農業用土地が減少することはないから、一農業経営あたりの土地面積は増大しうる。それは一農場当たりの経営農地を増大させ、農業機械が導入されうることにな

第16表　専兼業別農家数（2）（旧定義）

（1,000戸）

	総農家数	専業農家	兼業農家		
			計	1種	2種
1985年	3315 (100)	498 (100)	2017 (100)	759 (100)	2058 (100)
1990	2971 (89.6)	473 (77.0)	2497 (88.6)	521 (68.6)	1977 (96.1)
1995	2691 (81.1)	428 (85.9)	2224 (78.9)	498 (65.6)	1725 (83.8)
2000	2337 (70.5)	426 (85.5)	1911 (67.8)	350 (46.1)	1561 (75.9)
2005	1963 (59.2)	443 (89.0)	1521 (54.0)	308 (40.6)	1212 (58.9)
2014	1411 (42.6)	406 (81.5)	1005 (35.7)	196 (25.8)	810 (39.4)

注）販売農家のみの数字である。販売農家とは経営耕地面積30a以上又は農産物販売金額50万円以上の農家をいう。
『ポケット農林水産統計』2000年版、2015年版による。

り、資本家的農業経営が成立しうることになる。このばあい土地は資本としては借地が望ましいことはいうまでもないことである。こうして工業をもって農業にかえるという道はさしあたりは工業を発展させ、その製品を輸出し、農産物は輸入するという道を歩むということになるが、その過程をへて、小農層が没落して資本家的農業が成立・発展するということになる。

日本でもそういう事態が形成されうる時代がやっと到来しつつあるといっていいであろう。しかしそこに資本主義的大土地所有制がイギリスのように成立していればともかく、すでにみたように農地改革による零細自作農体制の構築は大規模借地制度の形成を著しく困難にしている。さりとて農地改革による小土地所有制は土地を集団化させて一箇所に集中させ貸しつけるという借地制農業の形成を困難にしている。しかしだからといってそれに代わる有効な土地利用を見出されないまま放置されているのが現状ではないであろうか。農地改革によって創設された零細自作農体制は工業、商業用の土地として売れることを期待して、農業の発展を阻害しているといってもいいすぎではないであろう。

その結果はどうなるのであろうか。第一には小土地所有農家の総

第17表　経営耕地規模別農家数（1）

（1）都府県　（1,000戸）

	計	販売農家							自給的農家
		計	～0.5ha	0.5～1	1～2	2～3	3～5	5～	
1985年	4119	3215	804	1182	883	234	93	19	905
1990	3739	2884	764	1049	782	222	100	26	855
1995	3363	2578	633	925	682	201	101	36	785
2000	3050	2274	545	613	592	182	99	43	776
2005	2789	1911	436	673	498	159	94	50	878
2008	—	1756	1013		591		91	61	—
2014	—	1429	796		347	120	87	79	—

注）『ポケット農林水産統計』2000年版、2014年版による。
「0.5ha」には例外規定農家を含む。

第18表　経営耕地規模別農家数（2）

（2）北海道　（1,000戸）

	計	販売農家								自給的農家
		計	1.0ha未満	1.0～3.0	3.0～5.0	5.0～10.0	10.0～20.0	20.0～30.0	30.0以上	
1985年	109	100	11	16	16	26	16	7	8	905
1990	95	87	9	12	12	22	16	7	9	855
1995	81	74	7	9	9	16	15	7	10	785
2000	70	63	6	7	7	13	13	7	11	776
2005	59	52	4	5	5	9	11	6	11	878
2008	—	48	9		12		10	6	11	—
2014	—	42	8		9		8	5	12	—

注）『ポケット農林水産統計』2000年版、2014年版による。
1.0ha未満層には例外規定農家を含む。

兼業化である。**第15表**の専兼業別農家数（1）によれば専業農家は一九七五年頃までは急激に減少したが、その後はこの表では六〇万戸で停滞的になっている。あとの農家は二種兼業化に収斂する傾向をみせている。同じ種類の**第16表**の専兼業別農家数（2）は農家の定義がそれ以前と変わっているので注意を要するが農産物「販売農家」よりなる専業農家は二十世紀末より二十一世紀初頭にかけて、ほぼ四〇万戸で安定的である。そして第一種兼業農家は減少しているが第二種兼業農家はそれにくらべるならば安定的である。少数の相対的に安定的専業農家と土地持ち労働者とに分極化しているとみていいであろう。専業農家はこのまま安定化するわけではないであろう。借地に

第19表　経営耕地規模別農家数（3）

（1）都府県　（1,000戸）

	0.3ha 未満	0.3〜0.5	0.5〜1	1〜2	2〜3	3〜5	5〜	計
1955	1278	1006	1955	1357	179	28	1	5804
1960	1283	992	1907	1405	201	34	2	5824

注）『ポケット農林水産統計』1965年版による。

第20表　経営耕地規模別農家数（4）

（2）北海道　（1,000戸）

	1ha 未満	1〜2	2〜3	3〜5	5〜10	10〜	計
1955	60	23	28	49	48	28	236
1960	61	25	31	57	47	11	232

注）『ポケット農林水産統計』1965年版による。

よる規模拡大運動にまで発展すれば、光がみえることになるであろうがそこが問題である。

最後に農業経営規模別の経営体の動きを二十世紀末から二十一世紀初頭にかけてみておこう。都府県の動向が**第17表**であり、北海道の動向が**第18表**である。ここに示されている農民層分解の形は従来の中農標準化とは質的に異なっている。従来の中農標準化傾向とは一九二〇年代を中心としてみられたものであるが[49]、それは農民層が一〜二ヘクタール層を中心としてそこに集中するという運動を意味する。そしてまた戦後も、一九六〇年代までは都府県では一〜三ヘクタール層に集中し、北海道では二〜五ヘクタール層に集中するというものであった。このことは**第19表**、**第20表**が示している。ところが、前記**第17表**、**第18表**に示したように、二十世紀末以後は都府県では一九九五年までは三ヘクタール以上層が増加し、それ以下層は減少傾向にあった。ところが二十一世紀に入ると三〜五ヘクタール層も減少しはじめ、五ヘクタール以上層のみが増加するという現象があらわれている。北海道も増加の規模層は異なるが二十一世紀に入ると三〇ヘクタール以上層のみが増加するという傾向が生じている。増加層が単なる小農というよりはもうすこし大規模な経営層が増加している[50]。農地改革を主導した自作農的農地政策は農業の資本主義的発展という資本主義「発展の法則」を阻害するものだったことがいえるであろう。実際、一九六〇年ごろまでは第19表と第20表とに示したように都府県でも北海道でも零細農家は殆んど減少していない。

(49) その分析はさしあたり拙著『日本における農民分解の機構』、一九六七年、未来社、第一章、第、二章をみられたい。

(50) 日本資本主義が二次大戦後高度成長を開始して以来、日本農業に生じた規模拡大の新たな動きにはやくから注目しその実態分析と理論的解明を展開した梶井功はその著書『小企業農の存立条件』(一九七三年、東京大学出版会)の「むすび」のなかでこういっている。「三〇アールから三ヘクタールの自作農を、行政権の保護によって維持しようというのが農地法だった。農地を自ら所有し、家族協業によって耕作をいとなむという形式においては、それは分割地農的土地所有に比することができた。が、それがおかれた歴史的段階の問題はおくにしても、上限と下限を制約され、創設自作地については貸付が禁止されるが、非耕作者の農地取得も排除され、耕作権もまた知事許可によって保護されるというような行政的支配の固い枠組のなかでのみ存在できた土地所有だという点で、本質的に分解抑止的に枠のなかにおかれていたといっていいのであり、農民層分解のもっとも豊沃な土壌たり得た分割地農的土地所有と、質的に異なるとしなければならない。そういう枠にしめつけられた自作農の基礎としての土地所有という意味では、地主制下において存在した自作農とも異なるとすべきであり、戦前自作農との歴史的連続性をかんがえさせるきらいがある、自作農的土地所有という表現よりは、農地法的土地所有といった方がいいと私はおもうのであるが、それはともかく、法的制約下にあった自作農の内実は、法があるべきものとしてえがいたそれとは、(昭和――犬塚)四〇年以降まったく異質のものとなったことが確認されなければならない」(同書、二三二〜二三三ページ)。農業変革の本命は農業経営規模の小農範疇を超える拡大を保証する制度変革にあったのである。その線にそった梶井の著作には『基本法農政下の農業問題』、一九七〇年、東京大学出版会、がある、またそうした線上での優れた実態分析・理論的分析には、伊藤喜雄『現代日本農民分解の研究』、一九七三年、御茶の水書房、同『現代借地制農業の形成』一九七九年、御茶の水書房、がある。

第二次大戦敗戦後、都市経済が復活するにつれて、農民の農外賃労働者化は進むといっていいのであろうが、一気にはすすまなかった。工業の地方分散化とともに農民の農外賃労働者化はすすむが、一気にすすんだわけではない。賃銀水準も低かったし、農地改革によって農民のほうでも自家農業を維持しなければならなかった。農民の兼業化という形で、徐々に農民の賃銀労働者化がすすむしかなかった。それも農家の次三男、娘から農外賃労働者化が始まった。一九五〇年代後半あたりから高度成長が明確になってくると農家次三男、女子の大都市への集団的就職が始まった。戦後の都市化が旧来の大都市がさらに拡大されるということのほかに、地方に新たな小都市が生まれ、あるいは旧来の地方小都市が拡大するという形ですすんだとみられるが、それは農地改革と大いに関連しているとおもわれる。新たに自作農となった元小作農はそう簡単に農地を手放すわけにはゆかないし、その必要もない。しかも地価の上昇はそれに拍車をかける。自作であっても本来の自作農ではない。土地を所有していても本来の土地所有者ではない。そしてもとより資本主義発生期の自作農民でもない。そもそも資本主義発生期という変革期には土地所有が零細土地所有者で占められるということ自体が稀であろう。ただ稀でなくとも、その時代ならば、原蓄過程で強力によって分解されるから資本主義としては問題はない。ところが成熟期の資本主義で農地が小土地所有者でしめられるというのはなんとも処理の仕様がないのではないであろうか。強力で作ったものは強力で戻すしかないが、伝家の宝刀は二度と使えない。戦後日本の資本主義は雇用すべき賃労働者の有力部分が自作農という小資産家になっている。彼らを雇うには相対的に高い賃銀を用意する必要があるあろう。そうするためには工業生産力をかなり高くしなければならない。戦後日本資本主義は通常以上の発展を実現したのであるが、それはそのことに由来するとも考えられる。資本主義は残酷にもなりうるし、必要に迫られれば賃銀も高くせざるをえない。

ここで農地改革後農民の農外就業の仕方を整理してみよう。自作農となった農民の労働力の農外供給の仕方には二種類のものがあって、農家在住のまま近場に農外兼業するばあいと家を離れて都市に在住して農外就業するばあいの二通りである。前者のばあいには農民同士が競争関係に入るので、農民労働力の供給価格は低めになるであろう。後者のばあいには都市に在住することになるので、その供給価格はいくぶん高めになるであろう。都市の工業化が進展するときは賃銀上昇の圧力のために工業生産力の上昇が要求されることになるであろう。農民家族が前者の形で農外就業するのは農家当主の夫妻や跡継ぎであろう。離村就職する後者のばあいは農家当主夫妻や跡継層以外の家族のばあいであろう。後者はいわば昔からあったことであり、第二次大戦後展開したのは前者のケースであって、それに対応して工場や企業が安価な労働力を求めて、農村地帯にまで進出したとみていいであろうし、そのことが高度成長をもたらした要因の一つであろう。このことは農業、農民の変貌が工業化の一つの対応現象たることを示すものといっていい。

いずれにせよ現段階の日本資本主義は工業栄えて、農民は減少しつつあることまでは確かである。そして膨大な数の小農地所有者がなお存在しているところまでは確実である。その小土地所有者の土地を集中して借地大農業経営体が形成されるかどうかが目下最大の問題である。何もしなければわるい方向にすすむだけであろう。政策的に解決するほかはないと考えられる。

以上はしかし日本資本主義の問題である。われわれはもうすこし工業をもって農業に代え、そののちにさらに農業資本主義化が達成されるというときのことも考えなければならない。それは農業が仮に資本主義化されたとしても農業が土地を主要な生産手段とする産業であるかぎり、季節性や労働の繁閑は残る。工業労働と農業労働とのいわば質的違いは歴然としている。端的にいって工業労働者が農業労働者になること、反対に農業労働者が工業労働者になることは容易なことではない。工業労働と農業労働とのいわば質的差が解消しないかぎり、人間労働の平等性は確保されない。これまでの現実の社会主義国家が崩壊したことの真の原因も不明のままである。農業と工業との労働のいわば質的差が問題だとおもわれるのであるが、その点も明らかにされていない。労働の平等性も確保されないままに残ることになる。小農主義者のように、残ってもいいではないかと腹をくくることが真の解決にはならないであろう。その問題を少し考えてみたい。

第四節　「発展の法則」の彼方

「発展の法則」とは先進工業国でもある工業国が農業のことはさしあたり農業国に任せて自らは工業の発展に力を注ぐことによって自国の農民を減少せしめ、結果的に大経営土地面積を擁する資本家的農業を成立せしめるという政策である。農業における資本家的経営の成立には通常広大な土地面積を必要とするからである。だが農業と工業との生産構造上のこの質的差はいわば絶対的に解消できないのかどうかもっとつめる必要がある。端的にいえば農業の工業化はできないのかどうかである。この点に関して一九六三年に宇野弘蔵が農林省農業総合研究所で行なった「経済学の方法について」をテーマとする討論会において、農業の将来のあり方につてつぎのように語っていることに注目したい。少し長くなるがこういうのである。「僕は戦後商工省で正木君が局長をしているときに頼まれて、日本の産業連関を作ってくれといわれた。いまの言葉でいえばですよ。そのころはまだそういう言葉ははやっていなかったのですがね。（昭和）二二年ごろだったか一年ほど商工省に行って、いろいろな資料で図表を作ったことがある。いい加減な数字ですけれども図表にして、ストラクチュア・オブ・アメリカン・エコノミにあるような図表を作ったら、正木君よろこんでしまって、なかなかいいから展覧会に出すという。展覧会は弱るよ、といったら、『朝日年鑑』がぜひ欲しいというので、『朝日年鑑』に載せたことがありますよ。いたずらだけれども。そういうものを資本主義もやっているんです。同じことをやるんです。これは食糧を食うのは社会主義でも資本主義でも同じですからね。そしてそれを作るのもやはり同じでしょう。畑によって麦を作るわけです。もっともこれも次第に植木鉢で作れるようになると簡単になるかもしれない。化学合成法になるかもしれない。社会主義になったらむしろそういうふうなものがどんどん出てくる可能性がある。農業も工業もみんないっしょくたになって、化学になってしまうということになるかもしれないけれども、そんな夢は仕方ないけれども、同じことを商品形態でやるか、原則としてやるかのちがいがある」[51]と。宇野は化学合成法で食糧を作るというのである。農業の工業化である。そうなると工業と農業との差はなくなる。それが実現されないと社会主義は本来は成立しないという見解だとみていいであろう。それが実現できるかどうかは別としても、それが実現できなければ人間の全労働の質的同一性は実現しない。農業と工業との区別が解消しなければ労働の平等性は実現されない。農業の工業化が実現されるとき、「発展の法則」は消滅する。誠に首尾は一貫するのである。だが果たして農業の工業化は実現可能なのか。人間が他の生命体を食糧としつづけるほかはないのか、それとも工業生産物を食糧としうるのか、難問である。だがこの難問を解決しないことには農業と工業との差にかかわる難問から人間が解放されることはないことは確かなのである。「発展の法則」の彼方にはとてつもない難問が構えていたのである。[52]

(51) 宇野弘蔵著櫻井毅解説『「資本論」と私』、二〇〇八年、御茶の水書房、二五五ページ。

(52) 手工業的生産力から機械制生産力への転化は封建的生産関係から資本家的生産関係への変革が前提されていたと私は考えている。農業の工業化という生産力の変化はやはり生産関係の変革が前提となると考えられる。

ま行

や行

ら行

わ行

人名索引

あ行

か行

さ行

た行

な行

は行

著者略歴

犬塚昭治（いぬづか　しょうじ）
1932年（昭和７年）12月、東京都品川区に生まれる。
1944年（昭和19年）、静岡県富士郡大宮町（現・富士宮市）に疎開。
1951年（昭和26年）、静岡県立富士高等学校卒業。
1951年（昭和26年）４月、東京大学教養学部理科２類に入学。
1955年（昭和30年）３月、東京大学農学部農業経済学科卒業。
1955年（昭和30年）４月、同大学大学院農業経済学修士課程に進学。
1957年（昭和32年）４月、同上課程博士課程に進学。
1960年（昭和35年）３月、同課程修了。同学科研究生となる。
1963年（昭和38年）４月、名城大学法商学部専任講師。
1964年（昭和39年）４月、同上、助教授。
1965年（昭和40年）６月、東京大学農学博士号を取得。
1966年（昭和41年）４月、名城大学経済学部教授。
2004年（平成16年）３月、同上大学、定年退職。

主要著者
犬塚昭治著『日本における農民分解の機構』1967年、未來社
　同上『農産物の価格と政策』1987年、農山漁村文化協会
　同上『食糧自給を世界化する』1993年、農山漁村文化協会
中安定子編『論争・近未来の日本農業』1998年、農山漁村文化協会「基調報告」（「Ｉ食糧政策の枠組み」）担当
降旗節雄・伊藤誠共編『マルクス理論の再構築』2000年、社会評論社、「世界農業問題と現代資本主義」執筆。

「発展の法則」と日本農業

2019年６月15日　第１版第１刷発行

著　者　犬塚昭治
発行者　橋本盛作
〒113-0033 東京都文京区本郷5-30-20
発行所　株式会社 御茶の水書房
電話：03-5684-0751

©Shoji Inuzuka 2019

Printed in Japan　組版　シナノ印刷㈱　印刷・製本　モリモト印刷㈱

ISBN 978-4-275-02109-0　C3033

『資本論』と私	宇野弘蔵 著／櫻井毅 解説	四六判・三八〇頁 価格 二八〇〇円
国家独占資本主義・破綻の構造	大内力 著	四六判・三九〇頁 価格 一八〇〇円
宇野理論とアメリカ資本主義	馬場宏二 著	A5判・五二〇頁 価格 四八〇〇円
マルクス経済学の活き方――批判と好奇心	馬場宏二 著	A5判・四二〇頁 価格 三二〇〇円
価値論・方法論の諸問題	山口重克 著	A5変・二四〇頁 価格 二八〇〇円
類型論の諸問題	山口重克 著	A5変・二七〇頁 価格 三六〇〇円
第3版 現代経済の解読――グローバル資本主義と日本経済	SGCIME 編	菊判・四三〇頁 価格 二五〇〇円
マルクス経済学方法論批判――変容論的アプローチ	小幡道昭 著	菊判・一九八頁 価格 三二〇〇円
段階論の研究――マルクス・宇野経済学と〈現在〉	新田滋 著	A5判・五六〇頁 価格 九〇〇〇円
経済学原理論を読む――宇野原理論体系の構造と問題点	村上和光 著	A5判・四四六頁 価格 八〇〇〇円
恐慌と不況	中村泰治 著	A5判・三一二頁 価格 五六〇〇円
埋火――大内力回顧録	生活経済政策研究所 編	A5変・四二〇頁 価格 二八〇〇円

御茶の水書房

（価格は消費税抜き）